从零起步

用Excel搞定财务与会计

葛莹　简倍祥　张殷　编著

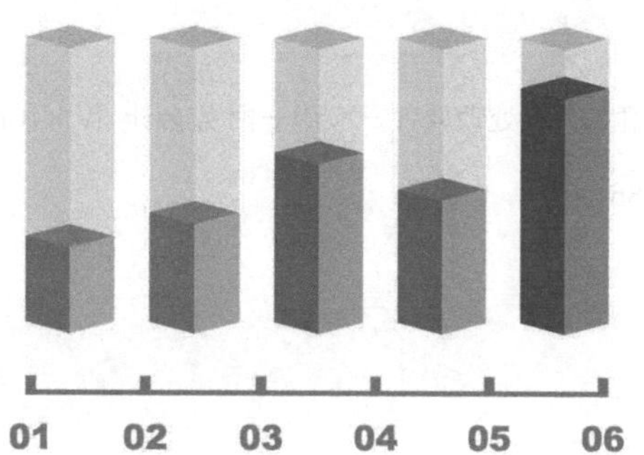

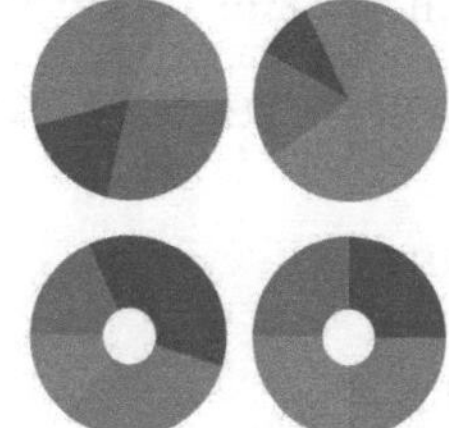

清華大學出版社
北京

内 容 简 介

本书从财务和会计人员日常工作需求出发，以 Excel 2019 为基础，通过丰富的案例和详细的实操步骤，有针对性地介绍 Excel 在财务和会计岗位中的应用。本书共分两篇，上篇介绍 Excel 2019 的基本操作，包括工作簿和工作表的基本操作、单元格的基本操作、数据的管理和分析、数据透视表、数据图表的绘制、宏的制作和运用等，从零起步，让读者全面了解和掌握 Excel 2019 的基本功能，并通过实例加深理解。下篇包括 Excel 2019 在财务和会计方面的运用，以会计凭证的编制、财务报表的编制、会计报表分析、投资管理、融资管理、销售业绩管理、固定资产管理、工资管理、日常费用预测、会计核算、工业成本核算等应用为例，对各项实务操作进行详细说明。读者可以边学边做，解决工作中遇到的实际问题。

本书适合财务与会计从业人员使用，特别是财务与会计岗位的新人，或者拥有多年财务与会计工作经验，但对 Excel 不熟悉的读者使用。

图书在版编目（CIP）数据

从零起步，用 Excel 搞定财务与会计/葛莹，简倍祥，张殷编著. —北京：清华大学出版社，2021.6
(2023.10重印)
ISBN 978-7-302-58030-0

Ⅰ. ①从… Ⅱ. ①葛… ②简… ③张… Ⅲ. ①表处理软件—应用—财务会计 Ⅳ. ①F234.4-39

中国版本图书馆 CIP 数据核字(2021)第 078618 号

责任编辑： 王金柱
封面设计： 王　翔
责任校对： 闫秀华
责任印制： 沈　露

出版发行： 清华大学出版社
网　　址： http://www.tup.com.cn，http://www.wqbook.com
地　　址： 北京清华大学学研大厦 A 座　　**邮　　编：** 100084
社 总 机： 010-83470000　　**邮　　购：** 010-62786544
投稿与读者服务： 010-62776969，c-service@tup.tsinghua.edu.cn
质量反馈： 010-62772015，zhiliang@tup.tsinghua.edu.cn

印 装 者： 三河市君旺印务有限公司
经　　销： 全国新华书店
开　　本： 190mm×260mm　　**印　　张：** 23.25　　**字　　数：** 610 千字
版　　次： 2021 年 6 月第 1 版　　**印　　次：** 2023 年10月第 2 次印刷
定　　价： 89.00 元

产品编号：088756-01

前　言

在信息化高速发展的今天，采用人工方式管理和处理数据已不能满足社会的需要，在计算机的帮助下，有助于获得“效率”和“正确率”的双赢。

虽然计算机软件繁多，但我们仅需使用 Excel 软件便能完成绝大多数的数据相关任务。Excel 是一款非常“亲民”的数据处理软件，简单易学、功能强大，能够处理企业和个人日常遇到的绝大部分数据。尤其在财务和会计工作中，Excel 更能贴心地帮助人们提高工作效率，减少出错概率。

很多财务和会计人员希望使用 Excel 来处理职场所遇到的各种问题，却不知如何下手，或者只是建立一些简单的表格。市面上介绍 Excel 的图书繁多，但多数停留在介绍 Excel 功能的表面，缺少财务和会计方面的针对性，使得财务和会计人员无法将所学知识应用到日常工作中。本书在深入了解财务和会计人员日常工作所需的基础上，针对“零基础”的读者，从 Excel 2019 的基础使用起步，深入到财务和会计的实操，将相关工作具体化，通过实操步骤有针对性地介绍 Excel 在财务和会计领域的应用，使得读者可以快速应用在职场或生活中。

本书系统而全面地介绍 Excel 2019 的基本操作，以及运用 Excel 2019 进行财务和会计操作的全过程。全书分为上下两篇，共 15 章。

上篇针对 Excel 2019 的基本操作，分别从工作簿和工作表的基本操作、单元格的基本操作、数据的管理和分析、数据透视表、数据图表的绘制、宏的制作和运用等角度出发，从零起步，让读者全面了解和掌握 Excel 2019 的基本功能，并通过实例加以巩固。

下篇针对 Excel 2019 在财务和会计方面的运用，分别从会计凭证的编制、财务报表的编制、会计报表分析、银行业务管理、投资管理、融资管理、销售业绩管理、固定资产管理、工资管理、日常费用预测、会计核算、工业成本核算等角度出发，对各项实务操作进行详细说明，并附有大量案例。读者可以边学边做，解决工作或生活中的实际问题。

希望本书可以帮助财会人员在实践中正确并高效地运用 Excel 2019 做好财务与会计工作（其他的 Excel 版本同样适用）。

为使读者更容易地使用本书，本书编者还精心录制了教学视频，读者扫描书中的二维码即可观看学习，大幅提高学习效率。读者还可以扫描下述二维码获取书中案例的源文件，以方便上机练习。如果在学习本书的过程中发现问题，请发邮件到 booksaga@126.com，邮件主题为“从零起步，用 Excel 搞定财务与会计”。

编　者

2021 年 1 月

目　录

上篇

第 1 章

认识 Excel

本章将带你认识 Excel 的工作簿和工作表，包括其概念和常用操作，对于初学者来说，学会熟练地操作 Excel 的工作表和工作簿是上手 Excel 的首要条件。

1.1 大名鼎鼎的 Excel

Excel 全称为 Microsoft Excel，是 Microsoft（微软公司）编写的一款电子表格软件，适用于 Windows（微软）和 Apple Macintosh（苹果）计算机操作系统，以及 Android（安卓）和 iOS（苹果）移动操作系统。在众多的数据处理软件中，Excel 既亲民又实用，因而是非常流行的个人计算机数据处理软件。

Microsoft Excel 是 Microsoft Office 大家族的一员，大家熟悉的 Word（文字处理）、PowerPoint（演示稿制作）都是 Excel 的兄弟姐妹。Microsoft Office 早在 1989 年就推出了第一代，最初是运用在苹果计算机的 Macintosh 平台上的。发展至今已 30 多年，已经到了 Microsoft Office 2019。每一代的 Microsoft Office 会在用户界面、使用功能、平台支持等方面做出改进。

本书采用 Microsoft Office 2019 进行讲解。在 Windows 10 操作系统下，用 Excel 2019 进行演示。如果读者使用的是 Excel 2016 或更低的版本，或者使用 Apple Macintosh 操作系统，不用担心，本书的操作兼容各版本的 Excel 和不同的操作系统，只是操作界面略有不同。

1.2 工作簿是 Excel 文件之一

文件夹中有各式各样的文件，如图片、视频等，对于经常游走于 Microsoft Office 的读者而言，常用的三件套便是 Microsoft Excel、Microsoft PowerPoint 和 Microsoft Word，如图 1-1 所示。

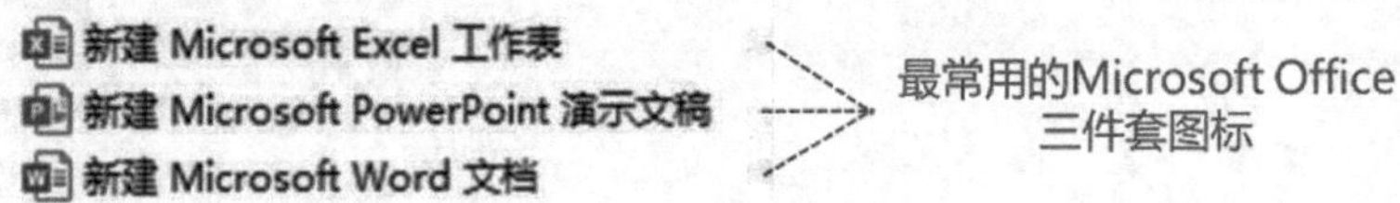

图 1-1

我们常常听到的“工作簿”其实就是 Microsoft Excel 文件的一种，其可用来存储和处理工作数据，并可进行多种多样的操作，例如生成图表、自定义函数、设置数据的样式、打印时配置信息等。

1.2.1 新建工作簿

使用 Excel 这前，首先要建立“工作簿”（Microsoft Excel 文档），建立工作簿的方式有多种，这里介绍三种常用的方式。

方式一：由 Windows 的“开始”选项卡进入。

单击屏幕左下角的“开始”选项卡，在弹出的一系列应用程序中单击 Excel，如图 1-2 所示。

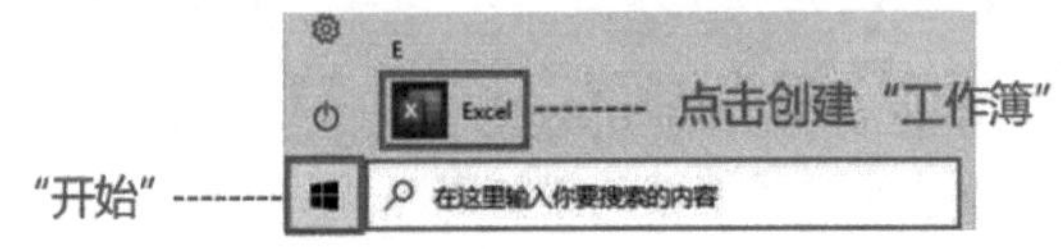

图 1-2

弹出的界面中第一排有❶~❻共 6 个选项，在此之后还有❼“更多模板→”，如图 1-3 所示。

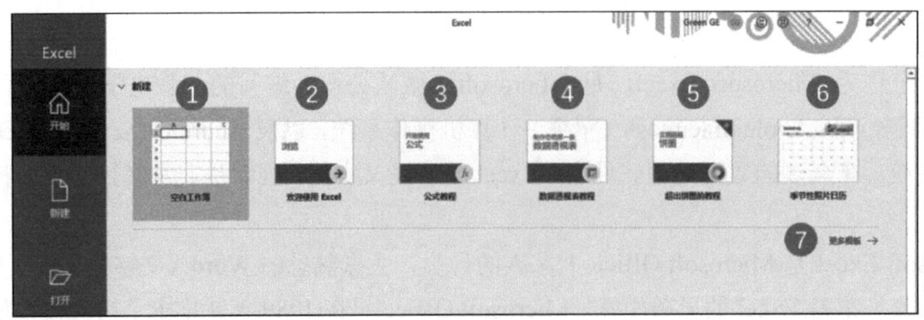

图 1-3

❶ 空白工作簿：单击“空白工作簿”后，即可创建空白的工作簿，并自动命名为“工作簿 1”，这是我们最常选用的创建工作簿的方式，如图 1-4 所示。

❷ 欢迎使用 Excel：适用于 Windows 操作系统下的 Excel 2019 和 2016 的模板。模板中提供了 Excel 的若干基本功能，例如求和、填充、排序、筛选和数据透视表等。

图 1-4

❸ 公式教程：适用于 Windows 操作系统下的 Excel 2019 和 2016 的模板。模板中提供了若干常用的 Excel 公式，例如求和、计数、求平均值、Vlookup 函数等。

❹ 数据透视表教程：初步介绍数据透视表。从为什么需要数据透视表，到数据透视表的基本组成，再到数据透视表的制成。

❺ 超出饼图的教程：指导饼图的制作、存在的问题以及解决方案。

❻ 季节性照片日历：任意年份日历模板。

❼ 更多模板→：类似❻的多种模板。

上述❷~❺项的具体功能将在后文详细讲述。

方式二：在任意文件夹中右击，选择“新建”，再单击“Microsoft Excel 工作表”，如图 1-5 所示。

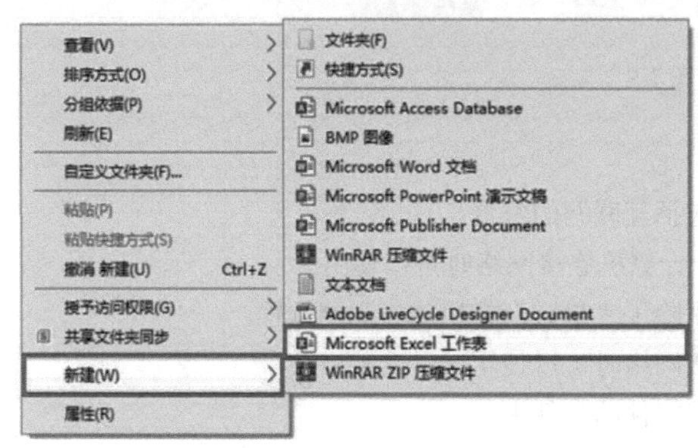

图 1-5

这种方式下，会发现文件夹中出现了一个名为“新建 Microsoft Excel 工作表”的新文件，如图 1-6 所示。

新建 Microsoft Excel 工作表 -------- 新建的文件

图 1-6

和“方式一”不同的是，打开这个文件，直接对应“方式一”的第❶种情况——创建空白工作簿，如图 1-7 所示。

方式三：如果已经打开了任意一个“工作簿”，通过快捷键 Ctrl+N 便可以创建新的“工作簿”，且自动命名为“工作簿 1”，如图 1-8 所示。

图 1-7

图 1-8

1.2.2 保存工作簿

如果利用上一小节的“方式一”或“方式三”创建工作簿，保存工作簿的步骤是这样的。

单击“文件”选项卡，接着单击“保存”按钮，由于创建工作簿时并没有指定文件的保存位置，因此会从“保存”功能直接转接到“另存为”功能，如图 1-9 所示。

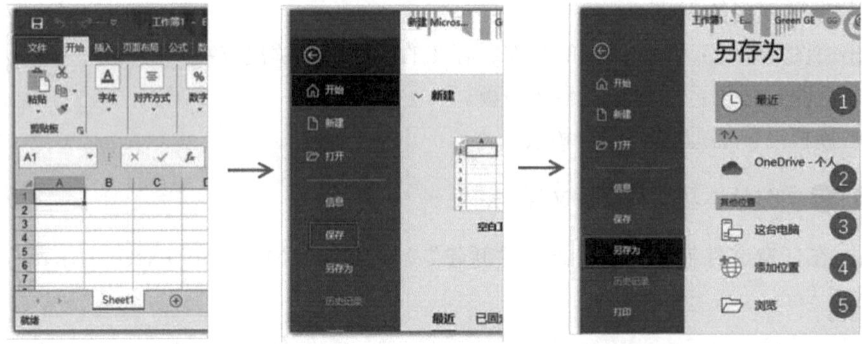

图 1-9

图 1-9 中的“另存为”包括 5 个选项。

❶ 最近：近期使用过的文件保存位置，包括互联网的位置。

❷ OneDrive-个人：Office 的个人云空间，计算机连接网络时可以使用。

❸ 这台电脑：“最近”命令的精简版，剔除了“最近”使用的互联网位置。

❹ 添加位置：互联网的位置，计算机连接网络时可以使用。

❺ 浏览：直接进入资源管理器，选择保存文件的文件夹。

当我们要将工作簿保存到计算机硬盘上时，主要用到❸这台电脑和❺浏览。

单击“浏览”按钮，在弹出的“另存为”对话框中，选择需要保存文件的位置，并在“文件名”对应的空格中输入要保存的文件名，单击“保存”按钮，如图 1-10 所示。

如果利用上一小节的“方式二”创建工作簿，创建时已经指定了文件的保存位置和文件名，单击“保存”按钮后，工作簿直接进行“保存”操作，不做其他询问，如图 1-11 所示。

如果要更改保存位置，或者要用另一个文件名来保存，可以单击“另存为”按钮，选择保存路径或修改文件名。

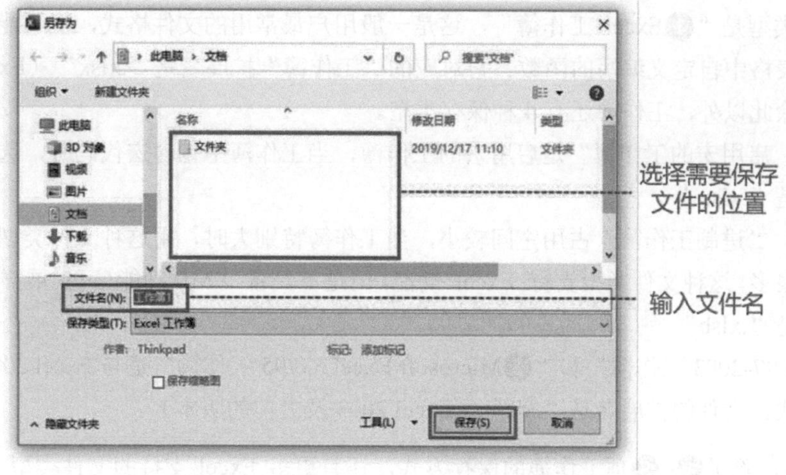

图 1-10

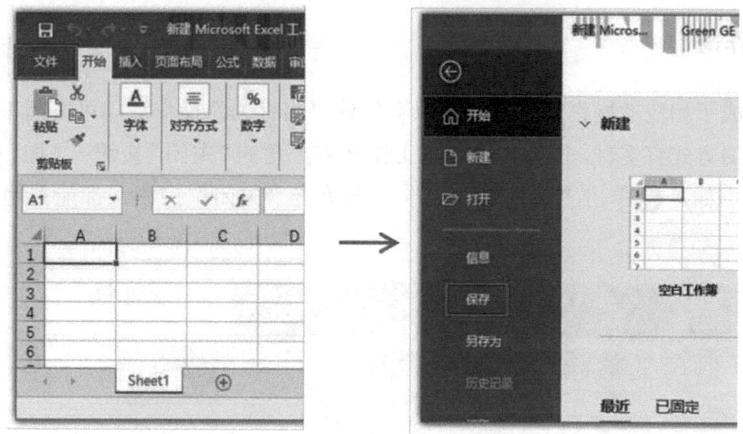

图 1-11

在“另存为”对话框中，有一处“保存类型”的选项，如图 1-12 所示。

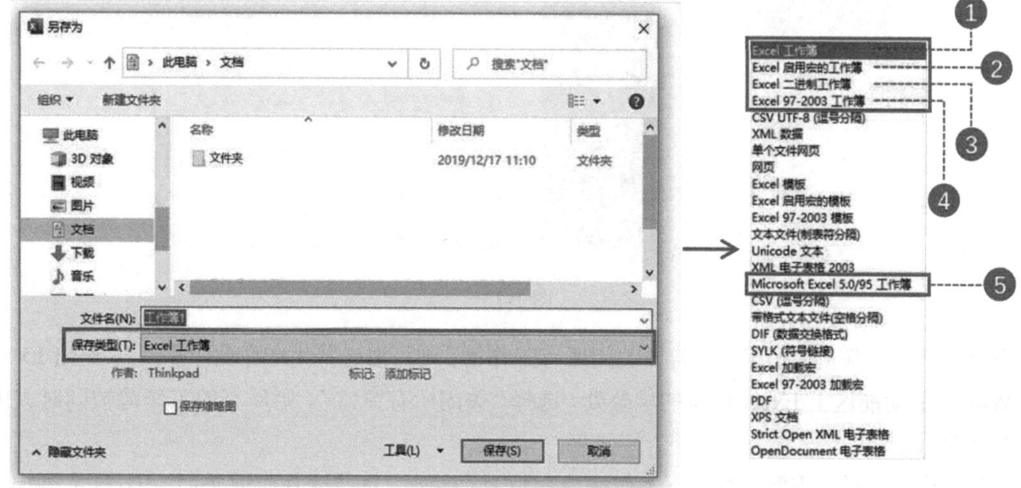

图 1-12

默认保存类型是“❶Excel 工作簿”，这是一般用户最常用的文件格式，但不能存储在表格中录制的宏或在表格中自定义编写的函数。它对应的“工作簿”扩展名是“.xlsx”（Excel 2013 及之后的版本）。除此以外，工作簿还有 4 种保存类型。

“❷Excel 启用宏的工作簿”是启用宏的工作簿，当工作簿中包含宏代码时，选择这种类型，文件的扩展名是“.xlsm”。

“❸Excel 二进制工作簿”占用空间较小，当工作簿特别大时，用这种文件类型保存，文件的打开速度要快很多。这种文件类型支持 Excel 功能，但是不具备 XML 功能（可扩展样式语言功能）。文件的扩展名是“.xlsb”。

“❹Excel 97-2003 工作簿”和“❺Microsoft Excel 5.0/95 工作簿”是与 Excel 2003 及更低版本兼容的文件格式。文件的扩展名是“.xls”（Excel 2003 及之前的版本）。

图 1-12 中，除了❶~❺项工作簿的保存方式，还有更多 Excel 支持的文件类型。可以这样说，工作簿是 Excel 支持的文件类型，但 Excel 支持的文件类型不一定是工作簿。

1.2.3 关闭工作簿

对工作簿完成了相应的操作，并进行“保存”或“另存为”操作后，可关闭工作簿。

关闭工作簿的方式有多种，例如，❶单击工作簿右上角的“关闭”按钮；又如，❷右击功能区，选择“关闭”；再如，❸单击“文件”选项卡，再单击“关闭”按钮，都能关闭当前工作簿，如图 1-13 所示。

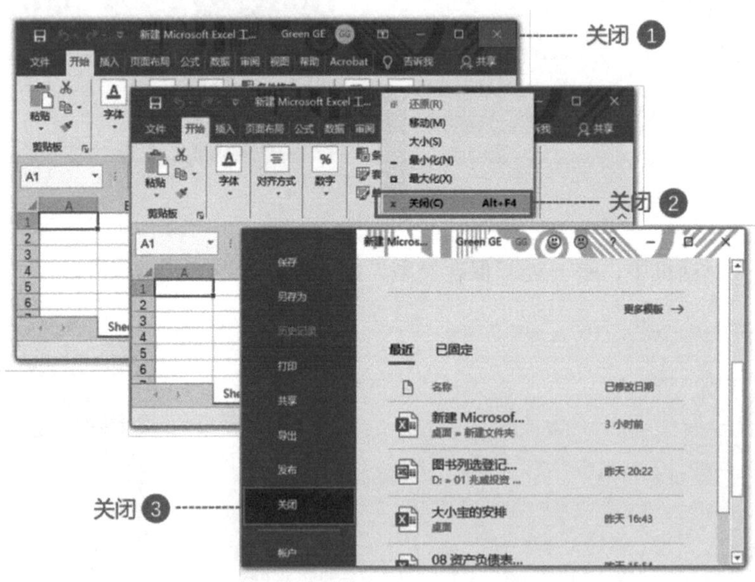

图 1-13

当有多个工作簿同时打开时，若要关闭所有工作簿，则可以选择“关闭所有窗口”，退出 Excel。右击 Windows 功能区上 Excel 标识的堆叠处，选择“关闭所有窗口”，则所有的工作簿被同时关闭，如图 1-14 所示。

关闭工作簿之前，需要检查一下工作簿内容是否已保存。如果未保存就关闭，Excel 会弹出“警告”窗口，询问❶保存、❷不保存或❸取消，如图 1-15 所示。

图 1-14

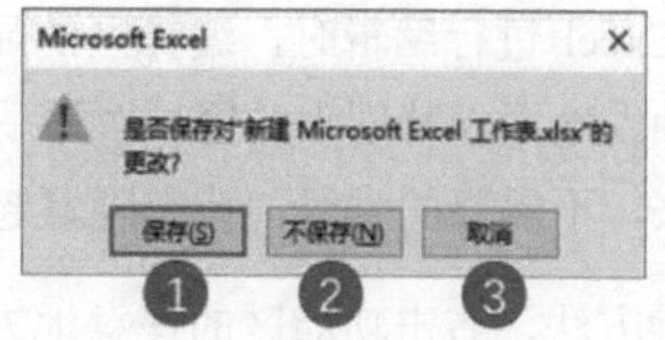

图 1-15

如果选择❶保存，Excel 会把工作簿的最新状态保存下来；如果选择❷不保存，Excel 仅把修改前的工作簿保存下来；如果选择❸取消，则不进行任何操作，回到工作簿的当前界面。

1.2.4 工作簿的界面

新建工作簿之后，我们来了解一下工作簿的工作界面。工作界面主要由标题栏、窗口操作按钮、功能区、名称框、编辑栏、文档编辑区、工作表标签区、状态栏以及视图工具栏组成，如图 1-16 所示。

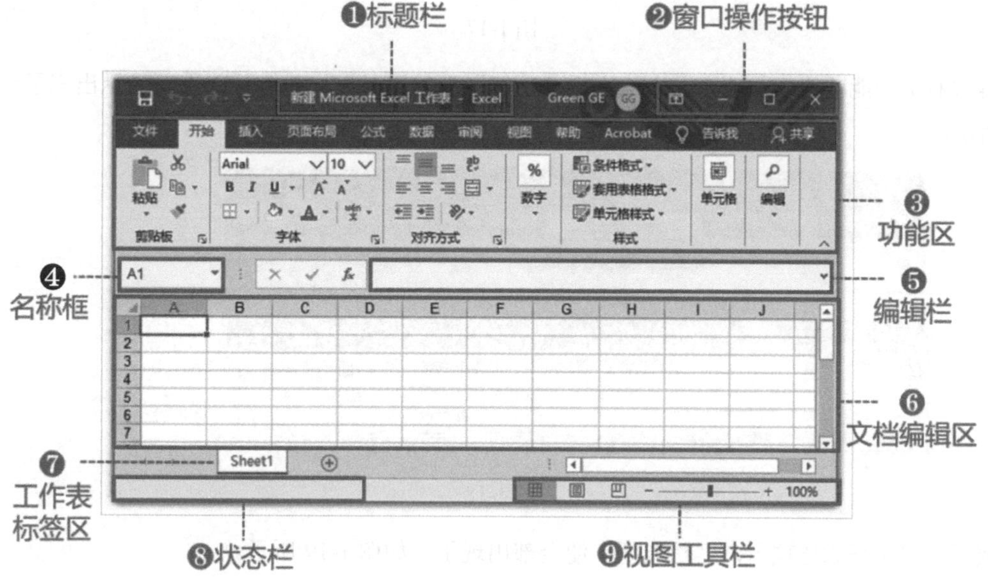

图 1-16

❶ 标题栏：用于显示工作簿的标题。

❷ 窗口操作按钮：对工作簿窗口进行最小化、最大化和关闭等操作。

❸ 功能区：含有 Excel 的各项命令，并且按照不同的命令类型分别集合在对应的选项卡下。

❹ 名称框：显示当前单元格或当前单元格区域的名称。

❺ 编辑栏：对所选单元格进行数据输入操作，或者显示所选单元格中的数据。

❻ 文档编辑区：编辑工作表的数据。

❼ 工作表标签区：显示工作簿中所有的工作表标签。

❽ 状态栏：显示输入状态等信息。

❾ 视图工具栏：设置编辑区域的视图方式和显示比例。

使用 Excel 进行编辑时，编辑区的显示空间越大，我们对全局的掌控力度就越高。因此，“功能区”这种占地面积特别大的区域“不受待见”。比较理想的做法是，需要“功能区”的时候，让它显示出来，不需要的时候，让它隐藏起来，以便让工作表最大化显示。

第一种方法，右击功能区的任意地方，选择“折叠功能区”，“功能区”就隐藏了，如图 1-17 所示。

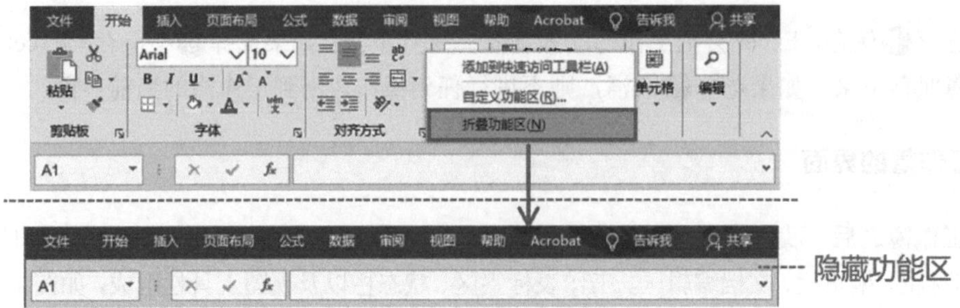

图 1-17

再次右击功能区的任意地方，去除“折叠功能区”的“√”，功能区就重新显示出来了，如图 1-18 所示。

图 1-18

或者，双击任意选项卡，“功能区”便全部出现了，如图 1-19 所示。

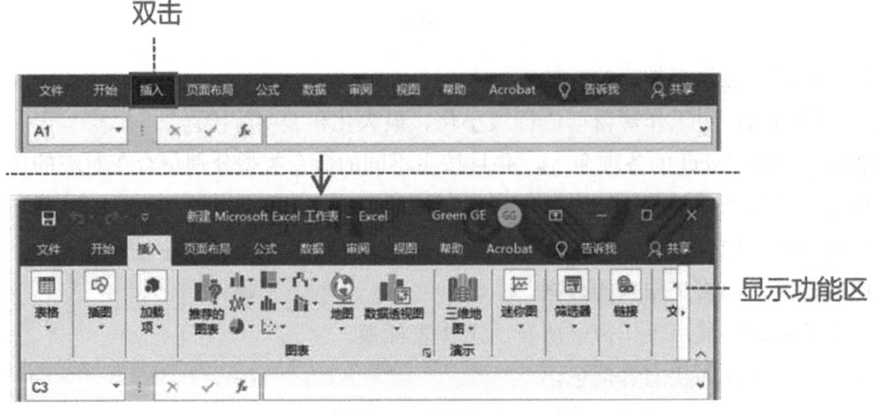

图 1-19

或者利用快捷键 Ctrl+F1，也能快速隐藏和显示功能区。

1.3 工作表是工作簿的成员

如果说工作簿是一本活页夹，那么工作表就是其中的每一张活页纸。工作簿可以称为 Book，工作表可以称为 Sheet。

工作表是显示在工作簿窗口中的表格，或者说，工作表依托于工作簿存在。工作簿中可以包含一个或多个工作表，或者说，工作簿中的每一张表格称为一张工作表。工作表是 Excel 存储和处理数据的基本单位，或者说，使用工作表可以对数据进行组织和分析。

工作簿中的工作表相互独立，当然，如果需要可以同时在多张工作表上输入并编辑数据，也可以对来自不同工作表的数据进行汇总和计算。

每一份工作簿至少拥有一张工作表，也可以拥有多张工作表。用户可以根据需要增减工作表，但工作簿中的工作表数量有最大量限制，一份工作簿最多可以拥有 255 张工作表。

每一张工作表的存储容量也是有限的，相较于较低版本的 Excel 工作表（Excel 2019 之前的版本），Excel 2019 工作表存储的数据量有所增加，从原来单个工作表的“256 列和 65 535 行”扩展到“16 384 列和 1 048 576 行”。

行的编号从 1、2、3 一直到 1 048 576，显示在工作簿窗口的左边；列的编号依次用字母 A、B、C……AA、AB、AC……表示，列号显示在工作簿窗口的上边，如图 1-20 所示。

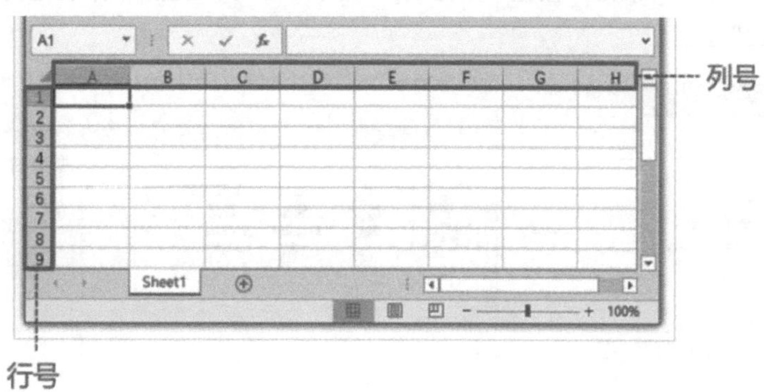

图 1-20

工作表的类型并非唯一，它有 4 种类型，分别是“❶工作表”“❷图表”“❸MS Excel 4.0 宏表”和“❹MS Excel 5.0 对话框”，如图 1-21 所示。

图 1-21

“❶工作表”是默认的工作表类型，用于存储数据行列信息以及单元格对应的数据，创建工作簿后自动生成的工作表就是这一类型的工作表。

“❷图表”类型的工作表中，一张表内只有一张图表。这样的设置便于图表的单独打印，也便于演示数据时排除其他数据的干扰。

“❸MS Excel 4.0 宏表”的特点在于，专门用来保存 XLM 宏。事实上，在 Excel 5.0 版本中，已经用 VBA 代替了 XLM 宏，因此只有必须使用 XML 宏时才会用到它。

“❹MS Excel 5.0 对话框”是用于绘制自定义对话框的工作表，整张工作表的界面就是对话框的绘制界面，我们可以通过增加文本和其他控件来完善它。但是 Excel 97 已经采用用户窗体来代替这种模式的工作表，它存在的意义在于兼容低版本的含有这类工作表的文件。

1.3.1 新建和插入工作表

正如前面所讲的，只要用户需要，可以在工作簿中新建多张工作表，至多 255 张工作表。如何新建工作表呢？

最便捷的方式是，在工作簿窗口底部的工作表标签位置单击插入新工作表按钮“⊕”，即可在工作簿末尾插入新的工作表，也就是新建一张工作表，自动命名为“Sheet2”，如图 1-22 所示。

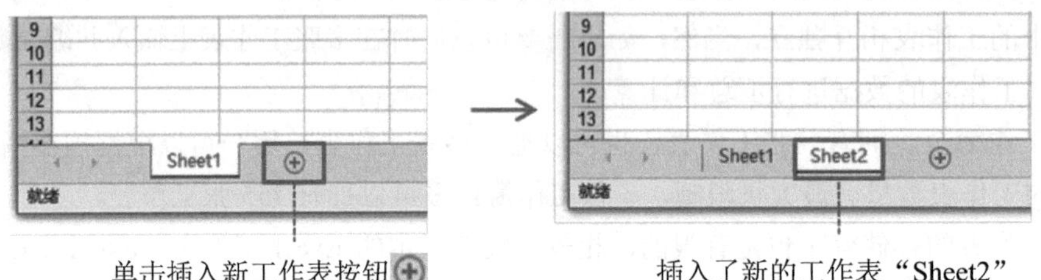

图 1-22

第二种新建工作表的方法是，右击任意工作表标签，选择“插入…”，在弹出的“插入”对话框中选择“工作表”，单击“确定”按钮，如图 1-23 所示，即可在当前工作表之前插入新的工作表，自动命名为“Sheet2”。

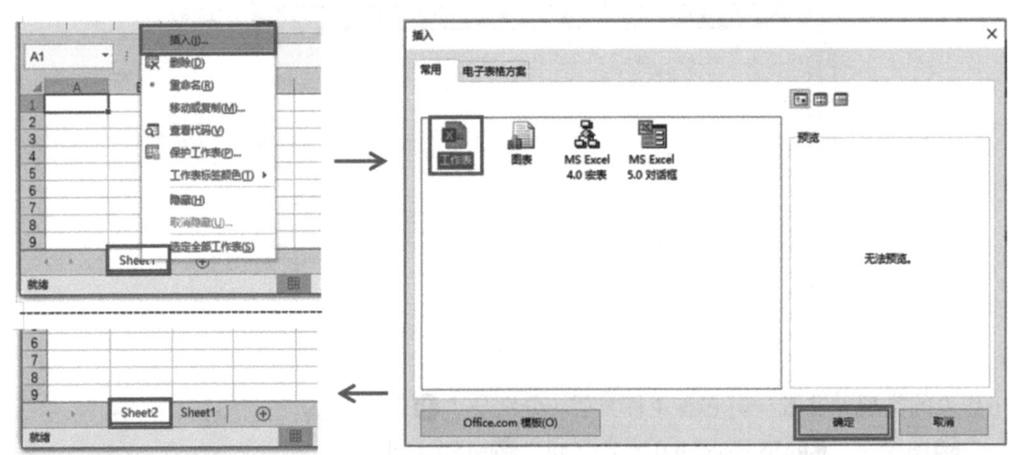

图 1-23

第三种新建工作表的方法是，单击“开始”选项卡，再依次单击“单元格”→“插入”→“插入工作表”，即可在当前工作表之前插入新的工作表，自动命名为“Sheet2”，如图 1-24 所示。

在 Excel 2019 中，新建的工作簿自动包含一张名为“Sheet1”的工作表，不过在较低版本的 Excel 中（Excel 2019 之前的版本），新建的工作簿包含三张工作表，分别是 Sheet1、Sheet2 和 Sheet3。

新建的工作簿所包含的工作表数量可以自行设置。单击“文件”选项卡，再依次单击“选项”→“常规”，在“新建工作簿时”下的“包含的工作表数”处输入 1~255 的任意整数，单击“确定”按钮，如图 1-25 所示。下次新建工作簿时便执行约定的“工作表数”。

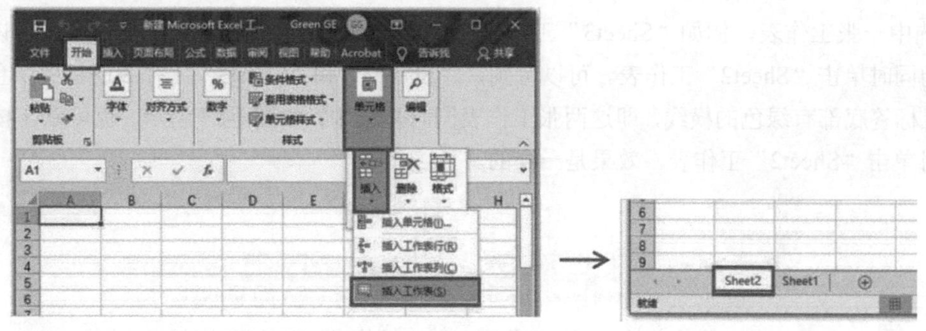

图 1-24

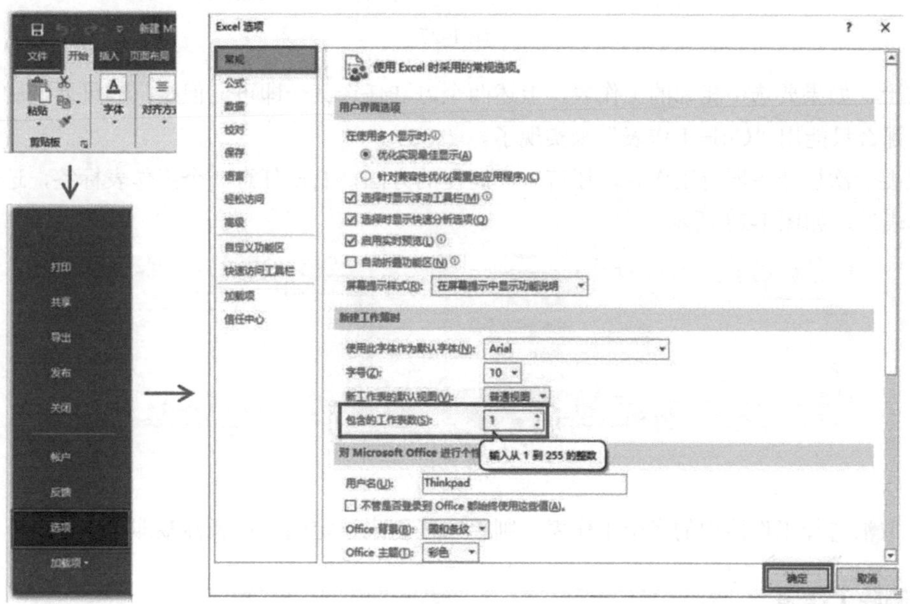

图 1-25

1.3.2 选择工作表

我们把正在操作中的那张工作表称为“活动工作表”。要让工作簿某一张工作表成为活动工作表，可以在工作簿窗口底部单击该工作表的标签名字，以此在同一工作簿中切换不同的活动工作表。

由于屏幕显示空间有限，当工作簿含有较多张工作表时，可能工作表的名称无法全部显示在屏幕上。如果要查找的工作表名称没有显示出来，可以单击标签滚动按钮或“…”，把它移动到当前显示的标签中，如图 1-26 所示。

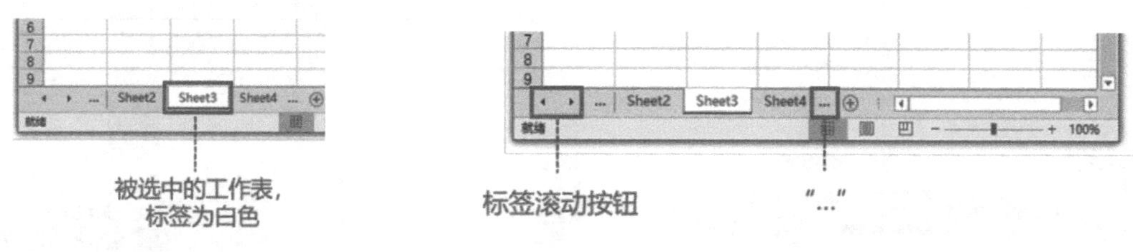

图 1-26

有时，我们需要对多张工作表同时操作，如何同时选中这些工作表呢？

先选中一张工作表，例如“Sheet3”工作表。例如要同时选中“Sheet2”工作表，可以在按住Ctrl键的同时单击“Sheet2”工作表。可以看到，“Sheet2”和“Sheet3”工作表的标签颜色都是白色，并且标签底部有绿色的横线，即这两张工作表同时被选中，如图1-27所示。也可以在按住Shift键的同时单击“Sheet2”工作表，效果是一样的。

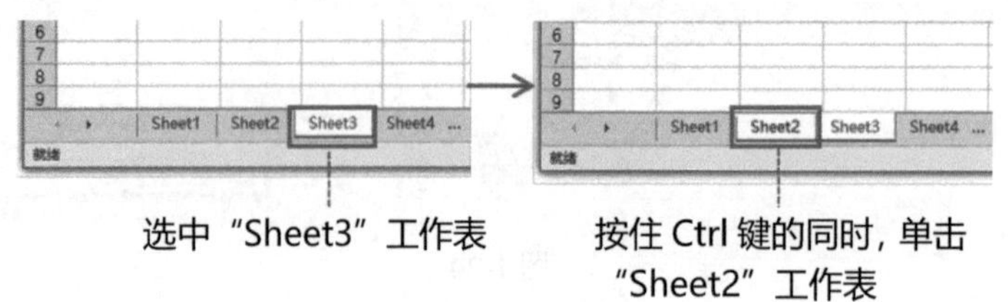

图1-27

事实上，如果要选中相邻的工作表，上述两个方法任选其一即可。但是，如果要选中的工作表不相邻，那么只能用“Ctrl+工作表”来实现了。

如果要一次性选中所有工作表，还有一个简便的方法，右击任意一个工作表标签，选择“选定全部工作表”，如图1-28所示。

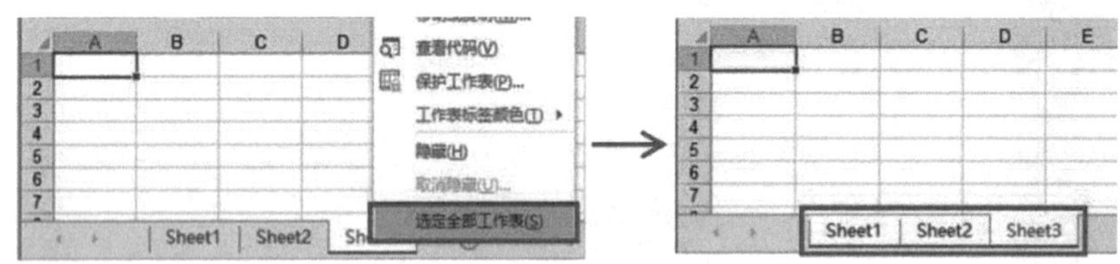

图1-28

若要取消选择工作簿中的多个工作表，则单击任何未选定的工作表标签即可。

1.3.3 删除工作表

工作簿中的某张工作表或某几张工作表不再需要时，我们可以进行“删除”操作。

比较简洁的删除方式是，选中要删除的工作表，例如Sheet2，右击“Sheet2”工作表标签，选择“删除”，如图1-29所示。

另一种常用的方式是，单击“开始”选项卡，再依次单击“单元格”→“删除”→“删除工作表”，如图1-30所示。

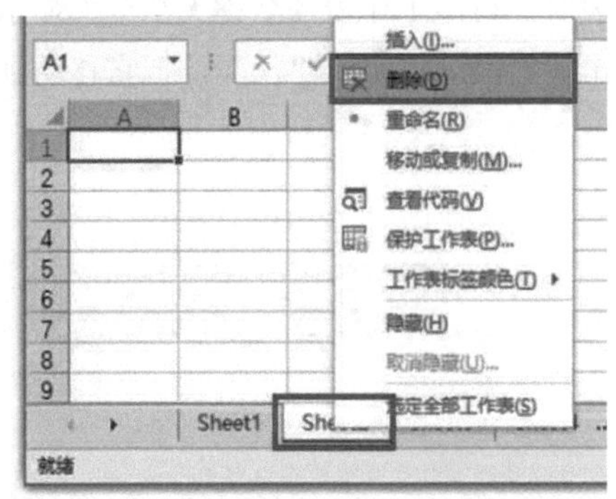

图1-29

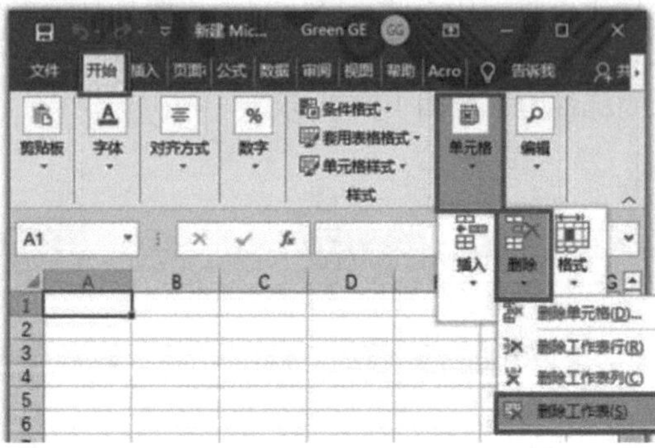

图1-30

如果要同时删除“Sheet2”和“Sheet3”两张工作表，先用上一小节的方法同时选中这两张工作表，再用本小节的任意一种方法进行“删除”操作。

工作表可以随时新建或删除，但是工作表一旦被删除，即使使用“撤销”功能也无法恢复（“撤销”功能在后文会说明）。因此，要特别小心，别误删了含有重要资料的工作表。

1.3.4 复制工作表

如果要制作和既有工作表类似的工作表，不用从空白工作表起步，可以先复制既有工作表，再编辑和它不同的地方，这样可以大大提高编辑新工作表的效率。

复制既有工作表的方法是这样的。单击既有工作表的标签不放开，此时出现了存放位置标记▼和▯。按住 Ctrl 键，▯变成了⊞。此时，在工作簿窗口底部向右移动鼠标到空白处。移动鼠标的过程中可以看到▼标记和⊞也随之移动。然后，先放开鼠标，再放开 Ctrl 键，工作表复制完成。新工作表的名称被自动命名为既有工作表名称之后加上“(2)”，也就是“Sheet1”被复制后，新的工作表被命名为“Sheet1 (2)”，如图 1-31 所示。

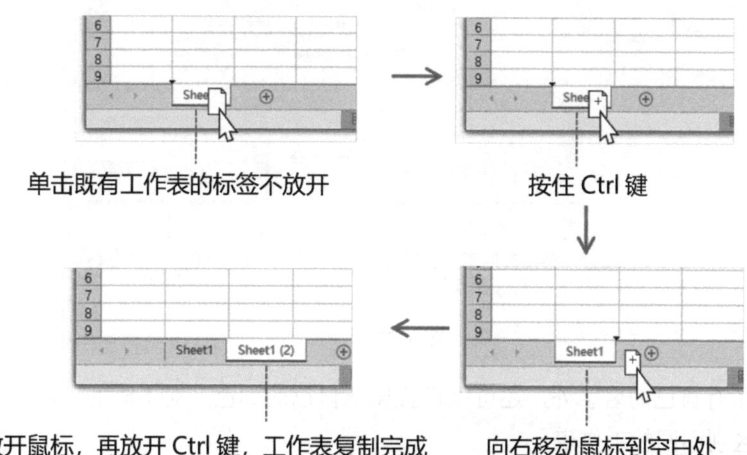

图 1-31

如果要让被复制的工作表显示在既有工作表之前，只需将复制的工作表移动到既有工作表之前就可以了。延续上一个操作步骤，单击工作表“Sheet1 (2)”的标签不放开，在工作簿窗口底部将标签向左拖动，看到▼标记位于“Sheet1”的左侧时放开鼠标，便完成了“Sheet1 (2)”工作表的移动，如图 1-32 所示。

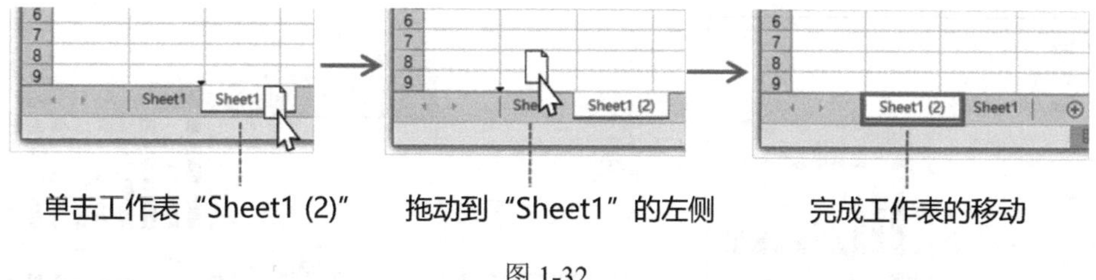

图 1-32

1.3.5 工作表的命名和标签颜色

每张工作表都有一个名字，同一份工作簿中，工作表的名字彼此不能重复。工作表的名字显示在工作簿窗口底部的工作表标签上，每一张标签对应一张工作表的名字。每一张工作表默认的名称是 Sheet1、Sheet2、Sheet3 等。

工作表的名称常常需要修改。例如，对于新建工作簿后自动生成的工作表，我们需要把默认的“Sheet1”修改为更贴切工作表内容的名字，以便更加方便地归类和整理资料。又如，当我们复制工作表后，需要把“Sheet1 (2)”更改为想要的内容。

更改工作表的名称时，先选中要修改名称的工作表标签，这里以上一例“Sheet1 (2)”工作表的名称为例。双击“Sheet1 (2)”，或右击“Sheet1 (2)”并选择“重命名”，“Sheet1 (2)”以反白形式显现。输入新的工作表名称，例如“工作表”，并按回车键。“Sheet1 (2)”工作表的名称修改完成，如图 1-33 所示。

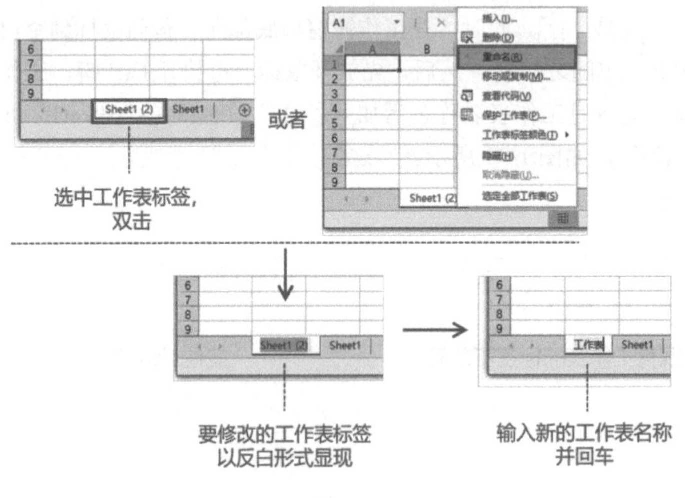

图 1-33

工作表标签除了有自己的名字外，还可以设置属于自己的颜色。对不同的工作表标签设置颜色后，就可以直观地区别不同的工作表。

默认的工作表标签是无色的。工作表标签的颜色可以设定为任何想要的 RGB 色彩组合。右击工作表标签，选择“工作表标签颜色”，在弹出的调色盘中，“主题颜色”提供了 50 种颜色，可以选择其一，如图 1-34 所示。也可以从“标准色”中选择一项，作为工作表标签的颜色。或者单击“其他颜色...”，通过调配 RGB 自定义色彩。

例如，我们要把工作表标签的颜色调整为“蓝色”，在上一步骤操作的基础上选择“蓝色”，如图 1-35 所示。

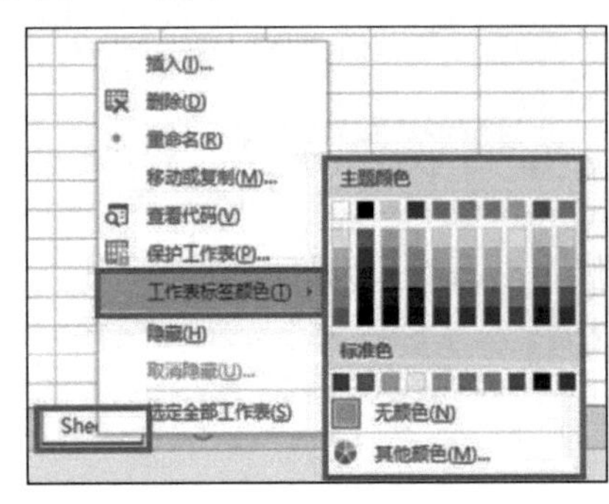

图 1-34

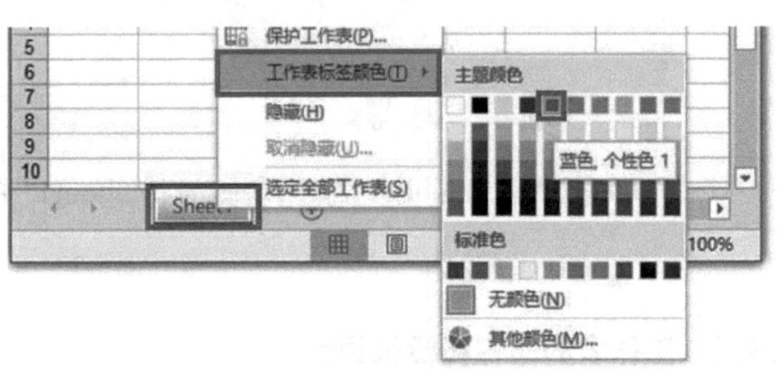

图 1-35

可以看到，标签颜色显示为渐变色，由上至下从“白色”渐变为“蓝色”，而不是我们想象中的“纯蓝”。

这是因为这张工作表Sheet1是“活动工作表”，它的工作表标签会显示特殊的颜色，并且标签底部有绿色的横线。当工作表标签是透明色时，成为“活动工作表”时显示为白色；当工作表标签不是透明色时，成为“活动工作表”时显示为白色到相应颜色的过渡色，如图1-36所示。

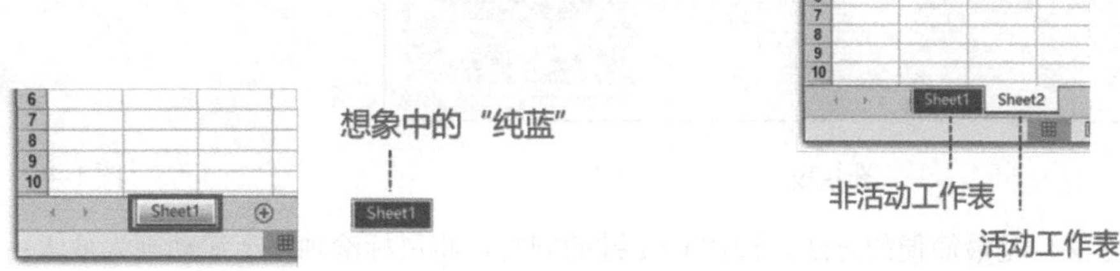

图 1-36

1.3.6 放大或缩小页面的显示

工作表上的字迹或其他内容显示的大小是可以调整的。对于密密麻麻的数据，我们可把数字放大，看得更清晰；当要看清一张表格的整体情况时，我们可以把字体缩小，让表格页面全部呈现出来。

页面的放大或缩小主要有三种方法。只要放大或缩小的范围在10%~400%都能满足要求。

第一种方法，单击“视图”选项卡，选择“缩放”。在弹出的“缩放”对话框中，前半部分设定了200%、100%、75%、50%和25%五种缩放比例，单击选择适当的缩放范围，然后单击“确定”按钮。

默认的缩放比例是100%，这是我们比较常用的视图。如果在其他缩放比例的视图下要快速切换到100%的视图，有一个便捷的方法，在“视图”选项卡下选择“100%”，视图直接回到100%的显示比例之下，如图1-37所示。

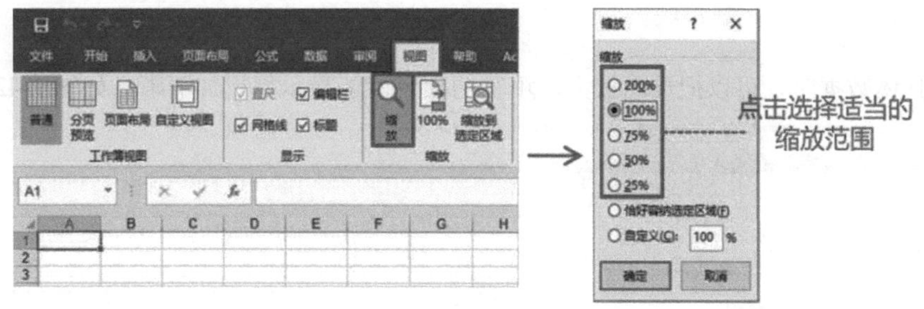

图 1-37

在“缩放”对话框中，如果选择“自定义”，可以直接输入适当的缩放数字，单击“确定”按钮即可，如图1-38所示。

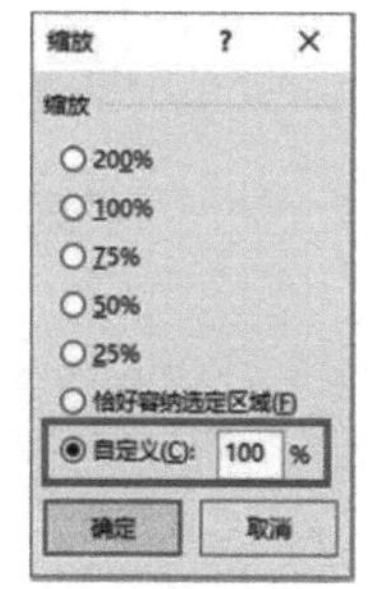

图 1-38

“缩放”对话框中还有一个“恰好容纳选定区域”选项。选择这个功能时，能够将选中的单元格在页面中“最大化”且完整地显示出来。这个功能和“视图”选项卡下的“缩放到选定区域”是一样的，如图1-39所示。

第二种方法，利用工作簿窗口右下角的缩放滚轴来快速改变页面的显示比例，或者单击滚轴两侧的“+”或“-”按钮，每单击一次“+”或“-”按钮，页面就放大或缩小10%，如图1-40所示。

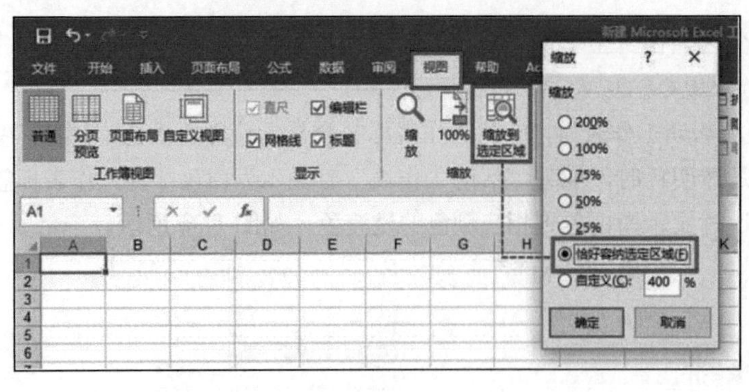

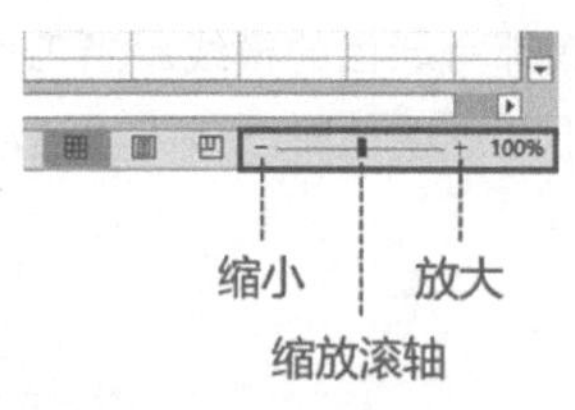

图 1-39

图 1-40

第三种方法，是最简便的方法。按住 Ctrl 键的同时，将鼠标滚轴往上滚动则为放大；按住 Ctrl 键的同时，将鼠标滚轴往下滚动则为缩小。这种方式下，可以非常便捷地根据自己的需要在随时可视结果的情况下进行缩放。

举一个例子，如图 1-41 所示是“原始凭证限额领料单”。

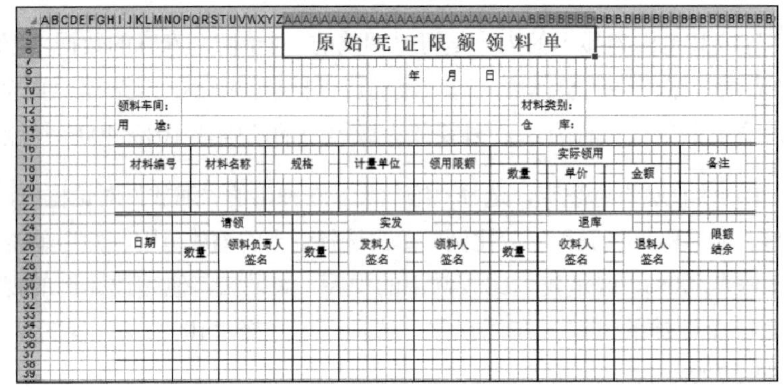

图 1-41

在填写具体数据时，可以把页面放大，填写的项目就能显示得更加清晰，如图 1-42 所示。

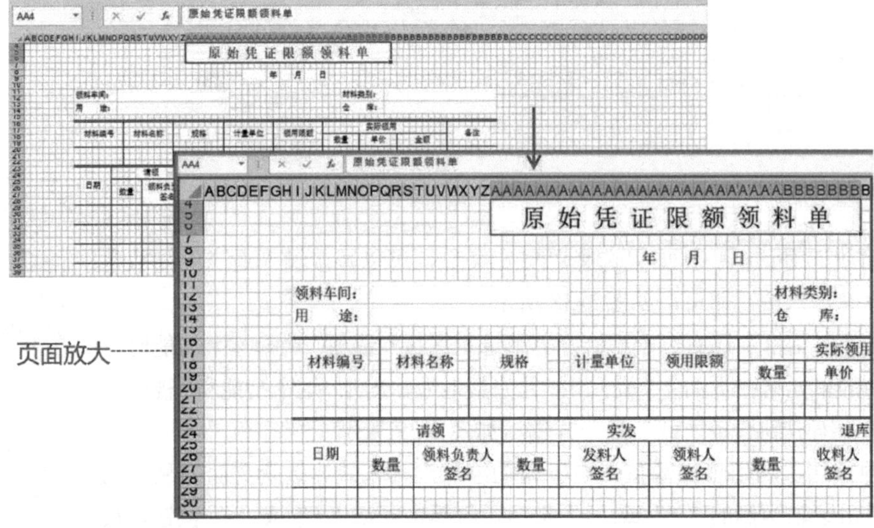

图 1-42

当整张表填写完成后，再利用“缩放到选定区域”功能将页面缩小，以便能看清“原始凭证限额领料单”的全面貌，如图 1-43 所示。

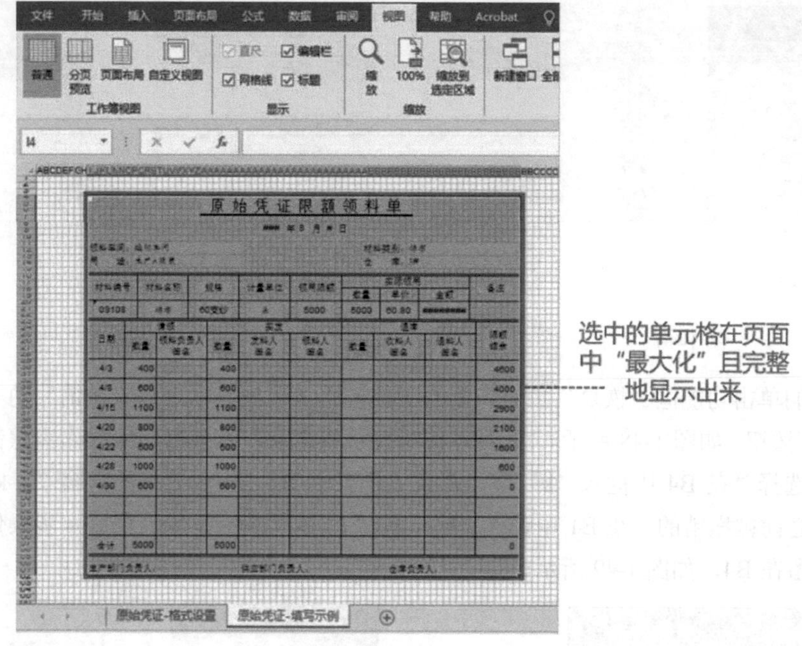

图 1-43

1.3.7　撤销和恢复操作

在工作表中进行数据输入、数据计算等操作时，如果发现上一步的操作有误，可以利用“撤销”功能进行取消；如果发现之前的操作并没有错，还可以利用“恢复”功能复原，如图 1-44 所示。更确切地说，Excel 可以对之前的多步操作逐一进行“撤销”操作，也可以对被“撤销”的多步操作逐一进行“恢复”。

举一个例子，在工作表的 A1~B7 单元格分别输入 a~n，单击功能区的“撤销”按钮右侧的下拉按钮，可以看到列表中依次显示了之前的第 14 步~第 1 步操作，如图 1-45 所示。

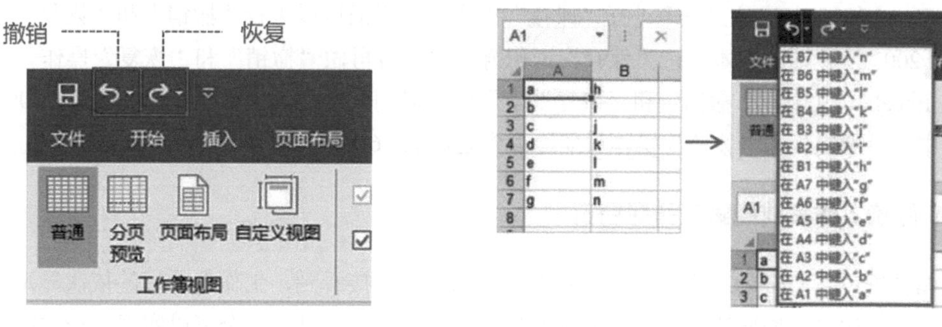

图 1-44　　　　图 1-45

如果选择“在 B7 中键入‘n’”，工作表中 B7 单元格的内容“n”就不见了。也就是撤销了“在 B7 中键入 n”这步操作，并且被选中的单元格停留在 B7，如图 1-46 所示。

如果选择“在 B1 中键入‘h’”，工作表中 B1~B6 单元格的内容“h~m”就都不见了。也就是撤销了“在 B1 中键入‘h’”~“在 B6 中键入‘m’”这 6 步操作，并且被选中的单元格停留在 B1，如图 1-47 所示。

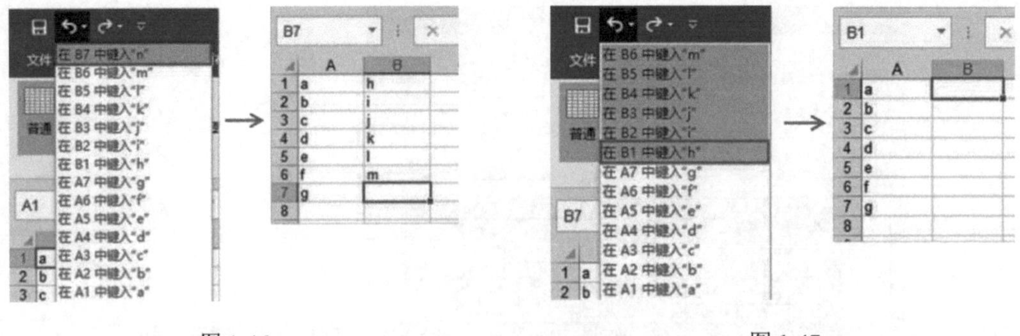

图 1-46　　图 1-47

接着，我们单击功能区“恢复”按钮右侧的下拉按钮，依次显示之前“撤销”的 7 个步骤，并有一个“清除”按钮，如图 1-48 所示。“清除”按钮表示将之前所有被撤销的操作步骤都恢复回来。

如果我们选择“在 B4 中键入‘k’”，那么工作表中 B1~B4 单元格的内容“h~k”又出现了。也就是恢复了之前被撤销的“在 B1 中键入‘h’”~“在 B4 中键入‘k’”这 4 步操作，并且被选中的单元格停留在 B4，如图 1-49 所示。

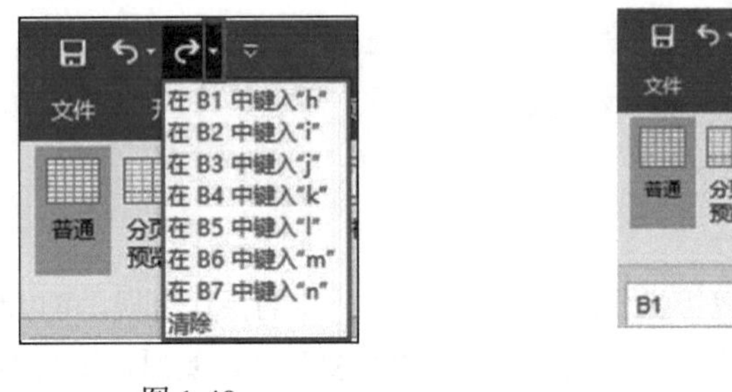

图 1-48

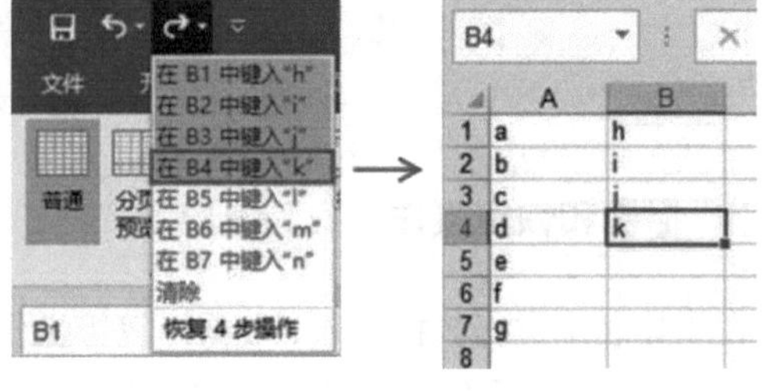

图 1-49

“撤销”和“恢复”操作也可以用快捷方式来实现。“撤销”命令可以用快捷键 Ctrl+Z 来代替，每按一次 Ctrl+Z，撤销之前的一步操作；“恢复”命令可以用快捷键 Ctrl+Y 来代替，每按一次 Ctrl+Y，恢复之前被撤销的一步操作。

在 Excel 2019 中，对工作簿进行“保存”操作后，仍旧可以进行“撤销”和“恢复”操作。而在 Excel 2003 及之前的版本中，“保存”工作簿后便不可再做“撤销”和“恢复”操作。

在 Excel 2019 中，“撤销”和“恢复”操作可以追溯到之前的 100 步。而在 Excel 2003 及之前的版本中，“撤销”和“恢复”操作只能追溯到之前的 16 步。

1.3.8　隐藏工作表或隐藏工作簿窗口

正常情况下，打开的工作簿中，所有工作表都可以直接看到，工作表的标签依次显示在工作簿窗口的底部。如果我们要让某张工作表或者某几张工作表不可见，完全可以实现。一方面，可以利用“隐藏工作表”功能让任何工作表不可见。另一方面，也可以隐藏工作簿窗口，让工作表从工作区中删除。

虽然隐藏的工作表和隐藏的工作簿窗口中的数据不可见，但是其他工作表和工作簿是可以引用这些数据的。

下面我们来试试如何隐藏工作表和隐藏工作簿窗口。

1. 隐藏工作表

选中所要隐藏的工作表，例如“Sheet2”，如图 1-50 所示。

单击“开始”选项卡，再依次单击“单元格”→“格式”→“隐藏和取消隐藏”→“隐藏工作表”，如图 1-51 所示。

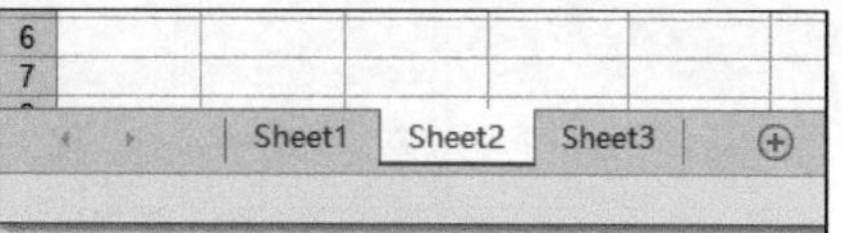

图 1-50

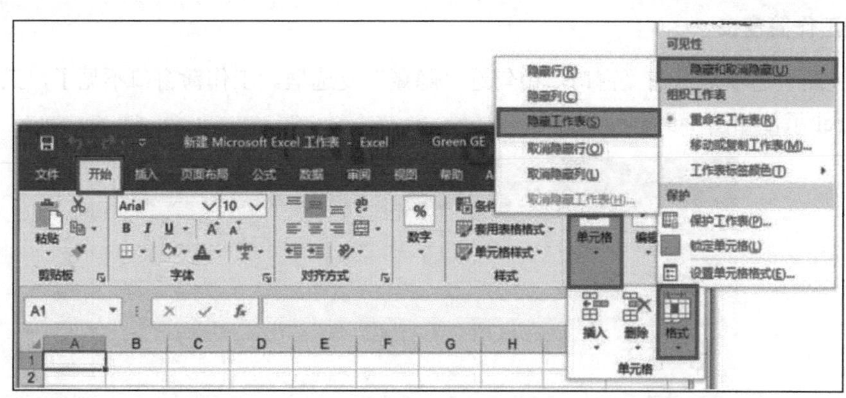

图 1-51

这时，“Sheet2”就从工作表标签中消失了，如图 1-52 所示。

如果要取消隐藏工作表，让“Sheet2”重新显示出来，单击“开始”选项卡，再依次单击“单元格”→“格式”→“隐藏和取消隐藏”→“取消隐藏工作表”，如图 1-53 所示。

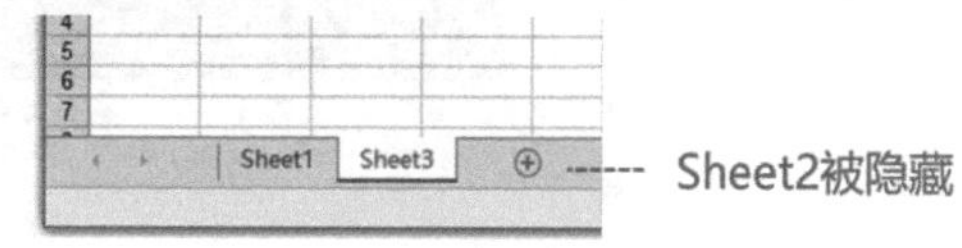

图 1-52

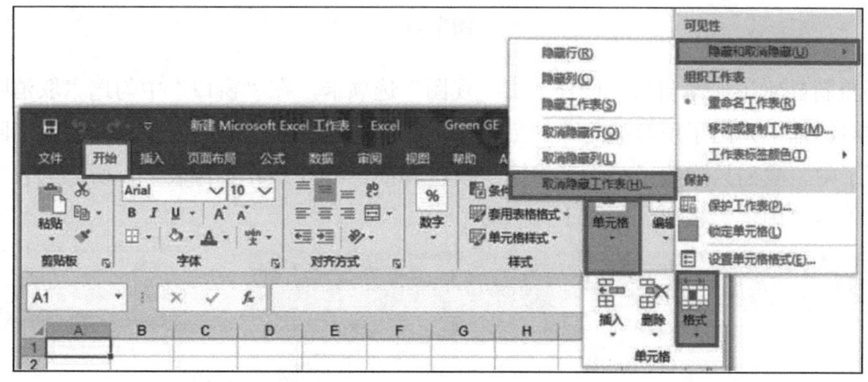

图 1-53

弹出的对话框中列出了所有被隐藏的工作表。取消隐藏工作表时，一次只能取消隐藏一张工作表，因此要在取消隐藏工作表列表中选择要取消隐藏的工作表。这个例子中，我们只隐藏了“Sheet2”，所以列表中只有“Sheet2”这张工作表，单击“确定”按钮，“Sheet2”工作表又回来了，如图 1-54 所示。

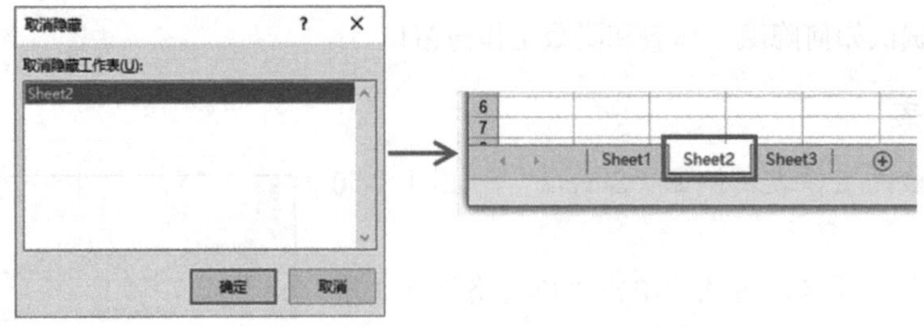

图 1-54

2. 隐藏工作簿窗口

单击“视图”选项卡，在“窗口”中勾选“隐藏”复选框。工作簿窗口不见了，工作簿的名称也隐藏为 Excel 了，如图 1-55 所示。

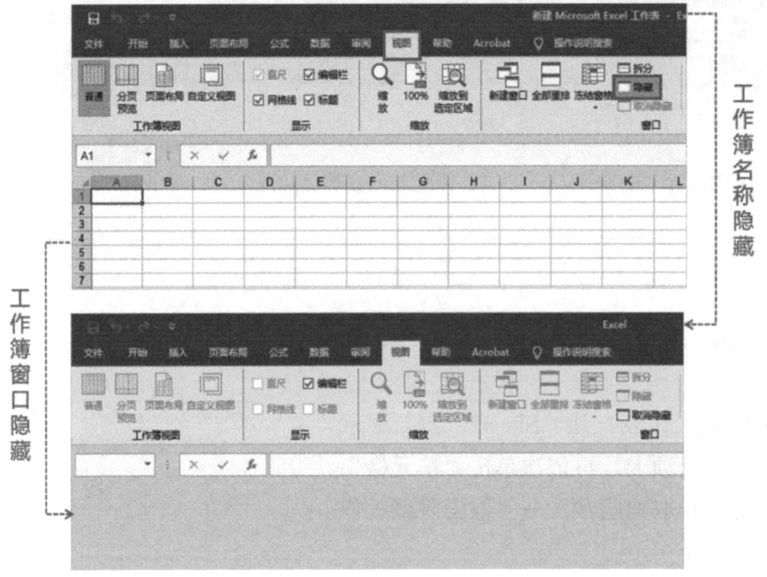

图 1-55

如果要重新显示工作簿窗口，同样单击“视图”选项卡，在“窗口”中勾选“取消隐藏”复选框。弹出的对话框中列出了所有被隐藏的工作簿，在取消隐藏工作簿列表中选择要取消隐藏的工作簿。这个例子中，我们只隐藏了一份工作簿“新建 Microsoft Excel 工作表”，所以列表中只有这一份工作簿，单击“确定”按钮，如图 1-56 所示。

图 1-56

工作簿窗口又出现了，工作簿的名称也恢复为“新建 Microsoft Excel 工作表”，如图 1-57 所示。

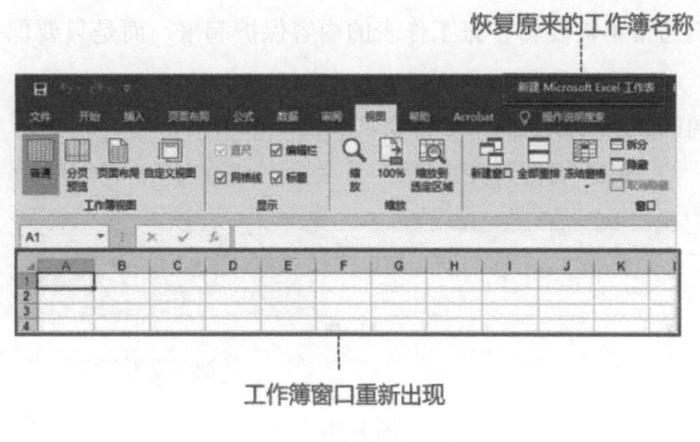

图 1-57

1.3.9 保护工作表或保护工作簿

工作表和工作簿正常情况下是可以任意修改的。但是，如果用户不希望自己编辑的整个工作簿或工作表的某些部分被修改，可以对其进行保护。

保护工作表有两种情况：一是对整张工作表进行保护，二是对部分工作表进行保护。

保护整张工作表的操作是这样的。打开要保护的工作表，例如“Sheet2”工作表。选择“审阅”选项卡，然后依次单击“保护”→“保护工作表”，如图 1-58 所示。

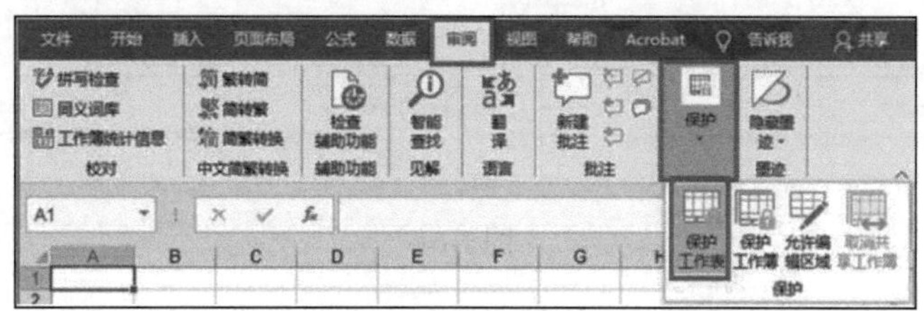
图 1-58

在弹出的“保护工作表”对话框中，勾选允许此工作表所有用户进行的操作，并设置取消工作表保护时使用的密码，之后单击“确定”按钮。在弹出的“确认密码”对话框中再次输入密码，单击“确定”按钮，如图 1-59 所示。

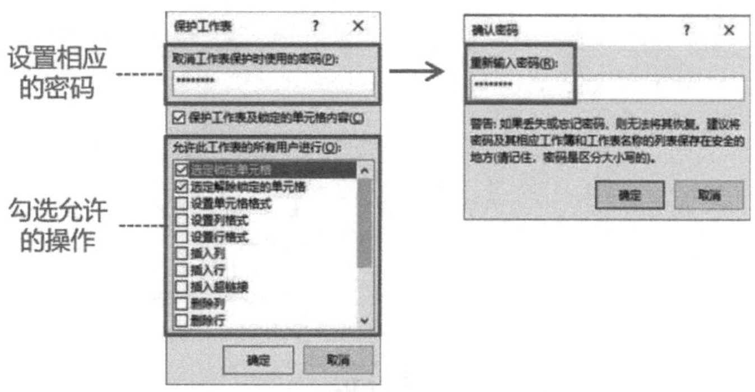

图 1-59

这张工作表中，除了被勾选的部分可操作之外，其他的就不能操作了。另外请注意，由于设置了工作表的保护，工作表的“插入”可以操作，但是“删除”不能操作。

实际工作中，我们通常不需要将整张工作表的内容保护起来，而是只要保护部分内容，这就是“对部分工作表保护”。

单击工作表左上角的◢，选中整张工作表，如图 1-60 所示。

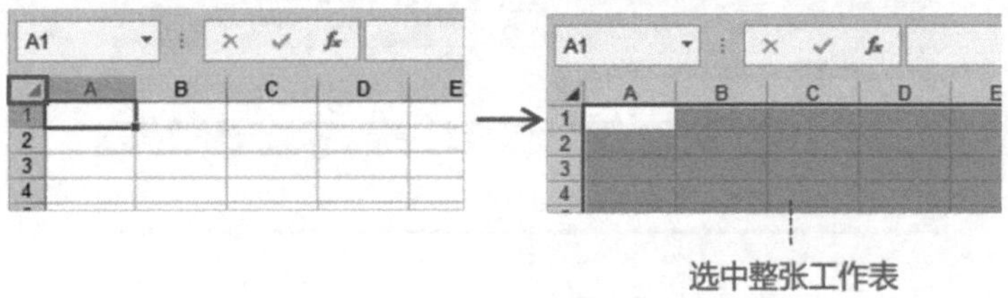

图 1-60

右击任意单元格，选择“设置单元格格式”。在弹出的“设置单元格格式”对话框中，单击“保护”标签，取消勾选“锁定”复选框，单击“确定”按钮，如图 1-61 所示。

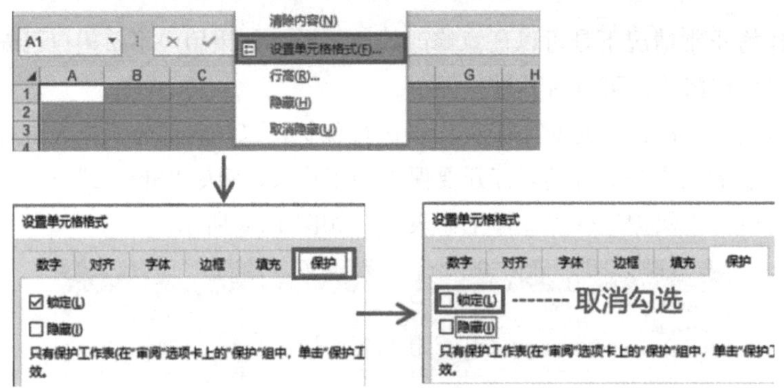

图 1-61

回到工作表中，选中要保护的区域，例如“A1~D1”单元格，右击“A1~D1”中任意单元格，在弹出的“设置单元格格式”对话框中单击“保护”标签，勾选“锁定”复选框，单击“确定”按钮，如图 1-62 所示。

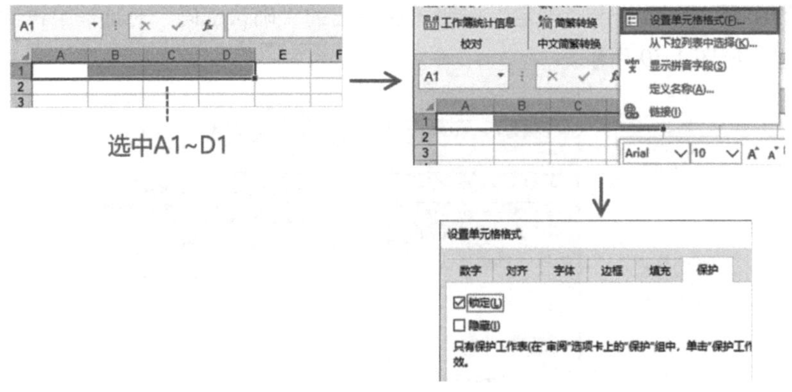

图 1-62

此时，“A1~D1”单元格被锁定，无法进行删除、插入等操作。我们来检验一下。单击位于第 1 行最左侧的“1”，表示选中第一行。右击第 1 行的任意单元格，可以发现，弹出的菜单中，插入、删除等多项操作处于“不可操作”状态，如图 1-63 所示。

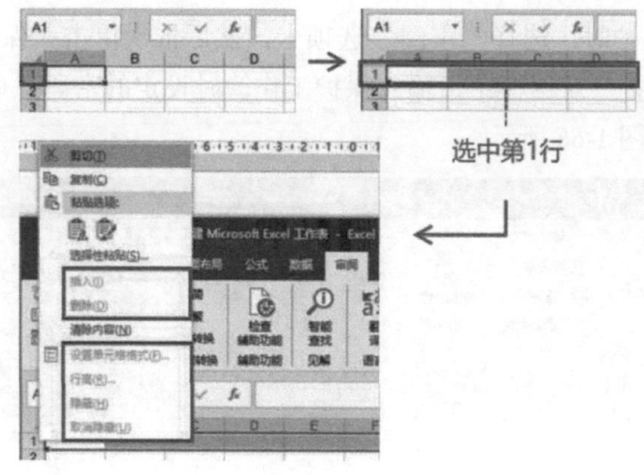

图 1-63

当工作表或工作表的部分不再需要保护时，选择“审阅”选项卡，然后依次单击“保护”→“撤销工作表保护”。在弹出的“撤销工作表保护”对话框中，输入保护工作表时设定的密码，单击“确定”按钮，如图 1-64 所示。所设定的工作表被保护部分不再被保护。

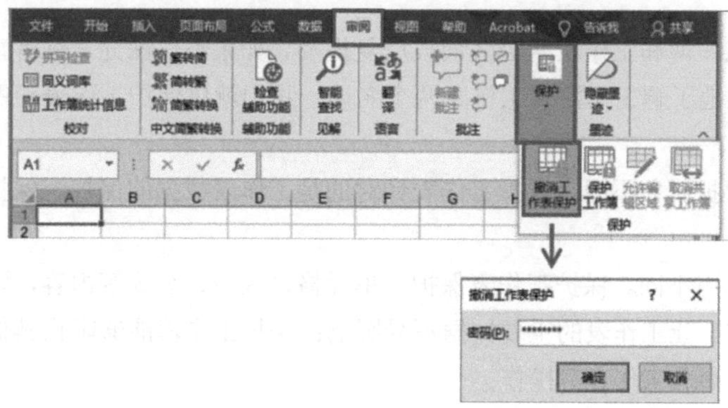

图 1-64

如果要对工作簿进行保护，步骤和保护工作表的步骤是类似的。选择“审阅”选项卡，然后依次单击“保护”→“保护工作簿”，在弹出的“保护结构和窗口”对话框中输入密码（可选），单击“确定”按钮，并在下一个“确认密码”对话框中确认密码，至此便完成了工作簿的保护，如图 1-65 所示。

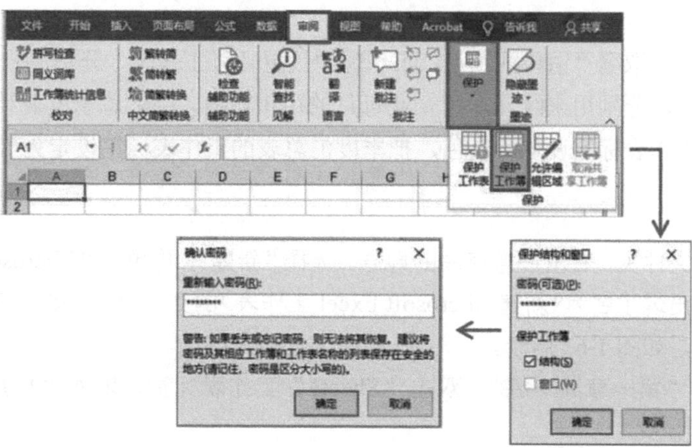

图 1-65

当工作簿不再需要保护时，选择“审阅”选项卡，然后依次单击“保护”→“保护工作簿”，在弹出的“撤销工作簿保护”对话框中，输入保护工作簿时设定的密码，单击“确定”按钮，就撤销了对工作簿的保护，如图 1-66 所示。

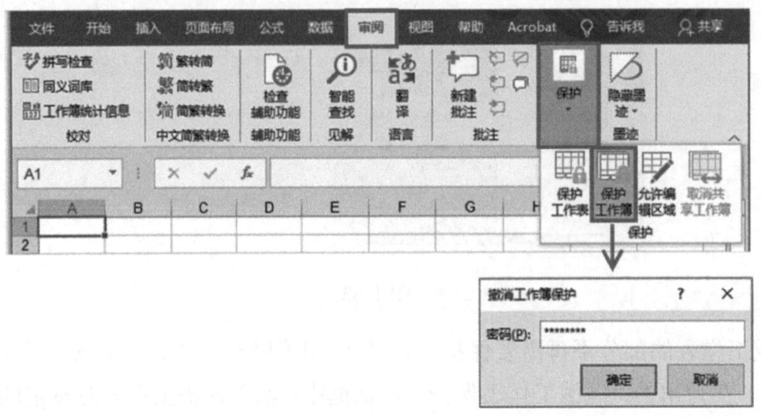

图 1-66

这一单元中，工作簿和工作表两个名词被反复提及。如果不作深究，读者直接对其进行操作即可；如果希望更深入地了解工作簿和工作表两个名词，我们就以保护工作表和保护工作簿为例说明一下两者的不同。

首先，两者的保护对象不同。保护工作表针对的是工作表数据的保护，保护工作簿针对的是工作表的保护。

其次，两者的作用不同。保护工作表保护了单元格、区域、公式等内容，限制了其他用户在工作表中可执行的操作，让工作表的重要数据不受影响；保护工作簿能够阻止其他用户进行添加、移动、删除、隐藏和重命名工作表等操作。

1.4　练一练——设定工作表

【目标】

新建一个工作簿，取名“销售业绩”。工作簿中设置 4 张工作表，分别命名为“1 月”“2 月”“3 月”“一季度”，分别用来统计一家企业每月的销售业绩，并汇总季度业绩。为了便于查找，请把月度登记表的工作表标签设定为金色，把季度汇总表的工作表标签设定为红色。

【步骤】

步骤 01　打开任意文件夹，右击任意空白的地方。选择“新建”，再单击“Microsoft Excel 工作表”。文件夹中出现了名为“新建 Microsoft Excel 工作表”的文件，输入文件名“第一章练一练”，按回车键，如图 1-67 所示。

步骤 02　打开文件“第一章练一练”。双击“Sheet1”工作表标签，输入“1 月”，按回车键，如图 1-68 所示。

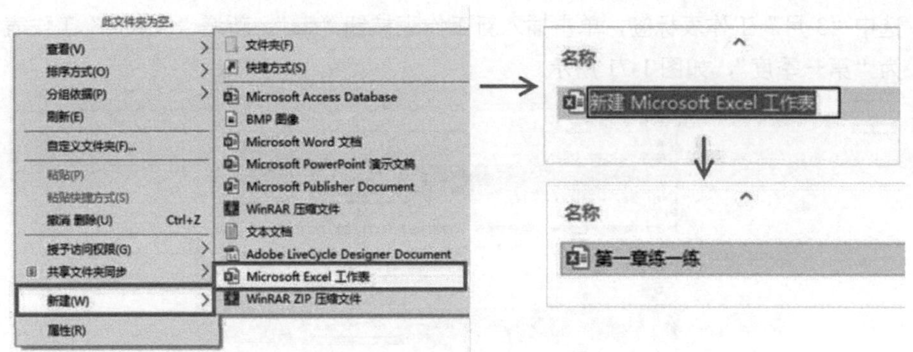

图 1-67

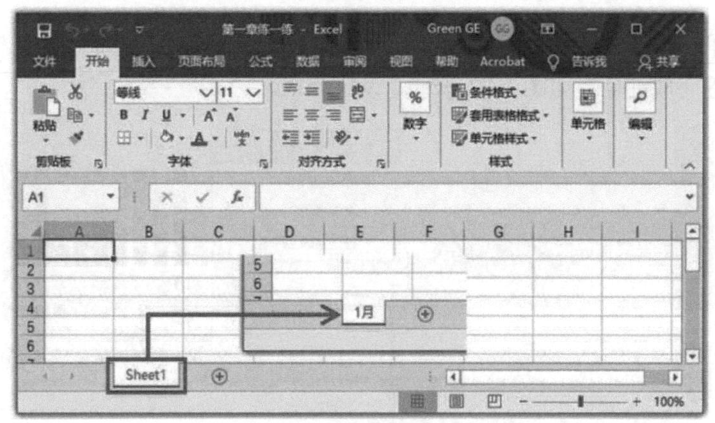

图 1-68

步骤 03 单击插入新工作表按钮“⊕”，新增“Sheet2”工作表，把新增的工作表的名称改为“2 月”。用同样的方法新增“3 月”工作表，如图 1-69 所示。

图 1-69

步骤 04 右击任意工作表标签，例如“3 月”，选择“选定全部工作表”。再次右击任意工作表标签，例如“3 月”，选择“工作表标签颜色”，选择“金黄”。所有三个工作表标签都变成金色的了，如图 1-70 所示。

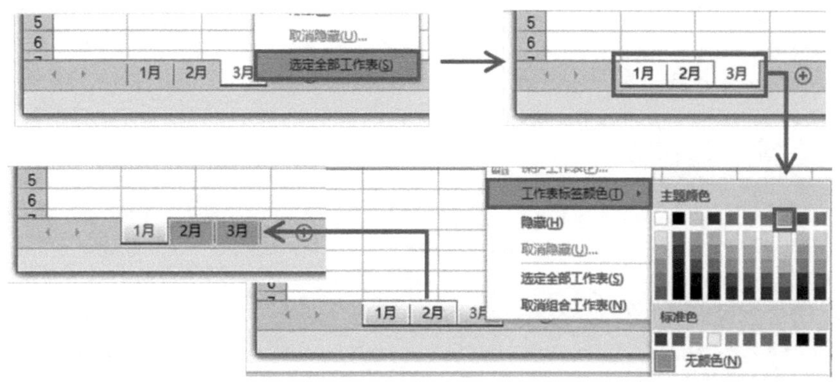

图 1-70

步骤05 选中“3月”工作表标签，单击插入新工作表按钮“⊕”，新增“Sheet4”工作表，并命名为“第一季度”，如图1-71所示。

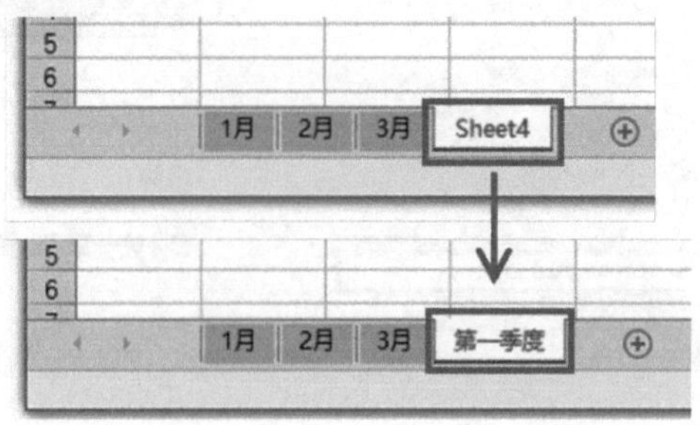

图 1-71

步骤06 右击“第一季度”工作表标签，选择“工作表标签颜色”，选择“红色”。“第一季度”工作表标签变成红色，如图1-72所示。设定完毕。

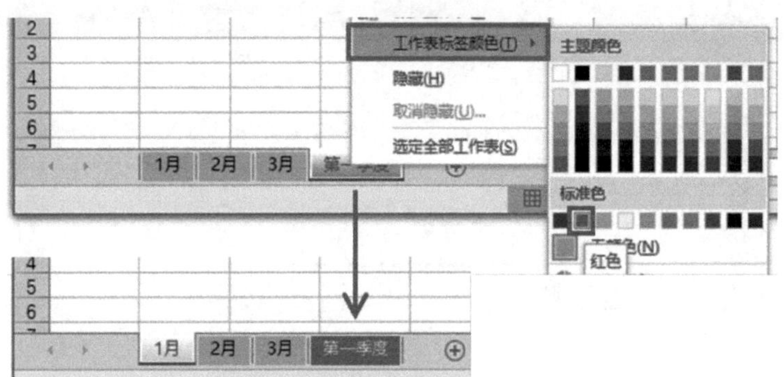

图 1-72

结果详见文件“01-01 设定工作表”。

上篇

第 2 章

单元格的基本操作

上一章介绍了工作簿和工作表，这一章介绍工作表的基本元素——单元格。

工作表由排列成行和列的“存储单元”组成，“存储单元”被称为“单元格”，是组成工作表的最小单位。用户输入的所有数据都是保存在单元格中的，输入的数据可以是字符串、数字、公式、图形、音频等。

每一张工作表可以安排的单元格数量是有限制的，最多可以安排 65 536 行和 256 列单元格。

2.1 单元格的基本操作

单元格作为工作表的最小单位，数据的输入和修改都是在单元格中进行的。

2.1.1 选中单元格

类似“活动工作表”的定义，正在使用的单元格就是“活动单元格”。单击任意单元格，此时，它被一个绿色方框突显出来，相应的行和列也被绿色粗线条突显出来，“名称框”中显示的也是这个“活动单元格”的位置。

每个单元格都有它的代号，也就是它的固定地址，例如“C2”，代表了位于“C”列、第“2”行的那个单元格，如图 2-1 所示。同样的，一个地址对应唯一的一个单元格，“C2”指的是“C”列和第“2”行交叉位置上的单元格。

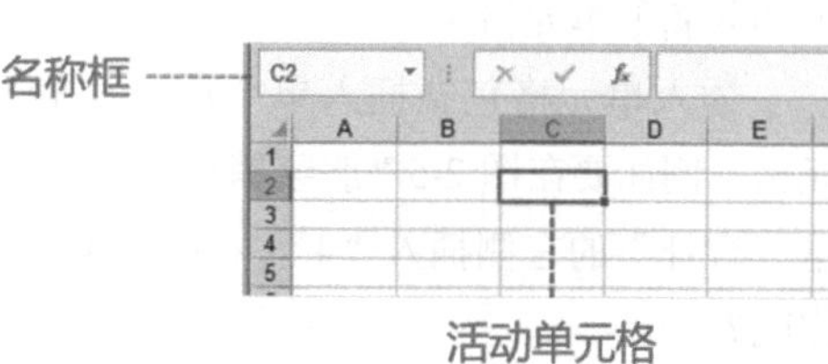

图 2-1

我们也可以同时选中多个单元格。

如果要选中的单元格是连续的，先选中其中一个单元格并按住鼠标左键不放开，移动鼠标覆盖到其他要同时选中的单元格即可。在图 2-2 中，先选中 C2 单元格，然后按住鼠标左键向右下方移动，以致覆盖 C2~E4 共 9 个单元格。

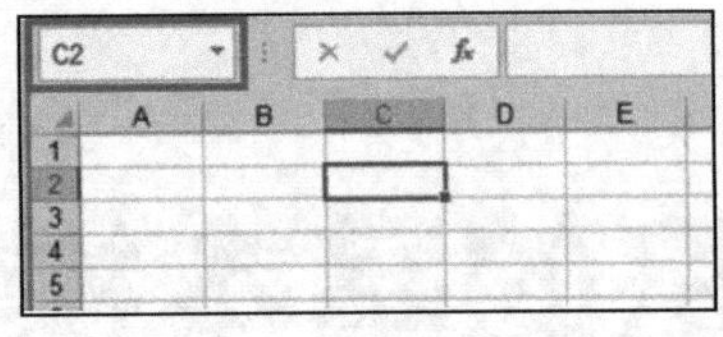

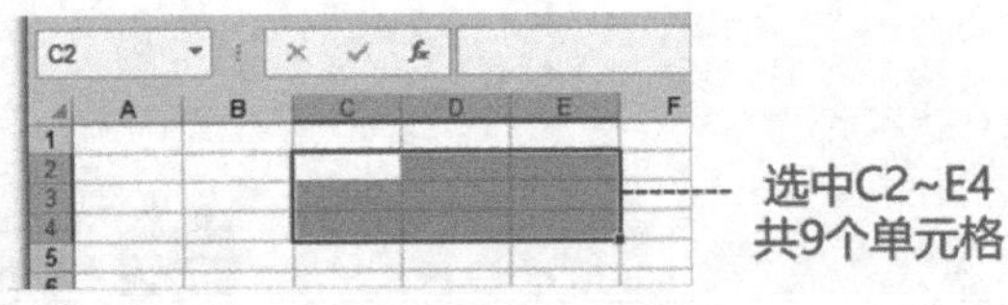

图 2-2

如果要选中的单元格是分散的，先选中其中一个单元格，然后按住 Ctrl 键的同时，用鼠标左键选择其他单元格，直至把要选中的单元格全部单击到。在图 2-3 中，利用上述方法选择了 C2、D3 和 E4 共 3 个单元格。

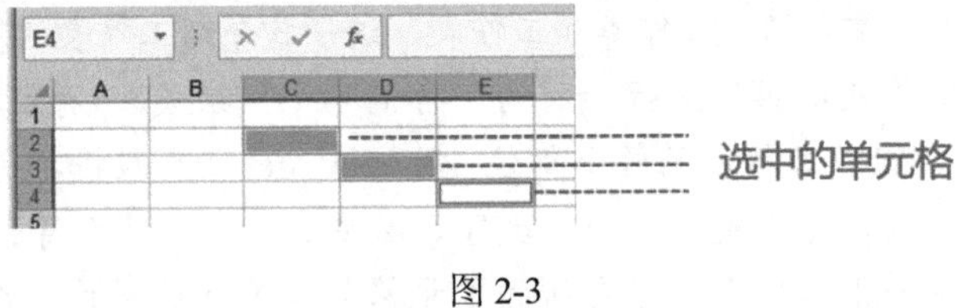

图 2-3

对于工作表中的行和列，可以选中整行或选中整列。单击第 1 行开头的“1”，表示选中第 1 行整行；单击 C 列开头的 C，表示选中 C 列整列，如图 2-4 所示。

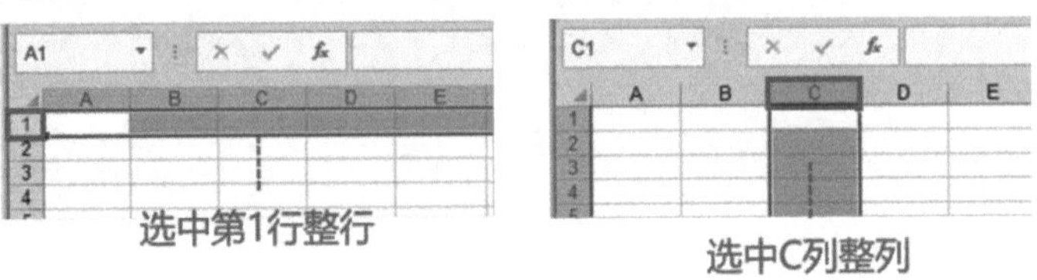

图 2-4

需要注意的是，选中第 1 行整行时，名称框显示 A1；选中 C 列整列时，名称框显示 C1。名称框显示的是所选中单元格区域的第一个单元格。

2.1.2 插入和删除单元格

编制工作表时，用户常常会遇到添加数据的情况，这时就需要插入单元格，也就是在原有单元格的基础上加入新的单元格。

插入单元格包括插入单个单元格和插入多个单元格。例如要在图 2-5“服装销售统计表”的 F3 单元格“合计”的左侧插入“4”（表示 4 月），如何操作呢？

服装销售统计表 （货币单位：万元）

月份	1	2	3	合计
A区域	470	350	390	1,210
B区域	445	298	355	1,098
C区域	390	315	340	1,045

图 2-5

右击 F3 单元格，选择“插入”，如图 2-6 所示。

在弹出的“插入”对话框中有 4 种选择，如图 2-7 所示。

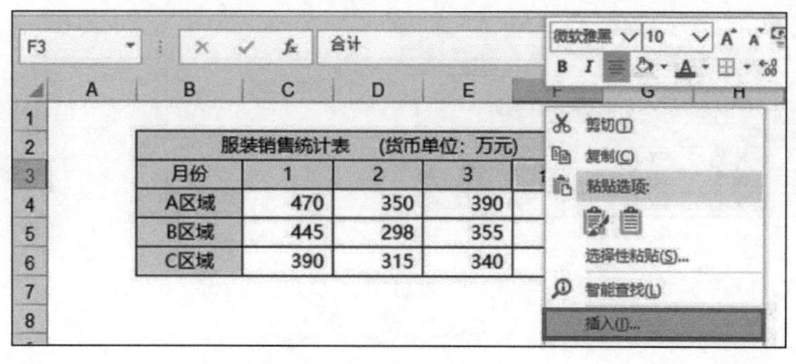

图 2-6

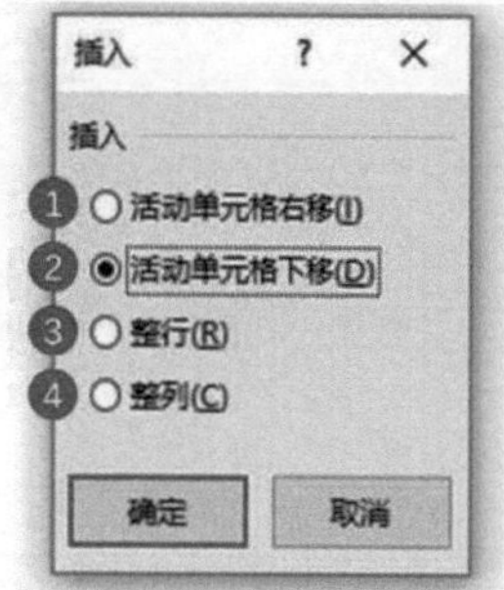

图 2-7

❶ 活动单元格右移，表示 F3 单元格右移一格，如图 2-8 所示。

❷ 活动单元格下移，表示 F3 单元格下移一格，如图 2-9 所示。

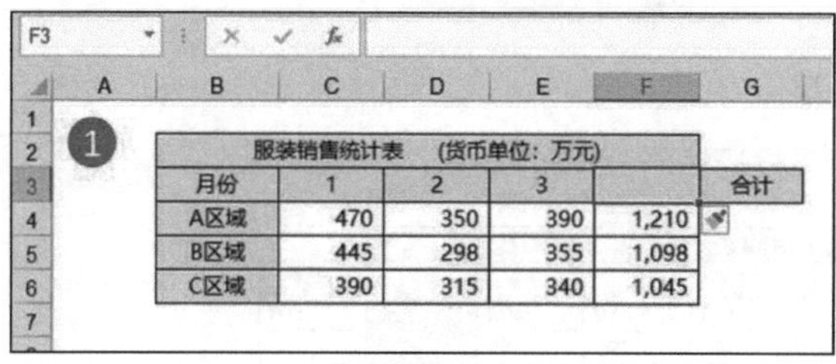

图 2-8

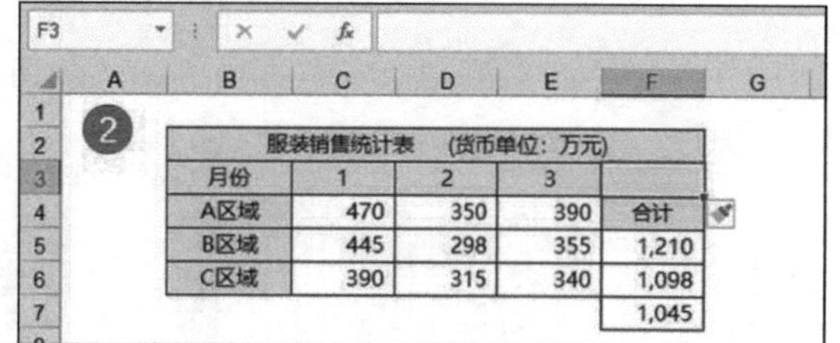

图 2-9

❸ 整行，表示 F3 单元格所在行（第 3 行）全部下移一格，如图 2-10 所示。

❹ 整列，表示 F3 单元格所在列（C 行）全部右移一格，如图 2-11 所示。

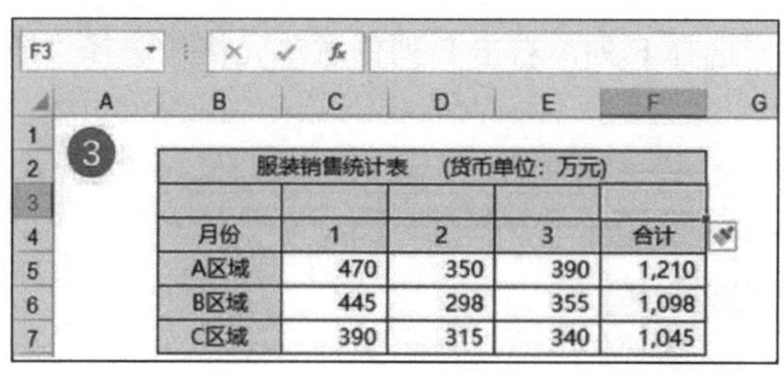

图 2-10

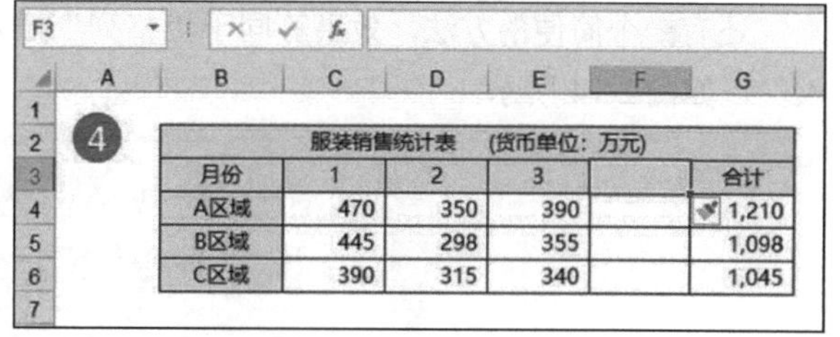

图 2-11

上述插入单元格的 4 个选项中，“❶活动单元格右移”和“❷活动单元格下移”插入的是一个单元格，“❸整行”和“❹整列”插入的是多个单元格。

我们的任务是，在 F3 单元格“合计”的左侧插入“4”（表示 4 月），从合理性的角度而言，应该插入一列空格，依次存放 4 月和 4 月 A、B、C 三个区域的销售业绩。所以，在上述 4 个选项中，用“❹整列”的方法插入单元格最为合适。选择“整列”，单击“确定”按钮。这个例子插入的是多个单元格。

上面这个例子还有两种实现方法。

在插入单元格之前，选中多个单元格 F3~F6。右击所选中的任意单元格，选择“插入”，如图 2-12 所示。

在弹出的对话框中，同样有 4 个选项。如果选择“活动单元格右移”，F3~F6 共 4 个单元格整体右移，为 4 月的“月份”和具体数据流出空间，如图 2-13 所示。

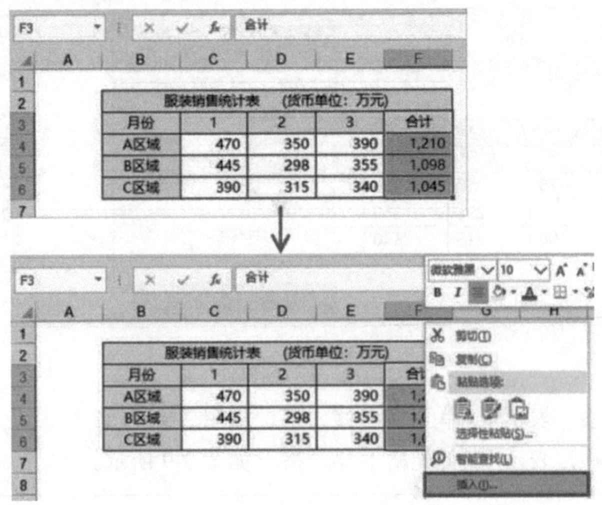

图 2-12

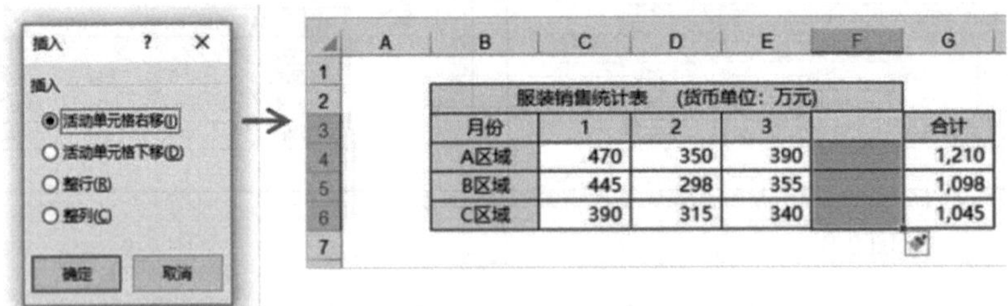

图 2-13

还有一个简便的方法，效果等同于“整列”插入。选择 F 列，右击 F 列任意单元格，选择“插入”，如图 2-14 所示。

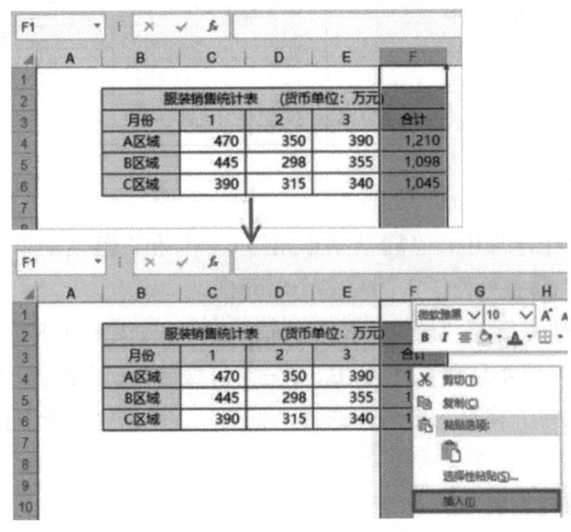

图 2-14

此时，不会再弹出“插入”对话框，而是直接将 F 列右移到 G 列，等于在其左侧插入空白列，如图 2-15 所示。

有“插入”单元格的需求，必定就有“删除”单元格的需求。例如，我们要删除图 2-16 中的 D3 单元格的“2”（2 月）和 2 月各区域的销售数据，如何操作呢？

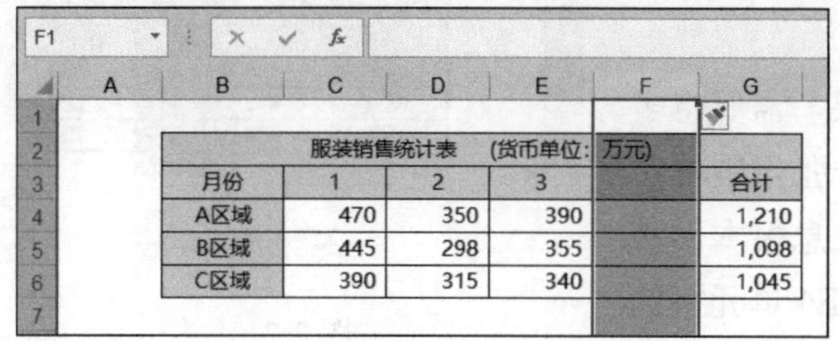

图 2-15

图 2-16

和上一例中插入单元格的方法相对应，也有多种方法能实现。

可以右击 D3 单元格，选择“删除”，如图 2-17 所示。

弹出的“删除”对话框中，同样有 4 种选择，和“插入”对话框的 4 种选择一一呼应，此处不再赘述，如图 2-18 所示。

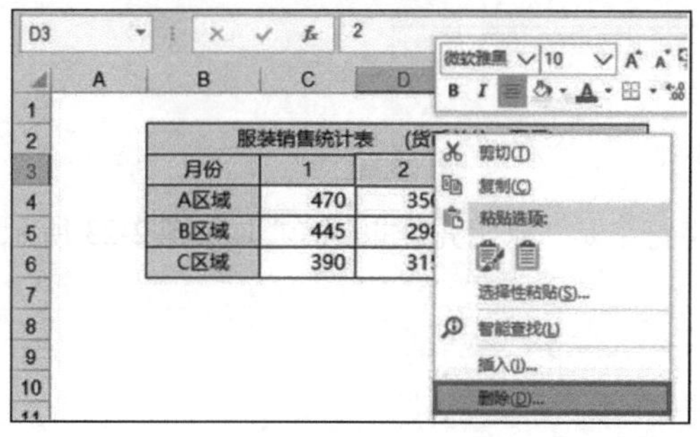

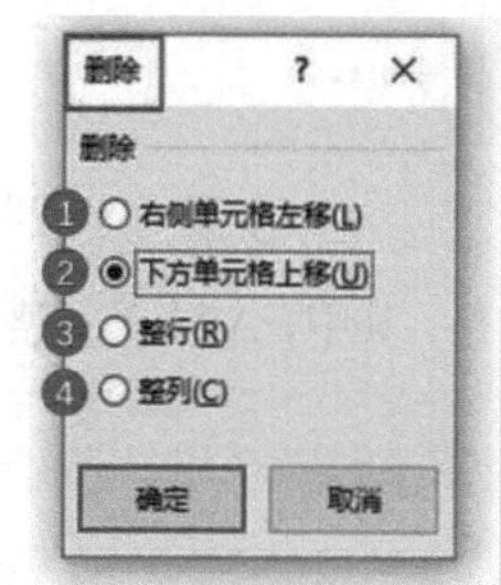

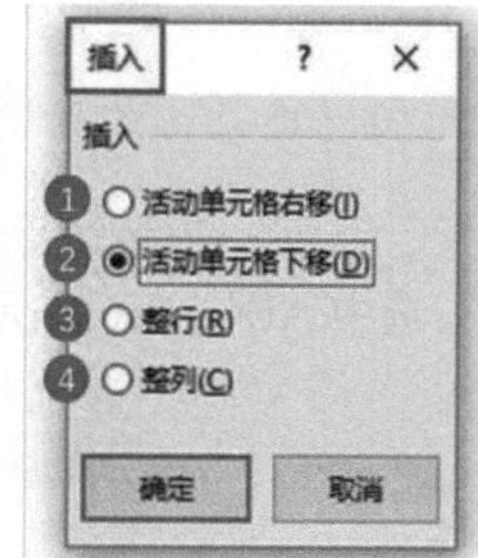

图 2-17

图 2-18

我们选择“整列”，单击“确定”按钮，2 月的数据不见了，如图 2-19 所示。

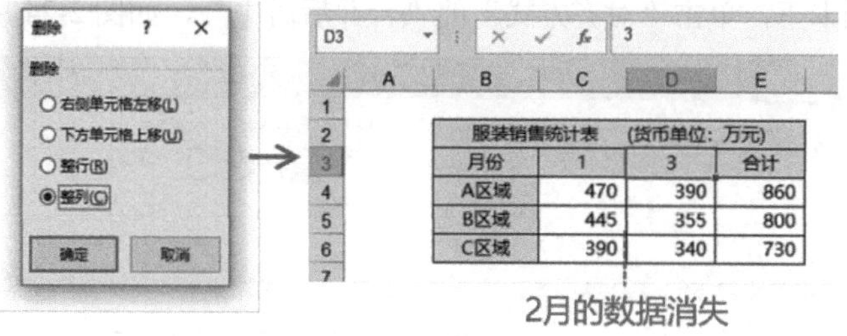

图 2-19

更加简便的删除方法是直接删除 D 列。选中 D 列，右击 D 列任意单元格，选择“删除”，如图 2-20 所示。

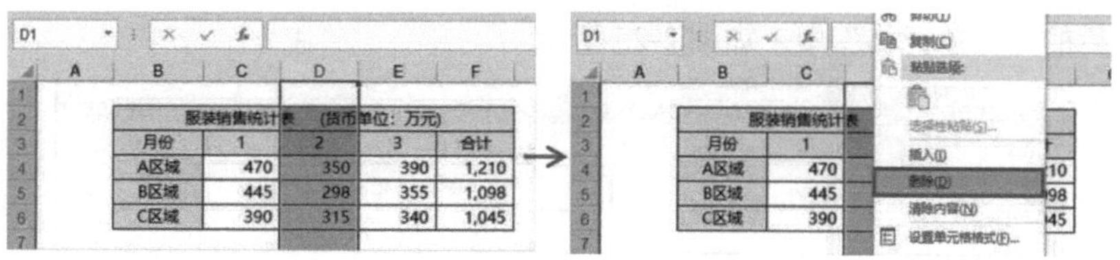

图 2-20

原来位于D列的“2月”数据被删除，如图2-21所示。

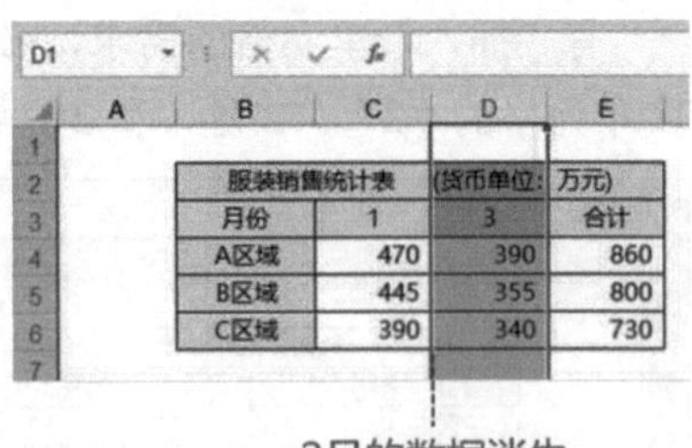

图 2-21

2.1.3 合并和拆分单元格

制作表格时，有时为了让表格达到理想的效果，需要将多个单元格合并成一个单元格。例如，我们编制了一张报销单，但因为单元格空间较小，报销单的标题和项目等信息根本无法看清。这时候就需要合并单元格。下面以对位于AE4单元格的标题“原始凭证报销单”的操作为例，合并AE4~BK6单元格，把这之间所有单元格合并成一个“大单元格”，如图2-22所示。

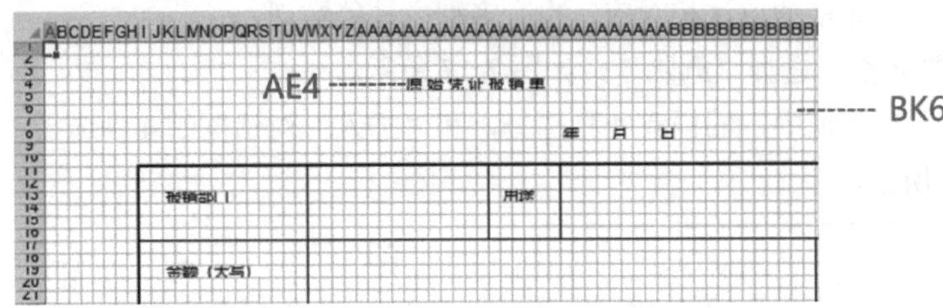

图 2-22

选中AE4~BK6单元格。其中，AE4单元格中的字符串是“原始凭证报销单”，如图2-23所示。

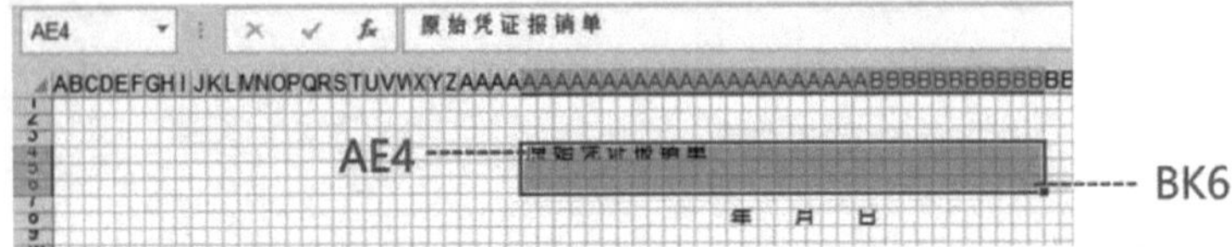

图 2-23

在“开始”选项卡下，单击“对齐方式”的“合并后居中”，如图2-24所示。

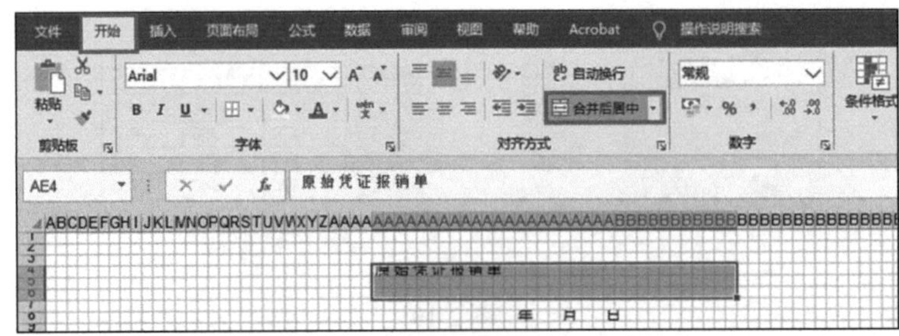

图 2-24

AE4~BK6单元格全部合并在一起，并且原先位于AE4单元格的字符串“原始凭证报销单”居中显示于合并后的“大单元格”中，如图2-25所示。

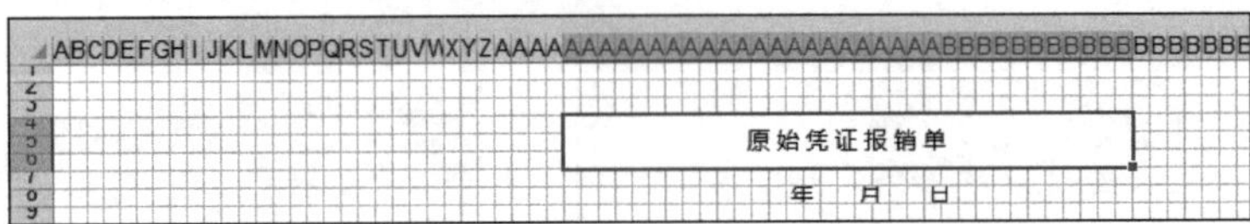

图 2-25

“开始”选项卡下的“对齐方式”默认为“合并后居中”，也就是单元格被合并后，“合并单元格”中的信息在单元格中被居中显示。“合并单元格”时，也可以单击“合并单元格”的下拉菜单，选择菜单中的其他选项。例如，选择“合并单元格”，则合并后单元格中的内容按照原单元格中内容的对齐方式排列，如图 2-26 所示。

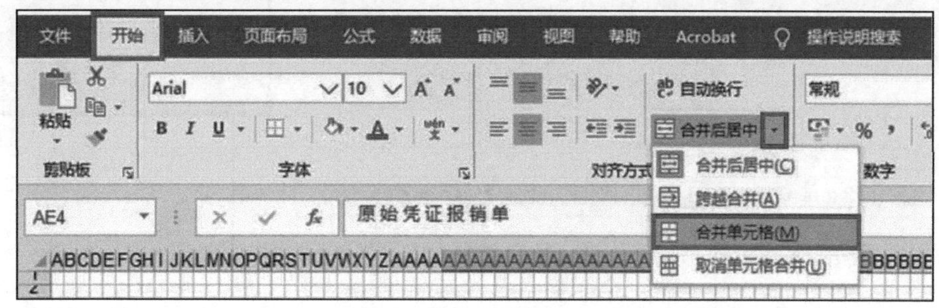

图 2-26

合并单元格的另一种方法是，选中 AE4~BK6 单元格后，右击被选中的任意单元格，选择“设置单元格格式”，如图 2-27 所示。

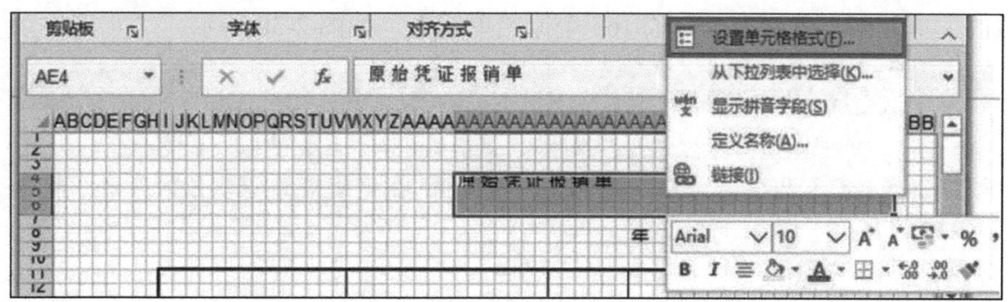

图 2-27

在弹出的“设置单元格格式”对话框中，单击“对齐”标签，并在“文本控制”中勾选“合并单元格”复选框，单击“确定”按钮，如图 2-28 所示。合并单元格的效果和上一个方法是完全一样的。

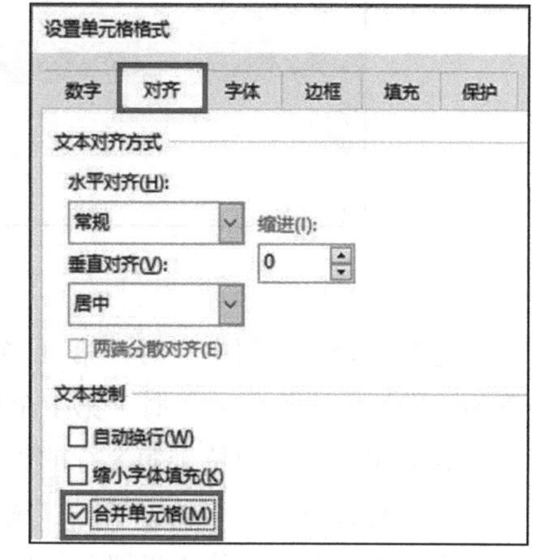

图 2-28

在合并多个单元格时，如果两个或两个以上的单元格中有数据，就会弹出对话框，提示：“合并单元格时，仅保留左上角的值，而放弃其他值。”。也就是说，只能保留被合并单元格中第一个单元格的数据。

回到上一例，例如我们把要合并的单元格扩充到 AE4~BK8 单元格。选中 AE4~BK8 单元格，在“开始”选项卡下，单击“对齐方式”中的“合并后居中”。果然，弹出了上述“警示”对话框。单击“确定”后，AE4~BK8 单元格被合并，并且合并单元格中仅留下了“原始凭证报销单”几个字，“年/月/日”消失了，如图 2-29 所示。

单元格可以合并，也可以拆分。在 Excel 中，未合并的单元格是工作表的基本单位，已经是最小的单元格，不得拆分。当多个单元格合并后，可以对其进行拆分操作。

和单元格的合并相类似，单元格的拆分也有两种方法。

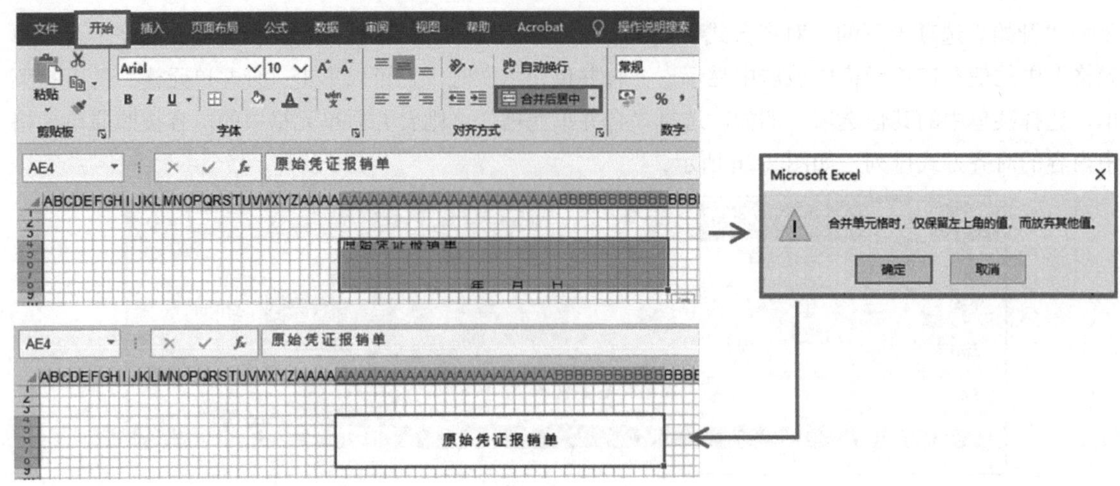

图 2-29

接着上一步的操作，选中被合并的单元格（AE4~BK8），在“开始”选项卡下，再次单击“对齐方式”中的“合并后居中”，或者单击“合并后居中”下的“取消单元格合并”。由 165 个单元格合并而成的大单元格，重新被拆分成 165 个原始单元格，如图 2-30 所示。

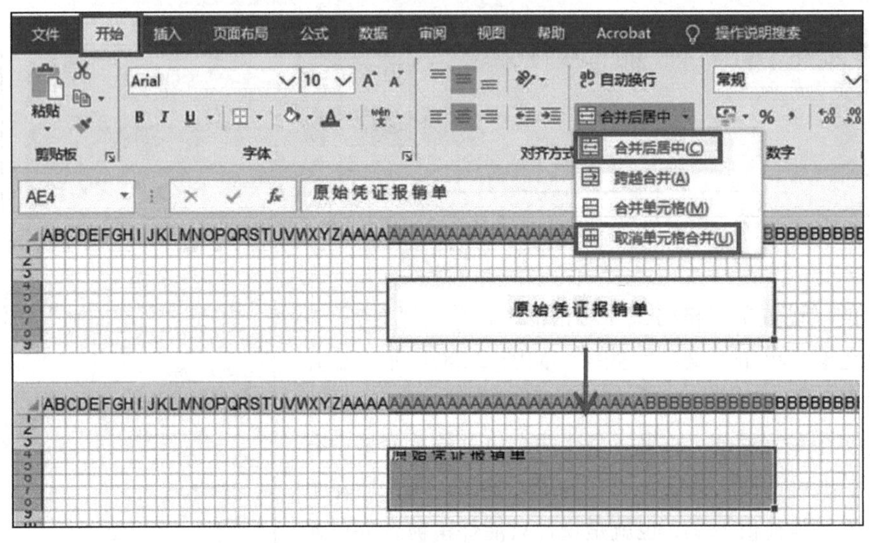

图 2-30

选择“合并后居中”时，第 1 个单元格中数据的对齐方式是“左对齐”，选择“合并后居中”下的“取消单元格合并”时，第 1 个单元格中数据的对齐方式是“居中”。

合并单元格之前位于第 8 行的“年/月/日”并没有因为拆分单元格而重新显示出来。

另一种拆分单元格的方法是，选中合并单元格后，右击合并单元格的任意位置，选择“设置单元格格式”，在弹出的“设置单元格格式”对话框中单击“对齐”标签，取消勾选“合并单元格”复选框，单击“确定”按钮，被合并的单元格被全部拆分，如图 2-31 所示。第 1 个单元格中数据的对齐方式是“居中”。

拆分单元格时，一次可以拆分一个大单元格，也可以批量拆分多个大单元格。在图 2-32 中，有 7 处单元格被合并（7 条竖直虚线对应 7 处）。如果要对这 7 处单元格都做拆分处理，可以同时进行。

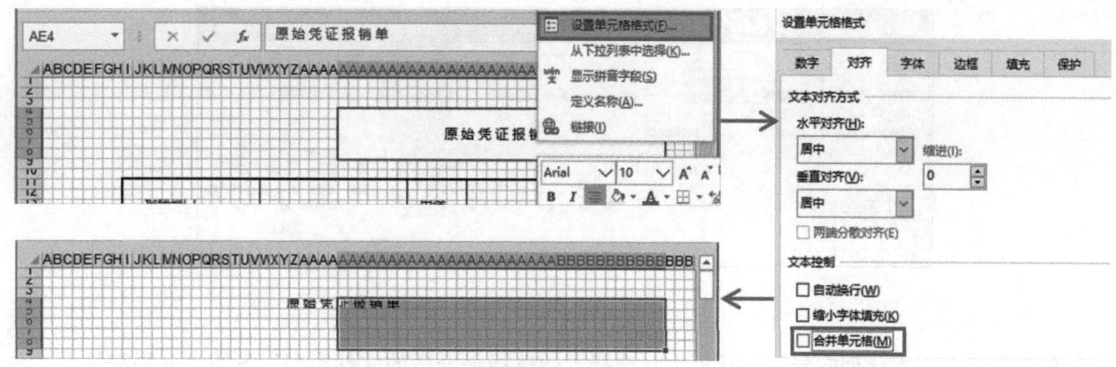

图 2-31

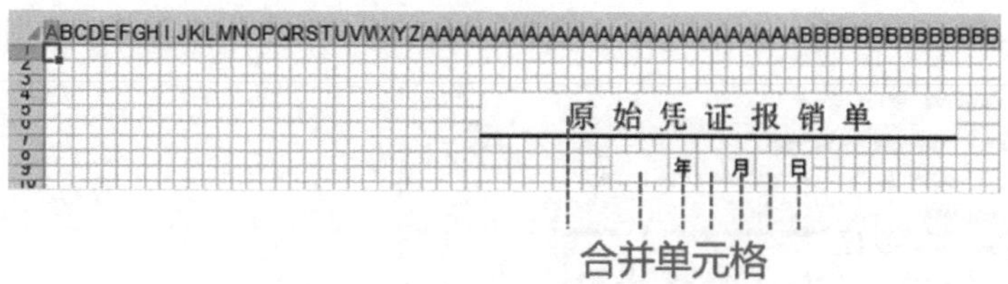

图 2-32

选中 AE4~BK9 单元格，在“开始”选项卡下，单击“对齐方式”中的“合并后居中”，7 处合并单元格同时被拆分，如图 2-33 所示。

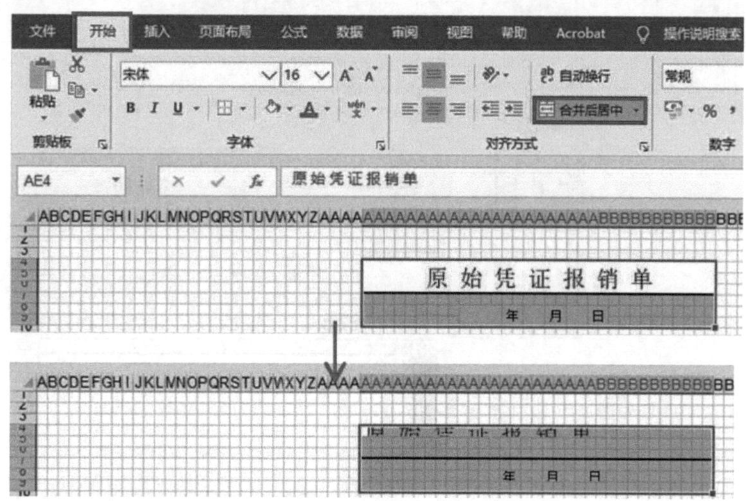

图 2-33

除了对单元格按空间拆分外，还可以拆分单元格中的内容，也就是把一个单元格中的内容拆分到多个同行单元格中，被拆分的内容可以是数字、数字与字母组合、字符串等。此时不要求需拆分内容的单元格是已经合并的单元格。

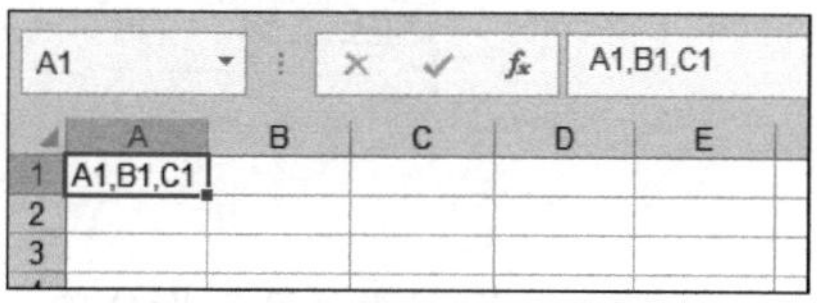

要把图 2-34 中 A1 单元格的内容拆分到 A1、B1、C1 中，如何操作呢？

选中 A1 单元格，单击“数据”选项卡，选择“数据工具”下的“分列”，如图 2-35 所示。

图 2-34

图 2-35

在弹出的“文本分列向导”对话框中，选择“请选择最合适的文件类型”下的“分隔符号”，单击“下一步”按钮。然后勾选“分隔符号”下的“逗号”复选框，单击“下一步”按钮。最后单击“完成”按钮，如图 2-36 所示。每一步的选择过程中，对话框下半部分都会显示数据拆分后的效果。

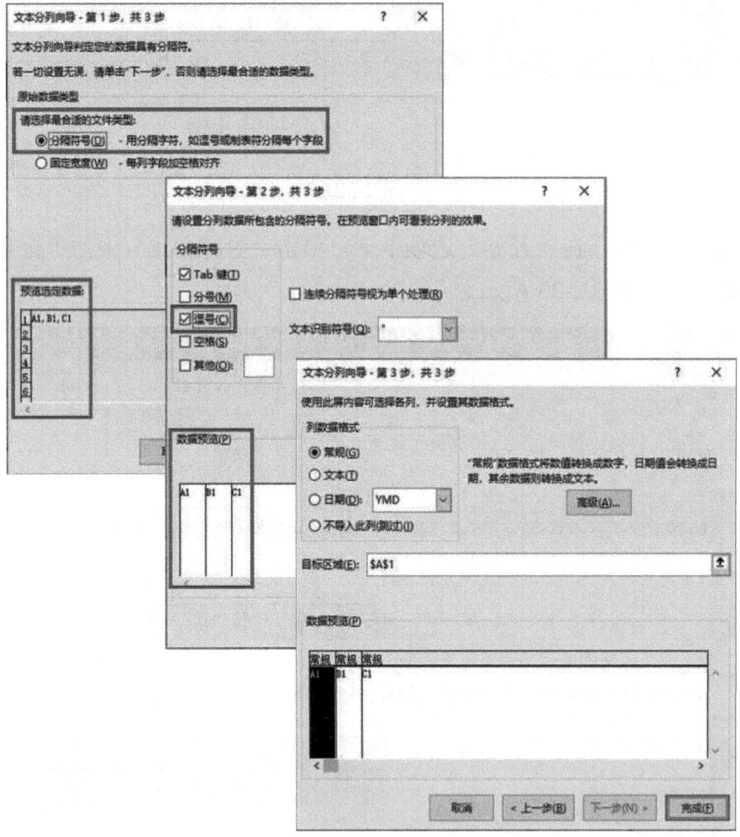

图 2-36

最终，选中的 A1 单元格内容被拆分到三个处于同行的单元格 A1、B1、C1 中，如图 2-37 所示。

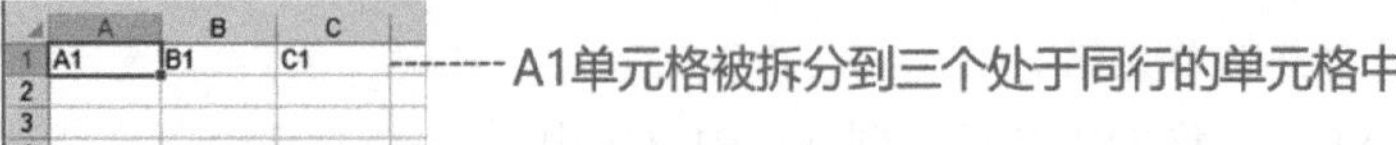

图 2-37

上例中，运用“分列”拆分单元格内容的功能时，分隔符必须用半角的逗号，不能使用全角的逗号，因为 Excel 无法识别全角逗号为分隔符。

2.1.4 移动单元格

在处理数据的过程中，有时需要移动单个或多个单元格。例如，要把图 2-38 中位于 B2 单元格的内容移动到 D1 单元格，如何操作呢？

选中 B2 单元格，把鼠标移动到 B2 单元格的边框附近，出现✥。单击左键不放松，再把鼠标拖曳 D1 单元格处，此时 D1 的边框变成绿色，放开鼠标。B2 单元格的内容“D1”就移动到 D1 单元格了，如图 2-39 所示。

移动单元格，也可以同时移动多个单元格。例如要把图 2-40 中 B2、B3、B4 单元格的内容移动到 D1、D2、D3 单元格，操作步骤和上一例类似。

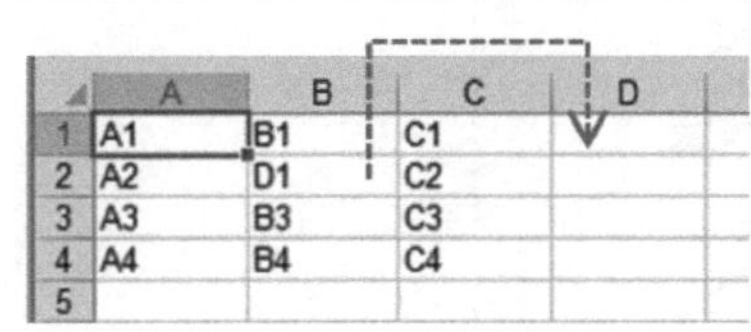

图 2-38

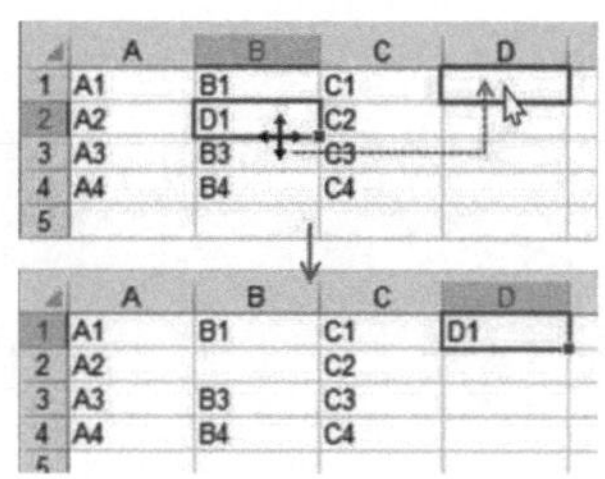

图 2-39

选中 B2~B4 单元格，把鼠标移动到绿色边框附近，出现✥。单击左键不放松，再把鼠标拖曳到 D1 单元格处，此时 D1~D3 单元格的边框变成绿色，放开鼠标。B2~B4 单元格的内容就移动到 D1~D3 单元格了，如图 2-41 所示。

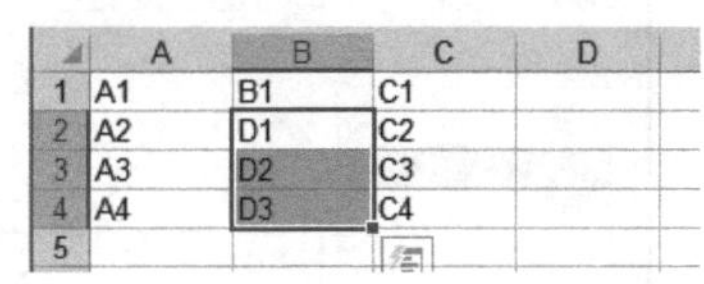

图 2-40

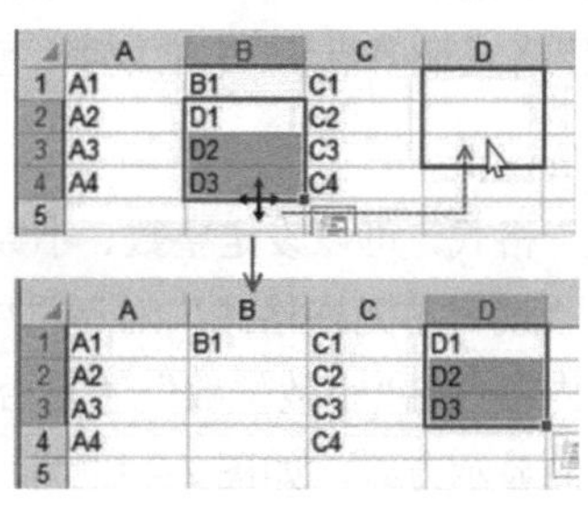

图 2-41

2.2 单元格内容的输入

在单元格的各种操作中，主要的操作之一是输入各种信息，包括数值、货币、日期、时间、文本等各种数据类型。

2.2.1 不同数据类型的输入

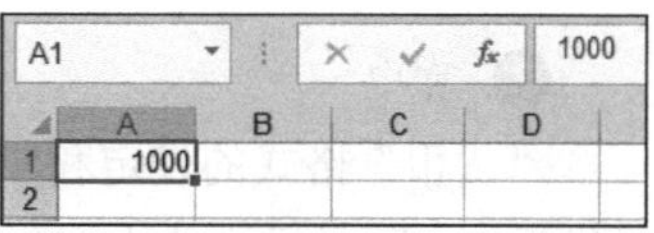

图 2-42

在 Excel 中输入整数等简单的数据是较为简单的。选中单元格，输入数据，例如 1000，按回车键，如图 2-42 所示。

对于一些较为复杂的数据类型，例如分数、日期、时间等数据类型，直接输入时或许与我们预想的不一样，需要通过“设置数字格式”来调整。这一小节分享一些财务与会计常用的数据类型。

右击任意单元格，选择“设置单元格格式”，在弹出的“设置单元格格式”对话框中，选择“数字”标签，下面有 12 种数字分类，如图 2-43 所示。我们将挑选其中 9 种常用的数字分类进行介绍。

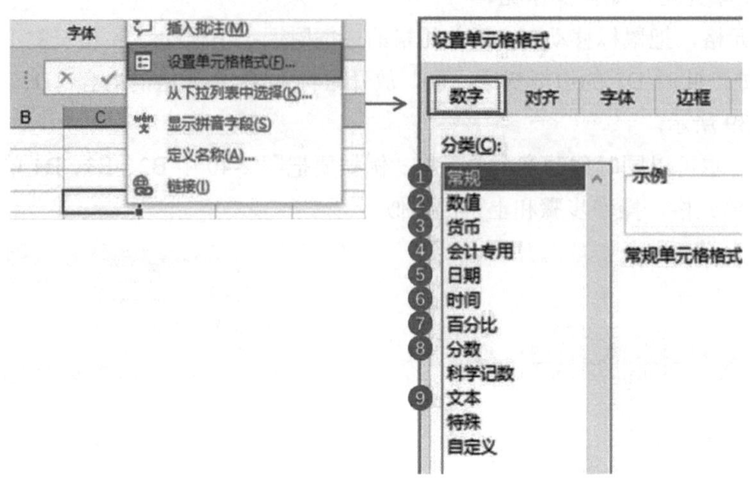

图 2-43

❶ 常规

单元格默认的数字格式是“常规”。“常规”格式下，数字显示为整数（123）、十进制小数（1.23）或科学记数（1.23E+07）。当数值的长度超过单元格的宽度时，系统自动使用科学记数。

“常规”格式最多显示 11 位数字，包括十进制小数点和字符（例如科学计数中的“E”和“+”）。

❷ 数值

“数值”格式，可以设定整数、小数、正数、复数的显示方式。在“设置单元格格式”对话框中，选择“数值”，可以设定的内容包括“小数位数”、“是否使用千位分隔符”和“负数”的显示方式，如图 2-44 所示。

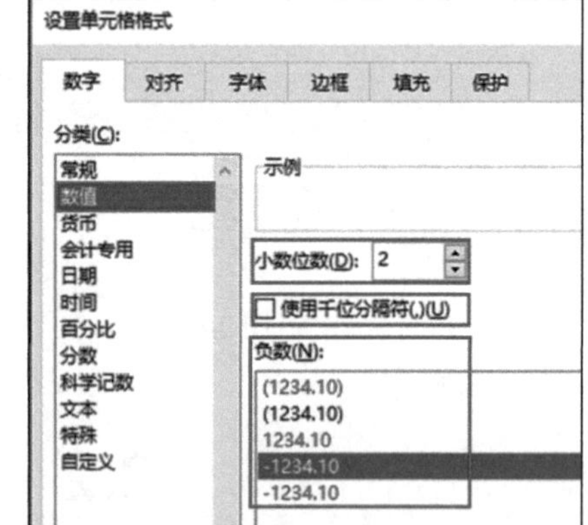

图 2-44

“小数位数”如果设定为“2”，就是对于所输入的任何数字，无论是否有小数，无论有多少位小数，全部固定显示两位小数。

如果勾选“使用千位分隔符”，数字在显示时，每隔三位数加入一个逗号作为分割，以便辨识。

“负数”的显示方式有 5 种，区别在于显示颜色（红色或黑色）以及负号的表达方式（括号或负号）。默认是黑色且用“–”表示负号，也就是我们常见的负数显示方式。无论哪种负数显示方式，用户选择习惯使用的或适合使用场景的方式就可以了。

❸ 货币

“货币”格式的设定和“数值”格式有诸多相同之处。在“设置单元格格式”对话框中，选择“货币”，可以设定的内容包括“小数位数”、“货币符号”和“负数”的显示方式，如图 2-45 所示。“负数”的显示方式默认为黑色，且用“¥-1,234.10”的显示方式。

和“数值”格式设定的主要不同在于“货币符号”。“货币符号”默认的是人民币“¥”。单击货币符号右侧的下拉按钮，可以选择绝大多数国家和地区的货币单位，如图 2-46 所示。

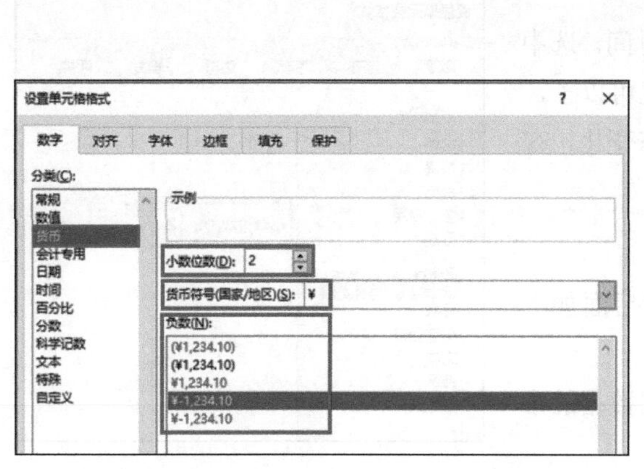

图 2-45

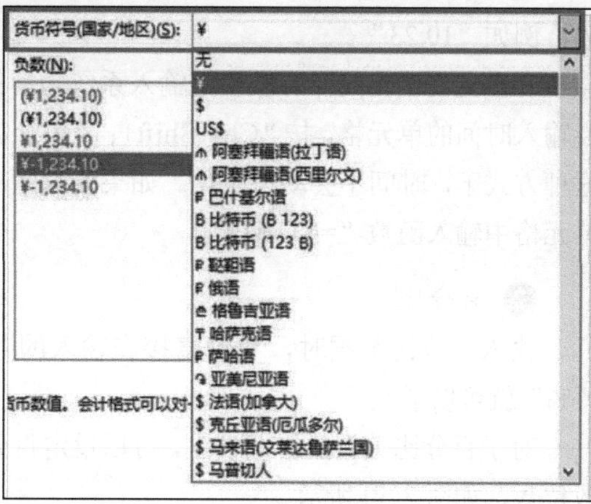

图 2-46

❹ 会计专用

“会计专用”格式的设定和“货币”格式基本相同。两者的区别在于，“会计专用”格式下，负数的表达方式固定为默认方式，也就是“¥-1,234.10”的显示方式，如图 2-47 所示。

❺ 日期

输入日期时，常用、简便的输入方式是用“/”或者“-”分隔年月日。首先输入 4 个数字表示的年份，然后输入“1-12”中的某个数字表示月份，最后输入“1-31”中的某个数字表示日。比如 2020 年 5 月 1 日，可以输入“2020/5/1”，或者输入“2020-5-1”，按回车键后，自动变成“2020/5/1”。

事实上，日期的表达方式有多种，图 2-48 罗列了其中的一部分。

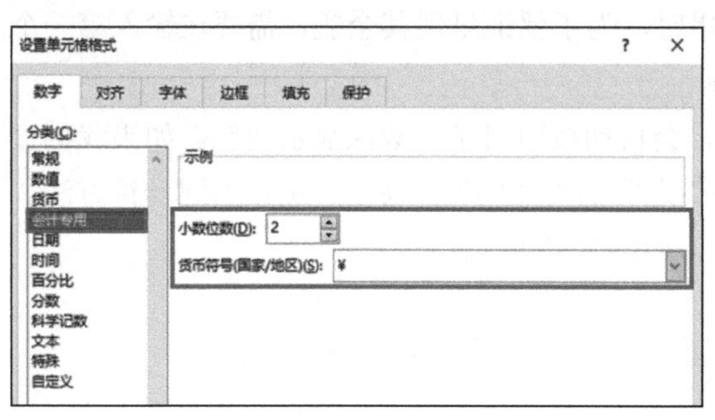

图 2-47

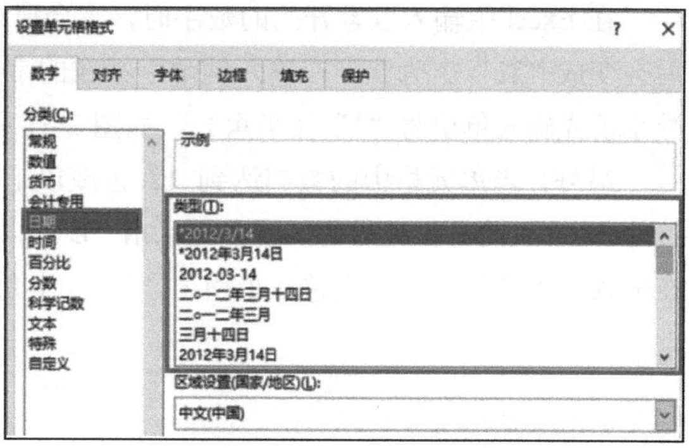

图 2-48

在单元格中，还可以快速输入系统当前的日期。选中要输入日期的单元格，按“Ctrl+；”组合键就可以了，如图 2-49 所示。注意，这种方式输入的日期不会动态变化。

如果要让日期动态变化，可以使用函数“=TODAY()”，以此得到当前的日期，并动态变化。

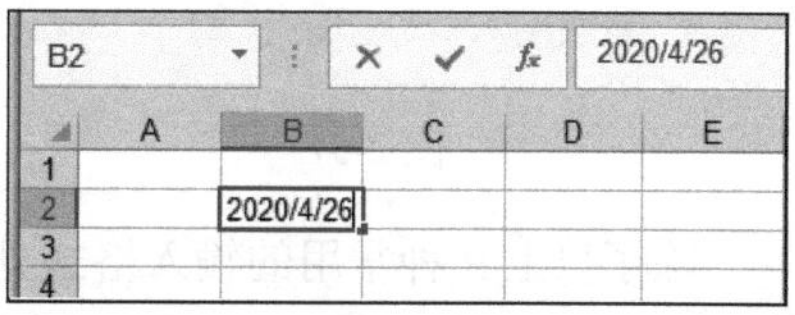

图 2-49

❻ 时间

输入时间时，要用“:”（半角）把“时”和“分”间隔开来，默认是以 24 小时制来表示时间的，例如“10:23”。

在单元格中，同样可以快速输入系统当前的时间。选中要输入时间的单元格，按“Ctrl+Shift+;”组合键就可以了，这种方式下，时间不会动态变化。如果要时间动态变化，在单元格中输入函数“=NOW()”。

❼ 百分比

输入百分比数据时，我们直接在输入的数据后面加上“%”就可以了。

对于百分比数据的格式设定，可以设定百分比数据的小数位数，如图 2-50 所示。

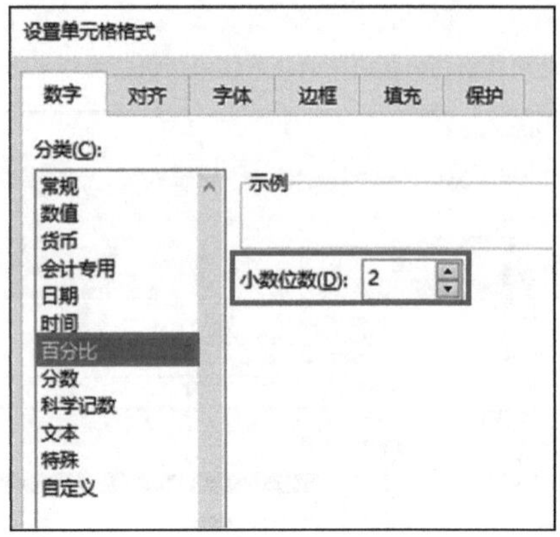

图 2-50

❽ 分数

对于分数，例如“1/2”，如果直接输入“1/2”可能会和“日期”的输入混淆，让 Excel 误以为输入的是一个日期，显示“1 月 2 日”。因此，在输入分数时，我们要先在单元格中输入“0”和“空格”，再输入“分子/分母”。例如输入“1/2”时，要输入“0 1/2”，然后按回车键。

如果输入的分数不能构成日期，例如“1/32”（不存在 1 月 32 日这一天），那么可以直接输入“1/32”。

❾ 文本

在单元格中输入的文本，包括任何中英文文字或字母，也包括数字、空格和非数字字符的组合。如果要输入中英文文字或字母，直接输入即可；但如果要输入数字，就得小心了。

在 Excel 中输入以零开始的数字时，零会自动消失。例如，要输入电话区号“021”，直接输入后会变成“21”。为此，在输入纯数字组成的字符串时，为了保证呈现其全貌，需要在输入第一个数字前先输入单引号“'”（半角），如图 2-51 所示。

另外，当单元格中的数字达到 12 位或以上时，会自动按照科学计数法显示数字。如果我们直接输入 18 位的身份证号码，就会显示出“E”和“+”之类的“乱码”。与上一例采用同一种方法，在输入身份证号码前，先输入单引号“'”（半角），如图 2-52 所示。

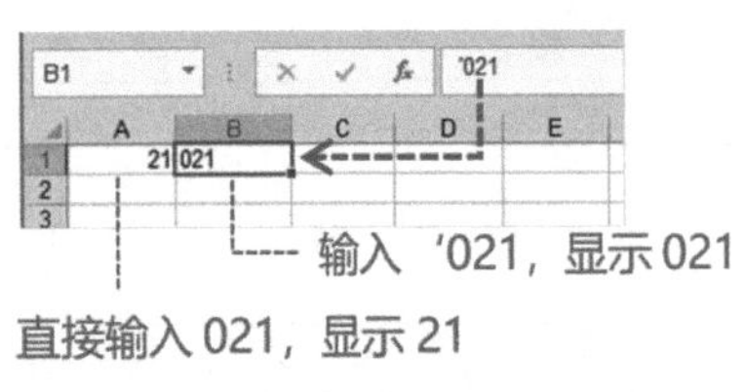

图 2-51

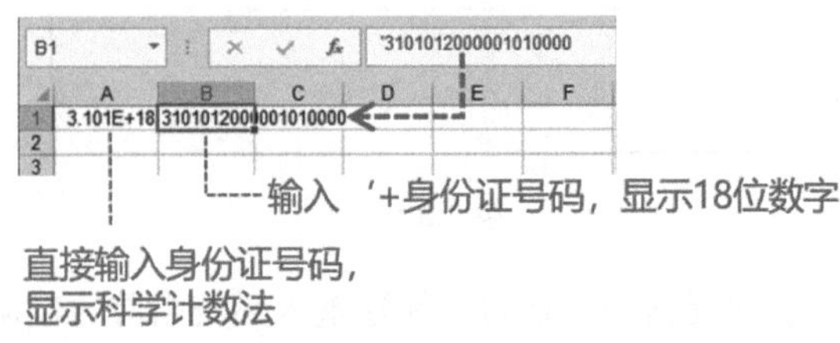

图 2-52

除了以上 9 种常用的输入格式外，有时还需要输入特定格式的数据。此时，先双击要输入内容的单元格，单击“插入”选项卡下的“符号”，选择“符号”，如图 2-53 所示。

在弹出的“符号”对话框中，有“符号”和“特殊字符”两个标签选项卡，单击“符号”或者“特殊字符”标签，再单击“插入”按钮，就能在单元格种插入符号或者特殊字符了，如图 2-54 所示。

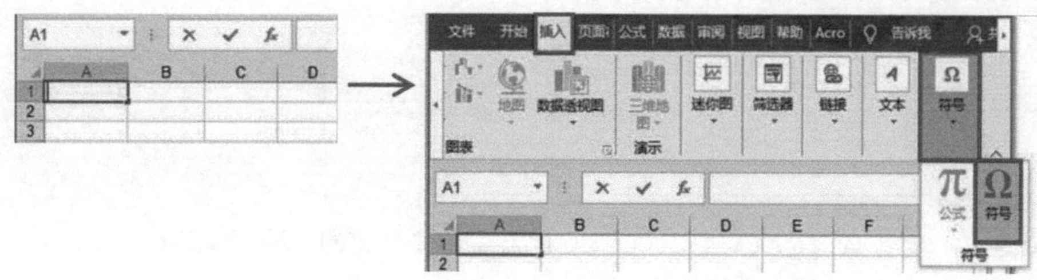

图 2-53

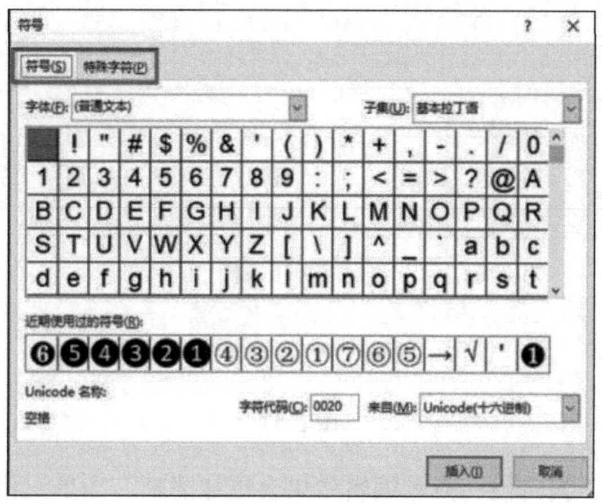

图 2-54

2.2.2 单元格中的文字换行

同一个单元格最多可容纳 32 000 个字符。默认情况下，输入的内容显示在同一行上。因此，当单元格的宽度不够显示很多字符，并且该单元格右侧的单元格是空白时，显示区域就会占用右侧的单元格。虽然这些内容看上去覆盖了多个单元格，但是它们的地址仍旧是同一个单元格。图 2-55 中，虽然 A1 单元格的显示区域占用右侧 B1 和 C1 单元格，但是字符串“ExcelExcelExcelExcelExcelExcel”均位于 A1 单元格中。

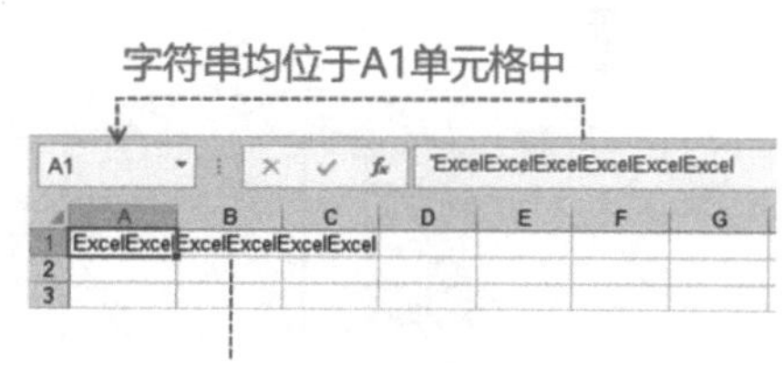

图 2-55

对于上面这个例子，如果我们希望每一个“Excel”显示一行，6 个“Excel”在 A1 单元格中分 6 行显示，也就是既能看清每个“Excel”，又能让 6 个“Excel”都位于 A1 单元格。该怎么办呢？

在 Word 或者 PowerPoint 中输入文本时，按回车键就能换行。但是，在 Excel 的单元格中输入文本时，按回车键代表结束当前单元格的输入，随之，光标移到当前单元格的下一个单元格。这就是说，在 Excel 中无法用回车键来换行。这时，我们可以使用“硬回车”功能，也就是按住 Alt 键的同时按回车键。

双击 A1 单元格，让光标停留在第 1 个和第 2 个“Excel”，按住 Alt 键不放松，同时按回车键。可以看到，第 2～6 个“Excel”下移到 A1 单元格第 2 行，如图 2-56 所示。

用同样的方法，将第 3～6 个“Excel”依次用“硬回车”换行。最后单独按回车键。A1 单元格的行高自动拉长，6 个“Excel”分 6 行依次排列，如图 2-57 所示。

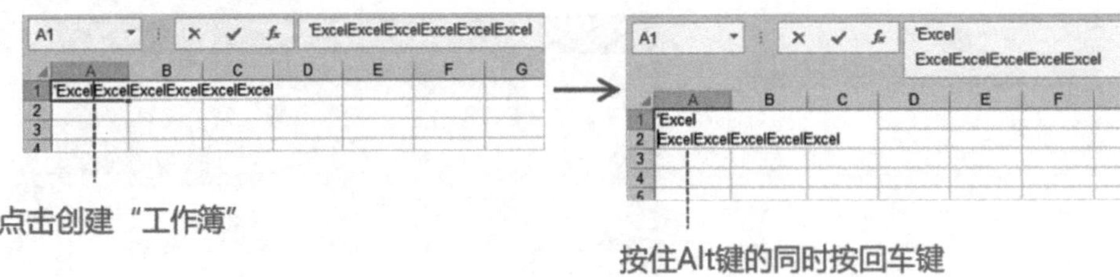

图 2-56

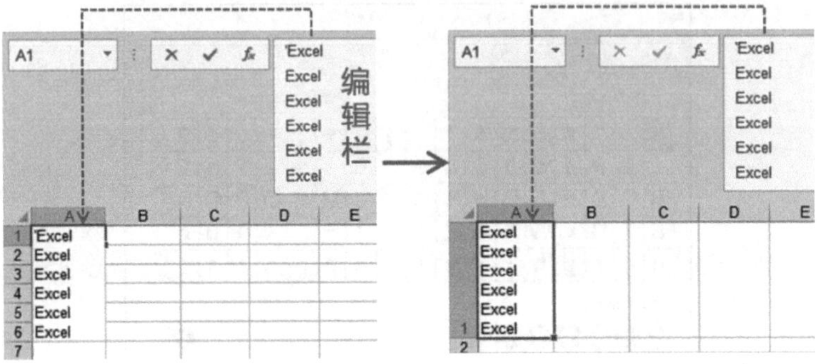

图 2-57

在操作过程中，通过“编辑栏”查看编辑效果会更加清晰。当单元格内的内容换行时，编辑栏中的内容也会换行，但是编辑栏预设的空间只有一行，此时会看到编辑栏中只保留了一个“Excel”，造成误解。将鼠标移动到编辑栏的下边缘，当鼠标变成之后，按住鼠标左键向下拉动，直至编辑栏中的所有内容都显示出来，如图 2-58 所示。

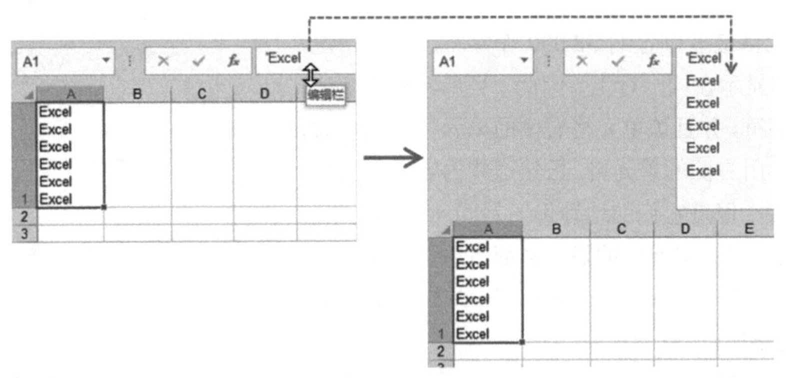

图 2-58

上述方法属于“强制换行法”，Excel 中还有一种“自动换行法”，也就是让某个单元格中的内容全部显示在本单元格中，单元格宽度不够时，自动换行拉长单元格的行高。

沿用上例，选中 A1 单元格，右击 A1 单元格，选择“设置单元格格式”。在弹出的“设置单元格格式”对话框中，单击“对齐”标签，在“文本控制”选项下勾选“自动换行”复选框，单击“确定”按钮，如图 2-59 所示。A1 单元格中的内容实现自动换行。和上一例不同的是，本例换行的位置由 A1 单元格的宽度决定，而上例换行的位置为每一个“Excel”的末尾。

自动换行有快捷方式可实现。选中 A1 单元格，单击“开始”选项卡，并选择“自动换行”，结果是一模一样的，如图 2-60 所示。

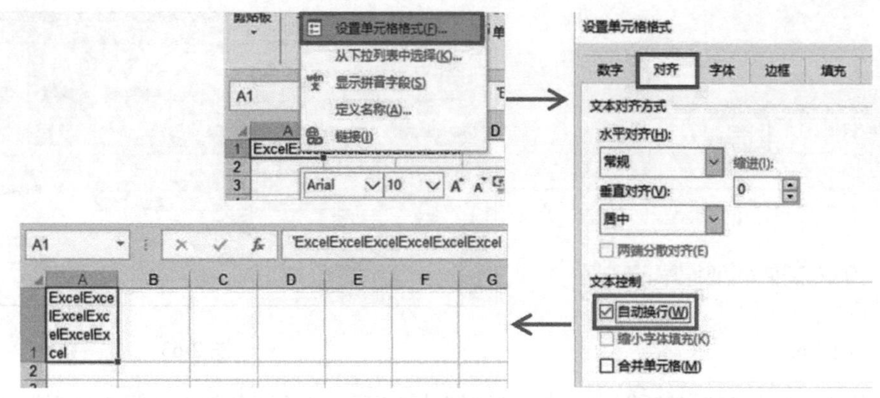

图 2-59

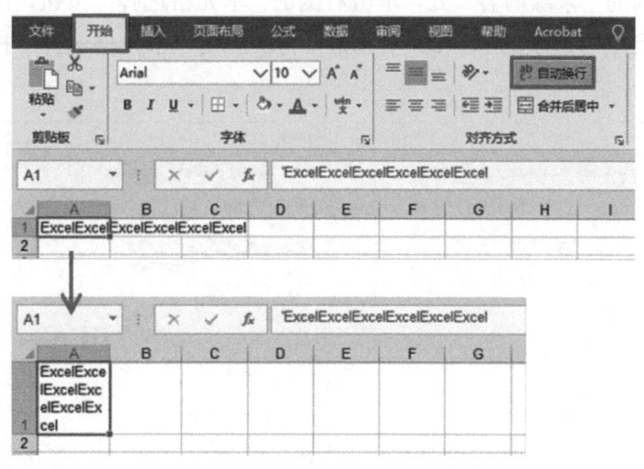

图 2-60

2.2.3 清单的设置

在对 Excel 单元格输入资料时，有时输入的内容极为相似，输入的是几个固定选项中的某一个内容。此时，可以使用设置清单的方式在单元格中设置下拉清单选项，输入资料时只需在清单中选择相应的内容。以此避免重复输入，提高工作效率。

清单的设置可以通过“资料验证”功能来实现。

例如，班级里要登记 25 位学生的校服尺寸，学生们实际穿着的校服尺寸范围为 120cm~140cm。通过设置清单的方式把 120cm、130cm 和 140cm 三种校服尺寸“嵌入”清单，那么填写登记表就简单了。如何操作呢？

表格的 A 列已经设定了学生的学号（1~25 号），B 列将登记每个人的校服尺寸，如图 2-61 所示。

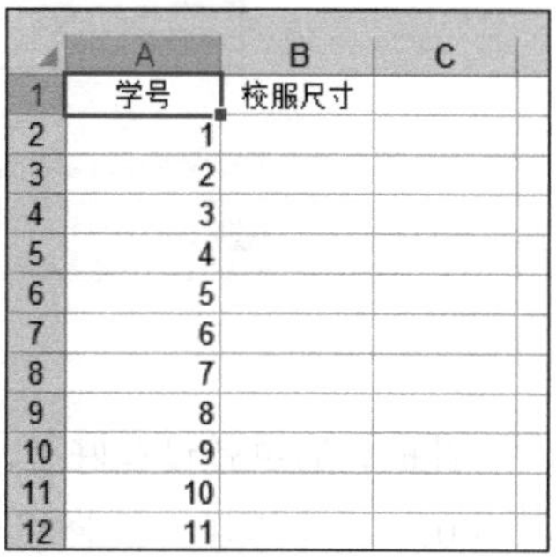

	A	B	C
1	学号	校服尺寸	
2	1		
3	2		
4	3		
5	4		
6	5		
7	6		
8	7		
9	8		
10	9		
11	10		
12	11		

图 2-61

在工作表的空白处事先输入需要列成清单的内容：120cm、130cm 和 140cm，如图 2-62 所示。

选中要设置清单的单元格 B2~B26。在“数据”选项卡下依次选择“数据工具”→“数据验证”，如图 2-63 所示。

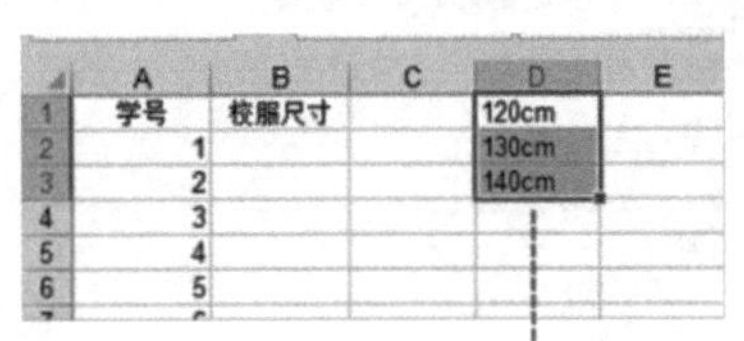

图 2-62

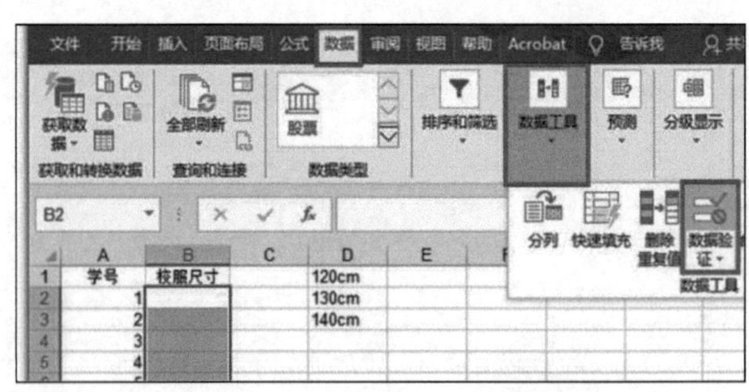

图 2-63

在弹出的“数据验证”对话框中，在“设置”标签下，“验证条件”选择“序列”，和要建立的清单相呼应。在序列的“来源内容”处，单击右侧的“单元格选择”按钮，在弹出的“数据验证”对话框中，选择事先已填写选项的 D1~D3 单元格，再次单击“单元格选择”按钮，单击“确定”按钮，如图 2-64 所示。

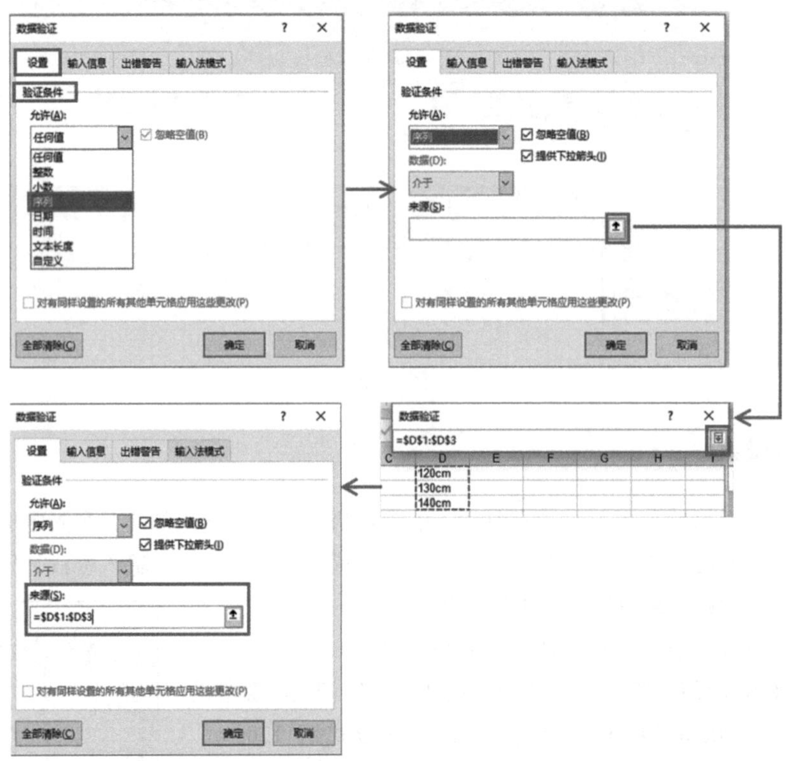

图 2-64

此时，清单就设置好了，B2~B26 单元格右侧出现了下拉按钮，下拉菜单中包括 120cm、130cm 和 140cm 三个选项，选择相应的选项，就能完成单元格的输入，如图 2-65 所示。

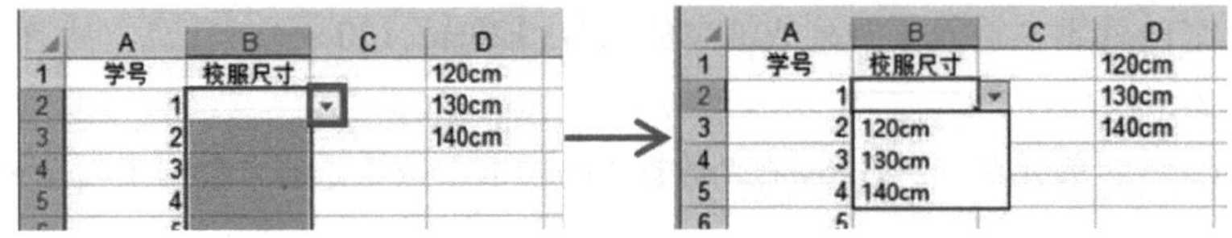

图 2-65

2.2.4 用填充功能批量输入数据

Excel 的填充功能可以将一些有规律的数据或公式快速方便地填充到指定的单元格中，从而减少重复的操作，大大提高了工作效率。

下面依次介绍填充功能的三类主要填充方式。

第一类是在目标单元格中填充与源单元格相同的内容。例如，在 C6 单元格中输入“你好”两个字，并且要在 C6 单元格上方、右方、下方、左方的单元格中输入“你好”两个字（见图 2-66），如何快速操作呢？

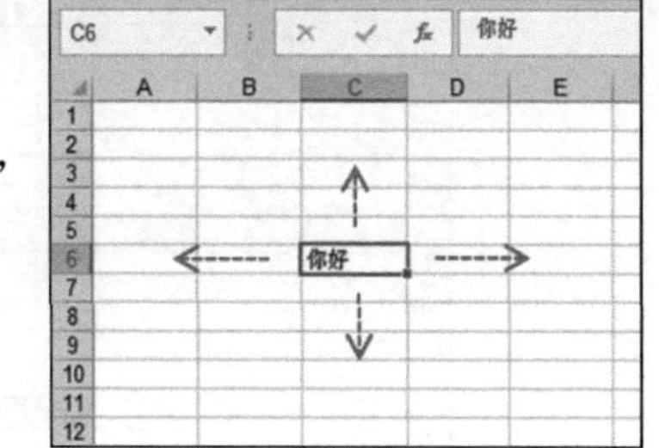

图 2-66

如果要在 C6 单元格上方的单元格快速输入“你好”，先选中 C6 单元格及其上方的单元格，单击“开始”选项卡，依次选择“编辑”→“填充”→“向上”，于是 C1~C5 单元格都被输入“你好”两个字，如图 2-67 所示。

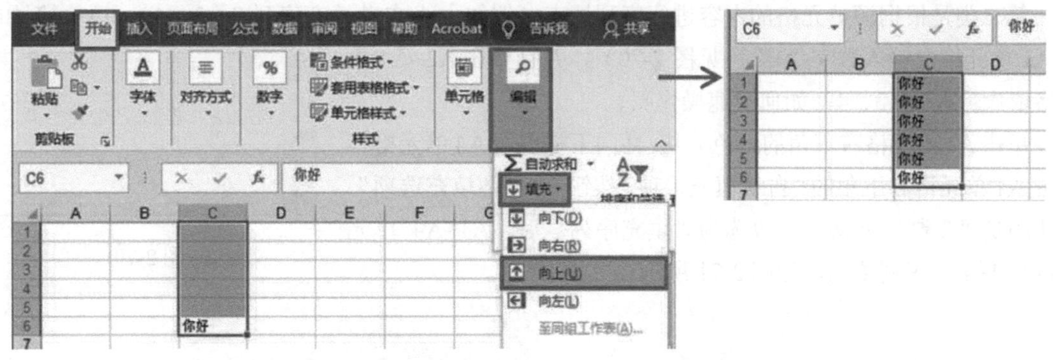

图 2-67

在 C6 单元格右方、下方、左方的单元格中输入“你好”两个字，操作和上一例类似。选中 C6 单元格和要被填充的单元格，单击“开始”选项卡，依次选择“编辑”→“填充”→“向右（或向下、向左）”，快速完成填充，如图 2-68 所示。

图 2-68

对于这一类填充，还有一个简便的方法。把鼠标移动到 C6 单元格右下角的绿色方块处，鼠标变成了黑色十字符号。单击 C6 单元格右下角的绿色方块，并向右拖曳，覆盖所要填充的单元格，放开鼠标，填充完成，如图 2-69 所示。

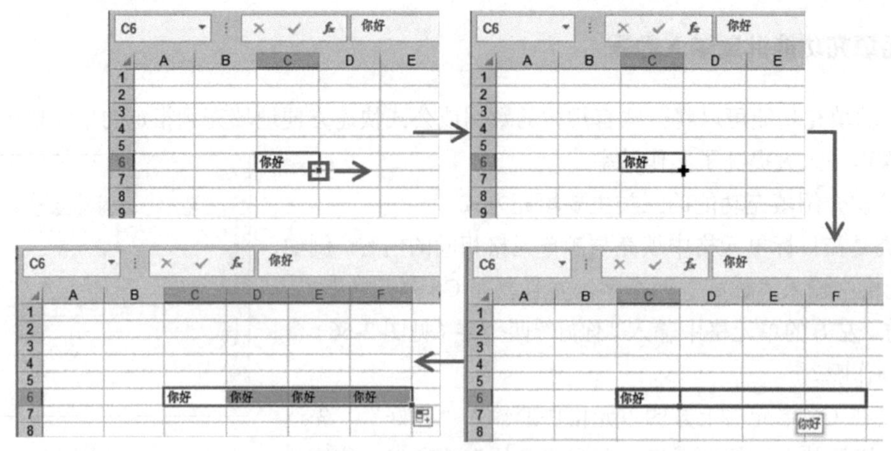

图 2-69

第二类是根据源单元格的内容进行序列填充（例如由 1 自动填充序列 2、3、4……）。例如，在 A1 单元格中输入数字“1”（见图 2-70），并且要在 A2~A4 单元格依次输入 2、3、4，如何快速操作呢？

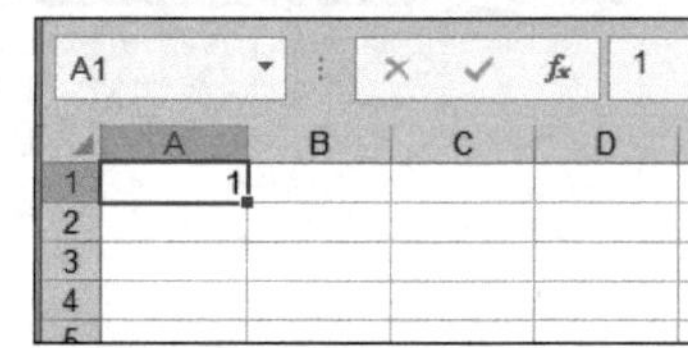

图 2-70

单击A1单元格右下角的绿色方块，并向下拖曳至A4单元格。单击 A4 单元格右下角的“自动填充选项”按钮。“自动填充选项”默认的是“复制单元格”，改选为“填充序列”后，A1~A4 单元格按照 1~4 的序列填充，如图 2-71 所示。

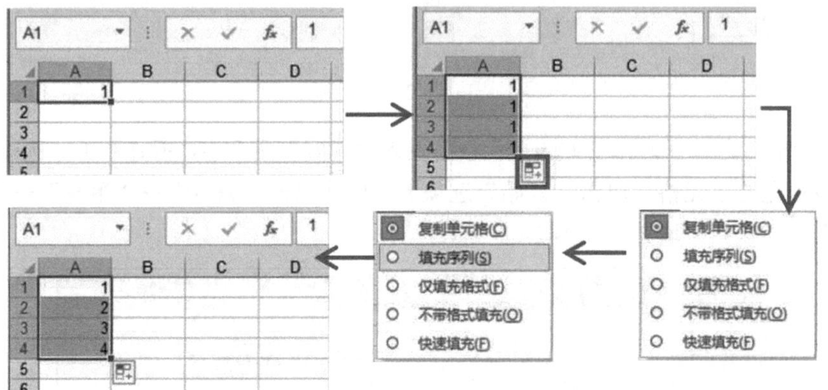

图 2-71

“填充序列”还有一个高级用法，可以填充等差数列、等比数列等，并能设置步长（数与数之间的间隔），如图 2-72 所示。

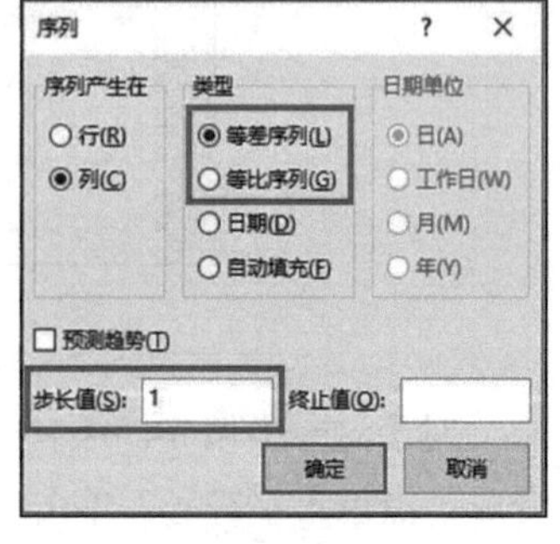

图 2-72

当通过下拉 A1 单元格右下角的绿色方块进行内容复制后，单击“开始”选项卡，依次选择“编辑”→“填充”→“序列”。在弹出的“序列”对话框中，类型选择“等差数列”，步长值设为“3”。A1~A4 单元格的值依次是步长值为 3 的等差数列，如图 2-73 所示。

在填充功能中，还有一个特别有用的“快速填充”功能，“快速填充”是本小节要介绍的第三类填充功能。图 2-74 中罗列了 4 个城市在不同时间节点的销售额统计值。

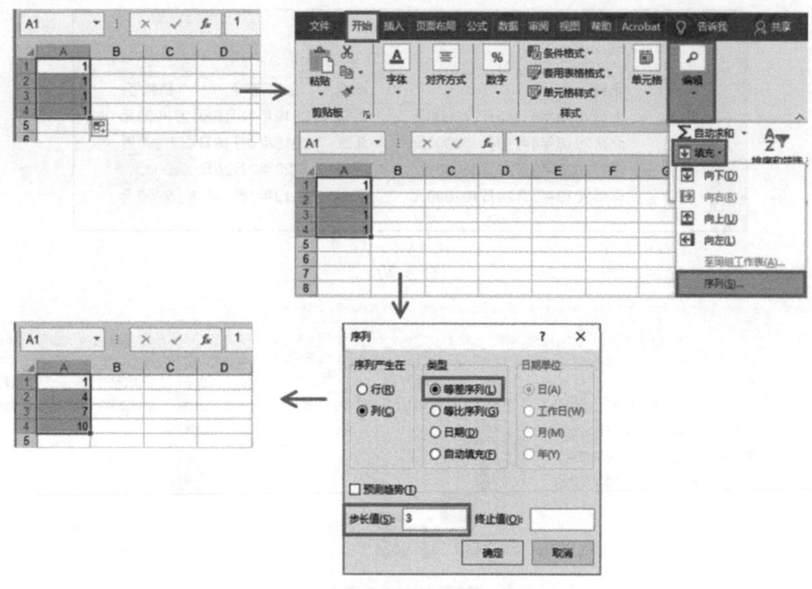

图 2-73

由于把一组信息合并在同一个单元格中，阅读和修改都不方便。为此，我们要把这些信息按照“地点”“时间节点”和“销售额”分为三列（C 列~E 列）显示。图 2-75 显示了 B2 单元格分拆后的样式，如何迅速分拆 B3~B5 单元格呢？

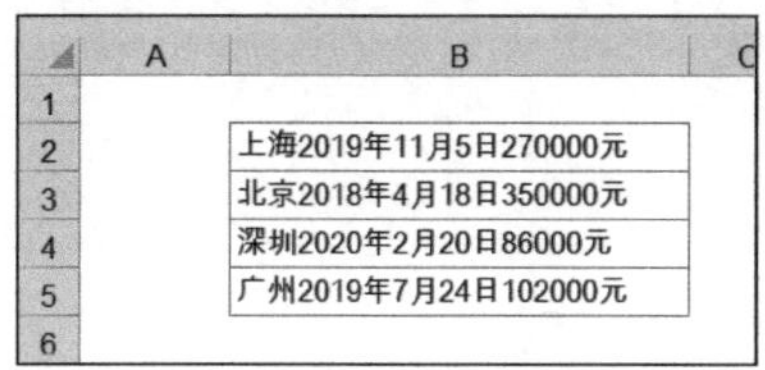

图 2-74

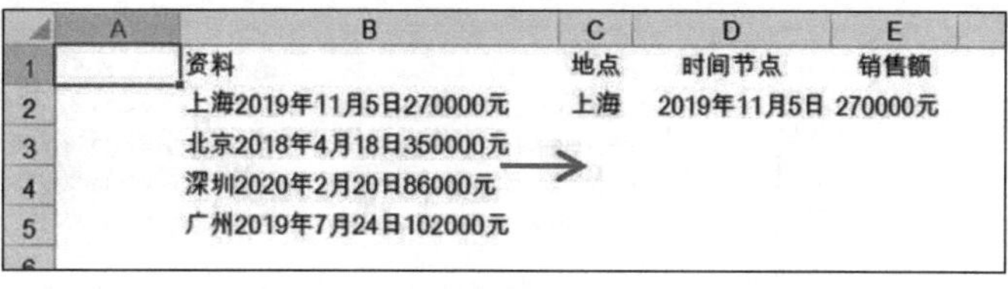

图 2-75

选中 C2~C5 单元格，单击“开始”选项卡，依次选择“编辑”→“填充”→“快速填充”。C3~C5 单元快速截取了 B3~B5 单元格中的“城市”资料，如图 2-76 所示。

用同样的方法，分别选中 D2~D5 单元格以及 E2~E5 单元格，进行快速填充。B3~B5 单元格中的资料迅速分拆到了 C3~E5 单元格中，如图 2-77 所示。

快速填充的另一种实现方法是，选中 C2 单元格“上海”，单击 C2 单元格右下角的绿色小方块并向下拖曳到 D5 单元格。此时，Excel 以默认的“复制单元格”方式把 C3~C5 单元格中的内容全部填充为“上海”。单击 C5 单元格右下角的“自动填充选项”按钮，选择“快速填充”，于是 C3~C5 单元格依次截取了 B3~B5 单元格中的“地点”资料，如图 2-78 所示。

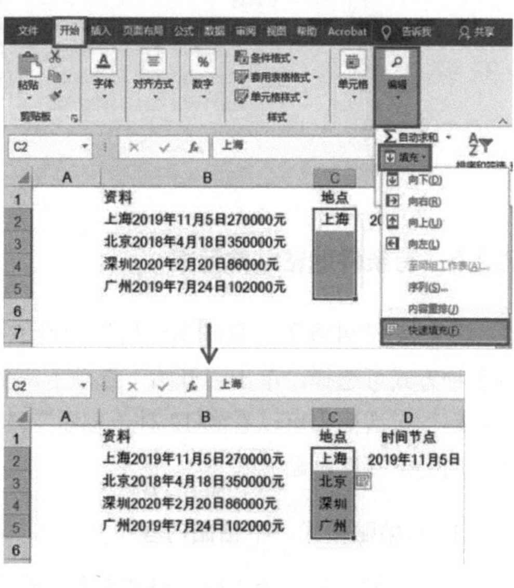

图 2-76

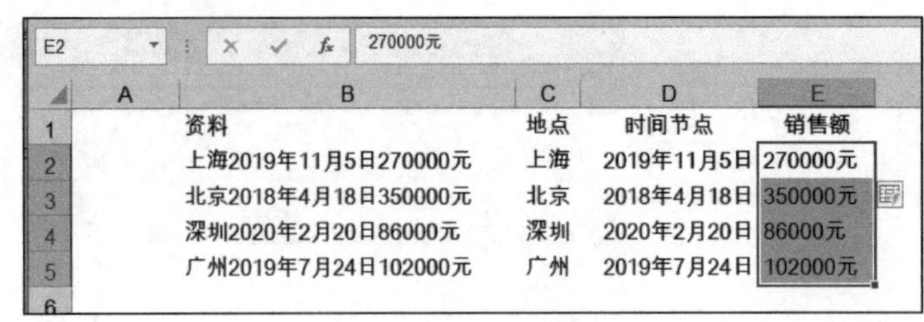

图 2-77

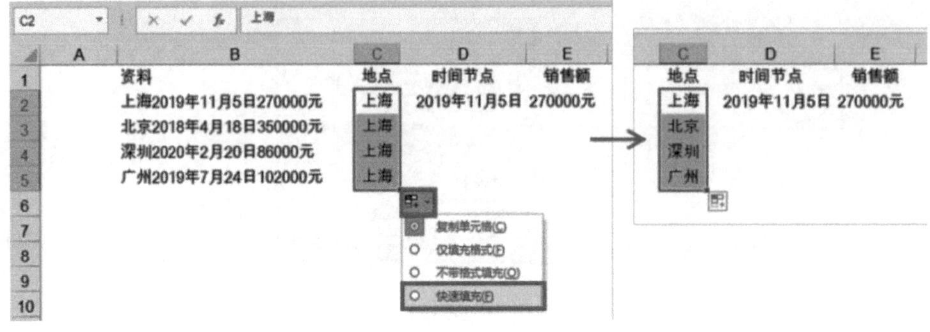

图 2-78

对于 D 列和 E 列信息，利用和上一步类似的操作进行处理。这两列信息默认的排序方式均为“填充序列”，在“自动填充选项”下选择“快速填充”就可以了，如图 2-79 所示。

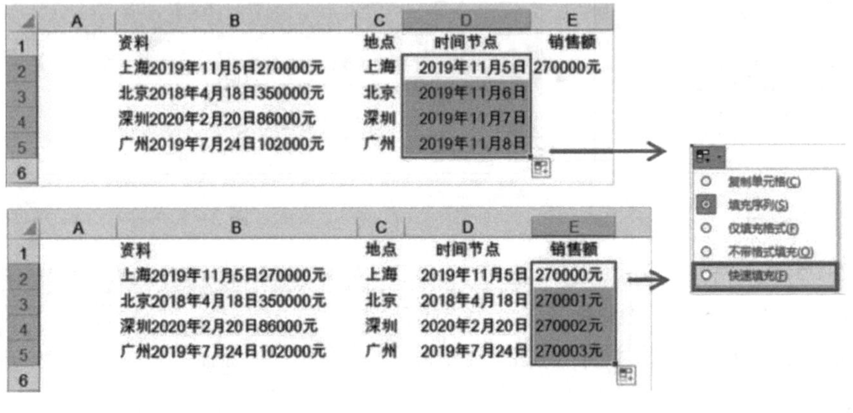

图 2-79

2.2.5 有条件地粘贴单元格

上一小节讲到了“复制单元格”功能，一般来讲，“复制”的下一步就是“粘贴”，“粘贴”有多种方式可选择。单击“开始”选项卡，依次选择“粘贴”→“选择性粘贴”。在弹出的“选择性粘贴”对话框中可以看到 12 种“粘贴”选项和 5 种“运算”选项，如图 2-80 所示。下面介绍几种常用的选择性粘贴方式。

1. 只粘贴格式，不粘贴内容

如果我们新建一个表格，格式要和原有的表格一样，可以利用粘贴“格式”把旧表格的格式复制到新表格中，省得重新设置新表格的格式。

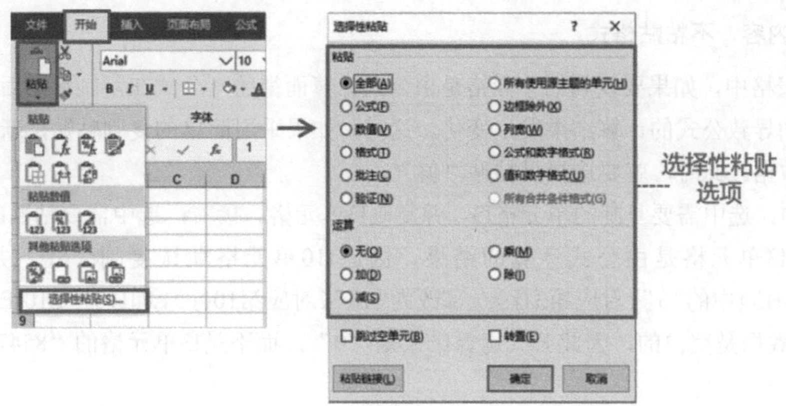

图 2-80

选中需要复制格式的表格 B2~I8 单元格并复制（可以用快捷键“Ctrl+C”组合），选中需要粘贴表格格式区域的第一个单元格并右击，在菜单中选择粘贴“格式”（这一步也可以按照本节开头介绍的方法，在“选择性粘贴”对话框中进行），如图 2-81 所示。

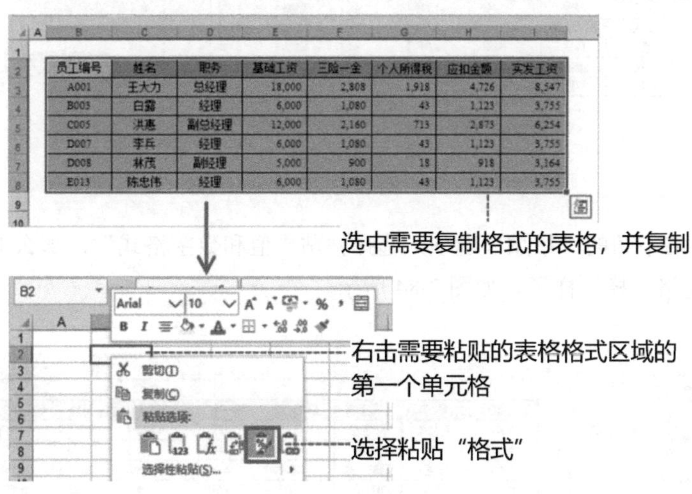

员工编号	姓名	职务	基础工资	三险一金	个人所得税	应扣金额	实发工资
A001	王大力	总经理	18,000	2,808	1,918	4,726	8,547
B003	白露	经理	6,000	1,080	43	1,123	3,755
C005	洪惠	副总经理	12,000	2,160	713	2,873	6,254
D007	李兵	经理	6,000	1,080	43	1,123	3,755
D008	林茂	副经理	5,000	900	18	918	3,164
E013	陈忠伟	经理	6,000	1,080	43	1,123	3,755

图 2-81

此时，原表格的格式被复制、粘贴到新表格中了，如图 2-82 所示。

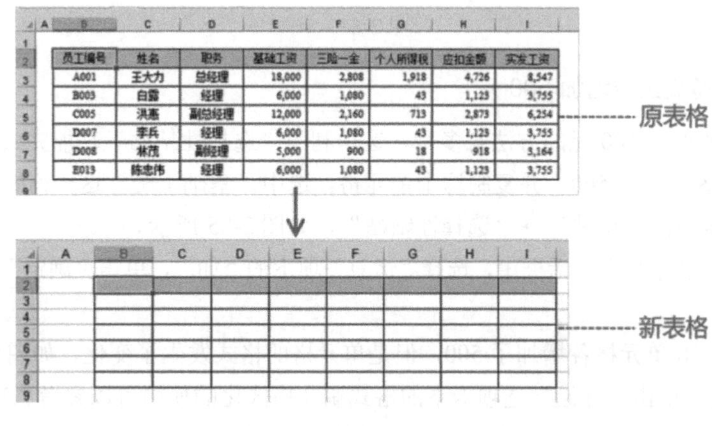

图 2-82

2. 只粘贴内容，不粘贴格式

在 Excel 表格中，如果要复制的单元格是由公式计算而得的，公式在复制粘贴后，可能因为对应的单元格变动导致公式的计算结果发生变化。这时，如果采用简单的复制粘贴，新的单元格中会出现不正确的数据。此时，就要选择只粘贴“值”。

在图2-83中，选中需要复制的单元格I3，并复制I3单元格。接着，选中需要粘贴的单元格I10，并粘贴。由于I3单元格是由公式计算的结果，因此I10单元格默认复制公式，并且把原公式（I3=E3-F3-G3-H3）中的“3”（对应第3行）全部改为“10”（对应第10行），即I10==E10-F10-G10-H10。由于原来I行的数据是空白的，因此公式运算结果是“0”，而不是I3单元格的“8547”，如图2-83所示。

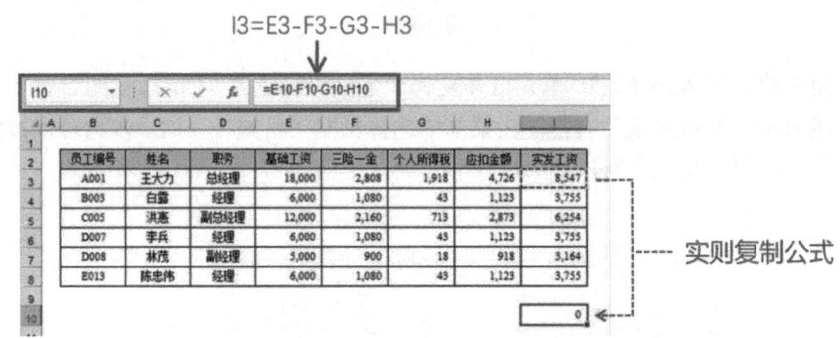

图 2-83

单击 I10 单元格右下角的“粘贴”选项，选择粘贴“值和数字格式”，那么 I10 单元格的值和数字格式就和 I3 单元格一模一样了，如图 2-84 所示。

图 2-84

3. 快速将全部基础工资增加 500 元

将全部基础工资增加 500 元的方法有多种，这里利用“选择性粘贴”功能完成。

先在任意单元格中输入 500，并复制这个单元格。选中“基础工资”这一列的 E3~E8 单元格，单击“开始”选项卡下的“粘贴”→“选择性粘贴”，如图 2-85 所示。

在弹出的“选择性粘贴”对话框中，选择“运算”项下的“加”，单击“确定”按钮，如图 2-86 所示。

可以看到，E3~E8 单元格各增加了 500，但是单元格的格式发生了变化，如图 2-87 所示。

选中 F3 单元格，单击“开始”选项卡下的格式刷（格式化的使用可以参考 2.3.5 小节），再单击 E3~E8 单元格，格式恢复了原样，任务完成，如图 2-88 所示。

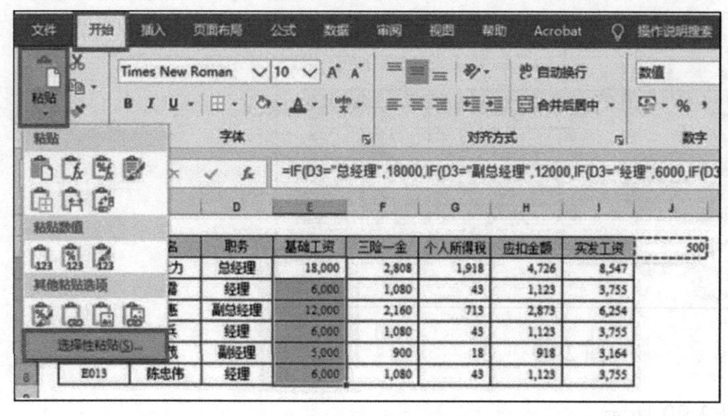

图 2-85

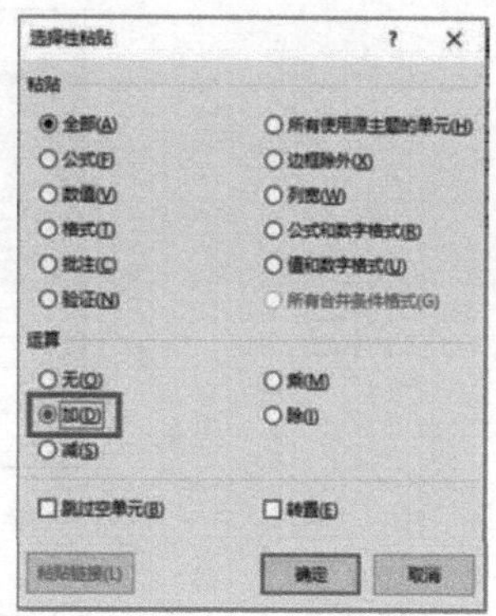

图 2-86

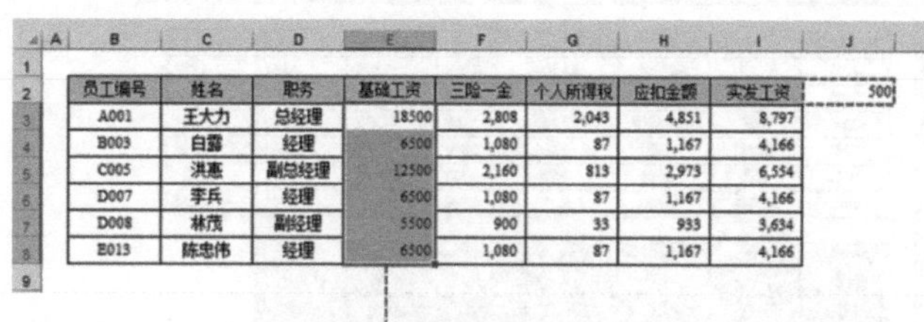

图 2-87

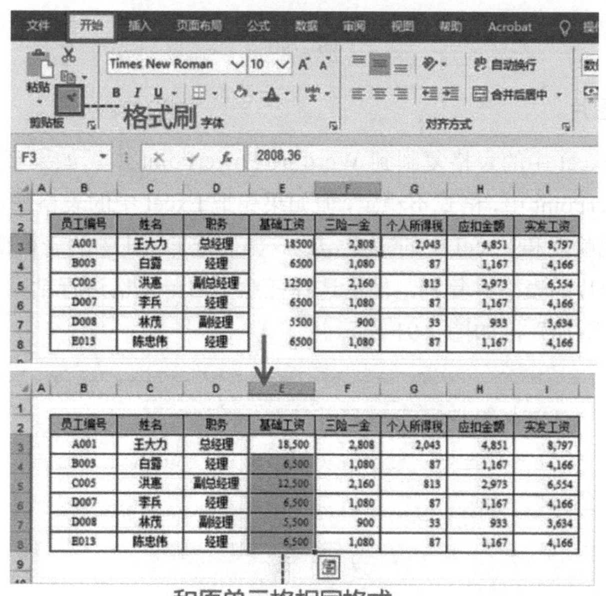

图 2-88

4. 将原表格中的行和列互换

我们制作完成一张表格后，如果要把表格中的行和列互换，重新制作一张表格会严重影响工作效率。但利用“选择性粘贴”功能中的“行列倒置”可以轻松搞定。

选中需要转换的表格 B2~I8 单元格并复制。右击新表格的第一个单元格 B10，“粘贴选项”选择“转置”，如图 2-89 所示。

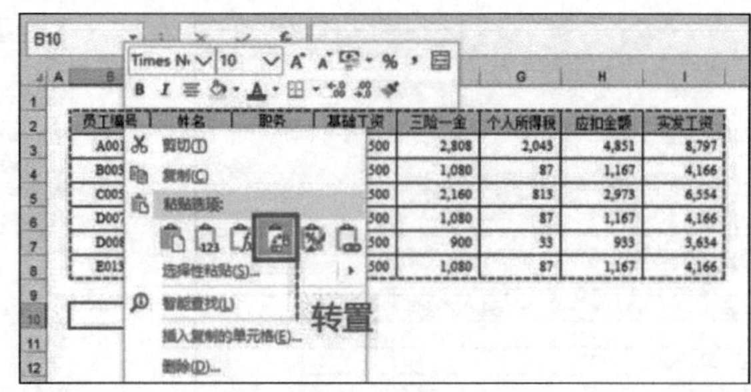

图 2-89

表格内容全部转置过来了，如图 2-90 所示。

员工编号	姓名	职务	基础工资	三险一金	个人所得税	应扣金额	实发工资
A001	王大力	总经理	18,500	2,808	2,043	4,851	8,797
B003	白露	经理	6,500	1,080	87	1,167	4,166
C005	洪惠	副总经理	12,500	2,160	813	2,973	6,554
D007	李兵	经理	6,500	1,080	87	1,167	4,166
D008	林茂	副经理	5,500	900	33	933	3,634
E013	陈忠伟	经理	6,500	1,080	87	1,167	4,166

员工编号	A001	B003	C005	D007	D008	E013
姓名	王大力	白露	洪惠	李兵	林茂	陈忠伟
职务	总经理	经理	副总经理	经理	副经理	经理
基础工资	18,500	6,500	12,500	6,500	5,500	6,500
三险一金	2,808	1,080	2,160	1,080	900	1,080
个人所得税	2,043	87	813	87	33	87
应扣金额	4,851	1,167	2,973	1,167	933	1,167
实发工资	8,797	4,166	6,554	4,166	3,634	4,166

全部转置

图 2-90

5. 把表格转换成图片

有时我们需要把 Excel 中的表格复制到 Word 或 PowerPoint 中。如果直接选中 Excel 中的表格并复制到 Word 或 PowerPoint 中，格式不稳定，但如果先把 Excel 中的表格变成图片，再复制到 Word 或 PowerPoint 中，格式就能和 Excel 中的完全一致。如何把 Excel 中的表格变成图片呢？

选中需要转换成图片的表格并复制，然后选择任意空白单元格进行粘贴，单击新表格右下角的“粘贴选项”，选择“图片”，如图 2-91 所示。

图 2-91

表格就被复制为图片，或者说表格转换成了图片，可以复制到其他软件中使用，也可以保存为图片格式，如图 2-92 所示。

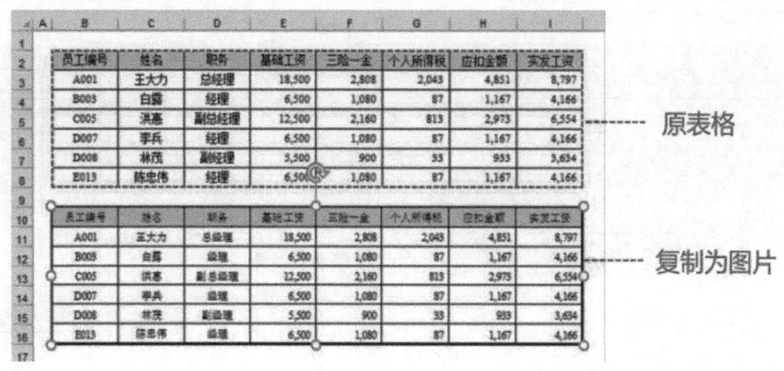

员工编号	姓名	职务	基础工资	三险一金	个人所得税	应扣金额	实发工资
A001	王大力	总经理	18,500	2,808	2,043	4,851	8,797
B003	白露	经理	6,500	1,080	87	1,167	4,166
C005	洪惠	副总经理	12,500	2,160	813	2,973	6,554
D007	李兵	经理	6,500	1,080	87	1,167	4,166
D008	林茂	副经理	5,500	900	33	933	3,634
E013	陈忠伟	经理	6,500	1,080	87	1,167	4,166

图 2-92

2.2.6 单元格内容的查找和替换

用 Excel 表格记录数据时，当发现有一个数据（包括文字、数值等各种类型）有错误或不合适，而且这个数据位于很多地方时，必须一处一处地修改吗？

一处一处地修改非常烦琐，我们可以利用“查找”功能快速找出有误的内容，然后用“替换”功能把正确的内容填补进去。

单击“开始”选项卡，依次选择“编辑”→“查找和选择”，菜单中有两个非常常用的功能，分别是“查找”和“替换”，如图 2-93 所示。

单击“查找”选项，在弹出的“查找和替换”对话框中，在“查找”标签下的“查找内容”处输入要查找的内容，然后单击底部的“查找全部”或“查找下一个”按钮，如图 2-94 所示。“查找下一个”表示挨个往下查找，“查找全部”表示一次性全部查找出来。如果查找到某一处时想回头往前查找，可以在按住 Shift 键的同时单击“查找下一个”按钮。

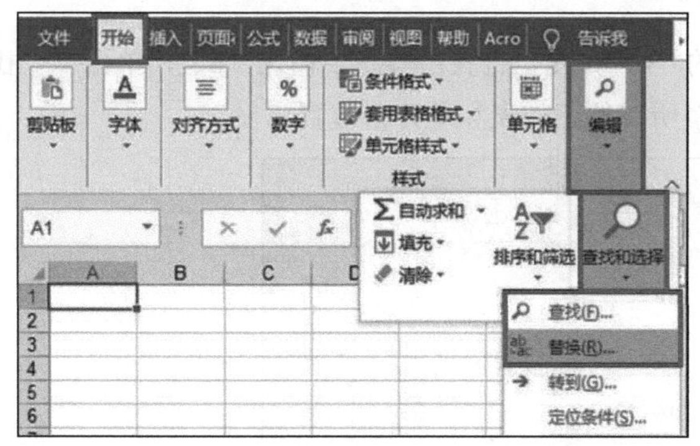

图 2-93

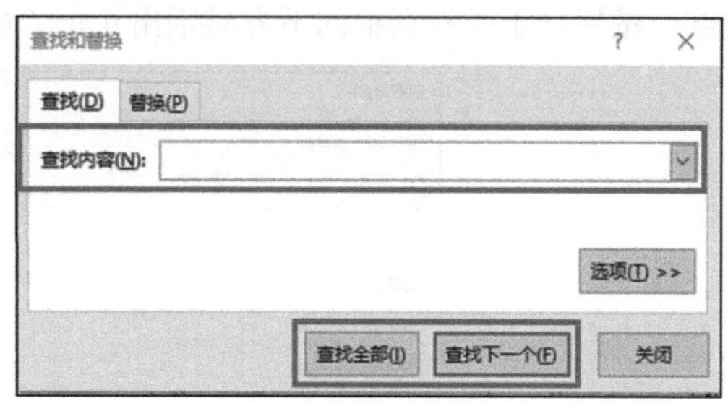

图 2-94

单击上述对话框中的“选项”按钮，出现了更加“高级”的选项组合，包括是否按照设定的格式查找、查找范围的设定等内容，如图 2-95 所示。

“区分大小写”指的是查找或替换时英文字母的大小写是否有区别，“区分大小写”时，A 和 a 是不同的。“单元格匹配”指的是查找或替换时是否以单元格为单位，如果要求“单元格匹配”，单元格内容是完整的整体，不能再对单元格中的内容进行拆分。“区分全/半角”指的是是否区分全角和半角的符号等，“区分全/半角”时，“，”和“,”是不同的。

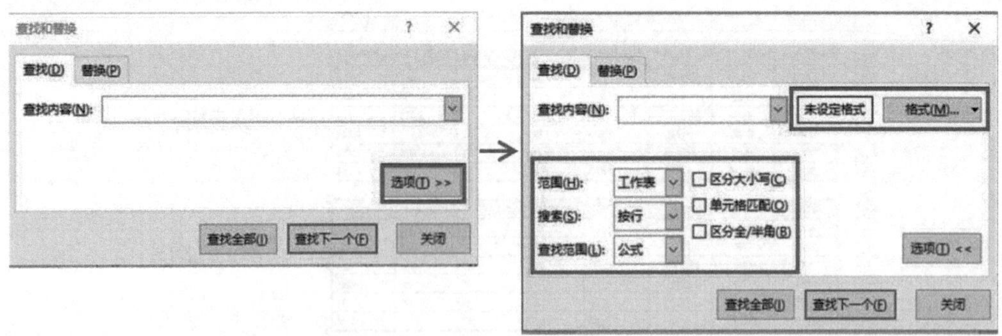

图 2-95

这里还有一个比较常用的选项是“范围”，可选择在单独的工作表中查找，还是在整个工作簿（可能由多张工作表组成）中查找。Excel 默认在单独的工作表中查找，如果我们希望在整个工作簿中查找，就要在“范围”中选择“工作簿”，如图 2-96 所示。

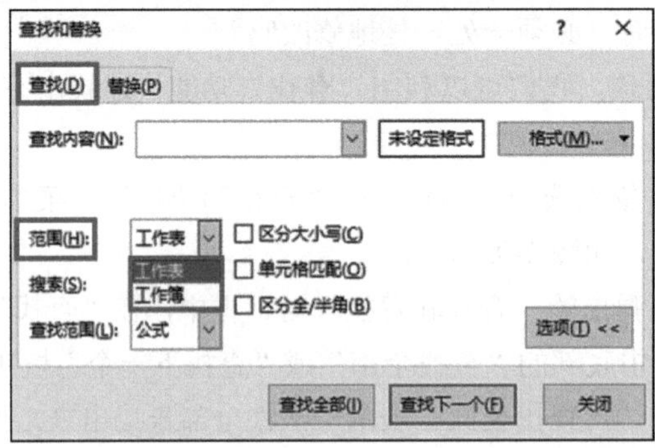

图 2-96

例如，要查找图 2-97 所示的这张工作表中的“6”，在“查找内容”中输入“6”，单击“查找全部”按钮，于是对话框的下方显示出 4 个“6”所在的工作表和单元格位置。

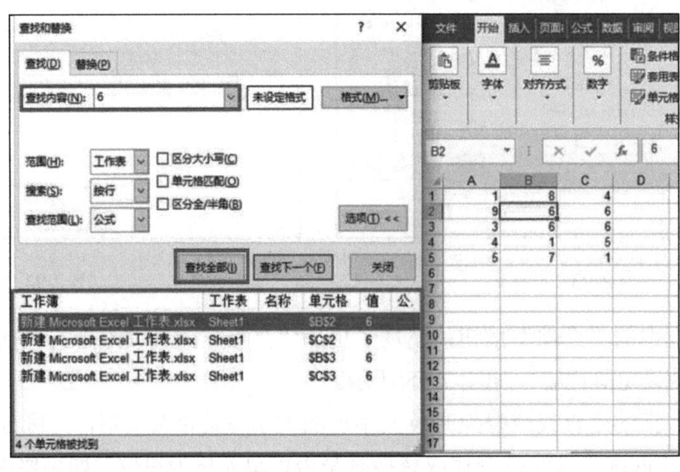

图 2-97

查看“查找和替换”对话框，“替换”选项卡只是比“查找”选项卡多了一个“替换为”选项，也就是把查找到的内容直接替换成新的内容，如图 2-98 所示。

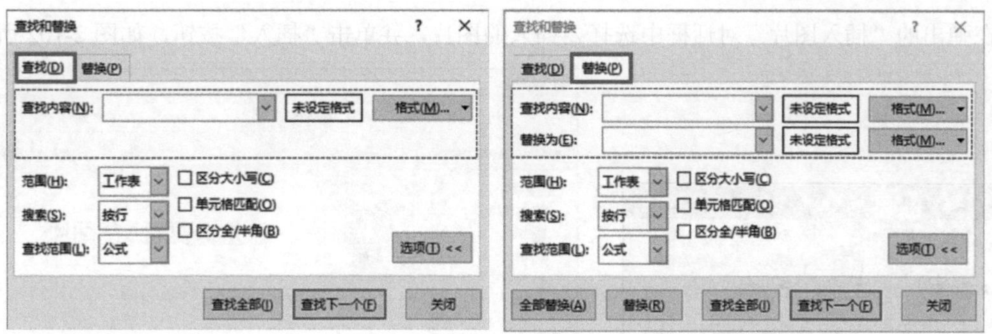

图 2-98

例如，要把上一例中的“6”替换为“0”。在“查找和替换”对话框中，“查找内容”填写“6”，“替换为”填写“0”，单击“全部替换”按钮，于是弹出“警示”对话框，显示“全部完成，完成 4 处替换。”，单击“确定”按钮，并单击“查找和替换”对话框中的“关闭”按钮，如图 2-99 所示。

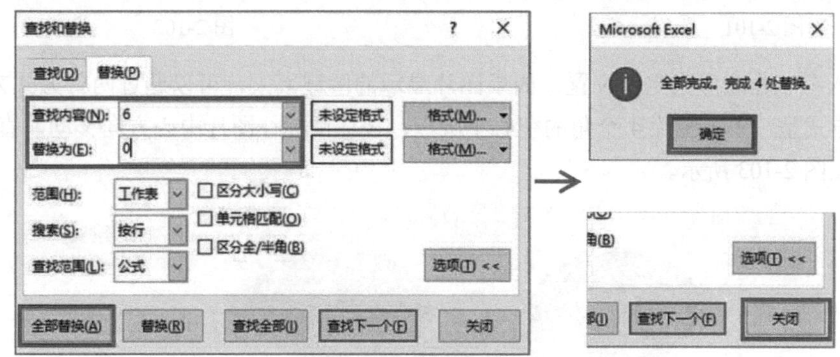

图 2-99

工作表中的 4 个“6”全部替换为“0”了，如图 2-100 所示。

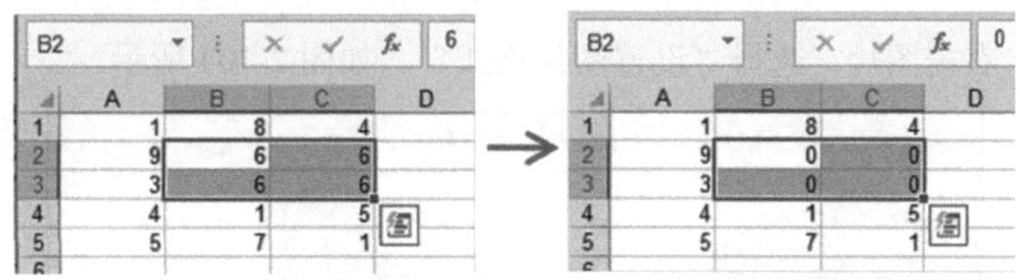

图 2-100

如果只对部分单元格中的内容进行查找或替换，在查找或替换之前需要先选中目标单元格，再按照前两例的步骤进行查找或替换。

查找和替换功能也有快捷键，使用 Ctrl+F 组合键可以打开“查找”功能的对话框，使用 Ctrl+H 组合键可以打开“替换”功能的对话框。

2.2.7 图片和文本框的插入、显示和缩放

在工作表中，除了可以插入文字、数据等内容外，也可以插入图片或文本框等项目。

选中要插入图片的位置。所谓“位置”，指的是图片所在区域左上角的单元格。例如，这个位置是 B2 单元格。单击“插入”选项卡，依次选择“图片”→“此设备”，如图 2-101 所示。

在弹出的“插入图片”对话框中选择要插入的图片，并单击“插入”按钮，如图 2-102 所示。

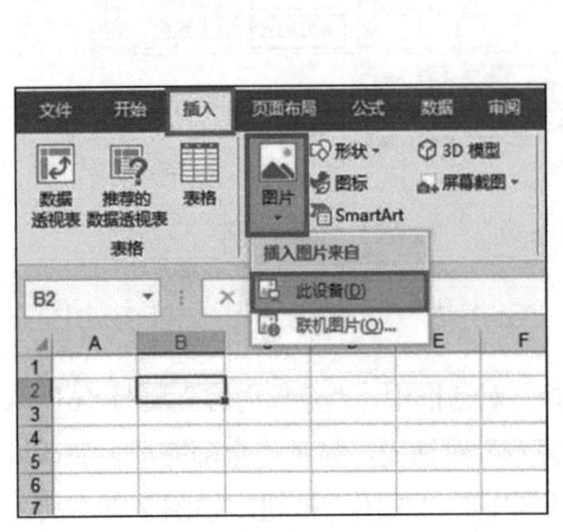

图 2-101

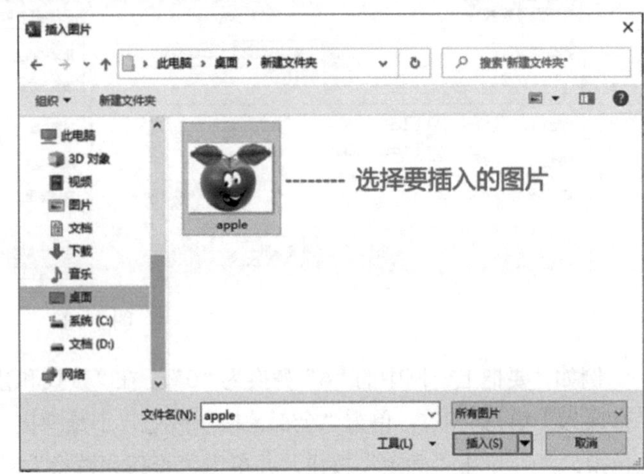

图 2-102

图片插入在工作表中指定的位置。如果图片显示的区域太大，可以通过两种方式来缩小图片。一种快捷的方式是，单击图片 4 个角的空心小圆点，按住鼠标往图片中心方向移动，直至达到所希望的大小，如图 2-103 所示。

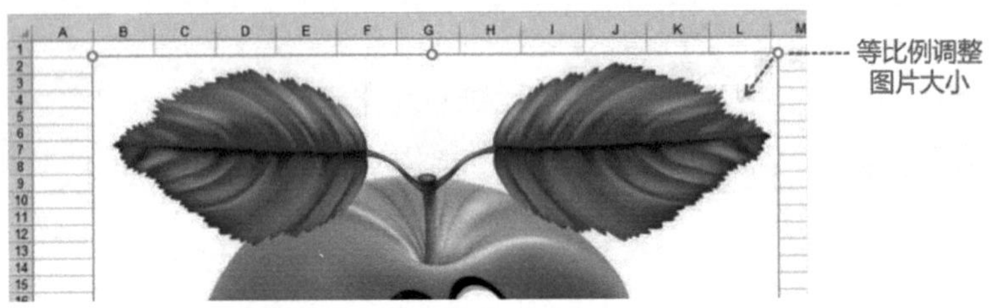

图 2-103

另一种方法是，右击图片，选择“设置图片格式”，如图 2-104 所示。

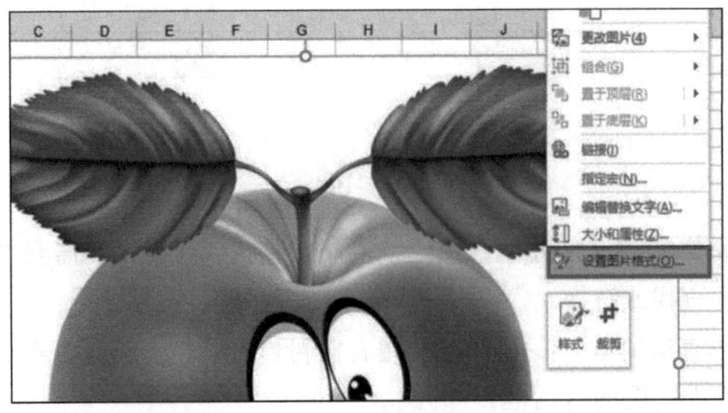

图 2-104

在工作窗口的右侧出现了“设置图片格式”的工作区。依次选择“大小与属性”→“大小”，在勾选“锁定纵横比”的条件下，可以通过设定“高度”的值（Excel 会自动同比例对应到“宽度”的值）或设定“缩放高度”的比例（Excel 会自动同比例对应到“缩放宽度”的比例）来调整图片大小。例如，我们把“缩放高度”的比例设定为 50%，如图 2-105 所示。

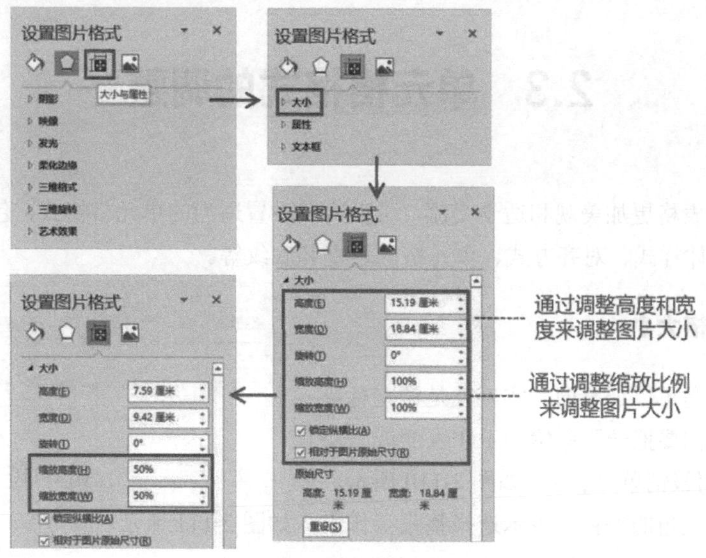

图 2-105

此时，图片的左上角仍旧位于 B2 单元格，高度和宽度都缩减为原来尺寸的一半了，如图 2-106 所示。

图 2-106

正常情况下，Excel 的文字或数据都位于单元格中。如果要在非单元格的位置输入文字或数据，要靠“文本框”来帮忙。

单击“插入”选项卡，依次单击“文本框”→“绘制横排文本框”，如图 2-107 所示。

此时，鼠标变成了十字，找到需要插入文本框的位置，按住鼠标左键绘制文本框。光标停留的位置就是输入文本的位置，例如输入“你好”，单击附近任意单元格，文本框就设定好了，如图 2-108 所示。

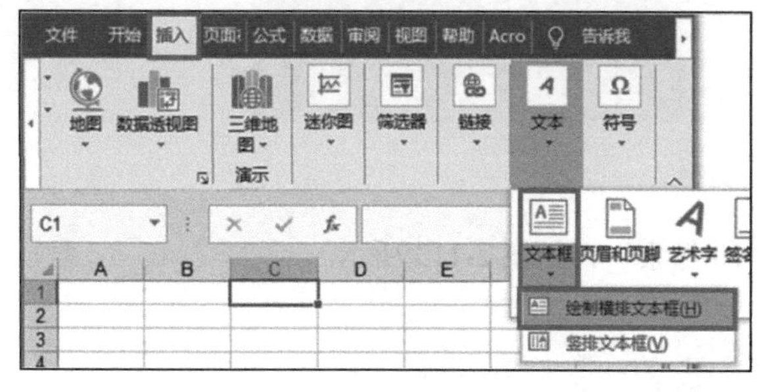

图 2-107

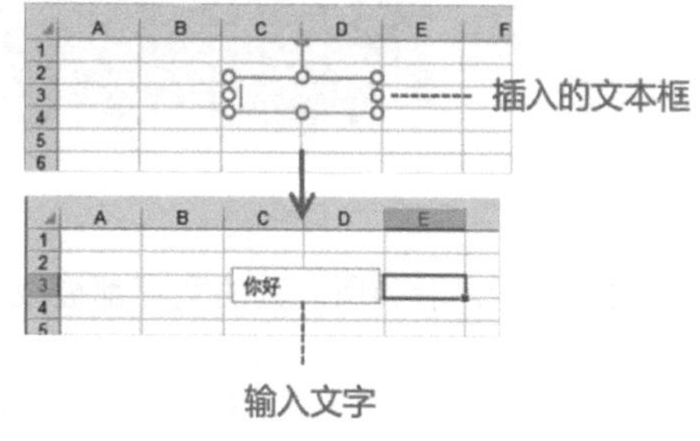

图 2-108

如果要移动文本框，单击文本框内部的文字，在把鼠标移动到文本框边缘，看到十字箭头✣后，拖动鼠标即可移动到所需的位置，如图 2-109 所示。

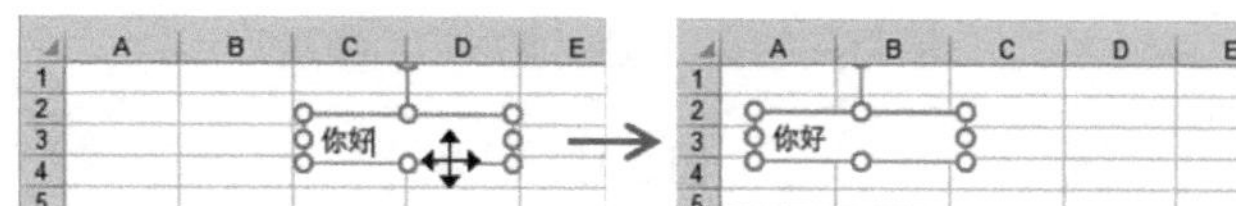

图 2-109

2.3 单元格格式的调整

为了让制作的表格更加美观和适于交流，可以为其设置适当的单元格格式，包括数字格式（2.2节中已介绍）、字体样式、对齐方式、单元格的边框和底纹等。

2.3.1 调整单元格大小

单元格的大小是可以调整的，实质就是调整行高和列宽。例如，我们要把一张原始的工作表变成“小方格”纸，以便填写报销单等表单，如图 2-110 所示。

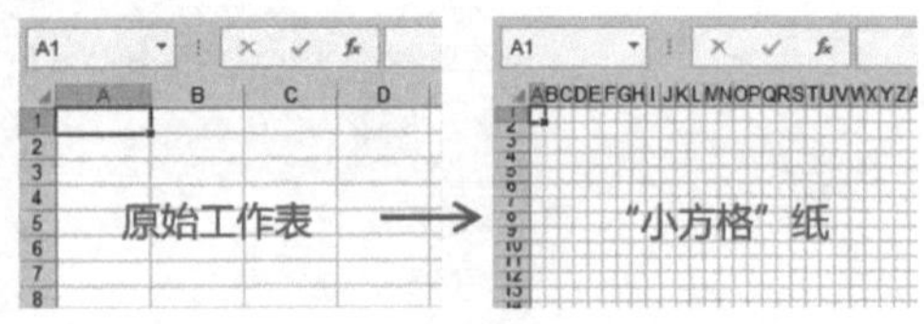

图 2-110

单击工作表左上角的按钮，表示选择整张工作表，如图 2-111 所示。

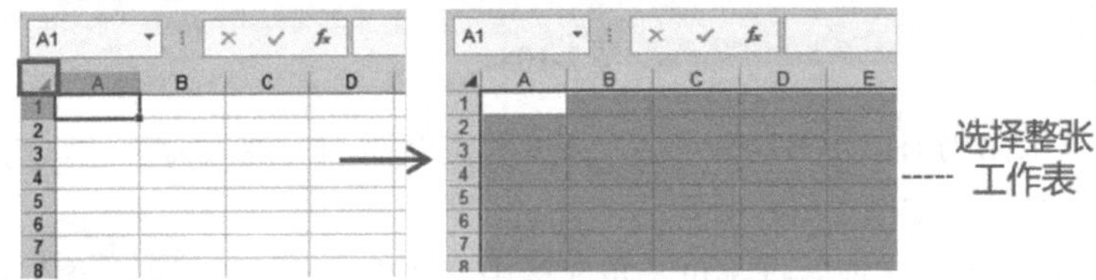

图 2-111

按住 A 列、B 列之间的间隔线，并向左移动。移动间隔线的同时，观察所显示的“宽度”数据，看到“宽度:0.83(10 像素)”时，停止移动，如图 2-112 所示。

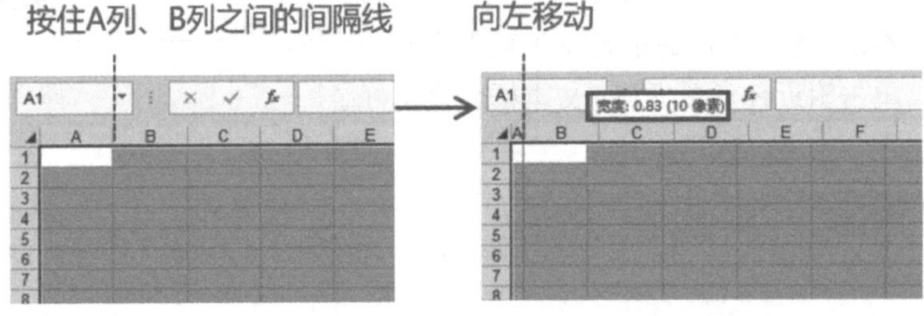

图 2-112

放开鼠标，看到所有列的宽度都被设置为“10 像素”，如图 2-113 所示。

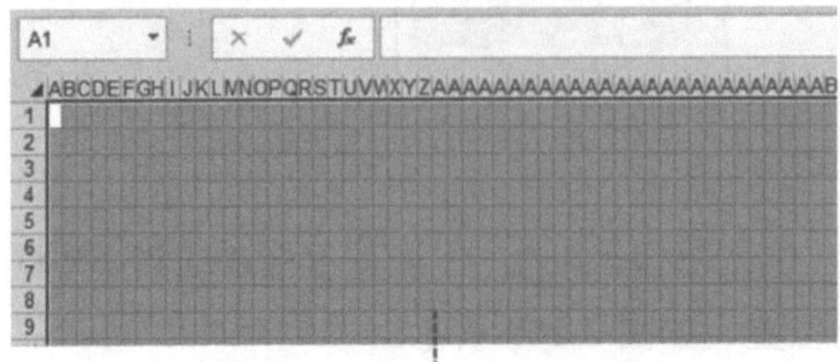

图 2-113

用相同的方法，把各行的高度设置为“10 像素”，如图 2-114 所示。

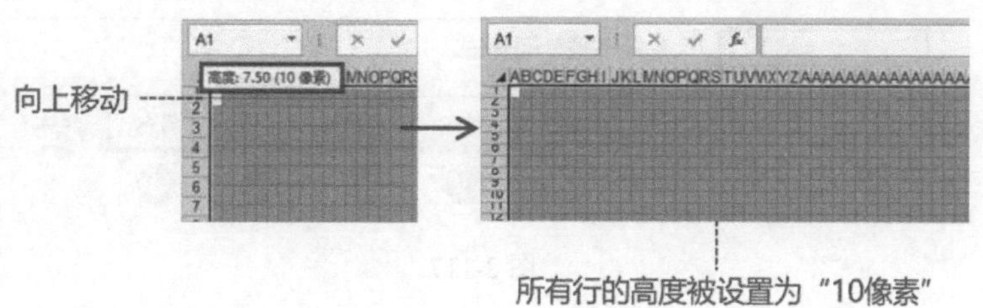

图 2-114

由于列宽和行高均被压缩到 10 像素，列的字母标识也被压缩，导致 AA 列及其之后各列的字母标识仅显示首字母，容易被误解。

事实上，图 2-115 中框线所圈出的“列的字母标识”是一模一样的。

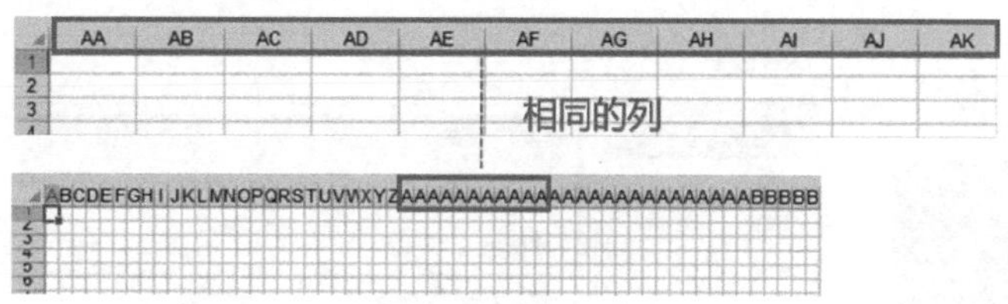

图 2-115

上述设置列宽和行高还有一种常用的方法。选中整张工作表后，单击任意列标识（A、B、C……），选择“列宽”。在弹出的“行高”对话框中输入“0.83”，单击“确定”按钮。再单击任意行标识（1、2、3……），选择“行高”。在弹出的“列宽”对话框中输入“7.5”，单击“确定”按钮，如图 2-116 所示。

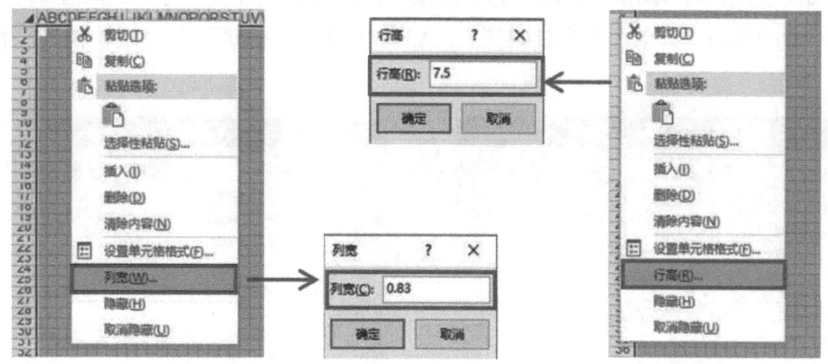

图 2-116

2.3.2 调整字体和对齐方式

“单元格格式”的花样有很多。右击任意单元格，选择“设置单元格格式”，在弹出的“设置单元格格式”对话框中有 6 个选项卡。本小节和下一小节要介绍的选项卡是❶对齐方式，❷字体（包括字体、字形、字号、颜色等）、❸边框、❹填充（包括背景色、底纹等），如图 2-117 所示。

Excel 默认的对齐方式是：文本“左对齐”，数字和日期时间等“右对齐”；默认的英文字体是“Arial”，中文字体是“宋体”，默认的字号是“10”；默认的边框和填充均是“无”；等等。

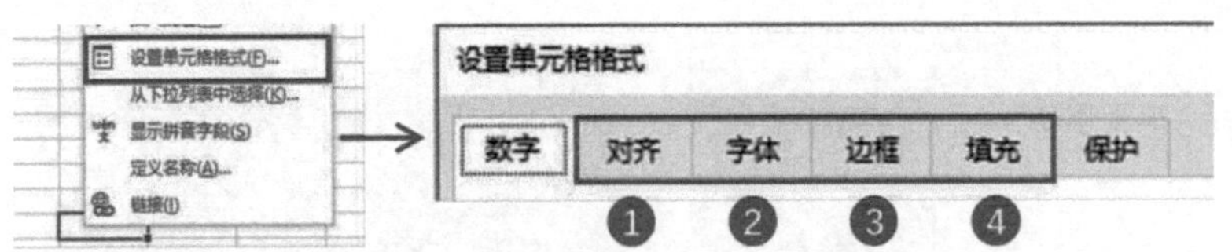

图 2-117

我们可以在“选项”下查看部分默认的设置。单击“文件”选项卡，并单击“选项”。在弹出的“Excel 选项”对话框中，单击“常规”选项卡，在“新建工作簿时”一栏中，可以查看并修改默认的字体和字号，如图 2-118 所示。

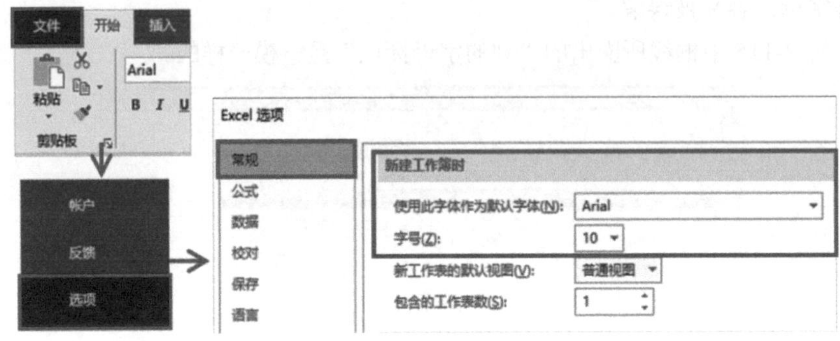

图 2-118

以上默认的设置如果不能满足我们的需要，可以重新设置。例如，要把图 2-119 中 A1 单元格的“你好”从默认的宋体改为“微软雅黑”，如何操作呢？

单击“开始”选项卡，单击“字体”的下拉按钮，鼠标放置在任意字体选项上时，A1 单元格就会显示相应字体的“你好”。单击“微软雅黑”，A1 单元格的字体调整为“微软雅黑”了，如图 2-119 所示。

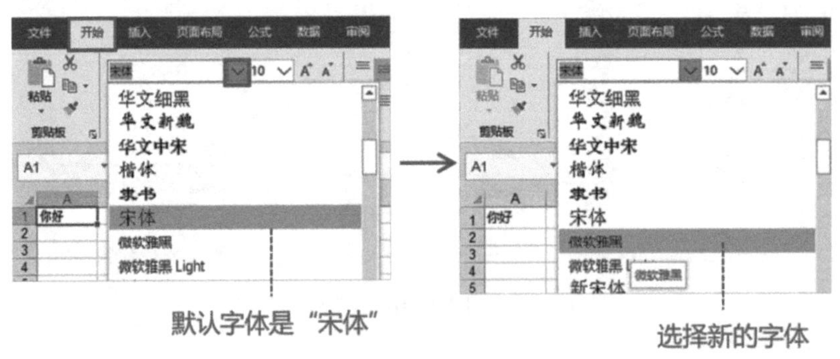

图 2-119

如图 2-120 所示，“字体”调整的其他常用项目还有“加粗”“斜体”“下画线”“字体颜色”和“字号大小”。

“下画线”的设定除了默认的“单下画线”外，也可以在下画线的下拉菜单中选择“双下画线”，如图 2-121 所示。

为了便于会计下画线的显示，Excel 中还有专门设置了“会计用单下画线”和“会计用双下画线”。图 2-122 显示了“会计用”和“普通型”的显示区别。

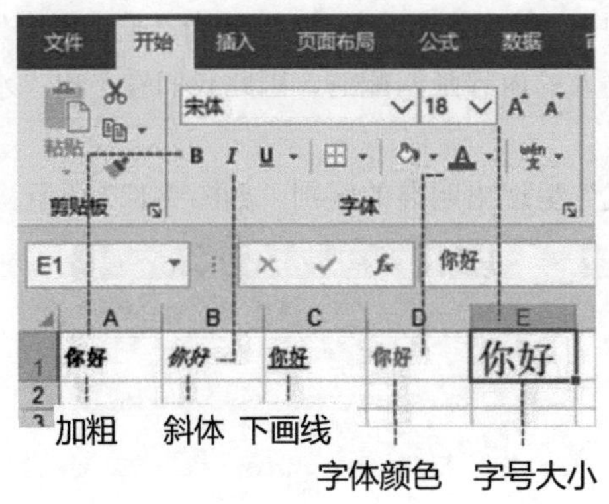

图 2-120

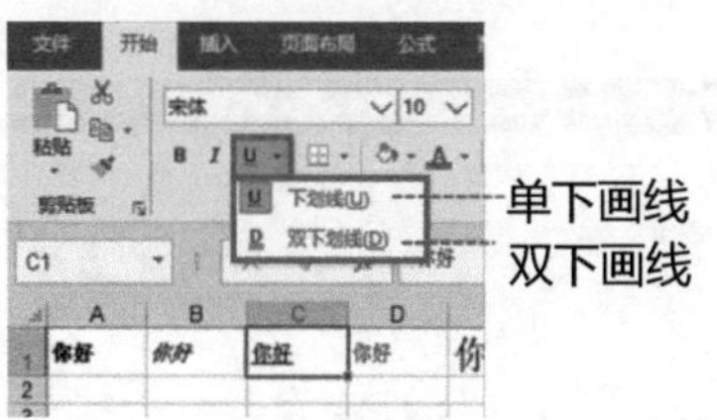

图 2-121

“会计用单下画线”和“会计用双下画线”要到“设置单元格格式”对话框的“字体”选项卡中进行选择，如图 2-123 所示。

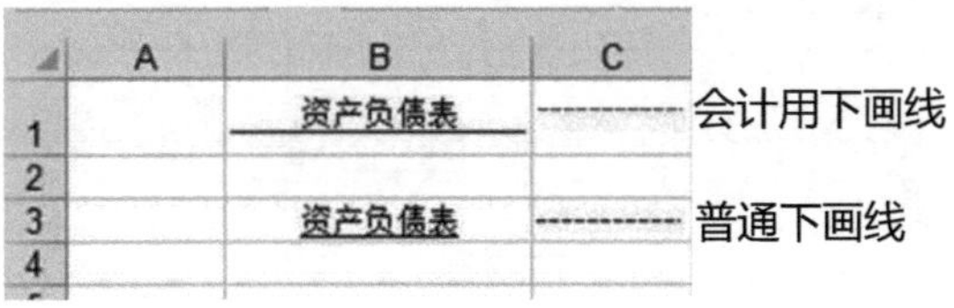

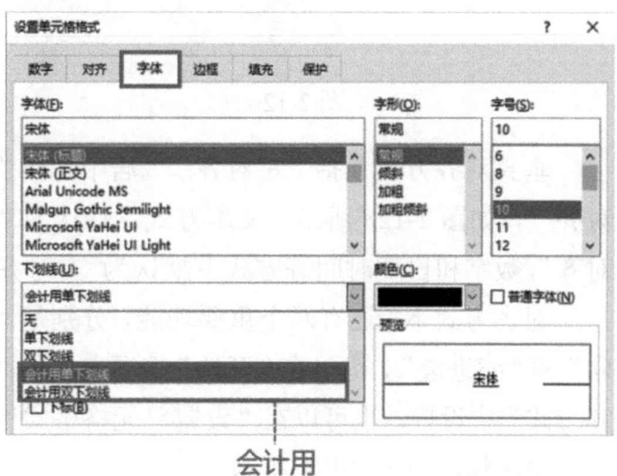

图 2-123

图 2-122

“字号大小”既可以通过选择或输入字号的具体数字设置，也可以通过单击字号右侧的放大和缩小箭头设置，如图 2-124 所示。

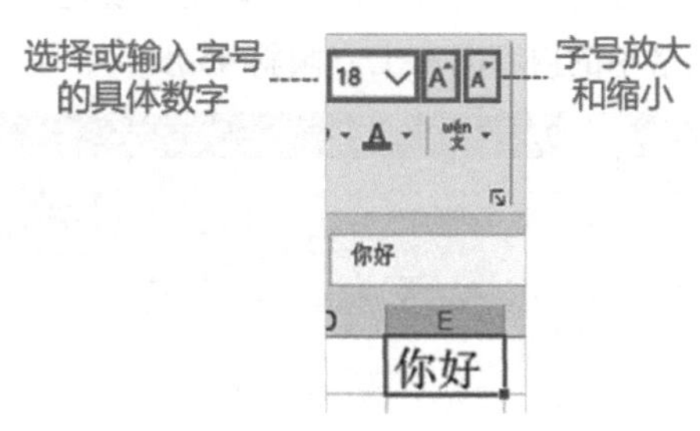

图 2-124

对齐方式的选择主要分为“水平对齐”和“垂直对齐”两种。设置时，先选定单元格，然后在“开始”选项卡下的“对齐方式”中快捷选择水平和垂直的对齐方式，也可以在“设置单元格格式”对话框中选择，如图 2-125 所示。

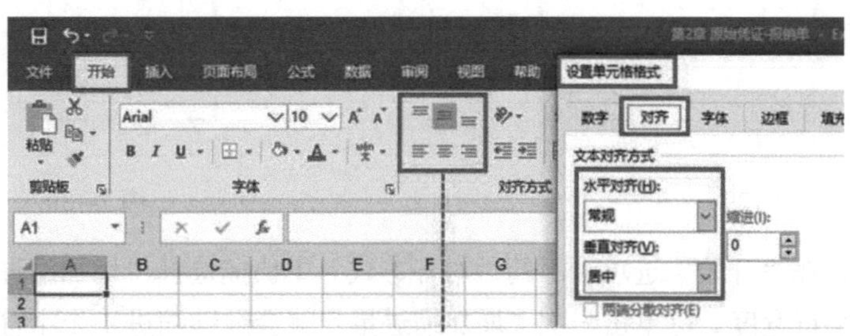

图 2-125

水平对齐方式中常用到的是“顶端对齐”“垂直居中”和“底端对齐”，默认为“垂直居中”，如图 2-126 所示。一般情况下，由于单元格高度和所输入的内容是匹配的，因此我们看不出“水平对齐方式”的变化。

一旦单元格的行高增加后，不同的“水平对齐方式”呈现出明显的区别，如图 2-127 所示。

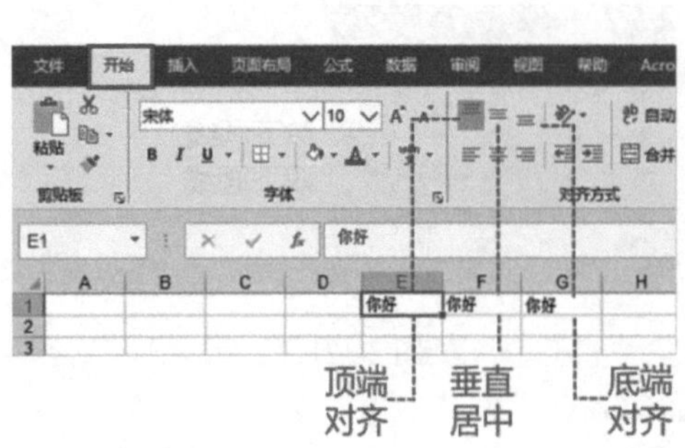

图 2-126

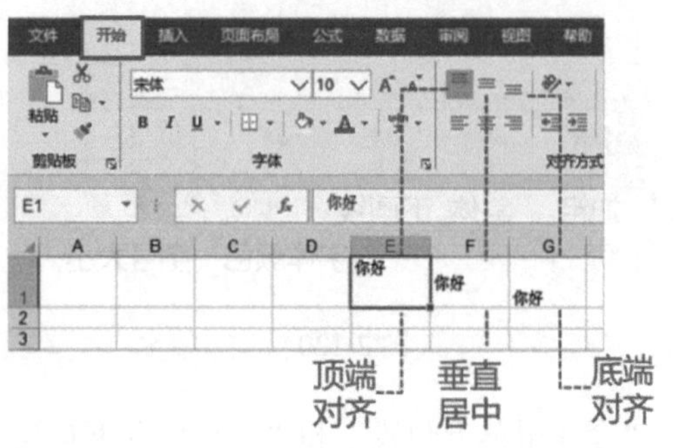

图 2-127

垂直对齐方式包括“左对齐”“居中”和“右对齐”，如图 2-128 所示。文本方式下默认为“左对齐”，数字和日期时间等方式下默认为“右对齐”。

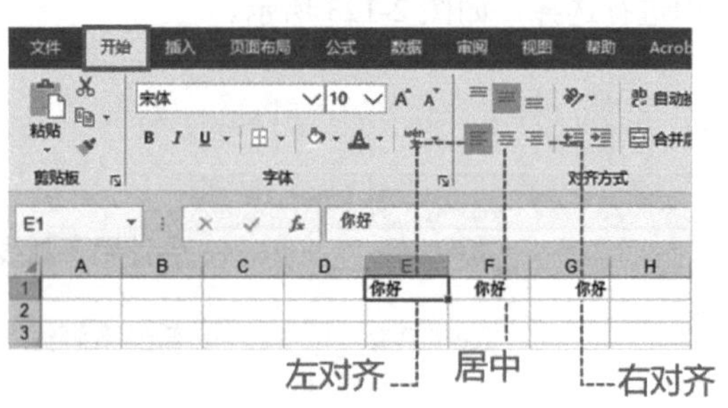

图 2-128

对齐方式下，还有两个重要功能，分别是“方向”和“缩进量”，可以在“开始”选项卡下的“对齐方式”中设置，也可以在“设置单元格格式”对话框中选择，如图 2-129 所示。

在图 2-130 中，在“设置单元格格式”对话框的“方向”中输入“45”，单击“确定”按钮。单元格中的内容向右上方倾斜 45 度。

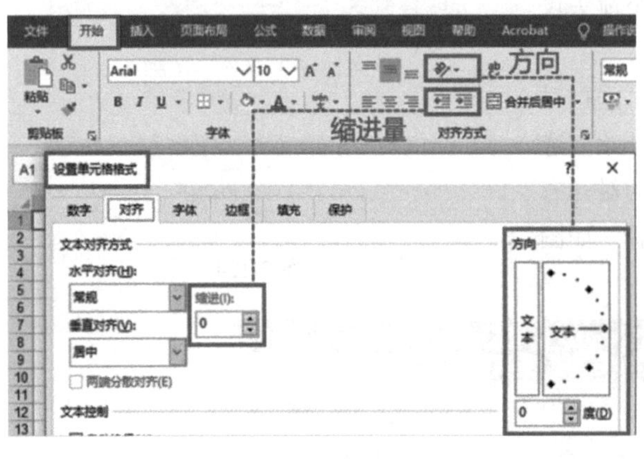

图 2-129

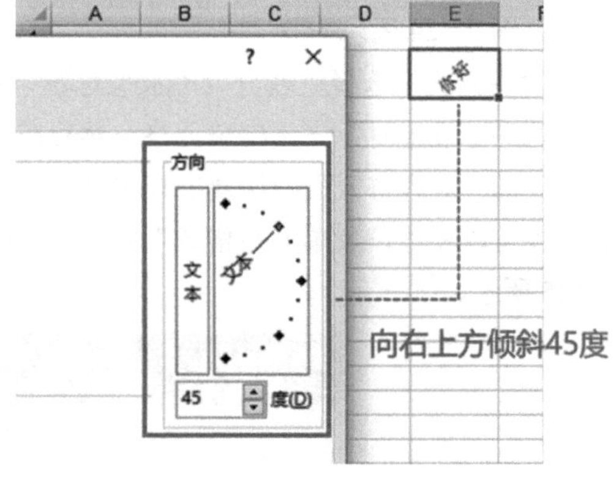

图 2-130

在图 2-131 中，在“开始”选项卡下的“对齐方式”中快捷选择“增加缩进量”，单元格中的文字向右缩进 1 个字符宽度。每单击一次“增加缩进量”就会继续缩进 1 个字符宽度。如果在“设置单元格格式”对话框中设定缩进量，结果也是一样的，如图 2-131 所示。

如果此时单击“减少缩进量”按钮，单元格中的内容显示就恢复原样了，如图 2-132 所示。

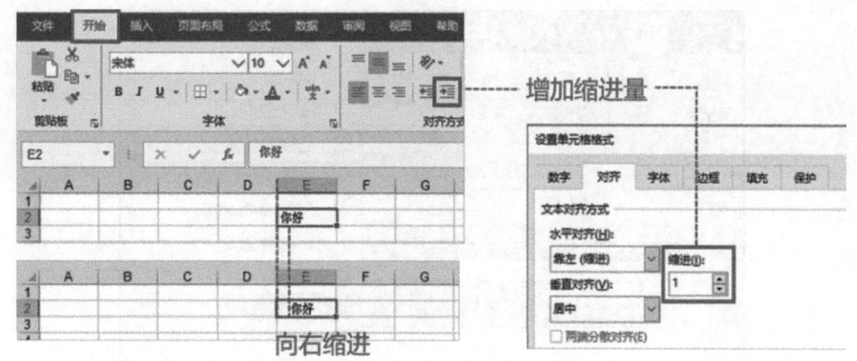

图 2-131

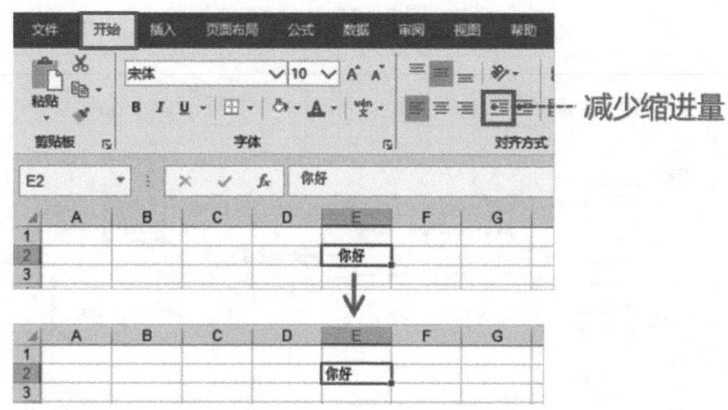

图 2-132

2.3.3 调整边框和底纹

对单元格的内容调整字体和对齐方式后，为了更加美观，可以继续设置边框和底纹。

Excel 默认的网格线是无色的，我们看到的灰色网格线实际只是为了便于区分单元格而已，如图 2-133 所示。

例如，我们要给图 2-134 中的 B2~F3 单元格设置中灰色的双线外边框，内部中灰色的单线，如何操作呢？

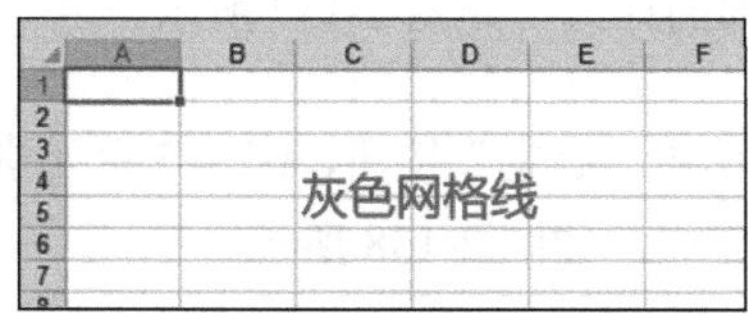

图 2-133

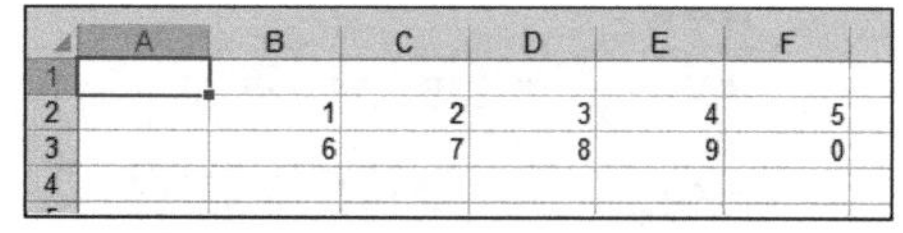

图 2-134

选中 B2~F3 单元格，右击其中的任意单元格，选择“设置单元格格式”，如图 2-135 所示。

在弹出的“设置单元格格式”对话框中，选择“边框”标签。“直线样式”选择“双线”，“直线颜色”选择“中灰色”。“预置”处单击“外边框”，于是“边框”处的“上”“下”“左”和“右”同时自动点亮，表示被选中区域的外边框已设置框线颜色和格式，“预览”处显示了表格的外边框样式，如图 2-136 所示。

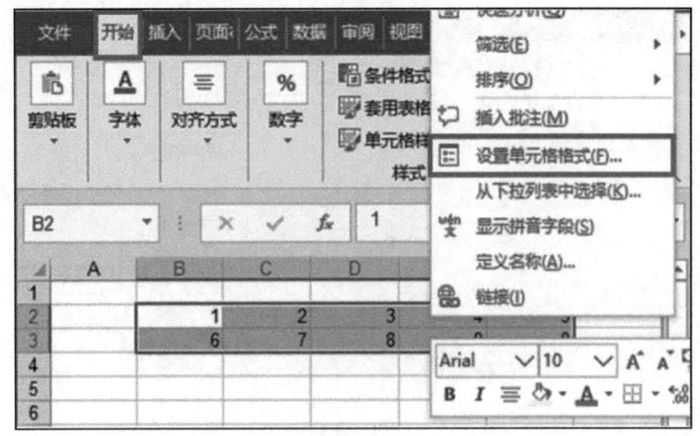

图 2-135

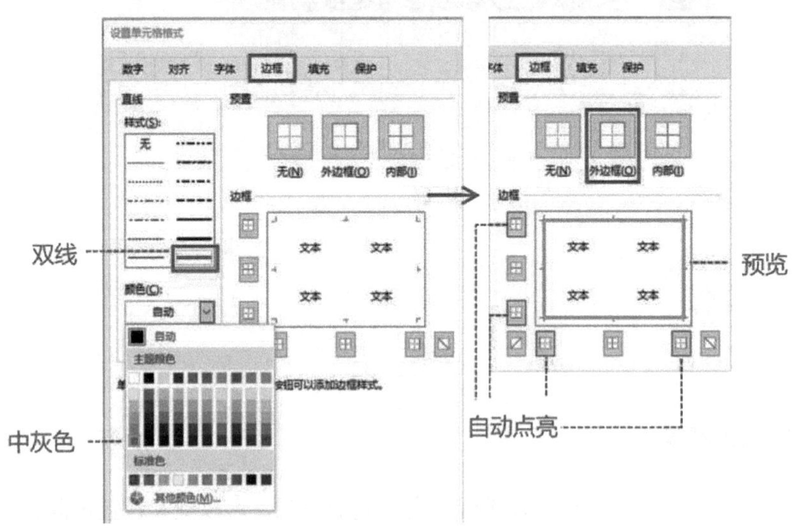

图 2-136

回到“直线”下的“样式”处，改选“单线”，“颜色”保留“中灰色”的选择。“预置”处单击“内部”，于是“边框”处的“竖中线”和“横中线”自动点亮，表示被选中区域的内部已设置框线颜色和格式，“预览”处显示了表格的外边框和内部的样式，如图 2-137 所示。

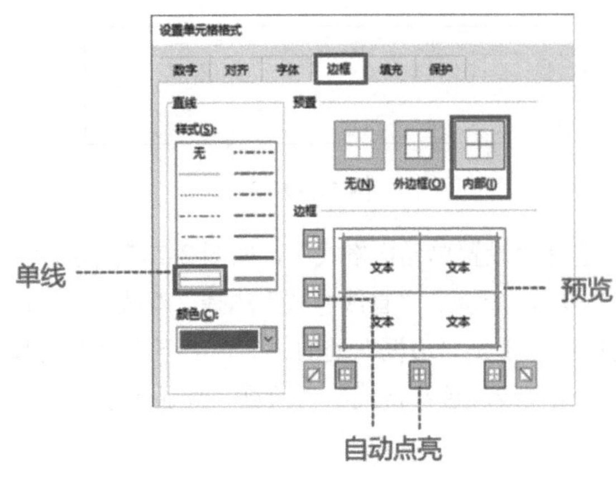

图 2-137

单击“确定”按钮，B2~F3 单元格的边框设定完成，如图 2-138 所示。

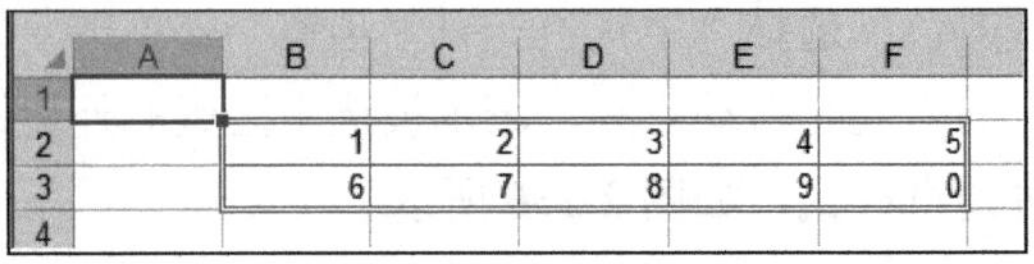

	A	B	C	D	E	F
1						
2		1	2	3	4	5
3		6	7	8	9	0
4						

图 2-138

Excel 默认的单元格底纹是无色的，我们看到的单元格中的白色底色只是显示而已。

给某些单元格的底纹填充颜色既美观又能清晰辨识，单元格的底纹可以是纯色、图案、渐变色等各种效果。

如果底纹是纯色的，先选中单元格，然后单击“开始”选项卡，单击“字体”项下“填充颜色”的下拉按钮，多数颜色都能在所显示的调色板中找到，如图 2-139 所示。

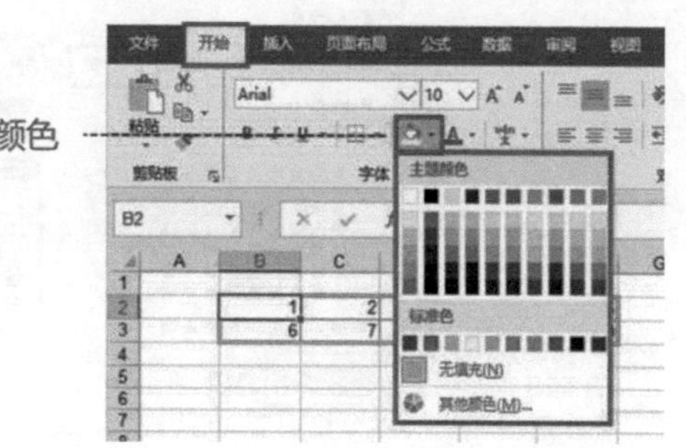

图 2-139

例如，底纹要设置为蓝色，选择“蓝色”，单元格就被填充为蓝色了，如图 2-140 所示。

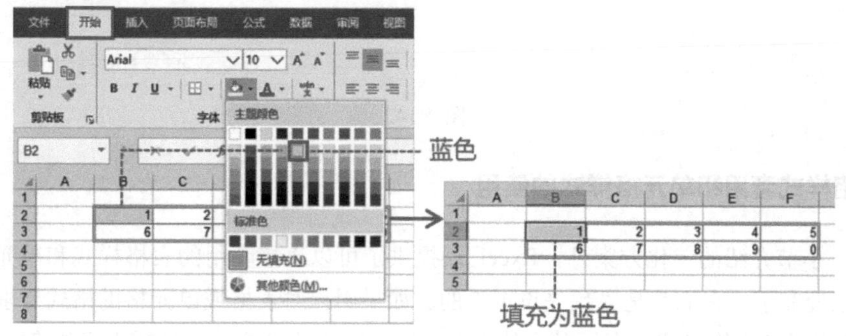

图 2-140

如果调色盘中没有想要的纯色，单击调色盘下方的“其他颜色”，在弹出的“颜色”对话框中，选择“自定义”标签，输入所需色彩的“红色”“绿色”“蓝色”数字，单击“确定”按钮，便能设置自己想要的颜色了，如图 2-141 所示。

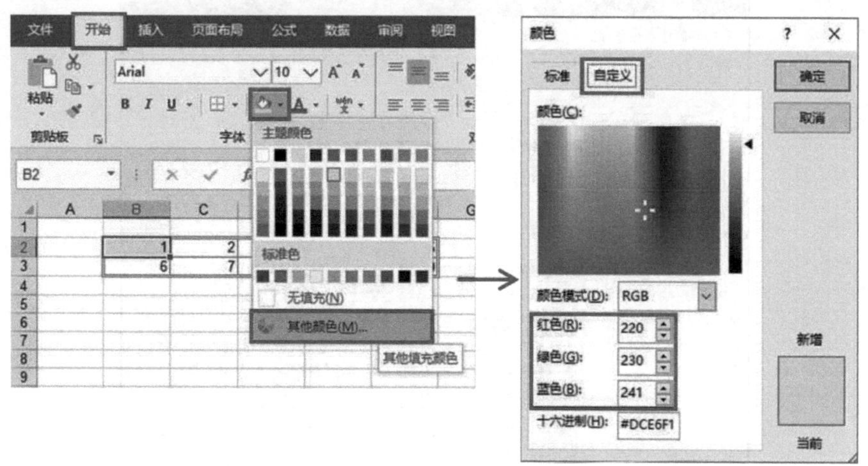

图 2-141

更多的底纹颜色选择，例如填充渐变色或填充图案，则要打开“设置单元格格式”对话框。单击“填充效果”按钮，可以设置不同方向、不同颜色的渐变色；在“图案样式”中可以选择不同的底纹图案，如图 2-142 所示。此处就不赘述了。

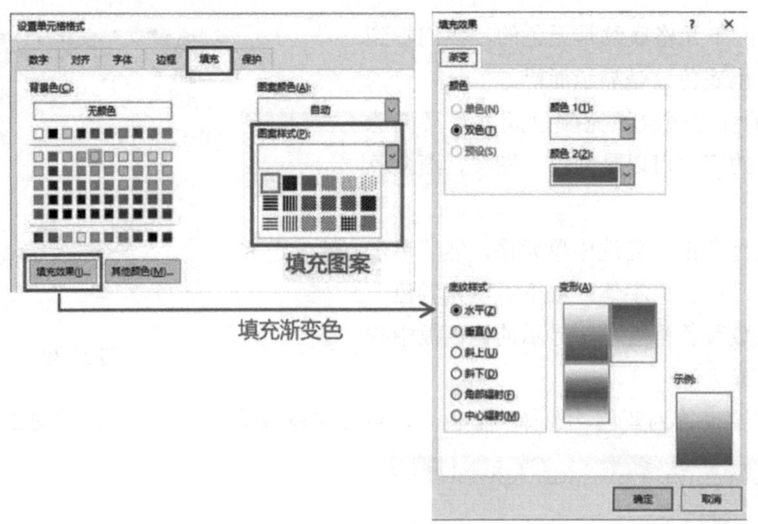

图 2-142

2.3.4 表格样式套用和单元格样式的使用

除了上一小节介绍的美化方案外，Excel 还提供了可以直接套用的表格样式和单元格样式。这两者的类似之处在于，它们都是“预先设置”的。如果用户对表格或单元格的格式要求不太高，可以使用 Excel 提供的表格样式，套用预设的方案，以便快速地设置单元格或表格的格式。

1. 表格样式套用

单击“开始”选项卡，选择“样式”项下的“套用表格格式”，例如选择列表中的第二排第二项“蓝色，表样式浅色 9”，如图 2-143 所示。

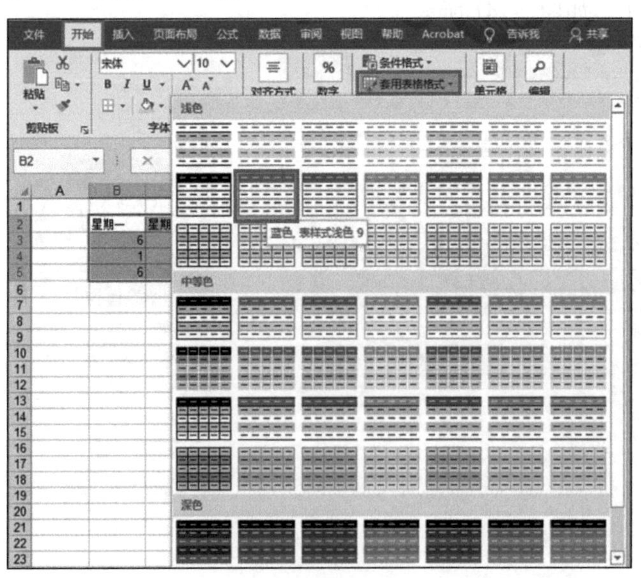

图 2-143

在弹出的“套用表格式”对话框中，确认“表数据的来源”是“B2:F5”单元格，或输入需要套用格式的表格地址，单击“确定”按钮，如图 2-144 所示。

如图 2-145 所示，表格格式成功套用。

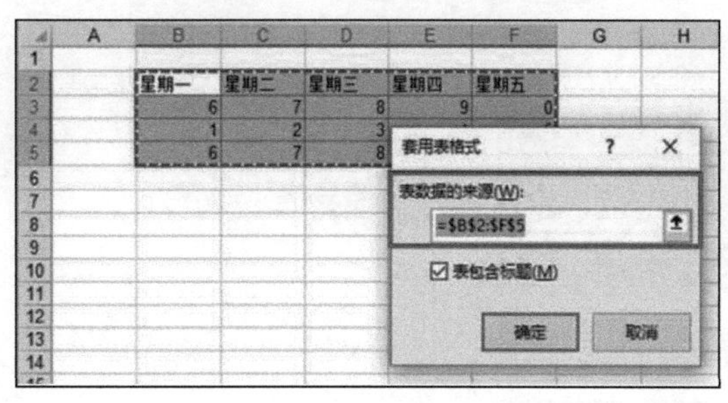

图 2-144

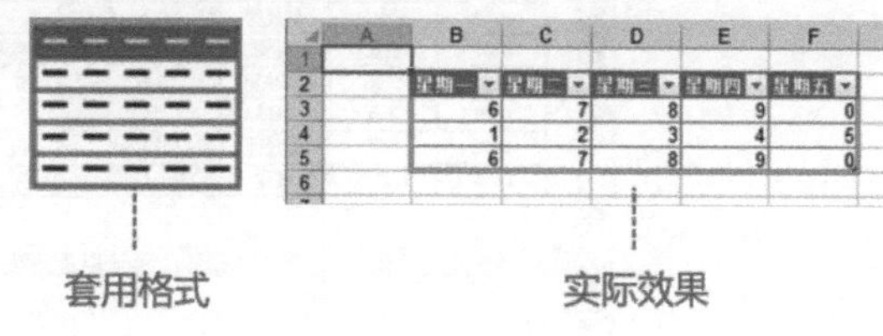

图 2-145

2. “单元格样式”的使用

预设的“单元格样式”主要有 5 大类，❶适用于标记“好、差和适中”的一组 4 种单元格的显示效果；❷适用于数据和模型的 8 种常用的显示效果；❸适用于标题的 6 种显示效果；❹适用于主题选择的 24 种底色显示效果；❺适用于数字格式的 5 种显示效果。选中需要套用“单元格格式”的单元格，再单击图 2-146 中任意一种“单元格格式”，便能完成设置。

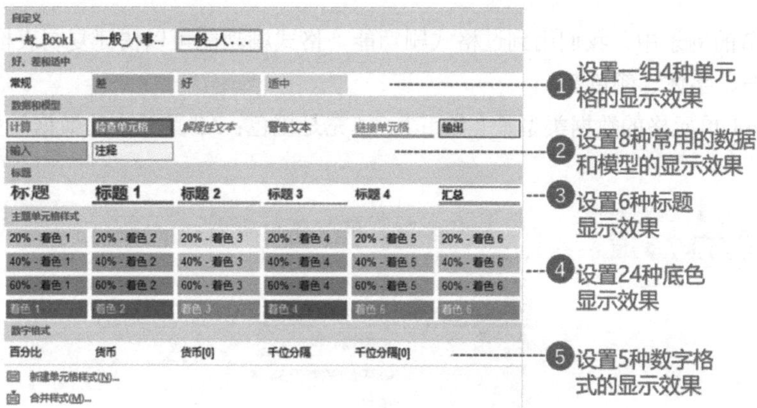

图 2-146

例如，要把图 2-147 中 E 列~I 列的数据显示调整为带有货币符号“¥”，如何快速操作呢？

单击“开始”任务卡，单击“样式”项下的“单元格样式”下拉按钮，选择“货币”，如图 2-148 所示。

员工编号	姓名	职务	基础工资	三险一金	个人所得税	应扣金额	实发工资
A001	王大力	总经理	18,500	2,808	2,043	4,851	8,797
B003	白露	经理	6,500	1,080	87	1,167	4,166
C005	洪惠	副总经理	12,500	2,160	813	2,973	6,554
D007	李兵	经理	6,500	1,080	87	1,167	4,166
D008	林茂	副经理	5,500	900	33	933	3,634
E013	陈忠伟	经理	6,500	1,080	87	1,167	4,166

图 2-147

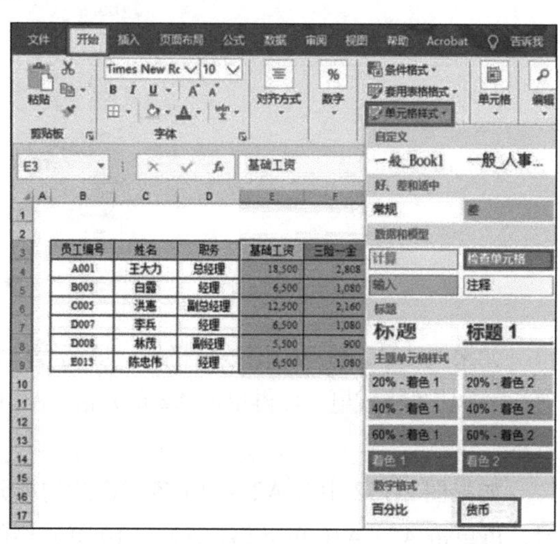

图 2-148

于是，货币的单元格样式迅速被套用，如图 2-149 所示。

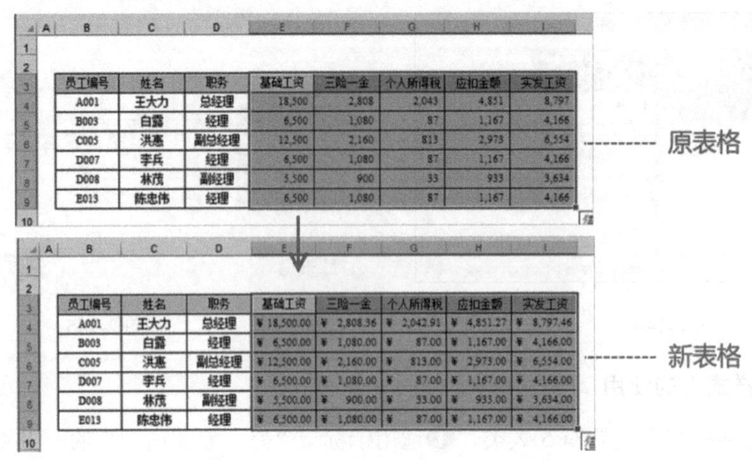

图 2-149

2.3.5 格式刷的使用

在 2.2.5 小节的例子中，我们用到过格式刷功能。格式刷功能可以快捷复制表格样式，包括单元格的边框、填充、字体、颜色等。

图 2-150 中 A1 单元格的数据类型是“货币”，填充是橙色；A2 单元格的数据类型是“常规”，无填充。

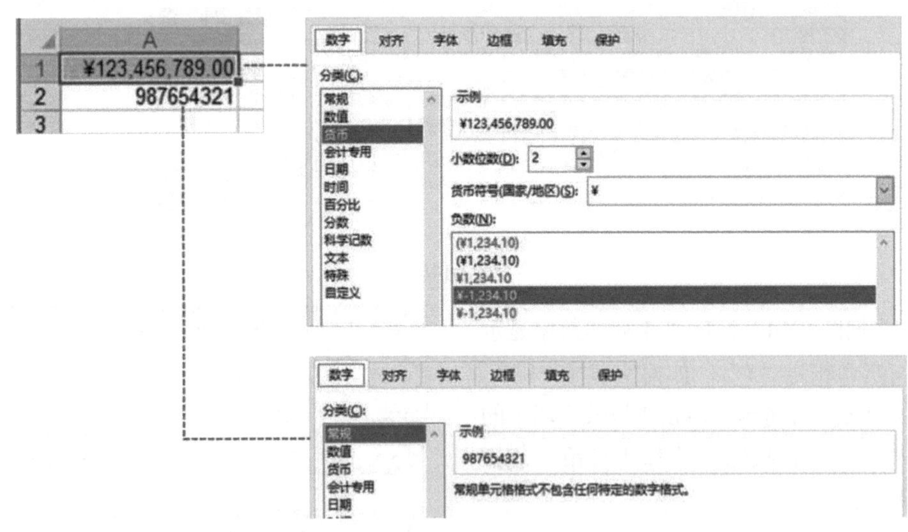

图 2-150

如果要让 A2 单元格的数据格式、填充等均和 A1 单元格一样，选中 A1 单元格，单击“开始”选项卡，单击“格式刷”，再单击 A2 单元格。A2 单元格的格式就和 A1 单元格完全一样了，如图 2-151 所示。

如果图 2-152 中有 A2 ~A10 多个连续的单元格需要复制格式，选中 A1 单元格，单击“格式刷”后，再单击 A2 ~A10 单元格，A2 ~A10 单元格的格式就全部和 A1 单元格一样了。

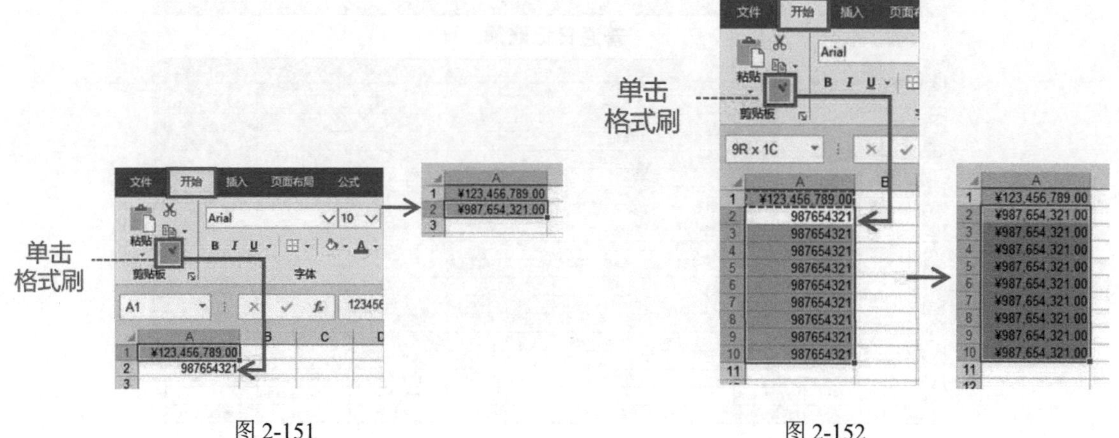

图 2-151　　　　　　　　　　　　　　　　图 2-152

如果图 2-153 中有多个不连续的单元格中存储着数字，这几个单元格需要复制格式，那么选中 A1 单元格后，要双击“格式刷”按钮，再依次单击存储数字的单元格，这些单元格的格式全部复制后，再次单击“格式刷”按钮或者按 Esc 键，退出“格式刷”功能。

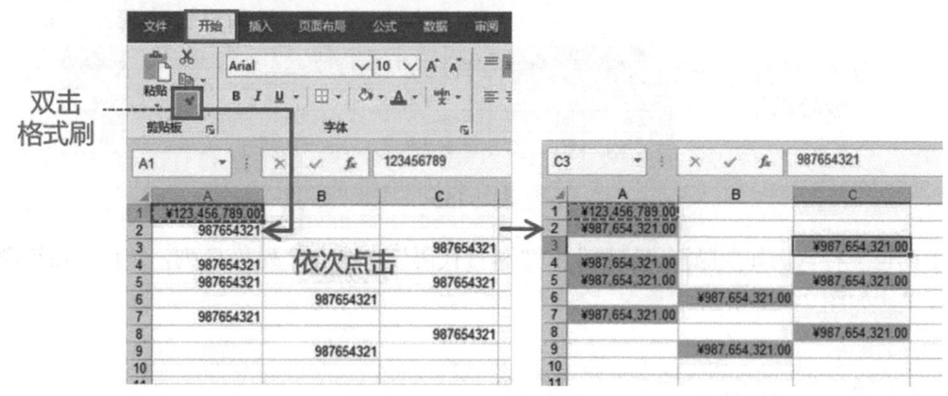

图 2-153

2.4　单元格的查看

当 Excel 表格的内容较多时，如果要观全貌，并非只能拖曳滚动条来实现。有时可以隐藏不需要的行列，有时可以锁定某些行列一直显示。

如果要对两张或多张表格进行比较，Excel 的工作窗口中可以同时显示多张表格。

2.4.1　隐藏行/列和显示行/列

Excel 的隐藏功能主要是为了让画面更简洁。有时也会用于保护隐私，不让其他用户看到。

在隐藏行/列时，先选中要隐藏的行或列。例如，要隐藏 1 月上中旬的日记账簿记录，选中第 3~18 行，右击任意选中的区域，选择“隐藏”，如图 2-154 所示。

在行的标号中，第 3~18 行的标号消失了，也就是这几行被隐藏了，如图 2-155 所示。

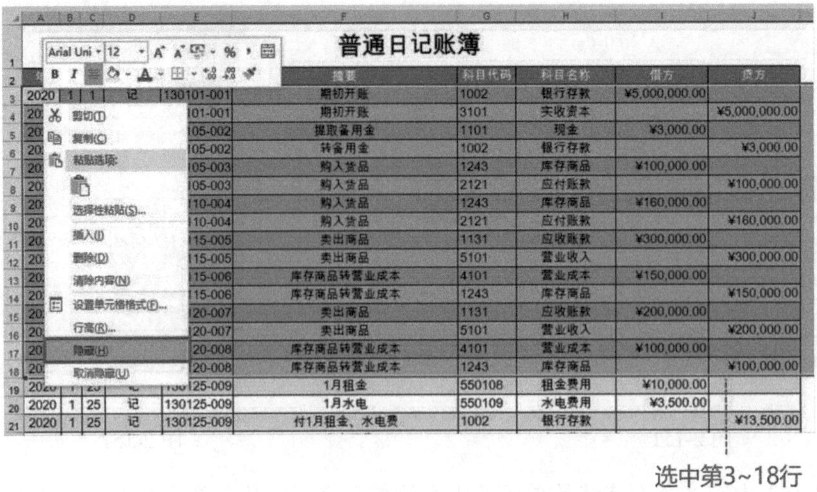

选中第3~18行

图 2-154

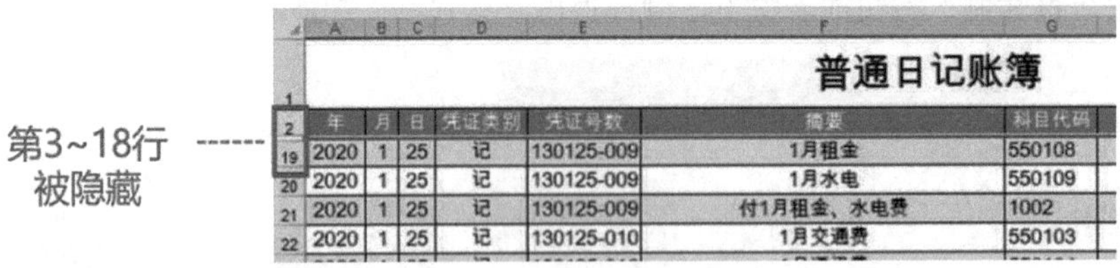

第3~18行
被隐藏

图 2-155

对于列也一样，例如要隐藏“摘要”和“科目代码”，选中 F 列和 G 列，然后在右键菜单中选择“隐藏”，如图 2-156 所示。

隐藏F~G列

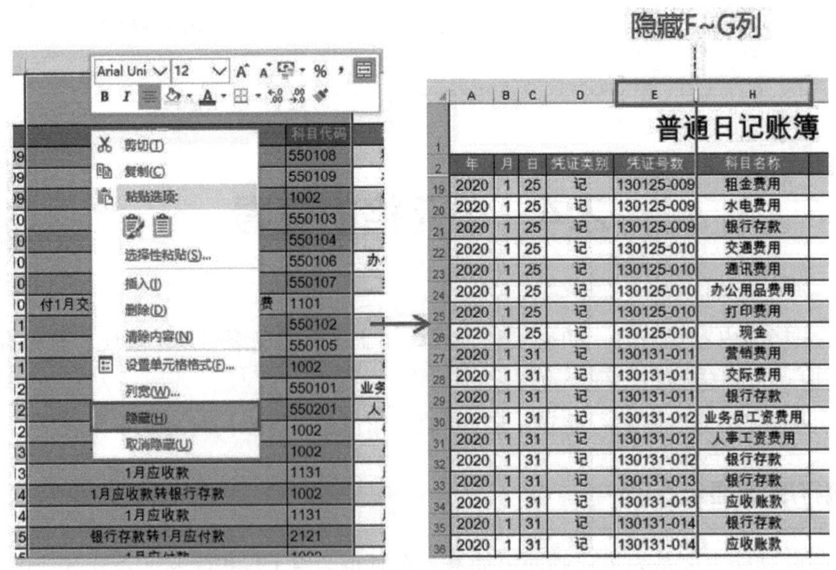

图 2-156

如果要取消隐藏，可以选中隐藏区域的相邻行，例如上例中的上边行（第 2 行）和下边行（第 19 行），然后在右键菜单中选择“取消隐藏”，如图 2-157 所示。

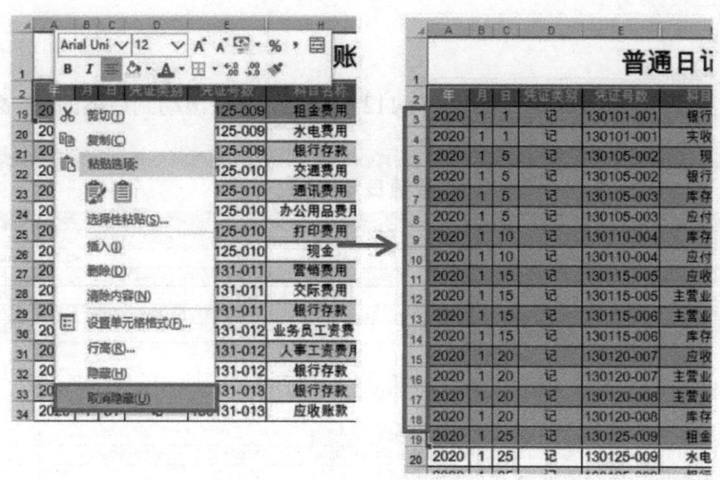

图 2-157

对于被隐藏的列，同样是选中相邻列，即左边列和右边列，然后“取消隐藏”。

如果被隐藏的列只有 1 列，也可以把鼠标移到隐藏列位置的“重叠线”处，当鼠标显示为 ↔ 时，按下鼠标左键并向右拖曳，可让隐藏的列显示出来，如图 2-158 所示。取消多列的隐藏不建议用这个方式。

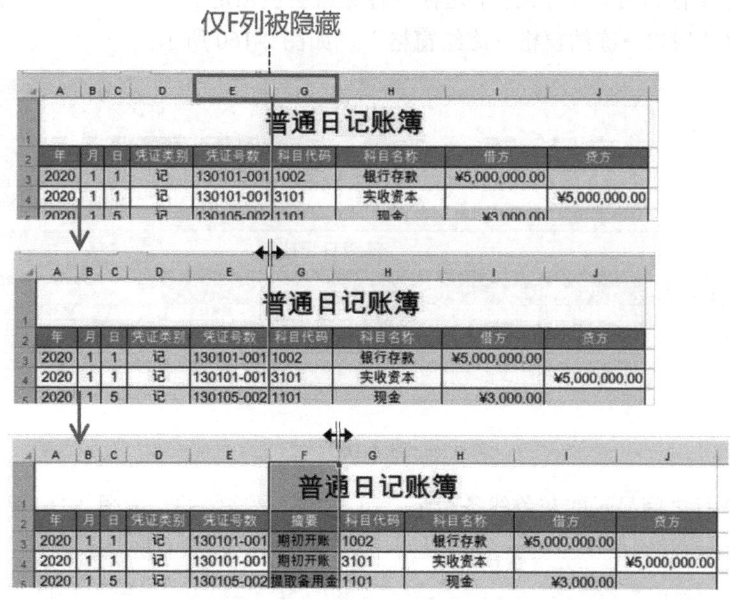

图 2-158

2.4.2 冻结窗格和拆分窗格

在制作一个 Excel 表格时，如果列数较多，行数也较多时，一旦向下滚屏，则上面的标题行也跟着滚动，在处理数据时往往难以分清各列数据对应的标题。如果要使工作表的某一区域在滚动到工作表的另一区域时仍保持可见，可以使用“冻结窗格”功能，这个功能把特定的行和列锁定在显示窗口中。也可以使用“拆分窗格”功能，创建同一工作表的单独窗口。

1. 冻结窗格

首先来看“冻结窗格”功能。图 2-159 中有 112 条记录，如果滚动到后续的行，列标题不再显示。

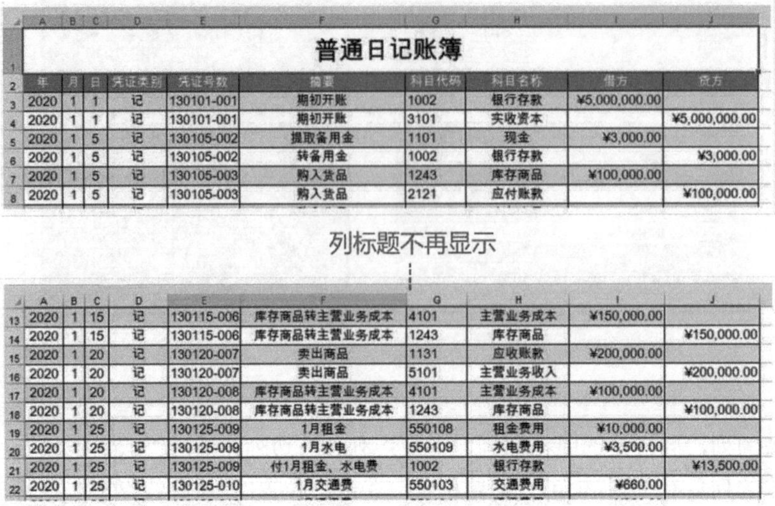

年	月	日	凭证类别	凭证号数	摘要	科目代码	科目名称	借方	贷方
2020	1	1	记	130101-001	期初开账	1002	银行存款	¥5,000,000.00	
2020	1	1	记	130101-001	期初开账	3101	实收资本		¥5,000,000.00
2020	1	5	记	130105-002	提取备用金	1101	现金	¥3,000.00	
2020	1	5	记	130105-002	转备用金	1002	银行存款		¥3,000.00
2020	1	5	记	130105-003	购入货品	1243	库存商品	¥100,000.00	
2020	1	5	记	130105-003	购入货品	2121	应付账款		¥100,000.00

列标题不再显示

2020	1	15	记	130115-006	库存商品转主营业务成本	4101	主营业务成本	¥150,000.00	
2020	1	15	记	130115-006	库存商品转主营业务成本	1243	库存商品		¥150,000.00
2020	1	20	记	130120-007	卖出商品	1131	应收账款	¥200,000.00	
2020	1	20	记	130120-007	卖出商品	5101	主营业务收入		¥200,000.00
2020	1	20	记	130120-008	库存商品转主营业务成本	4101	主营业务成本	¥100,000.00	
2020	1	20	记	130120-008	库存商品转主营业务成本	1243	库存商品		¥100,000.00
2020	1	25	记	130125-009	1月租金	550108	租金费用	¥10,000.00	
2020	1	25	记	130125-009	1月水电	550109	水电费用	¥3,500.00	
2020	1	25	记	130125-009	付1月租金、水电费	1002	银行存款		¥13,500.00
2020	1	25	记	130125-010	1月交通费	550103	交通费用	¥660.00	

图 2-159

我们可以把第 1 行和第 2 行冻结住，这样列标题就会被锁定显示了。选中第 3 行，单击“视图”选项卡，依次选择“窗口→冻结窗格→冻结窗格”，如图 2-160 所示。

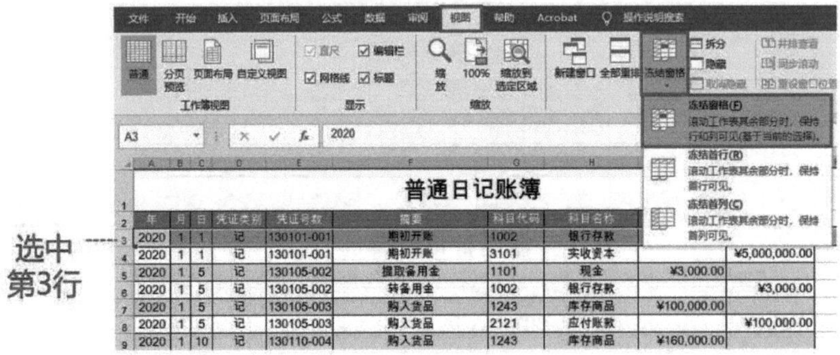

图 2-160

第 2 行和第 3 行之间显示的灰色线条表示，第 1~2 行是冻结的，如图 2-161 所示。

图 2-161

设定后，无论滚动到第几行，第 1~2 行是始终显示出来的，如图 2-162 所示。

“冻结窗格”的功能也可以同时冻结行和列。例如要保持第 1~2 行可见的同时，还要保持 A~C 列可见，那么就选中 D3 单元格后，再进行“冻结窗格”的操作。

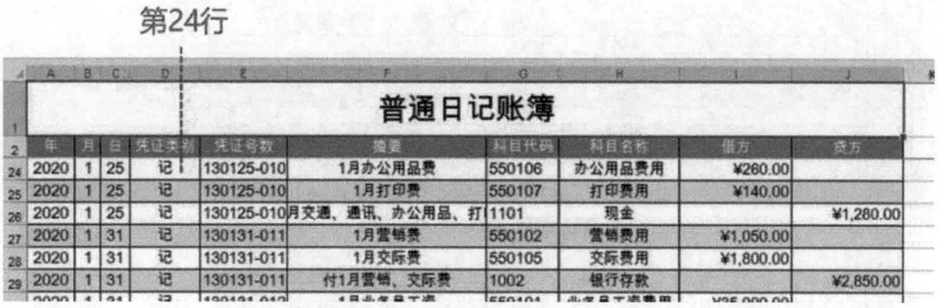

第24行

年	月	日	凭证类别	凭证号数	摘要	科目代码	科目名称	借方	贷方
2020	1	25	记	130125-010	1月办公用品费	550106	办公用品费用	¥260.00	
2020	1	25	记	130125-010	1月打印费	550107	打印费用	¥140.00	
2020	1	25	记	130125-010	月交通、通讯、办公用品、打	1101	现金		¥1,280.00
2020	1	31	记	130131-011	1月营销费	550102	营销费用	¥1,050.00	
2020	1	31	记	130131-011	1月交际费	550105	交际费用	¥1,800.00	
2020	1	31	记	130131-011	付1月营销、交际费	1002	银行存款		¥2,850.00

图 2-162

如果要“取消冻结窗格”，那么单击“视图”选项卡，再依次单击“窗口→冻结窗格→取消冻结窗格”就可以了，如图 2-163 所示。

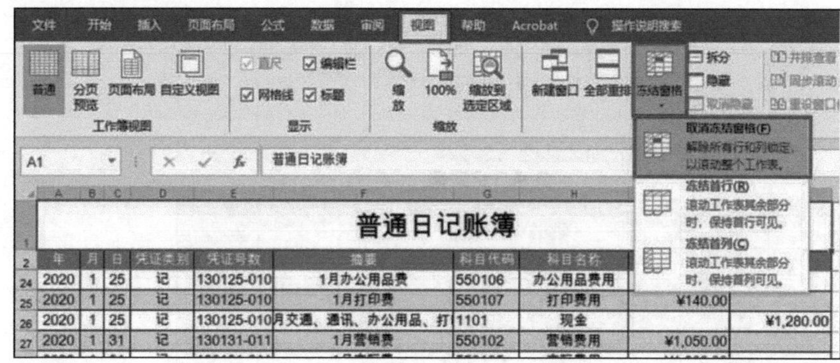

图 2-163

2. 拆分窗格

使用“拆分窗格”功能可以将窗口拆分成两个窗口或四个窗口。

如果要拆分成上下两个窗口，先选中要拆分处的中间一行，单击“视图”选项卡，再单击“窗口→拆分”，如图 2-164 所示。

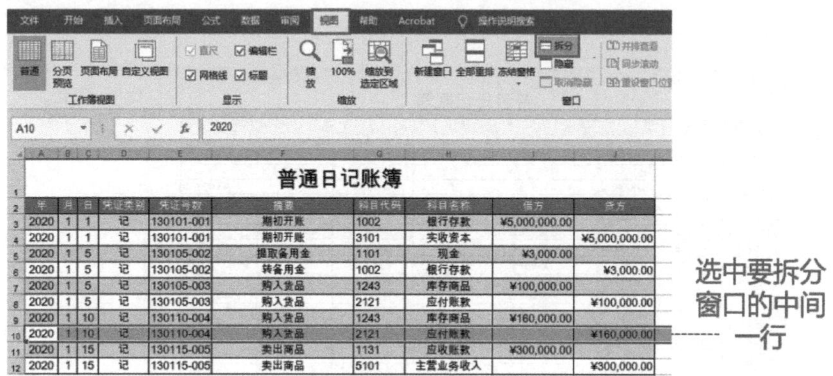

图 2-164

拆分窗口后，表格在上下两个窗口中均有显示，并且显示的内容是一样的，如图 2-165 所示。选中任意单元格，就可以在该单元格所在窗口中上下滚动页面。

上述方法是选中行，把窗口拆分为上下结构。如果选中列，可以把窗口拆分为左右结构。

选择某一个单元格后进行“拆分窗口”的操作，如图 2-166 所示。

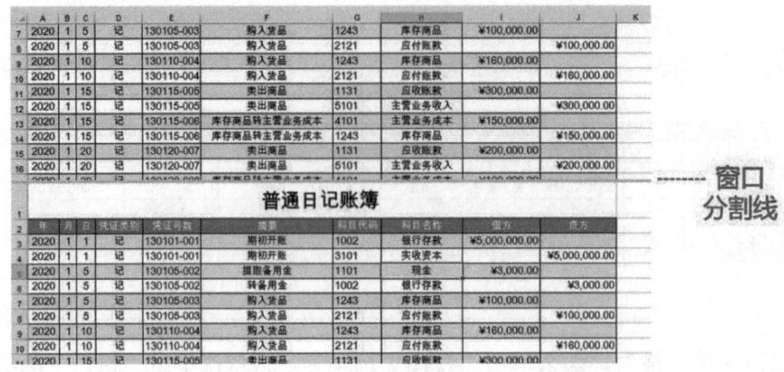

	A	B	C	D	E	F	G	H	I	J
7	2020	1	5	记	130105-003	购入货品	1243	库存商品	¥100,000.00	
8	2020	1	5	记	130105-003	购入货品	2121	应付账款		¥100,000.00
9	2020	1	10	记	130110-004	购入货品	1243	库存商品	¥160,000.00	
10	2020	1	10	记	130110-004	购入货品	2121	应付账款		¥160,000.00
11	2020	1	15	记	130115-005	卖出商品	1131	应收账款	¥300,000.00	
12	2020	1	15	记	130115-005	卖出商品	5101	主营业务收入		¥300,000.00
13	2020	1	15	记	130115-006	库存商品转主营业务成本	4101	主营业务成本	¥150,000.00	
14	2020	1	15	记	130115-006	库存商品转主营业务成本	1243	库存商品		¥150,000.00
15	2020	1	20	记	130120-007	卖出商品	1131	应收账款	¥200,000.00	
16	2020	1	20	记	130120-007	卖出商品	5101	主营业务收入		¥200,000.00

	A	B	C	D	E	F	G	H	I	J
1	普通日记账簿									
2	年	月	日	凭证类别	凭证号数	摘要	科目代码	科目名称	借方	贷方
3	2020	1	1	记	130101-001	期初开账	1002	银行存款	¥5,000,000.00	
4	2020	1	1	记	130101-001	期初开账	3101	实收资本		¥5,000,000.00
5	2020	1	5	记	130105-002	提取备用金	1101	现金	¥3,000.00	
6	2020	1	5	记	130105-002	转备用金	1002	银行存款		¥3,000.00
7	2020	1	5	记	130105-003	购入货品	1243	库存商品	¥100,000.00	
8	2020	1	5	记	130105-003	购入货品	2121	应付账款		¥100,000.00
9	2020	1	10	记	130110-004	购入货品	1243	库存商品	¥160,000.00	
10	2020	1	10	记	130110-004	购入货品	2121	应付账款		¥160,000.00

图 2-165

图 2-166

页面上呈现了 4 个窗口，每个窗口的内容是一样的，都可以进行上下或左右滚动，如图 2-167 所示。

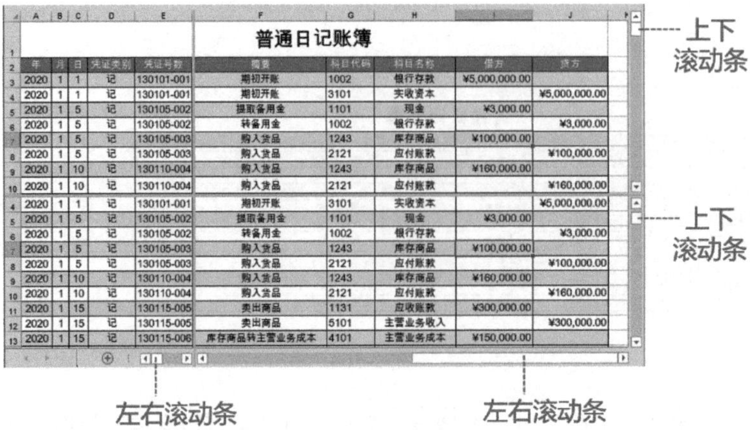

图 2-167

如果要取消“拆分窗口”，再次单击“视图”选项卡的“窗口→拆分”即可，如图 2-168 所示。

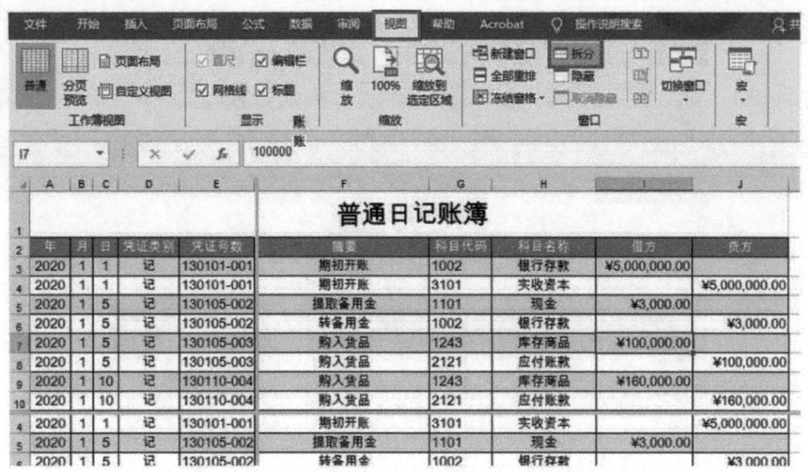

图 2-168

2.4.3 并排查看不同的窗口

通过两个窗口的并排查看功能可以对两个窗口中的数据进行精确对比。

打开两张 Excel 表格。单击其中的任意一张表格显示于屏幕上（此处选择了《普通日记账簿.xlsx》），单击“视图”选项卡，再单击“窗口→并排查看”，就可以同时查看这两张表格的内容，如图 2-169 所示。“并排查看”和“同步滚动”同时显示灰色，表示被选中。当滚动页面时，两张 Excel 表格会同时滚动。如果不需要两张表格同时滚动，取消选择“同步滚动”即可。

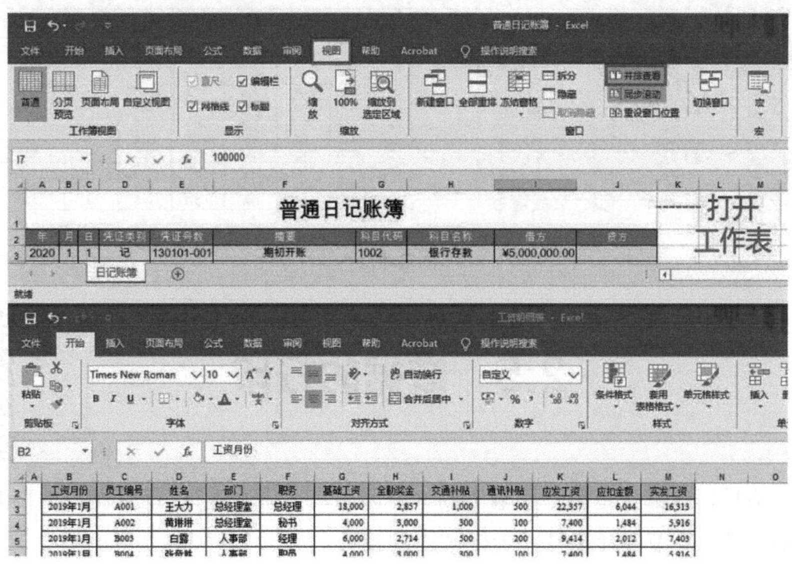

图 2-169

上述界面中，两张 Excel 表格上下分布，通过拖曳文件边缘可以修改文件界面的大小。如果我们要让两张 Excel 表格左右分布，可以单击《普通日记账簿.xlsx》的任意单元格，单击“视图”选项卡，再单击“窗口→全部重排”。在弹出的“重排窗口”对话框中，选择“垂直并排”，单击“确定”按钮，如图 2-170 所示。

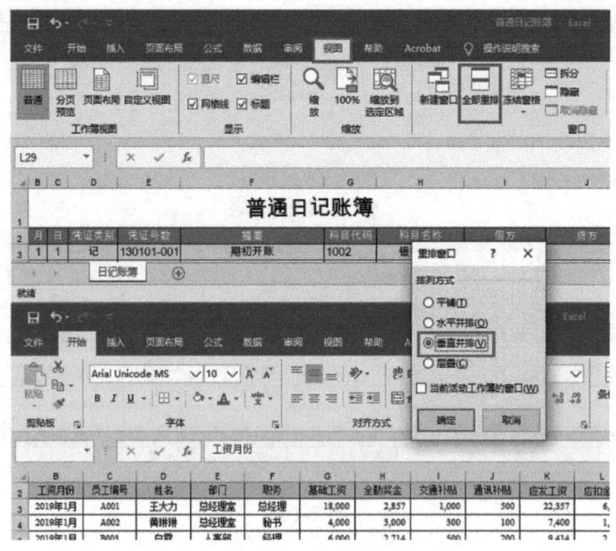

图 2-170

两张 Excel 表格在计算机上的显示呈左右分布，如图 2-171 所示。

图 2-171

2.5 数据的打印

表格编写完成后，一部分是要打印输出的。打印前，如果不进行页面设置，打印出来的成品可能和想象的大不一样。本节要介绍打印表格常用的技巧。

2.5.1 设置纸张大小、方向、页边距

工作表打印时，如果表格比较宽，默认的打印设置无法在一个页面中容纳所有的列。这时就需要调整一些参数，以便让一个页面可以容纳更多的列。

单击“文件”选项卡，选择“打印”，出现了多项打印设置，常用的设置包括纸张大小、方向、页边距，如图 2-172 所示。

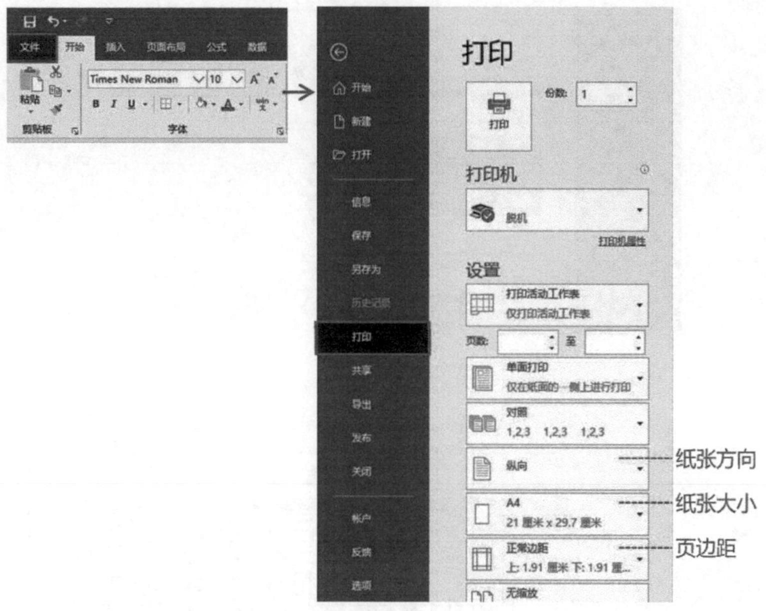

图 2-172

如果纸张大小可以选择，或对纸张大小有要求，第一项设置就该是纸张大小，随后再设置纸张方向、页边距等。

单击“纸张大小”的下拉按钮，包括各种常用的纸张大小，选择合适的纸张大小，如图 2-173 所示。

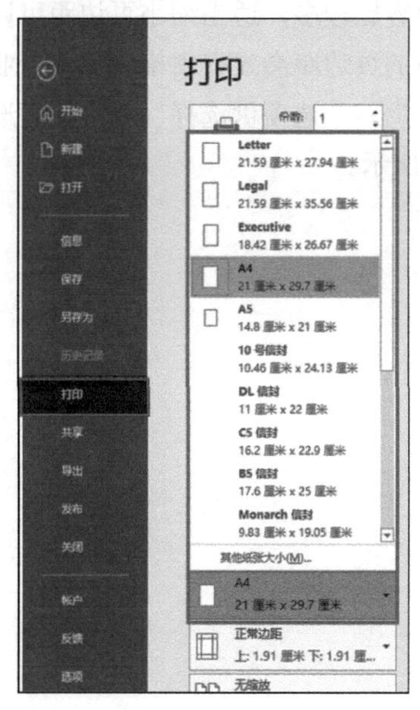

图 2-173

工作表的打印默认为以纵向方式打印。图 2-174 中，浅灰色虚线就是纵向打印时的页面分割处。

B3 2019/1/1

工资月份	员工编号	姓名	部门	职务	基础工资	全勤奖金	交通补贴	通讯补贴
2019年1月	A001	王大力	总经理室	总经理	18,000	2,857	1,000	500
2019年1月	A002	黄琳	总经理室	秘书	4,000	3,000	300	100
2019年1月	B003	白露	人事部	经理	6,000	2,714	500	200
2019年1月	B004	张奇胜	人事部	职员	4,000	3,000	300	100
2019年1月	C005	洪惠	财务部	副总经理	12,000	3,000	800	300
2019年1月	C006	毕春艳	财务部	职员	4,000	2,571	300	100
2019年1月	D007	李兵	业务部	经理	6,000	3,000	500	200
2019年1月	D008	林茂	业务部	副经理	5,000	3,000	300	100
2019年1月	D009	苏珊	业务部	职员	4,000	3,000	300	100

纵向打印时的页面分割处

图 2-174

单击“纸张方向”的下拉按钮，包括“纵向”和“横向”两个选项，如图 2-175 所示。单击“横向”，打印时纸张便横过来了，一行之内可以显示的内容明显比“纵向”要多。

本例中，我们选择“横向”的纸张方向。此时，表格中还有最后一列“实发工资”没有显示出来，留待下一项调整“页边距”时解决，如图 2-176 所示。

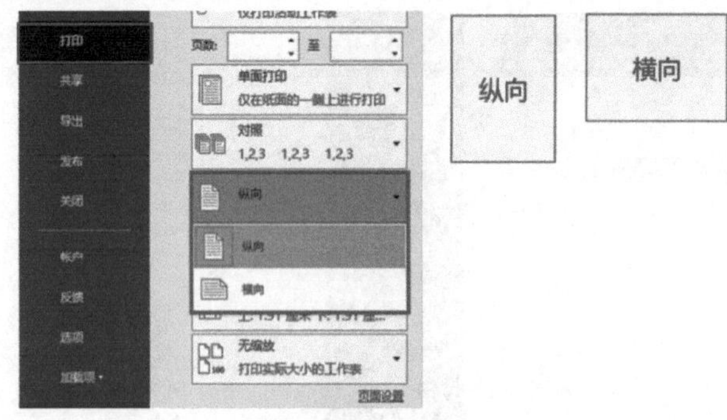

图 2-175

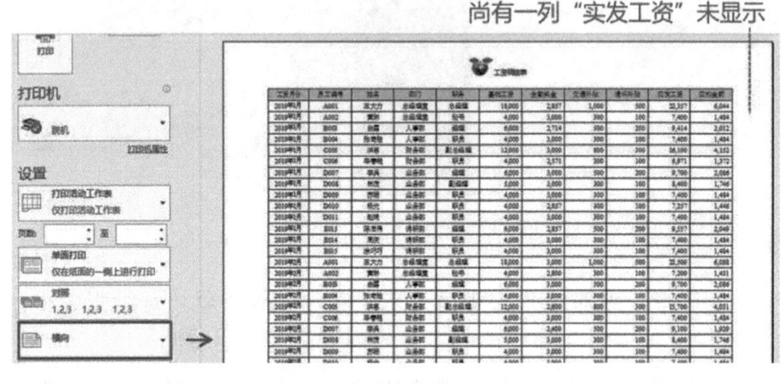

图 2-176

页边距是表格的边缘和纸张边缘之间的距离。如果表格的内容比较多，适当缩小页边距可以让表格内容的显示有所放大。当然，页边距的缩小是有限度的，过小的页边距会显得表格制作不专业。

单击“页边距”的下拉按钮，有常用的“常规”“宽”“窄”三个选项供选择。如果上述选项无法满足用户需求，还有“自定义页边距”的选项，如图 2-177 所示。

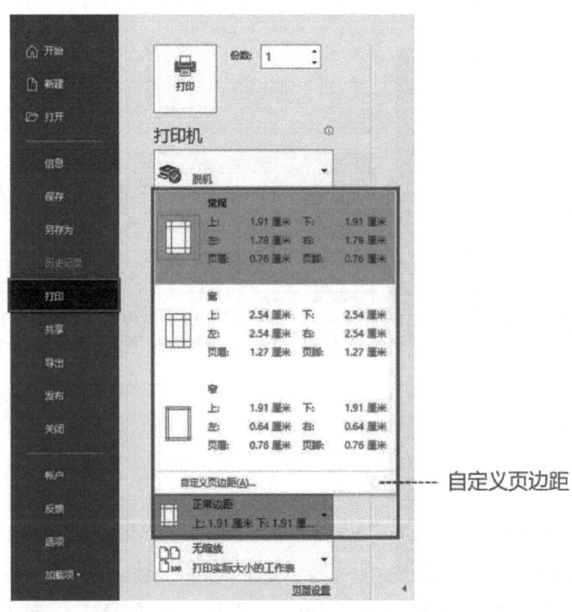

图 2-177

单击“自定义页边距”后，在弹出的“页面设置”对话框中，在“页边距”标签下，不仅可以定义四周及页眉、页脚的边距，也可以在“居中方式”下选择表格内容和纸张的对齐方式，如图 2-178 所示。

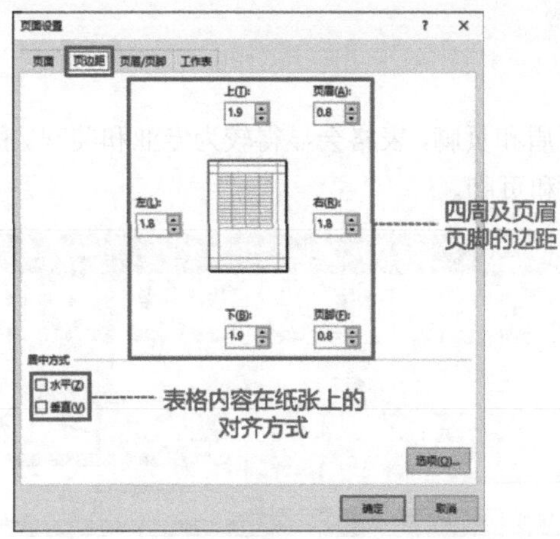

图 2-178

本例中，我们选择“窄”的页边距。在预览中可以看到，“实发工资”列显示出来了，如图 2-179 所示。

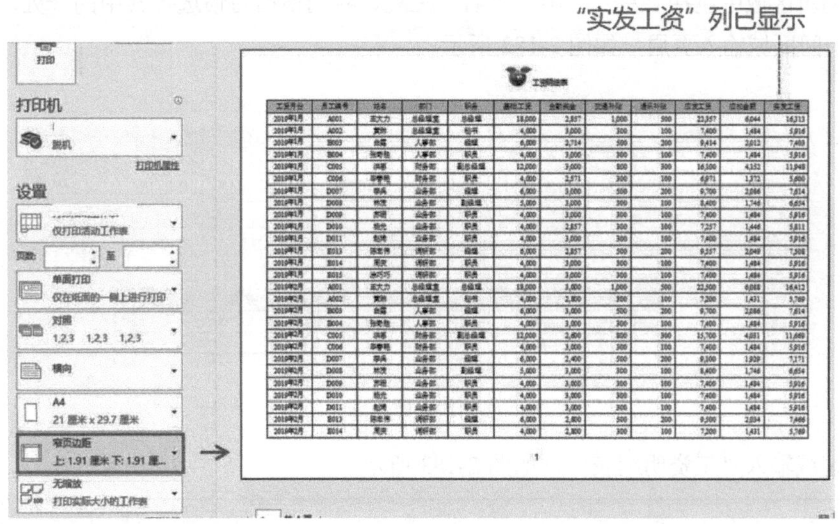

图 2-179

纸张大小、方向、页边距的设置还可以在“页面布局”选项卡中进行。进入“页面布局”选项卡下的“页边距”“纸张方向”“纸张大小”，设置所需的参数，如图 2-180 所示。

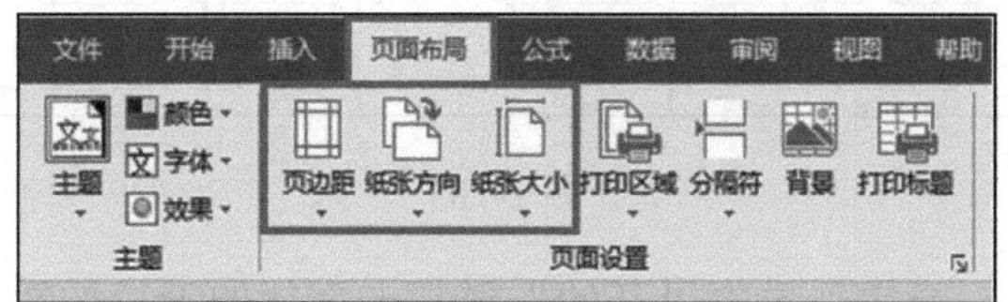

图 2-180

两种设置纸张大小、方向、页边距的方法主要区别在于，在打印模式下设置可以直接查看打印的预览效果，但在“页面布局”选项卡设置就无法预览。对于需要打印的表格而言，能够预览的方式更直接。

2.5.2 设置页眉和页脚

打印时如果给表格增加页眉和页脚，表格会显得较为专业和美观。我们先来介绍如何为图 2-181 中的“工资明细表”添加页眉和页脚。

图 2-181

单击“插入”选项卡，依次选择“文本→页眉和页脚”，进入页眉和页脚的编辑模式。

页眉的编辑区域中包括“左”“中”“右”三处，我们根据习惯选择其中的一处，输入页眉即可。例如在中间区域输入页眉，如图 2-182 所示。

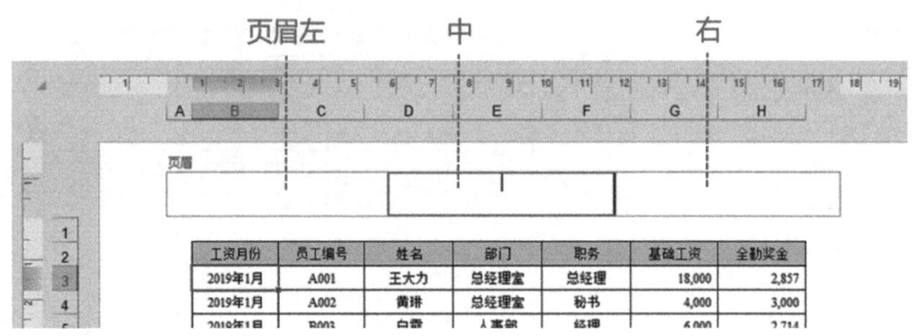

图 2-182

在中间区域输入“工资明细表”，如图 2-183 所示。

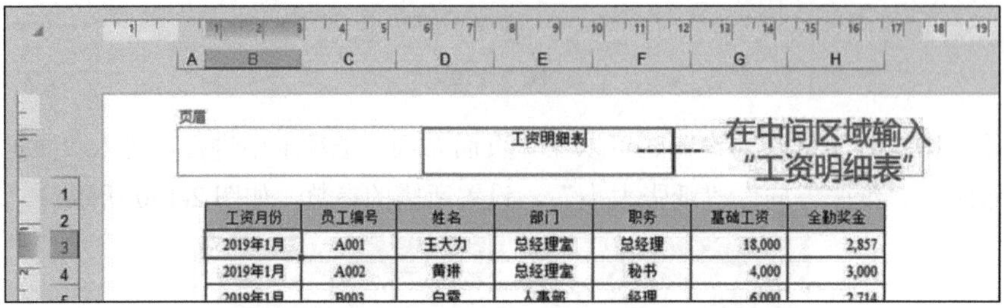

图 2-183

选中“工资明细表”5 个字，单击“开始”选项卡字体的下拉按钮，选择“微软雅黑”，如图 2-184 所示。

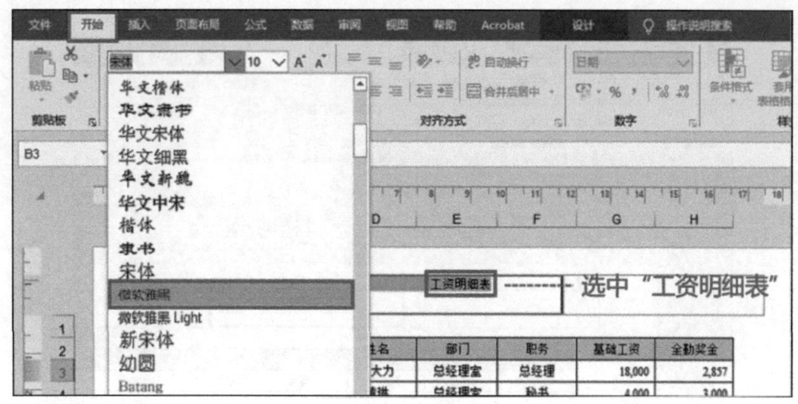

图 2-184

Excel 的视图显示方式有三种，分别是普通视图、页面视图和分页视图，如图 2-185 所示。一般情况下，我们用的是普通视图，但是页眉只有在页面视图下才会显示。

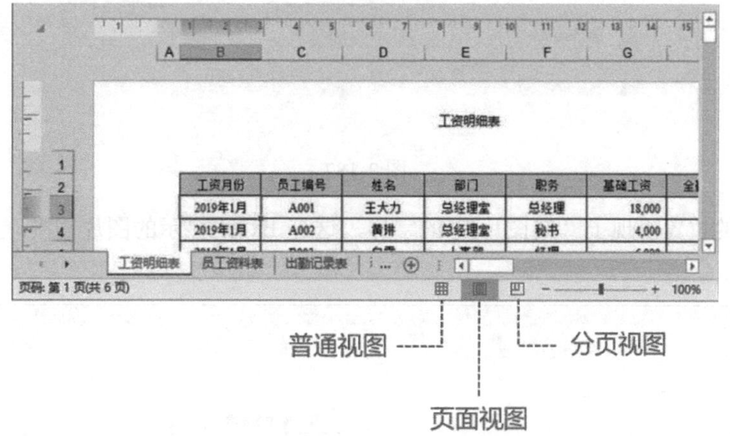

图 2-185

页眉不仅可以是文字，也可以是图片。例如，我们要在上例的页眉中增加一张图片，把光标放在页眉的“工资明细表”之前，这是要插入图片的位置，如图 2-186 所示。

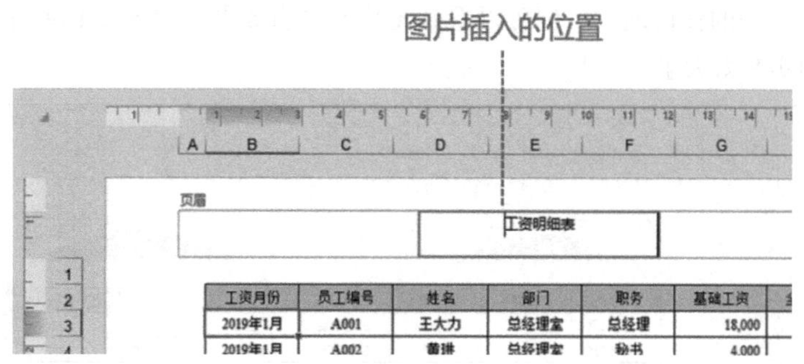

图 2-186

单击“页眉和页脚工具→设计”选项卡，在“页眉和页脚元素”中单击“图片”，如图 2-187 所示。在弹出的“插入图片”对话框中，单击“从文件”后的“浏览”，在文件夹中选择一张图片。

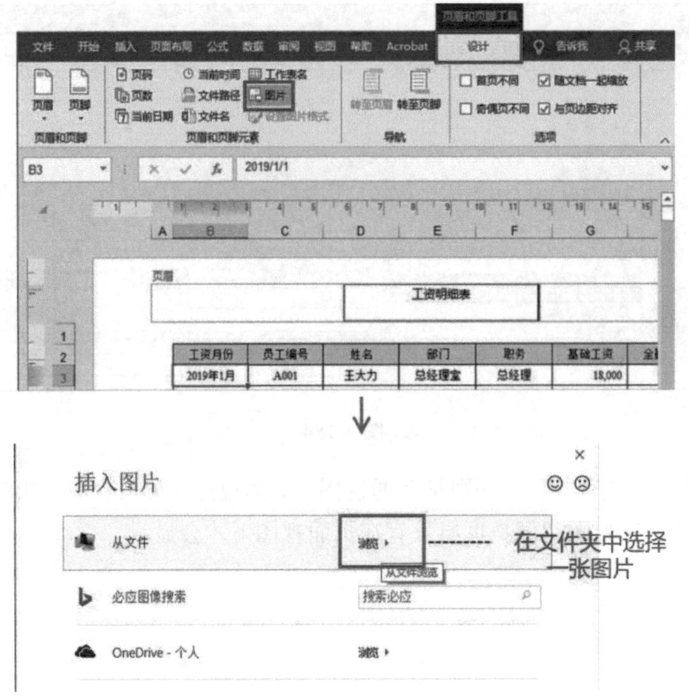

图 2-187

在插入图片的位置出现了“&[图片]”的字样，这是 Excel 显示的图片链接，并非真正的图片，如图 2-188 所示。

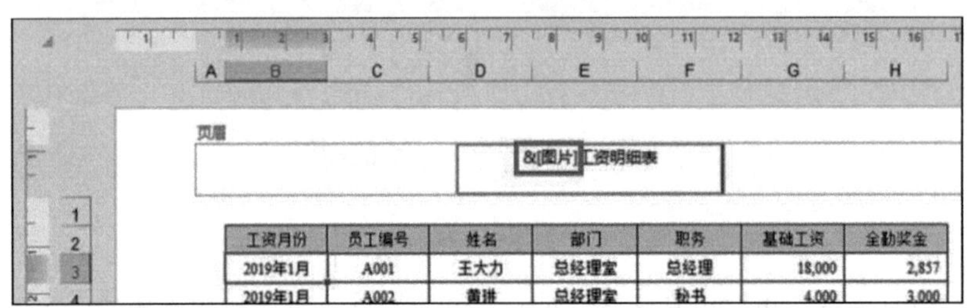

图 2-188

单击页眉区域以外的任何地方，便可以看到图片的页眉效果，如图 2-189 所示。显然，这张图片占据的显示空间实在太大了。

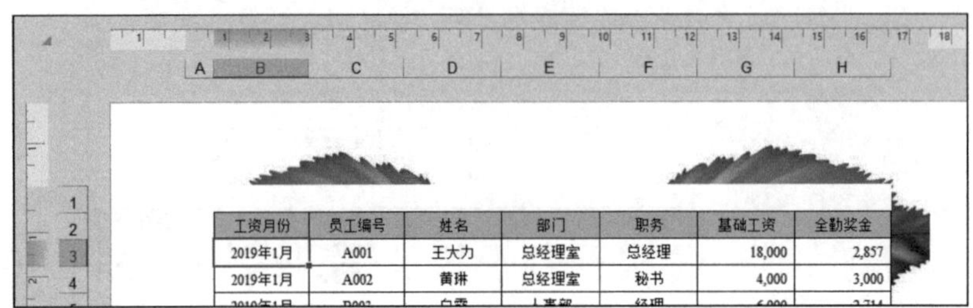

图 2-189

选中页眉中的“&[图片]”，同样在“页眉和页脚工具→设计”选项卡下，在“页眉和页脚元素”中单击“设置图片格式”，如图 2-190 所示。

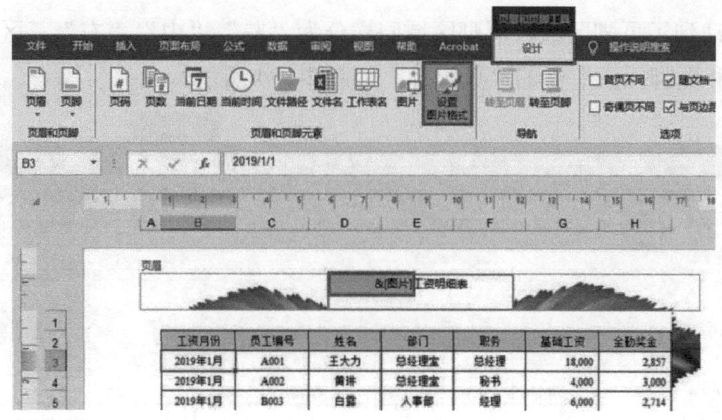

图 2-190

在弹出的“设置图片格式”对话框中，“大小”标签下默认勾选了“锁定纵横比”和“相对原始图片大小”。在高度处输入“1.01 厘米”，再单击“宽度”，“宽度”自动锁定的纵横比调整为“1.24 厘米”，单击“确定”按钮，如图 2-191 所示。

页眉中的图片缩小为合适大小了，如图 2-192 所示。一般情况下，调整图片大小时无法一次成功，需要多尝试几组“高度”和“宽度”的值才能得到满意的效果。

设置了页眉之后来设置页脚，通常页脚的内容是页码。

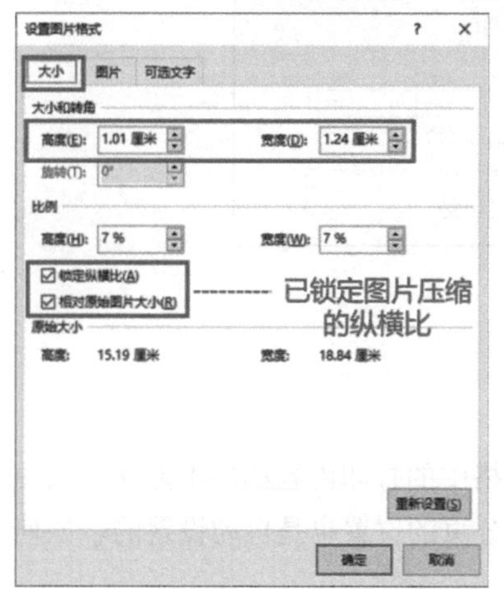

图 2-191

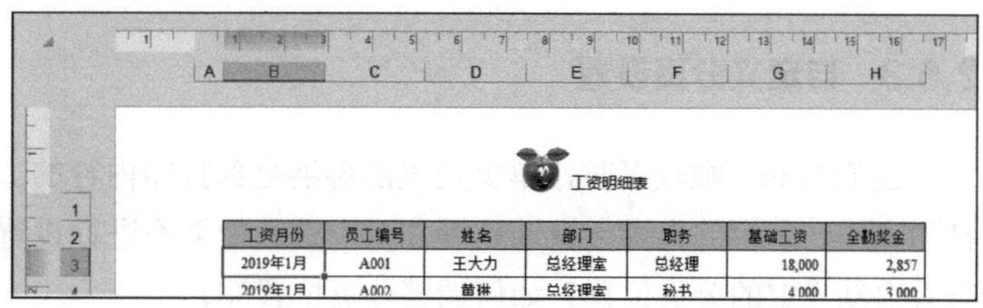

图 2-192

在上一例页眉设置模式下，单击“页眉和页脚工具→设计”选项卡下“导航”中的“转至页脚”，如图 2-193 所示。

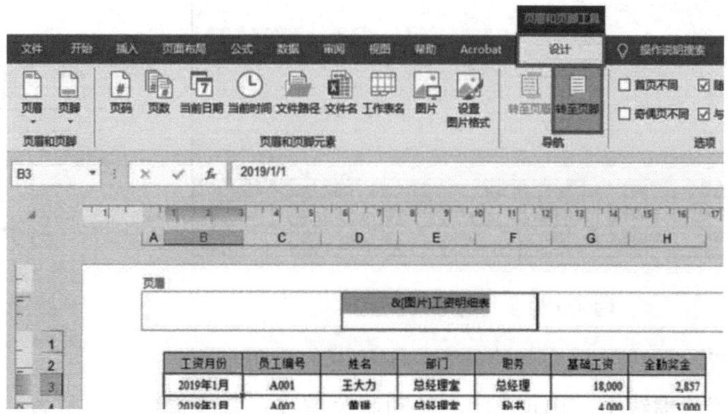

图 2-193

此时，光标移动到了页脚区域，页脚区域同样分为“左”“中”“右”三区。光标停留在中间区域，单击“页眉和页脚元素”下的“页码”，如图 2-194 所示。

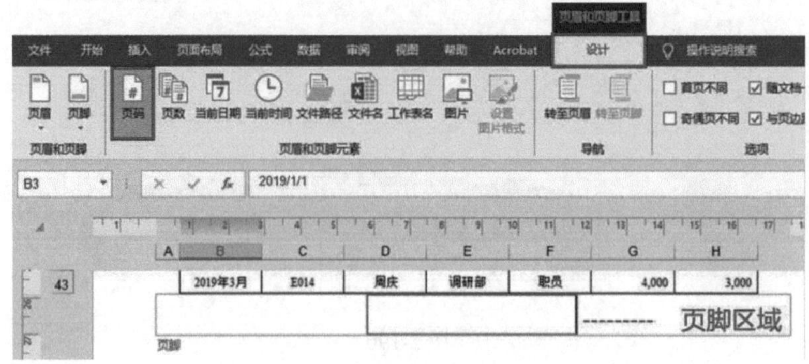

图 2-194

页脚新增了“页码”，如图 2-195 所示。

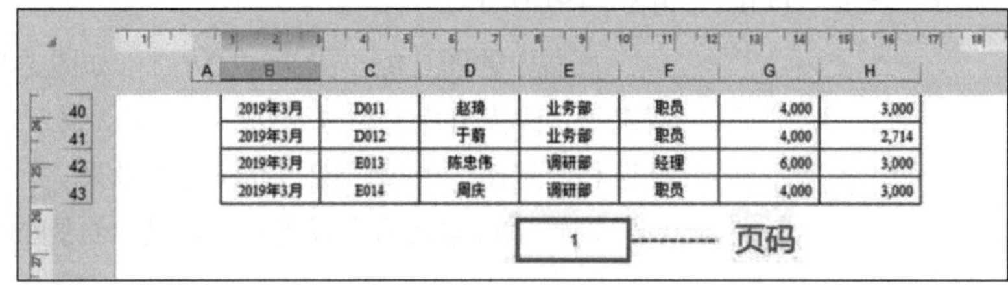

图 2-195

2.5.3 自定义分页设置

当表格的行数较多时，单页是没法容纳全部打印内容的。表格中的打印内容如果不能在一页中打印完毕，剩余的内容会自动延续到下一页。如果不进行设置，分页的位置也是自动设置的。如何查看自动设定的分页位置？如何调整分页位置呢？

单击“视图”选项卡下“工作簿视图”的“分页预览”，如图 2-196 所示。

或单击工作窗口右下角的“分页预览”，如图 2-197 所示。

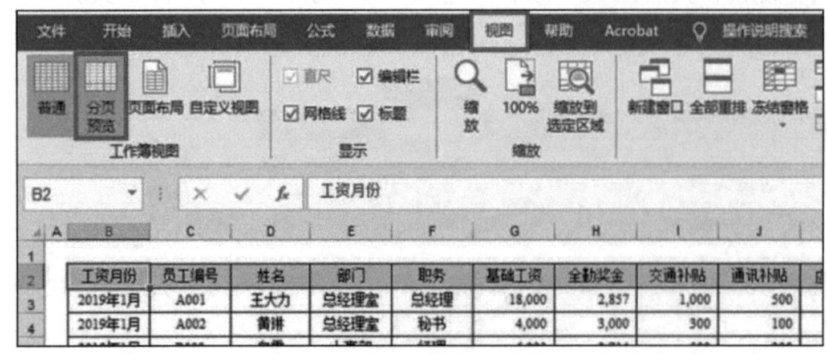

图 2-196

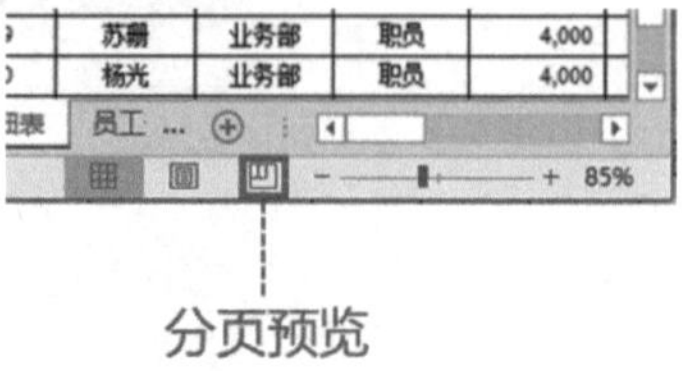

分页预览

图 2-197

页面上出现的蓝色虚线就是分页的位置，如图 2-198 所示。

把鼠标移动到蓝色虚线上，出现↕后，拉动蓝色虚线，就能调整分页位置，如图 2-199 所示。

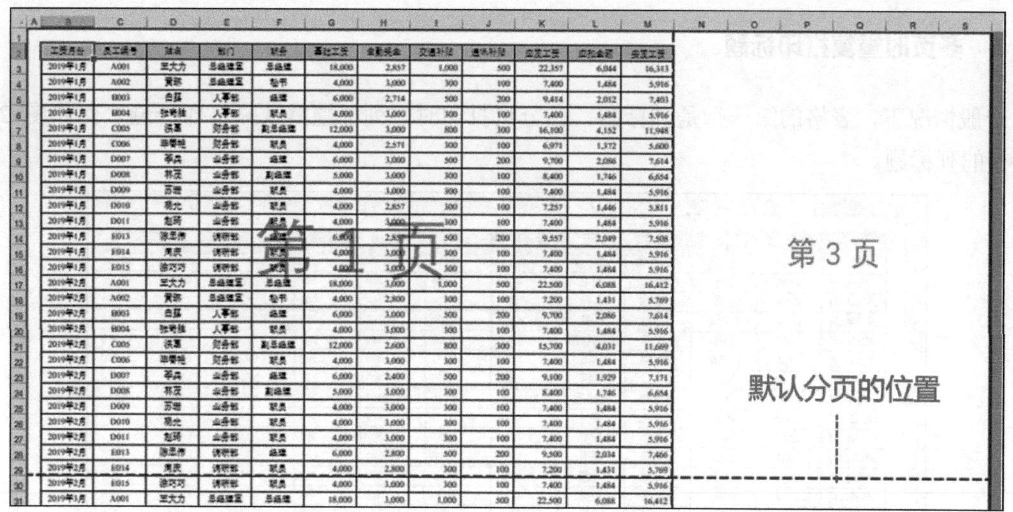

图 2-198

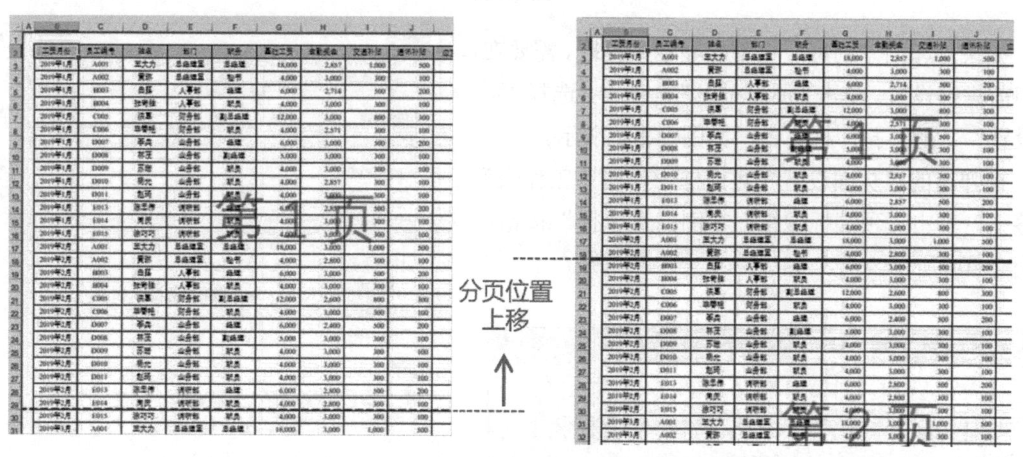

图 2-199

回到打印预览模式下，对比修改分页位置前后的预览图，分页位置被上移后，单页打印的内容减少了若干行，如图 2-200 所示。

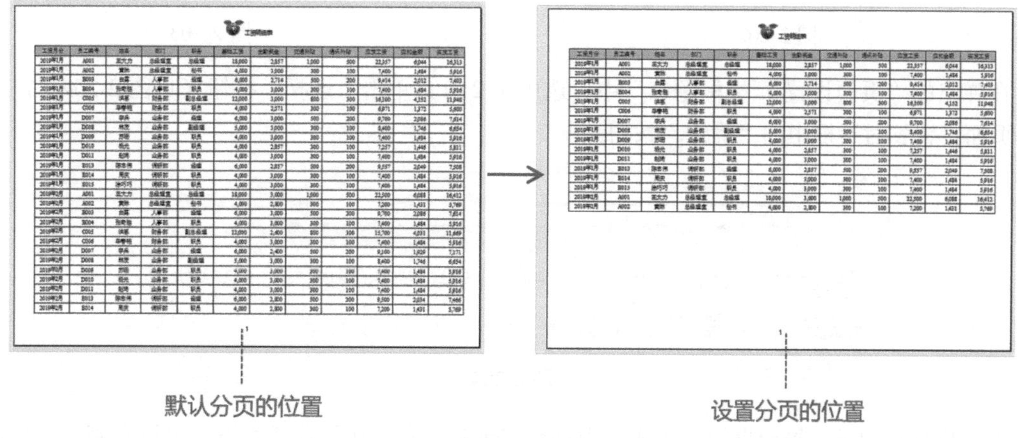

图 2-200

2.5.4 多页时重复打印标题

一般情况下，表格的第一行是列标题。在分页打印时，列标题默认只打印一遍，例如图 2-201 第 2 行的列标题。

工资月份	员工编号	姓名	部门	职务	基础工资	全勤奖金	交通补贴	通讯补贴	应发工资	应扣金额	实发工资
2019年1月	A001	王大力	总经理室	总经理	18,000	2,857	1,000	500	22,357	6,044	16,313
2019年1月	A002	黄琳	总经理室	秘书	4,000	3,000	300	100	7,400	1,484	5,916
2019年1月	B003	白露	人事部	经理	6,000	2,714	500	200	9,414	2,012	7,403
2019年1月	B004	张奇胜	人事部	职员	4,000	3,000	300	100	7,400	1,484	5,916
2019年1月	C005	洪蕙	财务部	副总经理	12,000	3,000	800	300	16,100	4,152	11,948
2019年1月	C006	毕春艳	财务部	职员	4,000	2,571	300	100	6,971	1,372	5,600
2019年1月	D007	李兵	业务部	经理	6,000	3,000	500	200	9,700	2,086	7,614
2019年1月	D008	林茂	业务部	副经理	5,000	3,000	300	100	8,400	1,746	6,654
2019年1月	D009	苏册	业务部	职员	4,000	3,000	300	100	7,400	1,484	5,916
2019年1月	D010	杨光	业务部	职员	4,000	2,857	300	100	7,257	1,446	5,811
2019年1月	D011	赵琦	业务部	职员	4,000	3,000	300	100	7,400	1,484	5,916
2019年1月	E013	陈忠伟	调研部	经理	6,000	2,857	500	200	9,557	2,049	7,508
2019年1月	E014	周庆	调研部	职员	4,000	3,000	300	100	7,400	1,484	5,916

图 2-201

如果打印出来的每一页都要显示列标题，需要在打印前进行设置。单击“页面布局”选项卡，选择“页面设置”下的“打印标题”，如图 2-202 所示。

在弹出的“页面设置”对话框中，在“工作表”标签下，单击“顶端标题行”右侧的“选择”按钮，如图 2-203 所示。

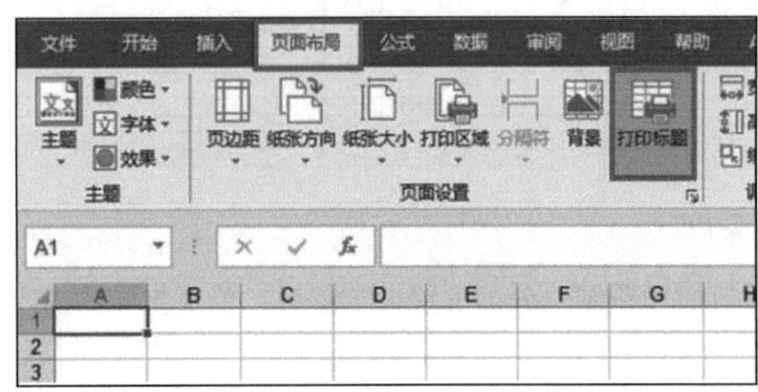

图 2-202

图 2-203

在弹出的“页面设置-顶端标题行”中，选中第 2 行，单击“选择”按钮（见图 2-204），并单击“页面设置”对话框中的“确定”按钮。

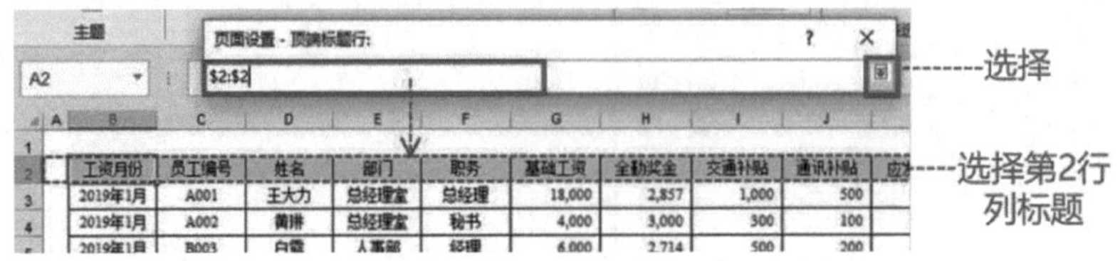

图 2-204

再次执行打印时，每一页的打印成品中都会出现列标题。在预览状态下，可以看到两个页面的完整打印效果，如图 2-205 和图 2-206 所示。

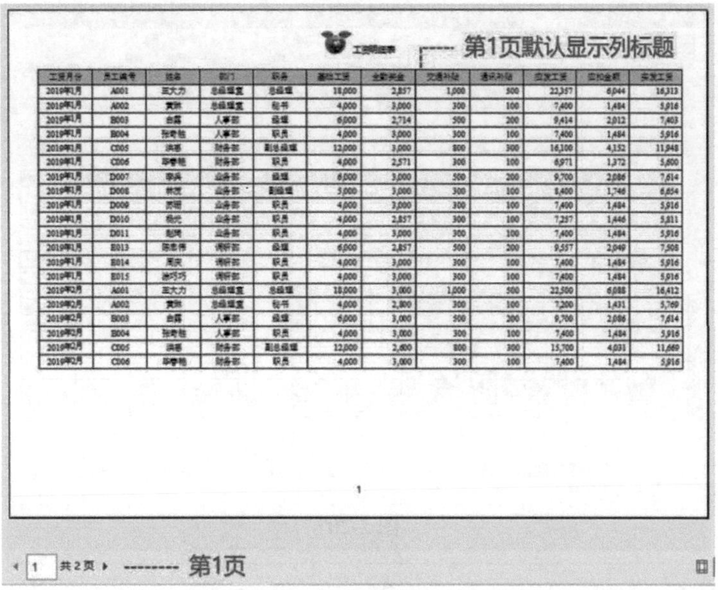

工资月份	员工编号	姓名	部门	职务	基础工资	全勤奖金	交通补贴	通讯补贴	应发工资	应扣金额	实发工资
2019年1月	A001	王大力	总经理室	总经理	18,000	2,857	1,000	500	22,357	6,044	16,313
2019年1月	A002	黄琳	总经理室	秘书	4,000	3,000	300	100	7,400	1,484	5,916
2019年1月	B003	白露	人事部	经理	6,000	2,714	500	200	9,414	2,012	7,403
2019年1月	B004	张奇艳	人事部	职员	4,000	3,000	300	100	7,400	1,484	5,916
2019年1月	C005	洪恩	财务部	副总经理	12,000	3,000	800	300	16,100	4,152	11,948
2019年1月	C006	邵春艳	财务部	职员	4,000	2,571	300	100	6,971	1,372	5,600
2019年1月	D007	李兵	业务部	经理	6,000	3,000	500	200	9,700	2,086	7,614
2019年1月	D008	林茂	业务部	副经理	5,000	3,000	300	100	8,400	1,746	6,654
2019年1月	D009	苏明	业务部	职员	4,000	3,000	300	100	7,400	1,484	5,916
2019年1月	D010	杨光	业务部	职员	4,000	2,857	300	100	7,257	1,446	5,811
2019年1月	D011	赵琦	业务部	职员	4,000	3,000	300	100	7,400	1,484	5,916
2019年1月	E013	陈忠伟	调研部	经理	6,000	2,857	500	200	9,557	2,049	7,508
2019年1月	E014	周庆	调研部	职员	4,000	3,000	300	100	7,400	1,484	5,916
2019年1月	E015	涂巧巧	调研部	职员	4,000	3,000	300	100	7,400	1,484	5,916
2019年2月	A001	王大力	总经理室	总经理	18,000	3,000	1,000	500	22,500	6,088	16,412
2019年2月	A002	黄琳	总经理室	秘书	4,000	2,800	300	100	7,200	1,431	5,769
2019年2月	B003	白露	人事部	经理	6,000	3,000	500	200	9,700	2,086	7,614
2019年2月	B004	张奇艳	人事部	职员	4,000	3,000	300	100	7,400	1,484	5,916
2019年2月	C005	洪恩	财务部	副总经理	12,000	2,600	800	300	15,700	4,031	11,669
2019年2月	C006	邵春艳	财务部	职员	4,000	3,000	300	100	7,400	1,484	5,916

图 2-205

工资月份	员工编号	姓名	部门	职务	基础工资	全勤奖金	交通补贴	通讯补贴	应发工资	应扣金额	实发工资
2019年2月	D007	李兵	业务部	经理	6,000	2,400	500	200	9,100	1,929	7,171
2019年2月	D008	林茂	业务部	副经理	5,000	3,000	300	100	8,400	1,746	6,654
2019年2月	D009	苏明	业务部	职员	4,000	3,000	300	100	7,400	1,484	5,916
2019年2月	D010	杨光	业务部	职员	4,000	3,000	300	100	7,400	1,484	5,916
2019年2月	D011	赵琦	业务部	职员	4,000	3,000	300	100	7,400	1,484	5,916
2019年2月	E013	陈忠伟	调研部	经理	6,000	2,800	500	200	9,500	2,034	7,466
2019年2月	E014	周庆	调研部	职员	4,000	2,800	300	100	7,200	1,431	5,769
2019年2月	E015	涂巧巧	调研部	职员	4,000	3,000	300	100	7,400	1,484	5,916
2019年3月	A001	王大力	总经理室	总经理	18,000	3,000	1,000	500	22,500	6,088	16,412
2019年3月	A002	黄琳	总经理室	秘书	4,000	3,000	300	100	7,400	1,484	5,916
2019年3月	B003	白露	人事部	经理	6,000	3,000	500	200	9,700	2,086	7,614
2019年3月	B004	张奇艳	人事部	职员	4,000	3,000	300	100	7,400	1,484	5,916
2019年3月	C005	洪恩	财务部	副总经理	12,000	2,857	800	300	15,957	4,108	11,849
2019年3月	C006	邵春艳	财务部	职员	4,000	3,000	300	100	7,400	1,484	5,916
2019年3月	D007	李兵	业务部	经理	6,000	3,000	500	200	9,700	2,086	7,614
2019年3月	D008	林茂	业务部	副经理	5,000	2,857	300	100	8,257	1,708	6,549
2019年3月	D010	杨光	业务部	职员	4,000	3,000	300	100	7,400	1,484	5,916
2019年3月	D011	赵琦	业务部	职员	4,000	3,000	300	100	7,400	1,484	5,916
2019年3月	D012	于鹏	业务部	职员	4,000	2,714	300	100	7,114	1,409	5,705
2019年3月	E013	陈忠伟	调研部	经理	6,000	3,000	500	200	9,700	2,086	7,614
2019年3月	E014	周庆	调研部	职员	4,000	3,000	300	100	7,400	1,484	5,916
2019年3月	E015	涂巧巧	调研部	职员	4,000	2,857	300	100	7,257	1,446	5,811

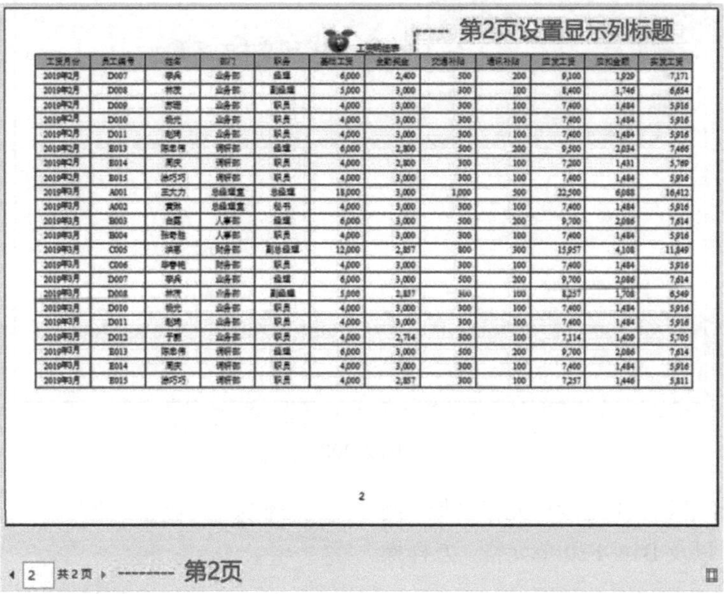

图 2-206

2.5.5 打印指定的区域

打印工作表时，可以打印整张工作表，也可以打印其中的一部分。如果要打印一个连续显示的单元格区域，或者同时打印多个不连续单元格区域，可以利用“设置打印区域”的功能来实现。

首先，我们来打印一个连续显示的单元格区域。

选中要打印的单元格区域，例如 B2~F15 单元格。单击“页面布局”选项卡，在“页面设置”下依次单击“打印区域→设置打印区域”，如图 2-207 所示。

查看“打印预览”，仅仅显示刚才选中的区域 B2~F15 单元格，如图 2-208 所示。

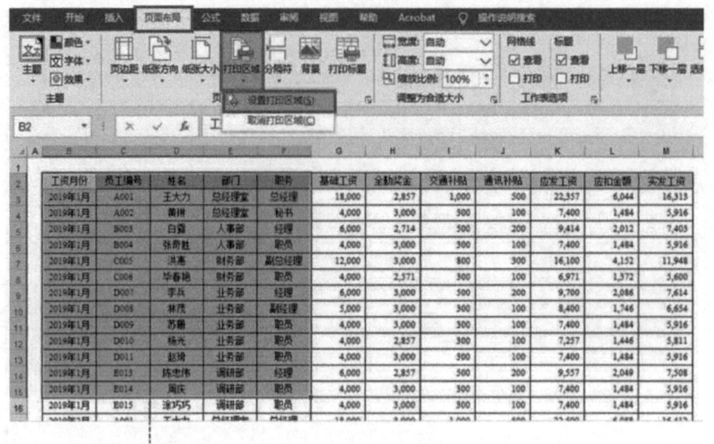

图 2-207

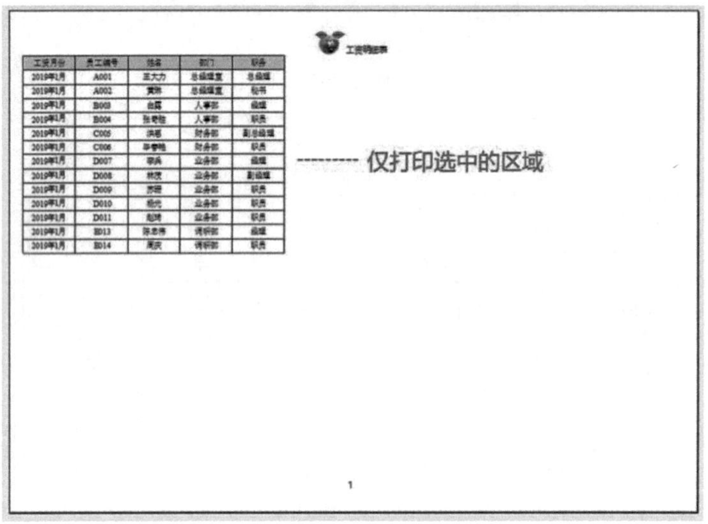

图 2-208

如果要同时打印多个不连续单元格区域，例如 B2~F10 单元格以及 B16~F20 单元格，怎样操作呢？

先选中 B2~F10 单元格，然后按住 Ctrl 键的同时，选择 B16~F20 单元格。单击“页面布局”选项卡，在“页面设置”下依次单击“打印区域→设置打印区域”，如图 2-209 所示。

查看“打印预览”，B2~F10 单元格和 B16~F20 单元格分在两页上显示，如图 2-210 所示。

如果我们要让 B2~F10 单元格和 B16~F20 单元格在同一页上显示，就要隐藏之间的 B11~F15 单元格。

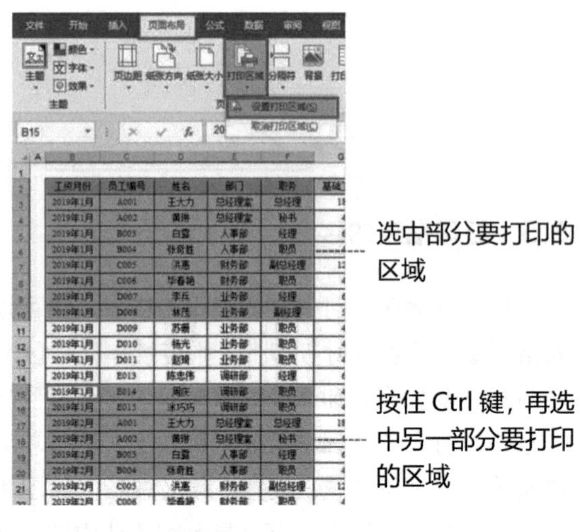

图 2-209

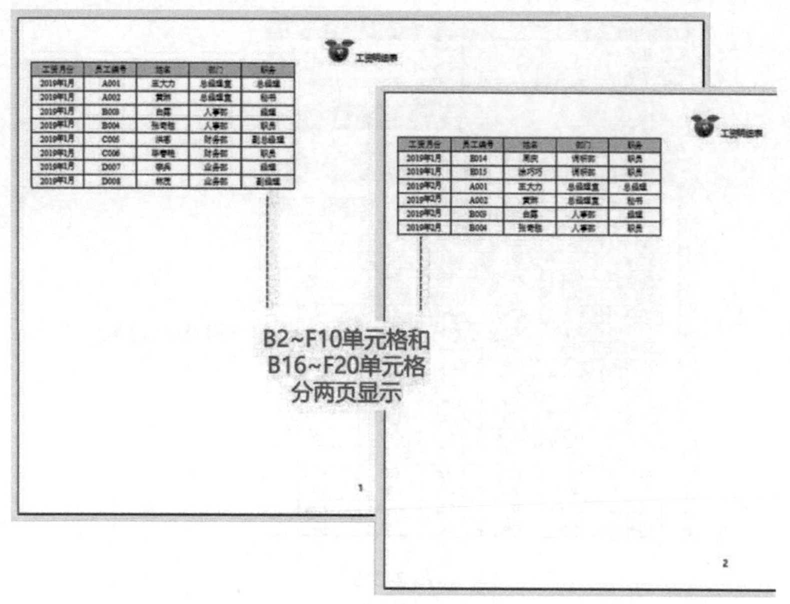

图 2-210

选中第 11 行~第 15 行，右击选中的区域，选择“隐藏”，如图 2-211 所示。

粘贴选项:
选择性粘贴(S)...
插入(I)
删除(D)
清除内容(N)
设置单元格格式(F)...
行高(R)...
隐藏(H)
取消隐藏(U)

	A	B	C	D	E	F	G	H	I	J	K	L	M
1													
2		工资月份			部门	职务	基础工资	全勤奖金	交通补贴	通讯补贴	应发工资	应扣金额	实发工资
3		2019年1,			总经理室	总经理	18,000	2,857	1,000	500	22,357	6,044	16,313
4		2019年1,			总经理室	秘书	4,000	3,000	300	100	7,400	1,484	5,916
5		2019年1,			人事部	经理	6,000	2,714	500	200	9,414	2,012	7,403
6		2019年1,			人事部	职员	4,000	3,000	300	100	7,400	1,484	5,916
7		2019年1,			财务部	副总经理	12,000	3,000	800	300	16,100	4,152	11,948
8		2019年1,			财务部	职员	4,000	2,571	300	100	6,971	1,372	5,600
9		2019年1,			业务部	经理	6,000	3,000	500	200	9,700	2,086	7,614
10		2019年			业务部	副经理	5,000	3,000	300	100	8,400	1,746	6,654
11		2019年			业务部	职员	4,000	3,000	300	100	7,400	1,484	5,916
12		2019年1,			业务部	职员	4,000	2,857	300	100	7,257	1,446	5,811
13		2019年1月	D011	赵琦	业务部	职员	4,000	3,000	300	100	7,400	1,484	5,916
14		2019年1,					6,000	2,857	500	200	9,557	2,049	7,508
15		2019年1,					4,000	3,000	300	100	7,400	1,484	5,916
16		2019年1,					4,000	3,000	300	100	7,400	1,484	5,916
17		2019年2月	A001	王大力	总经理室	总经理	18,000	3,000	1,000	500	22,500	6,088	16,412

Times N 10 % B I

图 2-211

第 11~15 行被隐藏了，如图 2-212 所示。

	A	B	C	D	E	F	G	H	I	J	K	L	M
1													
2		工资月份	员工编号	姓名	部门	职务	基础工资	全勤奖金	交通补贴	通讯补贴	应发工资	应扣金额	实发工资
3		2019年1月	A001	王大力	总经理室	总经理	18,000	2,857	1,000	500	22,357	6,044	16,313
4		2019年1月	A002	黄卅	总经理室	秘书	4,000	3,000	300	100	7,400	1,484	5,916
5		2019年1月	B003	白露	人事部	经理	6,000	2,714	500	200	9,414	2,012	7,403
6		2019年1月	B004	张奇胜	人事部	职员	4,000	3,000	300	100	7,400	1,484	5,916
7		2019年1月	C005	洪惠	财务部	副总经理	12,000	3,000	800	300	16,100	4,152	11,948
8		2019年1月	C006	毕春艳	财务部	职员	4,000	2,571	300	100	6,971	1,372	5,600
9		2019年1月	D007	李兵	业务部	经理	6,000	3,000	500	200	9,700	2,086	7,614
10		2019年1月	D008	林茂	业务部	副经理	5,000	3,000	300	100	8,400	1,746	6,654
16		2019年1月	E015	涂巧巧	调研部	职员	4,000	3,000	300	100	7,400	1,484	5,916
17		2019年2月	A001	王大力	总经理室	总经理	18,000	3,000	1,000	500	22,500	6,088	16,412
18		2019年2月	A002	黄卅	总经理室	秘书	4,000	2,800	300	100	7,200	1,431	5,769

第11行~
第15行
被隐藏

图 2-212

选中 B2~F20 单元格后，单击“页面布局”选项卡，在“页面设置”下依次单击“打印区域→设置打印区域”，如图 2-213 所示。

查看打印预览，原本分成两页的打印内容合并在同一页中了，如图 2-214 所示。

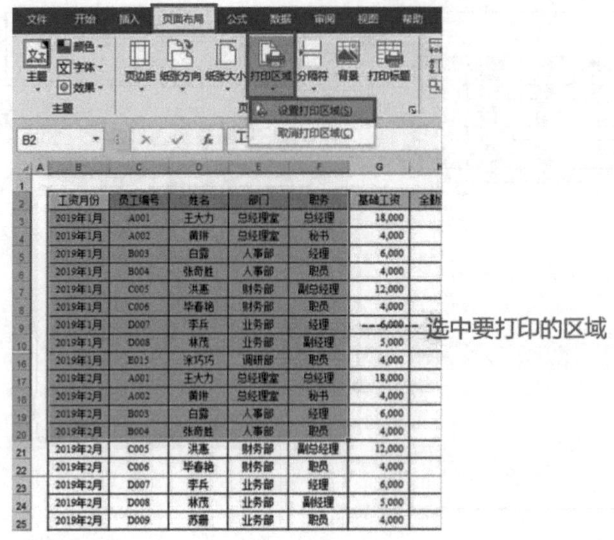

图 2-213

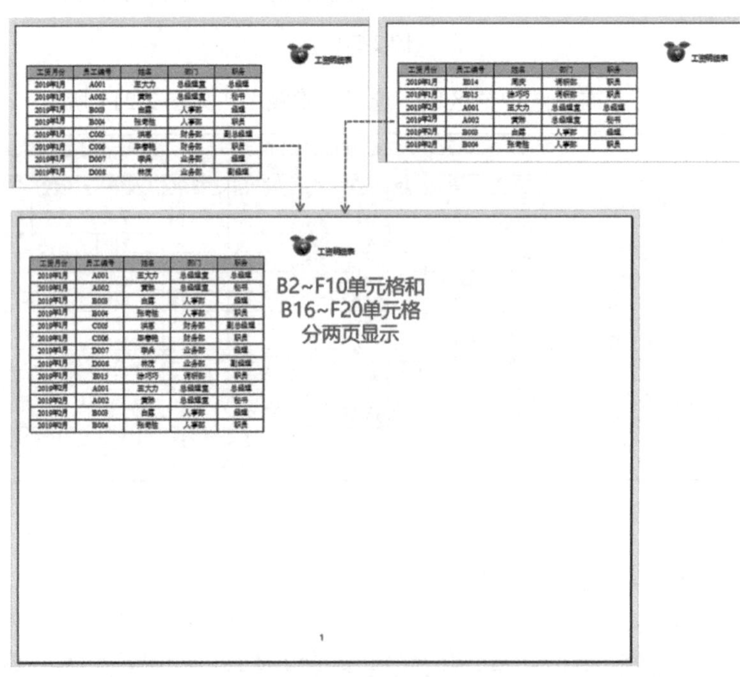

图 2-214

2.5.6 将内容缩小打印成一页

2.6.1 小节介绍的，通过调整纸张大小、方向、页边距等方式，可以让工作表的所有列显示在同一页上。另外，当整个工作表的宽度和单个页面的宽度相差不多时，可以利用“将工作表调整为一页”“将所有列调整为一页”或“将所有行调整为一页”的方法快速调整打印输出的方式，如图 2-215 所示。

图 2-216 中，在默认的页边距和横向纸张的设置下，列的打印分割线出现在倒数第二列和最后一列之间。可见，只要表格版面略微缩小一些，就能在一个打印页面上容纳所有的列。

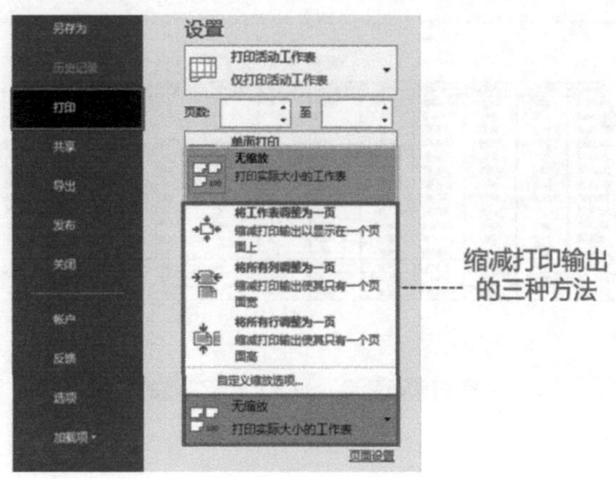

图 2-215

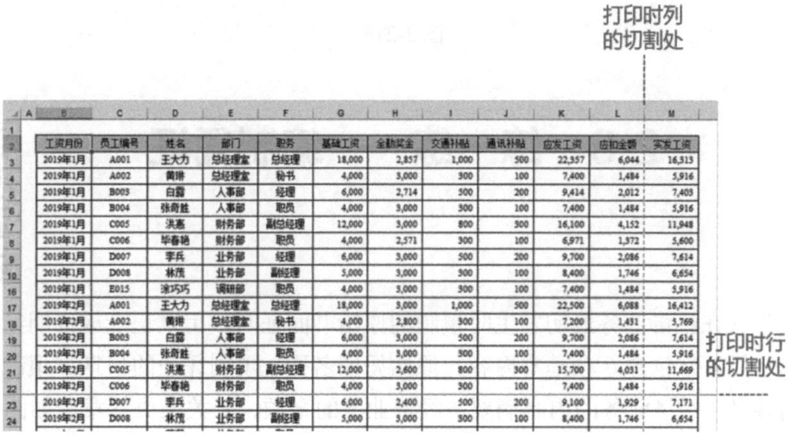

打印时列的切割处

	A	B	C	D	E	F	G	H	I	J	K	L	M
1													
2		工资月份	员工编号	姓名	部门	职务	基础工资	全勤奖金	交通补贴	通讯补贴	应发工资	应扣金额	实发工资
3		2019年1月	A001	王大力	总经理室	总经理	18,000	2,857	1,000	500	22,357	6,044	16,313
4		2019年1月	A002	黄琳	总经理室	秘书	4,000	3,000	300	100	7,400	1,484	5,916
5		2019年1月	B003	白露	人事部	经理	6,000	2,714	500	200	9,414	2,012	7,403
6		2019年1月	B004	张奇胜	人事部	职员	4,000	3,000	300	100	7,400	1,484	5,916
7		2019年1月	C005	洪惠	财务部	副总经理	12,000	3,000	800	300	16,100	4,152	11,948
8		2019年1月	C006	毕春艳	财务部	职员	4,000	2,571	300	100	6,971	1,372	5,600
9		2019年1月	D007	李兵	业务部	经理	6,000	3,000	500	200	9,700	2,086	7,614
10		2019年1月	D008	林茂	业务部	副经理	5,000	3,000	300	100	8,400	1,746	6,654
16		2019年1月	E015	涂巧巧	调研部	职员	4,000	3,000	300	100	7,400	1,484	5,916
17		2019年2月	A001	王大力	总经理室	总经理	18,000	3,000	1,000	500	22,500	6,088	16,412
18		2019年2月	A002	黄琳	总经理室	秘书	4,000	2,800	300	100	7,200	1,431	5,769
19		2019年2月	B003	白露	人事部	经理	6,000	3,000	500	200	9,700	2,086	7,614
20		2019年2月	B004	张奇胜	人事部	职员	4,000	3,000	300	100	7,400	1,484	5,916
21		2019年2月	C005	洪惠	财务部	副总经理	12,000	2,600	800	300	15,700	4,031	11,669
22		2019年2月	C006	毕春艳	财务部	职员	4,000	3,000	300	100	7,400	1,484	5,916
23		2019年2月	D007	李兵	业务部	经理	6,000	2,400	500	200	9,100	1,929	7,171
24		2019年2月	D008	林茂	业务部	副经理	5,000	3,000	300	100	8,400	1,746	6,654

打印时行的切割处

图 2-216

图2-217和图2-218所示分别是调整打印页面前后每一页上显示的列的数量，前者显示了11列，后者显示了完整的12列。

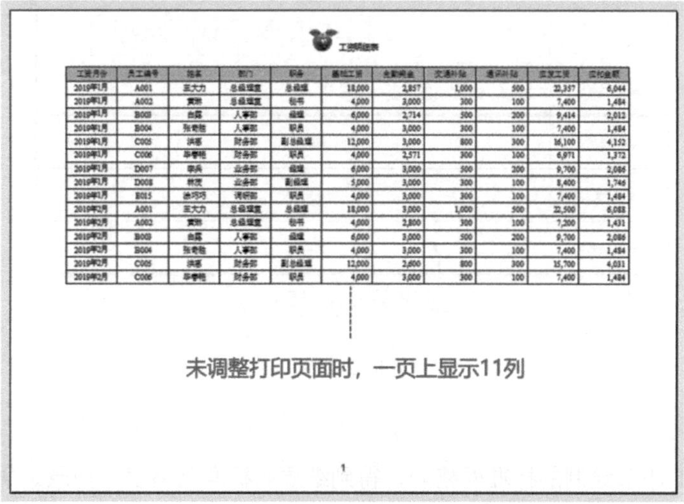

工资明细表

工资月份	员工编号	姓名	部门	职务	基础工资	全勤奖金	交通补贴	通讯补贴	应发工资	应扣金额
2019年1月	A001	王大力	总经理室	总经理	18,000	2,857	1,000	500	22,357	6,044
2019年1月	A002	黄琳	总经理室	秘书	4,000	3,000	300	100	7,400	1,484
2019年1月	B003	白露	人事部	经理	6,000	2,714	500	200	9,414	2,012
2019年1月	B004	张奇胜	人事部	职员	4,000	3,000	300	100	7,400	1,484
2019年1月	C005	洪惠	财务部	副总经理	12,000	3,000	800	300	16,100	4,152
2019年1月	C006	毕春艳	财务部	职员	4,000	2,571	300	100	6,971	1,372
2019年1月	D007	李兵	业务部	经理	6,000	3,000	500	200	9,700	2,086
2019年1月	D008	林茂	业务部	副经理	5,000	3,000	300	100	8,400	1,746
2019年1月	E015	涂巧巧	调研部	职员	4,000	3,000	300	100	7,400	1,484
2019年2月	A001	王大力	总经理室	总经理	18,000	3,000	1,000	500	22,500	6,088
2019年2月	A002	黄琳	总经理室	秘书	4,000	2,800	300	100	7,200	1,431
2019年2月	B003	白露	人事部	经理	6,000	3,000	500	200	9,700	2,086
2019年2月	B004	张奇胜	人事部	职员	4,000	3,000	300	100	7,400	1,484
2019年2月	C005	洪惠	财务部	副总经理	12,000	2,600	800	300	15,700	4,031
2019年2月	C006	毕春艳	财务部	职员	4,000	3,000	300	100	7,400	1,484

未调整打印页面时，一页上显示11列

1

图 2-217

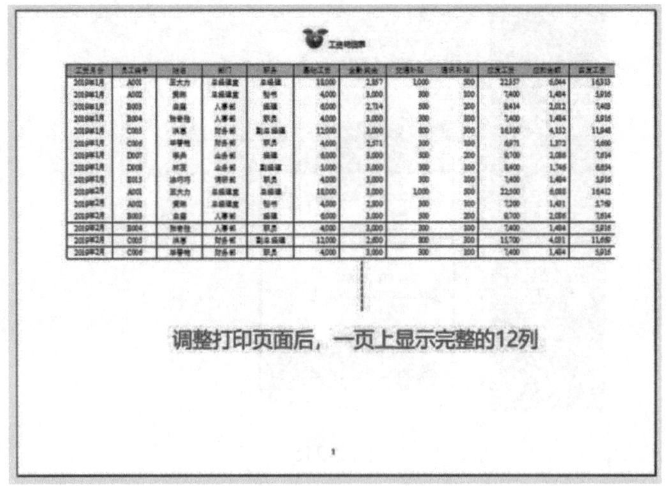

图 2-218

2.6 练一练——编制凭证

【目标 A】

“原始凭证”（在经济业务最初发生时填制的原始书面证明，用以记录或证明经济业务的发生或完成情况的文字凭据）包含 6 项基本内容：原始凭证名称、填制凭证的日期、填制凭证的公司名称或者填制人的姓名、经济业务的内容摘要、经济业务的金额、相关人员签章，如图 2-219 所示。按照纸质的“原始凭证报销单”编制电子版的“报销单”。

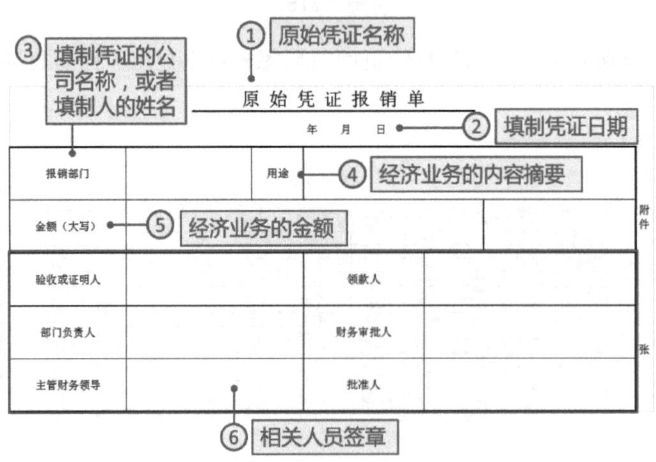

图 2-219

【步骤 A】

步骤 01 打印 2.3.1 小节绘制的标准网格表，得到纸质版标准网格表。把原始凭证覆盖在纸质版标准网络表上，根据原始凭证在纸质版标准网格表中的位置，通过“数格子”的方式在电子版标准网格表中绘制原始凭证，如图 2-220 所示。

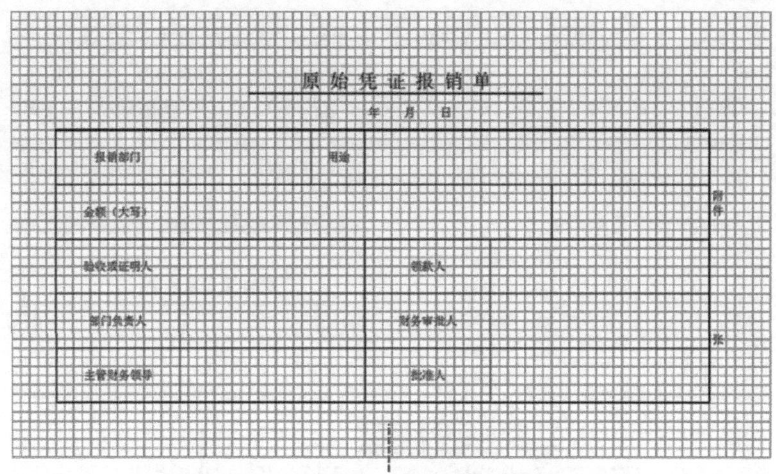

图 2-220

步骤 02 选中 AE4~BK6 单元格，单击“开始”选项卡，再单击“合并后居中”。AE4~BK6 单元格被合并，且输入文字为“居中”设置。在合并单元格中输入“原 始 凭 证 报 销 单”，如图 2-221 所示。

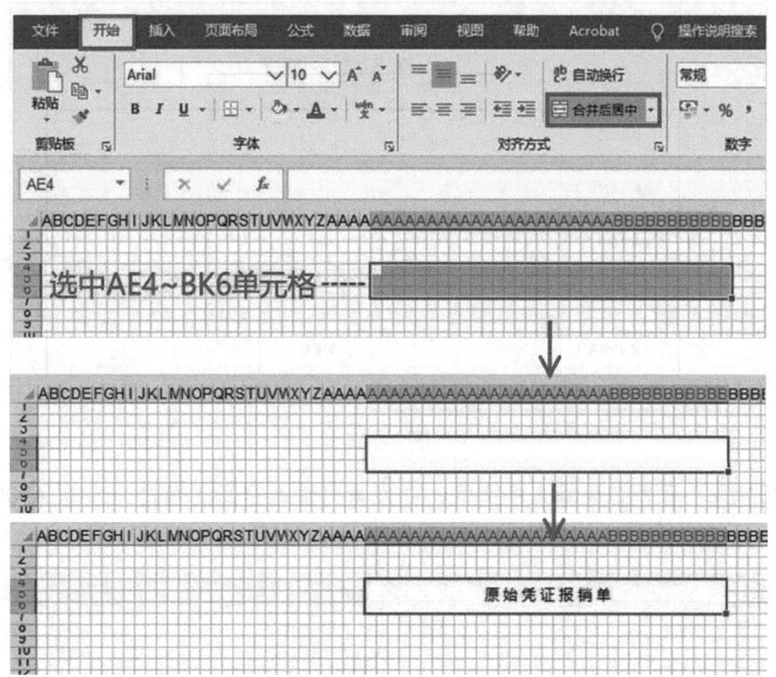

图 2-221

步骤 03 在选中 AE4~BK6 单元格的情况下，单击“开始”选项卡，再单击“边框”的下拉按钮，选择“粗下框线”，AE4~BK6 单元格的下框线变为粗线条，如图 2-222 所示。

原始凭证其余部分的绘制是类似的，如图 2-223 所示。绘制的目标是使得 Excel 文件中绘制的原始凭证与纸质版的原始凭证尽量一致。

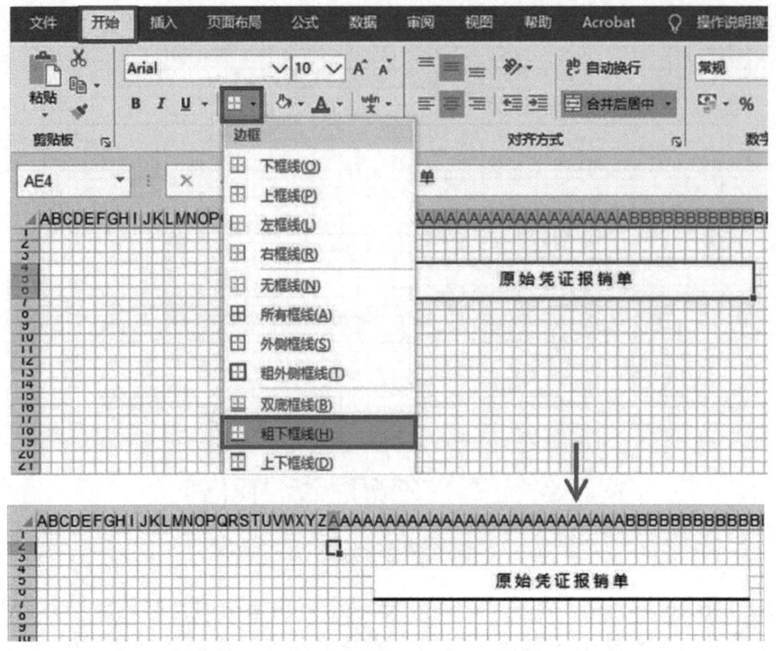

图 2-222

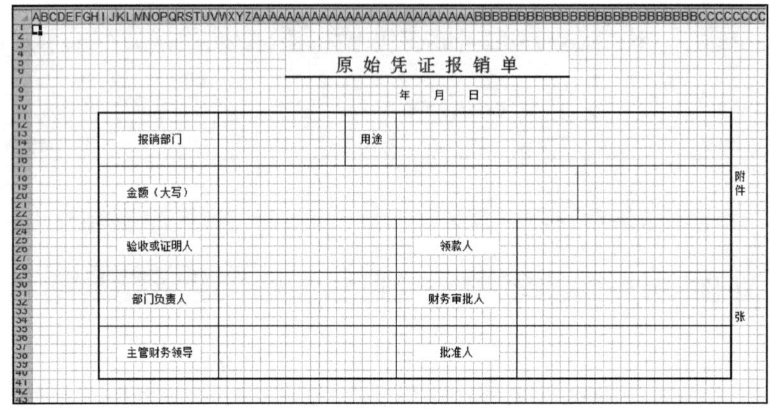

图 2-223

步骤04 为“报销单”预留信息输入的空间，并设置各输入空间的格式。选中 AN8~AQ9 单元格，单击“开始”选项卡，再单击“合并后居中”，如图 2-224 所示。

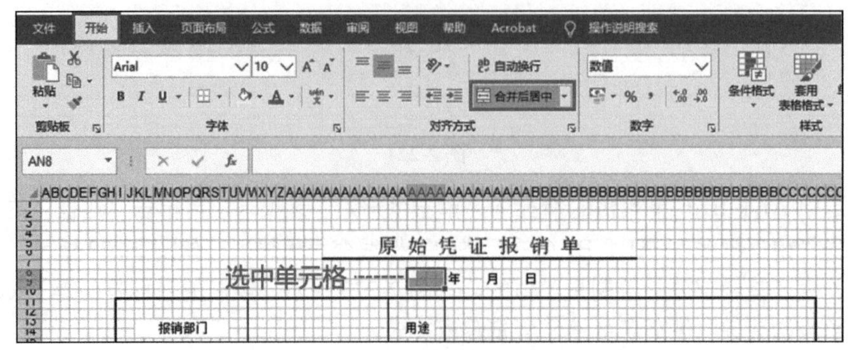

图 2-224

AN8~AQ9 单元格被合并，且输入文字为“居中”设置，字型为 Arial，字号为 10，垂直“对齐方式”为“垂直居中”，水平“对齐方式”为“居中”，如图 2-225 所示。

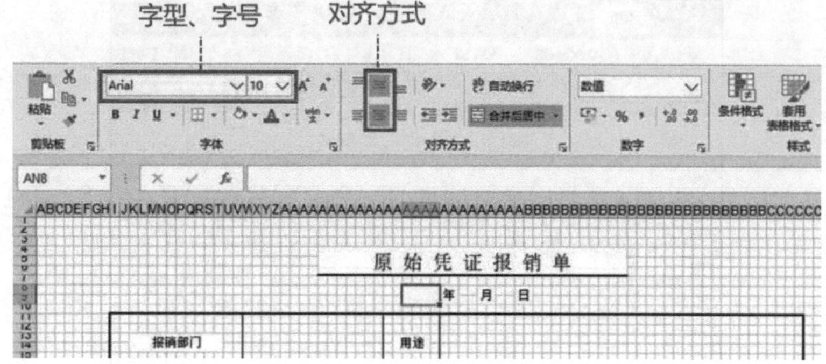

图 2-225

对于其余各输入空间的格式，按照图 2-226 的指示依次设置。

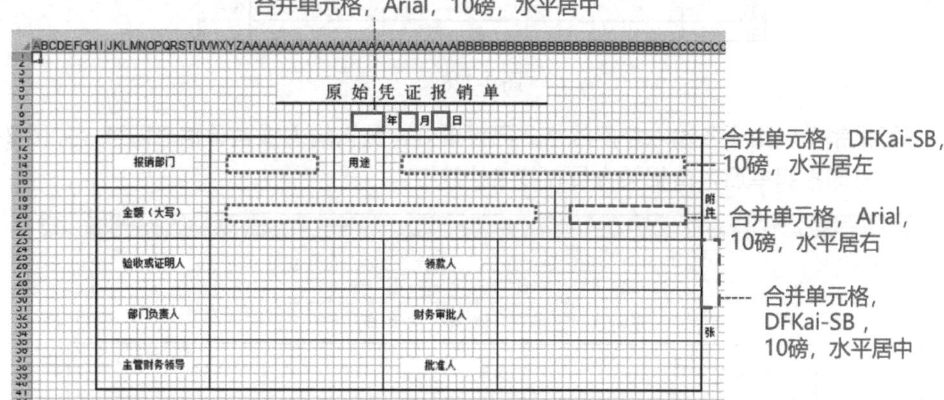

图 2-226

右击 BO19~CB20 单元格，选择“设置单元格格式”。在弹出的“设置单元格格式”对话框中，单击“数字”标签，“分类”选择“货币”，“小数位数”选择“2”，“货币符号”选择“￥”，“负数”选择“￥-1,234.10”，单击“确定”按钮，如图 2-227 所示。

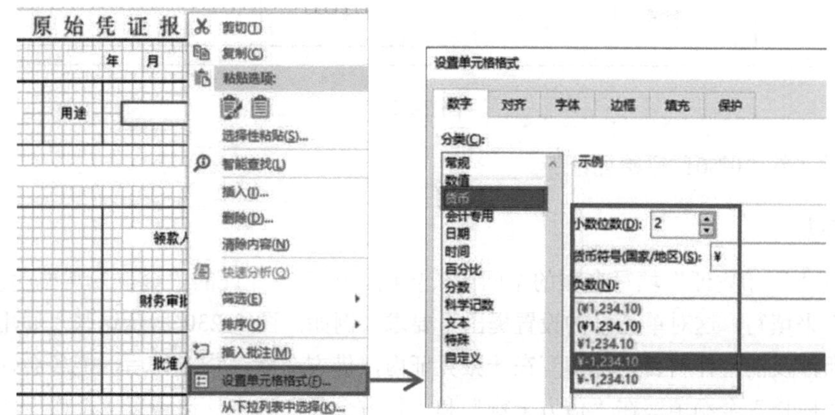

图 2-227

选中 CE23~CF30 单元格，单击“开始”选项卡，再单击“粗体”，如图 2-228 所示。各输入空间的格式设置完成。

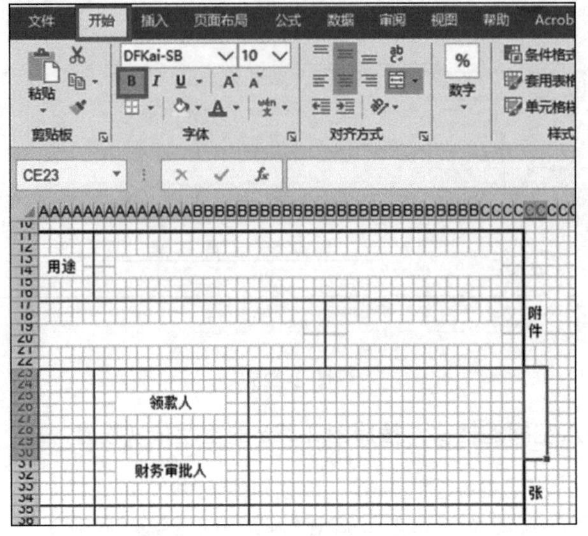

图 2-228

步骤 05 填写报销单。由于各输入空间的格式已设置好，直接输入报销单信息即可，如图 2-229 所示。打印报销单后，请相关人员在签名处签名。

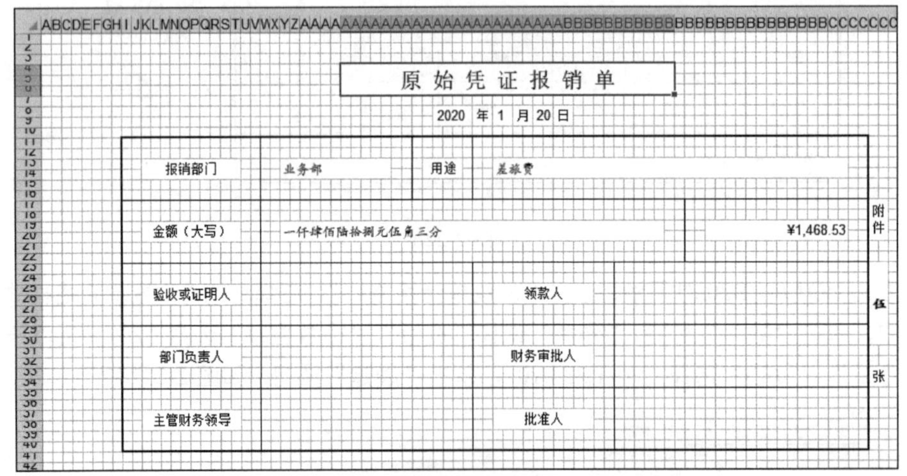

图 2-229

结果详见文件“02-01 原始凭证”。

【目标 B】

上一例的“原始凭证”填写金额的空间比较自由。但有些凭证的“金额”需要明确按照“元”“角”“分”来填写，这对单元格的设置提出了要求。例如，图 2-230 所示这张“通用记账凭证”把经济业务所涉及的会计科目全部填写在一张凭证内，借方在前，贷方在后，把各会计科目所记载的“应借”“应贷”金额填写在“借方金额”和“贷方金额”列内。请设置“金额”的填写格式，以便表格的清晰显示。

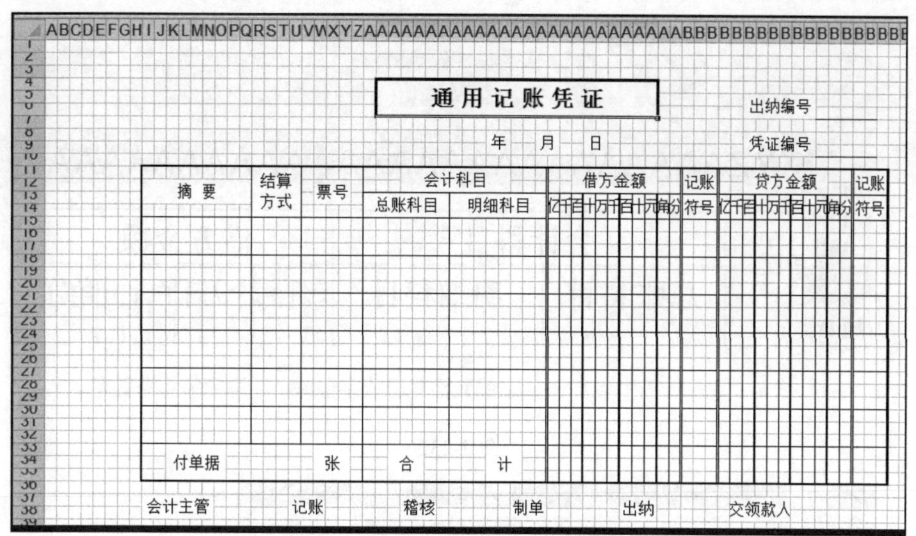

图 2-230

【步骤 B】

在这张“通用记账凭证”中，金额填写处的单元格宽度较窄，为了让金额数据以及“亿”“千”“百”……充分显示在单元格中，需要调整字号。

步骤 01 利用快捷键将“亿”“千”“百”……的字型缩小。选中 AP13 单元格，单击“开始”选项卡，再单击“减小字号”的快捷按钮，如图 2-231 所示。

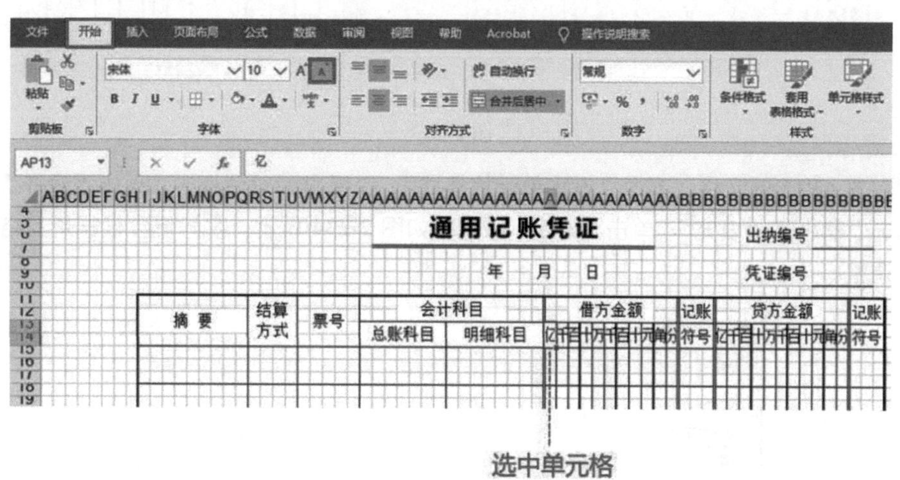

图 2-231

单击两下“减小字号”的快捷按钮后，发现 AP13 单元格信息的字号缩小，适应单元格空间。此时，快捷按钮左侧的字号由“10”降低为“8”，如图 2-232 所示。对于“千”“百”等单元格进行类似的操作。

步骤 02 调整“金额”的字号，使其自动适应单元格大小。选中 AP15~AP17 单元格，单击“开始”选项卡，再单击“合并后居中”，如图 2-233 所示。

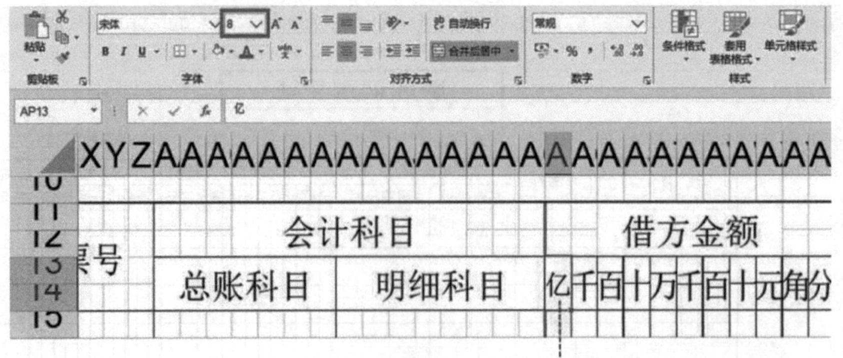

图 2-232

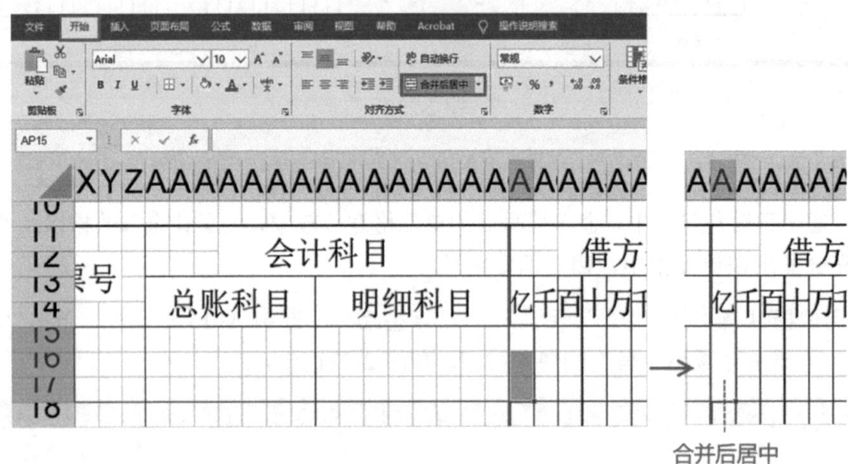

图 2-233

右击 AP15 单元格，选择“设置单元格格式”。在弹出的对话框中，单击“对齐”标签，勾选“缩小字体填充”，单击“确定”按钮，如图 2-234 所示。字号便会根据单元格大小自动调整。

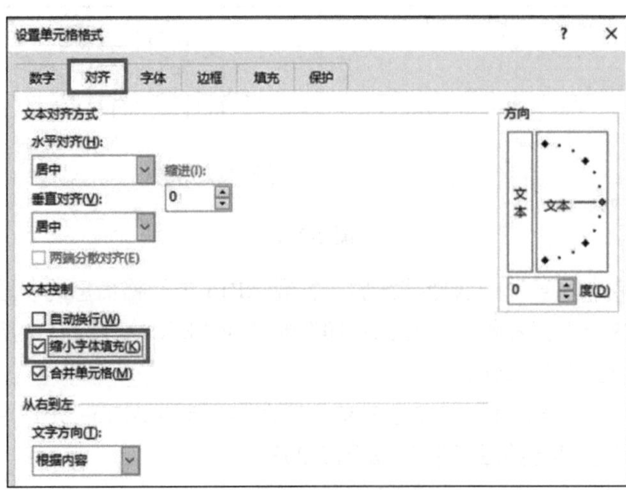

图 2-234

单击"开始"选项卡，再单击"垂直底端对齐"，如图 2-235 所示。这是因为对于内容为"金额"的单元格，习惯于用"垂直底端对齐"的方式。对于各"金额"的单元格进行类似的操作。

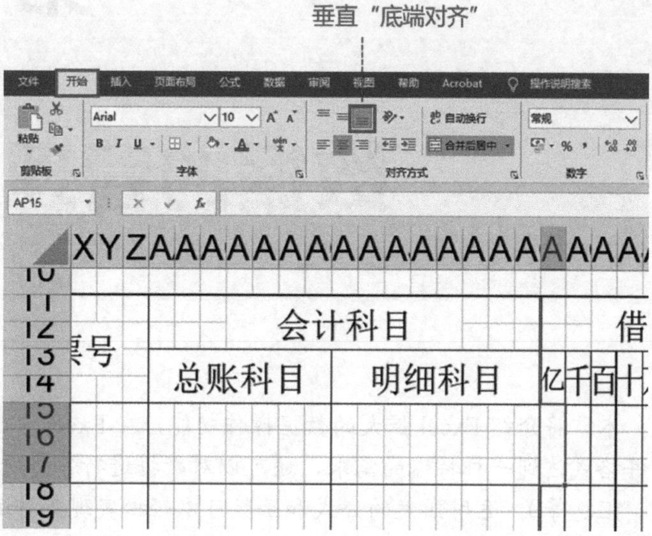

垂直"底端对齐"

图 2-235

结果详见文件"02-02 通用记账凭证"。

上篇

第 3 章

数据的管理和分析

本章将介绍 Excel 强大的数据操作功能，在 Excel 中，你可以对数据运用条件格式达到一种特殊的需求，还可以对数据进行各种统计分析（排序、筛选、汇总等），运用强大的公式和函数可以轻松实现各种运算和完成你在行业中看似不可能实现的功能。

3.1 条件格式的使用

实际工作中，快速查找符合条件的数据、对表格进行美化、设定日期提醒等功能可以通过条件格式的设置来实现。也就是，当单元格中的数据满足一定的条件时，“条件格式”功能能够让这些单元格以预定的格式突显出来。

3.1.1 利用条件格式让数据的显示更醒目

条件格式的设定有两个环节。第一是找出哪些数据要设定条件格式，第二是选定要设定的条件格式。

要设定条件格式的数据主要会用到“大于”“小于”“介于”“等于”和“文本包含”等条件规则。

例如，我们要把“工资明细表”中“实发工资”大于 10,000 元的金额突显出来。

选中“实发工资”整列，单击“开始”选项卡，再依次单击“条件格式→突出显示单元格规则→大于”，如图 3-1 所示。

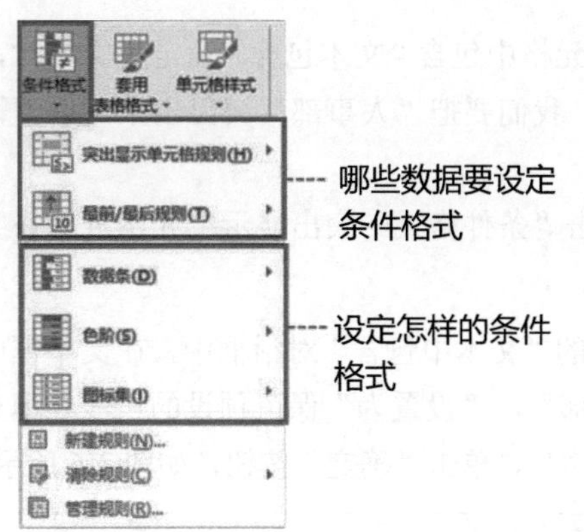

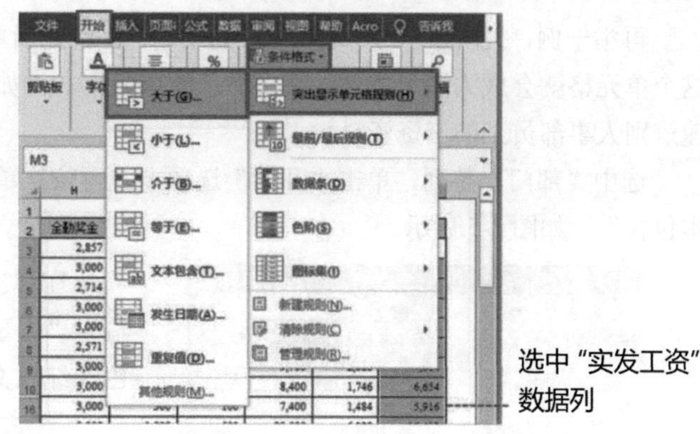

图 3-1

在弹出的“大于”对话框中，预设为把大于 11,006 元的单元格填充为浅红色，文本显示为深红色，如图 3-2 所示。

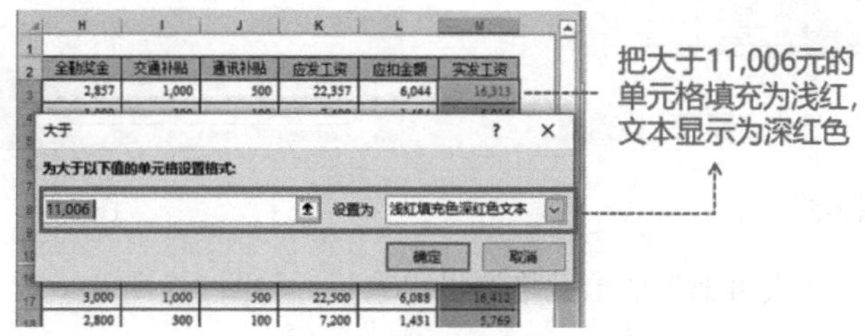

图 3-2

在左侧文本框中输入“10000”，右侧的下拉菜单中选择“浅红色填充”，单击“确定”按钮，如图 3-3 所示。

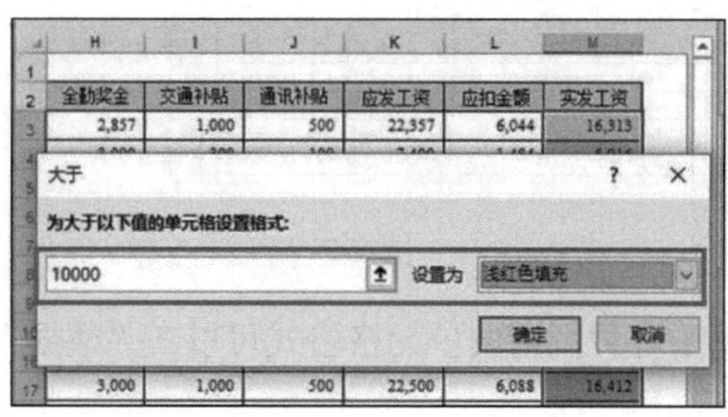

图 3-3

在“实发工资”中，大于 10,000 元的金额突显出来了，如图 3-4 所示。

	H	I	J	K	L	M
1						
2	全勤奖金	交通补贴	通讯补贴	应发工资	应扣金额	实发工资
3	2,857	1,000	500	22,357	6,044	16,313
4	3,000	300	100	7,400	1,484	5,916
5	2,714	500	200	9,414	2,012	7,403
6	3,000	300	100	7,400	1,484	5,916
7	3,000	800	300	16,100	4,152	11,948
8	2,571	300	100	6,971	1,372	5,600
9	3,000	500	200	9,700	2,086	7,614
10	3,000	300	100	8,400	1,746	6,654
16	3,000	300	100	7,400	1,484	5,916
17	3,000	1,000	500	22,500	6,088	16,412
18	2,800	300	100	7,200	1,431	5,769
19	3,000	500	200	9,700	2,086	7,614

大于10000的金额突显出来

图 3-4

再举一例，突出显示“文本包含”的规则，也就是当单元格中包含“文本包含”设定的文本时，这个单元格就会成为满足条件的突出显示的单元格。例如，我们要把“人事部”突显出来，以便快速辨别人事部员工的工资资料。

选中“部门”整列，单击“开始”选项卡，再依次单击“条件格式→突出显示单元格规则→文本包含”，如图 3-5 所示。

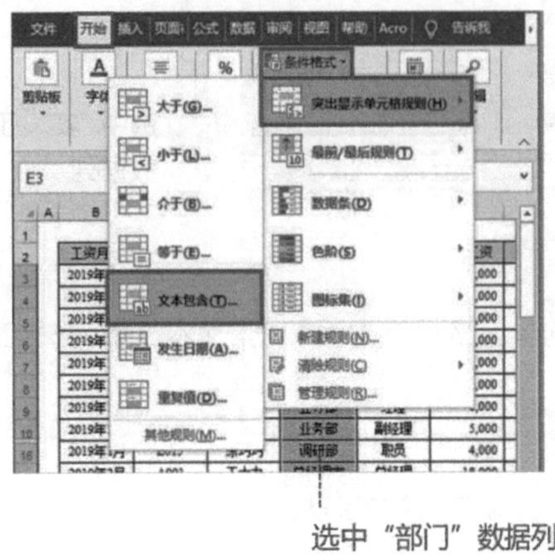

图 3-5

在弹出的“文本中包含”对话框中，在文本框中输入“人事部”，“设置为”保留预设的“浅红填充色深红色文本”，单击“确定”按钮，如图 3-6 所示。

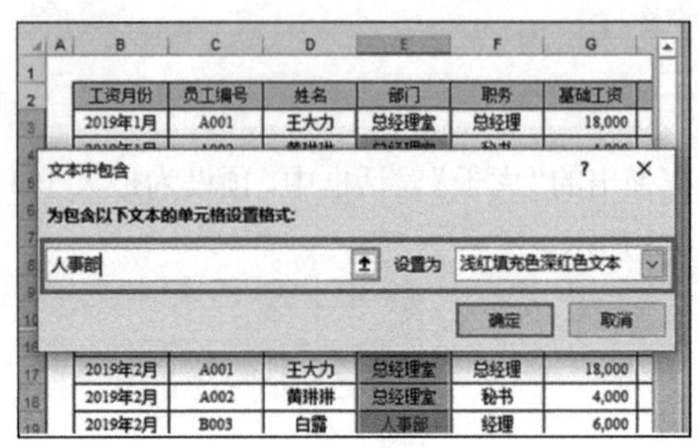

图 3-6

在“部门”信息中，“人事部”的单元格突显出来了，如图 3-7 所示。

工资月份	员工编号	姓名	部门	职务	基础工资
2019年1月	A001	王大力	总经理室	总经理	18,000
2019年1月	A002	黄琳琳	总经理室	秘书	4,000
2019年1月	B003	白露	人事部	经理	6,000
2019年1月	B004	张奇胜	人事部	职员	4,000
2019年1月	C005	洪惠	财务部	副总经理	12,000
2019年1月	C006	毕春艳	财务部	职员	4,000
2019年1月	D007	李兵	业务部	经理	6,000
2019年1月	D008	林茂	业务部	副经理	5,000
2019年1月	E015	涂巧巧	调研部	职员	4,000
2019年2月	A001	王大力	总经理室	总经理	18,000
2019年2月	A002	黄琳琳	总经理室	秘书	4,000
2019年2月	B003	白露	人事部	经理	6,000

人事部信息突显出来

图 3-7

更多的条件格式规则和基于各种规则的单元格格式可以在“数据”选项卡下的“条件格式→新建规则”中设置，如图 3-8 所示。

图 3-8

如果我们在同一个单元格中预设了多种条件格式，Excel 会按照格式化条件的设定顺序从最早设定的条件开始，依次套用。

3.1.2 通过数据条比较数据大小

在比较员工实发工资的大小时，条件格式中的数据条功能可以非常直观地显示数值的高低。数据条越长，表示实发工资越高；数据条越短，表示实发工资越低。

选中 M3~M44 单元格，单击“开始”选项卡，再依次单击“条件格式→数据条→蓝色数据条”，M 列单元格中，显示数据的同时也显示出数据条，数据条的长短和“实发工资”的多少相对应，如图 3-9 所示。总经理的“实发工资”是所有员工中最高的，总经理 2 月和 3 月的工资又略高于 1 月的，因此 M16（总经理 2 月工资）和 M31（总经理 3 月工资）单元格中的数据条撑满了整个单元格。

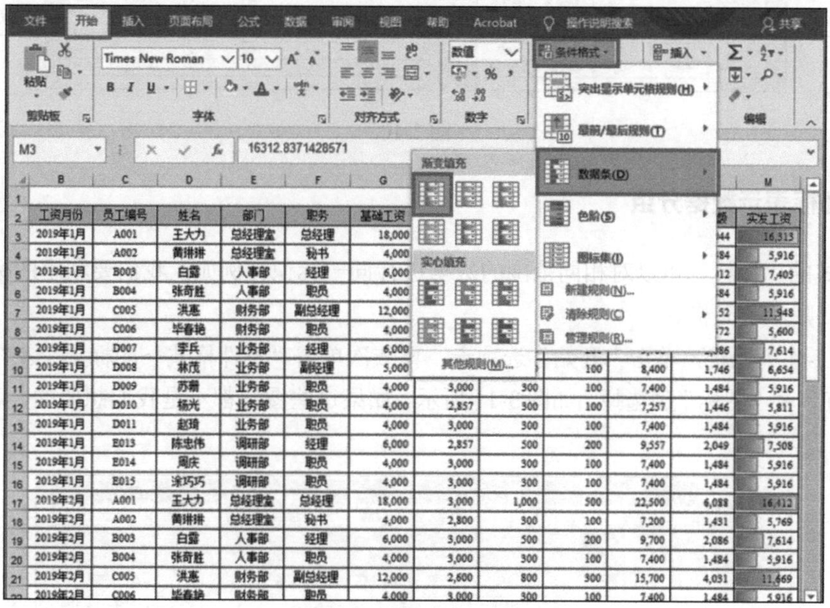

图 3-9

3.1.3 用色阶突显内容相同的单元格

对于读者而言，颜色的显示非常直观，有利于显示数据的分布和数据的变化。为此，我们可以使用条件格式中的色阶功能直观地显示数值相同的单元格。例如，我们要利用色阶功能标记“基本工资”相同的单元格。

选中 G3~G44 单元格，单击“开始”选项卡，再依次单击“条件格式→色阶→绿-黄-红色阶”，G 列单元格中，显示数据的同时也显示出色阶，相同数值的单元格被填充了同一种颜色，如图 3-10 所示。根据色阶的设置规定，“基础工资”的单元格中，数值最高的是中绿色，其次是浅绿色、黄色、浅红色、中红色。

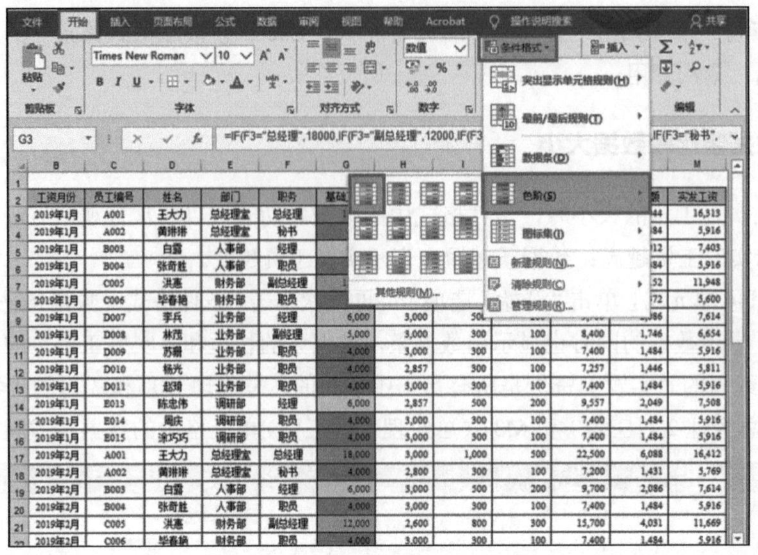

图 3-10

3.1.4 用图标表示数据分组

条件格式的“图标”可以对相同范围的数据进行同一标识。例如，我们要利用图标功能标记不同的“交通补贴”单元格。

选中 I3~I44 单元格，单击“开始”选项卡，再依次单击“条件格式→图标集”。在展开的“图标集”中，有各种“图标”供选择，如图 3-11 所示。如果这些图标都不是我们想要的，可以单击“其他规则”进一步设定。

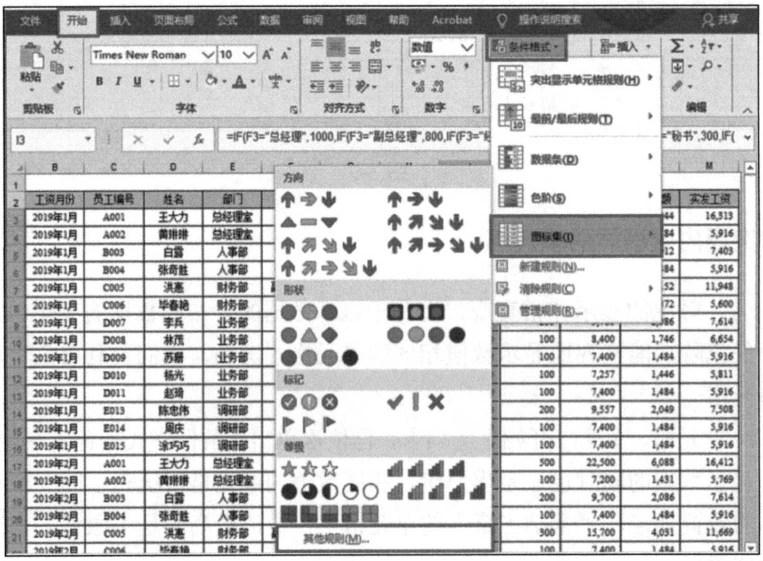

图 3-11

在弹出的“新建格式规则”对话框中，设置绿色图标对应的情形是“值>=800”，设置黄色图标对应的情形是“值<800 且值>=500”，设置红色图标对应的情形是“值<500”，单击“确定”按钮，如图 3-12 所示。

在“交通补贴”这一列，金额为 800 和 1000 的两类由绿色图标指示，金额为 500 的这类由黄色图标指示，金额为 300 的这类由红色图标指示，如图 3-13 所示。

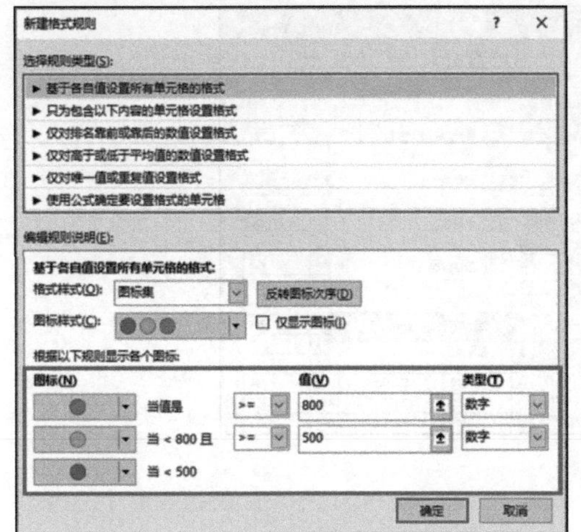

图 3-12

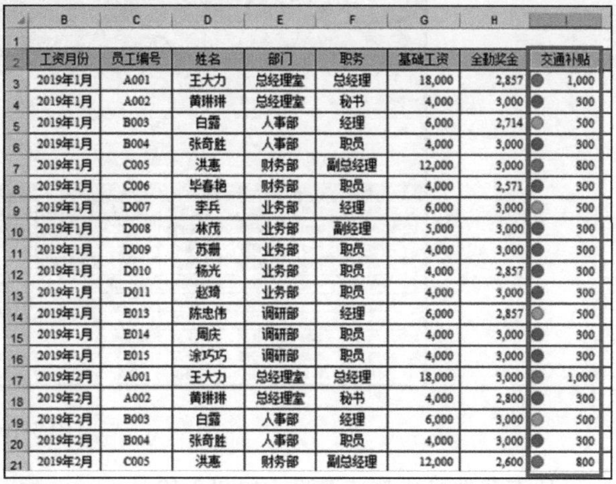

	B	C	D	E	F	G	H	I
1								
2	工资月份	员工编号	姓名	部门	职务	基础工资	全勤奖金	交通补贴
3	2019年1月	A001	王大力	总经理室	总经理	18,000	2,857	1,000
4	2019年1月	A002	黄琳琳	总经理室	秘书	4,000	3,000	300
5	2019年1月	B003	白露	人事部	经理	6,000	2,714	500
6	2019年1月	B004	张奇胜	人事部	职员	4,000	3,000	300
7	2019年1月	C005	洪惠	财务部	副总经理	12,000	3,000	800
8	2019年1月	C006	毕春艳	财务部	职员	4,000	2,571	300
9	2019年1月	D007	李兵	业务部	经理	6,000	3,000	500
10	2019年1月	D008	林茂	业务部	副经理	5,000	3,000	300
11	2019年1月	D009	苏珊	业务部	职员	4,000	3,000	300
12	2019年1月	D010	杨光	业务部	职员	4,000	2,857	300
13	2019年1月	D011	赵琦	业务部	职员	4,000	3,000	300
14	2019年1月	E013	陈忠伟	调研部	经理	6,000	2,857	500
15	2019年1月	E014	周庆	调研部	职员	4,000	3,000	300
16	2019年1月	E015	涂巧巧	调研部	职员	4,000	3,000	300
17	2019年2月	A001	王大力	总经理室	总经理	18,000	3,000	1,000
18	2019年2月	A002	黄琳琳	总经理室	秘书	4,000	2,800	300
19	2019年2月	B003	白露	人事部	经理	6,000	3,000	500
20	2019年2月	B004	张奇胜	人事部	职员	4,000	3,000	300
21	2019年2月	C005	洪惠	财务部	副总经理	12,000	2,600	800

图 3-13

3.1.5 清除条件格式

如果用户不再需要所设定的条件格式，可以使用“清除条件格式”功能。

例如，要清除对“实发工资”设置的“数据条”条件格式。选中 M3~M44 单元格，单击“开始”选项卡，再依次单击“条件格式→清除规则→清除所选单元格的规则”，如图 3-14 所示。

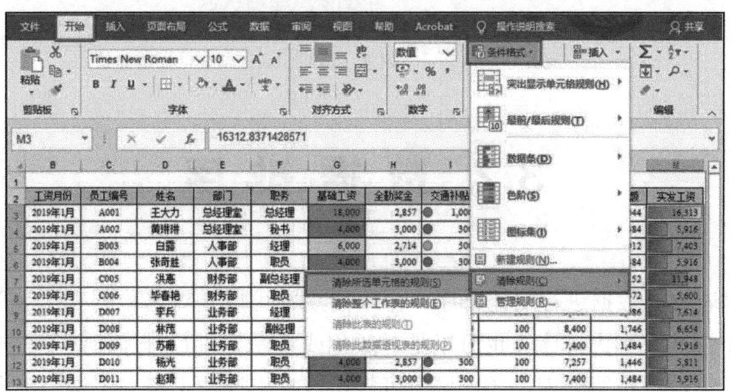

图 3-14

清除之后，“实发工资”的单元格恢复原始状态，如图 3-15 所示。

	B	C	D	E	F	G	H	I	J	K	L	M
1												
2	工资月份	员工编号	姓名	部门	职务	基础工资	全勤奖金	交通补贴	通讯补贴	应发工资	应扣金额	实发工资
3	2019年1月	A001	王大力	总经理室	总经理	18,000	2,857	1,000	500	22,357	6,044	16,313
4	2019年1月	A002	黄琳琳	总经理室	秘书	4,000	3,000	300	100	7,400	1,484	5,916
5	2019年1月	B003	白露	人事部	经理	6,000	2,714	500	200	9,414	2,012	7,403
6	2019年1月	B004	张奇胜	人事部	职员	4,000	3,000	300	100	7,400	1,484	5,916
7	2019年1月	C005	洪惠	财务部	副总经理	12,000	3,000	800	300	16,100	4,152	11,948
8	2019年1月	C006	毕春艳	财务部	职员	4,000	2,571	300	100	6,971	1,372	5,600
9	2019年1月	D007	李兵	业务部	经理	6,000	3,000	500	200	9,700	2,086	7,614
10	2019年1月	D008	林茂	业务部	副经理	5,000	3,000	300	100	8,400	1,746	6,654

恢复原始状态

图 3-15

如果要同时清除“基础工资”和“交通补贴”的条件格式，在“条件格式”下选择“清除规则→清除整个工作表的规则”，如图 3-16 所示。

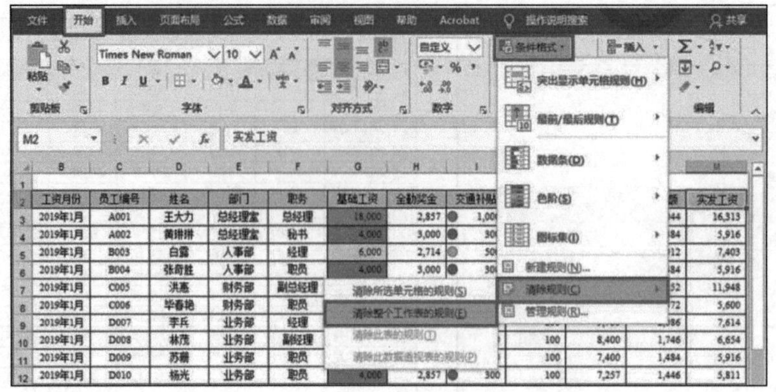

图 3-16

所有条件格式都被清除，如图 3-17 所示。

工资月份	员工编号	姓名	部门	职务	基础工资	全勤奖金	交通补贴	通讯补贴	应发工资	应扣金额	实发工资
2019年1月	A001	王大力	总经理室	总经理	18,000	2,857	1,000	500	22,357	6,044	16,313
2019年1月	A002	黄卅卅	总经理室	秘书	4,000	3,000	300	100	7,400	1,484	5,916
2019年1月	B003	白露	人事部	经理	6,000	2,714	500	200	9,414	2,012	7,403
2019年1月	B004	张奇胜	人事部	职员	4,000	3,000	300	100	7,400	1,484	5,916
2019年1月	C005	洪惠	财务部	副总经理	12,000	3,000	800	300	16,100	4,152	11,948
2019年1月	C006	毕春艳	财务部	职员	4,000	2,571	300	100	6,971	1,372	5,600
2019年1月	D007	李兵	业务部	经理	6,000	3,000	500	200	9,700	2,086	7,614
2019年1月	D008	林茂	业务部	副经理	5,000	3,000	300	100	8,400	1,746	6,654
2019年1月	D009	苏[illegible]	业务部	职员	4,000	3,000	300	100	7,400	1,484	5,916

全面恢复原始状态

图 3-17

3.2 数据排序

Excel 可以对表格的数据进行对比排序。排序的规则可以是对名称列表按字母大小顺序排序、对数值按从大到小或从小到大排序，也可以是对颜色或者图标进行排序，等等。排序可以快速直观地了解数据，例如一份工资明细表，通过排序可以迅速看出谁的工资高，谁的工资低。

3.2.1 排序的关键字

在一张表格中，可以作为排序关键字的项目通常是表格标题的各项。

选中表格种的任意单元格，单击“数据”选项卡，再单击“排序和筛选→排序”，如图 3-18 所示。

在弹出的“排序”对话框中，“主要关键字”的下拉菜单下有“员工编号”“姓名”……“实发工资”8 个可选项，这些可选项就是这张表格的 8 行标题。

“排序依据”的下拉菜单下有 4 个可选项，可以根据“单元格值”“单元格颜色”“字体颜色”或“条件格式图标”排序。

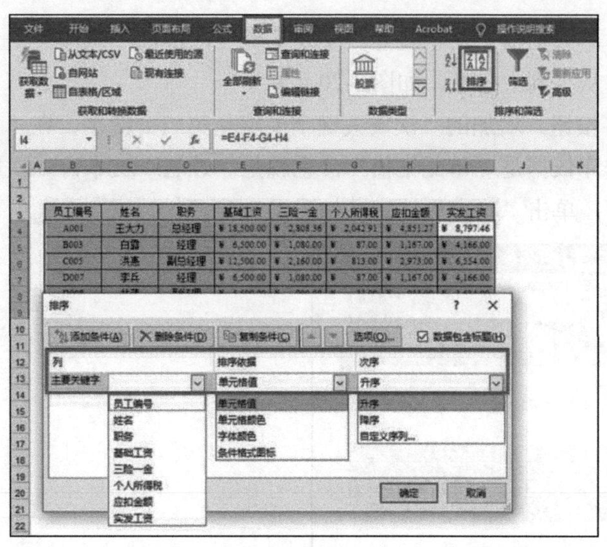

图 3-18

“次序”的下拉菜单下有 3 个可选项，可以按“升序”“降序”或“自定义序列”排序。

3.2.2 按关键字排序

在工资明细表中，如果只需要对“实发工资”这一个项目进行排序，如何操作呢？

选中 I3“实发工资”单元格，也可以选中 I 列“实发工资”中的任意单元格，单击“数据”选项卡，再单击“升序”，I 列“实发工资”就按照从小到大排序了，如图 3-19 所示。

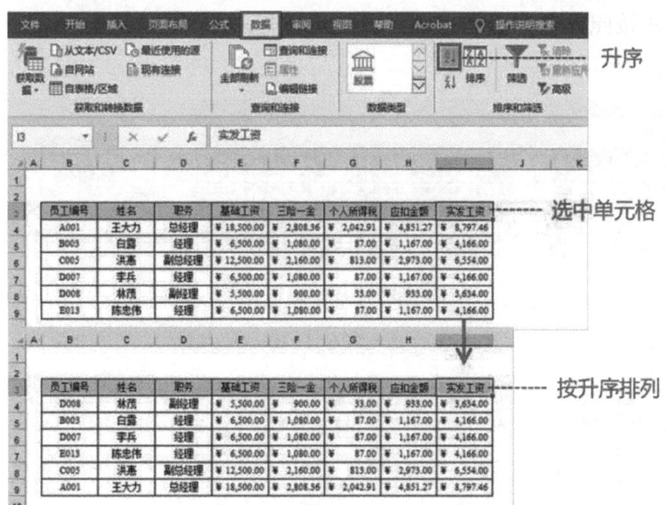

图 3-19

上例是按单个条件排序，也可以按多个条件排序。双关键字排序先按照第一个关键字排序，如果排序过程中出现并列的记录，例如上例中的 3 个“¥4,166”，再按照第二个关键字排序。我们可以先按照“实发工资”排序，再按照“姓名”排序。

选中表格的任意单元格，单击“数据”选项卡，再单击“排序和筛选→排序”。

在弹出的“排序”对话框中，“主要关键字”就是“第一关键字”，在下拉菜单中选择“实发工资”，排序依据是“单元格值”，也就是“实发工资”的值，“次序”是“升序”，也就是上一例中的将“实发工资”从小到大排序，如图 3-20 所示。

单击“添加条件”按钮，增加的“次要关键字”就是第二关键字，在“次要关键字”的下拉菜单中选择“姓名”，排序依据是“单元格值”，也就是“姓名”文本，“次序”是“升序”，按照姓名拼音的首字母排序，单击“确定”按钮，如图 3-21 所示。

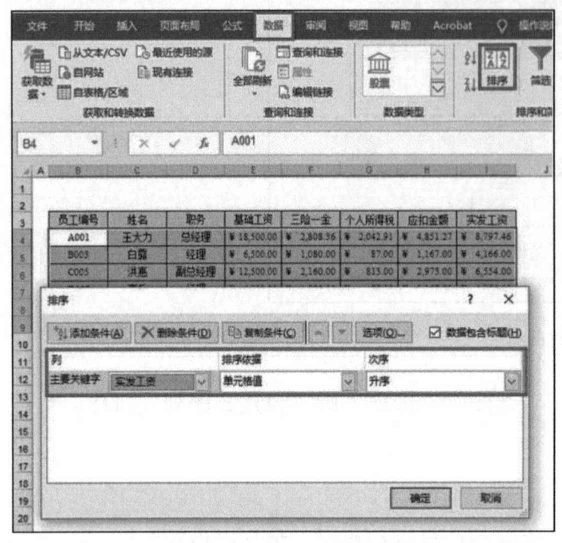

图 3-20

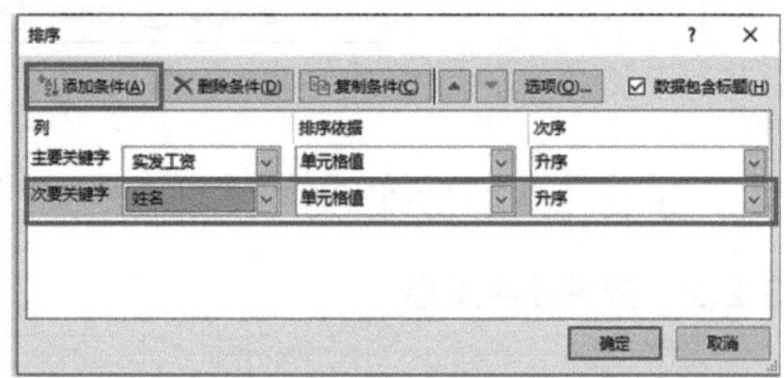

图 3-21

和上一例仅按“实发工资”单词排序的结果略有不同，本例经过二次排序，“白露”“陈中伟”和“李兵”三人的排序按照姓名拼音首字母“B 白→C 陈→L 李”排序，而上一例三人姓名的排序没有此规律，如图 3-22 所示。

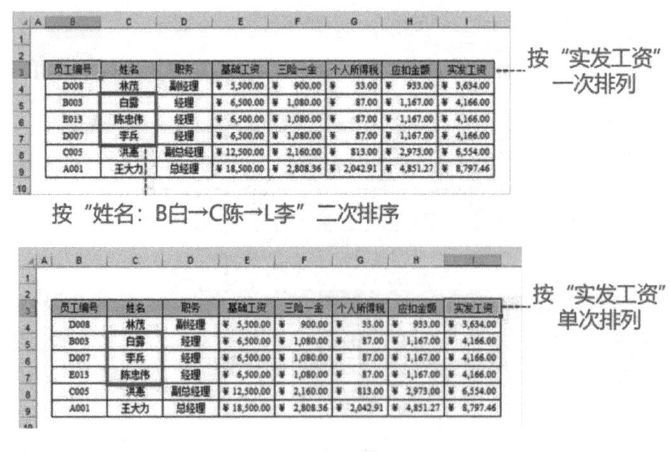

图 3-22

3.2.3 自定义排序

Excel 可以按照数值的大小排序，也可以按照文本的首字母顺序排序，但是，有些实际情况的排序并非是 Excel 可以识别的，需要人为设置。上例中如果要按照职位排序，就得由用户“自定义”。

选中表格的任意单元格，单击“数据”选项卡，再单击“排序和筛选→排序”。

在弹出的“排序”对话框中，单击“次序”的下拉按钮，选择“自定义序列”，如图3-23所示。

在弹出的“自定义序列”对话框中，默认的“自定义序列”是“新序列”，在“输入序列”中，用户要把“职务”的排序输入其中，注意每一行仅写上一个职务，用回车键换行，如图3-24所示。

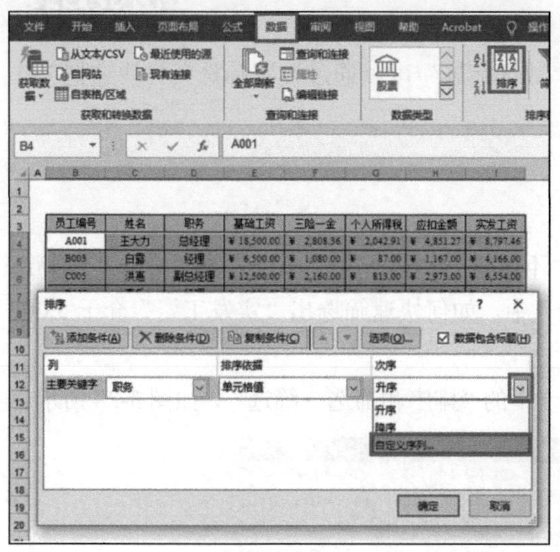

图3-23

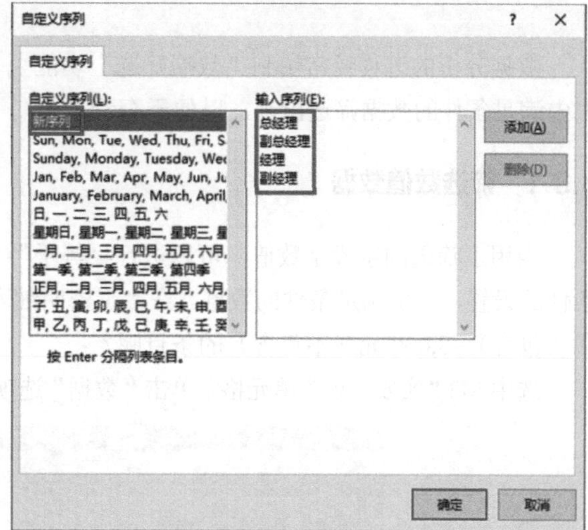

图3-24

单击“添加”按钮，所输入的序列显示在“自定义序列”中，如图3-25所示。

单击“确定”按钮。“排序”对话框中“次序”一栏填写了所输入的序列，如图3-26所示。

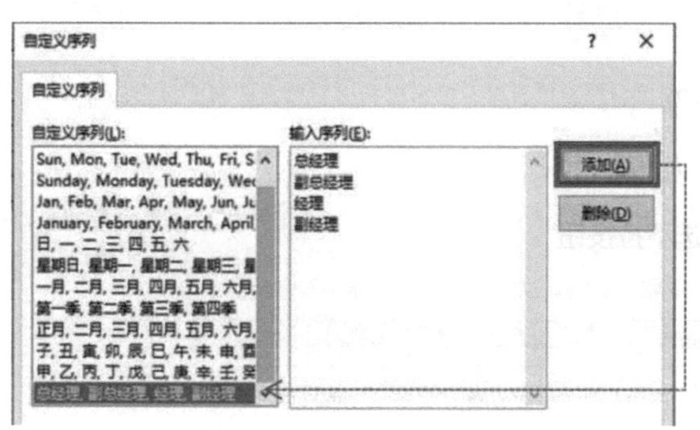

图3-25

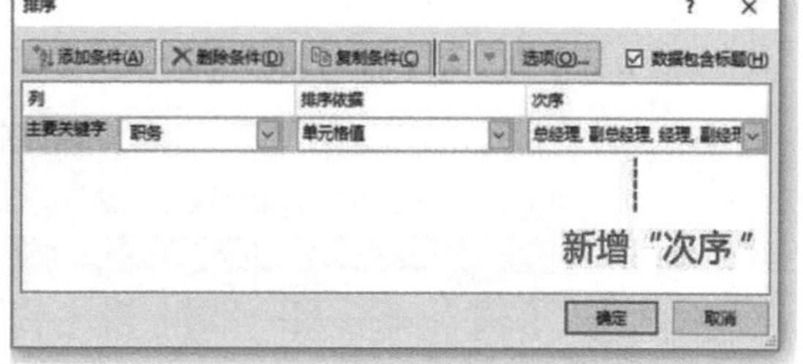

图3-26

单击“确定”按钮，各条记录按照所设定的“总经理→副总经理→经理→副经理”排序，如图3-27所示。

员工编号	姓名	职务	基础工资	三险一金	个人所得税	应扣金额	实发工资
A001	王大力	总经理	¥ 18,500.00	¥ 2,808.36	¥ 2,042.91	¥ 4,851.27	¥ 8,797.46
C005	洪惠	副总经理	¥ 12,500.00	¥ 2,160.00	¥ 813.00	¥ 2,973.00	¥ 6,554.00
B003	白露	经理	¥ 6,500.00	¥ 1,080.00	¥ 87.00	¥ 1,167.00	¥ 4,166.00
D007	李兵	经理	¥ 6,500.00	¥ 1,080.00	¥ 87.00	¥ 1,167.00	¥ 4,166.00
E013	陈忠伟	经理	¥ 6,500.00	¥ 1,080.00	¥ 87.00	¥ 1,167.00	¥ 4,166.00
D008	林茂	副经理	¥ 5,500.00	¥ 900.00	¥ 33.00	¥ 933.00	¥ 3,634.00

图3-27

3.3 数据筛选

数据分析的过程经常用到“数据筛选”功能。“数据筛选”可以通过设置筛选条件快速把工作表中满足条件的数据筛选出来，以便于查看。

3.3.1 筛选数值数据

当用于筛选的字段是数值，可以进行“等于”“不等于”“大于”“小于”和“介于”等筛选条件的设置，找出满足条件的数据。在“工资明细表”中，如何快速筛选出“实发工资”介于 5,000 元（包含）~8,000 元（不包含）的条目呢？

选中 M3“实发工资”单元格，单击“数据”选项卡下的“排序和筛选→筛选”，如图 3-28 所示。

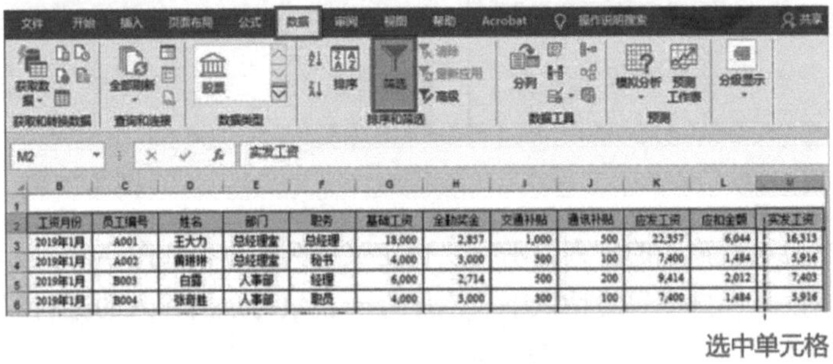

选中单元格

图 3-28

表格中每个列标题上都增加了筛选下拉按钮，如图 3-29 所示。

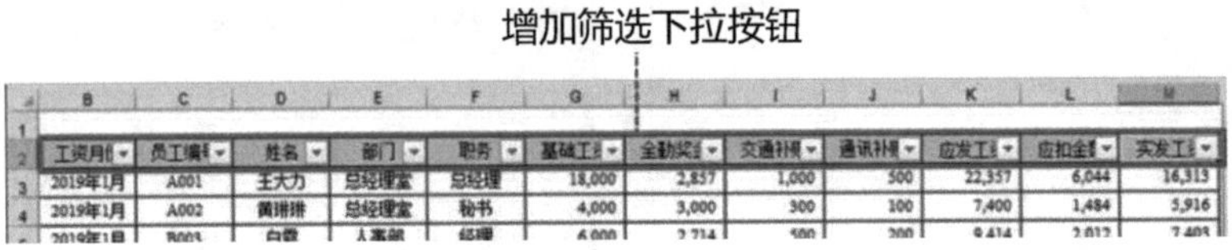

增加筛选下拉按钮

图 3-29

单击“实发工资”的筛选下拉按钮，选择“数字筛选→介于”，如图 3-30 所示。

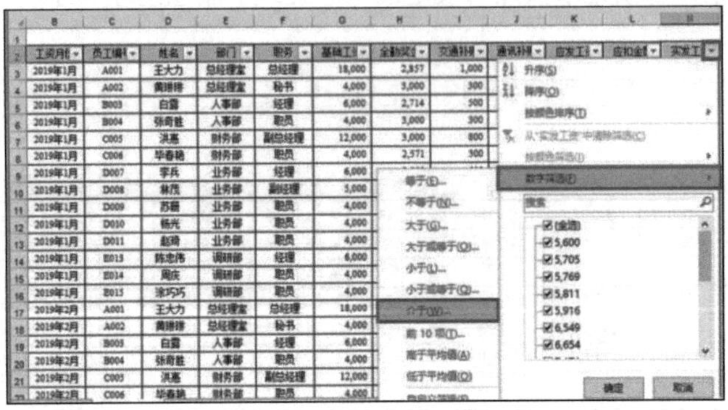

图 3-30

在弹出的“自定义自动筛选方式”对话框中，第一项选择默认的“大于或等于”并在文本框中输入“5000”，第二项选择默认的“与”，第三项选择“小于”并在文本框中输入“8000”。这样设置后，表示筛选对象是“大于或等于5000”且“小于8000”的数值，单击“确定”按钮，如图3-31所示。

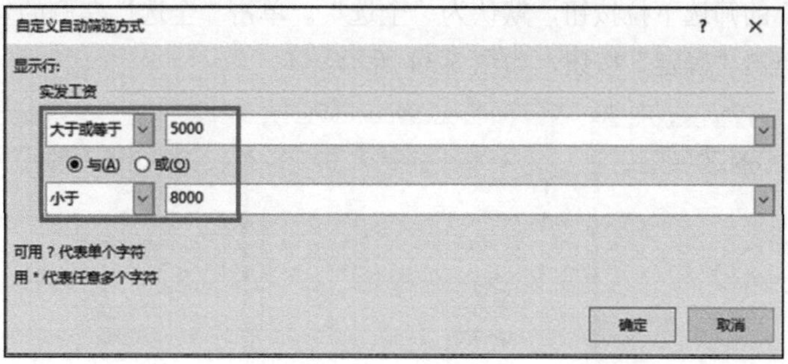

自定义自动筛选方式
显示行:
实发工资
大于或等于 5000
与(A) 或(O)
小于 8000
可用 ? 代表单个字符
用 * 代表任意多个字符
确定 取消

图 3-31

表格中，M3 单元格“实发工资”的筛选下拉按钮变成了“筛选”符号，该列中仅显示了实发工资位于 5000 元（包含）和 8000 元（不包含）的条目，如图 3-32 所示。

	B	C	D	E	F	G	H	I	J	K	L	M
2	工资月份	员工编号	姓名	部门	职务	基础工资	全勤奖金	交通补贴	通讯补贴	应发工资	应扣金额	实发工资
4	2019年1月	A002	黄琳琳	总经理室	秘书	4,000	3,000	300	100	7,400	1,484	5,916
5	2019年1月	B003	白露	人事部	经理	6,000	2,714	500	200	9,414	2,012	7,403
6	2019年1月	B004	张奇胜	人事部	职员	4,000	3,000	300	100	7,400	1,484	5,916
8	2019年1月	C006	毕春艳	财务部	职员	4,000	2,571	300	100	6,971	1,372	5,600
9	2019年1月	D007	李兵	业务部	经理	6,000	3,000	500	200	9,700	2,086	7,614
10	2019年1月	D008	林茂	业务部	副经理	5,000	3,000	300	100	8,400	1,746	6,654
11	2019年1月	D009	苏珊	业务部	职员	4,000	3,000	300	100	7,400	1,484	5,916
12	2019年1月	D010	杨光	业务部	职员	4,000	2,857	300	100	7,257	1,446	5,811
13	2019年1月	D011	赵琦	业务部	职员	4,000	3,000	300	100	7,400	1,484	5,916
14	2019年1月	E013	陈忠伟	调研部	经理	6,000	2,857	500	200	9,557	2,049	7,508
15	2019年1月	E014	周庆	调研部	职员	4,000	3,000	300	100	7,400	1,484	5,916
16	2019年1月	E015	涂巧巧	调研部	职员	4,000	3,000	300	100	7,400	1,484	5,916
18	2019年2月	A002	黄琳琳	总经理室	秘书	4,000	2,800	300	100	7,200	1,431	5,769
19	2019年2月	B003	白露	人事部	经理	6,000	3,000	500	200	9,700	2,086	7,614
20	2019年2月	B004	张奇胜	人事部	职员	4,000	3,000	300	100	7,400	1,484	5,916
22	2019年2月	C006	毕春艳	财务部	职员	4,000	3,000	300	100	7,400	1,484	5,916
23	2019年2月	D007	李兵	业务部	经理	6,000	2,400	500	200	9,100	1,929	7,171
24	2019年2月	D008	林茂	业务部	副经理	5,000	3,000	300	100	8,400	1,746	6,654
25	2019年2月	D009	苏珊	业务部	职员	4,000	3,000	300	100	7,400	1,484	5,916

仅显示“大于或等于5000”且“小于8000”的数值

图 3-32

再次单击 M3 单元格“实发工资”的筛选下拉按钮，选择“全选”。任意范围内的“实发工资”都入选，下方各数值都自动勾选，如图 3-33 所示。单击“确定”按钮，则表格又显示了所有条目。

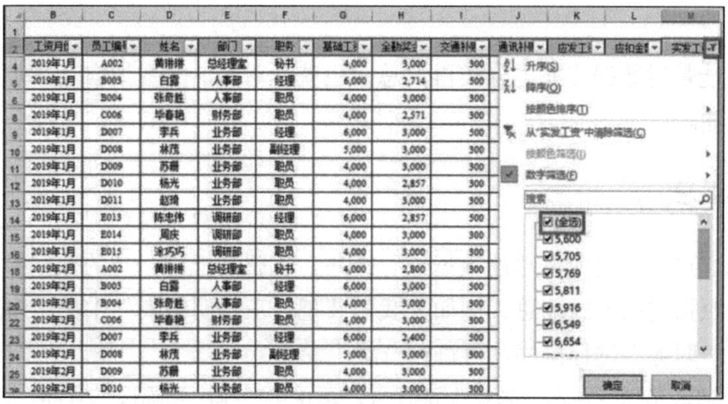

升序(S)
降序(O)
按颜色排序(T)
从“实发工资”中清除筛选(C)
按颜色筛选(I)
数字筛选(F)
搜索
(全选)
5,600
5,705
5,769
5,811
5,916
6,549
6,654
确定 取消

图 3-33

3.3.2　筛选文本数据

筛选功能可以筛选“数值”，也可以筛选“文本”。例如，我们只要看员工“毕春艳”的工资条目。单击“姓名”的筛选下拉按钮，默认为“全选”。单击“全选”左侧的勾号，即取消全选。单击“毕春艳”，单击“确定”按钮，如图 3-34 所示。

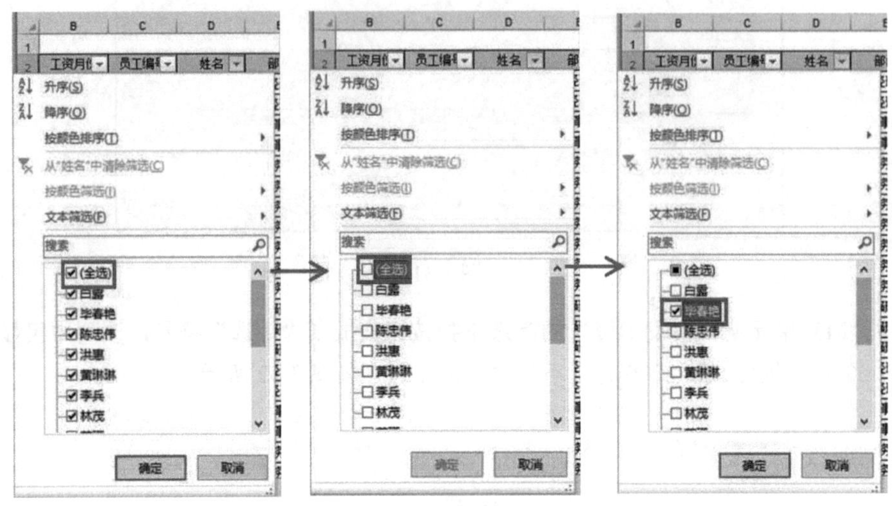

图 3-34

表格中仅显示了“毕春艳”的工资记录，如图 3-35 所示。

	B	C	D	E	F	G	H	I	J	K	L	M
1												
2	工资月	员工编	姓名	部门	职务	基础工	全勤奖	交通补	通讯补	应发工	应扣金	实发工
8	2019年1月	C006	毕春艳	财务部	职员	4,000	2,571	300	100	6,971	1,372	5,600
22	2019年2月	C006	毕春艳	财务部	职员	4,000	3,000	300	100	7,400	1,484	5,916
36	2019年3月	C006	毕春艳	财务部	职员	4,000	3,000	300	100	7,400	1,484	5,916
45												

图 3-35

3.4　分类汇总

分类汇总的功能是对数据资料先分类再汇总，也就是对同一类数据自动添加合计或小计。这是一个非常实用的功能。

3.4.1　创建分类汇总

创建分类汇总之前，要对所汇总的数据进行排序，也就是把同一类的数据排列在一起，然后把每个类别的数据按照指定的方式汇总。例如，我们要把“工资明细表”中的工资明细按照不同的职务分类，则先要对“职务”进行排序，再进行分类汇总。

选中 F2 单元格“职务”，单击“数据”选项卡，再单击“排序和筛选→升序”，如图 3-36 所示。

表格按照不同的“职务”分类，如图 3-37 所示。

	B	C	D	E	F	G	H	I	J	K	L	M
1												
2	工资月份	员工编号	姓名	部门	职务	基础工资	全勤奖金	交通补贴	通讯补贴	应发工资	应扣金额	实发工资
3	2019年1月	A001	王大力	总经理室	总经理	18,000	2,857	1,000	500	22,357	6,044	16,313
4	2019年1月	A002	黄琳琳	总经理室	秘书	4,000	3,000	300	100	7,400	1,484	5,916
5	2019年1月	B003	白露	人事部	经理	6,000	2,714	500	200	9,414	2,012	7,403
6	2019年1月	B004	张奇胜	人事部	职员	4,000	3,000	300	100	7,400	1,484	5,916
7	2019年1月	C005	洪惠	财务部	副总经理	12,000	3,000	800	300	16,100	4,152	11,948

图 3-36

按职务分类

	B	C	D	E	F	G	H	I	J	K	L	M
1												
2	工资月份	员工编号	姓名	部门	职务	基础工资	全勤奖金	交通补贴	通讯补贴	应发工资	应扣金额	实发工资
3	2019年1月	D008	林茂	业务部	副经理	5,000	3,000	300	100	8,400	1,746	6,654
4	2019年2月	D008	林茂	业务部	副经理	5,000	3,000	300	100	8,400	1,746	6,654
5	2019年3月	D008	林茂	业务部	副经理	5,000	2,857	300	100	8,257	1,708	6,549
6	2019年1月	C005	洪惠	财务部	副总经理	12,000	3,000	800	300	16,100	4,152	11,948
7	2019年2月	C005	洪惠	财务部	副总经理	12,000	2,600	800	300	15,700	4,031	11,669
8	2019年3月	C005	洪惠	财务部	副总经理	12,000	2,857	800	300	15,957	4,108	11,849
9	2019年1月	B003	白露	人事部	经理	6,000	2,714	500	200	9,414	2,012	7,403
10	2019年1月	D007	李兵	业务部	经理	6,000	3,000	500	200	9,700	2,086	7,614
11	2019年1月	E013	陈忠伟	调研部	经理	6,000	2,857	500	200	9,557	2,049	7,508
12	2019年2月	B003	白露	人事部	经理	6,000	3,000	500	200	9,700	2,086	7,614
13	2019年2月	D007	李兵	业务部	经理	6,000	2,400	500	200	9,100	1,929	7,171

图 3-37

单击“数据”选项卡，再单击“分级显示→分类汇总”，如图 3-38 所示。

	B	C	D	E	F	G	H	I	J	K	L	M
1												
2	工资月份	员工编号	姓名	部门	职务	基础工资	全勤奖金	交通补贴	通讯补贴	应发工资	应扣金额	实发工资
3	2019年1月	D008	林茂	业务部	副经理	5,000	3,000	300	100	8,400	1,746	6,654
4	2019年2月	D008	林茂	业务部	副经理	5,000	3,000	300	100	8,400	1,746	6,654
5	2019年3月	D008	林茂	业务部	副经理	5,000	2,857	300	100	8,257	1,708	6,549
6	2019年1月	C005	洪惠	财务部	副总经理	12,000	3,000	800	300	16,100	4,152	11,948
7	2019年2月	C005	洪惠	财务部	副总经理	12,000	2,600	800	300	15,700	4,031	11,669
8	2019年3月	C005	洪惠	财务部	副总经理	12,000	2,857	800	300	15,957	4,108	11,849
9	2019年1月	B003	白露	人事部	经理	6,000	2,714	500	200	9,414	2,012	7,403
10	2019年1月	D007	李兵	业务部	经理	6,000	3,000	500	200	9,700	2,086	7,614

图 3-38

在弹出的“分类汇总”对话框中，“分类字段”改选为“职务”，“汇总方式”选择默认的“求和”，“选定汇总项”选择默认的“实发工资”。表示按照“职务”分类，用“实发工资”的“求和”汇总，单击“确定”按钮，如图 3-39 所示。

表格中，每一组“职务”的下方增加了各个职务的“实发工资”汇总。例如，M6 单元格显示了“副经理”在 2019 年 1 月~3 月的实发工资总额，如图 3-40 所示。

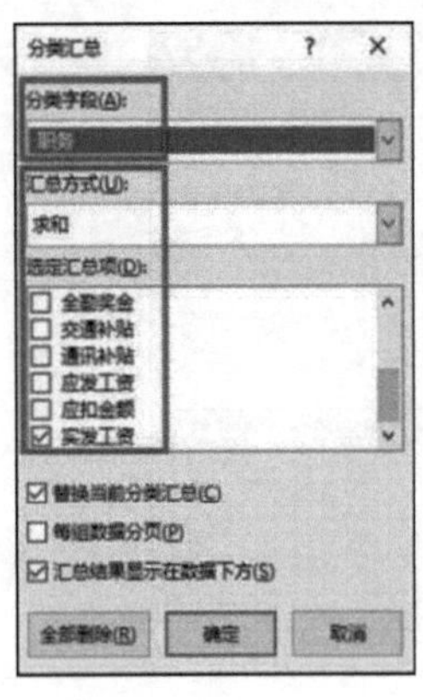

图 3-39

	B	C	D	E	F	G	H	I	J	K	L	M
1												
2	工资月份	员工编号	姓名	部门	职务	基础工资	全勤奖金	交通补贴	通讯补贴	应发工资	应扣金额	实发工资
3	2019年1月	D008	林茂	业务部	副经理	5,000	3,000	300	100	8,400	1,746	6,654
4	2019年2月	D008	林茂	业务部	副经理	5,000	3,000	300	100	8,400	1,746	6,654
5	2019年3月	D008	林茂	业务部	副经理	5,000	2,857	300	100	8,257	1,708	6,549
6					副经理 汇总							19,857
7	2019年1月	C005	洪燕	财务部	副总经理	12,000	3,000	800	300	16,100	4,152	11,948
8	2019年2月	C005	洪燕	财务部	副总经理	12,000	2,600	800	300	15,700	4,031	11,669
9	2019年3月	C005	洪燕	财务部	副总经理	12,000	2,857	800	300	15,957	4,108	11,849
10					副总经理 汇总							35,467
11	2019年1月	B003	白露	人事部	经理	6,000	2,714	500	200	9,414	2,012	7,403
12	2019年1月	D007	李兵	业务部	经理	6,000	3,000	500	200	9,700	2,086	7,614
13	2019年1月	E013	陈忠伟	调研部	经理	6,000	2,857	500	200	9,557	2,049	7,508
14	2019年2月	B003	白露	人事部	经理	6,000	3,000	500	200	9,700	2,086	7,614
15	2019年2月	D007	李兵	业务部	经理	6,000	2,400	500	200	9,100	1,929	7,171
16	2019年2月	E013	陈忠伟	调研部	经理	6,000	2,800	500	200	9,500	2,034	7,466
17	2019年3月	B003	白露	人事部	经理	6,000	3,000	500	200	9,700	2,086	7,614
18	2019年3月	D007	李兵	业务部	经理	6,000	3,000	500	200	9,700	2,086	7,614
19	2019年3月	E013	陈忠伟	调研部	经理	6,000	3,000	500	200	9,700	2,086	7,614
20					经理 汇总							67,616
21	2019年1月	A002	黄琳琳	总经理室	秘书	4,000	3,000	300	100	7,400	1,484	5,916

图 3-40

3.4.2 分级显示分类汇总

上例进行分类汇总后，表格左侧增加了“分类级别”标记“123”，如图 3-41 所示。

分类级别

	B	C	D	E	F	G	H	I	J	K	L	M
1												
2	工资月份	员工编号	姓名	部门	职务	基础工资	全勤奖金	交通补贴	通讯补贴	应发工资	应扣金额	实发工资
3	2019年1月	D008	林茂	业务部	副经理	5,000	3,000	300	100	8,400	1,746	6,654
4	2019年2月	D008	林茂	业务部	副经理	5,000	3,000	300	100	8,400	1,746	6,654
5	2019年3月	D008	林茂	业务部	副经理	5,000	2,857	300	100	8,257	1,708	6,549
6					副经理 汇总							19,857
7	2019年1月	C005	洪燕	财务部	副总经理	12,000	3,000	800	300	16,100	4,152	11,948
8	2019年2月	C005	洪燕	财务部	副总经理	12,000	2,600	800	300	15,700	4,031	11,669
9	2019年3月	C005	洪燕	财务部	副总经理	12,000	2,857	800	300	15,957	4,108	11,849
10					副总经理 汇总							35,467
11	2019年1月	B003	白露	人事部	经理	6,000	2,714	500	200	9,414	2,012	7,403
12	2019年1月	D007	李兵	业务部	经理	6,000	3,000	500	200	9,700	2,086	7,614
13	2019年1月	E013	陈忠伟	调研部	经理	6,000	2,857	500	200	9,557	2,049	7,508
14	2019年2月	B003	白露	人事部	经理	6,000	3,000	500	200	9,700	2,086	7,614
15	2019年2月	D007	李兵	业务部	经理	6,000	2,400	500	200	9,100	1,929	7,171
16	2019年2月	E013	陈忠伟	调研部	经理	6,000	2,800	500	200	9,500	2,034	7,466
17	2019年3月	B003	白露	人事部	经理	6,000	3,000	500	200	9,700	2,086	7,614
18	2019年3月	D007	李兵	业务部	经理	6,000	3,000	500	200	9,700	2,086	7,614
19	2019年3月	E013	陈忠伟	调研部	经理	6,000	3,000	500	200	9,700	2,086	7,614
20					经理 汇总							67,616
21	2019年1月	A002	黄琳琳	总经理室	秘书	4,000	3,000	300	100	7,400	1,484	5,916

图 3-41

单击表格左侧“分类级别”的1，表格仅显示所有员工的“实发工资”汇总，如图 3-42 所示。

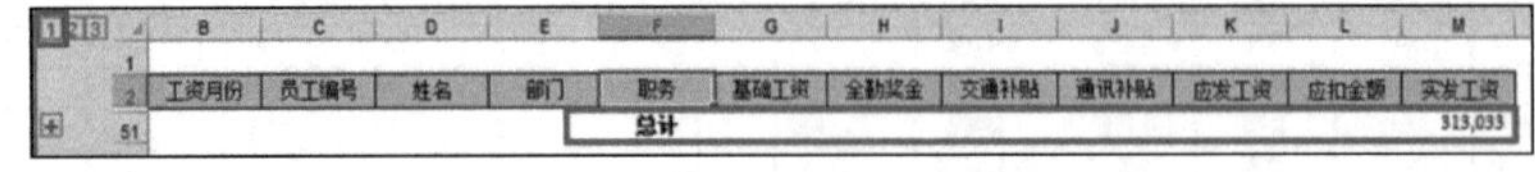

	B	C	D	E	F	G	H	I	J	K	L	M
1												
2	工资月份	员工编号	姓名	部门	职务	基础工资	全勤奖金	交通补贴	通讯补贴	应发工资	应扣金额	实发工资
51					总计							313,033

图 3-42

单击表格左侧“分类级别”的2，表格显示了各个职务员工的“实发工资”汇总，以及所有员工的“实发工资”汇总，如图 3-43 所示。

	B	C	D	E	F	G	H	I	J	K	L	M
1												
2	工资月份	员工编号	姓名	部门	职务	基础工资	全勤奖金	交通补贴	通讯补贴	应发工资	应扣金额	实发工资
6					副经理 汇总							19,857
10					副总经理 汇总							35,467
20					经理 汇总							67,616
24					秘书 汇总							17,601
46					职员 汇总							123,355
50					总经理 汇总							49,138
51					总计							313,033

图 3-43

单击表格左侧“分类级别”的3，除了显示上述汇总项目表格外，还显示出了所有员工的“实发工资”明细，如图 3-44 所示。

	工资月份	员工编号	姓名	部门	职务	基础工资	全勤奖金	交通补贴	通讯补贴	应发工资	应扣金额	实发工资
3	2019年1月	D008	林茂	业务部	副经理	5,000	3,000	300	100	8,400	1,746	6,654
4	2019年2月	D008	林茂	业务部	副经理	5,000	3,000	300	100	8,400	1,746	6,654
5	2019年3月	D008	林茂	业务部	副经理	5,000	2,857	300	100	8,257	1,708	6,549
6					副经理 汇总							19,857
7	2019年1月	C005	洪惠	财务部	副总经理	12,000	3,000	800	300	16,100	4,152	11,948
8	2019年2月	C005	洪惠	财务部	副总经理	12,000	2,600	800	300	15,700	4,031	11,669
9	2019年3月	C005	洪惠	财务部	副总经理	12,000	2,857	800	300	15,957	4,108	11,849
10					副总经理 汇总							35,467
11	2019年1月	B003	白露	人事部	经理	6,000	2,714	500	200	9,414	2,012	7,403
12	2019年1月	D007	李兵	业务部	经理	6,000	3,000	500	200	9,700	2,086	7,614
13	2019年1月	E013	陈忠伟	调研部	经理	6,000	2,857	500	200	9,557	2,049	7,508
14	2019年2月	B003	白露	人事部	经理	6,000	3,000	500	200	9,700	2,086	7,614
15	2019年2月	D007	李兵	业务部	经理	6,000	2,400	500	200	9,100	1,929	7,171
16	2019年2月	E013	陈忠伟	调研部	经理	6,000	2,800	500	200	9,500	2,034	7,466
17	2019年3月	B003	白露	人事部	经理	6,000	3,000	500	200	9,700	2,086	7,614
18	2019年3月	D007	李兵	业务部	经理	6,000	3,000	500	200	9,700	2,086	7,614
19	2019年3月	E013	陈忠伟	调研部	经理	6,000	3,000	500	200	9,700	2,086	7,614
20					经理 汇总							67,616
21	2019年1月	A002	黄琳琳	总经理室	秘书	4,000	3,000	300	100	7,400	1,484	5,916
22	2019年2月	A002	黄琳琳	总经理室	秘书	4,000	2,800	300	100	7,200	1,431	5,769

图 3-44

在“分类汇总”的页面左侧显示了“展开”+和“收起”−，用这两个记号也可以调节显示的分类级别，如图 3-45 所示。例如，在上一步骤的基础上，单击第一个−。“副经理”级别的明细条目收起，仅显示“副经理”汇总。

	工资月份	员工编号	姓名	部门	职务	基础工资	全勤奖金	交通补贴	通讯补贴	应发工资	应扣金额	实发工资
6					副经理 汇总							19,857
7	2019年1月	C005	洪惠	财务部	副总经理	12,000	3,000	800	300	16,100	4,152	11,948
8	2019年2月	C005	洪惠	财务部	副总经理	12,000	2,600	800	300	15,700	4,031	11,669
9	2019年3月	C005	洪惠	财务部	副总经理	12,000	2,857	800	300	15,957	4,108	11,849
10					副总经理 汇总							35,467
11	2019年1月	B003	白露	人事部	经理	6,000	2,714	500	200	9,414	2,012	7,403
12	2019年1月	D007	李兵	业务部	经理	6,000	3,000	500	200	9,700	2,086	7,614
13	2019年1月	E013	陈忠伟	调研部	经理	6,000	2,857	500	200	9,557	2,049	7,508
14	2019年2月	B003	白露	人事部	经理	6,000	3,000	500	200	9,700	2,086	7,614
15	2019年2月	D007	李兵	业务部	经理	6,000	2,400	500	200	9,100	1,929	7,171
16	2019年2月	E013	陈忠伟	调研部	经理	6,000	2,800	500	200	9,500	2,034	7,466
17	2019年3月	B003	白露	人事部	经理	6,000	3,000	500	200	9,700	2,086	7,614
18	2019年3月	D007	李兵	业务部	经理	6,000	3,000	500	200	9,700	2,086	7,614
19	2019年3月	E013	陈忠伟	调研部	经理	6,000	3,000	500	200	9,700	2,086	7,614
20					经理 汇总							67,616
21	2019年1月	A002	黄琳琳	总经理室	秘书	4,000	3,000	300	100	7,400	1,484	5,916
22	2019年2月	A002	黄琳琳	总经理室	秘书	4,000	2,800	300	100	7,200	1,431	5,769
23	2019年3月	A002	黄琳琳	总经理室	秘书	4,000	3,000	300	100	7,400	1,484	5,916
24					秘书 汇总							17,601

图 3-45

3.4.3 更改汇总计算函数

上一例显示的是按“职务”分类时，用“实发工资”的“求和”汇总。我们可以更改汇总方式，统计不同的内容。

仍旧单击“数据”选项卡，再单击“分级显示→分类汇总”，如图 3-46 所示。

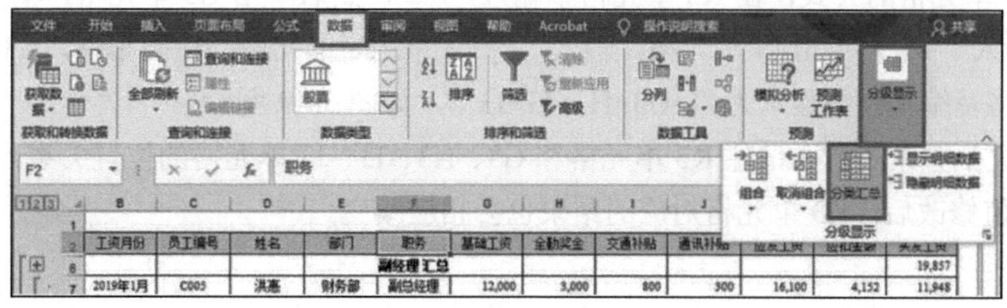

图 3-46

在弹出的“分类汇总”对话框中，“汇总方式”改选为“计数”，单击“确定”按钮，如图 3-47 所示。

上一例对“实发工资”的“求和”汇总变成了对“实发工资”的“计数”汇总。也就是分别统计了 2019 年 1 月~3 月各个“职位”发放“实发工资”的个体数量。例如，工资明细表中，仅有一位员工是副经理，因此，2019 年 1 月~3 月共有三条“副经理”的记录，M6 单元格显示为“3”，如图 3-48 所示。

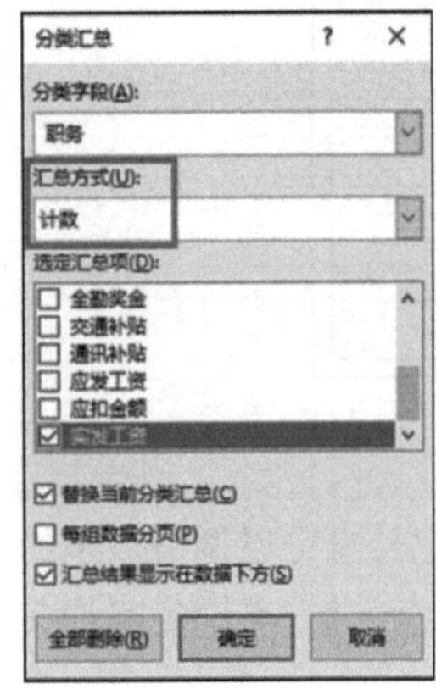

图 3-47

	B	C	D	E	F	G	H	I	J	K	L	M
1												
2	工资月份	员工编号	姓名	部门	职务	基础工资	全勤奖金	交通补贴	通讯补贴	应发工资	应扣金额	实发工资
3	2019年1月	D008	林茂	业务部	副经理	5,000	3,000	300	100	8,400	1,746	6,654
4	2019年2月	D008	林茂	业务部	副经理	5,000	3,000	300	100	8,400	1,746	6,654
5	2019年3月	D008	林茂	业务部	副经理	5,000	2,857	300	100	8,257	1,708	6,549
6					副经理 计数							3
7	2019年1月	C005	洪惠	财务部	副总经理	12,000	3,000	800	300	16,100	4,152	11,948
8	2019年2月	C005	洪惠	财务部	副总经理	12,000	2,600	800	300	15,700	4,031	11,669
9	2019年3月	C005	洪惠	财务部	副总经理	12,000	2,857	800	300	15,957	4,108	11,849
10					副总经理 计数							3
11	2019年1月	B003	白露	人事部	经理	6,000	2,714	500	200	9,414	2,012	7,403
12	2019年1月	D007	李兵	业务部	经理	6,000	3,000	500	200	9,700	2,086	7,614
13	2019年1月	E013	陈忠伟	调研部	经理	6,000	2,857	500	200	9,557	2,049	7,508
14	2019年2月	B003	白露	人事部	经理	6,000	3,000	500	200	9,700	2,086	7,614
15	2019年2月	D007	李兵	业务部	经理	6,000	2,400	500	200	9,100	1,929	7,171
16	2019年2月	E013	陈忠伟	调研部	经理	6,000	2,800	500	200	9,500	2,034	7,466
17	2019年3月	B003	白露	人事部	经理	6,000	3,000	500	200	9,700	2,086	7,614
18	2019年3月	D007	李兵	业务部	经理	6,000	3,000	500	200	9,700	2,086	7,614
19	2019年3月	E013	陈忠伟	调研部	经理	6,000	3,000	500	200	9,700	2,086	7,614
20					经理 计数							9
21	2019年1月	A002	[illegible]	总经理室	秘书	4,000	3,000	300	100	7,400	1,484	5,916

图 3-48

3.5 公式和函数的运用

有时我们做的报表需要进行加、减、乘、除的计算，有时这个报表会反复使用，可以在报表中设定好公式，当参数变化时，报表可以自动进行计算。

3.5.1 公式的输入

要进行单元格之间的计算，就需要输入公式。公式中的参数可以是同一工作表中的其他单元格，也可以是同一工作簿中其他工作表的单元格，还可以是其他工作簿中的单元格。

输入公式时，选中要输入公式的单元格，输入“=”，再输入参与公式计算的单元格，最后按回车键，表示公式输入完毕。

在“工资明细表”中，K 列“应发工资”的单元格中就是公式，K 列“应发工资”的值等于 G 列“基础工资”，加上 H 列“全勤奖金”，加上 I 列“交通补贴”，再加上 J 列“通讯补贴”。如果自行输入 K3 单元格的公式，在 K3 单元格中输入“=”，然后单击 G3 单元格，输入“+”，单击 H3 单元格，输入“+”，单击 I3 单元格，输入“+”，单击 J 单元格，按回车键，K3 单元格显示计算结果。单元格及编辑栏中显示为“=G3+H3+I3+J3”，如图 3-49 所示。

公式建立之后，系统就会记住 K3 单元格和 G3、H3、I3、J3 单元格的位置关系。G3、H3、I3、J3 单元格的数值修改后，K3 单元格对应的结果也会相应改变。

编辑栏　=G3+H3+I3+J3

工资月份	员工编号	姓名	部门	职务	基础工资	全勤奖金	交通补贴	通讯补贴	应发工资	应扣金额	实发工资
2019年1月	A001	王大力	总经理室	总经理	18,000	2,857	1,000	500	22,357	6,044	16,313
2019年1月	A002	黄翀翀	总经理室	秘书	4,000	3,000	300	100	7,400	1,484	5,916
2019年1月	B003	白露	人事部	经理	6,000	2,714	500	200	9,414	2,012	7,403
2019年1月	B004	张奇胜	人事部	职员	4,000	3,000	300	100	7,400	1,484	5,916

图 3-49

3.5.2　数据源的相对引用和绝对引用

上例中，公式对单元格的引用属于“相对引用”。如果把该公式复制到新的单元格中（如 K4），系统记住了结果单元格（如 K3）和被引用单元格（如 G3、H3、I3、J3）之间的关系，新的单元格（K4）和它的引用单元格（G4、H4、I4、J4）之间的位置关系不变，如图 3-50 所示。

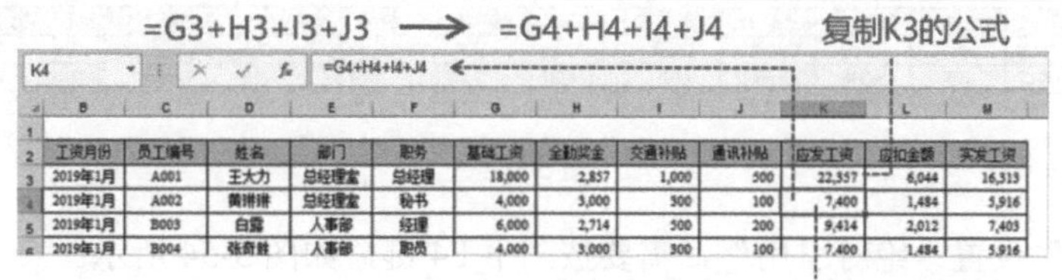

图 3-50

和“相对引用”对应的引用方式是“绝对引用”。在“绝对引用”下，被引用的单元格和引用的单元格的位置关系是绝对的。无论把这个单元格的公式复制和粘贴到哪个单元格中，公式中引用的单元格还是最初的单元格。

在“绝对引用”下，要在单元格标号前添加“$”符号，可以在选中公式的情况下，按 F4 键。此时，公式中被引用单元格的标号（字母和数字）中添加了两处“$”，“=G3+H3+I3+J3”成了“=$G$3+$H$3+$I$3+$J$3”，如图 3-51 所示。

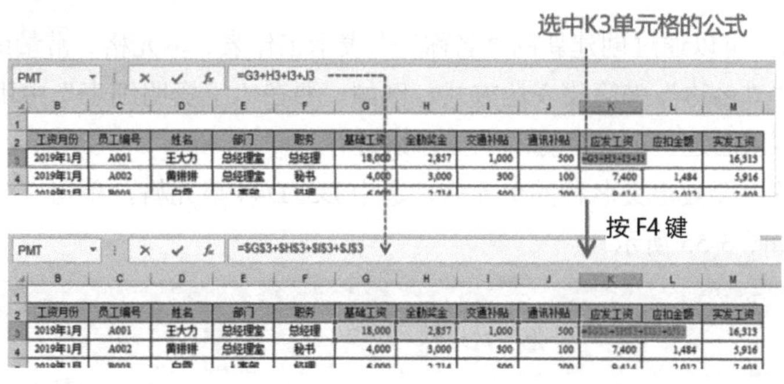

图 3-51

设置“绝对位置”后，重新复制 F3 单元格的公式，粘贴到 F4 单元格，结果 F4 单元格的公式和 F3 单元格的公式完全一样，如图 3-52 所示。

上例中的“绝对引用”对“列”（字母 F）和“行”（数字 3）都取了“$”。事实上，还有一种“混合引用”的方式，也就是对“列”或“行”的两者之一设置“绝对位置”。例如“F$3”，表示对列标号取“相对位置”，对行标号取“绝对位置”；或者“$F3”，表示对行标号取“相对位置”，对列标号取“绝对位置”。

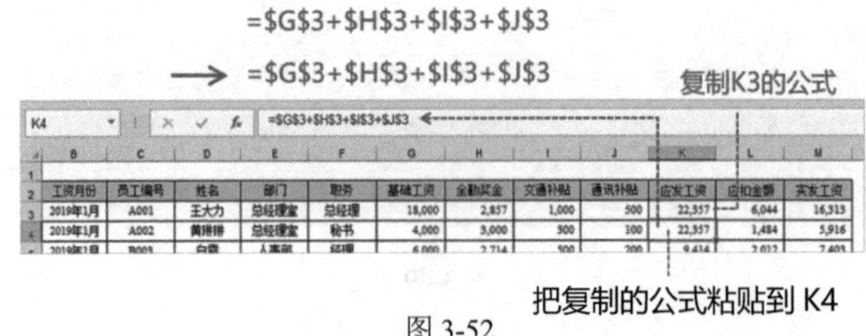

图 3-52

“混合引用”的设置中，如果仅对“行”设置“绝对引用”，需要按两下 F4 键，如图 3-53 所示。

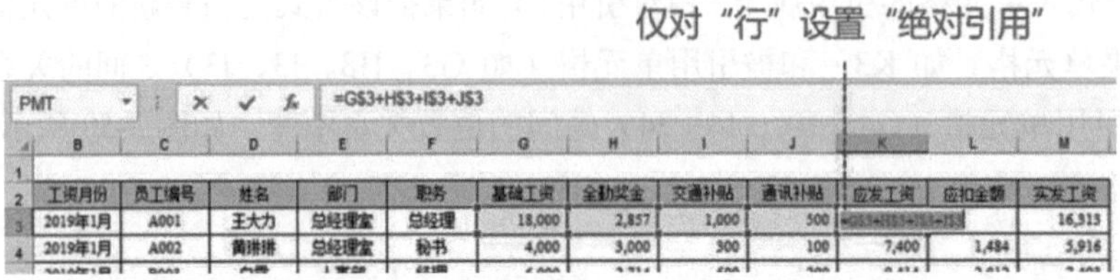

仅对“行”设置“绝对引用”

=G$3+H$3+I$3+J$3

图 3-53

如果仅对“列”设置“绝对引用”，需要按三下 F4 键，如图 3-54 所示。

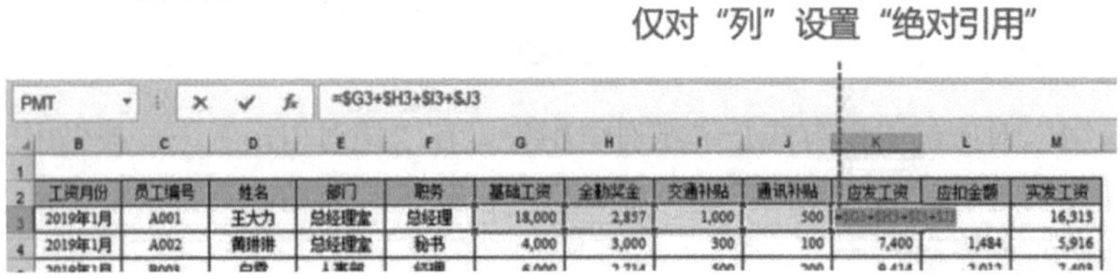

仅对“列”设置“绝对引用”

=$G3+$H3+$I3+$J3

图 3-54

3.5.3 定义名称

在 Excel 中，用户可以通过创建新的“名称”来表示工作表、单元格、常量或图表。在公式中，也可以运用新定义的“名称”来简化表达方式。例如，要在“工资明细表”中用“姓名”来统一表示所有的姓名，就可以通过“定义名称”的操作来进行。

定义名称时，选中要被定义名称的单元格，选中 D3~D44 单元格，单击“公式”选项卡，再单击“定义名称”，如图 3-55 所示。

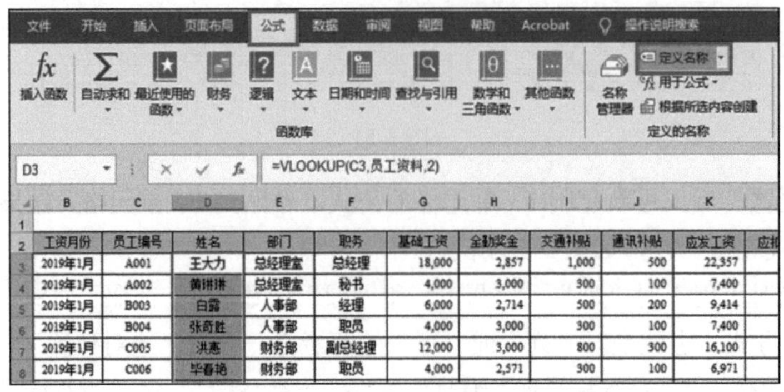

图 3-55

在弹出的“新建名称”对话框中，“名称”改为“姓名”，单击“确定”按钮。“定义名称”之后，如果公式中要引用“D3:D44”单元格区域，可以用“姓名”两个字代替，如图 3-56 所示。

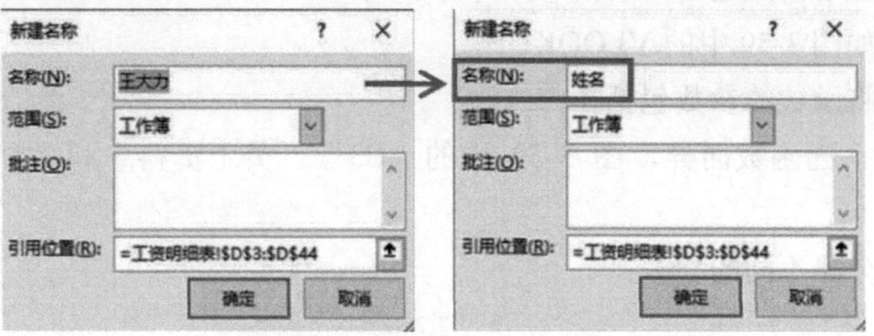

图 3-56

如果要查看工作簿中定义了哪些名称，单击“公式”选项卡，再单击“名称管理器”，如图 3-57 所示。

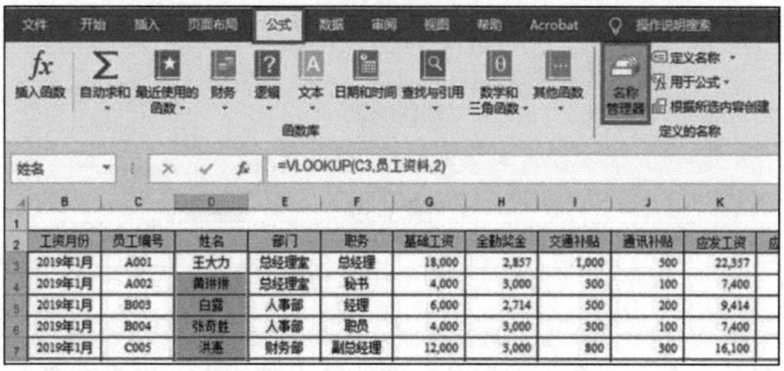

图 3-57

在弹出的“名称管理器”对话框中，显示了 3 处的“定义名称”。选中其中任何一个，再单击“编辑”或“删除”按钮，可以进行相应的操作，如图 3-58 所示。

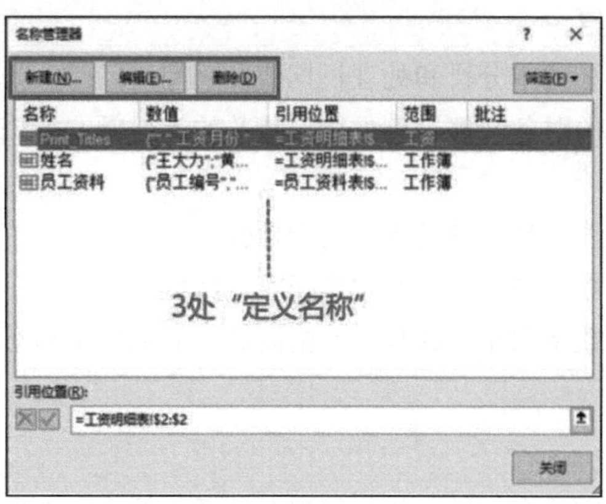

图 3-58

3.5.4 函数的结构

公式可以帮助我们进行简单的计算，但如果需要解决一些复杂的运算，单纯依赖公式不切实际，这时要用到函数。函数的功能很强大，可以让用户快速完成复杂的计算，快速搜索到所需的资料，等等。

函数的结构包括：

① 如果该函数位于公式之首，就由“=”开头。

② 函数名称，如图 3-59 中的 VLOOKUP。

③ 半角括号，将函数的参数包括在内。

④ 函数的参数，因函数而异，图 3-59 中的“C3”“员工资料”和“3”是这个函数的三个参数。

⑤ 半角逗号，分隔不同的参数。

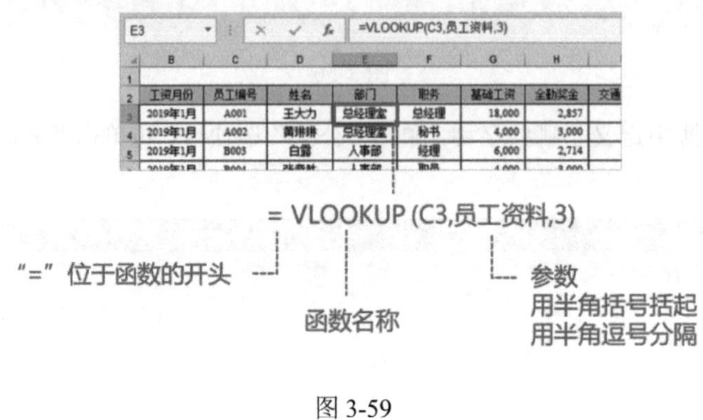

图 3-59

3.5.5 函数的分类

Excel 中的函数有几百个，要全部掌握是一件非常困难的事，也没有必要，只要掌握常用函数的使用方法就能解决大多数问题。

Excel 函数一共有 11 类，分别是数据库函数、日期与时间函数、工程函数、财务函数、信息函数、逻辑函数、查询和引用函数、数学和三角函数、统计函数、文本函数以及用户自定义函数。下面对几类常用的函数进行介绍。

日期与时间函数可以在公式中分析和处理日期值和时间值。

财务函数用来进行一般的财务计算，例如确定贷款的支付额、投资的未来值或净现值、债券或息票的价值等。

逻辑函数可以进行真假值判断，或者进行复合检验。

查询和引用函数用于在数据清单或表格中查找特定数值。

数学和三角函数可以对数字取整、计算单元格区域中的数值总和等。

3.5.6 函数的插入

在单元格中插入函数的方法有多种。如果用户对要插入的函数很熟悉，直接在单元格或编辑栏输入函数和它的参数即可；如果用户对要插入的函数不够熟悉，可以借用“插入函数”对话框，按部就班地设置函数的参数。下面对第二种方法举例介绍。

在 K3 单元格中，原定的公式是“=G3+H3+I3+J3”，如图 3-60 所示。如果我们利用 SUM 函数，计算会更加简单。

SUM 函数是数学和三角函数，可以把单个值、单元格引用或区域相加，也可以对上述三者的组合相加。

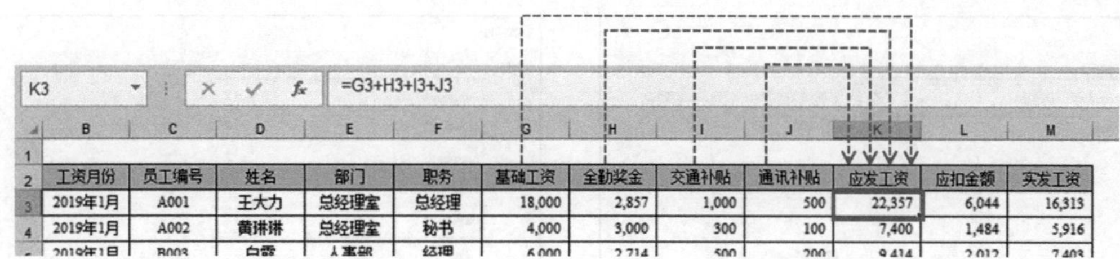

	B	C	D	E	F	G	H	I	J	K	L	M
1												
2	工资月份	员工编号	姓名	部门	职务	基础工资	全勤奖金	交通补贴	通讯补贴	应发工资	应扣金额	实发工资
3	2019年1月	A001	王大力	总经理室	总经理	18,000	2,857	1,000	500	22,357	6,044	16,313
4	2019年1月	A002	黄琳琳	总经理室	秘书	4,000	3,000	300	100	7,400	1,484	5,916

图 3-60

SUM 函数的语法是：SUM(number1,[number2],...)。number1 代表要相加的第一个数字，是必需的参数；number2 代表要相加的第二个数字，是可选的参数。

“插入函数”的方法是，选中要插入函数的单元格，单击编辑栏左侧的 *fx* 按钮，如图 3-61 所示。

K3　编辑栏　插入函数

	B	C	D	E	F	G	H	I	J	K	L	M
1												
2	工资月份	员工编号	姓名	部门	职务	基础工资	全勤奖金	交通补贴	通讯补贴	应发工资	应扣金额	实发工资
3	2019年1月	A001	王大力	总经理室	总经理	18,000	2,857	1,000	500		6,044	16,313
4	2019年1月	A002	黄琳琳	总经理室	秘书	4,000	3,000	300	100	7,400	1,484	5,916

图 3-61

在弹出的“插入函数”对话框中，“或选择类别”选择“数学与三角函数”，或者默认选择“全部”。在“选择函数”中选择“SUM”，单击“确定”按钮，如图 3-62 所示。

或者，在“插入函数”对话框的“搜索函数”处直接输入“sum”，下方“选择函数”会跳出所有含“SUM”字母组合的函数，这个方法更加便捷，如图 3-63 所示。

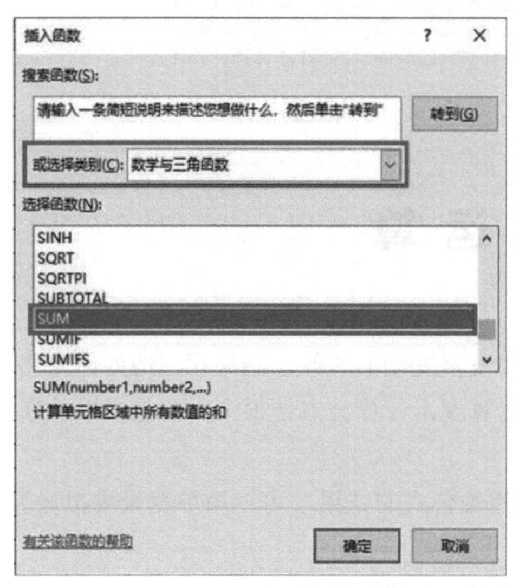

图 3-62

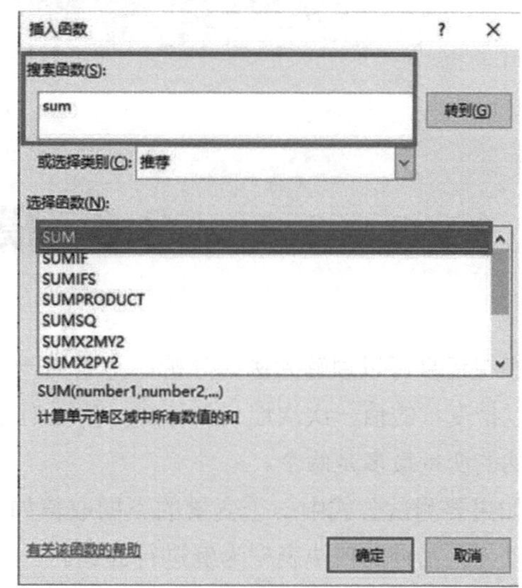

图 3-63

在弹出的“函数参数”对话框中，“Number1”自动填写为“G3:J3”，表示 G3、H3、I3 和 J3 的和，这正是我们要计算的对象，如图 3-64 所示。

也可以把“Number1”设定为“G3”，把“Number2”设定为“H3”，把“Number3”设定为“I3”，把“Number4”设定为“J3”，即每个参数对应一个单元格，单击“确定”按钮，如图 3-65 所示。

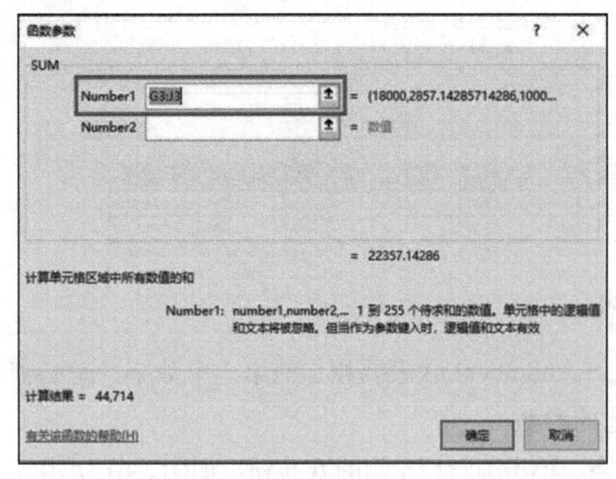

图 3-64

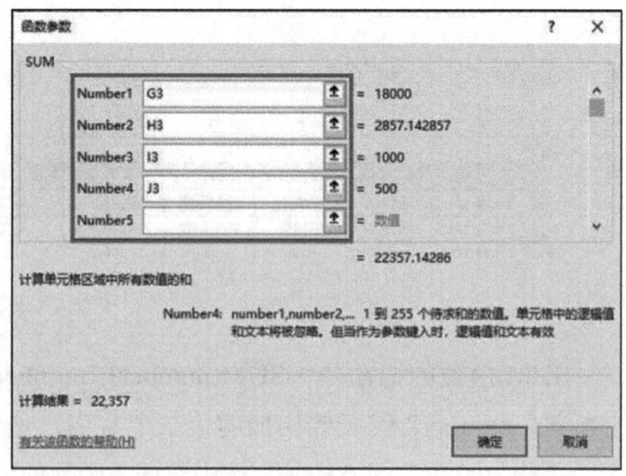

图 3-65

上述第一种公式设定方式下，K3 单元格的公式为“=SUM(G3:J3)”；第二种公式设定方式下，K3 单元格的公式为“=SUM(G3,H3,I3,J3)”。虽然两个公式的参数表达方式不同，但是计算结果是一样的，如图 3-66 所示。

K3 =SUM(G3:J3)

	B	C	D	E	F	G	H	I	J	K	L	M
1												
2	工资月份	员工编号	姓名	部门	职务	基础工资	全勤奖金	交通补贴	通讯补贴	应发工资	应扣金额	实发工资
3	2019年1月	A001	王大力	总经理室	总经理	18,000	2,857	1,000	500	22,357	6,044	16,313
4	2019年1月	A002	黄翀翀	总经理室	秘书	4,000	3,000	300	100	7,400	1,484	5,916
5	2019年1月	B003	白露	人事部	经理	6,000	2,714	500	200	9,414	2,012	7,403

K3 =SUM(G3,H3,I3,J3)

	B	C	D	E	F	G	H	I	J	K	L	M
1												
2	工资月份	员工编号	姓名	部门	职务	基础工资	全勤奖金	交通补贴	通讯补贴	应发工资	应扣金额	实发工资
3	2019年1月	A001	王大力	总经理室	总经理	18,000	2,857	1,000	500	22,357	6,044	16,313
4	2019年1月	A002	黄翀翀	总经理室	秘书	4,000	3,000	300	100	7,400	1,484	5,916

图 3-66

3.6 模拟运算

模拟运算可以理解为例如分析。考察当一个或几个变量变动的时候，结果相应地如何变化。我们可以把变量的值一次次地代入计算，但是有了模拟运算表，计算会方便很多。但是模拟运算表可以容纳的变量最多是两个。

如果要测试公式中一个变量的不同取值如何改变相关公式的结果，可使用单变量模拟运算表。下面以“九九乘法口诀表”为例进行介绍。

在 A1、A2 单元格中分别输入“2”和“8”两个数字，如图 3-67 所示。

在 A4 单元格输入公式“=A1*A2”，如图 3-68 所示。

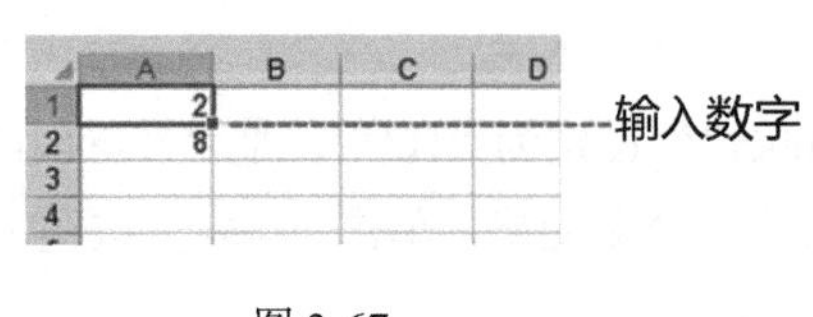

图 3-67

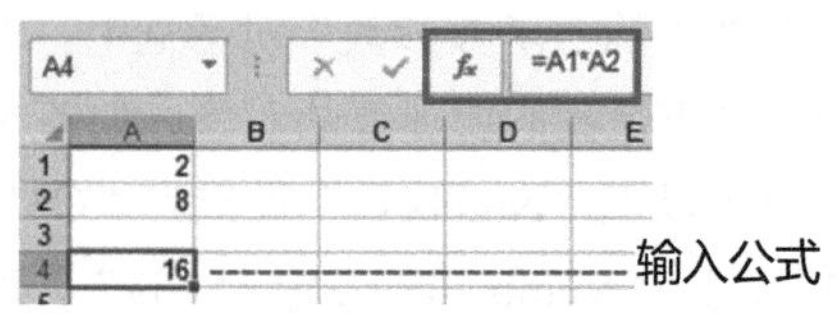

图 3-68

在 B4~J4 单元格中依次输入数字“1-9”，在 A5~A13 单元格中同样依次输入数字“1-9”，如图 3-69 所示。

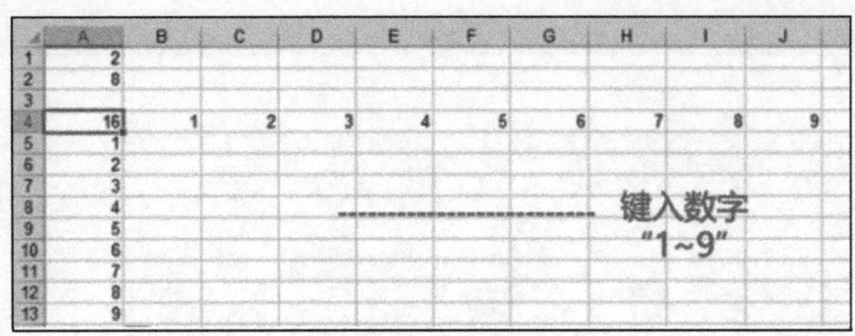

图 3-69

选中 A4~J13 单元格，单击“数据”选项卡，再单击“预测→模拟分析→模拟运算表”，如图 3-70 所示。

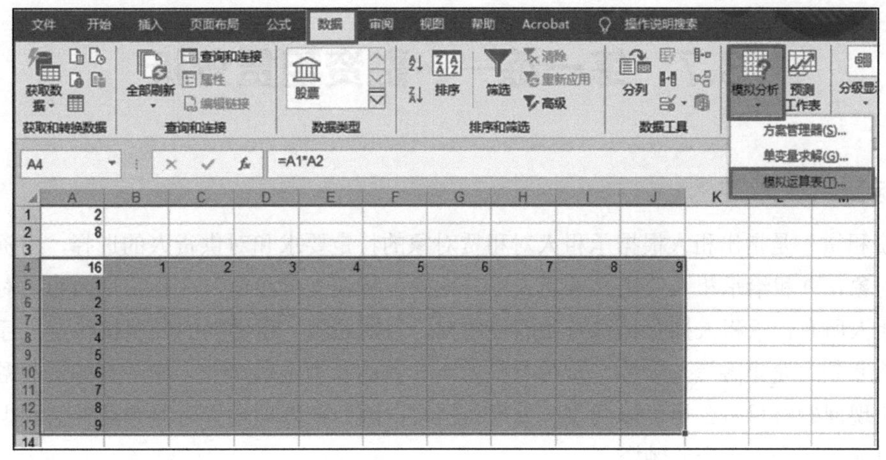

图 3-70

在弹出的“模拟运算表”对话框中，单击“输入引用行的单元格”右侧的空格，单击 A1 单元格，表示“输入引用行的单元格”为 A1 单元格（乘数“2”）；单击“输入引用列的单元格”右侧的空格，单击 A2 单元格，表示“输入引用列的单元格”为 A2 单元格（乘数“8”）。因此，选定区域的空白单元格将按照“A4=A1*A2”的公式，计算对应行和列单元格的乘积，单击“确定”按钮，如图 3-71 所示。

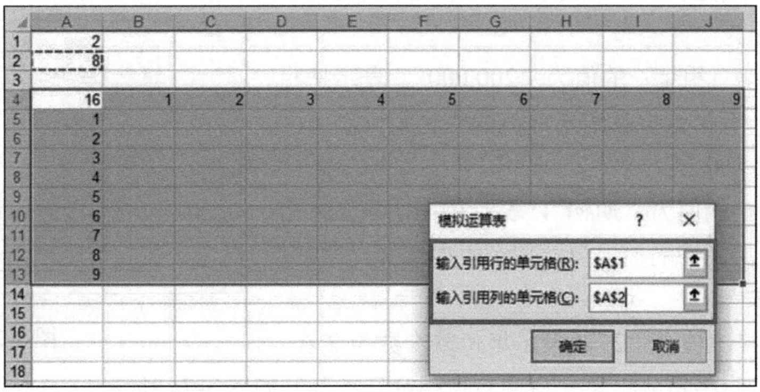

图 3-71

通过模拟运算表快速制作出“九九乘法口诀表”，如图 3-72 所示。

A4　=A1*A2

	A	B	C	D	E	F	G	H	I	J
1	2									
2	8									
3										
4	16	1	2	3	4	5	6	7	8	9
5	1	1	2	3	4	5	6	7	8	9
6	2	2	4	6	8	10	12	14	16	18
7	3	3	6	9	12	15	18	21	24	27
8	4	4	8	12	16	20	24	28	32	36
9	5	5	10	15	20	25	30	35	40	45
10	6	6	12	18	24	30	36	42	48	54
11	7	7	14	21	28	35	42	49	56	63
12	8	8	16	24	32	40	48	56	64	72
13	9	9	18	27	36	45	54	63	72	81
14										

图 3-72

3.7　练一练——融资租赁分析

【目标】

“融资租赁”是指出租人根据承租人对租赁对象的特定要求和对供货人的选择，出资向供货人购买租赁对象，并租给承租人使用，承租人则分期向出租人支付租金，在租赁期内租赁对象的所有权属于出租人所有，承租人拥有租赁对象的使用权。租期届满，租赁物的归属按约定执行。

“融资租赁”是集融资与融物、贸易与技术于一体的新型金融产业。由于其融资与融物相结合的特点，出现问题时租赁公司可以回收、处理租赁物，因而在办理融资时对企业资信和担保的要求不高，所以非常适合中小企业融资。

例如企业租赁商务车，租金为人民币 200,000 万（把租用期内所有租金折算到当前值的租金累计额），租金支付时点为“期初”，每年付款 2 次，租赁年利率和租赁年限要与租赁企业谈判。计算不同租赁年利率和不同租赁年限的组合下“每期应付租金”和“总共支付租金”的金额。

【步骤】

步骤 01　查看“基本数据表”报表，如图 3-73 所示。

在“基本数据表”工作表中，C3 单元格（租赁项目）的值为“商务车”。

C4 单元格（租金）的值为“200,000”，表示把租用期内所有租金折算到当前值的租金累计额为人民币 200,000 元。

C5 单元格的值为“期初”，表示每期期初支付租金。C5 单元格的数据仅能在列表中选择“期初”或“期末”。

C8 单元格的值为“2”，表示年付款次数为 2 次。

	A	B	C	D
1				
2		基本数据表		
3		租赁项目	商务车	
4		租金	200,000	
5		租金支付时点	期初	
6		租赁年利率		
7		租赁年限		
8		年付款次数	2	
9		总共付款期数		
10		每期应付租金		
11		总共支付租金		
12				

图 3-73

步骤 02　查看“融资租赁分析表—每期应付租金”报表，如图 3-74 所示。

在“融资租赁分析表—每期应付租金”工作表中，D4~I4 单元格预设不同的“租赁年限”。

融资租赁分析表—每期应付租金

		租赁年限					
		5	10	15	20	25	30
租赁年利率	5.00%						
	5.50%						
	6.00%						
	6.50%						
	7.00%						
	7.50%						
	8.00%						
	8.50%						
	9.00%						
	9.50%						

图 3-74

C5~C14 单元格预设不同的“租赁年利率”。

D5~I14 单元格将计算不同“租赁年限”和“租赁年利率”的组合方案下“每期应付租金”的值。

步骤 03 查看“融资租赁分析表—总共支付租金”报表，如图 3-75 所示。

B2 融资租赁分析表—总共支付租金

融资租赁分析表—总共支付租金

		租赁年限					
		5	10	15	20	25	30
租赁年利率	5.00%						
	5.50%						
	6.00%						
	6.50%						
	7.00%						
	7.50%						
	8.00%						
	8.50%						
	9.00%						
	9.50%						

图 3-75

在“融资租赁分析表—总共支付租金”工作表中，D4~I4 单元格及 C5~C14 单元格的默认值与“融资租赁分析表—每期应付租金”报表相同。

D5~I14 单元格将计算不同“租赁年限”和“租赁年利率”的组合方案下“总共支付租金”的值。

步骤 04 预设一组“租赁年限”和“租赁年利率”的组合方案，并计算“每期应付租金”和“总共支付租金”。

在“基本数据表”工作表中，在 C6 单元格中输入“6.00%”，表示租赁年利率为 6.00%。C7 单元格中输入“5”，表示租赁年限为 5 年，如图 3-76 所示。

在 C9 单元格（总共付款期数）中输入“=C7*C8”（租赁年限×年付款次数=5×2=10），表示总共付款期数为 10 次，如图 3-77 所示。

在 C10 单元格（每期应付租金）中输入“=IF(C5="期初",ABS(PMT(C6/C8,C9,C4,0,1)),ABS(PMT(C6/C8,C9,C4,0,0)))”。表示根据 C5 单元格的值（“期初”或者“期末”），“每期应付租金”为 PMT(C6/C8,C9,C4,0,1)的绝对值，或者为 PMT(C6/C8,C9,C4,0,0)的绝对值。则 C10 单元格的值为 22,763，即每期应付租金 22,763 元，如图 3-78 所示。

图 3-76

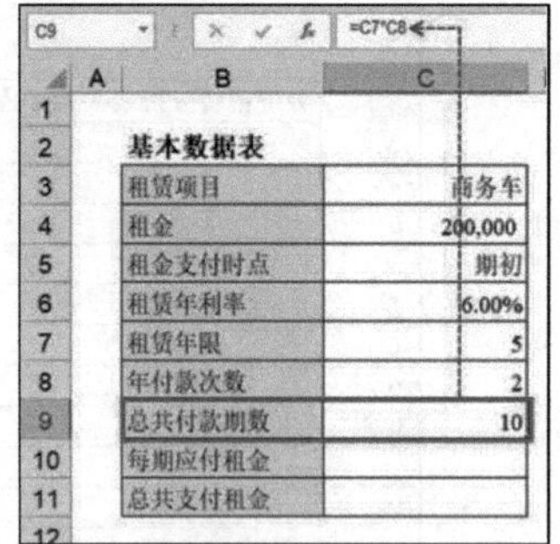

图 3-77

在 C11 单元格（总共支付租金）中键入“=C10*C9”（=每期应付租金×总付款期数=22763×10=227632），表示总共支付租金 227,632 元，如图 3-79 所示。

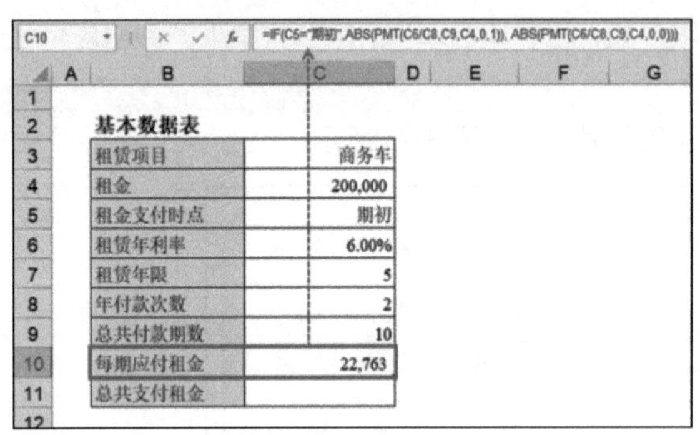

图 3-78

图 3-79

步骤 05 计算其余“租赁年限”和“租赁年利率”组合方案下的“每期应付租金”。

在“基本数据表”工作表中，复制 B2~C11 单元格。在“融资租赁分析表-每期应付租金”工作表中，将复制的数据粘贴到 K2~L11 单元格中，如图 3-80 所示。

图 3-80

在“融资租赁分析表-每期应付租金”工作表中，在 C4 单元格中输入“=”，单击 L10 单元格，“融资租赁分析表-每期应付租金”工作表 C4 单元格的值为 22,763，即“租赁年限 5 年”和“租赁年利率 6.00%”的组合方案下，“每期应付租金”22,763 元，如图 3-81 所示。

选中 C4~I14 单元格，单击“数据”选项卡，并依次单击“预测→模拟分析→模拟运算表”，如图 3-82 所示。

图 3-81

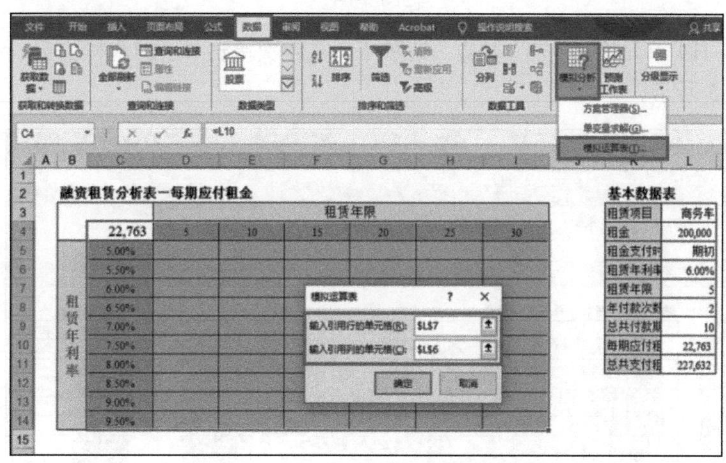

图 3-82

在弹出的“模拟运算表”对话框中，“输入引用行的单元格”选择 L7 单元格，表示“输入引用行的单元格”为 L7 单元格（租赁年限 5 年），“输入引用列的单元格”选择 L6 单元格，表示“输入引用列的单元格”为 L6 单元格（租赁年利率 6.00%），单击“确定”按钮。

D5~I14 单元格计算得不同“租赁年限”和“租赁年利率”组合方案下“每期应付租金”的值，如图 3-83 所示。

融资租赁分析表—每期应付租金

租赁年利率	租赁年限					
22,763	5	10	15	20	25	30
5.00%	22,294	12,517	9,322	7,773	6,880	6,313
5.50%	22,528	12,783	9,613	8,084	7,210	6,661
6.00%	22,763	13,052	9,907	8,400	7,547	7,016
6.50%	22,999	13,323	10,205	8,722	7,890	7,378
7.00%	23,235	13,596	10,507	9,049	8,238	7,747
7.50%	23,472	13,872	10,812	9,380	8,593	8,121
8.00%	23,710	14,150	11,121	9,716	8,952	8,500
8.50%	23,948	14,431	11,434	10,056	9,316	8,885
9.00%	24,187	14,713	11,750	10,401	9,685	9,274
9.50%	24,427	14,998	12,069	10,749	10,057	9,666

基本数据表

租赁项目	商务车
租金	200,000
租金支付时	期初
租赁年利率	6.00%
租赁年限	5
年付款次数	2
总共付款期	10
每期应付租	22,763
总共支付租	227,632

图 3-83

步骤 06 计算其余“租赁年限”和“租赁年利率”组合方案下的“总共支付租金”。

在“基本数据表”工作表中，复制 B2~C11 单元格。在“融资租赁分析表-总共支付租金”工作表中，将复制的数据粘贴到 K2~L11 单元格中。在“融资租赁分析表-总共支付租金”工作表中，在 C4 单元格中输入“=”，单击 L11 单元格，如图 3-84 所示。

图 3-84

选中 C4~I14 单元格，单击“数据”选项卡，并依次单击“预测→模拟分析→模拟运算表”，如图 3-85 所示。

图 3-85

在弹出的“模拟运算表”对话框中，“输入引用行的单元格”选择 L7 单元格，表示“输入引用行的单元格”为 L7 单元格（租赁年限 5 年），“输入引用列的单元格”选择 L6 单元格，表示“输入引用列的单元格”为 L6 单元格（租赁年利率 6.00%），单击“确定”按钮。D5~I14 单元格计算得不同“租赁年限”和“租赁年利率”组合方案下“总共支付租金”的值，如图 3-86 所示。

融资租赁分析表—总共支付租金

		租赁年限					
	227,632	5	10	15	20	25	30
租赁年利率	5.00%	222,944	250,330	279,674	310,917	343,981	378,771
	5.50%	225,284	255,656	288,376	323,360	360,496	399,650
	6.00%	227,632	261,032	297,200	336,018	377,335	420,967
	6.50%	229,988	266,456	306,141	348,885	394,482	442,692
	7.00%	232,350	271,927	315,196	361,950	411,920	464,796
	7.50%	234,721	277,444	324,362	375,205	429,631	487,249
	8.00%	237,098	283,007	333,635	388,642	447,598	510,021
	8.50%	239,482	288,613	343,011	402,251	465,804	533,085
	9.00%	241,873	294,263	352,487	416,024	484,231	556,413
	9.50%	244,271	299,954	362,059	429,951	502,863	579,976

基本数据表

租赁项目	商务车
租金	200,000
租金支付时	期初
租赁年利率	6.00%
租赁年限	5
年付款次数	2
总共付款期	10
每期应付租	22,763
总共支付租	227,632

图 3-86

结果详见文件“03-01 融资租赁分析”。

上篇

第 4 章 数据透视表

Excel 有各种各样的功能，数据透视表就是其中的一种功能。如果我们能够熟练运用数据透视表，那么繁复的数据便能通过数据透视表变成任何我们想要的表格或图形。数据透视表可以比作一只万花筒，虽然它所观察的数据本身是不变的，但每次旋转一下万花筒，数据便会换一种形式呈现出来。

4.1 初识数据透视表

1. 什么是数据透视表

数据透视表可以动态地改变表中各字段的版面布局，以便按照不同的需求分析数据。每一次改变版面布局时，数据透视表都会立即按照新的布局重新计算数据。另外，如果原始数据发生更改，也可以更新到数据透视表中。

当我们用数据透视表观察数据时，或许可以看到一些之前并没有注意到的细节。另外，也可以运用数据透视表快速、便捷地将数据分组，把大量的数据用一定的规则排列，便于我们从不同角度审视数据。

2. 为什么要用数据透视表

我们用 Excel 处理数据通常有两个目的，一是计算数据，二是让数据以一定的格式显示出来。虽然 Excel 有很多工具可以处理数据，但是数据透视表是最有效率的工具之一，可以大大避免因人工输入导致的失误。

例如，一般的表格建立过程分三步，第一步是收集数据，第二步是整理数据，第三步是对整理后的数据进行分析以达到使用的目的。若使用数据透视表，则上述三个步骤被整合为一体，一次性完成。而且，数据透视表可以快速汇总并整理大量数据，它为数据处理工作者带来了福音。

3. 什么时候使用数据透视表

当数据量很大，要处理的数据经常变化，或者需要建立多层次的表格时，单纯靠人工操作不仅耗费大量时间，也很容易出错。我们什么时候应该使用数据透视表呢？

通常，以下情况可以运用数据透视表：

- 需要寻找数据之间的关系，对数据分组。
- 找出数据中特定种类的数据。
- 找到各不同时间段中数据的变化。
- 所分析的数据经常更新。
- 希望数据整理后，可以方便地生成图形。

4. 如何设计数据透视表

设计数据透视表时，需要问自己两个问题：

- 我在计算什么数据？
- 我想看到什么结果？

搞清楚上述两个问题，就可以在生成数据透视表时有的放矢。

4.2 新建数据透视表

在图 4-1 所示的这份工资明细表的基础上制作数据透视表，用数据透视表来显示和计算我们需要的数据。

工资月份	员工编号	姓名	部门	职务	基础工资	全勤奖金	交通补贴	通讯补贴	应发工资	应扣金额	实发工资
2019年1月	A001	王大力	总经理室	总经理	18,000	2,857	1,000	500	22,357	6,044	16,313
2019年1月	A002	黄排	总经理室	秘书	4,000	3,000	300	100	7,400	1,484	5,916
2019年1月	B003	白露	人事部	经理	6,000	2,714	500	200	9,414	2,012	7,403
2019年1月	B004	张奇胜	人事部	职员	4,000	3,000	300	100	7,400	1,484	5,916
2019年1月	C005	洪惠	财务部	副总经理	12,000	3,000	800	300	16,100	4,152	11,948
2019年1月	C006	毕春艳	财务部	职员	4,000	2,571	300	100	6,971	1,372	5,600
2019年1月	D007	李兵	业务部	经理	6,000	3,000	500	200	9,700	2,086	7,614
2019年1月	D008	林茂	业务部	副经理	5,000	3,000	300	100	8,400	1,746	6,654
2019年1月	E015	涂巧巧	调研部	职员	4,000	3,000	300	100	7,400	1,484	5,916
2019年2月	A001	王大力	总经理室	总经理	18,000	3,000	1,000	500	22,500	6,088	16,412
2019年2月	A002	黄排	总经理室	秘书	4,000	2,800	300	100	7,200	1,431	5,769

图 4-1

4.2.1 数据源的选择

制作数据透视表的第一步是选择数据源。我们计划对整张“工资明细表”表格制作数据透视表，

因此选中包括列标题在内的完整表格，即 B2~M44 单元格。然后，单击“插入”选项卡，再单击“数据透视表”，如图 4-2 所示。

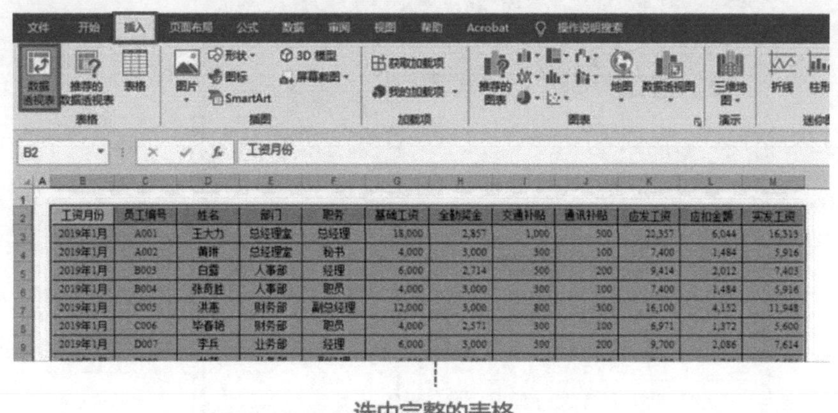

图 4-2

在弹出的“创建数据透视表”对话框中，确认“表/区域”范围是“B2~M44 单元格”。如果“表/区域”范围不是“B2~M44 单元格”，可以通过右侧的“选择”按钮重新选择单元格范围，然后单击“确定”按钮，如图 4-3 所示。

Excel 自动生成“Sheet 1”工作表。“Sheet 1”工作表是存放数据透视表的工作表。在这张工作表中，“表格区”将显示版面设计呈现的效果。单击表格区的任意单元格，便能进入数据透视表的设计页面，如图 4-4 所示。

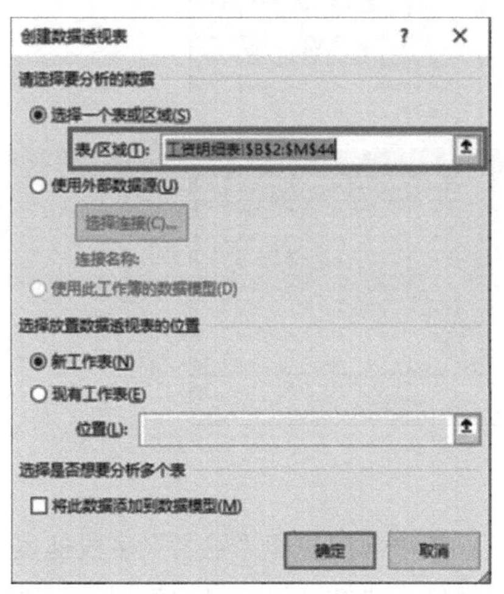

图 4-3

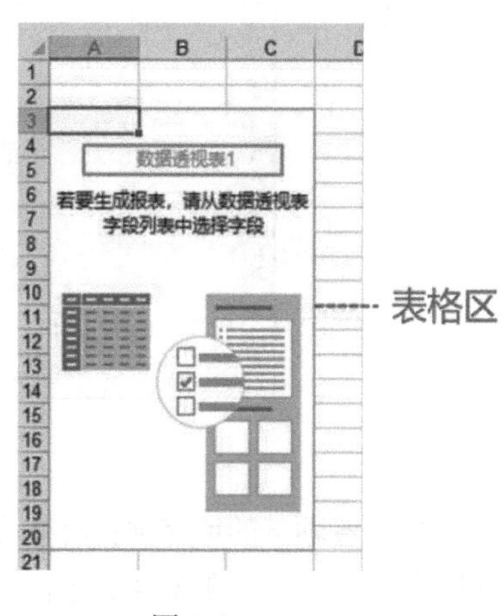

图 4-4

4.2.2 数据透视表的设计页面

在数据透视表的设计页面中，主要有“表格区”“字段清单区”和“版面设计区”，数据源中的各个列标题全部罗列在右侧的“字段清单区”，“版面设计区”则是设计表格的地方，如图 4-5 所示。

把“字段清单区”中部分字段名拖曳到“版面设计区”中。

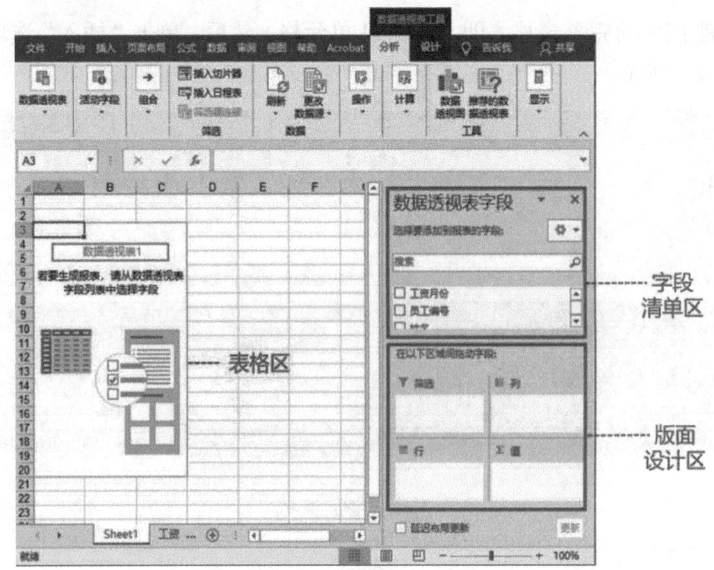

图 4-5

“列”标签项下的所有项目将作为表格第一行的字段。把“工资月份”字段拖曳到“版面设计区”的“列”。原表格中，“工资月份”的形式如“2019 年 1 月”“2019 年 2 月”和“2019 年 3 月”，于是“列”标签下自动添加了“月”，表示为“1 月”“2 月”和“3 月”，如图 4-6 所示。

图 4-6

“行”标签项下的所有项目将作为表格第一列的字段。把“部门”和“姓名”字段拖曳到“版面设计区”的“行”。在图 4-7 中，“部门”的显示重要性优于“姓名”，也就是把员工姓名按照部门分类了。

“∑值”项下所列项目是表格所做的汇总结果，包括加总、求百分比等各种计算。把“实发工资”字段拖曳到“版面设计区”的“∑值”。此处默认对“实发工资”进行“求和”操作，因此显示为“求和项:实发工资”。于是，表格中显示了各位员工在不同月份收到的“实发工资”的值，如图 4-8 所示。

在“版面设计区”中，还有一个“筛选”标签。“筛选”标签下所列的项目，在处理表格时用于在该项目中筛选出任意内容，筛选后，表示仅显示所筛选出的内容所对应的数据。

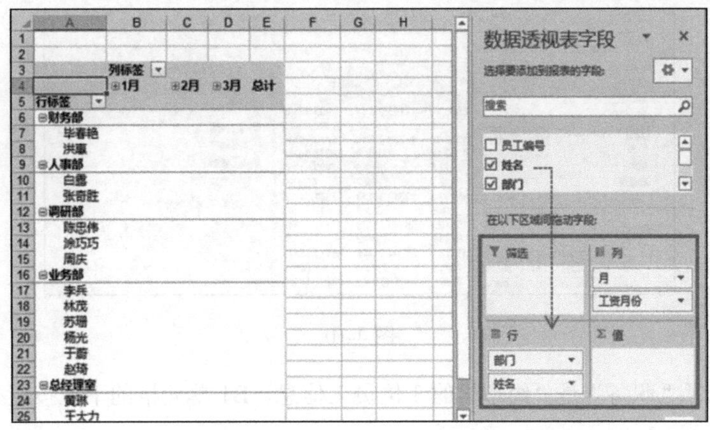

图 4-7

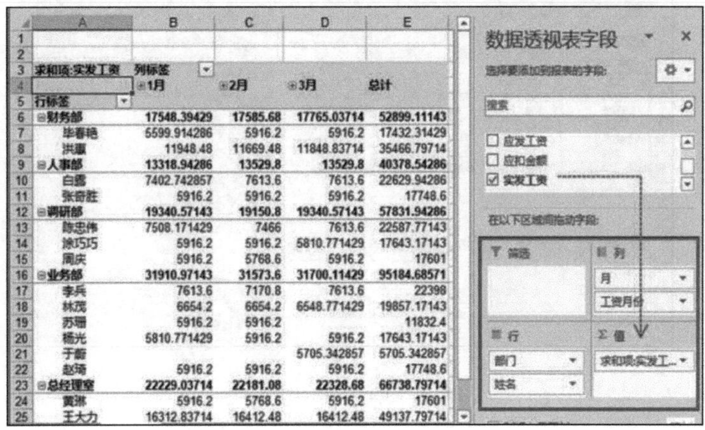

求和项:实发工资	列标签			
行标签	1月	2月	3月	总计
财务部	17548.39429	17585.68	17765.03714	52899.11143
毕春艳	5599.914286	5916.2	5916.2	17432.31429
洪惠	11948.48	11669.48	11848.83714	35466.79714
人事部	13318.94286	13529.8	13529.8	40378.54286
白露	7402.742857	7613.6	7613.6	22629.94286
张奇胜	5916.2	5916.2	5916.2	17748.6
调研部	19340.57143	19150.8	19340.57143	57831.94286
陈忠伟	7508.171429	7466	7613.6	22587.77143
涂巧巧	5916.2	5916.2	5810.771429	17643.17143
周庆	5916.2	5768.6	5916.2	17601
业务部	31910.97143	31573.6	31700.11429	95184.68571
李兵	7613.6	7170.8	7613.6	22398
林茂	6654.2	6654.2	6548.771429	19857.17143
苏珊	5916.2	5916.2		11832.4
杨光	5810.771429	5916.2	5916.2	17643.17143
于蔚			5705.342857	5705.342857
赵琦	5916.2	5916.2	5916.2	17748.6
总经理室	22229.03714	22181.08	22328.68	66738.79714
黄琳	5916.2	5768.6	5916.2	17601
王大力	16312.83714	16412.48	16412.48	49137.79714

图 4-8

把“职务”字段拖曳到“版面设计区”的“筛选”。在 A1 单元格出现了“职务”，B1 单元格显示“(全部)”，表示表格中显示所有职务的“实发工资”数据，如图 4-9 所示。

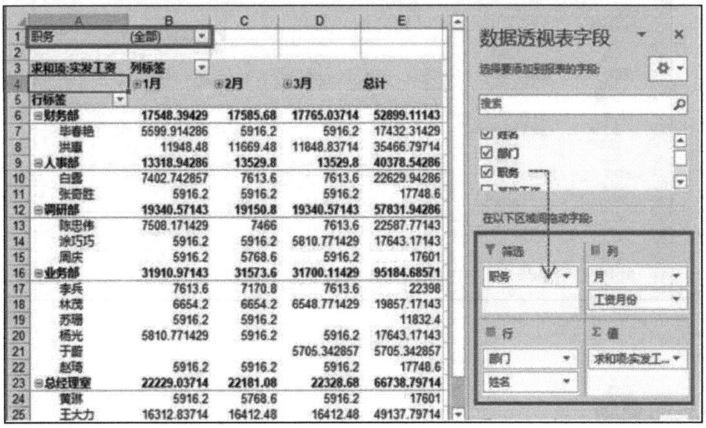

职务	(全部)			
求和项:实发工资	列标签			
行标签	1月	2月	3月	总计
财务部	17548.39429	17585.68	17765.03714	52899.11143
毕春艳	5599.914286	5916.2	5916.2	17432.31429
洪惠	11948.48	11669.48	11848.83714	35466.79714
人事部	13318.94286	13529.8	13529.8	40378.54286
白露	7402.742857	7613.6	7613.6	22629.94286
张奇胜	5916.2	5916.2	5916.2	17748.6
调研部	19340.57143	19150.8	19340.57143	57831.94286
陈忠伟	7508.171429	7466	7613.6	22587.77143
涂巧巧	5916.2	5916.2	5810.771429	17643.17143
周庆	5916.2	5768.6	5916.2	17601
业务部	31910.97143	31573.6	31700.11429	95184.68571
李兵	7613.6	7170.8	7613.6	22398
林茂	6654.2	6654.2	6548.771429	19857.17143
苏珊	5916.2	5916.2		11832.4
杨光	5810.771429	5916.2	5916.2	17643.17143
于蔚			5705.342857	5705.342857
赵琦	5916.2	5916.2	5916.2	17748.6
总经理室	22229.03714	22181.08	22328.68	66738.79714
黄琳	5916.2	5768.6	5916.2	17601
王大力	16312.83714	16412.48	16412.48	49137.79714

图 4-9

单击 B1 单元格中的下拉按钮，出现“副经理”等共 6 个筛选项。例如选择“经理”，单击“确定”按钮，如图 4-10 所示。

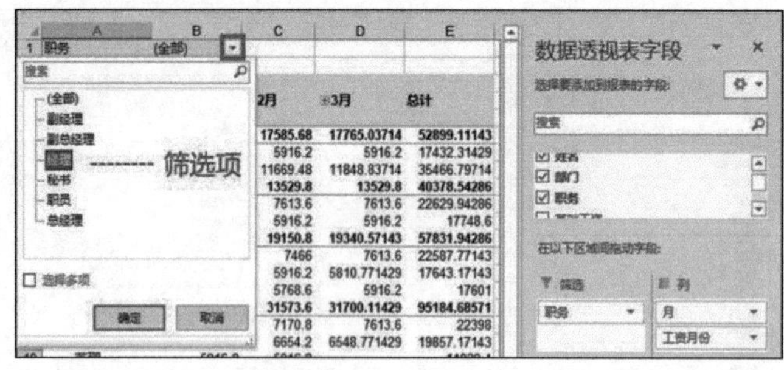

图 4-10

表格中只显示了“职务”是“经理”的 3 位员工信息。B1 单元格的下拉按钮处成了“筛选”记号，如图 4-11 所示。

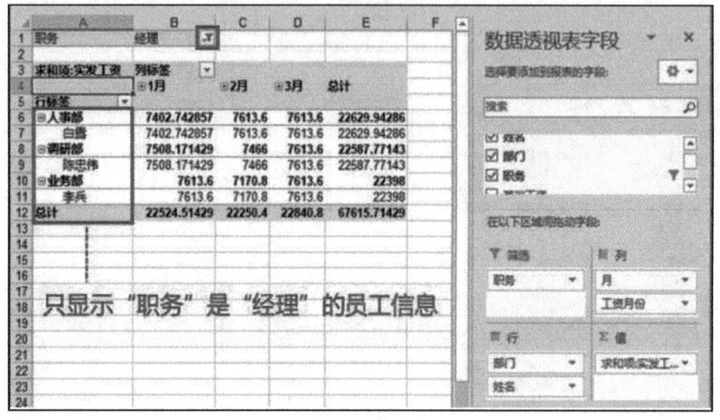

图 4-11

再次单击 B1 单元格的“筛选”记号，选择“(全部)”，单击“确定”按钮，全部员工的信息又都显示出来了，如图 4-12 所示。

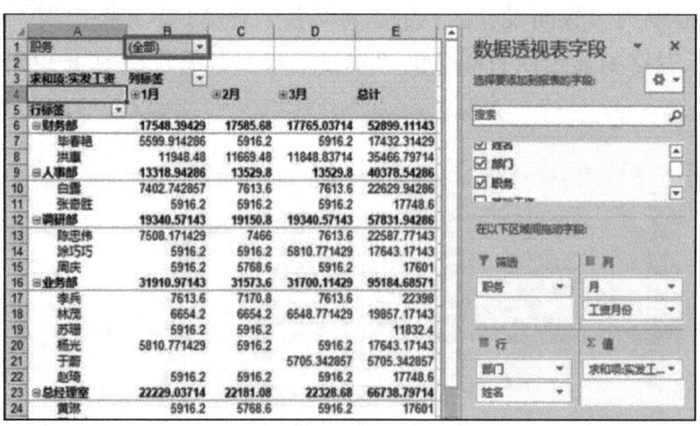

图 4-12

4.2.3 数据透视表的更新

上例中“Sheet1”数据透视表的数据源是“工资明细表”工作表，如图 4-13 所示。如果“工资明细表”中单元格的内容有变化，默认情况下“Sheet1”数据透视表是不会随之变化的，此时两张表格的内容不相称了。如何让“Sheet1”数据透视表随着数据源的变化而更新呢？

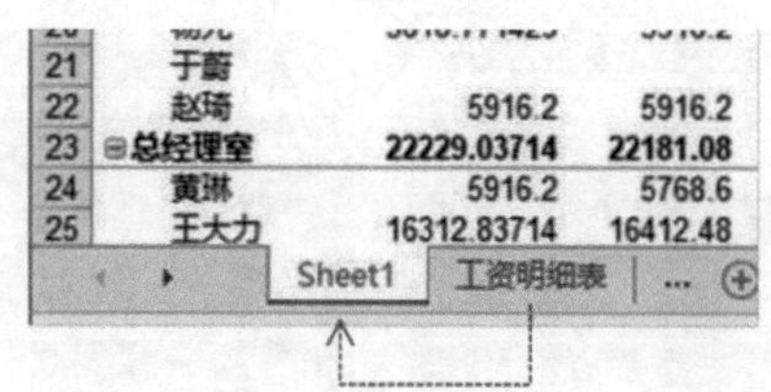

21	于蔚		
22	赵琦	5916.2	5916.2
23	⊟总经理室	22229.03714	22181.08
24	黄琳	5916.2	5768.6
25	王大力	16312.83714	16412.48

“Sheet1”数据透视表的数据源是“工资明细表”工作表

图 4-13

例如，我们发现总经理室秘书的姓名应为“黄琳琳”，但是原表格中误写为“黄琳”了。在“工资明细表”工作表中，把“黄琳”改为“黄琳琳”，如图 4-14 所示。

	工资月份	员工编号	姓名	部门	职务	基础工资	全勤奖金	交通
3	2019年1月	A001	王大力	总经理室	总经理	18,000	2,857	
4	2019年1月	A002	黄琳琳	总经理室	秘书	4,000	3,000	
5	2019年1月	B003	白露	人事部	经理	6,000	2,714	
6	2019年1月	B004	张奇胜	人事部	职员	4,000	3,000	
7	2019年1月	C005	洪惠	财务部	副总经理	12,000	3,000	
8	2019年1月	C006	毕春艳	财务部	职员	4,000	2,571	
9	2019年1月	D007	李兵	业务部	经理	6,000	3,000	
10	2019年1月	D008	林茂	业务部	副经理	5,000	3,000	
16	2019年1月	E015	涂巧巧	调研部	职员	4,000	3,000	
17	2019年2月	A001	王大力	总经理室	总经理	18,000	3,000	
18	2019年2月	A002	黄琳琳	总经理室	秘书	4,000	2,800	
19	2019年2月	B003	白露	人事部	经理	6,000	3,000	
20	2019年2月	B004	张奇胜	人事部	职员	4,000	3,000	
21	2019年2月	C005	洪惠	财务部	副总经理	12,000	2,600	
22	2019年2月	C006	毕春艳	财务部	职员	4,000	3,000	
23	2019年2月	D007	李兵	业务部	经理	6,000	2,400	
24	2019年2月	D008	林茂	业务部	副经理	5,000	3,000	
25	2019年2月	D009	苏珊	业务部	职员	4,000	3,000	
26	2019年2月	D010	杨光	业务部	职员	4,000	3,000	

Sheet1　工资明细表　员工资料表　出勤记录表 ...

误为“黄琳琳”

误为“黄琳琳”

……

图 4-14

但是，“Sheet1”数据透视表中仍保持原来的“黄琳”，如图 4-15 所示。

	A	B	C	D	E
1	职务	(全部)			
2					
3	求和项:实发工资	列标签			
4		⊞1月	⊞2月	⊞3月	总计
5	行标签				
6	⊟财务部	17548.39429	17585.68	17765.03714	52899.11143
7	毕春艳	5599.914286	5916.2	5916.2	17432.31429
8	洪惠	11948.48	11669.48	11848.83714	35466.79714
9	⊟人事部	13318.94286	13529.8	13529.8	40378.54286
10	白露	7402.742857	7613.6	7613.6	22629.94286
11	张奇胜	5916.2	5916.2	5916.2	17748.6
12	⊟调研部	19340.57143	19150.8	19340.57143	57831.94286
13	陈忠伟	7508.171429	7466	7613.6	22587.77143
14	涂巧巧	5916.2	5916.2	5810.771429	17643.17143
15	周庆	5916.2	5768.6	5916.2	17601
16	⊟业务部	31910.97143	31573.6	31700.11429	95184.68571
17	李兵	7613.6	7170.8	7613.6	22398
18	林茂	6654.2	6654.2	6548.771429	19857.17143
19	苏珊	5916.2	5916.2		11832.4
20	杨光	5810.771429	5916.2	5916.2	17643.17143
21	于蔚			5705.342857	5705.342857
22	赵琦	5916.2	5916.2	5916.2	17748.6
23	⊟总经理室	22229.03714	22181.08	22328.68	66738.79714
24	黄琳	5916.2	5768.6	5916.2	17601
25	王大力	16312.83714	16412.48	16412.48	49137.79714

Sheet1　工资明细表 ...

仍为“黄琳”

图 4-15

右击“Sheet1”数据透视表中的“黄琳”，选择“刷新”。此时，“黄琳”更新为“黄琳琳”，如图 4-16 所示。

以上是手动更新数据透视表的方式。如果要实现数据透视表的自动更新，也是有办法解决的。通过以下设置，当数据源更新后，关闭文件再打开文件时，数据透视表的内容便会随数据源的更新而自动更新。

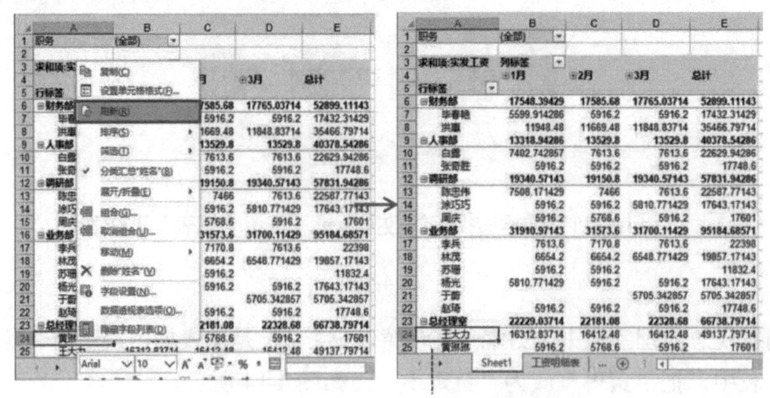

更新为"黄琳琳"

图 4-16

选中数据透视表，右击任意单元格，选择“数据透视表选项”，如图 4-17 所示。

在弹出的“数据透视表选项”对话框中选择“数据”标签，勾选“打开文件时刷新数据”选项，单击“确定”按钮，如图 4-18 所示。这样就设置了数据透视表的自动更新。

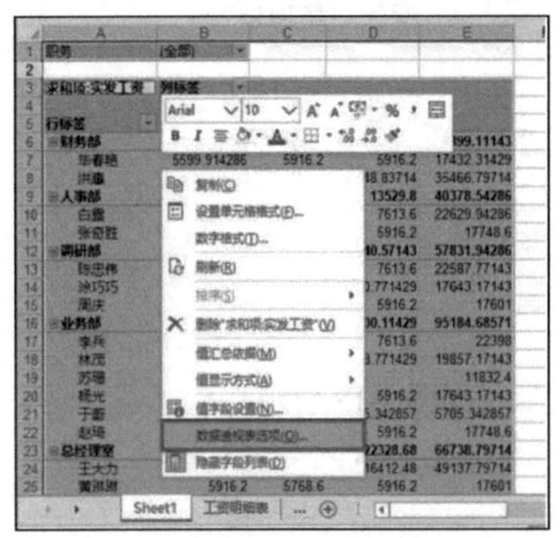

图 4-17

数据透视表选项 ? ×

数据透视表名称(N): 数据透视表1

布局和格式 汇总和筛选 显示

打印 数据 可选文字

数据透视表数据

☑ 保存文件及源数据(S)

☑ 启用显示明细数据(E)

☑ 打开文件时刷新数据(R)

保留从数据源删除的项目

每个字段保留的项数(N): 自动

模拟分析

☐ 在值区域启用单元格编辑(N)

图 4-18

4.2.4 建立数据透视表的注意点

经过前几节的说明，我们已经了解了数据透视表的用途及基本的实现方法。

当我们在使用数据透视表建立表格时，数据源文件的编排方式必须按规定的格式，不然很可能建立出错误的表格。取得数据源文件时，对照以下注意事项，以保证数据源可以建立正确的数据透视表，若不满足要求，则需先修正，以避免建立表格时产生问题。

为确保数据以正确的形式显示，以建立正确的数据透视表，主要有以下注意事项：

- 数据表的第一行必须是标题行，且每一列都有标题。
- 数据表中没有空白行和空白列。
- 数据表中除第一行标题行外，各单元格均为匹配字段类型的数据，且不得有空格。
- 各列的数据不得重复。
- 数据表是一维的数据表。

上述的“工资明细表”就是一份符合数据透视表建立要求的数据表。

4.3 编辑数据透视表

数据透视表创建后，以没有经过格式的“原生态”样式呈现。如果要让表格的显示更美观，需要对数据透视表的格式进行调整。

4.3.1 数据透视表样式的套用

和“表格样式套用”类似的是，Excel 为数据透视表设置了各种可以直接套用的样式。我们可以选择其一，让自己的数据透视表瞬间“变脸”。

单击数据透视表的任意单元格，选项卡中会出现“数据透视表工具”，单击“设计”。在“数据透视表样式”中，“冰蓝 数据透视表样式 浅色 16”由浅灰色框线标出，正是目前使用的默认样式，如图 4-19 所示。

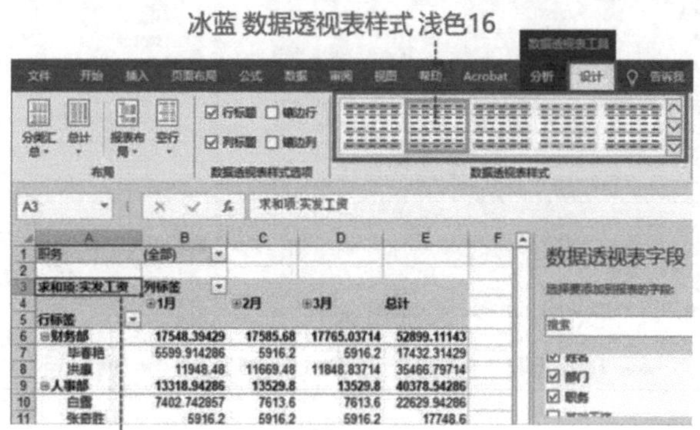

图 4-19

如果要更改样式，例如“冰蓝 数据透视表样式 浅色 9”，单击选择即可。同时，数据透视表会直接呈现出该样式，如图 4-20 所示。

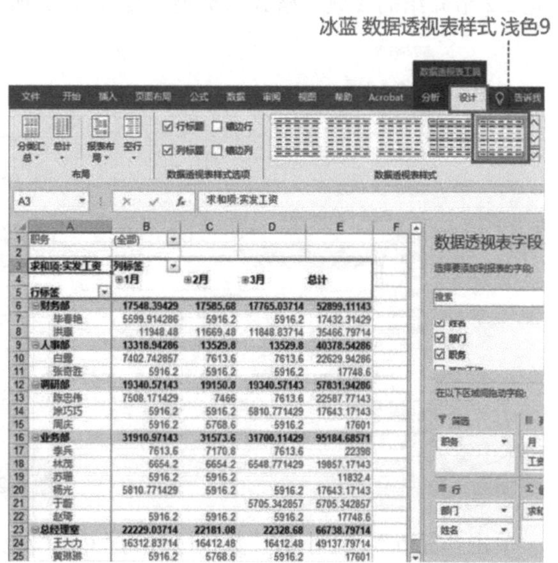

图 4-20

4.3.2 数据透视表的数字格式调整

在数据透视表中，“∑值”项下的统计数据默认为“常规”的数字格式，如图 4-21 所示。不同单元格的数字显示方式没有规律性，读起来很不方便。和在工作表中调整数字格式类似，数据透视表中的数据也可以调整数字格式。

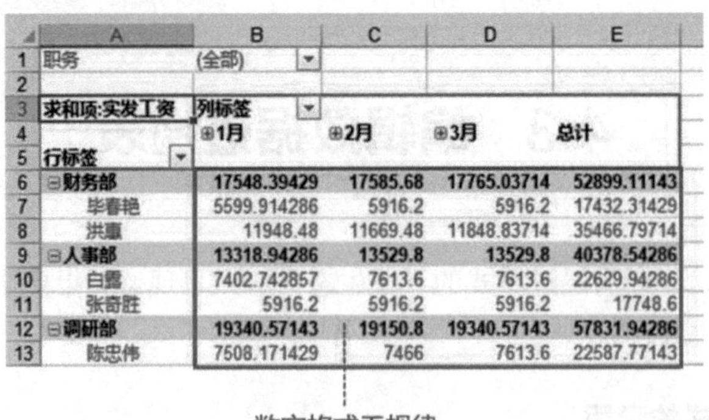

	A	B	C	D	E
1	职务	(全部)			
2					
3	求和项:实发工资	列标签			
4		⊞1月	⊞2月	⊞3月	总计
5	行标签				
6	⊟财务部	17548.39429	17585.68	17765.03714	52899.11143
7	毕春艳	5599.914286	5916.2	5916.2	17432.31429
8	洪珊	11948.48	11669.48	11848.83714	35466.79714
9	⊟人事部	13318.94286	13529.8	13529.8	40378.54286
10	白露	7402.742857	7613.6	7613.6	22629.94286
11	张奇胜	5916.2	5916.2	5916.2	17748.6
12	⊟调研部	19340.57143	19150.8	19340.57143	57831.94286
13	陈忠伟	7508.171429	7466	7613.6	22587.77143

图 4-21

单击“∑值”项下“求和项:实发工资”的下拉按钮，选择“值字段设置”，如图 4-22 所示。

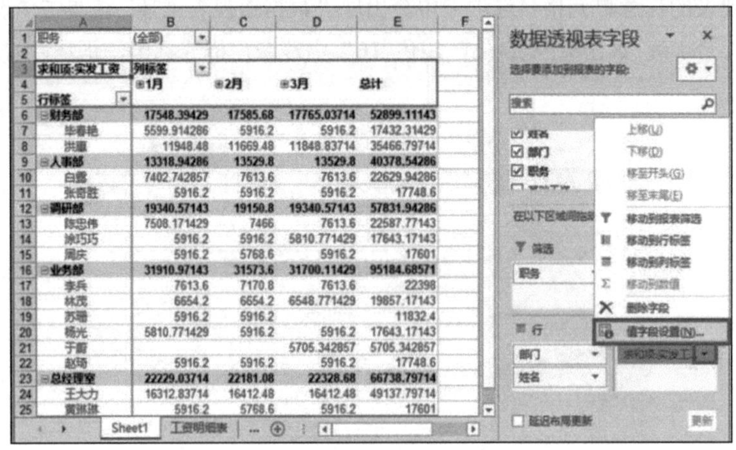

图 4-22

在弹出的“值字段设置”对话框中单击“数字格式”按钮，弹出“设置单元格格式”对话框，正是 2.2 节介绍的“数字格式”类型，如图 4-23 所示。

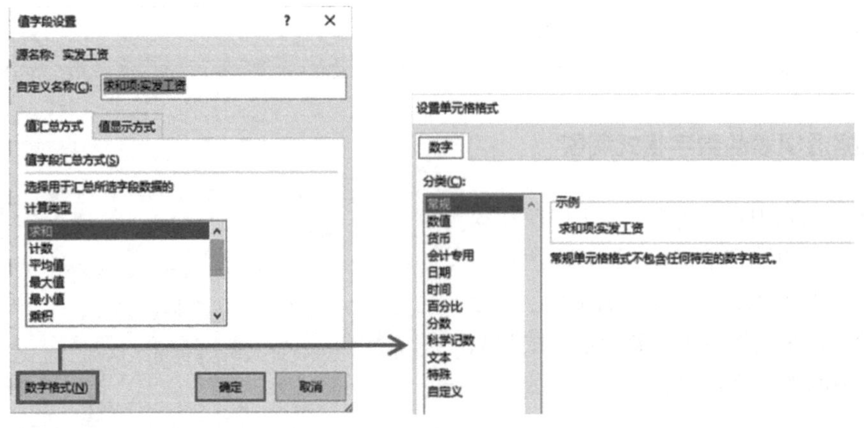

图 4-23

单击“货币”，“小数位数”修改为“0”，如图 4-24 所示。依次在两个对话框中单击“确定”按钮。

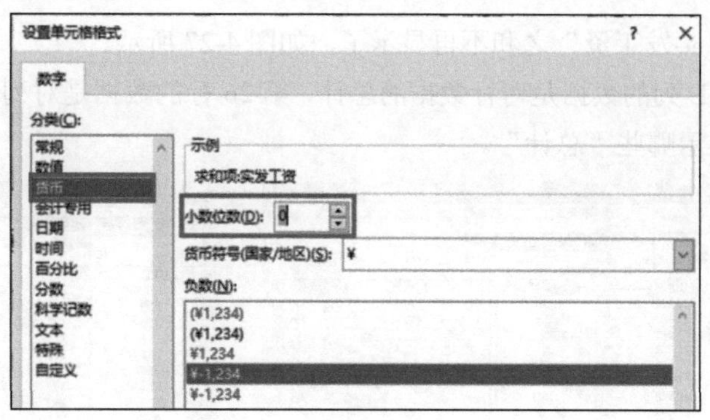

图 4-24

数据透视表中的数字格式调整为“货币”，如图 4-25 所示。

	A	B	C	D	E
1	职务	(全部)			
2					
3	求和项:实发工资	列标签			
4		⊞1月	⊞2月	⊞3月	总计
5	行标签				
6	⊟财务部	¥17,548	¥17,586	¥17,765	¥52,899
7	毕春艳	¥5,600	¥5,916	¥5,916	¥17,432
8	洪磊	¥11,948	¥11,669	¥11,849	¥35,467
9	⊟人事部	¥13,319	¥13,530	¥13,530	¥40,379
10	白露	¥7,403	¥7,614	¥7,614	¥22,630
11	张奇胜	¥5,916	¥5,916	¥5,916	¥17,749
12	⊟调研部	¥19,341	¥19,151	¥19,341	¥57,832
13	陈忠伟	¥7,508	¥7,466	¥7,614	¥22,588
14	涂巧巧	¥5,916	¥5,916	¥5,811	¥17,643
15	周庆	¥5,916	¥5,769	¥5,916	¥17,601
16	⊟业务部	¥31,911	¥31,574	¥31,700	¥95,185
17	李兵	¥7,614	¥7,171	¥7,614	¥22,398
18	林茂	¥6,654	¥6,654	¥6,549	¥19,857
19	苏珊	¥5,916	¥5,916		¥11,832
20	杨光	¥5,811	¥5,916	¥5,916	¥17,643
21	于蕾			¥5,705	¥5,705
22	赵琦	¥5,916	¥5,916	¥5,916	¥17,749
23	⊟总经理室	¥22,229	¥22,181	¥22,329	¥66,739
24	王大力	¥16,313	¥16,412	¥16,412	¥49,138
25	黄琳琳	¥5,916	¥5,769	¥5,916	¥17,601

数字格式调整为
“货币”

图 4-25

4.3.3 调整数据透视表的显示

上一例中，数字的显示有些密密麻麻的感觉。事实上，粗体黑色字是相应部门员工的“实发工资”之和，如果这个数据对于用户没有实际作用，可以不让它显示出来。

单击“数据透视表工具”选项卡的“设计”，依次单击“分类汇总→不显示分类汇总”，如图 4-26 所示。

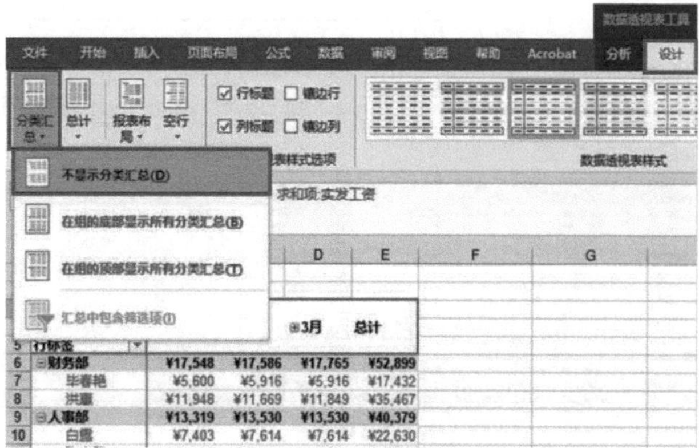

图 4-26

相应部门员工的“实发工资”之和不再显示了，如图 4-27 所示。

在数据透视表中，E 列的数据是对行数据的总计，第 26 行的数据是对列数据的总计，如图 4-28 所示。我们可以选择显示哪些“总计”。

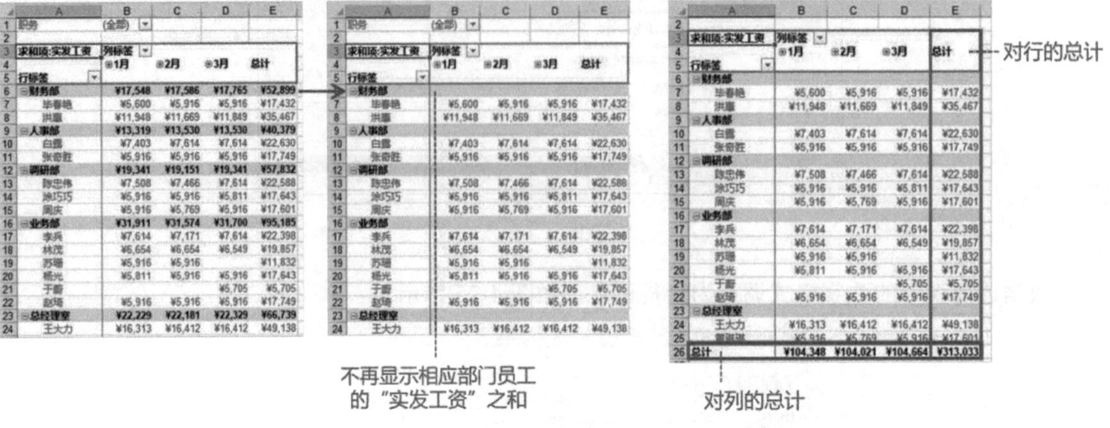

图 4-27

图 4-28

例如，仅保留对列的数据总计。单击“数据透视表工具”选项卡的“设计”，依次单击“总计→仅对列启用”，如图 4-29 所示。

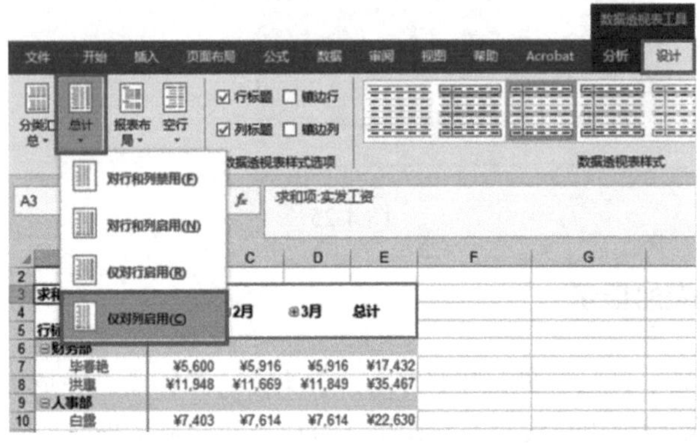

图 4-29

表格中保留了列的总计，取消了行的总计，如图 4-30 所示。

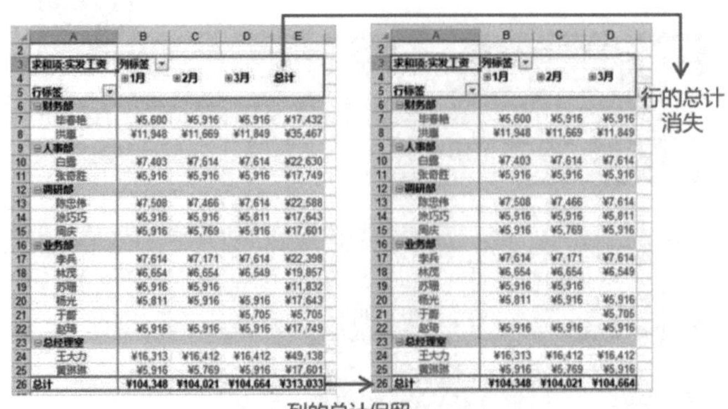

图 4-30

在报表布局方面，默认的是“以压缩形式显示”。另外，还有两种报表布局方式，分别是“以大纲形式显示”和“以表格形式显示”，可以在“数据透视表工具”选项卡的“设计”下进行设置。进入“设计”选项后，在“报表布局”中选择显示方式，如图 4-31 所示。

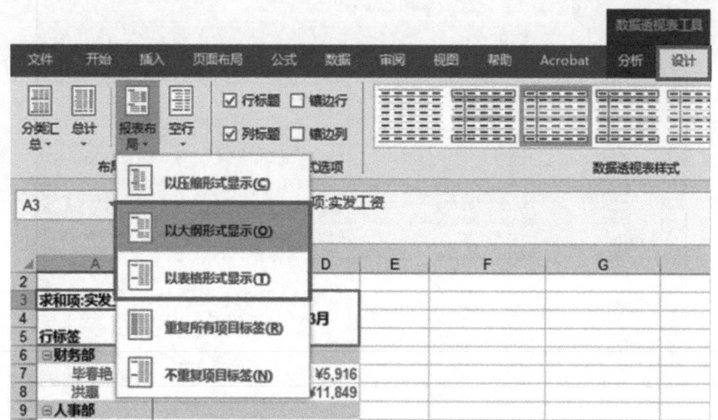

图 4-31

不同的显示形式显示效果如图 4-32 所示。

以压缩形式显示　以大纲形式显示　以表格形式显示

图 4-32

4.4 数据透视表的分析

通过数据透视表可以轻松地从不同角度查看数据。下面来介绍数据的排序、统计和筛选。

4.4.1 数据透视表中数据的排序

在数据透视表中，数据的默认排序方式未必是我们想要的。例如，我们要把“1 月”的“实发工资”按照升序排列。

选中 B7 单元格，表示对“1 月”的“实发工资”排序。单击“开始”选项卡下的“数据”，选择“排序和筛选”项目下的“排序”。在弹出的“按值排序”对话框中，可以选择“排序选项”和“排序方向”，“摘要”处显示了相应选择下的排序规则，单击“确定”按钮，如图 4-33 所示。

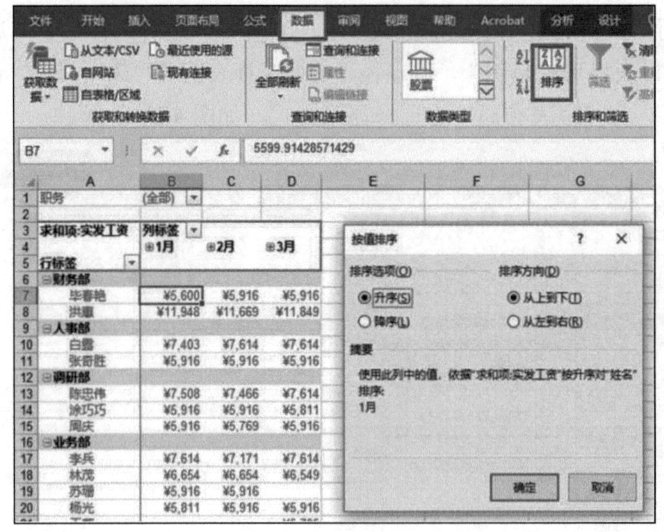

图 4-33

排序后的表格中，每个部门内部，员工顺序按照 1 月“实发工资”的升序排列，如图 4-34 所示。

除了上述的“排序”功能外，“∑值”项下的项目显示方式有多种选择。单击“∑值”项下“求和项:实发工资”的下拉按钮，选择“值字段设置”。在弹出的“值字段设置”对话框中，单击“值显示方式”标签，下设多种显示方式，如图 4-35 所示。

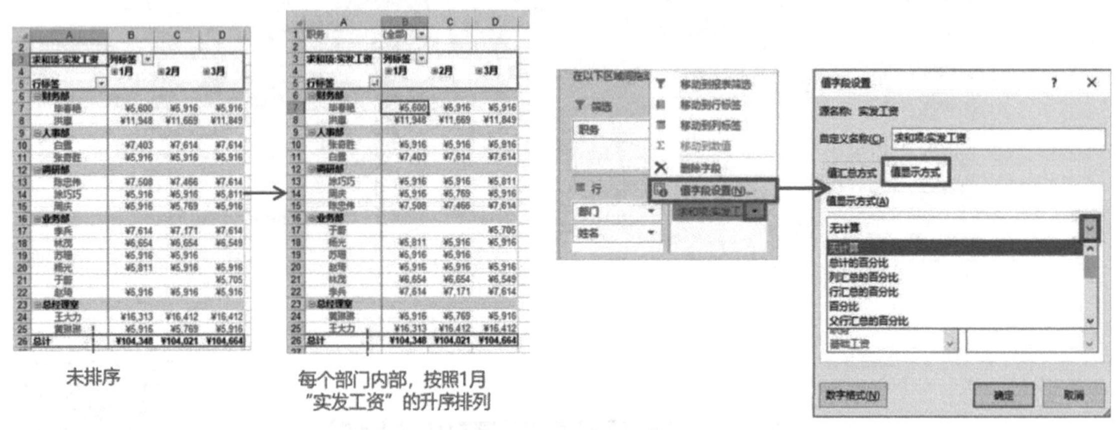

图 4-34　　　　图 4-35

除了排序显示外，较常用的显示方式有：

- 无计算：显示在该字段中输入的值。
- 全部汇总百分比：显示某一项数据占总和（行总计和列总计交汇处单元格的数值）的百分比。
- 列汇总的百分比：显示某一项数据占同列数据总和的百分比。
- 行汇总的百分比：显示某一项数据占同行数据总和的百分比。
- 百分比：将某一项数据表示为另一项的百分比。
- 差异：显示某一项数据减去另一项数值后所得的差。
- 差异百分比：某一项数据减去另一项数值后所得的差占另一项数值的百分比，即增长率。

4.4.2 用数据透视表统计数据

数据透视表显示的“∑值”汇总字段并非只能进行“求和”这一种操作，用户完全可以根据自己的需求变更汇总字段的内容，例如“计数”“求平均值”“求最大值”“求最小值”等。下面以“求平均值”为例进行介绍。

打开“值字段设置”对话框，在“值汇总方式”标签下，计算类型默认选择“求和”，如图 4-36 所示。

单击“平均值”，自定义名称从“求和项:实发工资”自动修改为“平均值项:实发工资”，单击“确定”按钮，如图 4-37 所示。

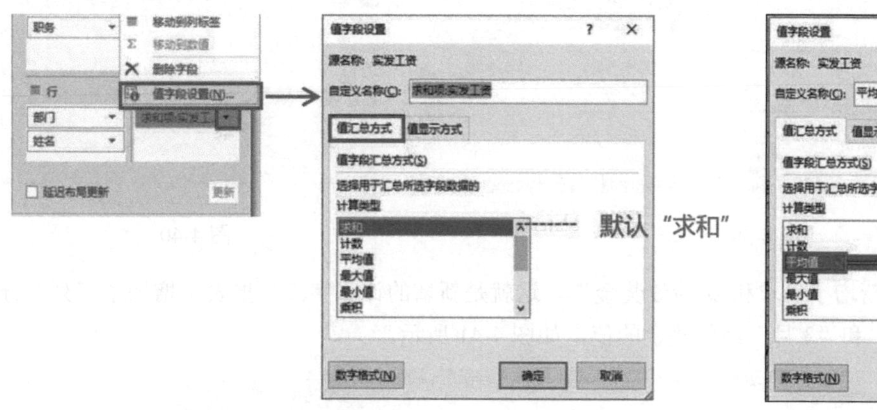

图 4-36

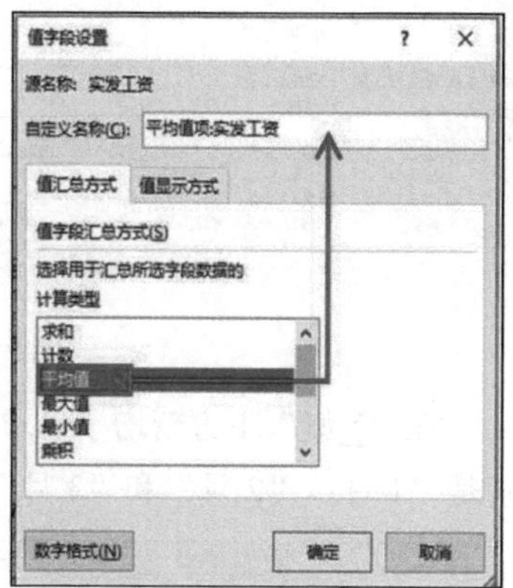

图 4-37

表格中的汇总数据从各部门“实发工资”的求和改为各部门“实发工资”的平均值了，如图 4-38 所示。

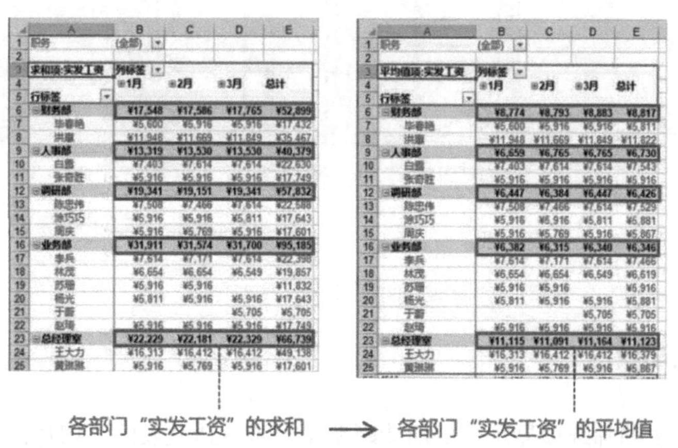

图 4-38

除了调整单元格内的数据汇总方式外，我们也可以根据自己的需要把表格中两个甚至多个字段的内容进行加减乘除，形成一个新的计算字段。例如，“年终奖金”按照基本工资的两倍发放，我们设置一列“年终奖金”字段。

单击“数据透视表工具”选项卡的“分析”，依次单击“计算→字段、项目和集→计算字段”，如图 4-39 所示。

在弹出的“插入计算字段”对话框中，“名称”处输入“绩效奖金”。在公式处，删除“0”后，双击“字段”中的“实发工资”，“实发工资”便显示于“公式”中，再输入“*10%”，整体显示为“绩效奖金=实发工资*10%”，表示绩效奖金是实发工资的 10%，单击“确定”按钮，如图 4-40 所示。

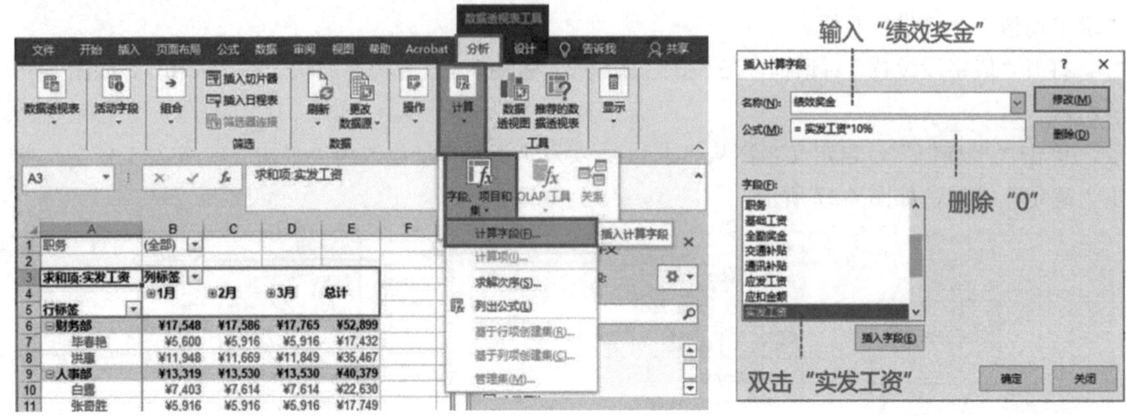

图 4-39　　　　图 4-40

在“∑值”下方新增了“求和项:绩效奖金”，这就是新增的计算字段。报表中增加了三列，分别是“1 月”“2 月”和“3 月”绩效奖金的值，如图 4-41 所示。

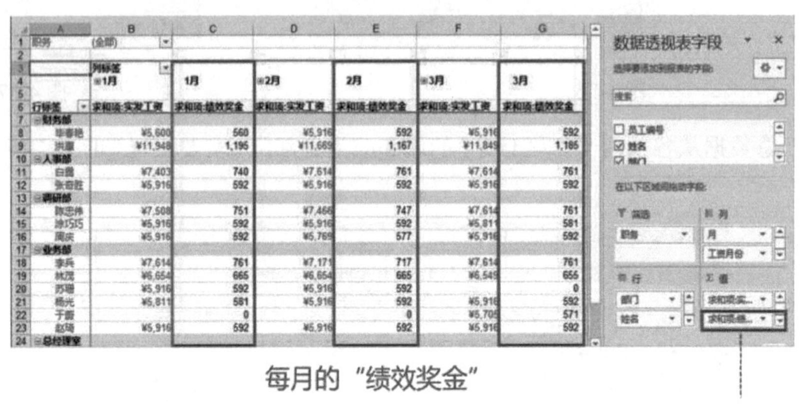

图 4-41

4.4.3　数据透视表的筛选

为了让数据透视表的筛选项显示得更加清晰明了，数据透视表的“切片器”工具可以实现这一功能。

单击“数据透视表工具”选项卡下的“分析→筛选→插入切片器”。在弹出的“插入切片器”对话框中，选择“职务”，单击“确定”按钮，如图 4-42 所示。

数据透视表中出现了一个以“职务”命名的切片器窗口，如图 4-43 所示。由于当前选项是“全选”，因此“职务”下的每个选项都由蓝底色显示。如果要同时选择多个选项，则在选中某一个选项的基础上，按住 Ctrl 键的同时再单击其他选项。

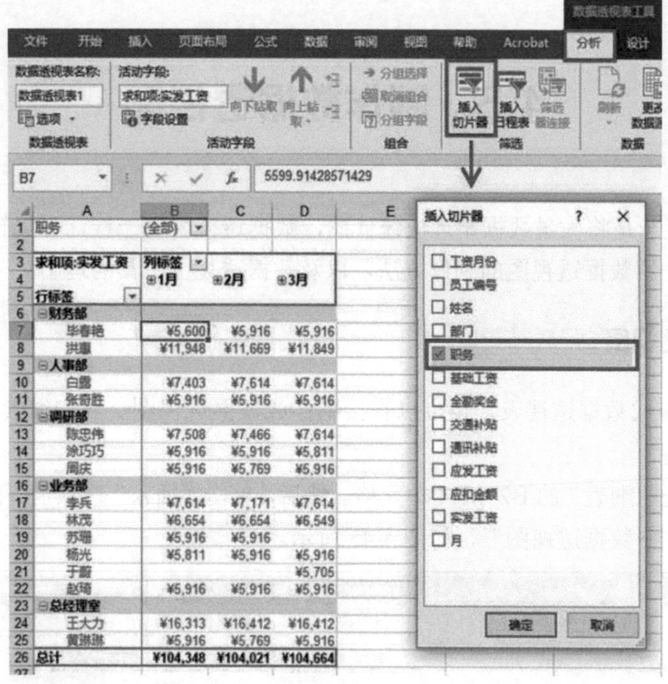

图 4-42

	A	B	C	D
1	职务	(全部)		
2				
3	求和项:实发工资	列标签		
4		⊞1月	⊞2月	⊞3月
5	行标签			
6	⊟财务部			
7	毕春艳	¥5,600	¥5,916	¥5,916
8	洪惠	¥11,948	¥11,669	¥11,849
9	⊟人事部			
10	白露	¥7,403	¥7,614	¥7,614
11	张奇胜	¥5,916	¥5,916	¥5,916
12	⊟调研部			
13	陈忠伟	¥7,508	¥7,466	¥7,614
14	涂巧巧	¥5,916	¥5,916	¥5,811
15	周庆	¥5,916	¥5,769	¥5,916
16	⊟业务部			
17	李兵	¥7,614	¥7,171	¥7,614
18	林茂	¥6,654	¥6,654	¥6,549
19	苏珊	¥5,916	¥5,916	
20	杨光	¥5,811	¥5,916	¥5,916
21	于蔚			¥5,705
22	赵琦	¥5,916	¥5,916	¥5,916
23	⊟总经理室			
24	王大力	¥16,313	¥16,412	¥16,412
25	黄琳琳	¥5,916	¥5,769	¥5,916
26	总计	¥104,348	¥104,021	¥104,664

职务
副经理
副总经理
经理
秘书
职员
总经理

切片器窗口

图 4-43

如果要取消筛选，可以单击切片器右上角的“清除筛选”标志，如图 4-44 所示。

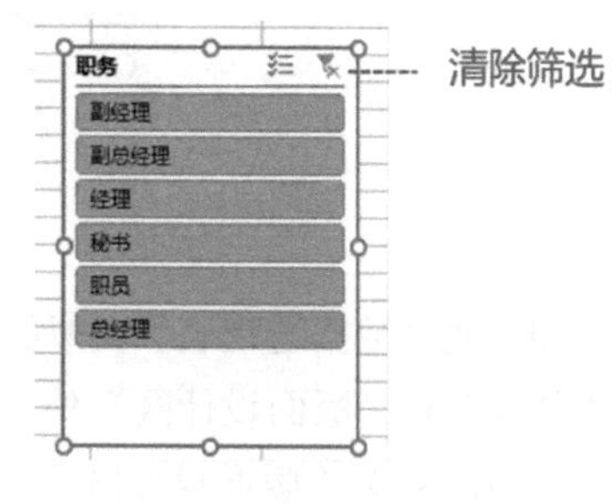

图 4-44

如果要删除切片器，选中切片器，再单击 Delete 键即可。

切片器的功能和筛选项是类似的，但“切片器”可以更加直观地把筛选结果呈现在表格之上。并且，“切片器”可以同时对多个数据透视表操作，“报表筛选”项仅能对其所在的数据透视表操作。

4.5 制作数据透视图

Excel 的功能之一是将大量数据整理成统计图，数据透视表也一样，可以转换为统计图，辅助分析数据。本节将介绍数据透视图的制作方法，以及数据透视图工具的运用。

4.5.1 创建数据透视图

数据源可以制作成数据透视表，也可以直接制作成数据透视图。我们继续使用“工资明细表”的例子来创建透视图。

同样选中“工资明细表”的 B2~M44 单元格。然后，单击“插入”选项卡，再依次单击“图表”项下的“数据透视图→数据透视图”，如图 4-45 所示。

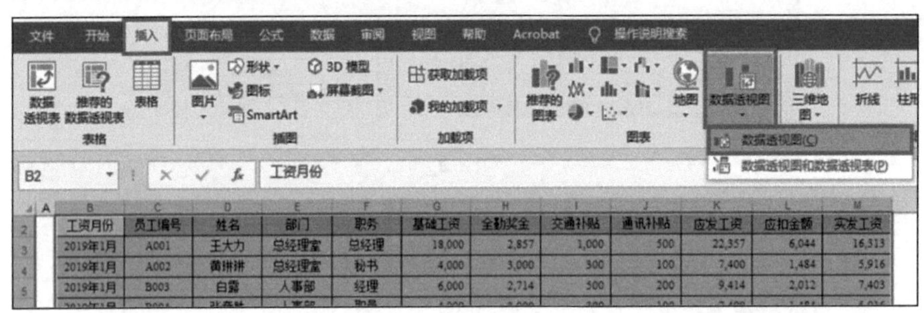

图 4-45

在弹出的“创建数据透视图”对话框中，确认数据源的范围是“工资明细表”的 B2~M44 单元格，“选择放置数据透视图的位置”为“新工作表”，单击“确定”按钮，如图 4-46 所示。

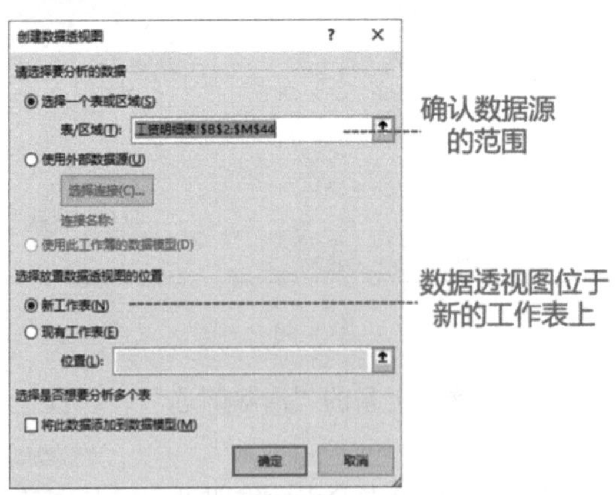

图 4-46

和新建“数据透视表”类似的是，Excel 生成了新的工作表。新的工作表除了有“表格区”“字段清单区”和“版面设计区”外，还有“透视图区”，如图 4-47 所示。

按照图 4-48“版面设计区”的配置设定版面，工作表中生成的数据透视表和数据透视图按照设定的版面内容变化。

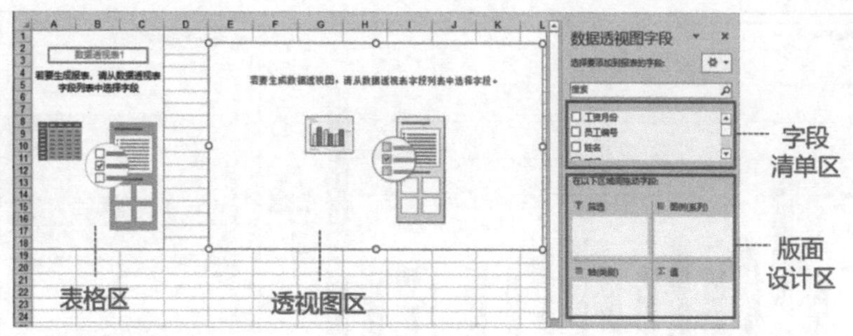

图 4-47

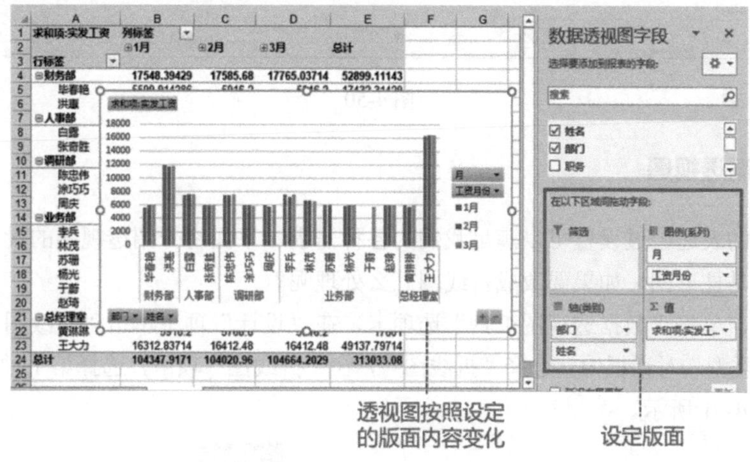

图 4-48

可以把数据透视表和数据透视图分别显示在两个工作表中，便于阅读和日后的处理。单击“数据透视图工具”选项卡下的“设计”，再单击“移动图表”。在弹出的“移动图表”对话框中，选择“新工作表”，“新工作表”的名称默认为“Chart1”，单击“确定”按钮，如图 4-49 所示。

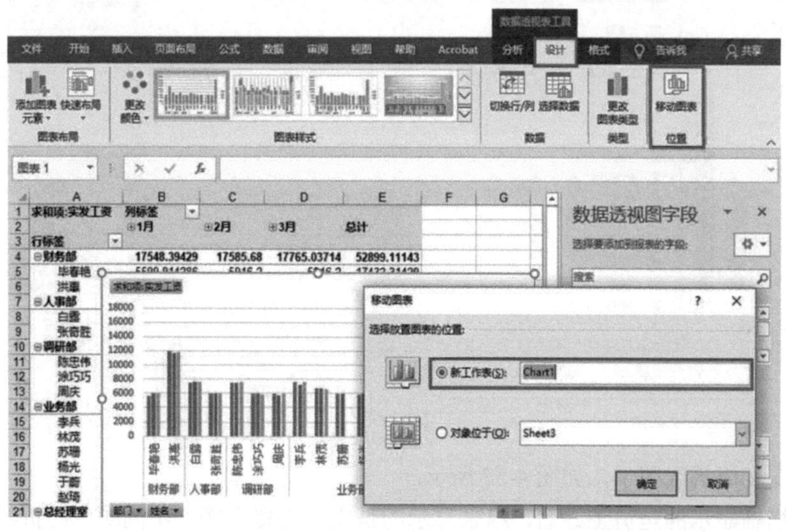

图 4-49

透视图移动到了“Chart1”工作表中，如图 4-50 所示。“Chart1”工作表单独显示透视图。

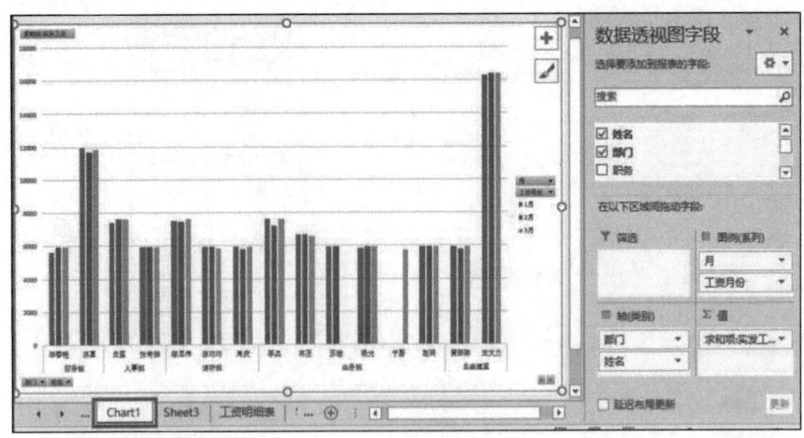

图 4-50

4.5.2 编辑数据透视图

数据透视图的表达经过设置可以满足我们的各种需求。下面将介绍透视图的设置。

上例显示的是柱形图，如果要改成折线图怎么处理呢？

选中透视图，单击“数据透视图工具”选项卡，在“设计”项下单击“更改图表类型”，在弹出的“更改图表类型”对话框中，选择“折线图”，在“折线图”项下，选择第 1 种方式，单击“确定”按钮，如图 4-51 所示。

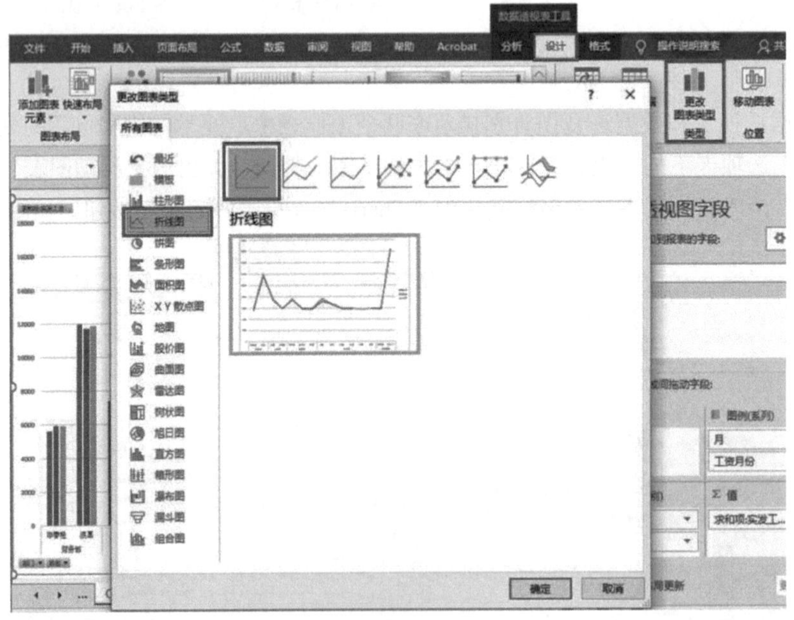

图 4-51

可见柱状图变成折线图了，如图 4-52 所示。

上例中，横轴显示的是员工姓名，纵轴显示的是实发工资金额，不同颜色的折线代表不同月份的实发工资金额。由于同一员工不同月份的实发工资金额相差不大，3 条折线几乎重叠，我们也可以让横轴显示月份，不同颜色的折线代表不同产品的销售金额。

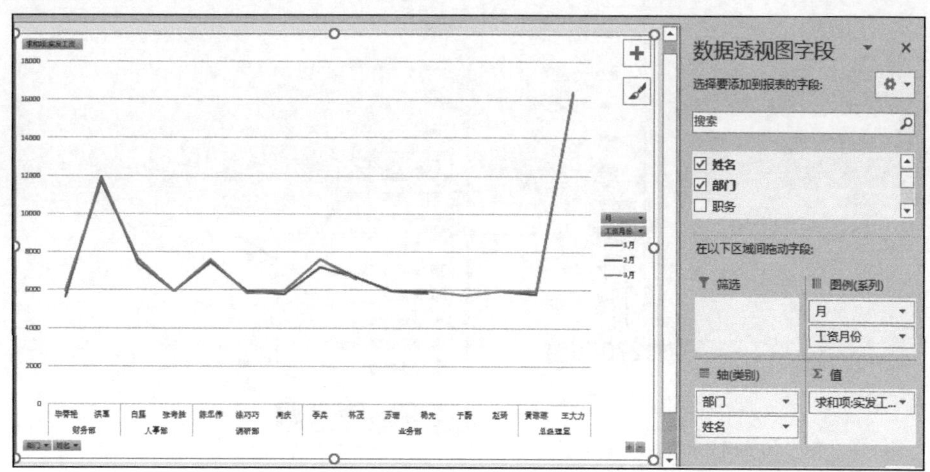

图 4-52

接着来变更图表布局，增添一些图表细节。在“数据透视图工具”的“设计”项下，在“图表布局”中选择“布局 5”，图表中多出了“图表标题”“坐标轴标题”“数据表”三个项目，如图 4-53 所示。

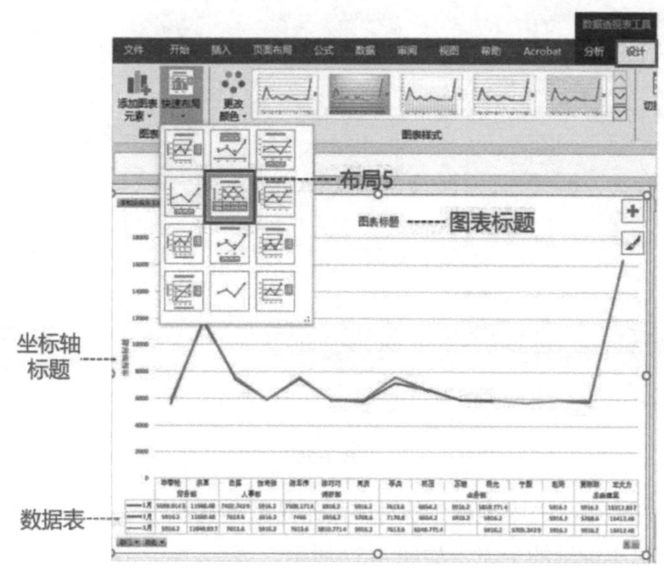

图 4-53

单击“图表标题”，输入“工资明细表”，如图 4-54 所示。

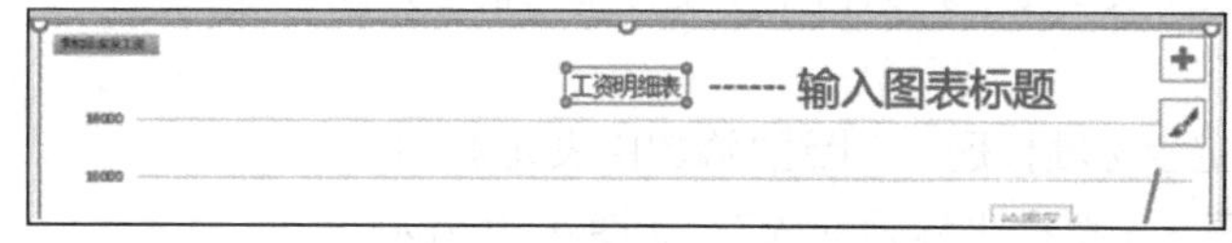

图 4-54

单击“坐标轴标题”，输入“实发工资”。此处的“坐标轴标题”的字体是旋转 270° 设置的，如果版面空间充足，也可以调整为水平设置。右击“坐标轴标题”，选择“设置坐标轴标题格式”，如图 4-55 所示。

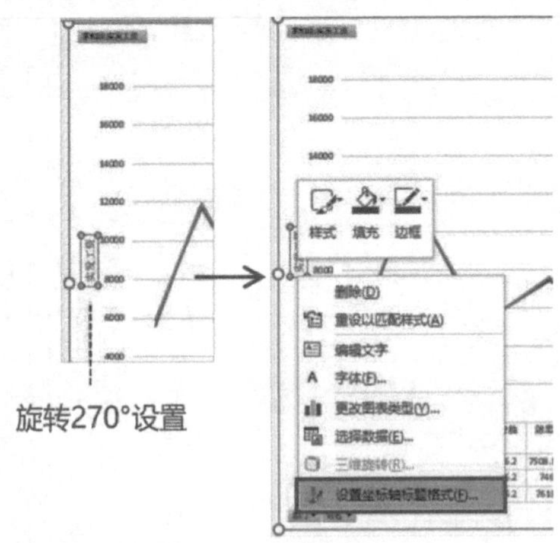

图 4-55

在窗口的最右侧出现了“设置坐标轴标题格式”工作区，单击“大小与属性”标签，单击“文字方向”的下拉按钮，由默认的“所有文字旋转 270° ”改选为“横排”，如图 4-56 所示。

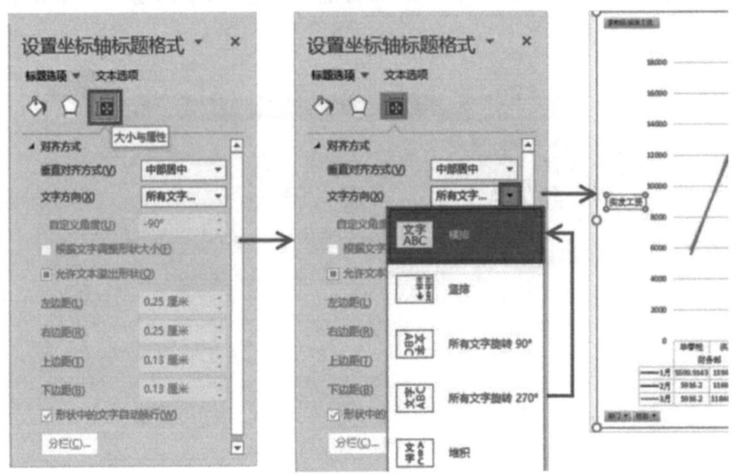

图 4-56

则坐标轴标题水平设置。选中坐标轴标题，按住鼠标左键不放，可将标题拖移至纵坐标轴的上方，如图 4-57 所示。

“模拟运算表”显示了图表的数据，如果不需要，单击“数据透视图工具”选项卡下的“设计”，再依次单击“添加图表元素→数据表→无”。数据表不见了，只留下横坐标轴的信息，如图 4-58 所示。

如果要给横轴设定坐标轴标题，在上述“添加图表元素”下，依次单击“坐标轴标题→主要横坐标轴标题”，如图 4-59 所示。透视表中增加了“横坐标轴标题”这个项目。

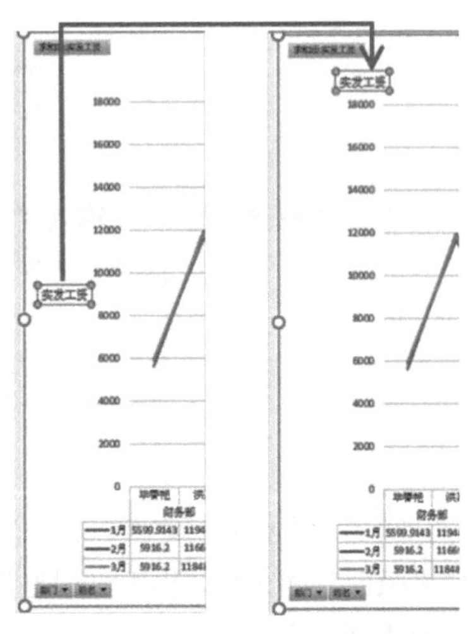

图 4-57

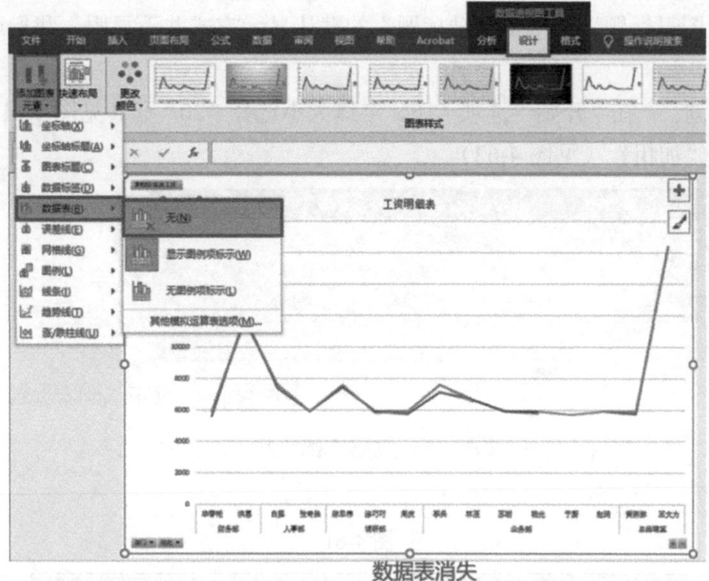

图 4-58

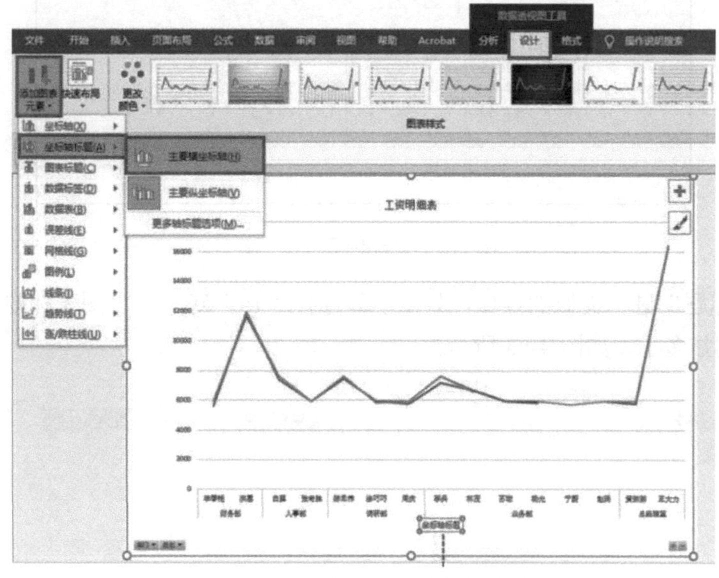

图 4-59

在"坐标轴标题"处输入"部门和姓名"，如图 4-60 所示。

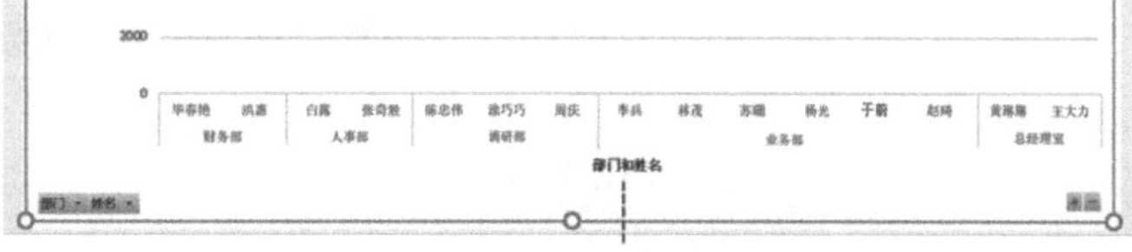

图 4-60

透视表中的“图表标题”和“坐标轴标题”的默认显示方式并不显眼，我们可以调整这些文字的显示方式。

选中“图表标题”，在“开始”选项卡下，字体大小选择“20”磅（见图 4-61），字体选择“微软雅黑”，并选择“加粗”（见图 4-62）。

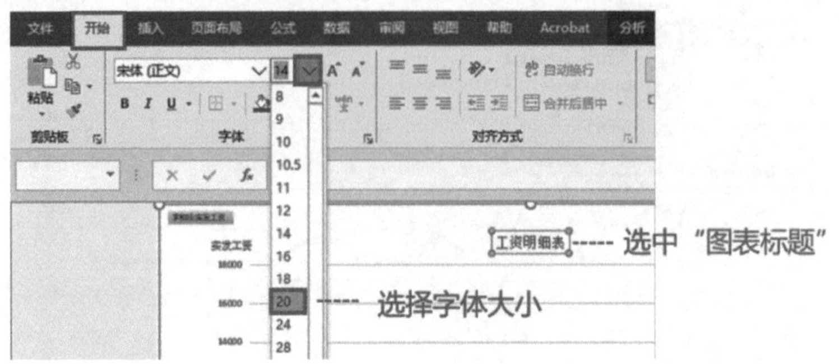

图 4-61

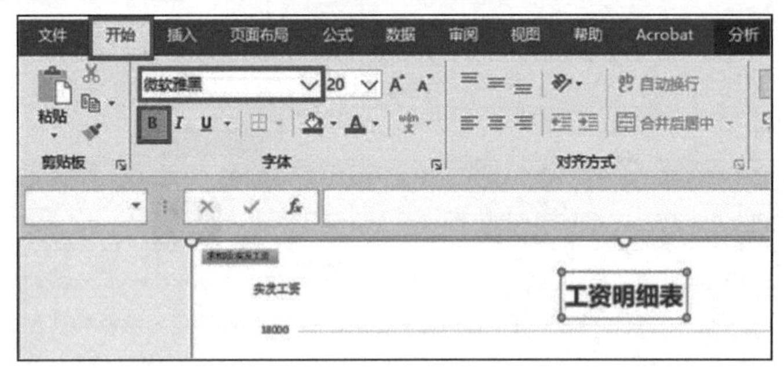

图 4-62

对“坐标轴标题”进行类似的操作，只是字体选择“14”磅，比“图表标题”略小。设置后，几处标题的显示明显多了，如图 4-63 所示。

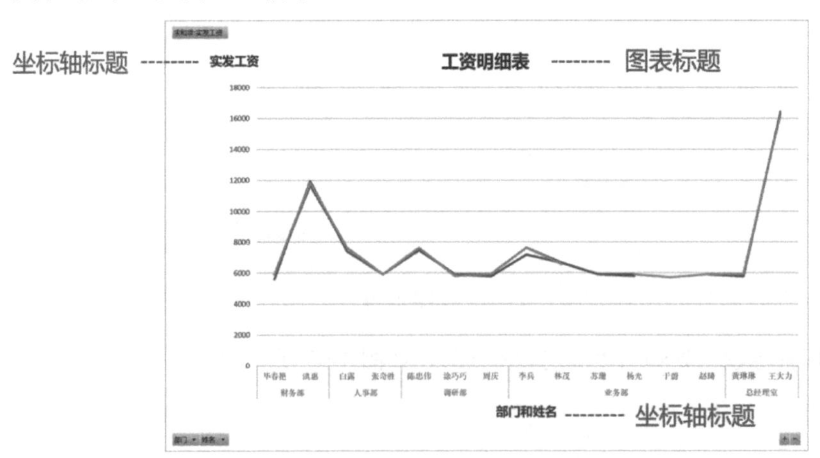

图 4-63

4.5.3 运用数据透视图

数据透视表可以根据不同需要来分析数据，数据透视图也可以经过设置实现不同的需求。

透视图与透视表一样，有筛选数据的工具。例如，我们仅需显示“业务部”的“实发工资”，如何操作呢？

把“月”从“图例”移到“筛选”，透视图左上角显示了“月”的筛选项，如图 4-64 所示。

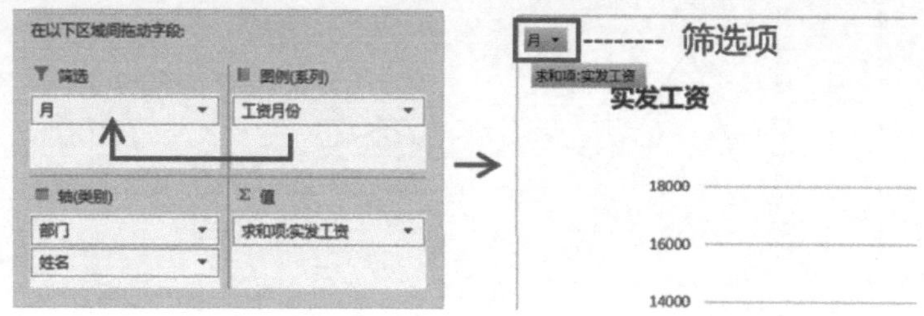

图 4-64

单击“月”的下拉按钮，选择“1 月”，单击“确定”按钮，如图 4-65 所示。透视图中只显示了“1 月”各员工实发工资对应的折线。

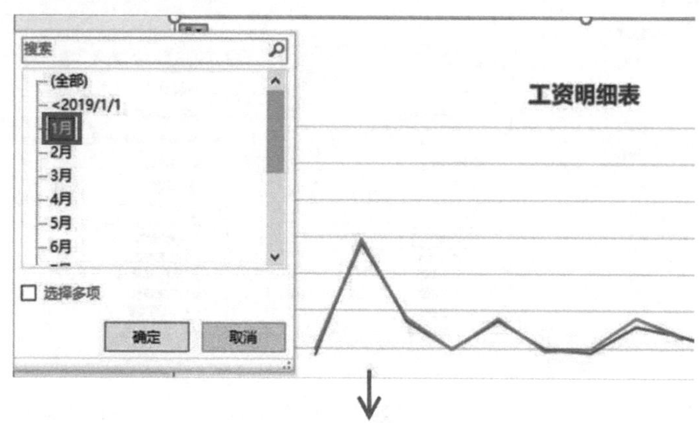

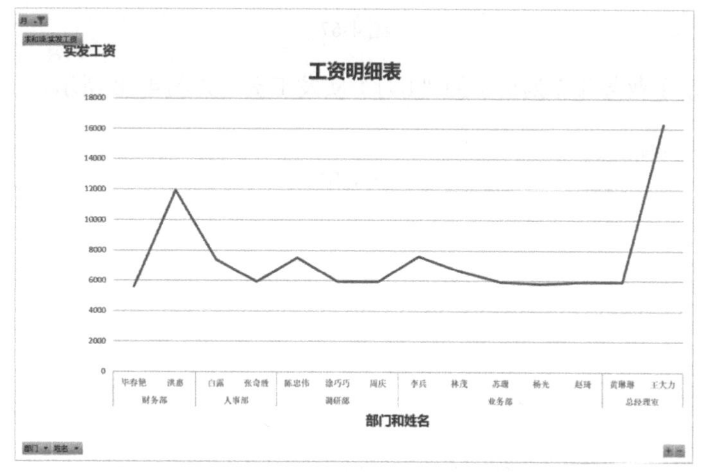

图 4-65

在横坐标轴的下方也有两个筛选项，即“部门”和“姓名”，如图 4-66 所示。

单击“部门”的下拉按钮，取消“全选”的勾号，表示取消全选。然后选择“业务部”，单击“确定”按钮，如图 4-67 所示。

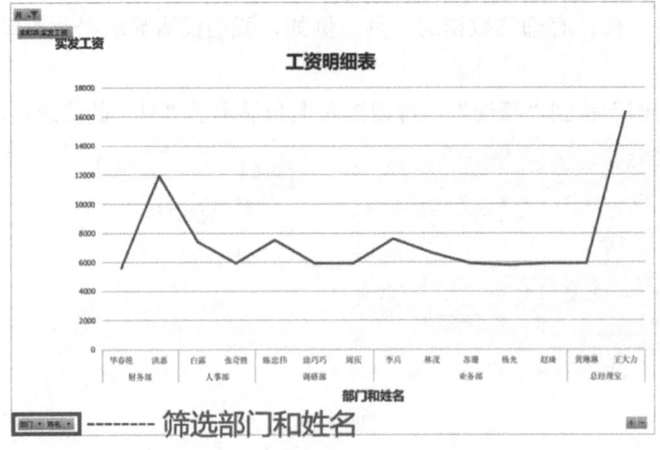

图 4-66

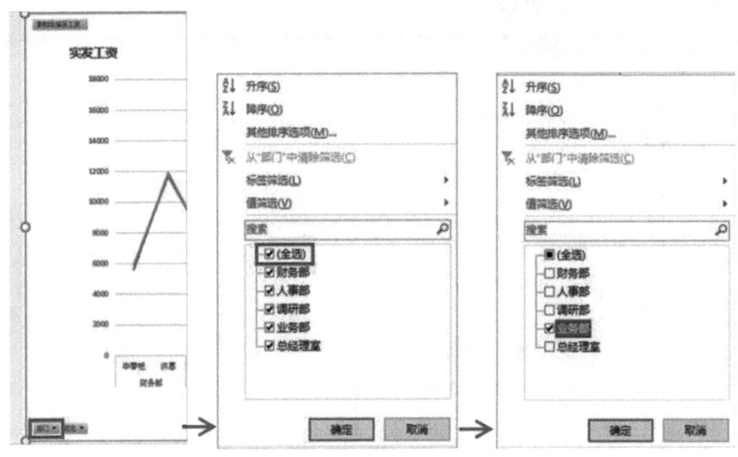

图 4-67

透视图中仅显示了业务部 5 为员工的“1 月”实发工资，如图 4-68 所示。

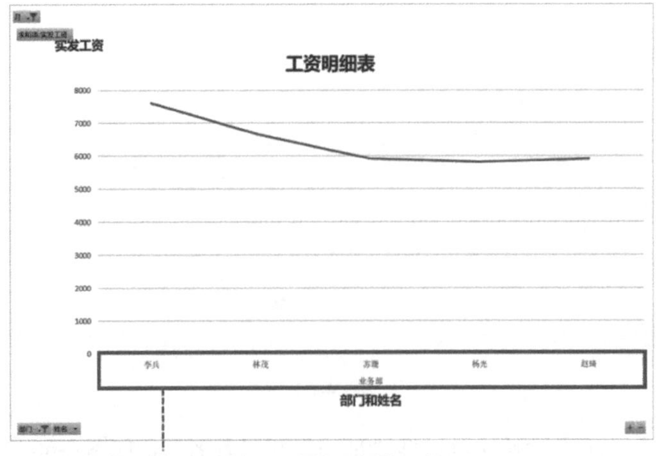

图 4-68

4.6 练一练——快速找出指定的销售金额

【目标】

图 4-69 中的销售金额统计数据表显示了 2019 年 1 月至 12 月各客户的各单店在每项产品的销售数量和金额，包括客户代号、客户名称、单店代号、单店名称、产品群代号、产品群名称、产品代号、产品名称、销售数量、销售金额、年月，总计达 702 条资料。我们的目标是快速找出各客户各月在各产品群的销售金额。

	A	B	C	D	E	F	G	H	I	J	K
1	客户代号	客户名称	单店代号	单店名称	产品群代号	产品群名称	产品代号	产品名称	销售数量	销售金额	年月
2	101	家家乐	1014	民生店	302	家用纸品	3021	卫生纸	150	10,034	201901
3	101	家家乐	1013	联洋店	302	家用纸品	3021	卫生纸	149	73,312	201901
4	101	家家乐	1013	联洋店	302	家用纸品	3022	盒装面纸	5	3,228	201901
5	101	家家乐	1013	联洋店	302	家用纸品	3023	厨纸	9	2,726	201901
6	101	家家乐	1013	联洋店	303	个人纸品	3011	小袋纸巾	99	9,454	201901
7	101	家家乐	1013	联洋店	301	个人纸品	3012	湿纸巾	78	2,701	201901
8	101	家家乐	1015	潍坊店	302	家用纸品	3021	卫生纸	83	57,362	201901
9	101	家家乐	1015	潍坊店	302	家用纸品	3022	盒装面纸	6	4,243	201901
10	101	家家乐	1015	潍坊店	302	家用纸品	3023	厨纸	81	18,559	201901
11	101	家家乐	1015	潍坊店	303	个人纸品	3011	小袋纸巾	5	8,814	201901
12	101	家家乐	1015	潍坊店	301	个人纸品	3012	湿纸巾	40	1,918	201901
13	101	家家乐	1016	御桥店	302	家用纸品	3021	卫生纸	42	28,691	201901
14	101	家家乐	1016	御桥店	302	家用纸品	3022	盒装面纸	2	2,098	201901
15	101	家家乐	1016	御桥店	302	家用纸品	3023	厨纸	9	2,938	201901
16	101	家家乐	1016	御桥店	303	个人纸品	3011	小袋纸巾	19	2,865	201901
17	101	家家乐	1016	御桥店	301	个人纸品	3012	湿纸巾	78	1,567	201901
18	101	家家乐	1011	高行店	302	家用纸品	3021	卫生纸	8	2,805	201901
19	101	家家乐	1011	高行店	302	家用纸品	3022	盒装面纸	13	4,415	201901

图 4-69

【步骤】

要建立各客户各月在各产品的销售金额统计表，表格内容必须包括客户名称、年月资料、产群名称、销售金额。因此，我们在整理资料时必须取得每笔资料中上述 4 个元素。下面就来看看如何使用这些资料快速找到答案。

步骤 01 选中 A1~K703 单元格，单击“插入”选项卡，选择“数据透视表”，在弹出的对话框中，查看数据源范围是否正确，单击“确定”按钮，如图 4-70 所示。

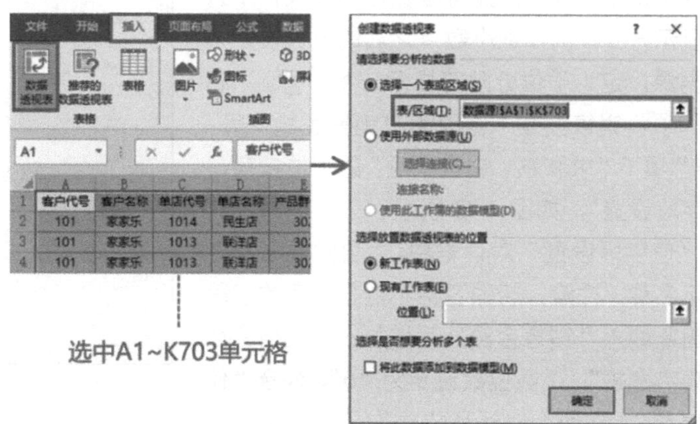

图 4-70

步骤02 把“字段清单区”中的“年月”拖曳到“版面设计区”的“列标签”下，把“客户名称”和“产品名称”拖曳到“行标签”下，把“销售金额”拖曳到“Σ值”下，把“产品群名称”拖曳到“表格筛选”下。表格区中出现各客户各月份在各产品的销售金额，表格左上角出现“产品群名称”筛选项，如图 4-71 所示。

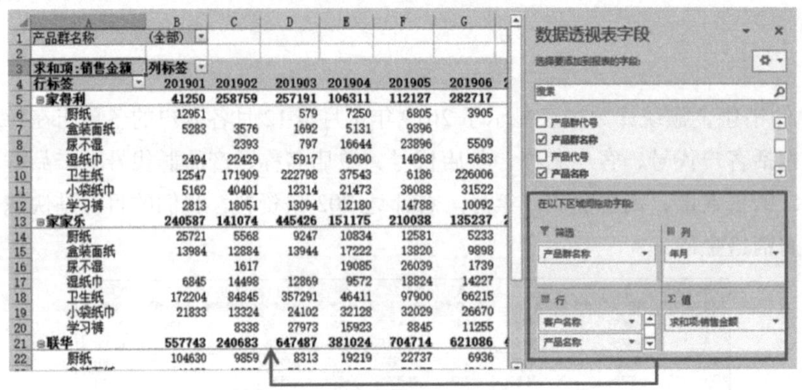

图 4-71

设置表格筛选项后，如果我们要查看各客户各月份在产品群“个人纸品”上的花费，可以单击筛选区“个人纸品”的下拉按钮，选择“个人纸品”，然后单击“确定”按钮。表格就会仅仅显示产品群中“个人纸品”的销售金额及相应的月份、客户、产品名称，如图 4-72 所示。

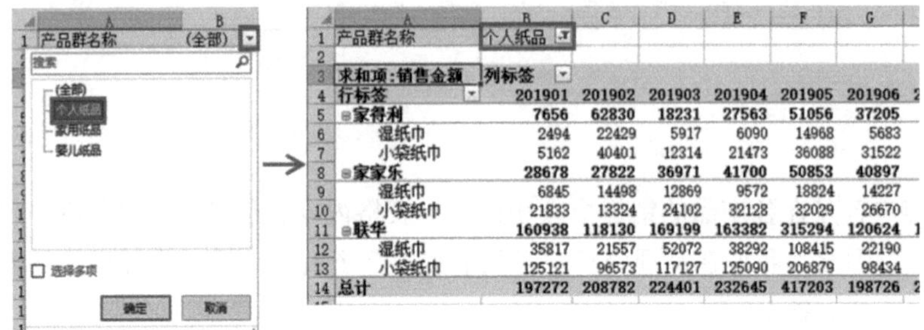

图 4-72

步骤03 大量的数字不便于阅读，因此可根据需要在表格中调整数字的显示方式，例如把小数点之后的位数设定为零，把数据源设定为千位分隔符显示，把“∑值”名称由“求和项：销售金额”修改为“销售金额”等。单击“∑值”项下“求和项：销售金额”的下拉按钮，选择“值字段设置”，如图 4-73 所示。

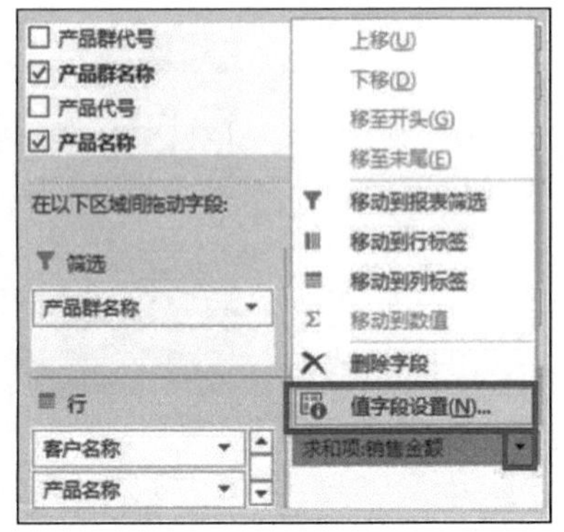

图 4-73

在弹出的“值字段设置”对话框中，“自定义名称”处更改显示名称，注意，新的名称不能与现有的字段名重复，因此输入“销售金额”后增加一个空格。然后单击“数字格式”，小数位数设定为“0”，勾选“使用千位分隔符”，在两个对话框中依次单击“确定”按钮，如图 4-74 所示。

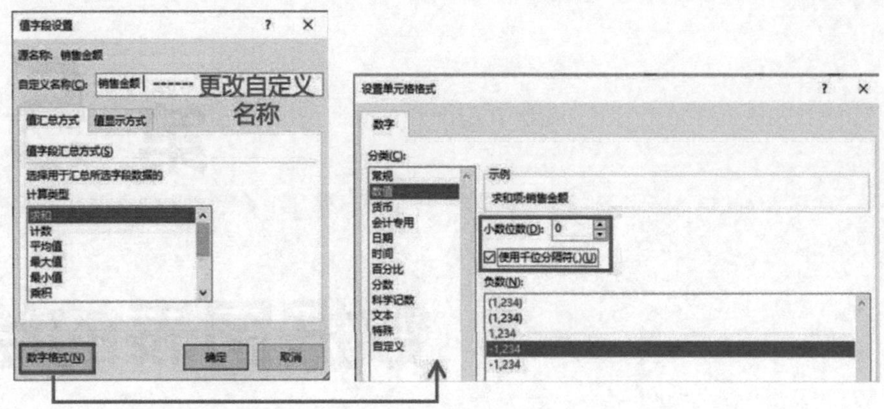

图 4-74

回到数据透视表，标题名已修改为“销售金额 ”，数字以千位分隔符显示，小数位数为 0，如图 4-75 所示。

标题名

	A	B	C	D	E	F	G
1	产品群名称	个人纸品					
2							
3	销售金额	列标签					
4	行标签	201901	201902	201903	201904	201905	20
5	⊟家得利	7, 656	62, 830	18, 231	27, 563	51, 056	37,
6	湿纸巾	2, 494	22, 429	5, 917	6, 090	14, 968	5,
7	小袋纸巾	5, 162	40, 401	12, 314	21, 473	36, 088	31,
8	⊟家家乐	28, 678	27, 822	36, 971	41, 700	50, 853	40,
9	湿纸巾	6, 845	14, 498	12, 869	9, 572	18, 824	14,
10	小袋纸巾	21, 833	13, 324	24, 102	32, 128	32, 029	26,
11	⊟联华	160, 938	118, 130	169, 199	163, 382	315, 294	120,
12	湿纸巾	35, 817	21, 557	52, 072	38, 292	108, 415	22,
13	小袋纸巾	125, 121	96, 573	117, 127	125, 090	206, 879	98,
14	总计	197, 272	208, 782	224, 401	232, 645	417, 203	198,
15							

图 4-75

以上利用数据透视表统计了各客户各月在各产品群的销售金额。

结果详见文件“04-01 建立数据透视表”。

上篇

第 5 章 数据图表的绘制

Excel 除了可以编辑功能强大的表格，还可以绘制数据图表。将表格内容可视化，可以让表格内容更直观、更形象地显示出来。

5.1 什么是数据图表

数据图表可以方便地查看数据之间的差异或数据本身的变化趋势，有助于快速、有效地表达数据之间的关系。

5.1.1 图表的作用和特点

鉴于数据图表的作用是把表格内容可视化，以便方便而清晰地查看数据之间的差异或数据本身的变化趋势，我们在决定采用何种图表时，必须考虑图表要表达的观点是什么，使用图表的意义在哪里。

通常，要表达的数据主要呈现三种性质：

- 数量：体现量的差异。
- 趋势：体现时间和数量的变化关系。
- 比较：体现不同数据间的差异。

上述三点在具体运用时会延伸出各种组合，例如数量的推移、趋势的比较等。

图形的走向也有三种方式：

- 右上：柱形图、折线图等，通常由左向右推移，鉴于多数是成长和累积的内容，基本以右上为延伸方向。
- 顺时针：比较性质的饼图、旭日图等，起始位置均为时钟 12 点的方向。
- 放射状：以与中心点的距离为比较对象的雷达图等。

下一小节将介绍 Excel 的基本图表类型。

5.1.2 图表的种类

Excel 自带的图表类型有 17 大类，每种类型又包括多种小类。面对数据表格，我们选择哪一种图表类型呢？

在有任意数据的工作表中，单击“插入”选项卡，再单击“图表→推荐的图表”，如图 5-1 所示。

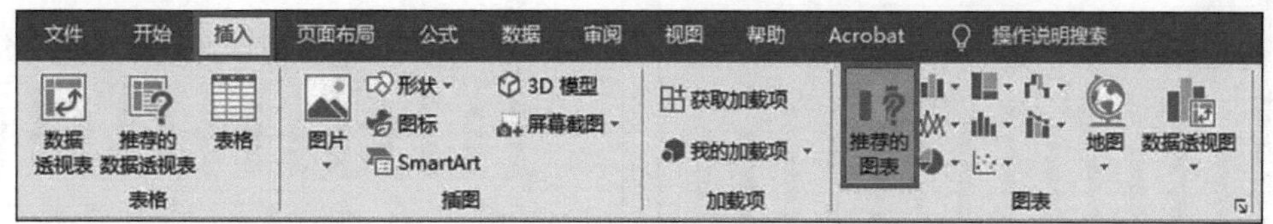

图 5-1

在弹出的“插入图表”对话框中，单击“所有图表”标签，左侧显示了 17 个大类的图表，包括柱形图、折线图、饼图等，右侧显示了相关大类中的各个小类，例如柱形图就分为簇状柱形图、堆积柱形图、百分比堆积柱形图等，如图 5-2 所示。

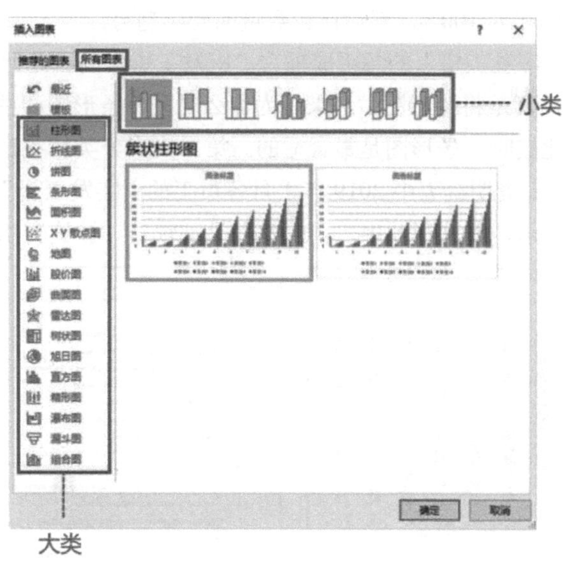

图 5-2

下面依次介绍常用的图形。柱形图将数量以竖立长条的方式显示，善于比较不同时间节点的数据。我们在看柱形图时，习惯从左至右阅读，因此柱形图 X 轴的时间数据也是向右推移的。

柱形图主要有三种形态，下面一一介绍：

1. 簇状柱形图

体现数量的变化趋势，可以是单系列的比较，也可以是多系列的比较。

图 5-3 把工资明细表中 2019 年 1 月各员工的“实发工资”罗列出来。这是由一个系列组成的簇状柱形图，对各员工的“实发工资”进行比较。

2. 堆积柱形图

将数量上的变化趋势以“堆积”的方式比较。

图 5-4 中的堆积柱形图显示了 2019 年 1 月各员工“应发工资”的组成及变化，表明“应发工资”的高低主要和“基础工资”相关，如图 5-4 所示。

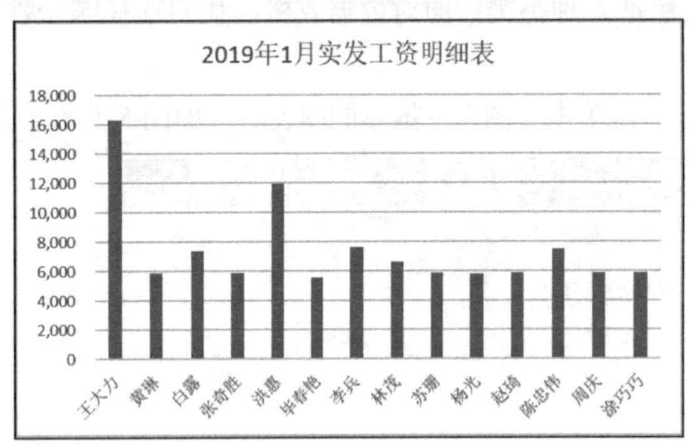

图 5-3

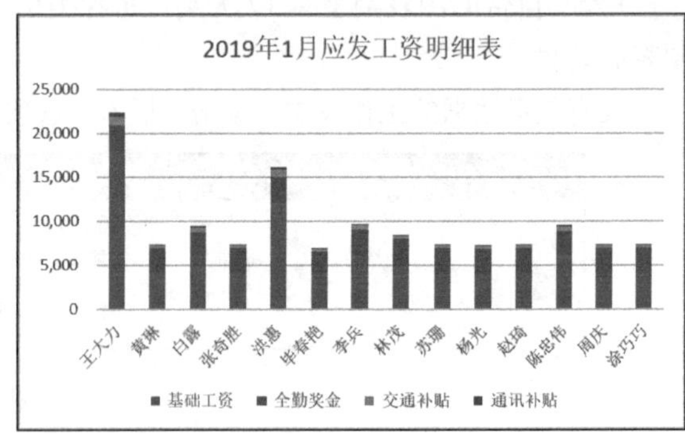

图 5-4

3. 百分比堆积柱形图

数据先换算成各系列的和为 100%，然后比较数量的变化趋势。

图 5-5 显示了各员工“应发工资”的各组成项占“应发工资”的百分比，并进行比较。

条形图在形状上似乎仅仅是将柱形图横过来，为什么要区分条形图和柱形图呢？第一，当要从上而下表现各分类的排列比较时，条形图是最合适的。第二，当分类标签过长时，柱形图的下方容纳不了分类标签。图 5-6 将工资明细表中 2019 年 1 月各员工的“实发工资”用条形图表述，条形图中各员工的姓名在同一行显示，而柱形图中，由于姓名显示较长，被旋转 45 度显示了。

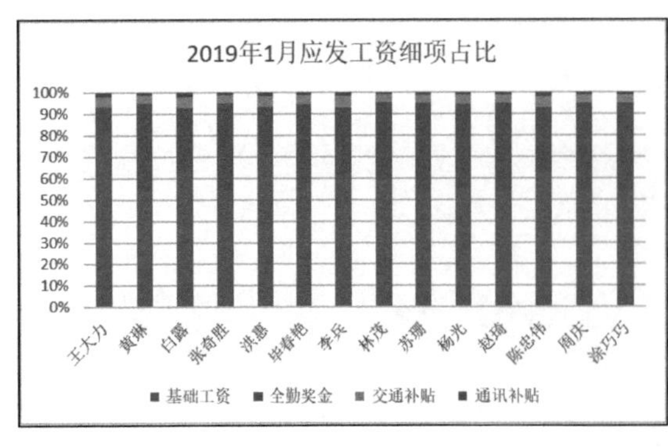

图 5-5

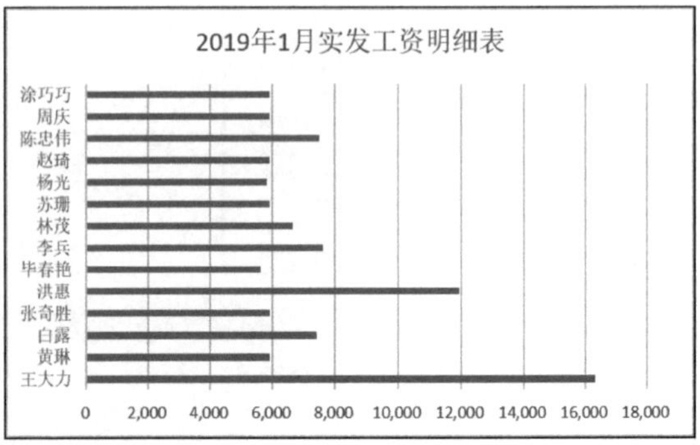

图 5-6

类似于柱形图，主要的条形图同样有三种形态，这里不再赘述。

折线图以折线的方式显示数量，但折线图的重点并不仅限于数量，而是注重推移的趋势，即善于表现随时间变化的连续数据。和柱形图相比，折线图聚焦于数据的落差和变化，可以通过折线的角度确定数据变化的程度。图 5-7 显示的是一家小卖部 2019 年各月份的营业收入，用折线图充分表现了营业收入的变化趋势。

类似于柱形图，折线图同样有三种形态，不再赘述。

面积图看起来像是将折线图以面积的方式表现，但实际上更接近柱形图的形式，适合体现量的变化。面积图善于同时表现数量、变化趋势、数量的比较。上例如果改用面积图来表达，也是很合适的，如图 5-8 所示。

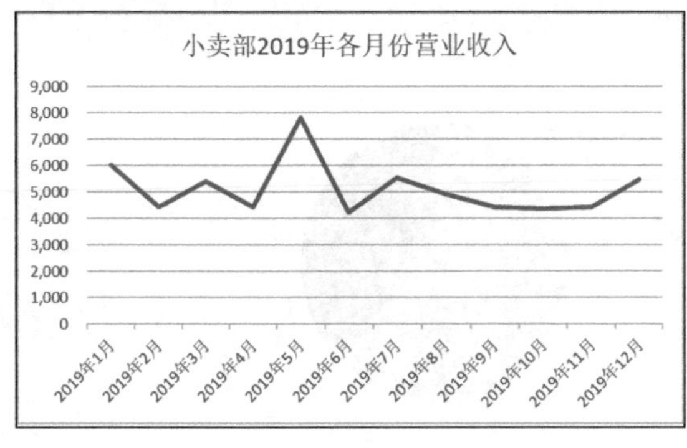

图 5-7

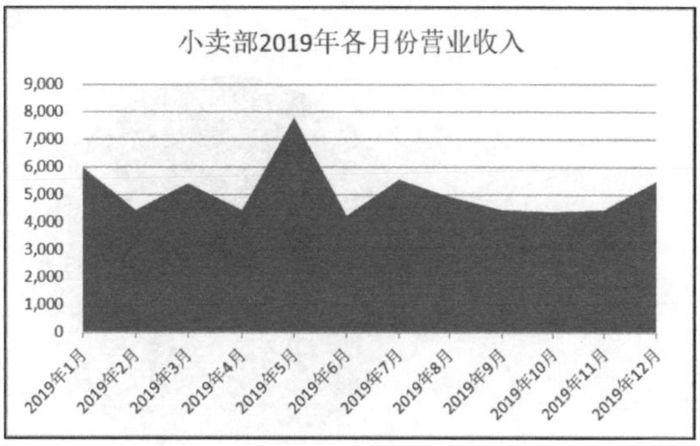

图 5-8

类似于柱形图，面积图同样有三种形态，不再赘述。

饼图把数据换算成百分比，以 360 度的圆饼来表示，是比率形式的图表。饼图适合将多个数据进行简单的百分比比较。若将整个饼的面积表示为 100%，则只需将数值图表化，即可表明各分类在总体中的占比。

事实上，很多情况下饼图可以用条形图替代，条形图也更容易表达数据点之间的差异，但饼图能够体现整体和构成的效果，看到饼图便能联想到和为 100%，这一点条形图无法表达。

饼图主要有 4 类，下面一一介绍。

1. 饼图

将各分类数据拼接在一个完整的饼状圆形中，和为 100%。

下例是一个部门三位员工的“业绩贡献”的组成，用了简洁、清晰的饼图形式，如图 5-9 所示。

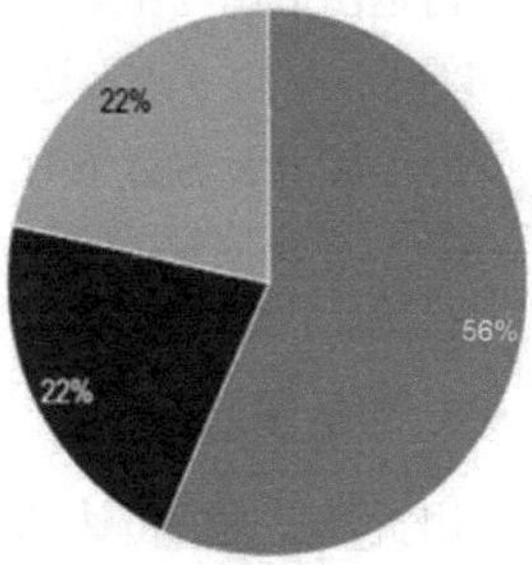

图 5-9

2. 分离型饼图

将各分类数据以扇区为单位，拼接成类饼状图形，每一扇区之间都可设置间隙。

下例左图是一个扇区与其他扇区分开的情况，右图是三个扇区都分开的情况，如图 5-10 所示。

3. 复合饼图

将某一块分类单独拉出再做子饼图分析。

下例左侧饼图的灰色扇区（某一员工的业绩贡献 22%）进一步细化成右侧的饼图，显示该部分业绩贡献中的各业务占比，如图 5-11 所示。

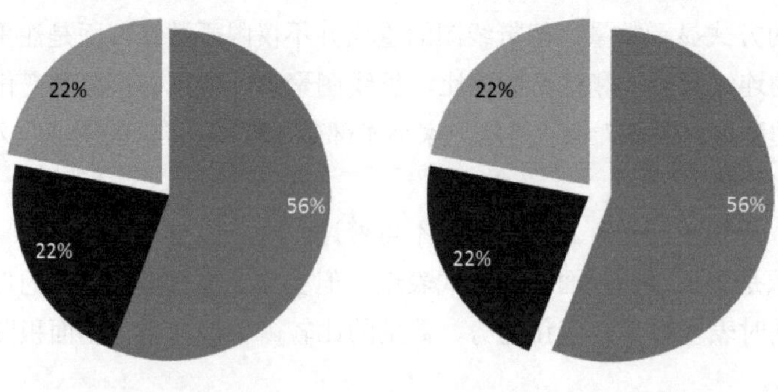

图 5-10

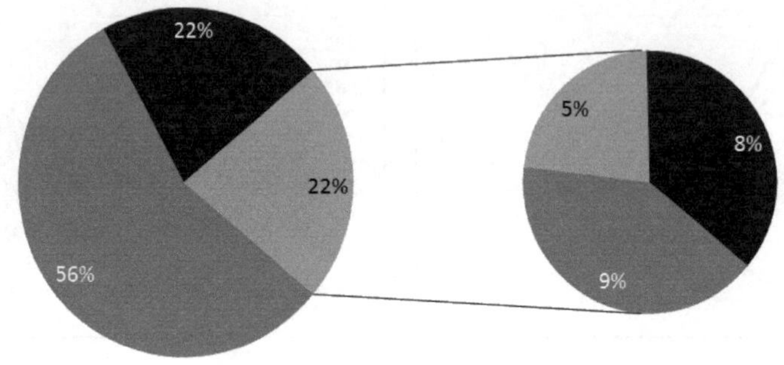

图 5-11

4. 复合条饼图

类似于复合饼图，复合条饼图的子饼图部分用条形方式呈现。

下例中，子饼图为条形格式，与母饼图的饼状格式合并为复合条饼图，如图 5-12 所示。

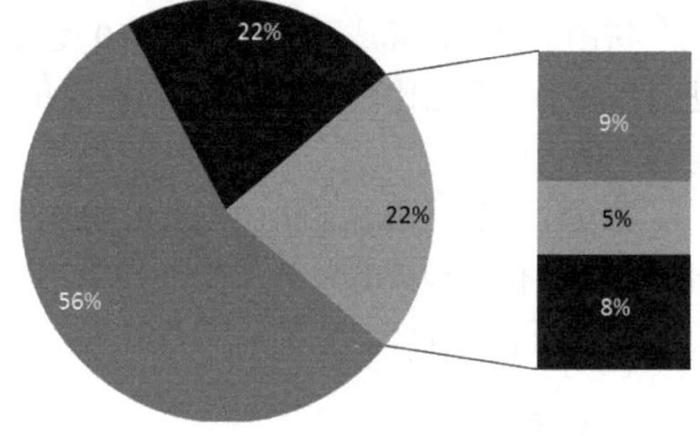

图 5-12

雷达图借由与中心点的距离，利用蜘蛛网状的图表，以同心圆的方式表达多个数据的信息，适用于倾向分析，常用于与竞争对手的比较等场合。

雷达图有三种类型，下面一一介绍。

1. 雷达图

用折线表达的雷达图。

在图 5-13 中，三条围合折线分别代表三家公司的商品满意度调查结果。

2. 带数据标记的雷达图

折线与数据轴交汇处有数据标记。

在图 5-14 中，三条围合折线是带数据标记的。

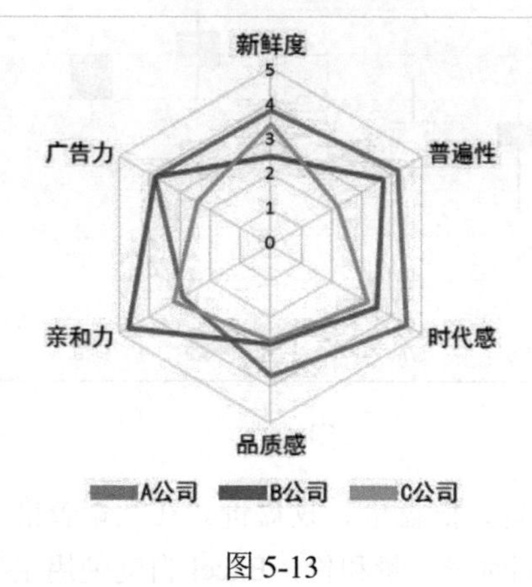

图 5-13

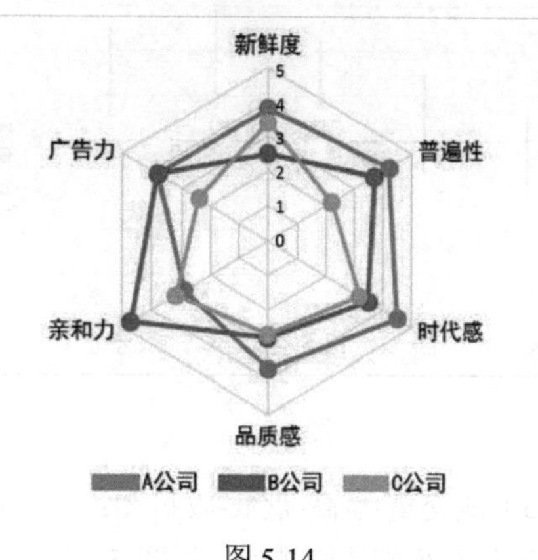

图 5-14

3. 填充雷达图

在折线所圈出的范围内填充颜色。

在图 5-15 中，三条围合折线变成了三块填充色块。

XY 散点图与其他用 X 轴、Y 轴显示数据的图表不同，XY 散点图是不区分 X 轴和 Y 轴的。XY 散点图常用于显示两个或多个变量之间的关系，包括体现相关性的，以及进行比较评价的。

体现相关性的 XY 散点图包括正相关、负相关。下例是表达相关性的 XY 散点图，A 商品销量与温度呈正相关，B 商品销量与温度呈负相关，如图 5-16 所示。

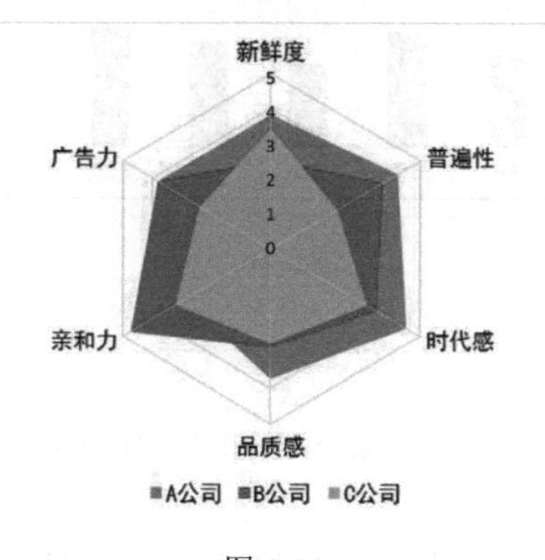

图 5-15

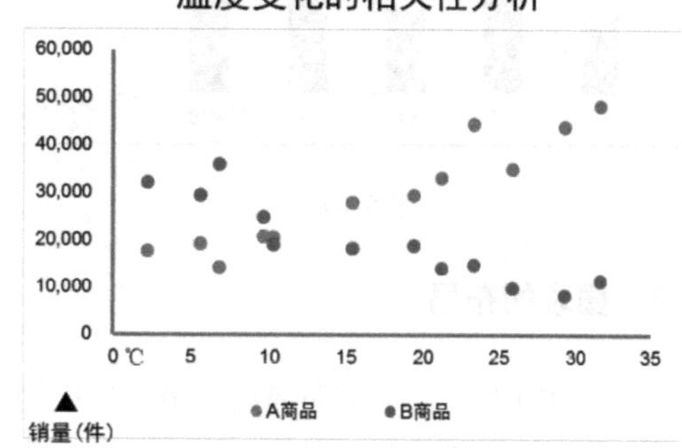

图 5-16

股价图用来显示数据的波动。除了股价以外，股价图可以显示每天或每年温度的波动。

股价图数据在工作表中的组织方式非常重要。例如，要创建一个简单的盘高-盘低-收盘股价图，应根据盘高、盘低和收盘次序输入的列标题来排列数据。

股价图有 4 种类型。

（1）盘高-盘低-收盘图：显示高盘价、低盘价、收盘价。在数据表格中，上述三个数值系列需按序排列，如图 5-17 所示。

（2）开盘-盘高-盘低-收盘图：显示开盘价、高盘价、低盘价、收盘价。在数据表格中，上述 4 个数值系列需按序排列，如图 5-18 所示。

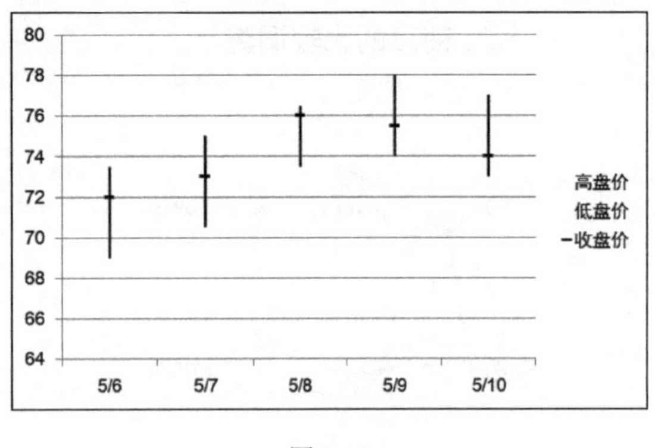

图 5-17

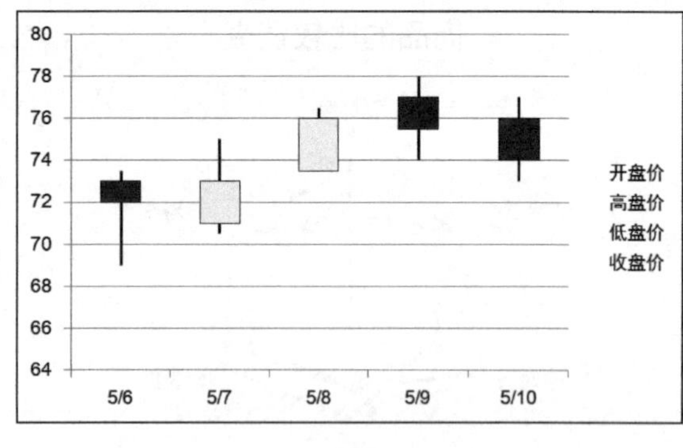

图 5-18

（3）成交量-盘高-盘低-收盘图：显示成交量、高盘价、低盘价、收盘价。在数据表格中，上述 4 个数值系列需按序排列，如图 5-19 所示。由于需要同时表示量和价，Excel 自动使用主次两个纵坐标轴。

（4）成交量-开盘-盘高-盘低-收盘图：显示成交量、开盘价、高盘价、低盘价、收盘价。在数据表格中，上述 5 个数值系列需按序排列，如图 5-20 所示。由于需要同时表示量和价，Excel 自动使用主次两个纵坐标轴。

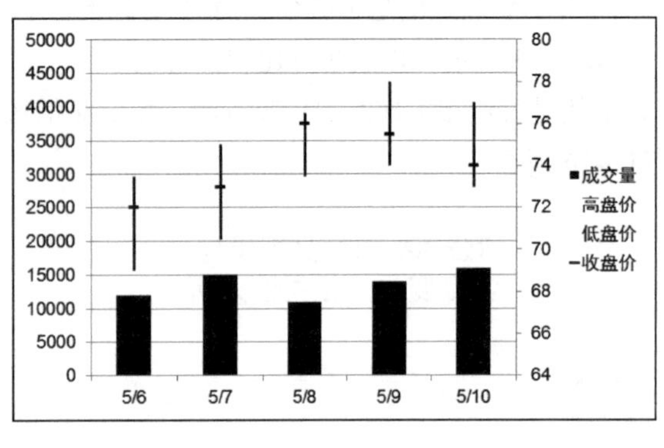

图 5-19

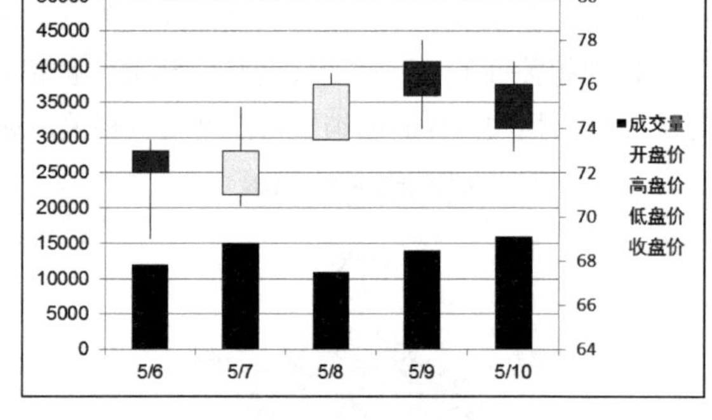

图 5-20

5.1.3 图表的布局

Excel 2019 默认图表的布局由上至下依次为“标题区”“绘图区”和“图标区”，如图 5-21 所示。

Excel 默认的图表布局通俗易懂，商业图表的布局则更显专业。

专业图表的布局通常呈现由上而下一脉相承的结构。各层次间有时居左对齐，有时居中对齐。图表结构如图 5-22 所示。

（1）图表标题：主标题突出，扼要显示图表观点；副标题详细阐述图表信息，确保读者了解图表的制作意图。

（2）图形：绘图区约占完整图表的 1/2 区域。

（3）图标：可以位于绘图区上方，也可以位于绘图区下方（图 5-22 中分别用“图标区 1”和“图标区 2”标识），这是最常用的方式。当然，图标区可以位于绘图区右侧，可以直接显示在图形上，也可以没有图标，只要能清晰表达图表内容即可。

（4）脚注：通常会注明资料来源、备注等信息，更显专业。

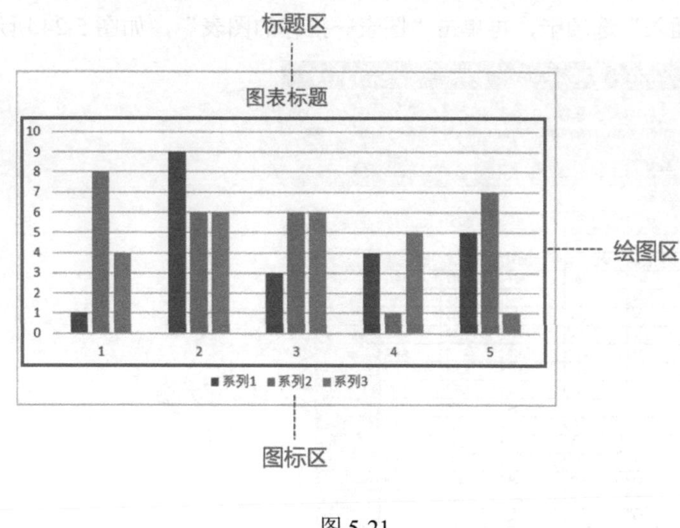

图 5-21

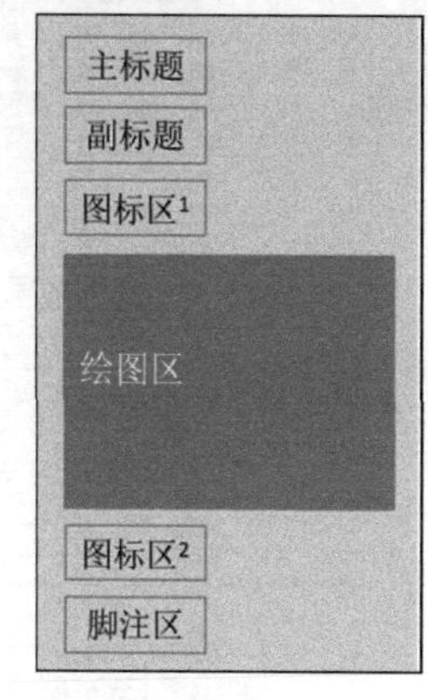

图 5-22

5.2 创建图表

一般情况下，将数据制作成图表需经历如下过程：

（1）制作图表前应首先对数据进行整理和分析。对数据进行有效的整理是为了得到有用的信息，为了方便地解读数据。

（2）选择适当的图表类型。

（3）适当地修饰图表，使它能更好地传递信息。

（4）结合图表分析数据，找到数据间的比例关系及变化趋势，对研究对象做出合理的推断和预测。

创建的图表既可以置于源数据所在的工作表上，也可以放置在单独的图表工作表上。

5.2.1 设置图表的数据源和图表类型

图表的数据源来自表格数据。这是图表的数据源是绘制图表的第一步。

我们来给图 5-23 中各员工“工资明细表”的“实发工资”绘制条形图。

工资月份	员工编号	姓名	部门	职务	基础工资	全勤奖金	交通补贴	通讯补贴	养老金	医疗保险	失业保险	住房公积金	个人所得税	应发工资	应扣金额	实发工资
2019年1月	A001	王大力	总经理室	总经理	18,000	2,857	1,000	500	1,126	282	141	1,565	2,931	22,357	6,044	16,313
2019年1月	A002	黄琳	总经理室	秘书	4,000	3,000	300	100	592	148	74	518	152	7,400	1,484	5,916
2019年1月	B003	白露	人事部	经理	6,000	2,714	500	200	753	188	94	659	317	9,414	2,012	7,403
2019年1月	B004	张奇胜	人事部	职员	4,000	3,000	300	100	592	148	74	518	152	7,400	1,484	5,916
2019年1月	C005	洪惠	财务部	副总经理	12,000	3,000	800	300	1,126	282	141	1,127	1,476	16,100	4,152	11,948
2019年1月	C006	毕春艳	财务部	职员	4,000	2,571	300	100	558	139	70	488	117	6,971	1,372	5,600
2019年1月	D007	李兵	业务部	经理	6,000	3,000	500	200	776	194	97	679	340	9,700	2,086	7,614
2019年1月	D008	林茂	业务部	副经理	5,000	3,000	300	100	672	168	84	588	234	8,400	1,746	6,654
2019年1月	D009	苏珊	业务部	职员	4,000	3,000	300	100	592	148	74	518	152	7,400	1,484	5,916
2019年1月	D010	杨光	业务部	职员	4,000	2,857	300	100	581	145	73	508	140	7,257	1,446	5,811
2019年1月	D011	赵琦	业务部	职员	4,000	3,000	300	100	592	148	74	518	152	7,400	1,484	5,916
2019年1月	E013	陈忠伟	调研部	经理	6,000	2,857	500	200	765	191	96	669	329	9,557	2,049	7,508
2019年1月	E014	周庆	调研部	职员	4,000	3,000	300	100	592	148	74	518	152	7,400	1,484	5,916
2019年1月	E015	涂巧巧	调研部	职员	4,000	3,000	300	100	592	148	74	518	152	7,400	1,484	5,916

图 5-23

选中 R2~R16 单元格，单击“插入”选项卡，再单击“图表→推荐的图表”，如图 5-24 所示。

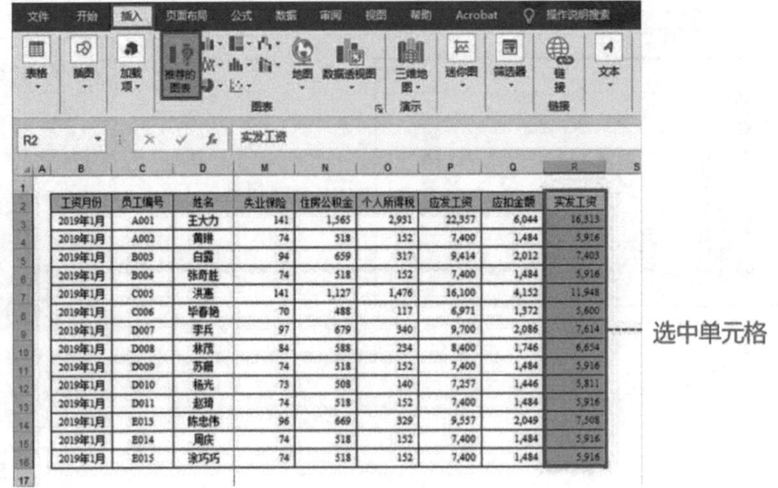

工资月份	员工编号	姓名	失业保险	住房公积金	个人所得税	应发工资	应扣金额	实发工资
2019年1月	A001	王大力	141	1,565	2,931	22,357	6,044	16,313
2019年1月	A002	黄琳	74	518	152	7,400	1,484	5,916
2019年1月	B003	白露	94	659	317	9,414	2,012	7,403
2019年1月	B004	张奇胜	74	518	152	7,400	1,484	5,916
2019年1月	C005	洪惠	141	1,127	1,476	16,100	4,152	11,948
2019年1月	C006	毕春艳	70	488	117	6,971	1,372	5,600
2019年1月	D007	李兵	97	679	340	9,700	2,086	7,614
2019年1月	D008	林茂	84	588	234	8,400	1,746	6,654
2019年1月	D009	苏楠	74	518	152	7,400	1,484	5,916
2019年1月	D010	杨光	73	508	140	7,257	1,446	5,811
2019年1月	D011	赵琦	74	518	152	7,400	1,484	5,916
2019年1月	E013	陈忠伟	96	669	329	9,557	2,049	7,508
2019年1月	E014	周庆	74	518	152	7,400	1,484	5,916
2019年1月	E015	涂巧巧	74	518	152	7,400	1,484	5,916

图 5-24

在弹出的“插入图表”对话框中，单击“所有图表”标签，再依次单击“条形图→簇状条形图”，示例区显示了两种条形图显示风格，选择第一种，单击“确定”按钮，如图 5-25 所示。

由于选择数据源时仅仅设定了“实发工资”（横轴）的值，并没有设定纵轴的值，因此生成的图表中，横坐标轴显示了“实发工资”的值，纵坐标轴只能显示默认的“1、2、3……”，如图 5-26 所示。

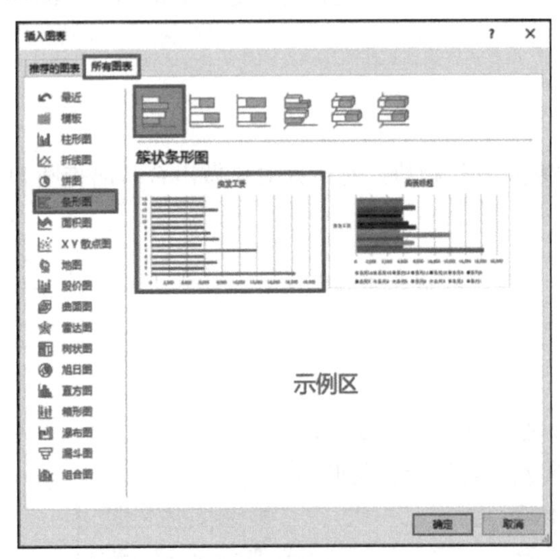

图 5-25

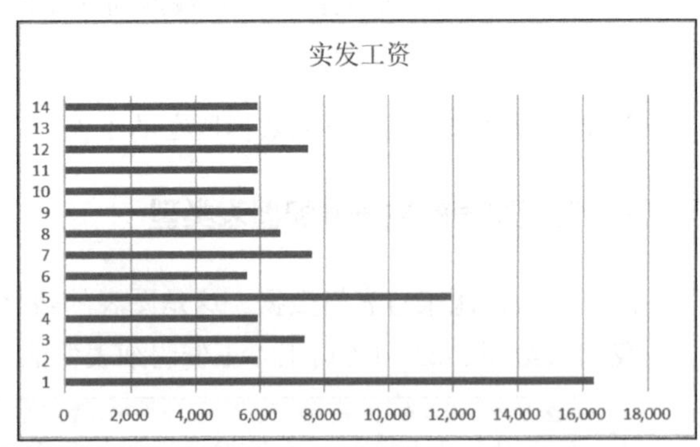

图 5-26

右击绘图区的任意位置，选择“选择数据”，如图 5-27 所示。

在弹出的“选择数据源”对话框中单击“编辑”，如图 5-28 所示。

在弹出的“轴标签”对话框中，“轴标签区域”选择 D3~D16 单元格，在两个对话框中依次单击“确定”按钮，如图 5-29 所示。

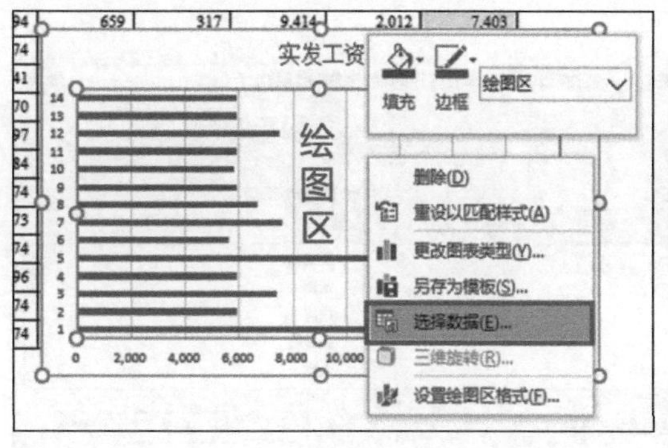

图 5-27

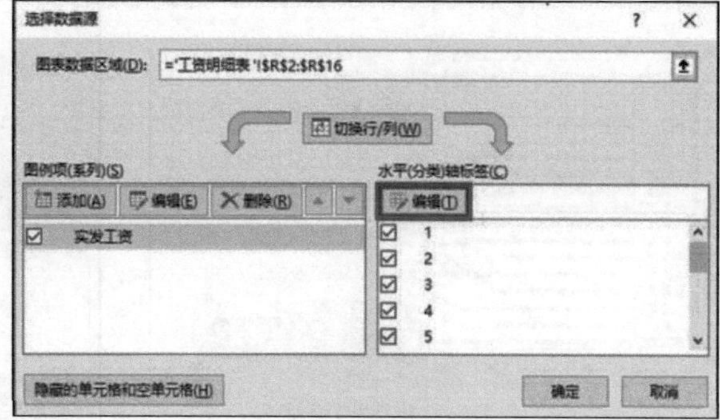

图 5-28

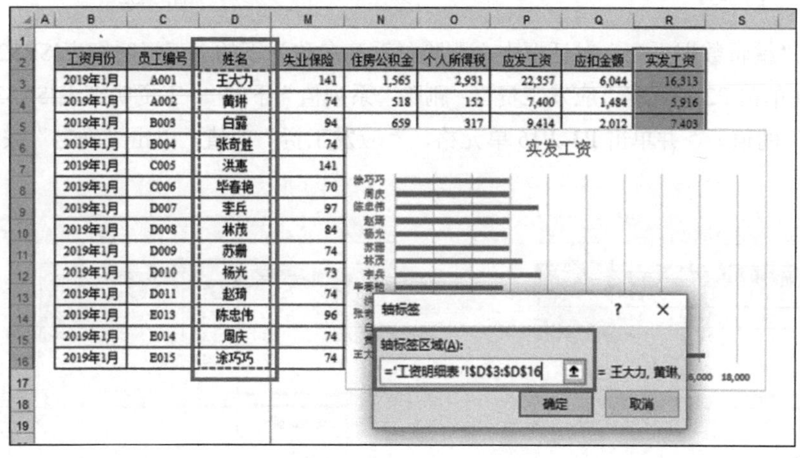

图 5-29

图表“纵坐标”显示了各位员工的姓名，如图 5-30 所示。

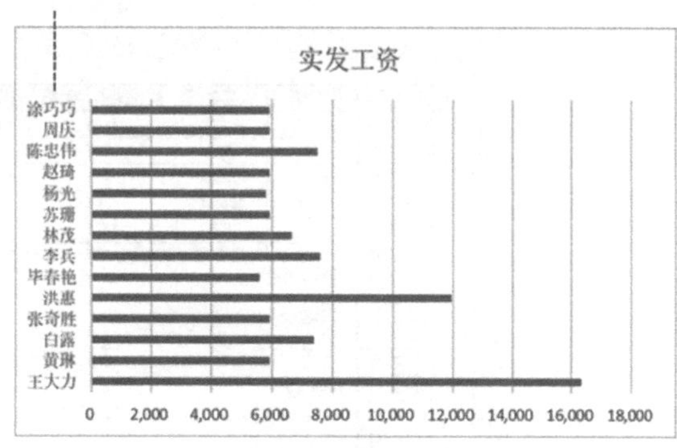

图 5-30

5.2.2 修改图表的数据源

图表数据设定后，是可以修改的。上例中，如果要显示各员工“应发工资”的图表，只需要改变“数据来源”。右击绘图区，选择“选择数据”，如图 5-31 所示。

在弹出的“选择数据源”对话框中，单击“图例项”下方的“编辑”按钮，如图 5-32 所示。

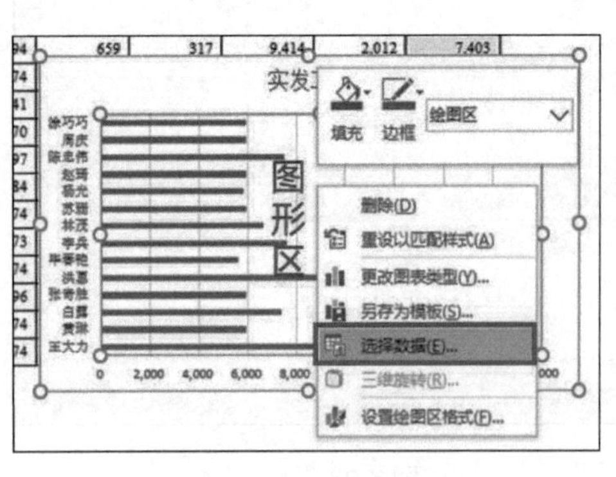

图 5-31

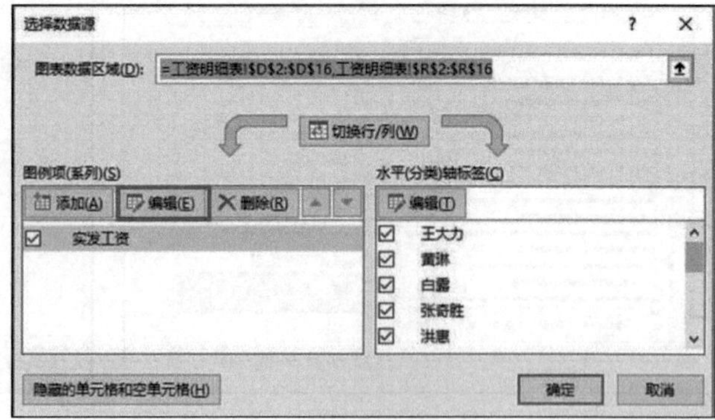

图 5-32

在弹出的“编辑数据系列”对话框中，删除“系列名称”下的“工资明细表!$R$2”（代表“实发工资”），并单击 P2 单元格“应发工资”，删除“系列值”下的“=工资明细表!$R$3:$R$16”（代表“实发工资”的值），并单击 P3~P16 单元格，“应发工资”的值，单击“确定”按钮，如图 5-33 所示。

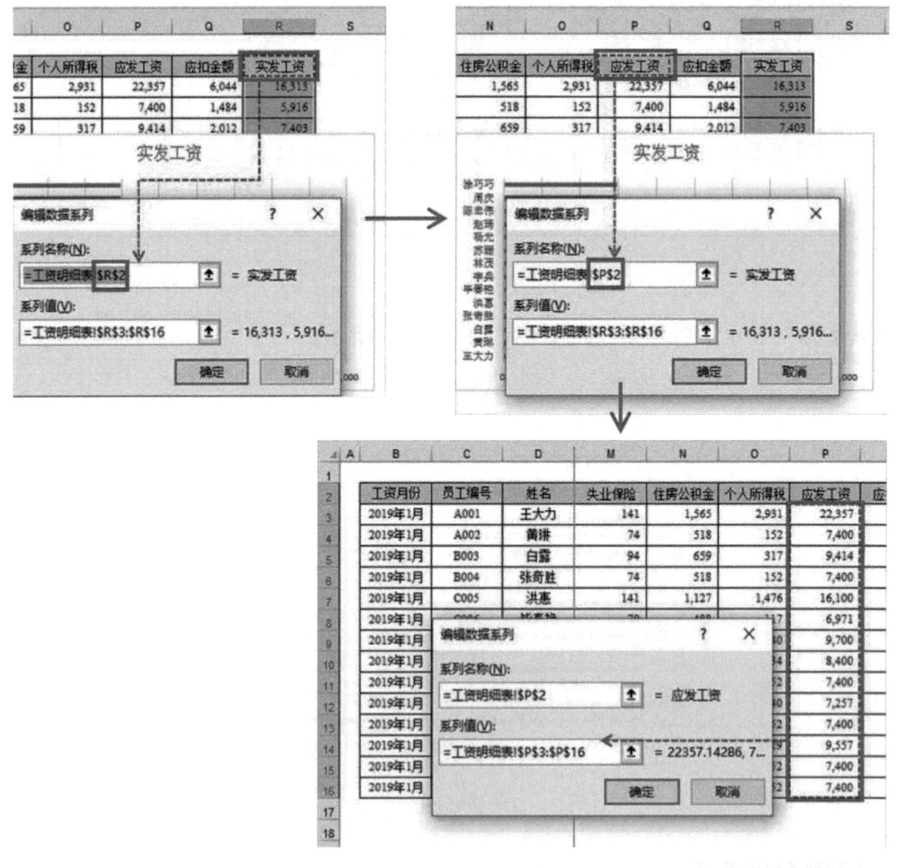

图 5-33

在“选择数据源”对话框中，“图例项”下的“实发工资”更改为“应发工资”了，单击“确定”按钮，如图 5-34 所示。

条形图由“实发工资”变成了“应发工资”，如图 5-35 所示。

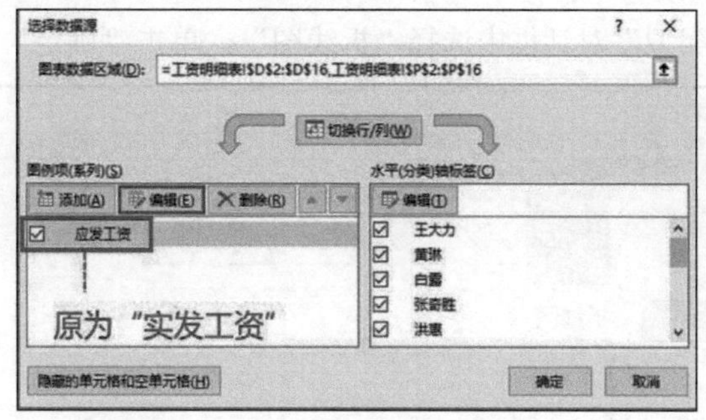

图 5-34

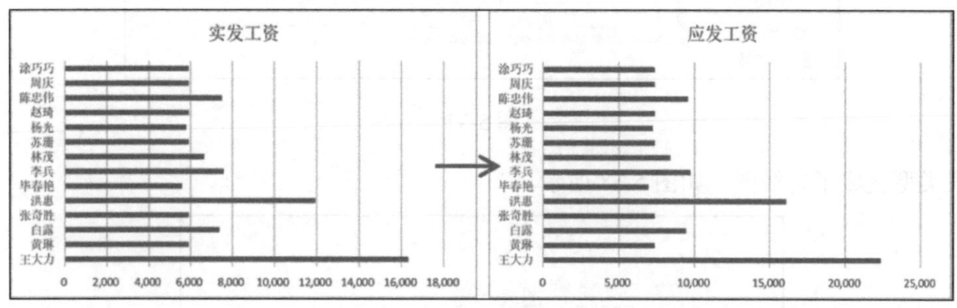

图 5-35

5.2.3 修改图表类型

Excel 自带的各种图表类型已足够从准确、简洁、专业、美观的角度表达数据信息，未必要借助更加繁复的工具。而且，在同一份报告中，我们要尽量减少图表类型的数量，在同样的场景中使用相同的图表类型，阅读起来便于理解，不需要额外的文字解释，同时也体现了言简意赅、一脉相承的特点。

在实际操作中，选择图表类型时，我们要先分析数据并提炼出有效信息，找出所要表达信息的数据关系，明确图表要表达的观点和主题，了解所要强调的重点，然后决定选择何种图表类型以及具体的表达方式，最后制作图表并进行美化和检查。

同时，我们也可以在不同的图表类型中切换，或将多种图表类型组合在同一张图表中。

例如，要将已生成的柱形图变成折线图，则右击"绘图区"，选择"更改图表类型"，如图 5-36 所示。

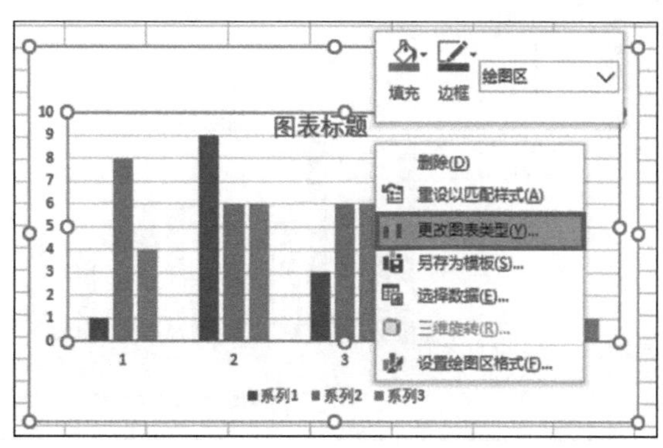

图 5-36

在弹出的“更改图表类型”对话框中选择“折线图”，单击“确定”按钮，如图 5-37 所示。

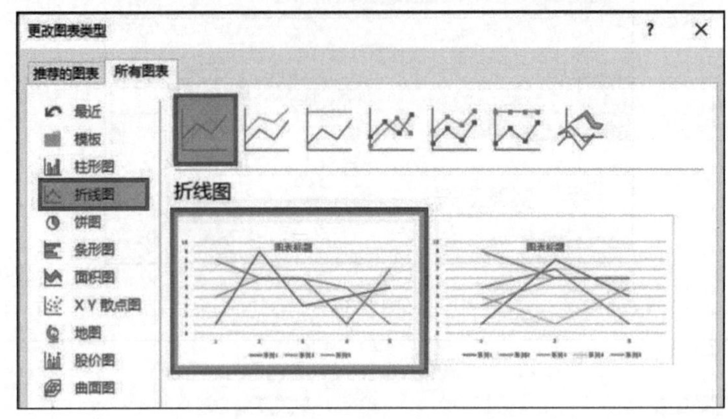

图 5-37

图表类型变成了折线图，如图 5-38 所示。

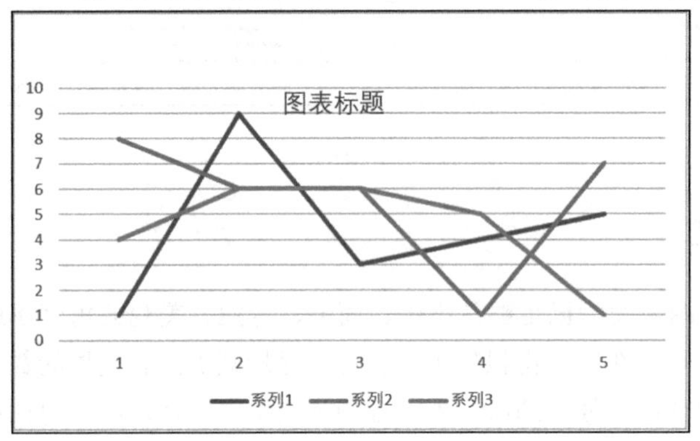

图 5-38

由于 Excel 图表中的每个数据系列均可独立设置图表类型，因此同一张图表中可以组合多种图表类型。对于各种组合，可以先生成较简单的柱形图、折线图等，之后再针对各数据系列分别调整图表类型。

下例中先用柱形图表达数据，如图 5-39 所示。

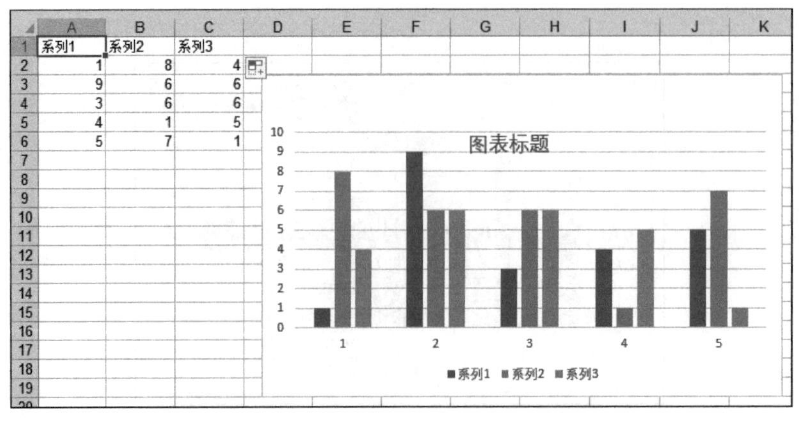

	A	B	C
1	系列1	系列2	系列3
2	1	8	4
3	9	6	6
4	3	6	6
5	4	1	5
6	5	7	1

图 5-39

然后，右击系列2的橙色柱子，选择“更改系列图表类型”，如图5-40所示。

在弹出的“更改图表类型”对话框中，“系列 2”选择“折线图”。单击“确定”按钮，如图5-41所示。

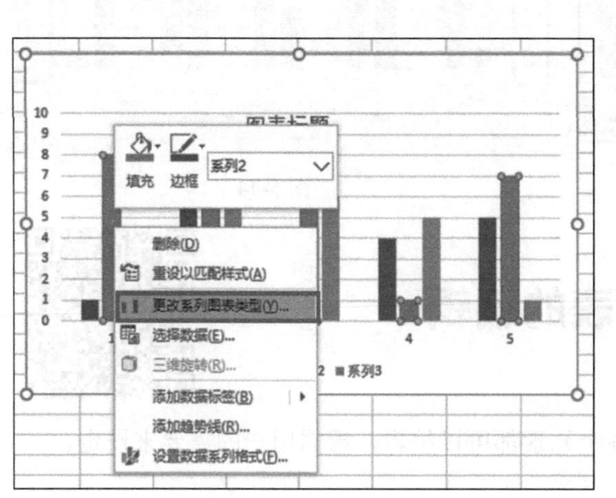

图 5-40

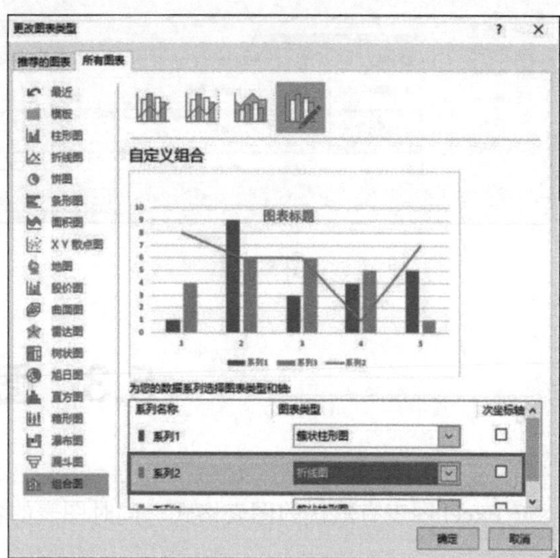

图 5-41

上述图形变成线柱图了，如图5-42所示。

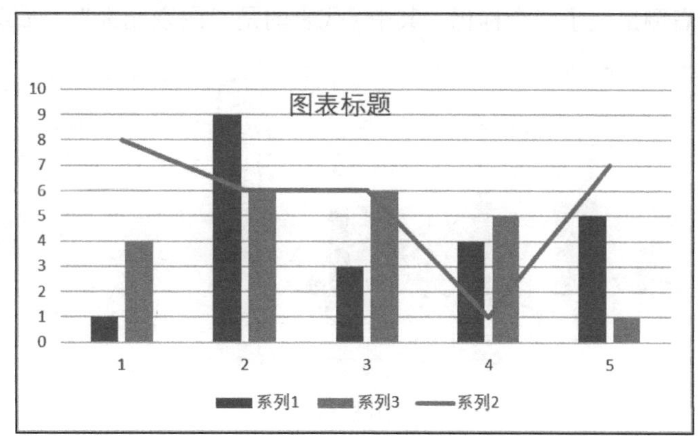

图 5-42

两个系列的数据较为接近时（均在 0～100 范围内），纵坐标轴可以均位于图标左侧。但是，当数据差异较大时（例如系列1的数据范围是0～1，系列2的数据范围是0～100），小数据会被大数据挤压成一条接近于0的水平线，为了使两类数据均能清晰显示，则要设立双纵坐标轴（分别位于绘图区的左、右两侧）。

如果“系列 2”的纵坐标轴要设定于图形的右侧，可以在“更改图表类型”对话框中，“系列 2”选择“折线图”的同时勾选“次坐标轴”，单击“确定”按钮，如图5-43所示。

图表拥有“双纵坐标轴”了，如图5-44所示。

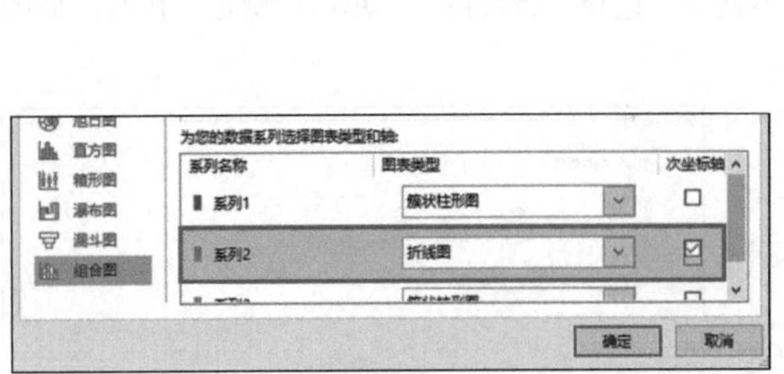

图 5-43

双纵坐标轴

图表标题

图 5-44

5.3 图表的编辑

Excel 图表有默认的图表格式，同时图表的各个元素都可以编辑，根据用户的需要来设定。

5.3.1 增减图表的元素

Excel 2019 默认的图表元素包括“标题区”“绘图区”和“图标区”。事实上图表元素还有几项。选中图表，图表右侧出现了三个标记，其中⊞代表的是“图表元素”，如图 5-45 所示。

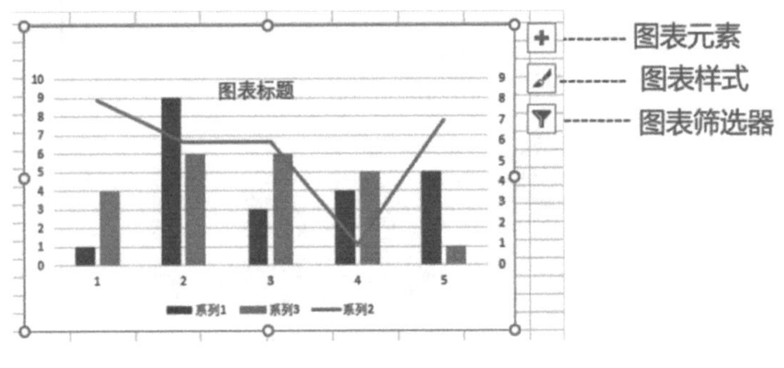

图 5-45

单击⊞，显示出各项“图表元素”，如图 5-46 所示。

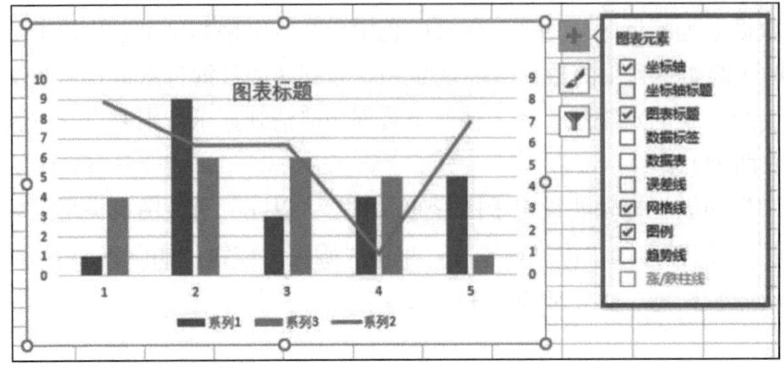

图 5-46

例如，我们要添加“数据标签”，在“图表元素”中勾选“数据标签”。如果对默认的数据标签位置不满意，可以单击“数据标签”右侧的菜单按钮，在弹出的各种“数据标签位置”中选择希望的位置，例如“数据标签内”，如图 5-47 所示。

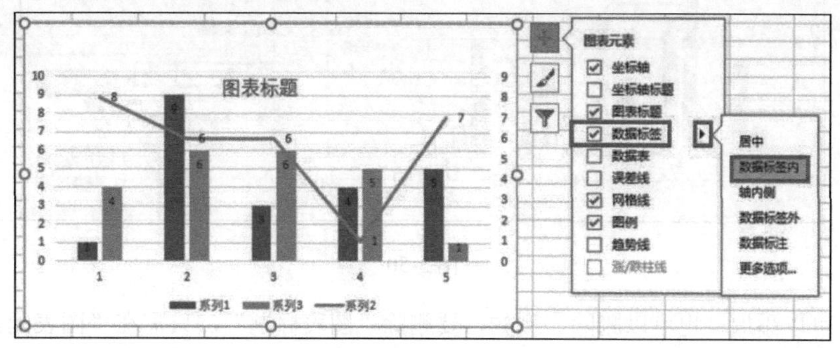

图 5-47

上述设定方法针对了所有三个系列。如果要对系列 2 的数据标签位置进行单独调整，选中“系列 2”，再单击“数据标签”右侧的菜单按钮，选择希望显示的位置，例如“上方”，如图 5-48 所示。

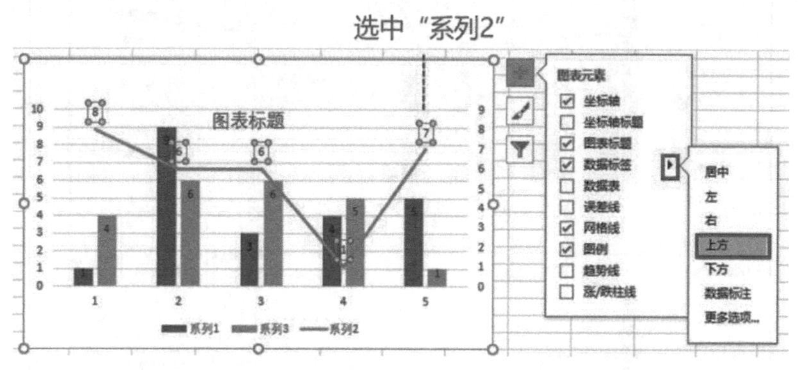

图 5-48

如果要针对系列 2 数据标签中的单独一个数据标签进行特殊处理，例如将上例中第一个数据标签移到折线的左侧，则选中系列 2 的数据标签后，停顿 1 秒钟，再单击第一个数据标签（注意是间隔单击两下，不是双击），表示仅选择第一个数据标签，按住鼠标左键将标签移动到折线的左侧，如图 5-49 所示。这种方式也适用于 Excel 图表其他标签、图形、图标等的选择。

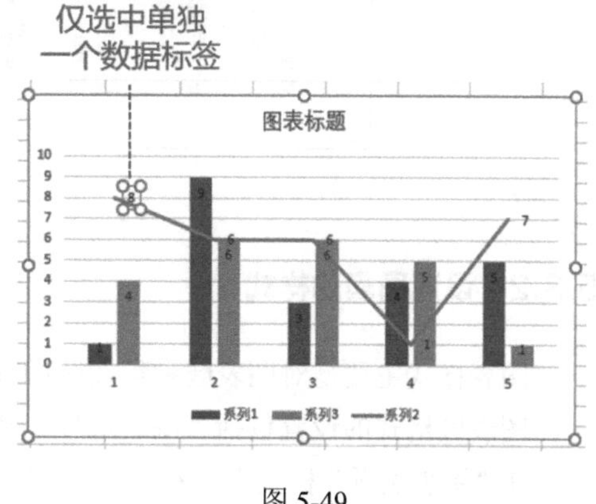

图 5-49

当图表的“系列”数量大于 1 个时，默认的图表元素中有“图例”显示，且显示于图形下方。例如，要让图例显示于图形右侧，可以单击“图例”右侧的菜单键，选择“右”，如图 5-50 所示。图例即可移动到图形的右侧。

Excel 2019 可以添加坐标轴标题，位于坐标轴的外侧。但对于日期等显而易见的标识，不用添加坐标轴标题。

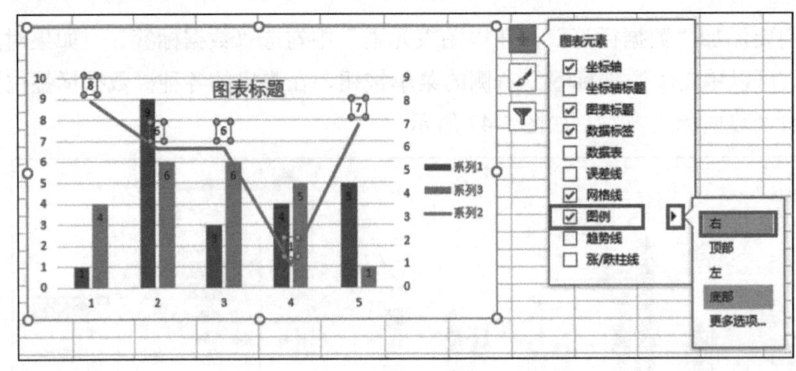

图 5-50

图表元素可以添加，也可以删除。例如，要删除“图表标题”，只需在“图表元素”选项中取消勾选“图表标题”复选框（见图 5-51），也可以选中图表中的“图表标题”，单击 Delete 按钮。

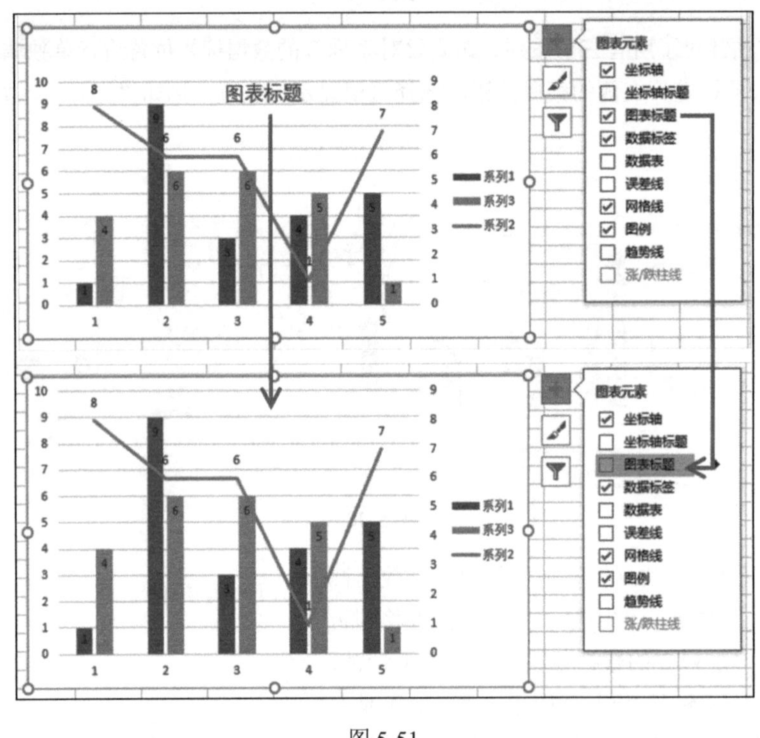

图 5-51

5.3.2 设置图表的样式

图表样式主要是对图表区和绘图区的样式设置。

图表区格式的设置包括“图表选项”和“文本选项”两个大类。

在“图表选项”标签下，依次分为“填充与线条”“效果”和“大小与属性”，如图 5-52 所示。

在“填充与线条”的设置中，“填充”选项用来设置图表的背景色，“边框”选项用来设置图表的边框，如图 5-53 所示。

在“效果”的设置中，“阴影”“发光”“柔化边缘”和“三维格式”都是用来设置图表外框的显示效果的，如图 5-54 所示。

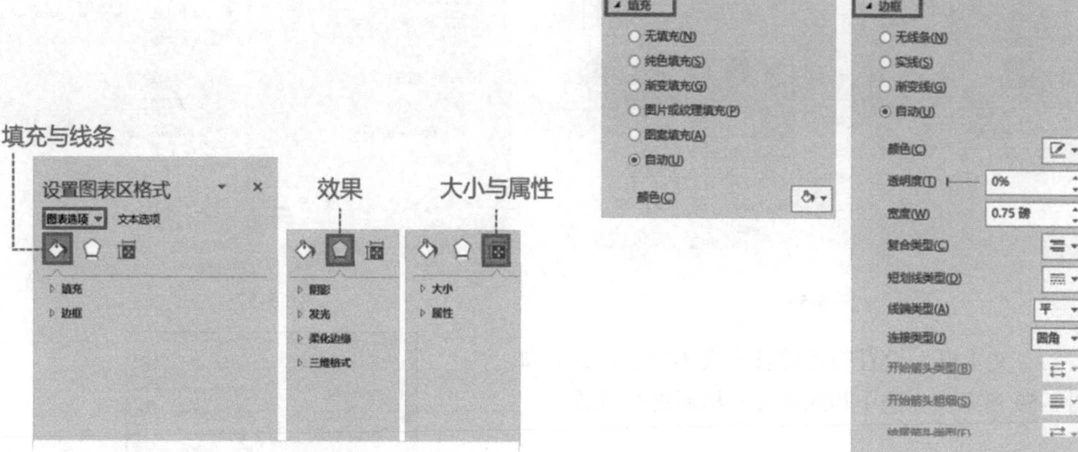

图 5-52

图 5-53

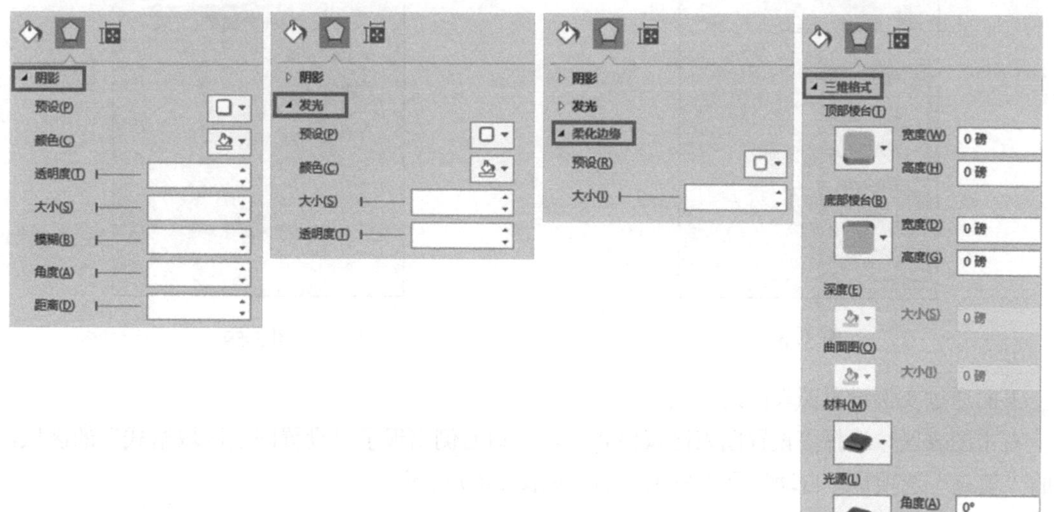

图 5-54

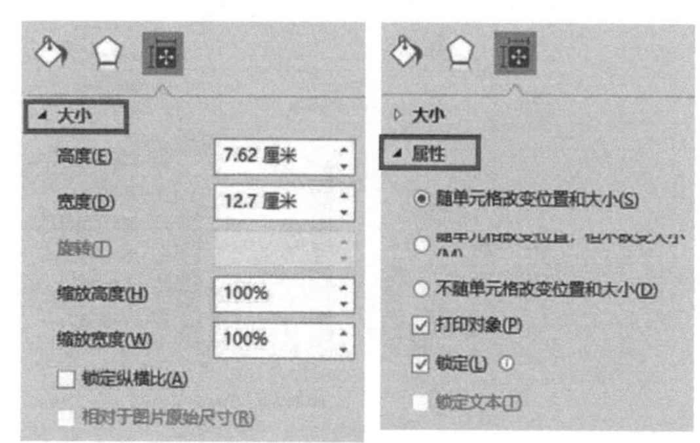

图 5-55

在“大小与属性”的设置中，“大小”用来调整图表的整体尺寸，“属性”对图表是否“随单元格改变位置和大小”等特征进行设置，如图 5-55 所示。

在“文本选项”标签下，依次分为“文本填充与轮廓”“文字效果”和“文本框”，如图 5-56 所示。

“文本填充与轮廓”的设置针对图表上的中英文文字和数字，可以分别对“文本填充”和“文本轮廓”的显示进行设置，如图 5-57 所示。

“文字效果”设置的是图表上中英文文字和数字本身的显示，如图 5-58 所示。在选中相应的文字后进行设置。

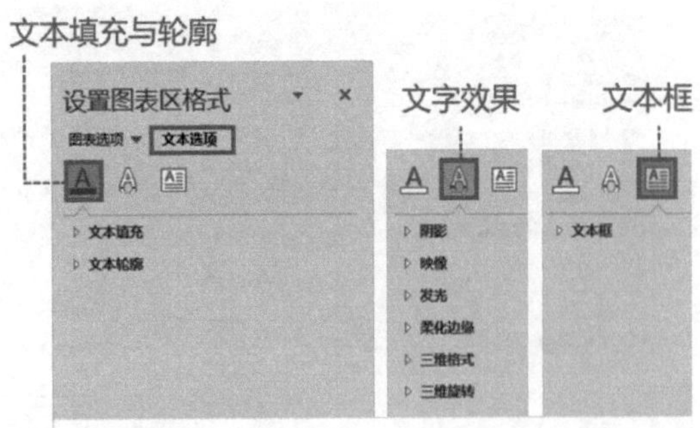

图 5-56

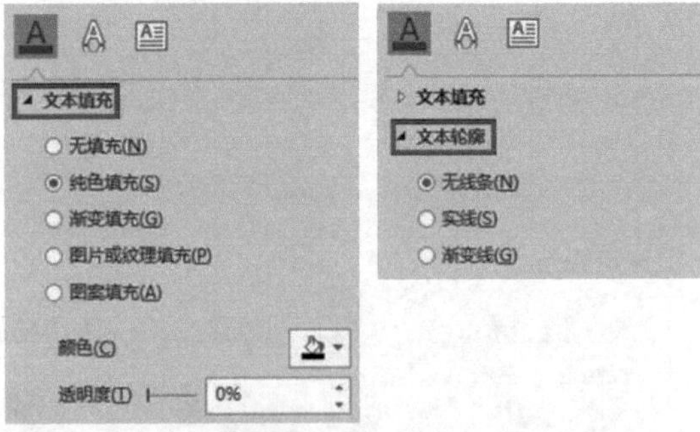

图 5-57

“文本框”设置的是图表中文本框的格式，如图 5-59 所示。在选中相应的文本框后进行设置。

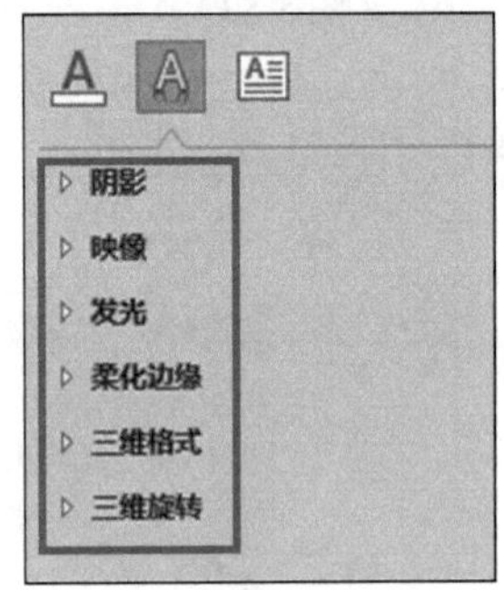

图 5-58

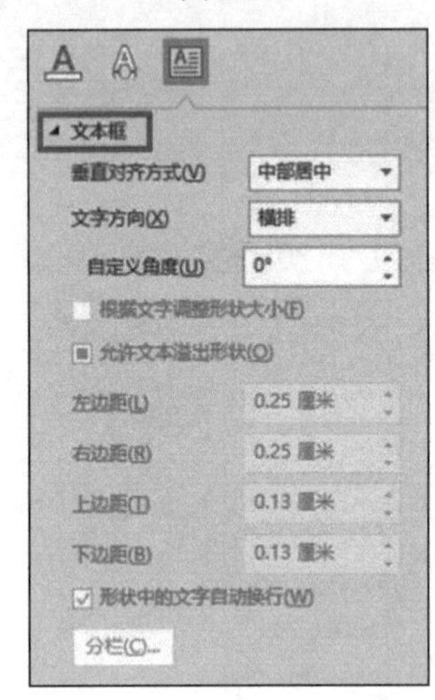

图 5-59

下面通过实例设置图表区的格式。

右击图表区，选择“设置图表区域格式”，窗口右侧出现了“设置图表区域格式”的区域，默认的“填充”选项是“自动”且“白色”的，如图 5-60 所示。

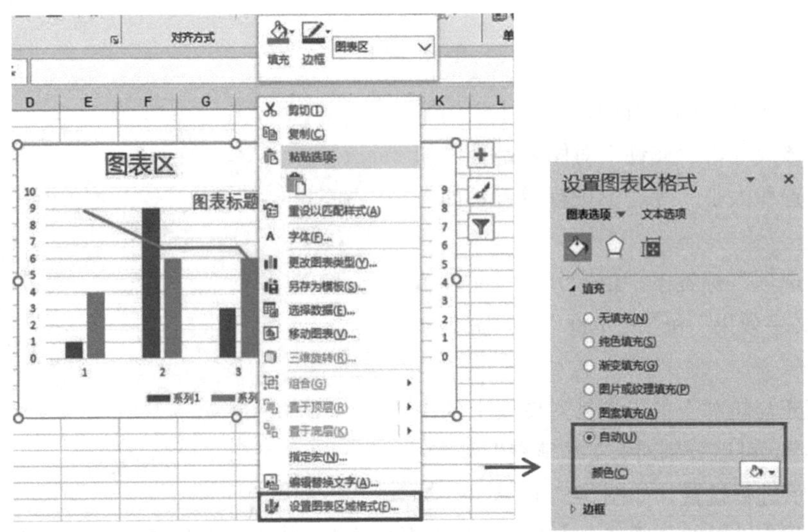

图 5-60

单击“纯色填充”，再单击“颜色”右侧的下拉按钮，如图 5-61 所示。

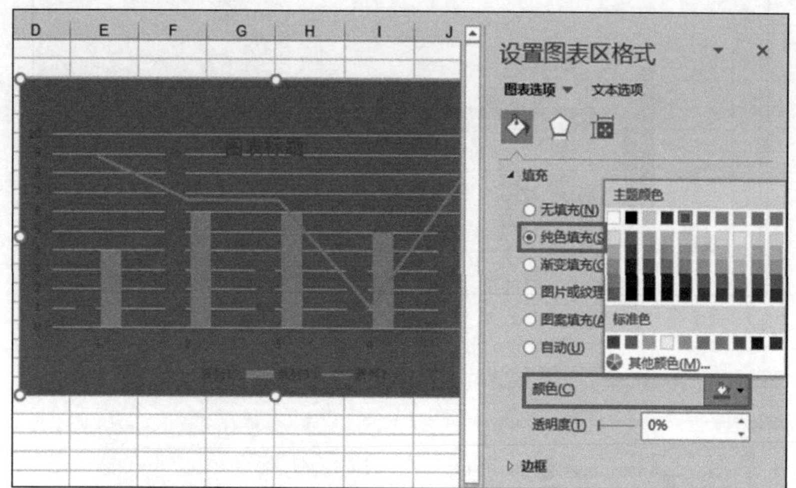

图 5-61

Excel 2019 提供的颜色面板有 70 个格子，第 1 行是“基本色”，之后的 5 行由第 1 行变化而来，再后面的一行是“标准色”，最后是“其他颜色”选项，如图 5-62 所示。“其他颜色”允许我们通过 RGB 的值来指定任意颜色。

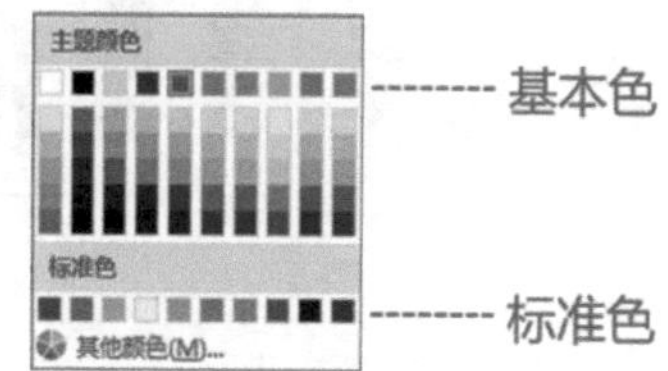

图 5-62

制作图表的时候，Excel 2019 默认会顺序选用第 1 行“基本色”的第 5～10 个格子，以此作为图表配色，颜色不够时会继续往后使用其余几行的颜色。我们可以通过颜色面板来调整图表的颜色。

例如，选择“基本色”的第 8 个“橙色”，图表区的背景色就变成橙色了，如图 5-63 所示。

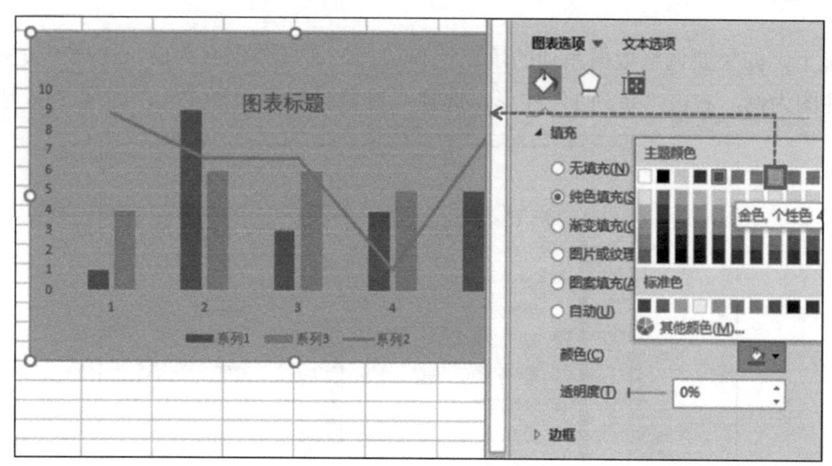

图 5-63

绘图区的底色、边框与图表区的底色、边框是分开设置的。如果要设置绘图区的底色、边框，单击绘图区的任意区域，窗口右侧从“设置图表区格式”调整为“设置绘图区格式”，如图 5-64 所示。

在“设置绘图区格式”的“填充与线条”中选择所需的填充色和边框颜色，也可以在“效果”中设置绘图区的显示效果，如图 5-65 所示。

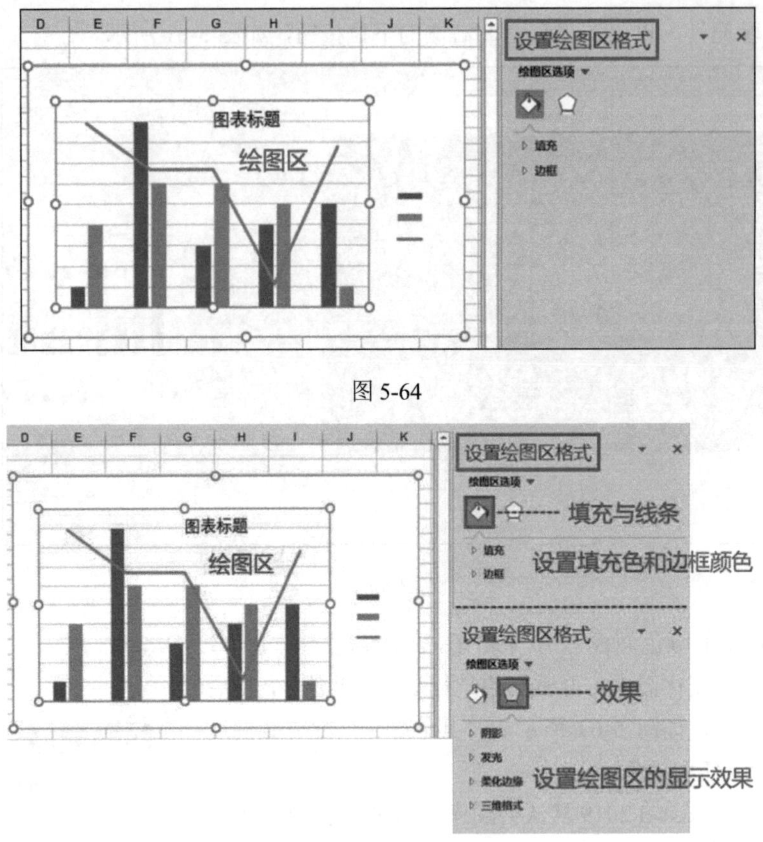

图 5-64

图 5-65

5.3.3 设置数据系列

一般情况下，如果要调整数据系列的填充色和边框，右击数据系列后，选择“设置数据系列格式”。以线柱图为例，右击“系列 1”柱形，选择“设置数据系列格式”，如图 5-66 所示。

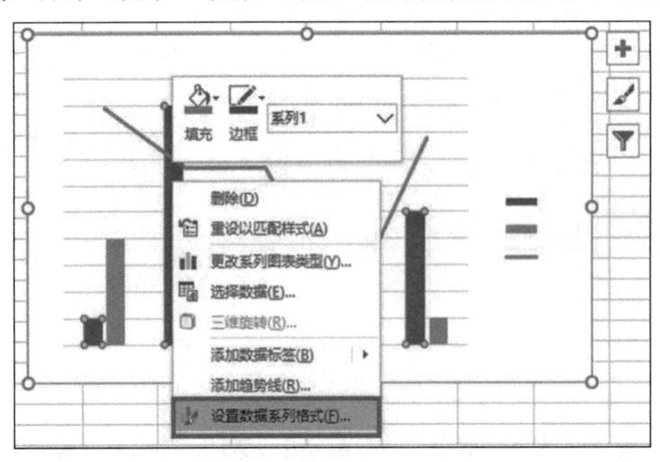

图 5-66

在窗口的右侧出现“设置数据系列格式”的工作区，如图 5-67 所示。

包括“填充与线条”“效果”和“系列选项”三类设置，如图 5-68 所示。

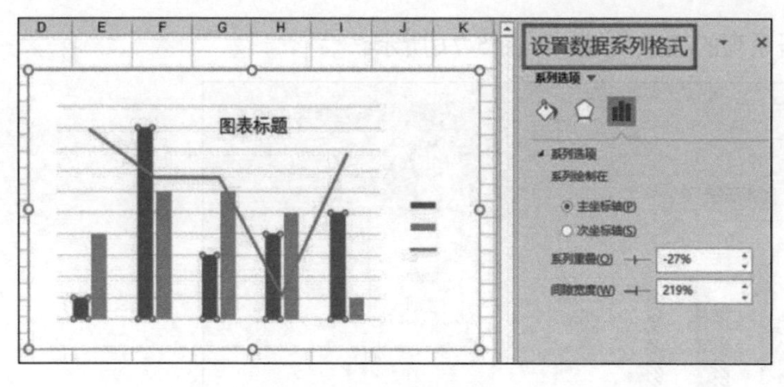

图 5-67

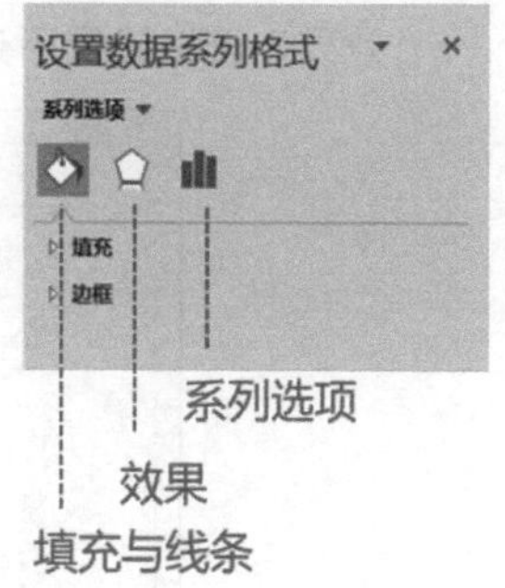

图 5-68

“填充与线条”可以设置所选中数据系列的填充色和外框样式。例如，选中“系列 1”，在“填充”标签下选择“图案填充”，进而选择“对角线:宽上对角”，“系列 1”的填充显示为▨，在图标区中也对应显示了这个状态，如图 5-69 所示。

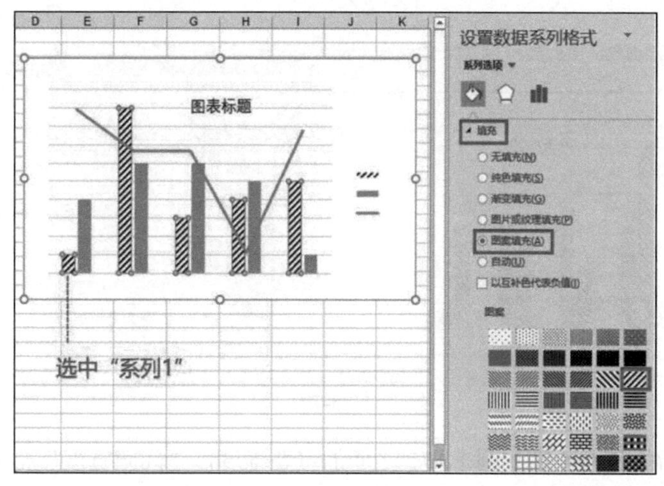

图 5-69

在“边框”标签下选择“实线”，颜色选择“浅灰色”，图表中“系列 1”的柱子增加了浅灰色外框，如图 5-70 所示。

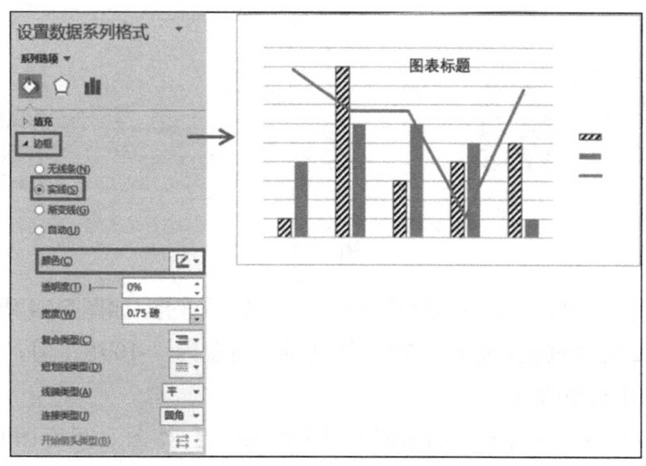

图 5-70

“效果”可以设置所选中数据系列的显示效果，如图 5-71 所示。

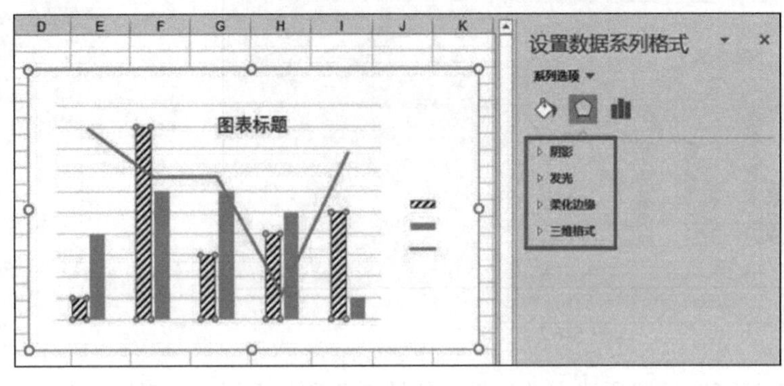

图 5-71

“系列选项”用来设置所选中系列所在的纵坐标轴（图表左侧或右侧），以及柱间距，如图 5-72 所示。

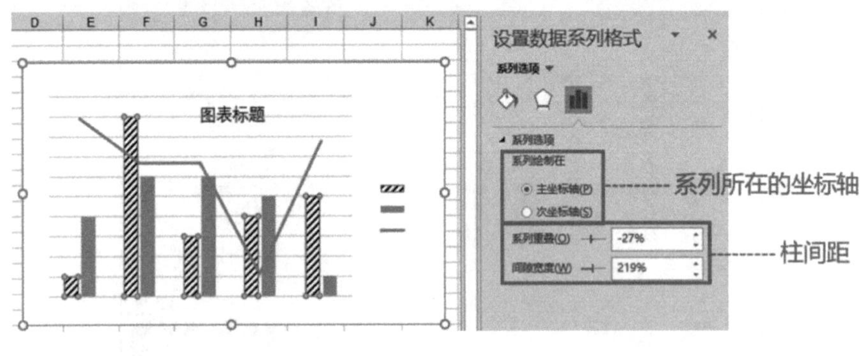

图 5-72

“系列重叠”指的是同一组系列 1 和 2 之间的重叠程度，“间隙宽度”指的是不同组系列 1 和 2 之间的间隙宽度，如图 5-73 所示。

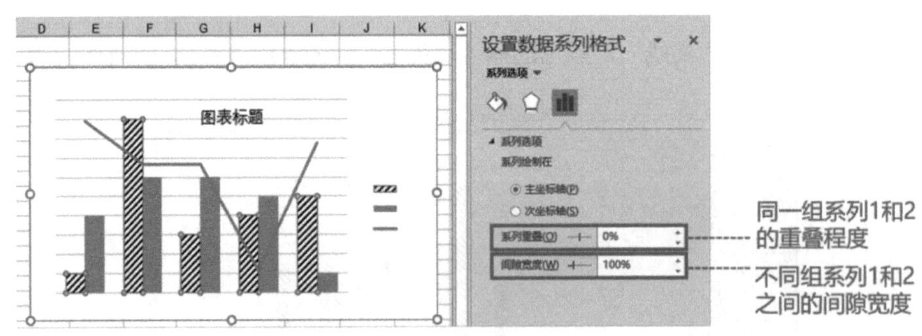

图 5-73

“系列重叠”设置为“0%”时，同一组系列 1 和 2 恰好不重叠，如图 5-74 所示；设置为“100%”时，同一组系列 1 和 2 完全重叠，如图 5-74 左图所示；设置为“-100%”时，同一组系列 1 和 2 分开间距最大，如图 5-74 右图所示。

“间隙宽度”设置为“0%”时，不同组系列 1 和 2 收尾相连，如图 5-75 左图所示；设置为“500%”时，不同组系列 1 和 2 分开间距最大，如图 5-75 右图所示。

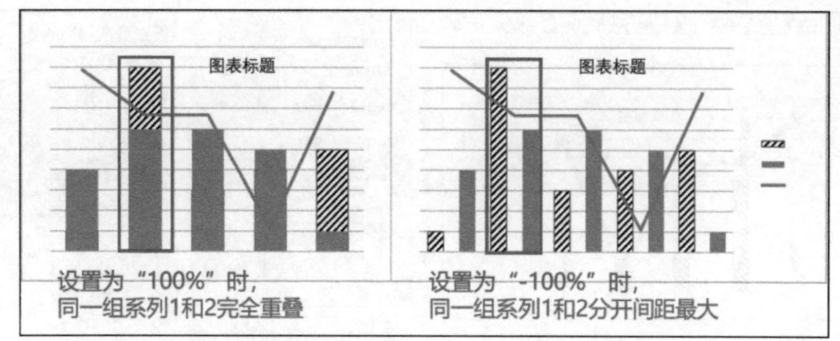

图 5-74

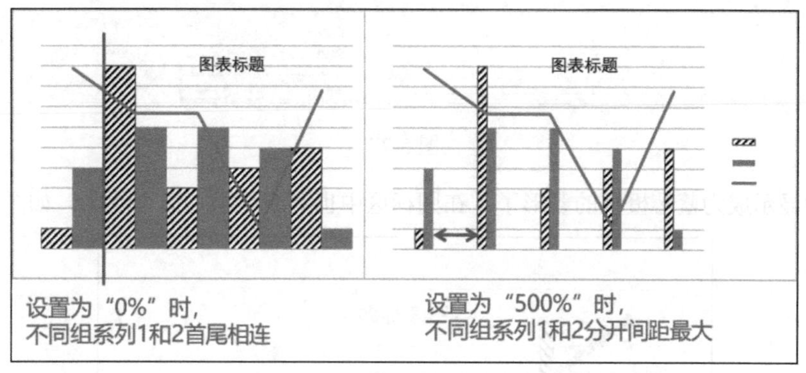

图 5-75

数据系列的设置可以改变线形。就上例中的“系列 3”折线而言，选中“系列 3”，在窗口右侧的“设置数据系列格式”的“线条”标签下，可以设置这条折线的颜色、宽度等参数，如图 5-76 所示。我们把宽度提高到 5 磅，图表中的折线加粗了。

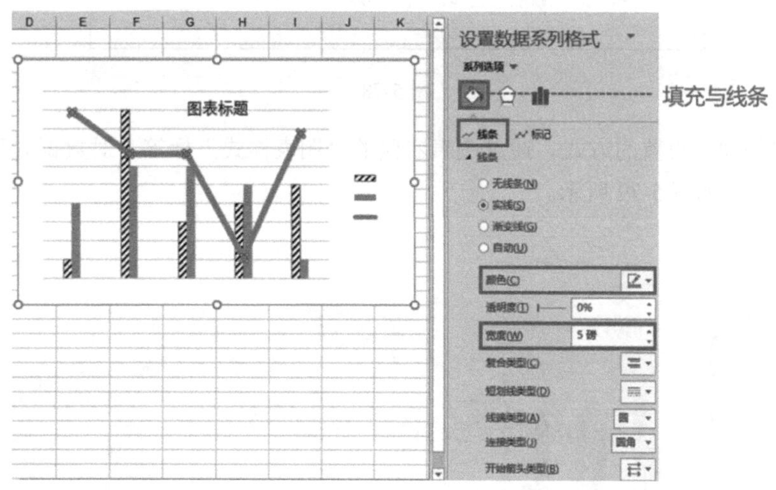

图 5-76

在“设置数据系列格式”的“标记”标签下，可以设置这条折线各数据点的颜色、图形等参数，如图 5-77 所示。在“标记选项”下选择“内置”“菱形”和“11 磅”，代表数据点的显示图形样式；在“填充”下选择蓝色，代表数据点的填充颜色；在“边框”下默认为“橙色”，代表数据点的外框是橙色的。

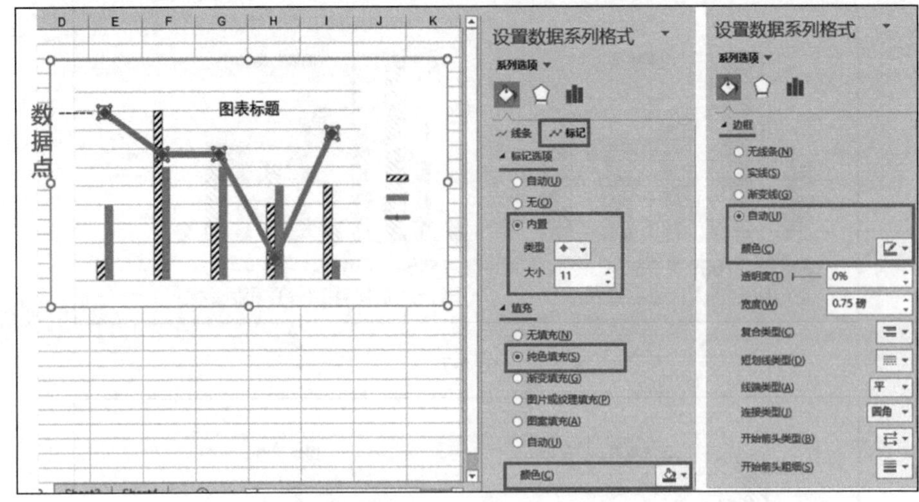

图 5-77

数据点的显示成为蓝芯橙框的菱形了，在图标区中也对应显示了这个状态，如图 5-78 所示。

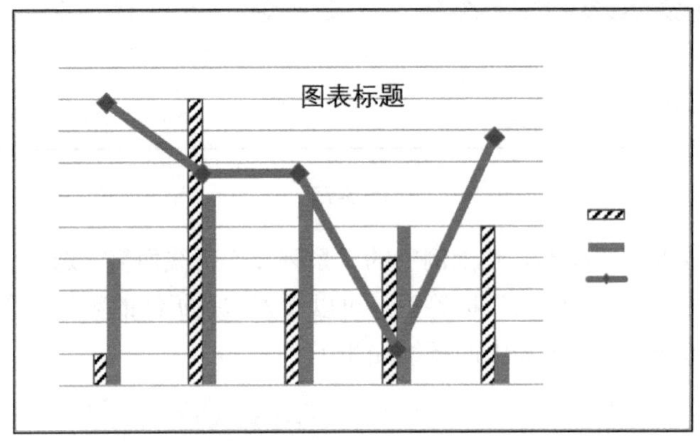

图 5-78

还有一种“简便”设置的方式。通过图表右侧的“图表样式”标签，对数据系列进行“样式”和“颜色”的设置，如图 5-79 所示。

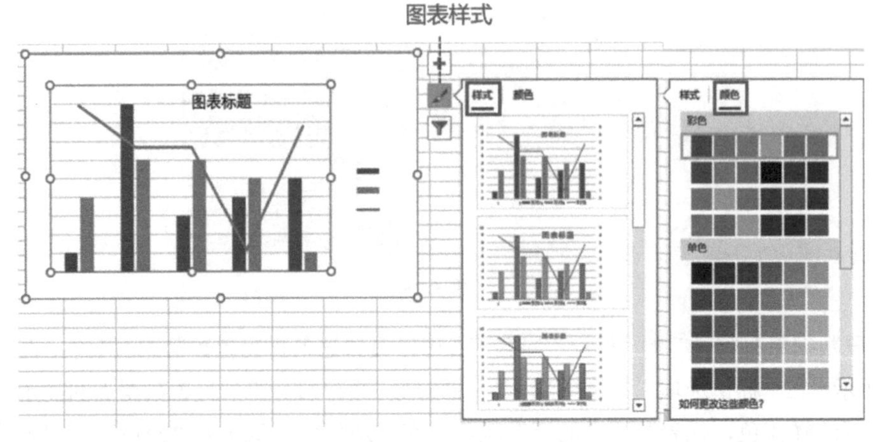

图 5-79

在“样式”标签下，Excel 预设了多种图表显示的搭配方式，可以直接选择其一。在“颜色”标签下，每一行是一组数据系列颜色，默认的数据系列颜色是第一组。在这个例子中，由于是三个数据系列，因此取了第一组颜色的前三者。

5.3.4 设置坐标轴、网格线

坐标轴的设置，常用的功能包括刻度线的位置、坐标轴刻度的显示范围和刻度线的间隔。

单击图表右侧的“图表元素”标签，再单击“坐标轴”右侧的菜单键，选择“更多选项”，如图 5-80 所示。

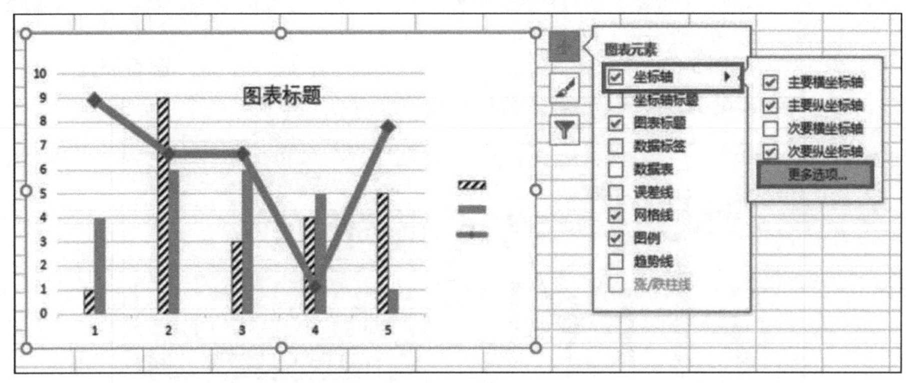

图 5-80

在窗口右侧出现了“设置坐标轴格式”工作区。在“坐标轴选项”标签下，可以设置“刻度线”的位置，如图 5-81 所示。

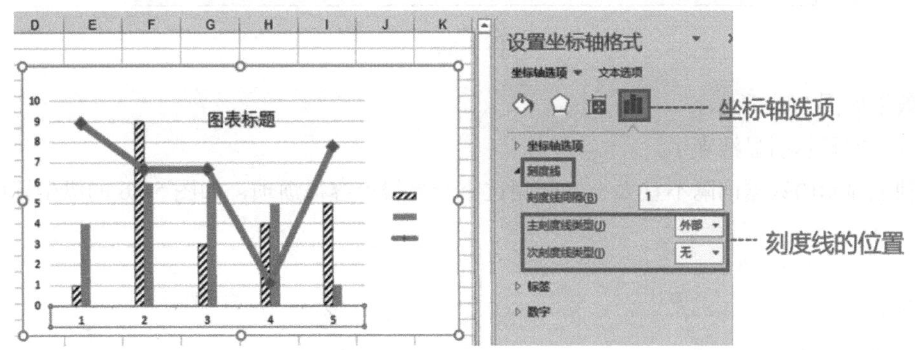

图 5-81

Excel 2019 默认的坐标轴刻度线类型是“外部”，该刻度线可以调整为“内部”，或者没有刻度线，3 种表现形式如图 5-82 所示。商务图表通常选择“刻度线在内部”或者“无刻度线”的表现方式。对于横轴坐标和纵轴坐标均是如此。

要调整刻度线的位置，在“主/次刻度线类型”的下拉菜单中改选为“无”或“内部”即可，如图 5-83 所示。

选择“刻度线在内部”时，为了让刻度线的显示更加明显，会将坐标轴的线条颜色变成黑色或深色（使用深色背景时取相反色系）。

单击“填充与线条”标签，在“线条”选项下，把“颜色”调整为黑色，如图 5-84 所示。

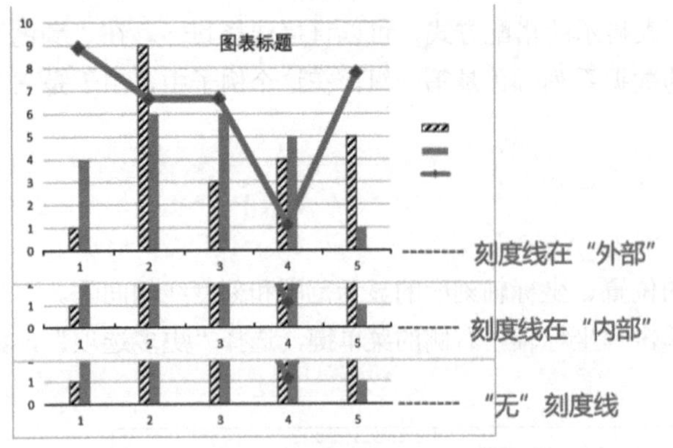

图 5-82

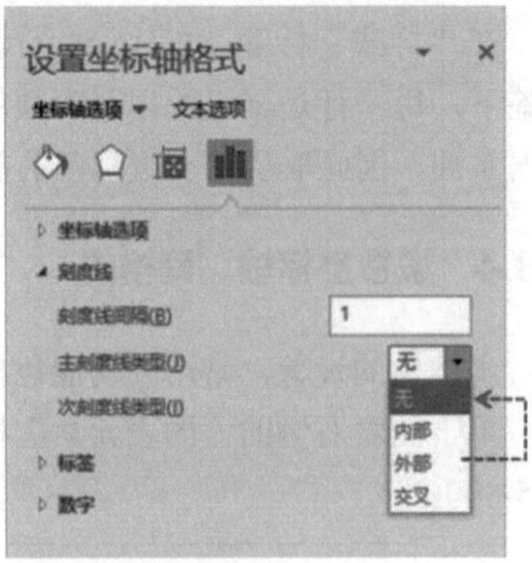

图 5-83

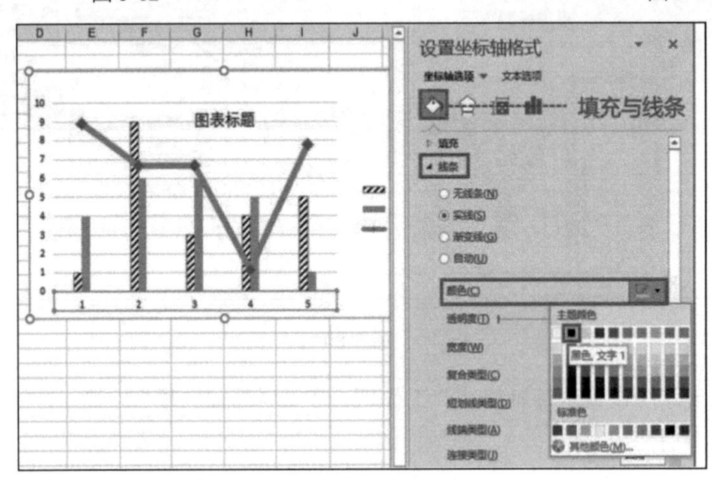

图 5-84

显示效果如图 5-85 所示。

横坐标轴的显示明显清晰了。

坐标轴上显示的数据间隔不宜太小，间距过小会显得内容很烦琐，如图 5-86 的纵坐标所示。

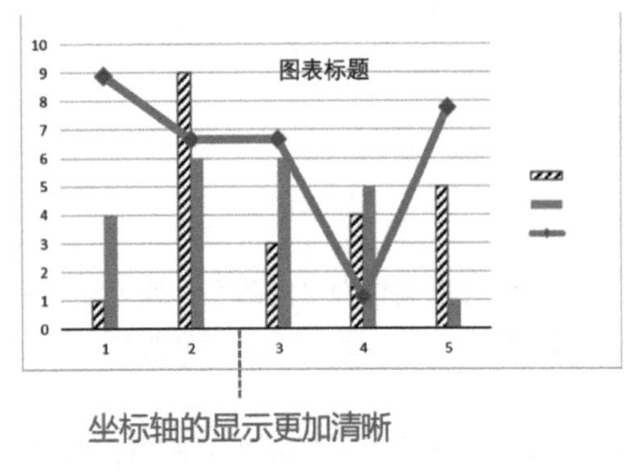

图 5-85

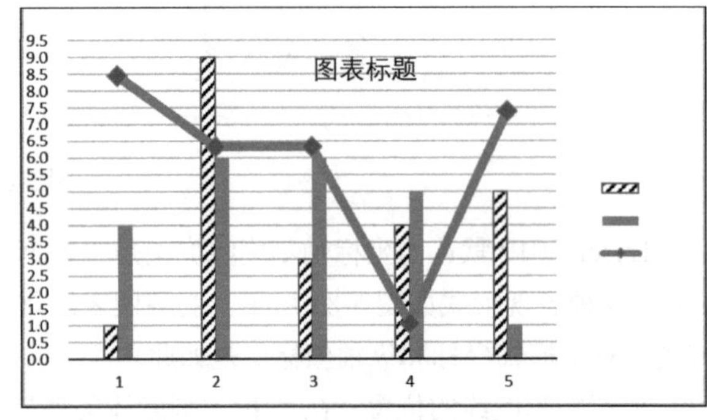

图 5-86

如果 Excel 自行设置的坐标轴数据间隔太宽泛或太狭窄，在“设置坐标轴格式”的工作区中，在“坐标轴选项”标签下调整“单位”的值，“大”右侧的空格中，数值越大，坐标轴数据的间隔就越大，如图 5-87 所示。

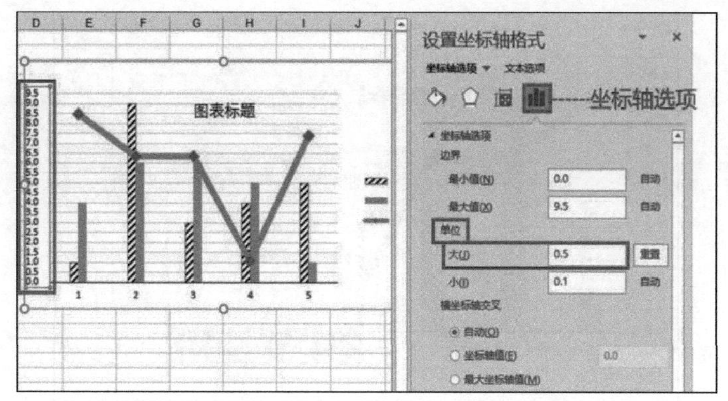

图 5-87

在“大”右侧的空格中输入“1.0”，纵坐标轴的数据间隔放大了一倍，如图 5-88 所示。

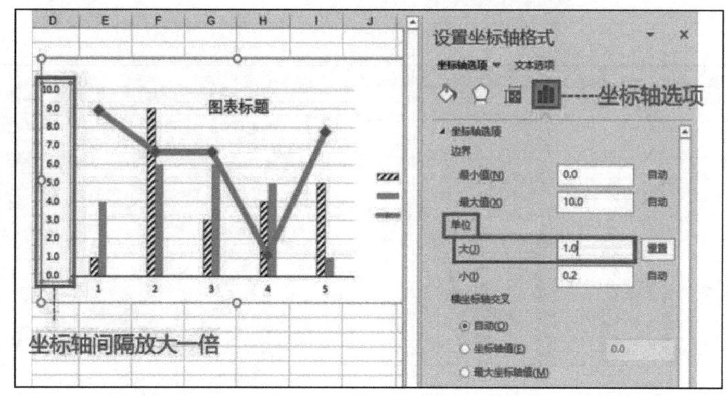

图 5-88

如果对坐标轴的最大值、最小值有要求，在“坐标轴选项”标签的“坐标轴选项→边界”下设定最值；如果对坐标轴数据的显示格式有要求，在“坐标轴选项”标签的“数字”下设定数字格式，如图 5-89 所示。

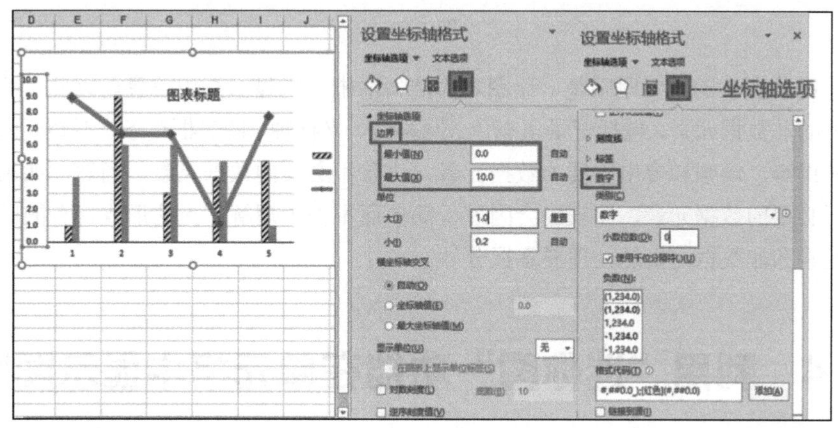

图 5-89

对于网格线的处理，Excel 2019 默认只显示主要网格线。如果要调整默认的网格线设置，选中网格线，右击网格线，选择“设置网格线格式”，如图 5-90 所示。

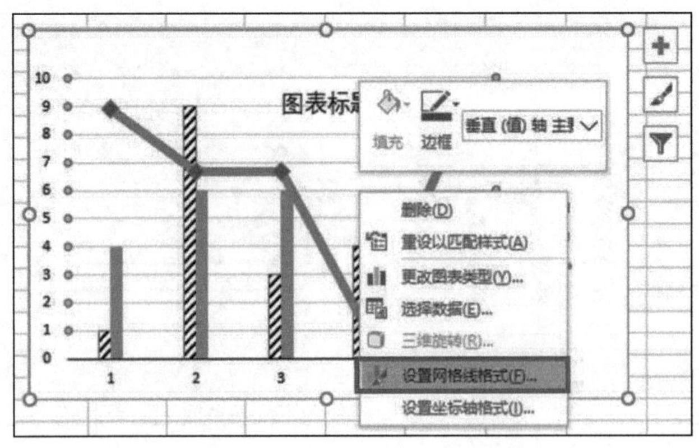

图 5-90

在窗口的右侧出现了“设置主要网格线格式”工作区，可以对网格线的颜色、宽度等进行设置，如图 5-91 所示。

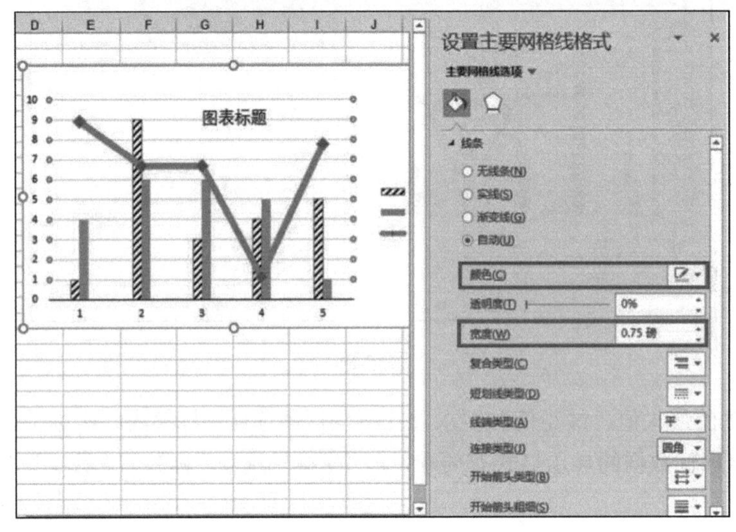

图 5-91

事实上，制作图表的重要原则是，让图表简洁、清晰，只显示有用信息。因此，我们要尽量减少和弱化图表的非数据元素，包括背景填充色、网格线、坐标轴、图表框线条、不必要的颜色变化、多维及立体效果等，增强和突出重要的数据元素，去除不必要的数据元素。当然，如果去掉所有非数据元素和不必要的数据元素，图表也会因过于简单而不便于理解，无法形成特有的图表风格，因此对于数据元素和非数据元素的处理要掌握分寸。

5.4 利用“迷你图”功能在单元格中显示图表

迷你图是一种形象化呈现数据的图表工具。迷你图的绘制区域位于单元格中，能简便地绘制小型图表，以便用户迅速找到一组数据的走势、最值等信息。为此，迷你图只有柱形图、折线图和盈亏图三种类型。

5.4.1 插入迷你图

例如，要为 2019 年 1 月~12 月水电费的走势插入迷你图。选中 C15 单元格（要插入迷你图的单元格），单击“插入”选项卡，依次单击“迷你图→柱形”，如图 5-92 所示。

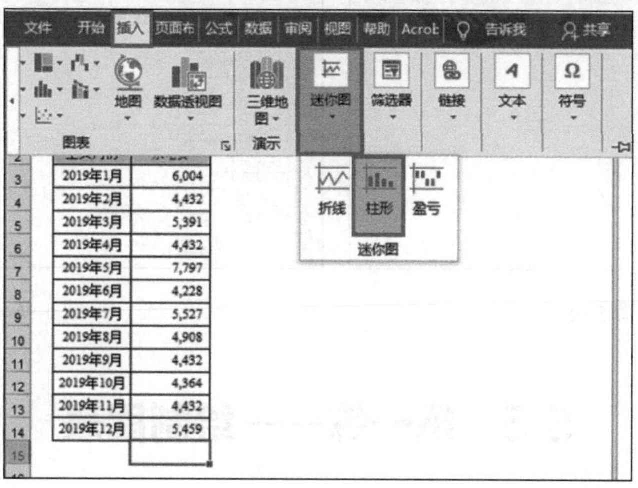

图 5-92

在弹出的“创建迷你图”对话框中，“数据范围”选择 C3~C14 单元格，“选择放置迷你图的位置”确认为 C15 单元格，单击“确定”按钮，如图 5-93 所示。

C15 单元格“迷你”显示出各月水电费的走势，如图 5-94 所示。

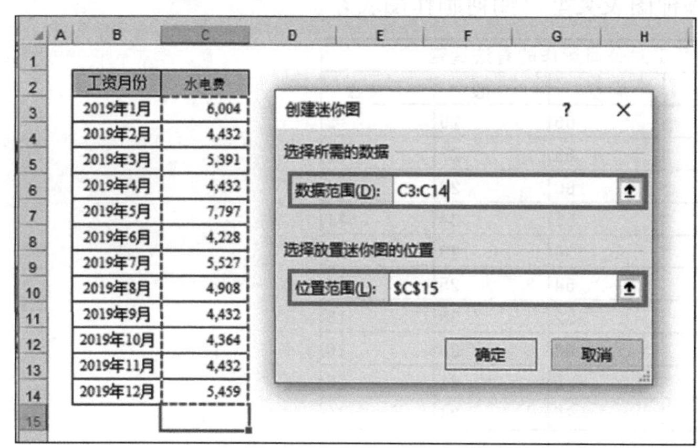

图 5-93

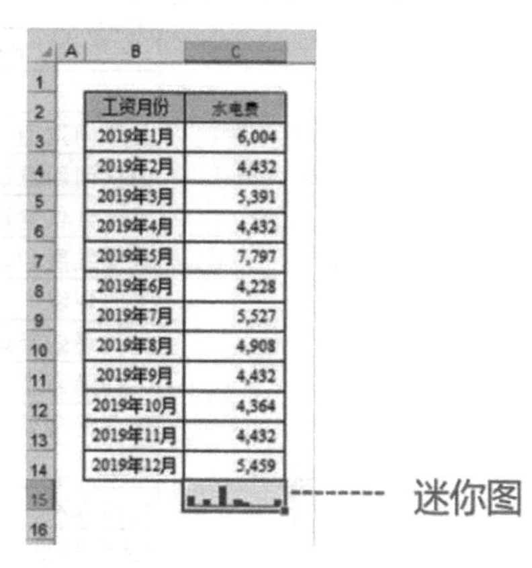

图 5-94

5.4.2 设置迷你图样式

插入迷你图之后，在“迷你图工具→设计”项下，主要会用到两项设置。一项是迷你图的“显示”，例如显示最高点和最低点，另一项是迷你图的样式，在预设的多个样式中选择一个合适的样式，如图 5-95 所示。

勾选“显示→高点/低点”，迷你图中的最高点和最低点用不同颜色显示出来，而且“样式”处同时显示了所采用的显示样式，如图 5-96 所示。

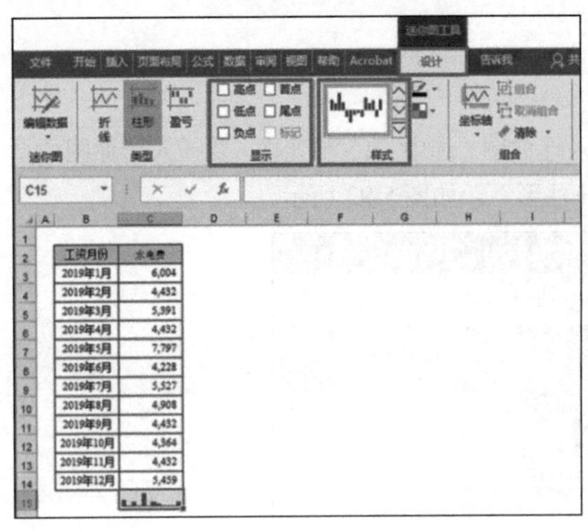

图 5-95

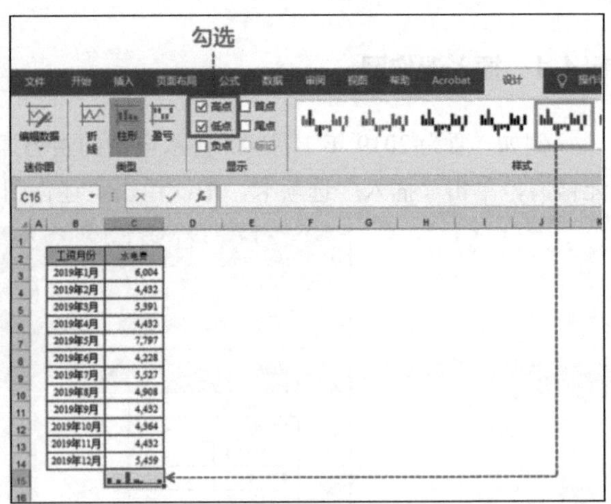

图 5-96

5.5 练一练——绘制图表

【目标】

W 公司调查员工对公司运作的看法，调查内容包括“员工间沟通”“团队创新意识”“团队合作意识”等 10 个方面，每一项调查包括“满意”“一般”“不满意”三种答案，如图 5-97 所示。

现要对上述统计作图显示，请问用哪种图表类型，如何制作图表？

W公司员工对公司运作的看法调查			
	满意	一般	不满意
员工间沟通	66	25	9
团队创新意识	63	27	10
团队合作意识	60	28	12
职业发展和培训	55	34	11
工作环境	54	26	20
员工绩效管理	54	25	21
工作满意度	52	30	18
领导管理效力	48	36	16
工资	46	31	23
公司福利	35	24	41

*数量代表人次

图 5-97

【步骤】

考虑到每项调查的内容的员工总数不变，三类评价的数据量级差异不大，因此，为了既能体现每一项数据，又能体现加总为 100%的情况，选择百分比堆积图。由于调查项目名字较长，因此选择百分比堆积条形图。

步骤 01 选择 B3~D12 单元格，单击“插入”选项卡，然后依次单击“推荐的图表→所有图表→条形图→百分比堆积条形图”，如图 5-98 所示。

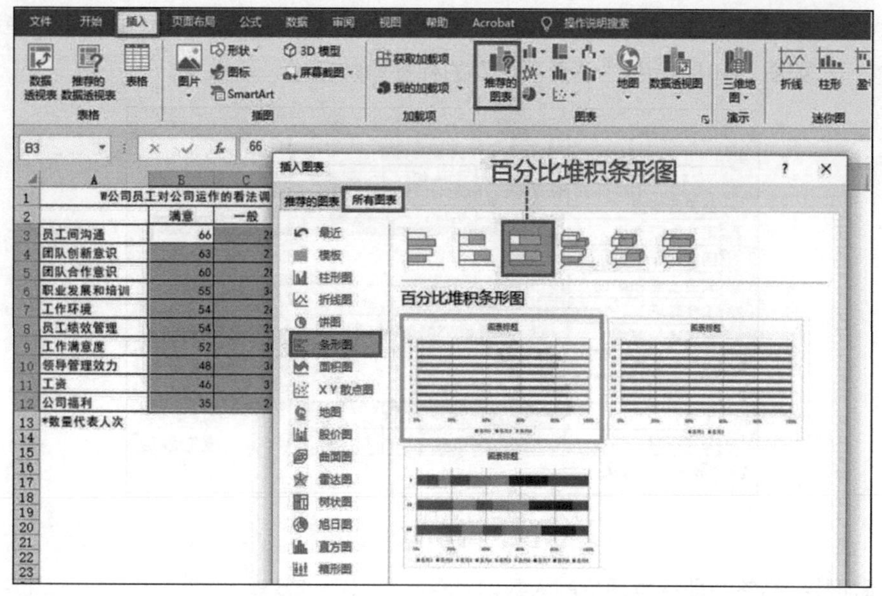

图 5-98

于是，Excel 自动生成百分比堆积条形图，如图 5-99 所示。

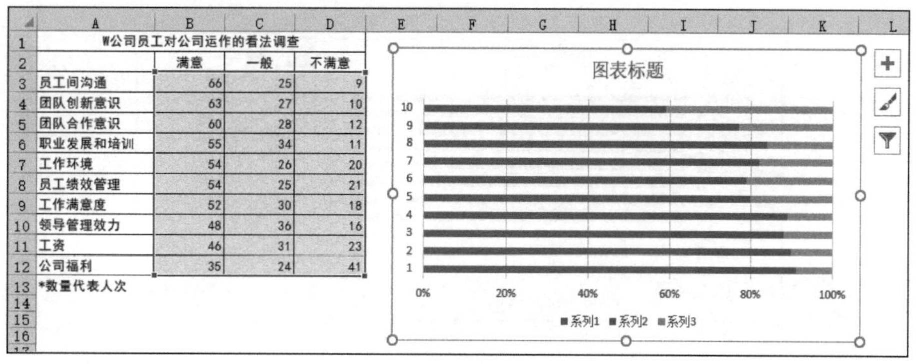

图 5-99

步骤 02 为生成的图表添加“调查项目”的标签。

右击图形区，选择“选择数据”。在弹出的“选择数据源”对话框中，单击“水平(分类)轴标签”下的“编辑”，如图 5-100 所示。

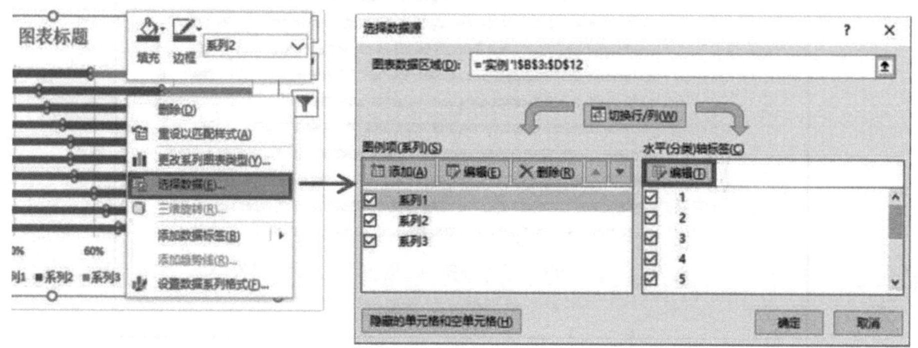

图 5-100

在弹出的“轴标签”对话框中，选择 A3~A12 单元格，依次在两个对话框中单击“确定”按钮，如图 5-101 所示。“调查项目”的标签添加完成。

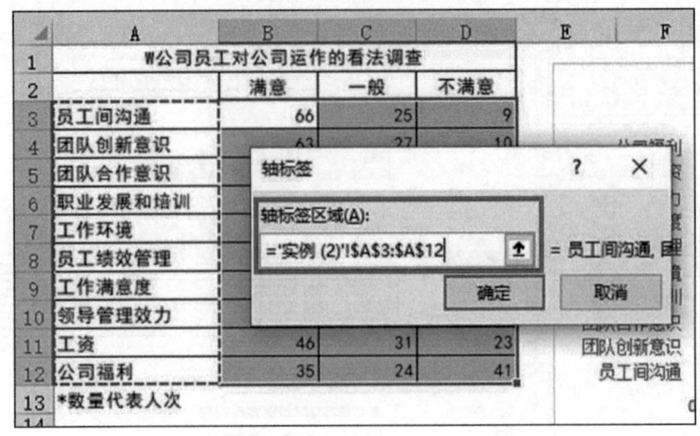

图 5-101

步骤 03 添加数据标签，即各类评价的人数。

选中图表，单击“图表元素”标签，勾选“数据标签”复选框，如图 5-102 所示。

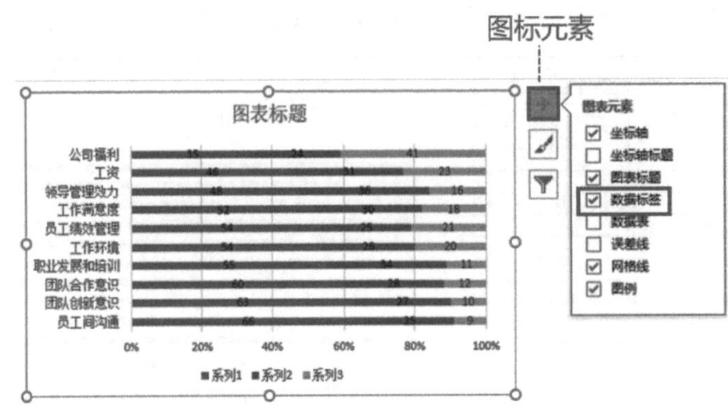

图 5-102

“数据标签”用黑色数字显示在条形图中，如图 5-103 所示。

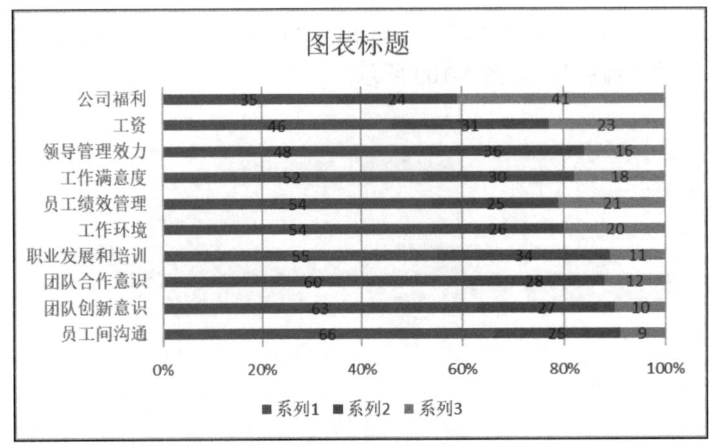

图 5-103

步骤 04　增加条形宽度，以便清晰地显示数据标签。

右击任意“系列”，选择“设置数据系列格式”，如图 5-104 所示。在窗口右侧的“设置数据系列格式”工作区中，将“系列选项”下的“间隙宽度”调整为“50%”，不同组系列之间的间隔减小了，数据标签可以落在条形以内，显示更加清晰了。

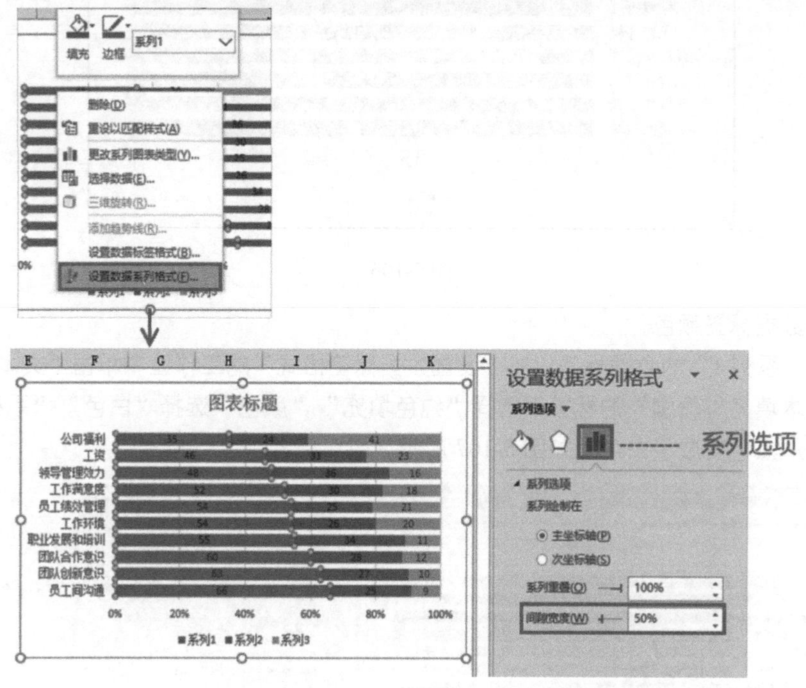

图 5-104

步骤 05　调整图形颜色。

选中“系列 1”，单击“填充与线条”标签。选择“纯色填充”并在“颜色”选项中选择“深红色”，如图 5-105 所示。

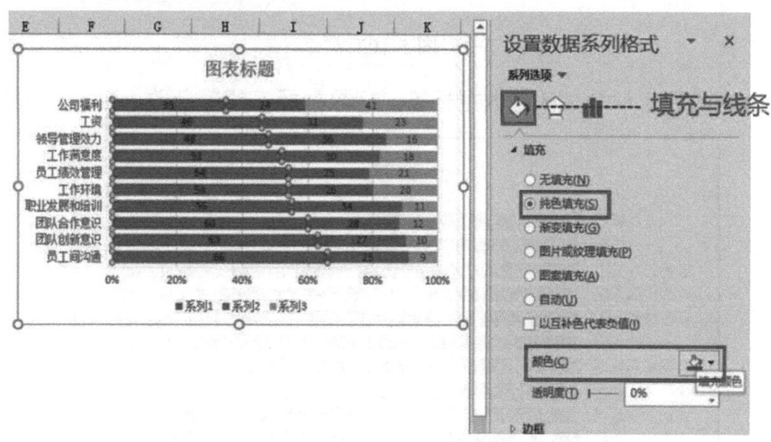

图 5-105

再依次选中系列 2 和系列 3，选择相应数据系列颜色，结果如图 5-106 所示。

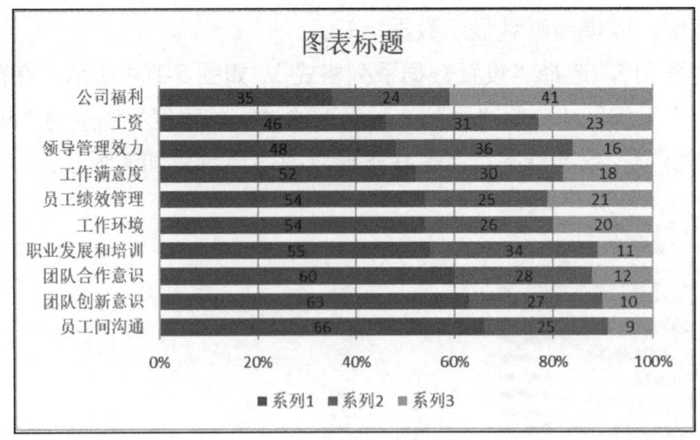

图 5-106

步骤 06 调整数据标签颜色。

选中“系列 1”的数据标签，在“设置数据标签格式”的工作区中单击“文本选项”，并在“文本填充与轮廓”的标签下选择“纯色填充”，“颜色”选择“白色”，“系列 1”的数据标签从黑色变成了白色，如图 5-107 所示。

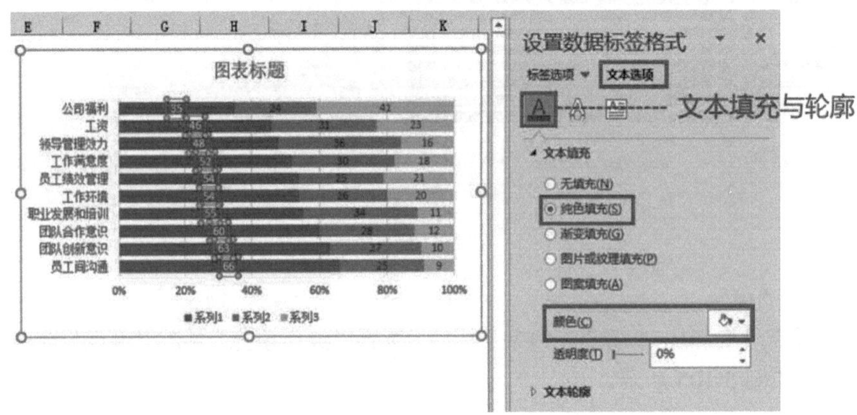

图 5-107

再依次选中系列 2 和系列 3 的数据标签，把数据标签的颜色改为白色，如图 5-108 所示。

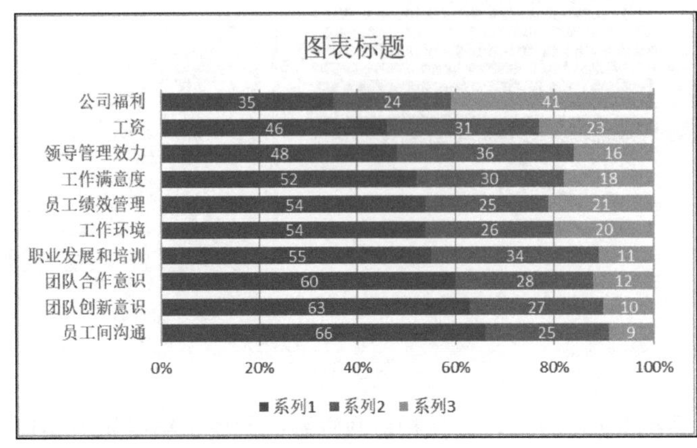

图 5-108

步骤 07 删除横坐标轴，删除图表标题，删除图标，删除网格线。

单击“图表元素”标签，单击“坐标轴”的菜单键，取消勾选“主要横坐标轴”复选框，如图 5-109 所示。横坐标轴和对应的坐标轴标签消失。

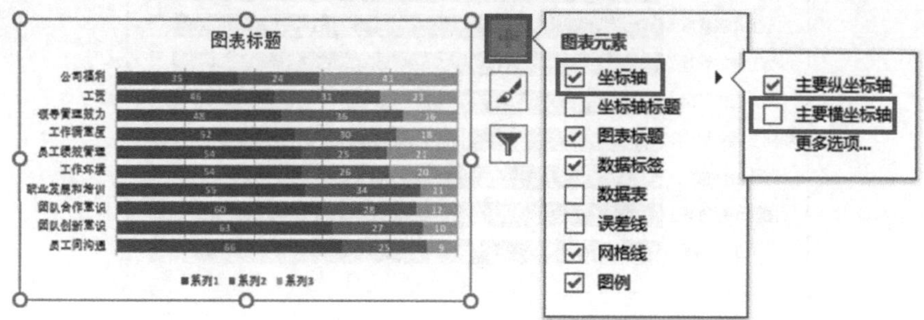

图 5-109

单击“图表元素”标签，取消勾选“图表标题”“网格线”和“图例”复选框，如图 5-110 所示。上述三者都消失。

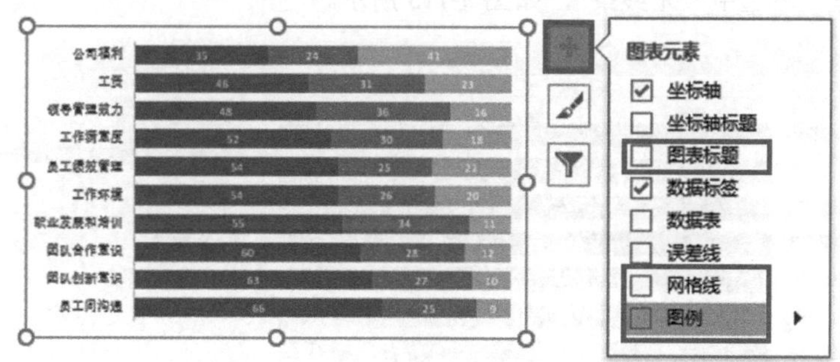

图 5-110

步骤 08 添加新的图标。

在图表上方添加文本框。单击“插入”选项卡，再依次单击“文本→文本框”，如图 5-111 所示。

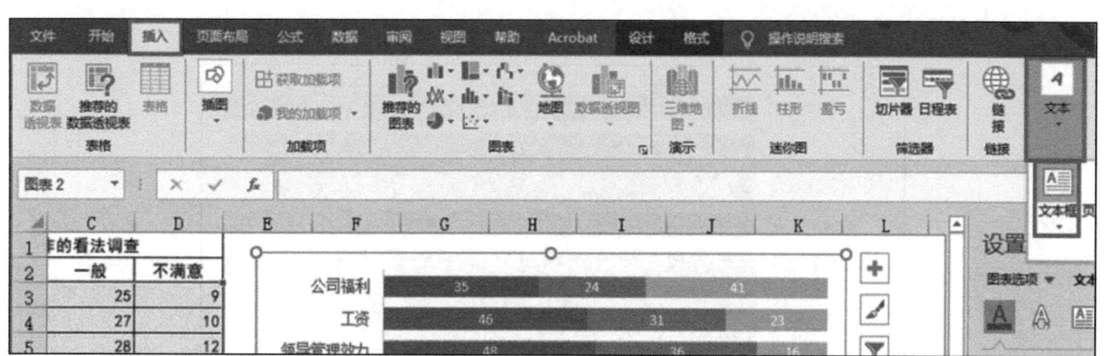

图 5-111

将文本框插入图表最上方，在与各色块对应的地方依次添加“满意”“一般”和“不满意”，如图 5-112 所示。

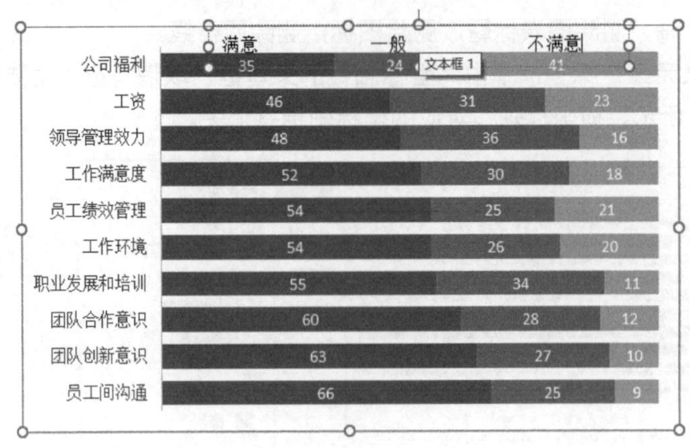

图 5-112

步骤09 删除图表边框，并调整图表字体。

选中图表，在“设置图表区格式”的工作区中，选中“图表选项”，单击“填充与线条”，在“边框”下选中“无线条”，如图 5-113 所示。

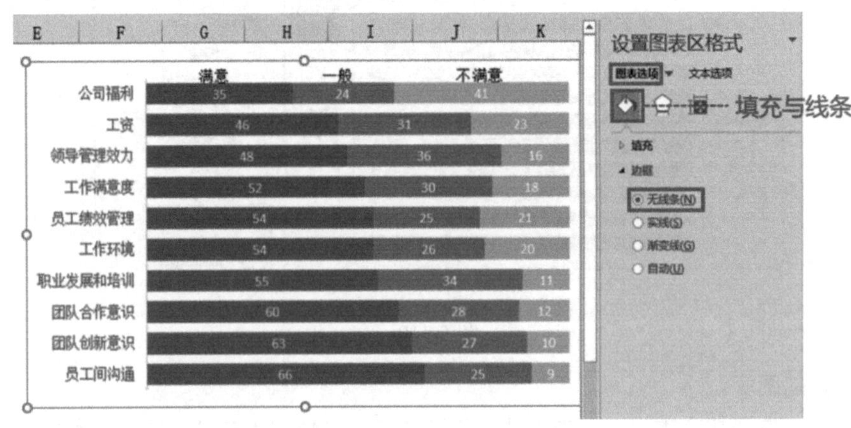

图 5-113

调整后，图表的整体效果如图 5-114 所示。

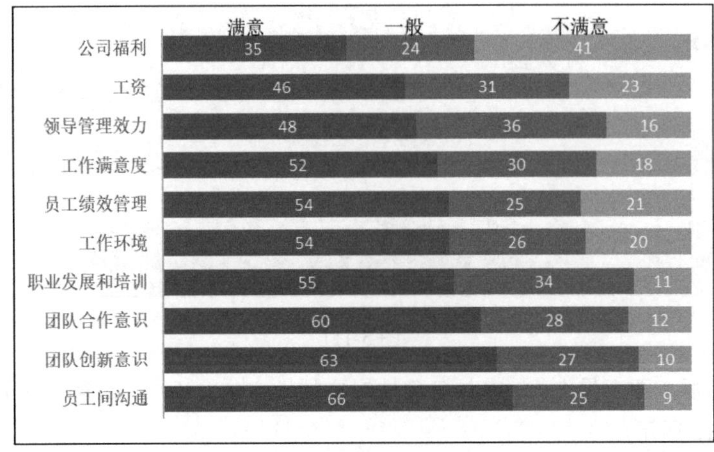

图 5-114

调整图表字体，用“黑体”字更能突显图表的专业性。选中纵坐标轴的数据标签，单击“开始”选项卡，在“字体”中选择“黑体”，如图 5-115 所示。

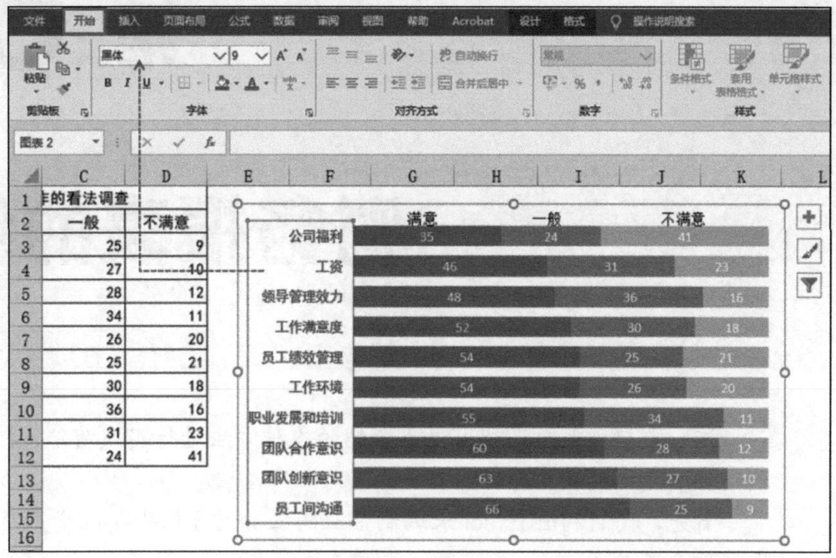

图 5-115

图表的最终呈现效果如图，如图 5-116 所示。

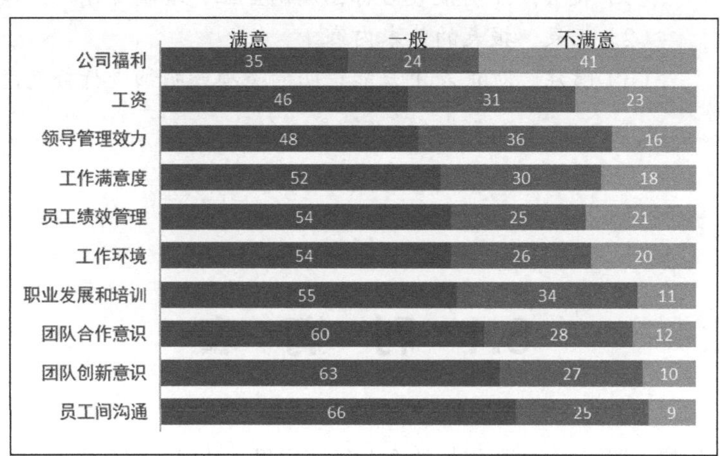

图 5-116

结果详见文件“05-01 绘制图表”。

下篇

第 6 章

财务报表的编制

这一章起，我们将利用上篇介绍的各种方法进行实战演练，把 Excel 运用到财务和会计的实操中。

首先，我们利用 Excel 来编制企业的三份财务报告——资产负债表、利润表和现金流量表。

财务报告的框架通常包括三部分：表头、正表和附注。

（1）表头：注明报表名称、编制企业、编制日期、货币单位等。

（2）正表：报表的基本内容。

（3）附注：对正表中未能说明的事项或明细进行补充说明。

本章将分别介绍三张报表的编制过程。

6.1 利 润 表

利润表体现的是某一期间（月/季/年）的企业经营成果。从财务报告的角度来讲，利润表可以每年结算一次，利润表的科目在结算之后都归零，利润表上的差额转入资产负债表的未分配利润科目下。利润表也可按月或按季结算，但每月或每季结算后并不归零，到年底清算。

编制“利润表”，可以通过“普通日记账簿”生成的“累计试算表”计算而得，资产负债表直接利用利润表的结果编制将更容易，现金流量表根据“日记账簿”来编制。

下面将先介绍利润表的编制，之后介绍资产负债表的编制，最后介绍现金流量表的编制。

6.1.1 利润表的制表原则

在实际工作中，企业一般按“月”编制利润表，但由于除年终外各月度的利润具有预期性，因此利润只有在年终计算后分配。

利润表的结构有多种，常用的是“多步式利润表”，按照企业损益的构成因素，将“利润表”分解成多个部分，包括：

（1）营业利润。
（2）利润总额。
（3）净利润。
（4）归属于母公司所有者的净利润。

图 6-1 显示的是利润表的结构。

项目	本期金额
一、营业收入	
减：营业成本	
营业税金及附加	
销售费用	
管理费用	
财务费用	
资产减值损失	
加：公允价值变动净收益	
投资收益	
二、营业利润	
加：营业外收入	
减：营业外支出	
其中：非流动资产处置净损失	
三、利润总额	
减：所得税	
四、净利润	
归属于母公司所有者的净利润	
少数股东损益	

“营业内”收入和成本

“营业外”收入和成本

综合“营业内外”收入和成本的影响，得到净利润表现

图 6-1

6.1.2 利润表的数据源

正式编制利润表之前，我们必须准备好“数据源”。用“普通日记账簿”生成“累计试算表”。

第一步：打开“普通日记账簿”。

打开文件“06-01 普通日记账簿”的“日记账簿”工作表。这份普通日记账簿是基于贸易性企业的，并且是不考虑相关税金情况下的普通日记账簿，记录的是“2019 年 1 月~3 月普通日记账簿”，如图 6-2 所示。

第二步：利用“普通日记账簿”生成初始“数据透视表”。

（1）选中“日记账簿”工作表的 A2~J114 单元格。单击“插入”选项卡，并单击“数据透视表”，在弹出的对话框中确认“表/区域”，“表/区域”应为“日记账簿!$A$2:$J$114”，如图 6-3 所示。

单击“确定”按钮，Excel 自动生成“Sheet1”工作表，即为用于编制“数据透视表”的工作表，如图 6-4 所示。

普通日记账簿

年	月	日	凭证类别	凭证号数	摘要	科目代码	科目名称	借方	贷方
2020	1	1	记	130101-001	期初开账	1002	银行存款	¥5,000,000.00	
2020	1	1	记	130101-001	期初开账	3101	实收资本		¥5,000,000.00
2020	1	5	记	130105-002	提取备用金	1101	现金	¥3,000.00	
2020	1	5	记	130105-002	转备用金	1002	银行存款		¥3,000.00
2020	1	5	记	130105-003	购入货品	1243	库存商品	¥100,000.00	
2020	1	5	记	130105-003	购入货品	2121	应付账款		¥100,000.00
2020	1	10	记	130110-004	购入货品	1243	库存商品	¥160,000.00	
2020	1	10	记	130110-004	购入货品	2121	应付账款		¥160,000.00
2020	1	15	记	130115-005	卖出商品	1131	应收账款	¥300,000.00	
2020	1	15	记	130115-005	卖出商品	5101	营业收入		¥300,000.00
2020	1	15	记	130115-006	库存商品转营业成本	4101	营业成本	¥150,000.00	
2020	1	15	记	130115-006	库存商品转营业成本	1243	库存商品		¥150,000.00
2020	1	20	记	130120-007	卖出商品	1131	应收账款	¥200,000.00	
2020	1	20	记	130120-007	卖出商品	5101	营业收入		¥200,000.00
2020	1	20	记	130120-008	库存商品转营业成本	4101	营业成本	¥100,000.00	
2020	1	20	记	130120-008	库存商品转营业成本	1243	库存商品		¥100,000.00
2020	1	25	记	130125-009	1月租金	550108	租金费用	¥10,000.00	
2020	1	25	记	130125-009	1月水电	550109	水电费用	¥3,500.00	
2020	1	25	记	130125-009	付1月租金、水电费	1002	银行存款		¥13,500.00
2020	1	25	记	130125-010	1月交通费	550103	交通费用	¥660.00	
2020	1	25	记	130125-010	1月通讯费	550104	通讯费用	¥220.00	
2020	1	25	记	130125-010	1月办公用品费	550106	办公用品费用	¥260.00	
2020	1	25	记	130125-010	1月打印费	550107	打印费用	¥140.00	
2020	1	25	记	130125-010	付1月交通、通讯、办公用品、打印费	1101	现金		¥1,280.00
2020	1	31	记	130131-011	1月营销费	550102	营销费用	¥1,050.00	
2020	1	31	记	130131-011	1月交际费	550105	交际费用	¥1,800.00	
2020	1	31	记	130131-011	付1月营销、交际费	1002	银行存款		¥2,850.00
2020	1	31	记	130131-012	1月业务员工资	550101	业务员工资费用	¥35,000.00	
2020	1	31	记	130131-012	1月人事工资	550201	人事工资费用	¥12,000.00	
2020	1	31	记	130131-012	付1月工资	1002	银行存款		¥47,000.00
2020	1	31	记	130131-013	1月应收款转银行存款	1002	银行存款	¥300,000.00	
2020	1	31	记	130131-013	1月应收款	1131	应收账款		¥300,000.00
2020	1	31	记	130131-014	1月应收款转银行存款	1002	银行存款	¥200,000.00	
2020	1	31	记	130131-014	1月应收款	1131	应收账款		¥200,000.00
2020	1	31	记	130131-015	银行存款转1月应付款	2121	应付账款	¥100,000.00	
2020	1	31	记	130131-015	1月应付款	1002	银行存款		¥100,000.00
2020	1	31	记	130131-016	银行存款1月应付款	2121	应付账款	¥160,000.00	
2020	1	31	记	130131-016	1月应付款	1002	银行存款		¥160,000.00
2020	2	8	记	130208-001	购入货品	1243	库存商品	¥210,000.00	
2020	2	8	记	130208-001	购入货品	2121	应付账款		¥210,000.00
2020	2	15	记	130215-002	卖出商品	1131	应收账款	¥300,000.00	
2020	2	15	记	130215-002	卖出商品	5101	营业收入		¥300,000.00
2020	2	15	记	130215-003	库存商品转营业成本	4101	营业成本	¥150,000.00	
2020	2	15	记	130215-003	库存商品转营业成本	1243	库存商品		¥150,000.00
2020	2	18	记	130218-004	购入货品	1243	库存商品	¥150,000.00	
2020	2	18	记	130218-004	购入货品	2121	应付账款		¥150,000.00
2020	2	20	记	130220-005	卖出商品	1131	应收账款	¥320,000.00	
2020	2	20	记	130220-005	卖出商品	5101	营业收入		¥320,000.00
2020	2	20	记	130220-006	库存商品转营业成本	4101	营业成本	¥160,000.00	
2020	2	20	记	130220-006	库存商品转营业成本	1243	库存商品		¥160,000.00
2020	2	25	记	130225-007	2月租金	550108	租金费用	¥10,000.00	
2020	2	25	记	130225-007	2月水电	550109	水电费用	¥3,800.00	
2020	2	25	记	130225-007	付2月租金、水电费	1002	银行存款		¥13,800.00
2020	2	25	记	130225-008	2月交通费	550103	交通费用	¥800.00	
2020	2	25	记	130225-008	2月通讯费	550104	通讯费用	¥300.00	
2020	2	25	记	130225-008	2月打印费	550107	打印费用	¥200.00	
2020	2	25	记	130225-008	付2月交通、通讯、打印费	1101	现金		¥1,300.00
2020	2	28	记	130228-009	2月营销费	550102	营销费用	¥1,300.00	
2020	2	28	记	130228-009	2月交际费	550105	交际费用	¥900.00	
2020	2	28	记	130228-009	付2月营销、交际费	1002	银行存款		¥2,200.00
2020	2	28	记	130228-010	2月业务员工资	550101	业务员工资费用	¥35,500.00	
2020	2	28	记	130228-010	2月人事工资	550201	人事工资费用	¥12,000.00	
2020	2	28	记	130228-010	付2月工资	1002	银行存款		¥47,500.00
2020	2	28	记	130228-011	2月应收款	1002	银行存款	¥300,000.00	
2020	2	28	记	130228-011	2月应收款转银行存款	1131	应收账款		¥300,000.00
2020	2	28	记	130228-012	2月应收款	1002	银行存款	¥320,000.00	
2020	2	28	记	130228-012	2月应收款转银行存款	1131	应收账款		¥320,000.00
2020	2	28	记	130228-013	银行存款转2月应付款	2121	应付账款	¥210,000.00	
2020	2	28	记	130228-013	2月应付款	1002	银行存款		¥210,000.00
2020	2	28	记	130228-014	银行存款转2月应付款	2121	应付账款	¥150,000.00	
2020	2	28	记	130228-014	2月应付款	1002	银行存款		¥150,000.00

图 6-2

年	月	日	凭证类别	凭证号数	摘要	科目代码	科目名称	借方	贷方
2020	3	4	记	130304-001	卖出商品	1131	应收账款	¥100,000.00	
2020	3	4	记	130304-001	卖出商品	5101	营业收入		¥100,000.00
2020	3	4	记	130304-002	库存商品转营业成本	4101	营业成本	¥50,000.00	
2020	3	4	记	130304-002	库存商品转营业成本	1243	库存商品		¥50,000.00
2020	3	5	记	130305-003	提取备用金	1101	现金	¥3,000.00	
2020	3	5	记	130305-003	转备用金	1002	银行存款		¥3,000.00
2020	3	6	记	130306-004	购入货品	1243	库存商品	¥130,000.00	
2020	3	6	记	130306-004	购入货品	2121	应付账款		¥130,000.00
2020	3	8	记	130308-005	购入货品	1243	库存商品	¥190,000.00	
2020	3	8	记	130308-005	购入货品	2121	应付账款		¥190,000.00
2020	3	12	记	130312-006	卖出商品	1131	应收账款	¥280,000.00	
2020	3	12	记	130312-006	卖出商品	5101	营业收入		¥280,000.00
2020	3	12	记	130312-007	库存商品转营业成本	4101	营业成本	¥140,000.00	
2020	3	12	记	130312-007	库存商品转营业成本	1243	库存商品		¥140,000.00
2020	3	20	记	130320-008	卖出商品	1131	应收账款	¥320,000.00	
2020	3	20	记	130320-008	卖出商品	5101	营业收入		¥320,000.00
2020	3	20	记	130320-009	库存商品转营业成本	4101	营业成本	¥160,000.00	
2020	3	20	记	130320-009	库存商品转营业成本	1243	库存商品		¥160,000.00
2020	3	25	记	130325-010	3月租金	550108	租金费用	¥10,000.00	
2020	3	25	记	130325-010	3月水电	550109	水电费用	¥3,100.00	
2020	3	25	记	130325-010	付3月租金、水电费	1002	银行存款		¥13,100.00
2020	3	25	记	130325-011	3月交通费	550103	交通费用	¥750.00	
2020	3	25	记	130325-011	3月通讯费	550104	通讯费用	¥230.00	
2020	3	25	记	130325-011	3月打印费	550106	办公用品费用	¥110.00	
2020	3	25	记	130325-011	付3月交通、通讯、打印费	1101	现金		¥1,090.00
2020	3	31	记	130331-012	3月营销费	550102	营销费用	¥800.00	
2020	3	31	记	130331-012	3月交际费	550105	交际费用	¥450.00	
2020	3	31	记	130331-012	付3月营销、交际费	1002	银行存款		¥1,250.00
2020	3	31	记	130331-013	3月业务员工资	550101	业务员工资费用	¥22,000.00	
2020	3	31	记	130331-013	3月人事工资	550201	人事工资费用	¥11,000.00	
2020	3	31	记	130331-013	付3月工资	1002	银行存款		¥33,000.00
2020	3	31	记	130331-014	3月应收款转银行存款	1002	银行存款	¥100,000.00	
2020	3	31	记	130331-014	3月应收款	1131	应收账款		¥100,000.00
2020	3	31	记	130331-015	3月应收款转银行存款	1002	银行存款	¥280,000.00	
2020	3	31	记	130331-015	3月应收款	1131	应收账款		¥280,000.00
2020	3	31	记	130331-016	3月应收款转银行存款	1002	银行存款	¥320,000.00	
2020	3	31	记	130331-016	3月应收款	1131	应收账款		¥320,000.00
2020	3	31	记	130331-017	银行存款转3月应付款	2121	应付账款	¥130,000.00	
2020	3	31	记	130331-017	3月应付款	1002	银行存款		¥130,000.00
2020	3	31	记	130331-018	银行存款转3月应付款	2121	应付账款	¥190,000.00	
2020	3	31	记	130331-018	3月应付款	1002	银行存款		¥190,000.00

图 6-2（续）

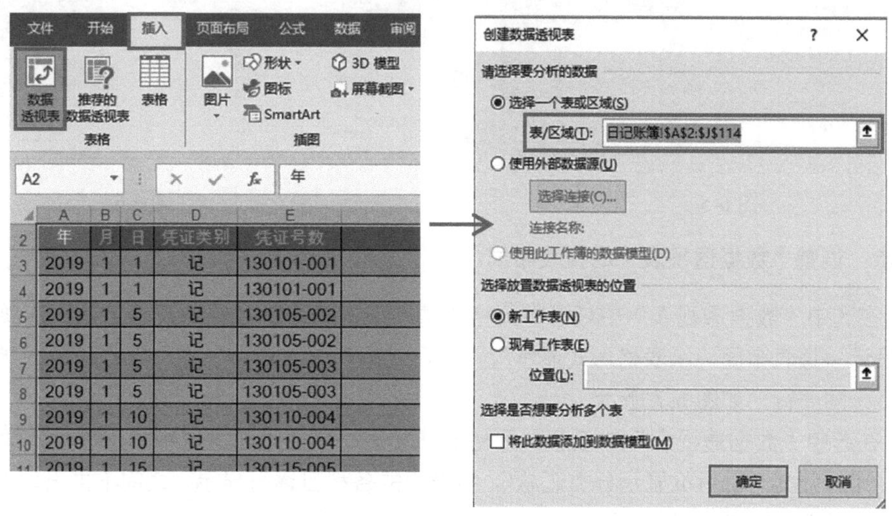

图 6-3

（2）右击“Sheet1”的标签，选择“重命名”，在原“Sheet1”标签处输入“数据透视表”，工作表名称改写为“数据透视表”，如图 6-5 所示。

图 6-4

（3）在“数据透视表”工作表中，将字段列表中的“月”移到报表“筛选”区域，表示“数据透视表”可以按“月”筛选数据。

在“数据透视表”工作表中，将字段列表中的“科目代码”和“科目名称”移到“行”标签区域，表示报表的行信息将显示“科目代码”和“科目名称”。

在“数据透视表”工作表中，将字段列表中的“借方”和“贷方”移到“∑值”区域，表示报表的数据将显示“借方”和“贷方”的信息，如图 6-6 所示。

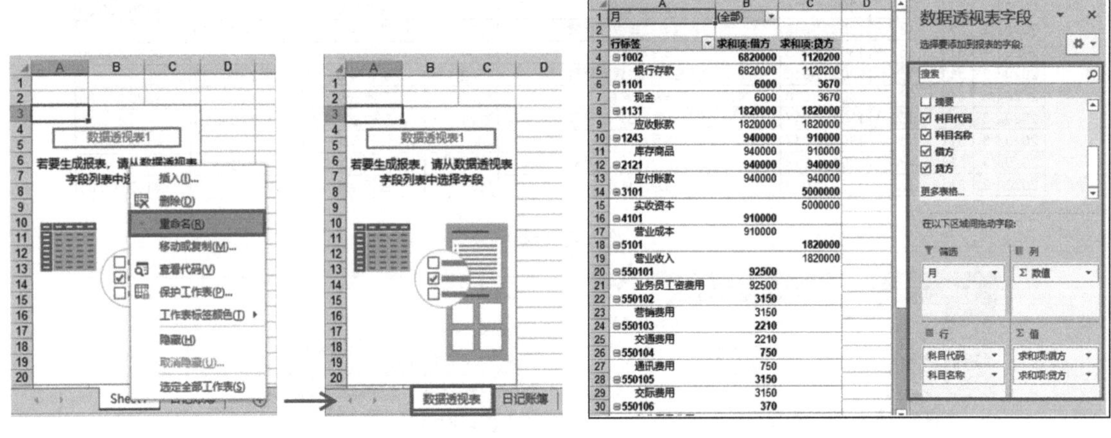

图 6-5　　　　图 6-6

第三步：调整“数据透视表”的报表布局。

（1）在选中“数据透视表”中任意单元格的情况下，单击“数据透视表工具”选项卡，并依次单击“设计→报表布局→以表格形式显示”，“科目代码”与“科目名称”默认分两行显示，经调整两者显示于同一行，如图 6-7 所示。

（2）在选中“数据透视表”中任意单元格的情况下，单击“数据透视表工具”选项卡，并依次单击“设计→分类汇总→不显示分类汇总”，报表中的各科目逐行显示，之间不再出现“汇总”项目，如图 6-8 所示。

（3）单击“∑值”中“求和项:借方”的下拉按钮，并选择“值字段设置”，如图 6-9 所示。

在弹出的“值字段设置”对话框中，“自定义名称”从“求和项:借方”改为“求和项:借方金额”，单击“确定”按钮，如图 6-10 所示。

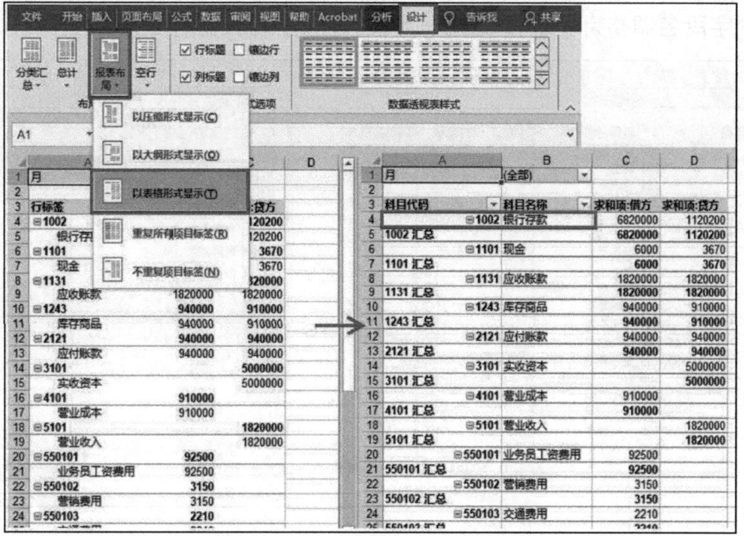

图 6-7

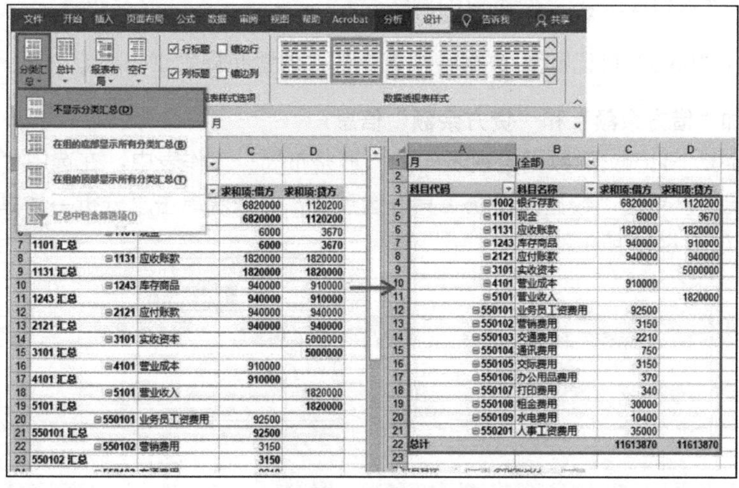

图 6-8

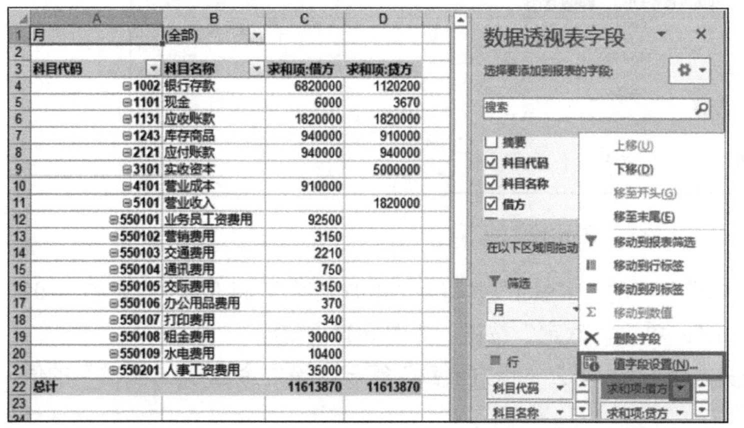

图 6-9

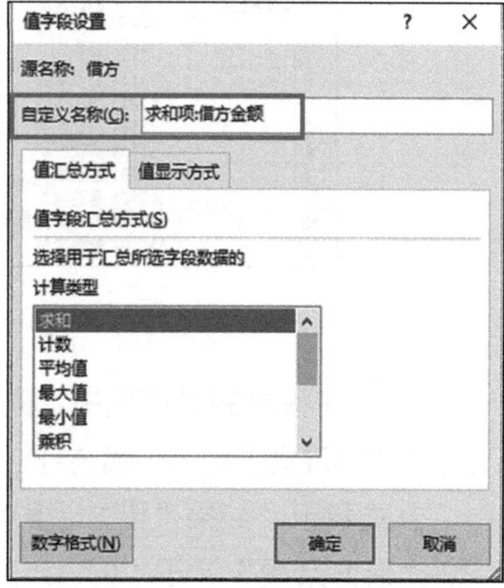

图 6-10

C3 单元格的字段名调整为“求和项:借方金额”，如图 6-11 所示。

图 6-11

对“∑值”中“求和项:贷方”做类似的操作。

结果详见文件“06-02 日记账簿-数据透视表”的“调整布局”工作表。

第四步：增加“借方余额”和“贷方余额”信息。

（1）在“06-02 日记账簿-数据透视表”的“调整布局”工作表中，在选中“数据透视表”中任意单元格的情况下，单击“数据透视表工具”选项卡，并依次单击“分析→计算→字段、项目和集→计算字段”，如图 6-12 所示。

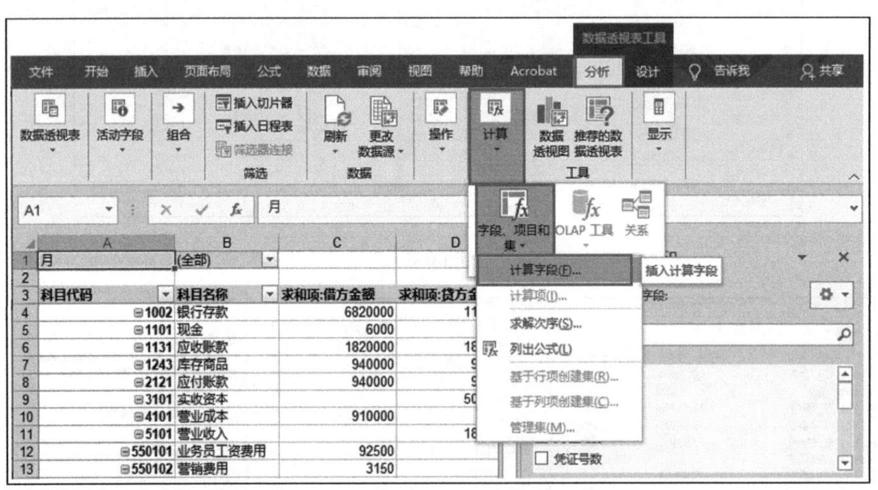

图 6-12

（2）在弹出的对话框中，将“名称”中的“字段 1”改写为“借方余额”，将“公式”中的“=0”改写为“=IF(借方>贷方,借方-贷方,0)”。单击“确定”按钮，如图 6-13 所示。

公式表示，如果“借方金额>贷方金额”，那么“借方余额”等于“借方金额-贷方金额”的值，否则“借方余额”等于“0”。

“数据透视表”中增加了 E 列“求和项：借方余额”字段，“∑值”中也增加了“求和项:借方余额”字段，如图 6-14 所示。

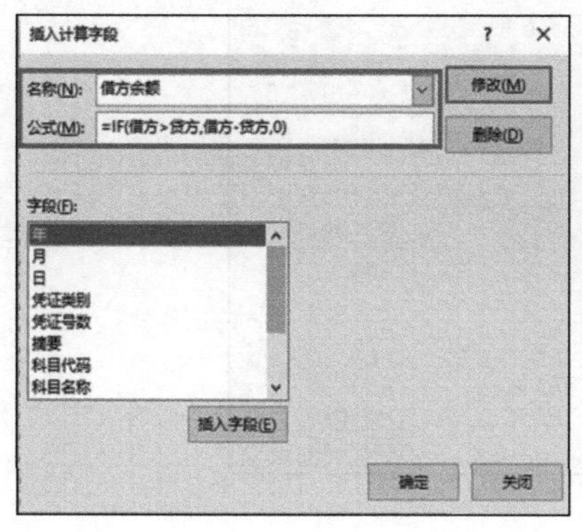

图 6-13

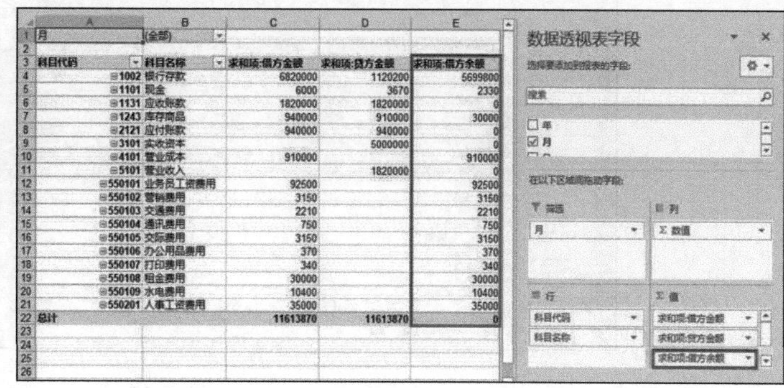

月	(全部)			
科目代码	科目名称	求和项:借方金额	求和项:贷方金额	求和项:借方余额
1002	银行存款	6820000	1120200	5699800
1101	现金	6000	3670	2330
1131	应收账款	1820000	1820000	0
1243	库存商品	940000	910000	30000
2121	应付账款	940000	940000	0
3101	实收资本		5000000	0
4101	营业成本	910000		910000
5101	营业收入		1820000	0
550101	业务员工资费用	92500		92500
550102	营销费用	3150		3150
550103	交通费用	2210		2210
550104	通讯费用	750		750
550105	交际费用	3150		3150
550106	办公用品费用	370		370
550107	打印费用	340		340
550108	租金费用	30000		30000
550109	水电费用	10400		10400
550201	人事工资费用	35000		35000
总计		11613870	11613870	0

图 6-14

【IF 函数】

IF 函数是常用的函数之一，IF 函数执行真假值判断，根据逻辑计算的真假值返回不同的结果。

IF 函数的语法是：IF(logical_test,value_if_true,value_if_false)。

参数的意义是：

- Logical_test：计算结果为 TRUE 或 FALSE 的任意值或表达式。
- Value_if_true：Logical_test 为 TRUE 时返回的值。
- Value_if_false：Logical_test 为 FALSE 时返回的值。

提 示

“公式”编制方式

改写“公式”时，可以自行输入全部信息，也可以在需要输入“借方”和“贷方”等已有字段之处，单击两下“字段”列表中的相关字段名，该字段就会显示在“公式”中。此方法方便快捷、不易出错。

（3）再次单击“数据透视表工具”选项卡，并依次单击“分析→计算→域、项目和集→计算字段”。

在弹出的对话框中，将“名称”中的“字段 2”改为“贷方余额”，将“公式”中的“=0”改为“=IF(贷方>借方,贷方－借方,0)”。

公式表示，如果“借方金额<贷方金额”，则贷方余额输入“贷方金额-借方金额”的值，否则输入“0”。

单击“确定”按钮，“数据透视表”中增加了 F 列“求和项:贷方余额”字段。“∑值”中也增加了“求和项：贷方余额”字段，如图 6-15 所示。

由此形成的“累计试算表”是建立在数据透视表基础上的。

提 示

根据“借方余额”的定义，E22 单元格自动设置的公式为“=C22-D22”，而非 E4~E21 单元格的求和。“=C22-D22”的结果必定为零，因此 E22 单元格的数据并非我们所需要的。同理，F22 单元格的数据并非我们所需要的。

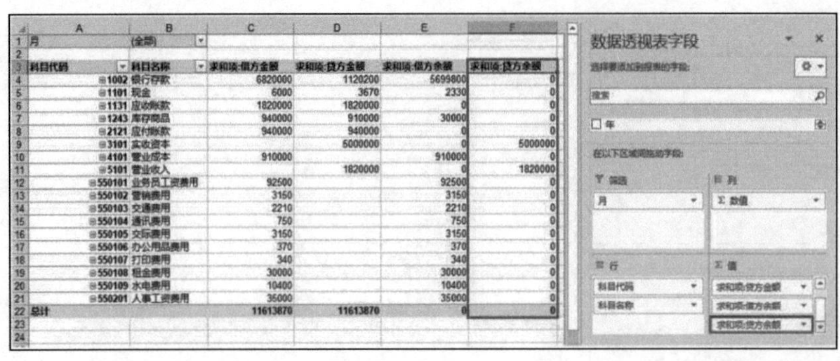

图 6-15

第五步：复制“累计试算表”的数据到新的工作表中。

（1）在文件“06-03 日记账簿-累计试算表”中，单击“新建工作表”按钮，如图 6-16 所示。

将新建的工作表重命名为“累计试算表 2”，如图 6-17 所示。

复制“累计试算表 1”工作表中的 A3~F22 单元格，将复制的数据粘贴到“累计试算表 2”工作表中，如图 6-18 所示。

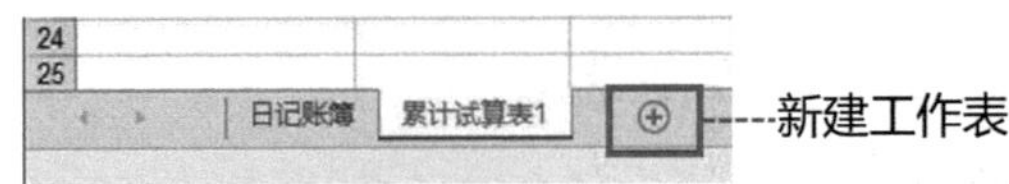

图 6-16

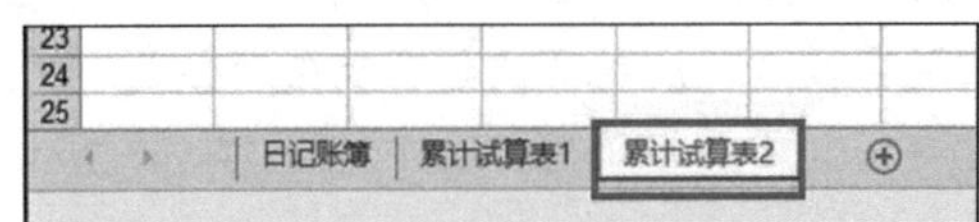

图 6-17

图 6-18

（2）选中“累计试算表 2”整张工作表，双击 A 列、B 列之间的间隔线，如图 6-19 所示。

报表信息自动展开，各列宽度适应信息宽度，便于阅读，如图 6-20 所示。

（3）在第 10 行之前插入空行。

在 A10 单元格输入“5501”，在 B10 单元格输入“营业费用”。

在 C10 单元格输入“=sum(C11:C19)”，即 C11~C19 单元格的求和。

在 D10 单元格输入“=sum(D11:D19)”，即 D11~D19 单元格的求和。

在 E10 单元格输入“=IF(C10>D10,C10-D10,0)”。

在 F10 单元格输入“=IF(C10<D10,D10-C10,0)”。

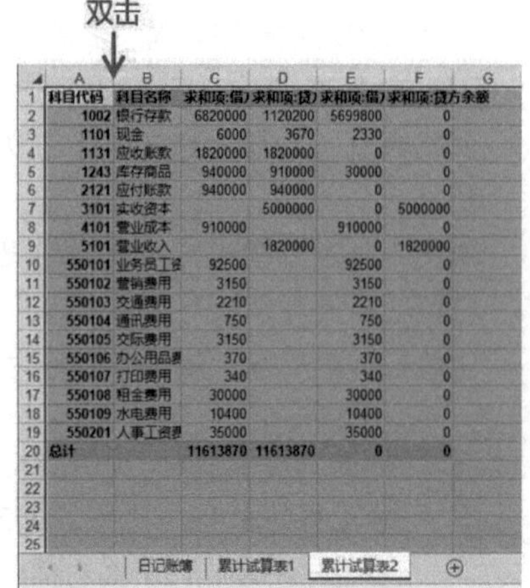

图 6-19

二级科目 550101~550109 归并到一级科目“5501 营业费用”之下，如图 6-21 所示。

	A	B	C	D	E	F
1	科目代码	科目名称	求和项:借方金额	求和项:贷方金额	求和项:借方余额	求和项:贷方余额
2	1002	银行存款	6820000	1120200	5699800	0
3	1101	现金	6000	3670	2330	0
4	1131	应收账款	1820000	1820000	0	0
5	1243	库存商品	940000	910000	30000	0
6	2121	应付账款	940000	940000	0	0
7	3101	实收资本		5000000	0	5000000
8	4101	营业成本	910000		910000	0
9	5101	营业收入		1820000	0	1820000
10	550101	业务员工资费用	92500		92500	0
11	550102	营销费用	3150		3150	0
12	550103	交通费用	2210		2210	0
13	550104	通讯费用	750		750	0
14	550105	交际费用	3150		3150	0
15	550106	办公用品费用	370		370	0
16	550107	打印费用	340		340	0
17	550108	租金费用	30000		30000	0
18	550109	水电费用	10400		10400	0
19	550201	人事工资费用	35000		35000	0
20	总计		11613870	11613870	0	0
21						

图 6-20

	A	B	C	D	E	F
1	科目代码	科目名称	求和项:借方金额	求和项:贷方金额	求和项:借方余额	求和项:贷方余额
2	1002	银行存款	6820000	1120200	5699800	0
3	1101	现金	6000	3670	2330	0
4	1131	应收账款	1820000	1820000	0	0
5	1243	库存商品	940000	910000	30000	0
6	2121	应付账款	940000	940000	0	0
7	3101	实收资本		5000000	0	5000000
8	4101	营业成本	910000		910000	0
9	5101	营业收入		1820000	0	1820000
10	5501	营业费用	142870	0	142870	0
11	550101	业务员工资费用	92500		92500	0
12	550102	营销费用	3150		3150	0
13	550103	交通费用	2210		2210	0
14	550104	通讯费用	750		750	0
15	550105	交际费用	3150		3150	0
16	550106	办公用品费用	370		370	0
17	550107	打印费用	340		340	0
18	550108	租金费用	30000		30000	0
19	550109	水电费用	10400		10400	0
20	550201	人事工资费用	35000		35000	0
21	总计		11613870	11613870	0	0

图 6-21

用同样的方法，将二级科目 550201 归并到一级科目“5502 管理费用”之下，如图 6-22 所示。

	A	B	C	D	E	F
1	科目代码	科目名称	求和项:借方金额	求和项:贷方金额	求和项:借方余额	求和项:贷方余额
2	1002	银行存款	6820000	1120200	5699800	0
3	1101	现金	6000	3670	2330	0
4	1131	应收账款	1820000	1820000	0	0
5	1243	库存商品	940000	910000	30000	0
6	2121	应付账款	940000	940000	0	0
7	3101	实收资本		5000000	0	5000000
8	4101	营业成本	910000		910000	0
9	5101	营业收入		1820000	0	1820000
10	5501	营业费用	142870	0	142870	0
11	550101	业务员工资费用	92500		92500	0
12	550102	营销费用	3150		3150	0
13	550103	交通费用	2210		2210	0
14	550104	通讯费用	750		750	0
15	550105	交际费用	3150		3150	0
16	550106	办公用品费用	370		370	0
17	550107	打印费用	340		340	0
18	550108	租金费用	30000		30000	0
19	550109	水电费用	10400		10400	0
20	5502	管理费用	35000	0	35000	0
21	550201	人事工资费用	35000		35000	0
22	总计		11613870	11613870	0	0

图 6-22

（4）选中第 11~19 行，右击鼠标，选择“隐藏”，如图 6-23 所示。

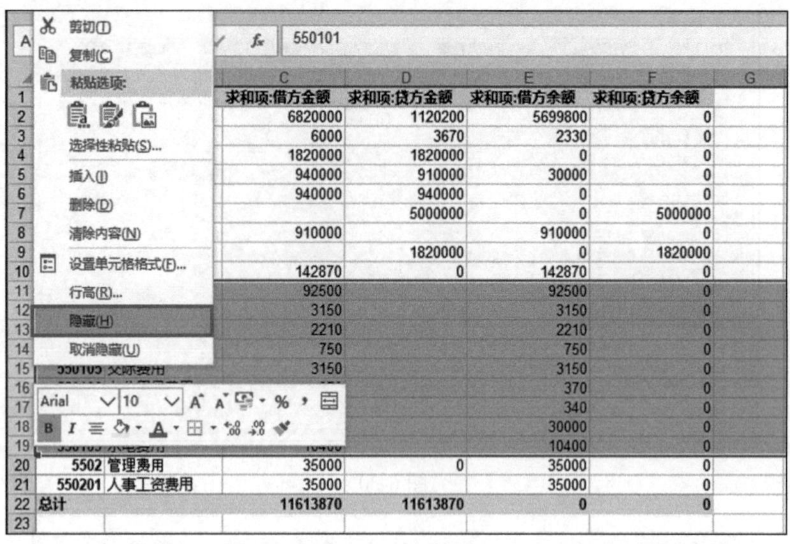

图 6-23

第 11~19 行的数据被隐藏，也就是二级目录下的 550101~550109 的科目信息被隐藏，如图 6-24 所示。

	A	B	C	D	E	F
1	科目代码	科目名称	求和项:借方金额	求和项:贷方金额	求和项:借方余额	求和项:贷方余额
2	1002	银行存款	6820000	1120200	5699800	0
3	1101	现金	6000	3670	2330	0
4	1131	应收账款	1820000	1820000	0	0
5	1243	库存商品	940000	910000	30000	0
6	2121	应付账款	940000	940000	0	0
7	3101	实收资本		5000000	0	5000000
8	4101	营业成本	910000		910000	0
9	5101	营业收入		1820000	0	1820000
10	5501	营业费用	142870	0	142870	0
20	5502	管理费用	35000	0	35000	0
21	550201	人事工资费用	35000		35000	0
22	总计		11613870	11613870	0	0
23						

图 6-24

用同样的方法隐藏 550201 科目。最终，仅保留了一级科目的“累计试算表”，如图 6-25 所示。

	A	B	C	D	E	F
1	科目代码	科目名称	求和项:借方金额	求和项:贷方金额	求和项:借方余额	求和项:贷方余额
2	1002	银行存款	6820000	1120200	5699800	0
3	1101	现金	6000	3670	2330	0
4	1131	应收账款	1820000	1820000	0	0
5	1243	库存商品	940000	910000	30000	0
6	2121	应付账款	940000	940000	0	0
7	3101	实收资本		5000000	0	5000000
8	4101	营业成本	910000		910000	0
9	5101	营业收入		1820000	0	1820000
10	5501	营业费用	142870	0	142870	0
20	5502	管理费用	35000	0	35000	0
22	总计		11613870	11613870	0	0
23						
24						

图 6-25

（5）将 C1 单元格“求和项:借方金额”改写为“借方金额”，将 D1 单元格“求和项:贷方金额”改写为“贷方金额”，将 E1 单元格“求和项:借方余额”改写为“借方余额”，将 F1 单元格“求和项:贷方余额”改写为“贷方余额”，如图 6-26 所示。

	A	B	C	D	E	F
1	科目代码	科目名称	借方金额	贷方金额	借方余额	贷方余额
2	1002	银行存款	6820000	1120200	5699800	0
3	1101	现金	6000	3670	2330	0
4	1131	应收账款	1820000	1820000	0	0
5	1243	库存商品	940000	910000	30000	0
6	2121	应付账款	940000	940000	0	0
7	3101	实收资本		5000000	0	5000000
8	4101	营业成本	910000		910000	0
9	5101	营业收入		1820000	0	1820000
10	5501	营业费用	142870	0	142870	0
20	5502	管理费用	35000	0	35000	0
22	总计		11613870	11613870	0	0
23						

图 6-26

（6）删除 E22 单元格的值，并输入“=SUM(E2:E10)+E20”。表示 E22 单元格的值为 E 列各一级科目的借方余额的求和，如图 6-27 所示。

（7）删除 F22 单元格的值，并输入“=SUM(F2:F10)+F20”。表示 F22 单元格的值，为 F 列各一级科目的贷方余额的求和，如图 6-27 所示。

	A	B	C	D	E	F	G
1	科目代码	科目名称	借方金额	贷方金额	借方余额	贷方余额	
2	1002	银行存款	6820000	1120200	5699800	0	
3	1101	现金	6000	3670	2330	0	
4	1131	应收账款	1820000	1820000	0	0	
5	1243	库存商品	940000	910000	30000	0	
6	2121	应付账款	940000	940000	0	0	
7	3101	实收资本		5000000	0	5000000	
8	4101	营业成本	910000		910000	0	
9	5101	营业收入		1820000	0	1820000	
10	5501	营业费用	142870	0	142870	0	
20	5502	管理费用	35000	0	35000	0	
22	总计		11613870	11613870	6820000	6820000	
23							

图 6-27

结果详见文件“06-03 日记账簿-累计试算表”的“累计试算表 2”工作表。

6.1.3 2019 年第一季度利润表的编制

我们将分别编制“2019 年第一季度利润表”和“2019 年 1 月利润表”。

“2019 年第一季度利润表”的编制步骤如下：

第一步：设定“累计试算表”工作表的信息查找范围。

（1）打开文件“06-04 利润表-原始”，如图 6-28 所示。

“06-04 利润表-原始”的“日记账簿”工作表即为文件“03 日记账簿-累计试算表”的“日记账簿”工作表。

“累计试算表”工作表即为文件“03 日记账簿-累计试算表”的“累计试算表 1”工作表。

“利润表-原始”工作表是“利润表”的基本样式。

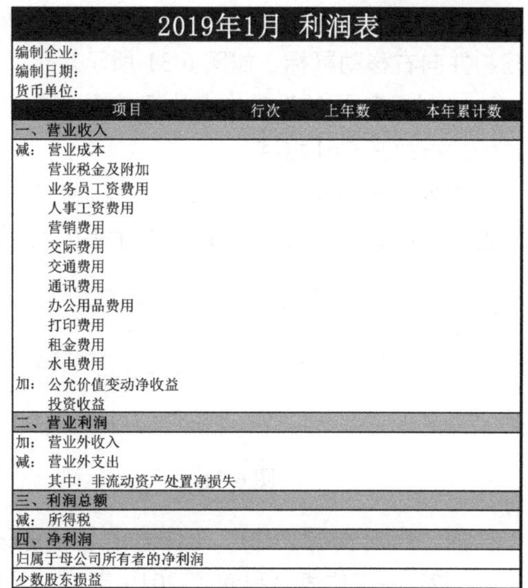

2019年1月 利润表

编制企业：
编制日期：
货币单位：

项目	行次	上年数	本年累计数
一、营业收入			
减：营业成本			
营业税金及附加			
业务员工资费用			
人事工资费用			
营销费用			
交际费用			
交通费用			
通讯费用			
办公用品费用			
打印费用			
租金费用			
水电费用			
加：公允价值变动净收益			
投资收益			
二、营业利润			
加：营业外收入			
减：营业外支出			
其中：非流动资产处置净损失			
三、利润总额			
减：所得税			
四、净利润			
归属于母公司所有者的净利润			
少数股东损益			

图 6-28

（2）在“累计试算表”工作表中，选中 B4~F21 单元格。单击“公式”选项卡，并单击“定义名称”，如图 6-29 所示。

	A	B	C	D	E	F
1	月	(全部)				
2						
3	科目代码	科目名称	求和项:借方金额	求和项:贷方金额	求和项:借方余额	求和项:贷方余额
4	1002	银行存款	6820000	1120200	5699800	0
5	1101	现金	6000	3670	2330	0
6	1131	应收账款	1820000	1820000	0	0
7	1243	库存商品	940000	910000	30000	0
8	2121	应付账款	940000	940000	0	0
9	3101	实收资本		5000000	0	5000000
10	4101	营业成本	910000		910000	0
11	5101	营业收入		1820000	0	1820000
12	550101	业务员工资费用	92500		92500	0
13	550102	营销费用	3150		3150	0
14	550103	交通费用	2210		2210	0
15	550104	通讯费用	750		750	0
16	550105	交际费用	3150		3150	0
17	550106	办公用品费用	370		370	0
18	550107	打印费用	340		340	0
19	550108	租金费用	30000		30000	0
20	550109	水电费用	10400		10400	0
21	550201	人事工资费用	35000		35000	0
22	总计		11613870	11613870	0	0

图 6-29

在弹出的对话框中，把“名称”中的“银行存款”改写为“累计试算表信息”，确认“引用位置”的数据为“=累计试算表!$B$4:$F$21”，单击“确定”按钮，如图 6-30 所示。

之后，若公式中出现“累计试算表信息”，则是针对上述定义的区域，即“累计试算表”工作表的“B4~F21 单元格”。

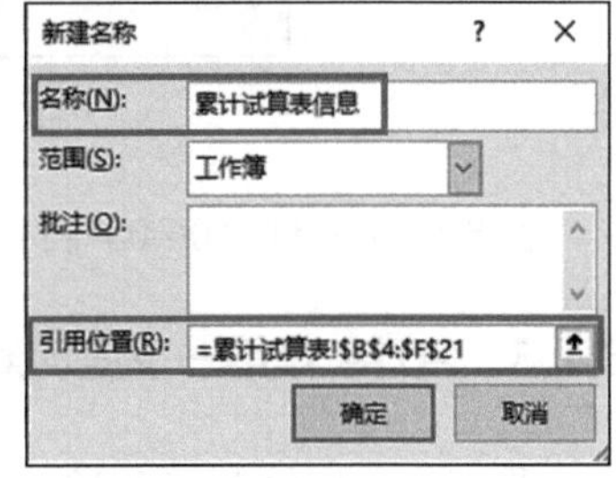

图 6-30

第二步：输入“利润表”的“表头”数据。

（1）按住 Ctrl 按键的同时，单击“利润表-原始”工作表的标签，并向右移动鼠标，如图 6-31 所示。

“利润表-原始”工作表的标签右上角出现黑色三角箭号，随鼠标移动出现复制标记后，先放开鼠标，再放开 Ctrl 按键。

文件中出现新的工作表，即“利润表-原始(2)”工作表，如图 6-32 所示。“利润表-原始(2)”工作表的数据与“利润表-原始”工作表的数据是完全相同的。

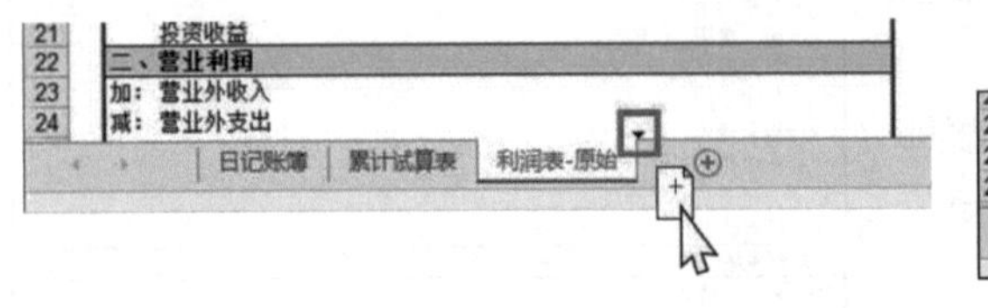

图 6-31

图 6-32

将“利润表-原始(2)”工作表的名称重命名为“利润表-2019 年第一季度”。

（2）在工作表“利润表-2019 年第一季度”中，B2 单元格的内容修改为“2019 年第一季度 利润表”。

在 B3 单元格的“编制企业：”后输入“兴旺贸易有限公司”。

在 B4 单元格的“编制日期：”后输入“2019 年 3 月 31 日”。

在 B5 单元格的“货币单位：”后输入“人民币”，如图 6-33 所示。

图 6-33

第三步：输入“利润表”的“正表”数据。

（1）删除第 7 行、第 10 行、第 22 行和第 28 行的序列号（一、二、三、四），以便将 Excel 表格中的数据通过公式自动对应到“利润表”中。

（2）在 F7 单元格（营业收入）中输入“=IF(ISNA(VLOOKUP(B7,累计试算表信息,4,FALSE)),0,IF(VLOOKUP(B7,累计试算表信息,4,FALSE)<>0,－VLOOKUP(B7,累计试算表信息,4,FALSE),VLOOKUP(B7,累计试算表信息,5,FALSE)))”，如图 6-34 所示。

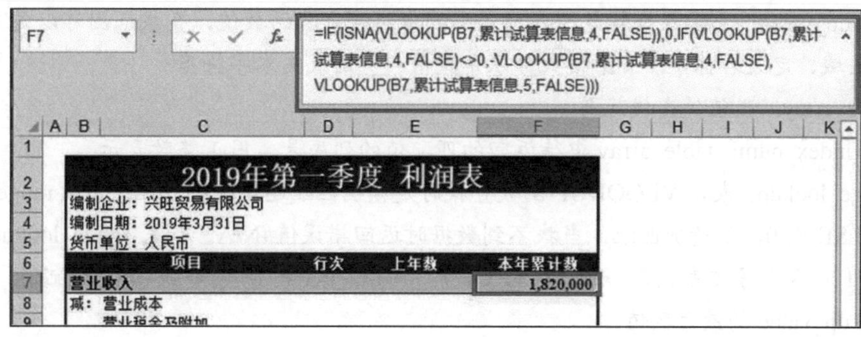

图 6-34

上述公式的意思是，在“累计试算表信息”（“累计试算表”工作表的 B4~F21 单元格）的首列寻找与 B7 单元格数据（营业收入）相同的单元格。如果找到了，查看与该单元格位于同一行的 E 列数据（0）和 F 列数据（1820000），取不为“0”的数据（1820000）输入 F7 单元格。若找不到，则 F7 单元格为“0”。

【IS 类函数】

IS 类函数可以检验数值的类型，并根据参数取值返回 TRUE 或 FALSE。IS 类函数在用公式检验计算结果时十分有用，它与函数 IF 结合，可以在公式中查出错误值。

IS 类函数包括 9 种，分别是 ISBLANK(value)、ISERR(value)、ISERROR(value)、ISLOGICAL(value)、ISNA(value)、ISNONTEXT(value)、ISNUMBER(value)、ISREF(value)、ISTEXT(value)。在公式中，value 为需要检验的单元格数值。

IS 类函数的返回值为逻辑值 TRUE 或者 FALSE。例如，在下列情况下，IS 类函数返回 TRUE。

- ISBLANK 的数值为空白单元格。
- ISERR 的数值为任意错误值，#N/A（值不存在）除外。
- ISERROR 的数值为任意错误值，包括#N/A、#VALUE!、#REF!、#DIV/0!、#NUM!、#NAME?、#NULL!等。
- ISLOGICAL 的数值为逻辑值。
- ISNA 的数值为错误值#N/A。

- ISNONTEXT 的数值为任意不是文本的项（数值为空白单元格时也返回 TRUE）。
- ISNUMBER 的数值为数字。
- ISREF 的数值为引用。
- ISTEXT 的数值为文本。

【VLOOKUP 函数】

VLOOKUP 函数用于按列查找所需的值，返回被查询列所对应的值。与之对应的是 HLOOKUP 函数，用于按行查找。

VLOOKUP 函数的语法是：VLOOKUP(lookup_value,table_array,col_index_num,range_lookup)。

各参数的意义是：

- lookup_value：需要在查找范围内的第一列中进行查找的数值，查找范围可以是工作表、数据区域、定义名称等，文本格式可以是数值、引用或文本字符串。
- table_array：数值的查找范围。
- col_index_num：table_array 中待返回的匹配值的列序号，用正整数表示。
- range_lookup：表示 VLOOKUP 函数查找时是精确匹配还是模糊匹配。如果 range_lookup 为 FALSE 或 0，就精确匹配，当找不到数据时返回错误值#N/A。如果 range_lookup 为 TRUE 或 1（不填写该参数即默认为 TRUE），VLOOKUP 函数查找模糊匹配值，返回小于 lookup_value 的最大数值。

（3）在 F8 单元格（营业成本）中输入“=IF(ISNA(VLOOKUP(C8,累计试算表信息,4,FALSE)),0, IF(VLOOKUP(C8,累计试算表信息,4,FALSE)<>0,VLOOKUP(C8,累计试算表信息,4,FALSE), − VLOOKUP(C8,累计试算表信息,5,FALSE)))”，如图 6-35 所示。

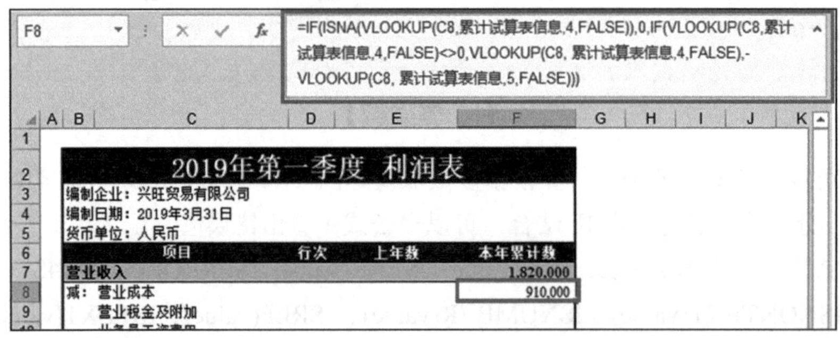

图 6-35

上述公式的意思是，在“累计试算表信息”的首列寻找与 C8 单元格数据（营业成本）相同的单元格。如果找到了，查看与该单元格位于同一行的 E 列数据（910000）和 F 列数据（0），取不为“0”的数据（910000）输入 F8 单元格。如果找不到，F8 单元格就为“0”。

F7 单元格的公式为“=IF(ISNA(VLOOKUP(B7,数据透视表信息,4,FALSE)),0, IF(VLOOKUP(B7,数据透视表信息,4,FALSE)<>0, − VLOOKUP(B7,数据透视表信息,4,FALSE),VLOOKUP(B7,数据透视表信息,5,FALSE)))”。

提 示

F8 单元格的公式为“=IF(ISNA(VLOOKUP(C8,数据透视表信息,4,FALSE)),0,IF(VLOOKUP(C8,数据透视表信息,4,FALSE)<>0,VLOOKUP(C8,数据透视表信息,4,FALSE),－VLOOKUP(C8,数据透视表信息,5,FALSE)))”。

F7 单元格的公式为何与 F8 单元格的公式相差一组正负号呢？因为 F7 单元格“营业收入”为“收入”类，数额增加记为贷方，F8 单元格“营业成本”为“成本”类，数额增加记为借方。

（4）右击 F8 单元格（营业成本），选择“复制”，如图 6-36 所示。

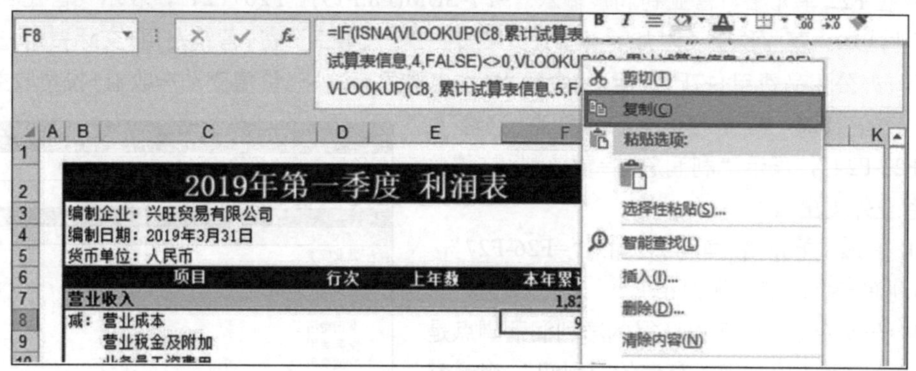

图 6-36

右击 F9 单元格（营业税金及附加），选择“粘贴选项→公式”，如图 6-37 所示。

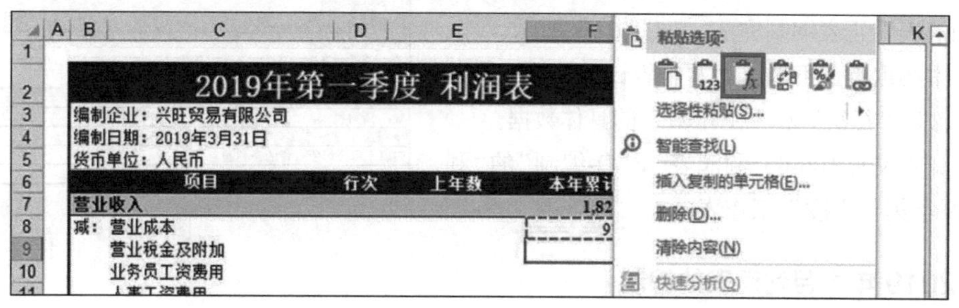

图 6-37

把 F8 单元格的公式快速复制到 F9 单元格。F9 单元格的公式为“=IF(ISNA(VLOOKUP(C9,累计试算表信息,4,FALSE)),0,IF(VLOOKUP(C9,累计试算表信息,4,FALSE)<>0,VLOOKUP(C9,累计试算表信息,4,FALSE),－VLOOKUP(C9,累计试算表信息,5,FALSE)))”，即把 F8 单元格公式中的“C8”调整为“C9”。

F10“业务员工资费用”、F11“人事工资费用”、F12“营销费用”、F13“交际费用”、F14“交通费用”、F15“通讯费用”、F16“办公用品费用”、F17“打印费用”、F18“租金费用”、F19“水电费用”的公式与 F8“营业成本”类似。用复制公式的方式可快速建立公式。

（5）右击 F7 单元格（营业收入），选择“复制”。

右击 F20 单元格（公允价值变动净收益），选择“粘贴选项→公式”。

将 F20 单元格公式中的“B”改写为“C”。F20 单元格的公式为“=IF(ISNA(VLOOKUP(C20,累计试算表信息,4,FALSE)),0,IF(VLOOKUP(C20,累计试算表信息,4,FALSE)<>0,－VLOOKUP(C20,累计试算表信息,4,FALSE),VLOOKUP(C20,累计试算表信息,5,FALSE)))”。

这是因为，在“营业收入”公式中，“营业收入”位于“利润表”的 B 列，而“公允价值变动净收益”公式中，“公允价值变动净收益”位于“利润表”的 C 列，因此，复制公式后，要将原公式中的“B”改成“C”。

F21“投资收益”和 F23“营业外收入”的公式与 F20“公允价值变动净收益”的公式类似，用复制公式的方式可快速建立公式，也就是直接将 F20 单元格的公式复制到 F21 单元格和 F23 单元格。

（6）F24“营业外支出”的公式与 F8“营业成本”类似，用复制公式的方式可快速建立公式。

（7）F27“所得税”根据企业实际支付情况调整，并输入“利润表”。

（8）在 F22 单元格（营业利润）输入“=F7-SUM(F8:F19)+ F20+F21”，表示“营业利润=营业收入－营业成本－营业税金及附加－（业务员工资费用+人事工资费+营销费用+交际费用+交通费用+通讯费用+办公用品费用+打印费用+租金费用+水电费用）+公允价值变动净收益+投资收益”。

（9）在 F26 单元格（利润总额）输入“=F22+F23-F24”，表示“利润总额=营业利润+营业外收入–营业外支出”。

（10）在 F28 单元格（净利润）输入“=F26-F27”，表示“净利润=利润总额–所得税”。

（11）一家企业实际可以获得的净利润落脚点是 F29 单元格“归属于母公司所有者的净利润”。当这家企业的母公司持有其股权为 100%时，该公司的净利润就是“归属于母公司所有者的净利润”。

“利润表”正表编制完成，如图 6-38 所示。

由于本案重点在于给出“本年累计数”的计算方法，因此忽略“行次”和“上年数”的具体数据。

结果详见文件“06-05 利润表(季度)-编制”的“利润表-2019 年第一季度”工作表。

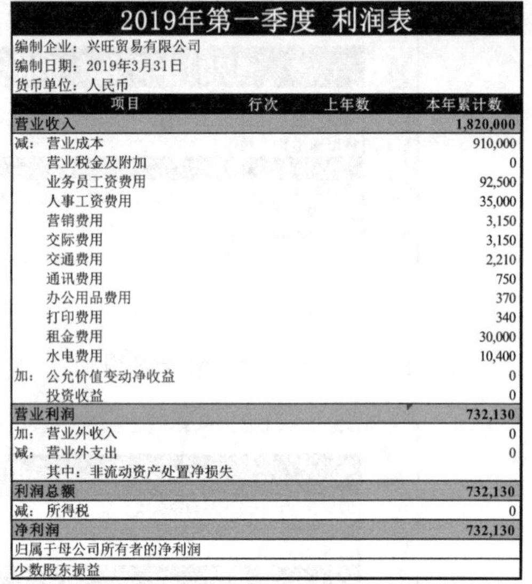

2019年第一季度 利润表

编制企业：兴旺贸易有限公司
编制日期：2019年3月31日
货币单位：人民币

项目	行次	上年数	本年累计数
营业收入			1,820,000
减：营业成本			910,000
营业税金及附加			0
业务员工资费用			92,500
人事工资费用			35,000
营销费用			3,150
交际费用			3,150
交通费用			2,210
通讯费用			750
办公用品费用			370
打印费用			340
租金费用			30,000
水电费用			10,400
加：公允价值变动净收益			0
投资收益			0
营业利润			732,130
加：营业外收入			0
减：营业外支出			0
其中：非流动资产处置净损失			
利润总额			732,130
减：所得税			0
净利润			732,130
归属于母公司所有者的净利润			
少数股东损益			

图 6-38

6.1.4 2019 年 1 月利润表的编制

上一小节编制了“2019 年第一季度利润表”，如果要编制“2019 年 1 月利润表”，如何操作呢？

利用之前编制的“累计试算表”，可以在“2019 年第一季度利润表”的基础上，用很简单的方式编制“2019 年 1 月利润表”，步骤如下：

第一步：修改“累计试算表”工作表。

打开文件“06-05 利润表(季度)-编制”。在“累计试算表”工作表中，在第 1 行 B 列的“月”下拉按钮中选择“1”，表示选择“1 月”，单击“确定”按钮，如图 6-39 所示，报表中显示的是 2019 年 1 月的数据，如图 6-40 所示。

第二步：修改“利润表-2019 年第一季度”工作表。

（1）重命名“利润表-2019 年第一季度”，改写为“利润表-2019 年 1 月”。

在“利润表-2019 年 1 月”工作表中，改写 B2 单元格为“2019 年 1 月 利润表”。“编制时间”可根据实际情况更改，例如“2019 年 1 月 31 日”。

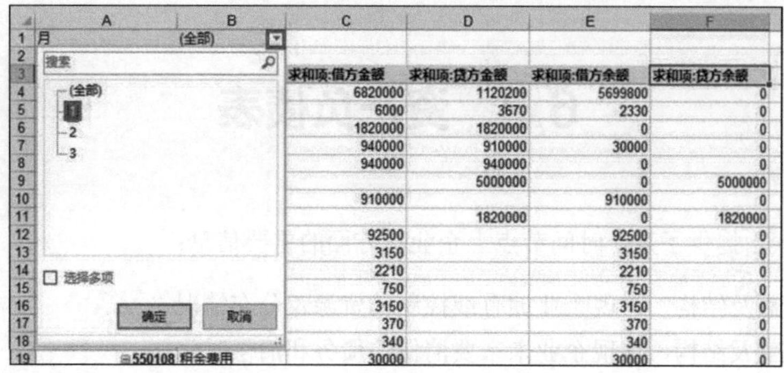

	A	B	C	D	E	F
1	月	(全部)				
3			求和项:借方金额	求和项:贷方金额	求和项:借方余额	求和项:贷方余额
4			6820000	1120200	5699800	0
5			6000	3670	2330	0
6			1820000	1820000	0	0
7			940000	910000	30000	0
8			940000	940000	0	0
9				5000000	0	5000000
10			910000		910000	0
11				1820000	0	1820000
12			92500		92500	0
13			3150		3150	0
14			2210		2210	0
15			750		750	0
16			3150		3150	0
17			370		370	0
18			340		340	0
19		⊟550108 租金费用	30000		30000	0

图 6-39

	A	B	C	D	E	F
1	月	1				
2						
3	科目代码	科目名称	求和项:借方金额	求和项:贷方金额	求和项:借方余额	求和项:贷方余额
4	⊟1002	银行存款	5500000	326350	5173650	0
5	⊟1101	现金	3000	1280	1720	0
6	⊟1131	应收账款	500000	500000	0	0
7	⊟1243	库存商品	260000	250000	10000	0
8	⊟2121	应付账款	260000	260000	0	0
9	⊟3101	实收资本		5000000	0	5000000
10	⊟4101	营业成本	250000		250000	0
11	⊟5101	营业收入		500000	0	500000
12	⊟550101	业务员工资费用	35000		35000	0
13	⊟550102	营销费用	1050		1050	0
14	⊟550103	交通费用	660		660	0
15	⊟550104	通讯费用	220		220	0
16	⊟550105	交际费用	1800		1800	0
17	⊟550106	办公用品费用	260		260	0
18	⊟550107	打印费用	140		140	0
19	⊟550108	租金费用	10000		10000	0
20	⊟550109	水电费用	3500		3500	0
21	⊟550201	人事工资费用	12000		12000	0
22	总计		6837630	6837630	0	0
23						

图 6-40

“2019 年 1 月利润表”工作表编制完成，如图 6-41 所示。

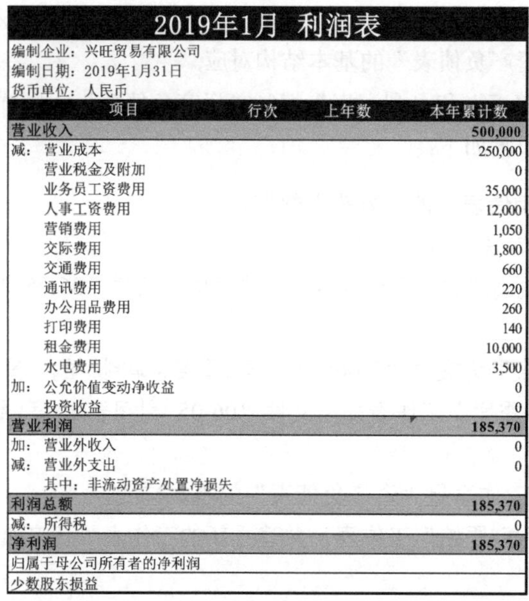

2019年1月 利润表

编制企业：兴旺贸易有限公司
编制日期：2019年1月31日
货币单位：人民币

项目	行次	上年数	本年累计数
营业收入			500,000
减：营业成本			250,000
营业税金及附加			0
业务员工资费用			35,000
人事工资费用			12,000
营销费用			1,050
交际费用			1,800
交通费用			660
通讯费用			220
办公用品费用			260
打印费用			140
租金费用			10,000
水电费用			3,500
加：公允价值变动净收益			0
投资收益			0
营业利润			185,370
加：营业外收入			0
减：营业外支出			0
其中：非流动资产处置净损失			
利润总额			185,370
减：所得税			0
净利润			185,370
归属于母公司所有者的净利润			
少数股东损益			

图 6-41

结果详见文件“06-06 利润表(月度)-编制”的“利润表-2019 年 1 月”工作表。

6.2 资产负债表

“资产负债表”提供了某个时间节点上企业三方面的重要信息：

（1）资产总额及结构，体现企业拥有或控制的资源及分布情况。

（2）负债总额及结构，体现企业未来要清偿的债务和清偿时间。

（3）所有者拥有的权益，可以判断资产保值及增值的情况，以及对企业负债的保障程度。

从开账起，每一期“资产负债表”的“期末余额”都会在下一期“资产负债表”的“期初金额”中体现。因此，“资产负债表”是具有累计性质的财务报告。

6.2.1 资产负债表的制表原则

“资产负债表”的计算原则是，“资产=负债+所有者权益”的平衡原则。因此，“资产负债表”正表的基本结构包括两部分，左列显示资产的各项目，反映企业资金的分布状况和存在形式；右列显示权益的各项目，反映企业的负债、所有者权益和增值情况。左右两列金额始终保持平衡，体现“资产”和“权益”的本质联系。

（1）“资产负债表”的“资产”包括流动资产、长期投资、固定资产、无形资产等。

（2）“资产负债表”的“负债”包括流动负债、长期负债等。

6.2.2 资产负债表的编制

会计账中的“资产”通常以借方余额表示，而“负债”和“所有者权益”通常以贷方余额表示，与“资产负债表”的基本结构对应。

下面将利用“累计试算表”和“利润表”编制“资产负债表”。同样，本例将忽略“行次”和“期初数”的具体数据。步骤如下：

第一步：输入“资产负债表”的“表头”数据。

（1）打开文件“06-07 资产负债表-原始”。

“06-07 资产负债表-原始”的“日记账簿”工作表即为文件“06-05 利润表(季度)-编制”的“日记账簿”工作表。

“累计试算表”工作表即为文件“06-05 利润表(季度)-编制”的“累计试算表”工作表。

“利润表-2019年第一季度”工作表即为文件“06-05 利润表(季度)-编制”的“利润表-2019年第一季度”工作表。

“资产负债表-原始”工作表是“资产负债表”的基本样式。

（2）复制“资产负债表-原始”工作表，并建立新的工作表“资产负债表-2019年第一季度”，如图6-42所示。

（3）在“资产负债表-2019年第一季度”工作表的C3~C5单元格中，依次输入“表头”数据，如图6-43所示。

2019年第一季度 资产负债表

编制企业:
编制日期:
货币单位:

资产	行次	年初数	期末数	负债及所有者权益	行次	年初数	期末数
流动资产				流动负债			
现金				短期借款			
银行存款				应付票据			
短期投资				应付账款			
应收票据				预收账款			
应收股利				应付工资			
应收利息				应付福利费			
应收账款				应付股利			
其他应收款				应交税金			
预付账款				其他应交款			
应收补贴款				其他应付款			
库存商品				预提费用			
待摊费用				预计负债			
一年内到期的长期债权投资				一年内到期的长期负债			
其他流动资产				其他流动负债			
流动资产合计			0	流动负债合计			0
长期投资				长期负债			
长期股权投资				长期借款			
长期债权投资				应付债券			
长期投资合计			0	长期应付票据			
固定资产				专项应付款			
固定资产原价				其他长期负债			
减：累计折旧				长期负债合计			0
固定资产净值				递延税项			
减：固定资产减值准备				递延税款贷项			
固定资产净额				递延税项(贷项)合计			0
在建工程				负债合计			0
固定资产清理							
固定资产合计			0	所有者权益			
无形资产及其他资产				实收资本			
无形资产				减：已归还投资			
长期待摊费用				实收资本净额			
其他长期资产				资本公积			
无形资产及其他资产合计			0	盈余公积			
递延税项				其中：法定公益金			
递延税款借项				未分配利润			
递延税项(借项)合计			0	所有者权益合计			0
资产合计			0	负债和所有者权益合计			0

图 6-42

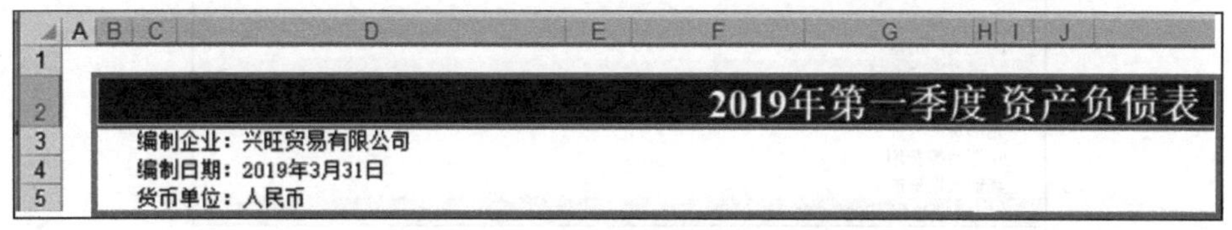

	A	B	C	D	E	F	G	H	I	J
1										
2		2019年第一季度 资产负债表								
3		编制企业：兴旺贸易有限公司								
4		编制日期：2019年3月31日								
5		货币单位：人民币								

图 6-43

第二步：输入“资产负债表”的“正表”数据——资产。

（1）在 G8 单元格（现金）中输入“=IF(ISNA(VLOOKUP(C8,累计试算表信息,4,FALSE)),0,IF(VLOOKUP(C8,累计试算表信息,4,FALSE)<>0,VLOOKUP(C8,累计试算表信息,4,FALSE),-VLOOKUP(C8,累计试算表信息,5,FALSE)))”。

上述公式的意思是，在“累计试算表信息”的首列寻找与 C8 单元格数据（现金）相同的单元格。如果找到了，查看与该单元格位于同一行的 E 列数据（2330）和 F 列数据（0），取不为“0”的数据（2330）输入 G8 单元格。如果找不到，G8 单元格就为“0”。

G9“银行存款”~G21“其他流动资产”、G24“长期股权投资”~G25“长期债权投资”、G28“固定资产原价”~G34“固定资产清理”、G37“无形资产”~G39“其他长期资产”以及 G42“递延税款借项”的公式与 G8“现金”类似，用复制公式的方式可快速建立公式。

对于减项 G29“累计折旧”、G31“固定资产减值准备”，公式中要把针对 C 列的信息查找更改为针对 D 列，因为在“资产负债表”的报表中，“累计折旧”和“固定资产减值准备”位于 D 列。

（2）G22 单元格（流动资产合计）已预设公式“=SUM(G8:G21)”。

G26 单元格（长期投资合计）已预设公式“=SUM(G24:G25)”。

G35 单元格（固定资产合计）已预设公式“=SUM(G32:G34)”。

G40 单元格（无形资产及其他资产合计）已预设公式“=SUM(G37:G39)”。

G43 单元格（递延税项(借项)合计）已预设公式“=G42”。

G44 单元格（资产合计）已预设公式“=G22+G26+G35+G40+G43”，表示“资产合计=流动资产+长期投资+固定资产+无形资产及其他资产+递延税项”。

“正表”数据资产部分输入完成，如图 6-44 所示。

资产	行次	年初数	期末数
流动资产			
现金			2,330
银行存款			5,699,800
短期投资			0
应收票据			0
应收股利			0
应收利息			0
应收账款			0
其他应收款			0
预付账款			0
应收补贴款			0
库存商品			30,000
待摊费用			0
一年内到期的长期债权投资			0
其他流动资产			0
流动资产合计			5,732,130
长期投资			
长期股权投资			0
长期债权投资			0
长期投资合计			0
固定资产			
固定资产原价			0
减：累计折旧			0
固定资产净值			0
减：固定资产减值准备			0
固定资产净额			0
在建工程			0
固定资产清理			0
固定资产合计			0
无形资产及其他资产			
无形资产			
长期待摊费用			
其他长期资产			
无形资产及其他资产合计			0
递延税项			
递延税款借项			
递延税项(借项)合计			0
资产合计			5,732,130

图 6-44

第三步：输入“资产负债表”的“正表”数据——负债及所有者权益。

（1）在 N8 单元格（短期借款）中输入“=IF(ISNA(VLOOKUP(J8,累计试算表信息,4,FALSE)),0, IF(VLOOKUP(J8,累计试算表信息,4,FALSE)<>0,-VLOOKUP(J8,累计试算表信息,4,FALSE), VLOOKUP(J8,累计试算表信息,5,FALSE)))”。

上述公式的意思是，在“累计试算表信息”的首列寻找与 J8 单元格数据（短期借款）相同的单元格。如果找到了，查看与该单元格位于同一行的 E 列数据和 F 列数据，取不为“0”的数据输入 N8 单元格。如果找不到，N8 单元格就为“0”。

N9“应付票据”~N21“其他流动负债”、N24“长期借款”~N28“其他长期负债”、N31“递延税款贷项”、N36“实收资本”、N39“资本公积”、N40“盈余公积”和 N41“法定公益金”的公式与 N8“短期借款”类似，用复制公式的方式可快速建立公式。

N41“法定公益金”公式中要把针对 J 列的信息查找更改为针对 K 列。

N37“已归还资本”的公式与 G8“现金”类似，用复制公式的方式可快速更新公式。

公式中要把针对 J 列的信息查找更改为针对 K 列的信息查找。

（2）在 N38 单元格（实收资本净额）输入“=N36-N37”，表示“实收资本净额=实收资本－已归还资本”。

（3）在 N42 单元格（未分配利润）先输入“=”，其次单击“利润表-2019 年第一季度”工作表的 E28 单元格，再次输入“+”，最后单击“利润表-2019 年第一季度”工作表的 F28 单元格，并按 Enter 键，表示“未分配利润=净利润上年数+净利润本年累计数”“净利润上年数”和“净利润本年累计数”的数据可以在“利润表-2019 年第一季度”中找到。

（4）N22 单元格（流动负债合计）已预设公式“=SUM(N8:N21)”。

N29 单元格（长期负债合计）已预设公式“=SUM(N24:N28)”。

N32 单元格（递延税项（贷项）合计）已预设公式“=N31”。

N33 单元格（负债合计）已预设公式“=N22+N29+N32”。

N43 单元格（所有者权益合计）已预设公式“=+N38+N39+N40+N42”。

N44 单元格（负债和所有者权益合计）已预设公式“=N33+N43”。

“正表”数据负债及所有者权益部分输入完成，如图 6-45 所示。

负债及所有者权益	行次	年初数	期末数
流动负债			
短期借款			0
应付票据			0
应付账款			0
预收账款			0
应付工资			0
应付福利费			0
应付股利			0
应交税金			0
其他应交款			0
其他应付款			0
预提费用			0
预计负债			0
一年内到期的长期负债			0
其他流动负债			0
流动负债合计			0
长期负债			
长期借款			0
应付债券			0
长期应付票据			0
专项应付款			0
其他长期负债			0
长期负债合计			0
递延税项			
递延税款贷项			0
递延税项(贷项)合计			0
负债合计			0
所有者权益			
实收资本			5,000,000
减：　已归还投资			0
实收资本净额			5,000,000
资本公积			0
盈余公积			0
其中：法定公益金			0
未分配利润			732,130
所有者权益合计			5,732,130
负债和所有者权益合计			5,732,130

图 6-45

完整的“资产负债表”，如图 6-46 所示。

结果详见文件“06-08 资产负债表-编制”的“资产负债表-2019 年第一季度”工作表。

2019年第一季度 资产负债表

编制企业：兴旺贸易有限公司
编制日期：2019年3月31日
货币单位：人民币

资产	行次	年初数	期末数
流动资产			
现金			2,330
银行存款			5,699,800
短期投资			0
应收票据			0
应收股利			0
应收利息			0
应收账款			0
其他应收款			0
预付账款			0
应收补贴款			0
库存商品			30,000
待摊费用			0
一年内到期的长期债权投资			0
其他流动资产			0
流动资产合计			5,732,130
长期投资			
长期股权投资			0
长期债权投资			0
长期投资合计			0
固定资产			
固定资产原价			0
减：累计折旧			0
固定资产净值			0
减：固定资产减值准备			0
固定资产净额			0
在建工程			0
固定资产清理			0
固定资产合计			0
无形资产及其他资产			
无形资产			
长期待摊费用			
其他长期资产			
无形资产及其他资产合计			0
递延税项			
递延税款借项			
递延税项(借项)合计			0
资产合计			5,732,130

负债及所有者权益	行次	年初数	期末数
流动负债			
短期借款			0
应付票据			0
应付账款			0
预收账款			0
应付工资			0
应付福利费			0
应付股利			0
应交税金			0
其他应交款			0
其他应付款			0
预提费用			0
预计负债			0
一年内到期的长期负债			0
其他流动负债			0
流动负债合计			0
长期负债			
长期借款			0
应付债券			0
长期应付票据			0
专项应付款			0
其他长期负债			0
长期负债合计			0
递延税项			
递延税款贷项			0
递延税项(贷项)合计			0
负债合计			0
所有者权益			
实收资本			5,000,000
减：已归还投资			0
实收资本净额			5,000,000
资本公积			0
盈余公积			0
其中：法定公益金			0
未分配利润			732,130
所有者权益合计			5,732,130
负债和所有者权益合计			5,732,130

图 6-46

6.3 现金流量表

“现金流量表”显示的是企业在一定时期（月/季/年，以年为主）内现金流入和流出的状况，也可以预测企业在未来一段时间内对现金的需求量。

企业的资金动用有大有小，数百元、上千万都有可能，用“现金流量表”进行管理一目了然。

6.3.1 现金流量表的制表原则

“现金流量表”中所说的“现金”可以是现金，也可以是现金等价物。“现金”是指企业库存现金以及可以随时用于支付的银行存款。“现金等价物”是指企业持有的期限短、流动性强、易于转换为已知金额的现金，以及价值变动风险很小的投资。

“现金流量表”常用的格式将企业的业务活动分为三类，即“经营活动”“投资活动”“筹资活动”。“现金流量”是指企业现金的流动方向，现金流入企业为“流入”，现金流出企业为“流出”。相应的，企业的“现金流量”划分为：

（1）经营活动的现金流量（包括“流入”和“流出”）。

（2）投资活动的现金流量（包括“流入”和“流出”）。

（3）筹资活动的现金流量（包括“流入”和“流出”）。

（4）汇率变动对现金的影响额（如果企业有外币业务，会涉及此项）。

（5）现金及现金等价物净增加额（为“经营活动的现金流量”“投资活动的现金流量”“筹资活动的现金流量”以及“汇率变动对现金的影响额”的求和，是“期末现金余额”和“期初现金余额”的差额）。

6.3.2 现金流量表的编制

编制“现金流量表”的主要方法是“直接法”。“直接法”确定“日记账簿”中每笔业务的属性，归入按现金流动属性分类的“经营”“投资”和“筹资”三类现金收支项目，由现金流入流出净额合计得到一个期间内的现金净流量。这种方法下，现金流量表中“经营”“投资”和“筹资”的流入、流出、流量净额的关系非常直观。

下面将利用“直接法”编制“现金流量表”。同样，本例将忽略“行次”的具体数据。步骤如下。

第一步：输入“现金流量表”的“表头”数据。

（1）打开文件“06-09 现金流量表-原始”，如图 6-47 所示。

2019年1-3月 现金流量表				
编制企业:				
编制日期:				
货币单位:				
项目	行次	1月	2月	3月
经营活动产生的现金流量				
销售商品、提供劳务收到的现金				
收到的税费返还				
收到的其他与经营活动有关的现金				
现金流入小计				
购买商品、接受劳务支付的现金				
支付给职工以及为职工支付的现金				
支付的各项税费				
支付的其他与经营活动有关的现金				
现金流出小计				
经营活动产生的现金流量净额				
投资活动产生的现金流量				
收回投资所收到的现金				
取得投资收益的现金				
处置固定资产、无形资产、其他长期资产收到的现金				
其他与投资活动有关的现金				
现金流入小计				
购建固定资产、无形资产、其他长期资产支付的现金				
用于投资所支付的现金				
支付与其他投资活动有关的现金				
现金流出小计				
投资活动产生的现金流量净额				
筹资活动产生的现金流量				
吸收投资所收到的现金				
借款所收到的现金				
收到的其他与筹资活动有关的现金				
现金流入小计				
偿还债务所支付的现金				
分配股利、利润、偿付利息所支付的现金				
支付的其他与筹资活动有关的现金				
现金流出小计				
筹资活动产生的现金流量净额				
汇率变动对现金的影响额				
现金及现金等价物净增加额				

图 6-47

“06-09 现金流量表-原始”的“日记账簿”工作表即为文件“06-08 资产负债表-编制”的“日记账簿”工作表。

“累计试算表”工作表即为文件“06-08 资产负债表-编制”的“累计试算表”工作表。

“利润表-2019 年第一季度”工作表即为文件“06-08 资产负债表-编制”的“利润表-2019 年第一季度”工作表。

“资产负债表-2019 年第一季度”工作表即为文件“06-08 资产负债表-编制”的“资产负债表-2019 年第一季度”工作表。

“现金流量表-原始”工作表是“现金流量表”的基本样式。

（2）复制“现金流量表-原始”工作表，并建立新的工作表“现金流量表-2019 年 1~3 月”。

（3）在“现金流量表-2019 年 1~3 月”工作表的 C3~C5 单元格中依次输入“表头”数据，如图 6-48 所示。

图 6-48

第二步：对“日记账簿”中涉及“现金”和“银行存款”的记录进行“现金流量项目分类”。

（1）打开文件“06-09 现金流量表-原始”的“日记账簿”工作表，对于每一组借贷记录，查看是否涉及“现金”或者“银行存款”的变化，如果“现金”或者“银行存款”有变化，才需要进行“现金流量项目分类”，如图 6-49 所示。

普通日记账簿

年	月	日	凭证类别	凭证号数	摘要	科目代码	科目名称	借方	贷方
2019	1	1	记	130101-001	期初开账	1002	银行存款	¥5,000,000.00	
2019	1	1	记	130101-001	期初开账	3101	实收资本		¥5,000,000.00
2019	1	5	记	130105-002	提取备用金	1101	现金	¥3,000.00	
2019	1	5	记	130105-002	转备用金	1002	银行存款		¥3,000.00
2019	1	5	记	130105-003	购入货品	1243	库存商品	¥100,000.00	
2019	1	5	记	130105-003	购入货品	2121	应付账款		¥100,000.00
2019	1	10	记	130110-004	购入货品	1243	库存商品	¥160,000.00	
2019	1	10	记	130110-004	购入货品	2121	应付账款		¥160,000.00
2019	1	15	记	130115-005	卖出商品	1131	应收账款		
2019	1	15	记	130115-005	卖出商品	5101	营业收入		
2019	1	15	记	130115-006	库存商品转营业成本	4101	营业成本	¥150,000.00	
2019	1	15	记	130115-006	库存商品转营业成本	1243	库存商品		¥150,000.00
2019	1	20	记	130120-007	卖出商品	1131	应收账款	¥200,000.00	
2019	1	20	记	130120-007	卖出商品	5101	营业收入		¥200,000.00
2019	1	20	记	130120-008	库存商品转营业成本	4101	营业成本	¥100,000.00	
2019	1	20	记	130120-008	库存商品转营业成本	1243	库存商品		¥100,000.00
2019	1	25	记	130125-009	1月租金	550108	租金费用	¥10,000.00	
2019	1	25	记	130125-009	1月水电	550109	水电费用	¥3,500.00	
2019	1	25	记	130125-009	付1月租金、水电费	1002	银行存款		¥13,500.00
2019	1	25	记	130125-010	1月交通费	550103	交通费用	¥660.00	
2019	1	25	记	130125-010	1月通讯费	550104	通讯费用	¥220.00	
2019	1	25	记	130125-010	1月办公用品费	550106	办公用品费用	¥260.00	
2019	1	25	记	130125-010	1月打印费	550107	打印费用	¥140.00	

需要进行“现金流量项目分类”

图 6-49

（2）需要进行“现金流量项目分类”的项目按照“现金流量表”的项目编制，如图 6-50 所示。

在实际操作时，需要进行“现金流量项目分类”的项目要在相应的“现金流量表”的项目之前加上“经营活动—”、“投资活动—”或“筹资活动—”，使得各项目与其对应的业务活动相匹配。例如，图 6-50 中的 C8 单元格（“销售商品、提供劳务收到的现金”）对应的“现金流量项目分类”的项目应是“经营活动—销售商品、提供劳务收到的现金”。

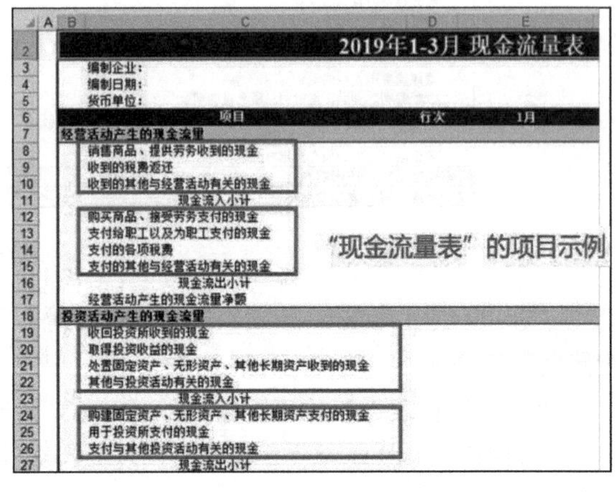

图 6-50

（3）在“日记账簿”工作表中，在K2单元格中输入“现金流量项目分类”，表示K列将添加“现金流量项目分类”，记录“日记账簿”相应项目对应的“现金流量表”项目，如图6-51所示。

F	G	H	I	J	K
普通日记账簿					
摘要	科目代码	科目名称	借方	贷方	现金流量项目分类
期初开账	1002	银行存款	¥5,000,000.00		
期初开账	3101	实收资本		¥5,000,000.00	
提取备用金	1101	现金	¥3,000.00		
转备用金	1002	银行存款		¥3,000.00	

图 6-51

（4）第1组（凭证号数130101－001），在K4单元格（“实收资本”）中输入“筹资活动1—吸收投资所收到的现金”，如图6-52所示。

F	G	H	I	J	K
普通日记账簿					
摘要	科目代码	科目名称	借方	贷方	现金流量项目分类
期初开账	1002	银行存款	¥5,000,000.00		
期初开账	3101	实收资本		¥5,000,000.00	筹资活动1—吸收投资所收到的现金
提取备用金	1101	现金	¥3,000.00		
转备用金	1002	银行存款		¥3,000.00	
购入货品	1243	库存商品	¥100,000.00		

图 6-52

这是因为，第1组借记“银行贷款”，贷记“实收资本”，“实收资本”对应到“筹资活动—吸收投资所收到的现金”。同时，由于“日记账簿”涉及“1月”“2月”和“3月”的账目，因此把1月的“筹资活动”表示为“筹资活动1”，以对月份进行区别，便于“现金流量表”对数据的引用。“经营活动”“投资活动”和“筹资活动”后出现的“1”“2”和“3”均是这个原因，不再赘述。

（5）第2组（凭证号数130105－002），不用进行“现金流量项目分类”。

这是因为，第2组借记“现金”，贷记“银行存款”，两者都是资金账户，互相调拨，并非对外的流入或流出。

（6）第3组（凭证号数130105－003），不用进行“现金流量项目分类”。

这是因为，第3组借记“库存商品”，贷记“应付账款”，由于未涉及“现金”或“银行存款”，不计入“现金流量表”。

其他未涉及“现金”或“银行存款”的组别均进行类似的操作，不再赘述。

（7）第9组（凭证号数130125－009），在K19单元格（“租金费用”）和K20单元格（“水电费用”）中分别输入“经营活动1—支付的其他与经营活动有关的现金”。

这是因为，第9组借记“租金费用”和“水电费用”，贷记“银行存款”，“租金费用”和“水电费用”对应到“经营活动1—支付的其他与经营活动有关的现金”。

第10组和第11组的“现金流量项目分类”与第9组是类似的。

（8）第12组（凭证号数130131－012），在K30单元格（“业务员工资费用”）和K31单元格（“人事工资费用”）中分别输入“经营活动1—支付给职工以及为职工支付的现金”。

这是因为，第12组借记“业务员工资费用”和“人事工资费用”，贷记“银行存款”，“业务员工资费用”和“人事工资费用”对应到“经营活动1—支付给职工以及为职工支付的现金”。

（9）第13组（凭证号数130131－013），在K34单元格（“应收账款”）中输入“经营活动1—销售商品、提供劳务收到的现金”。

这是因为，第 13 组借记“银行存款”，贷记“应收账款”，“应收账款”对应到“经营活动 1—销售商品、提供劳务收到的现金”。

第 14 组的“现金流量项目分类”与第 13 组是类似的。

（10）第 15 组（凭证号数 130131－015），在 K37 单元格（“应付账款”）中输入“经营活动 1—购买商品、接受劳务支付的现金”。

这是因为，第 15 组借记“应付账款”，贷记“银行存款”，“应付账款”对应到“经营活动 1—购买商品、接受劳务支付的现金”。

第 16 组的“现金流量项目分类”与第 15 组是类似的。

（11）“1 月”的“现金流量项目分类”完成，如图 6-53 所示。“2 月”和“3 月”的“现金流量项目分类”与“1 月”类似。

普通日记账簿

摘要	科目代码	科目名称	借方	贷方	现金流量项目分类
期初开账	1002	银行存款	¥5,000,000.00		
期初开账	3101	实收资本		¥5,000,000.00	筹资活动1—吸收投资所收到的现金
提取备用金	1101	现金	¥3,000.00		
转备用金	1002	银行存款		¥3,000.00	
购入货品	1243	库存商品	¥100,000.00		
购入货品	2121	应付账款		¥100,000.00	
购入货品	1243	库存商品	¥160,000.00		
购入货品	2121	应付账款		¥160,000.00	
卖出商品	1131	应收账款	¥300,000.00		
卖出商品	5101	营业收入		¥300,000.00	
存商品转营业成本	4101	营业成本	¥150,000.00		
存商品转营业成本	1243	库存商品		¥150,000.00	
卖出商品	1131	应收账款	¥200,000.00		
卖出商品	5101	营业收入		¥200,000.00	
存商品转营业成本	4101	营业成本	¥100,000.00		
存商品转营业成本	1243	库存商品		¥100,000.00	
1月租金	550108	租金费用	¥10,000.00		经营活动1—支付的其他与经营活动有关的现金
1月水电	550109	水电费用	¥3,500.00		经营活动1—支付的其他与经营活动有关的现金
1月租金、水电费	1002	银行存款		¥13,500.00	
1月交通费	550103	交通费用	¥660.00		经营活动1—支付的其他与经营活动有关的现金
1月通讯费	550104	通讯费用	¥220.00		经营活动1—支付的其他与经营活动有关的现金
1月办公用品费	550106	办公用品费用	¥260.00		经营活动1—支付的其他与经营活动有关的现金
1月打印费	550107	打印费用	¥140.00		经营活动1—支付的其他与经营活动有关的现金
通讯、办公用品、打印费	1101	现金		¥1,280.00	
1月营销费	550102	营销费用	¥1,050.00		经营活动1—支付的其他与经营活动有关的现金

图 6-53

第三步：输入“现金流量表”的“正表”数据。

（1）在“现金流量表-2019 年 1~3 月”工作表的 E8 单元格（1 月，经营活动—销售商品、提供劳务收到的现金）中输入“=SUMIF(日记账簿!$K$3:$K$114,"经营活动 1—销售商品、提供劳务收到的现金",日记账簿!$J$3:$J$114)”。

上述公式表示，在“日记账簿”工作表的 K3~K114 单元格中，如果找到“经营活动 1—销售商品、提供劳务收到的现金”，就对所有“经营活动 1—销售商品、提供劳务收到的现金”单元格对应的 J 列数据求和。

“日记账簿! $K$3:$K$114”是将“日记账簿!K3:K114”设置为“绝对位置”，当其他单元格的公式同样引用“K3~K114 单元格”时，便于公式的复制。“日记账簿!$J$3:$J$114”是同样的道理。

【SUMIF 函数】

SUMIF 函数根据指定条件对若干单元格、区域或引用求和。SUMIF 函数的语法是 SUMIF(range，criteria，sum_range)。各参数的意义如下：

- range：条件区域，用于条件判断的单元格区域。
- criteria：求和条件，由数字、逻辑表达式等组成的判定条件。criteria 参数可使用通配符，包括问号（?）和星号（*）。问号匹配任意单个字符，星号匹配任意一串字符。如果要查找实际的问号或星号，在该字符前输入波形符（~）。
- sum_range：实际求和区域，需要求和的单元格、区域或引用。当省略第三个参数时，条件区域即为实际求和区域。

（2）在 E12 单元格（1 月，经营活动—购买商品、接受劳务支付的现金）中输入“=SUMIF(日记账簿!$K$3:$K$114,"经营活动 1—购买商品、接受劳务支付的现金",日记账簿!$I$3:$I$114)”。

（3）上述公式表示，在“日记账簿”工作表的 K3~K114 单元格中，如果找到“经营活动 1—购买商品、接受劳务支付的现金”，就对所有“经营活动 1—购买商品、接受劳务支付的现金”对应的 I 列数据求和。

（4）E8 单元格公式“=SUMIF(日记账簿!$K$3:$K$114,"经营活动 1—销售商品、提供劳务收到的现金",日记账簿!$J$3:$J$114)”，E12 单元格公式“=SUMIF(日记账簿!$K$3:$K$114,"经营活动 1—购买商品、接受劳务支付的现金",日记账簿!$I$3:$I$114)”，两者除了求和条件引用的对象不同外，实际求和区域相差一列，即前者 J 列、后者 I 列。

这是因为，E8 单元格贷记“经营活动—销售商品、提供劳务收到的现金”，而 E12 单元格借记“经营活动—购买商品、接受劳务支付的现金”，因此前者的实际求和区域位于贷方，而后者的实际求和区域位于借方。

（5）E9 单元格（1 月，经营活动—收到的税费返还）~ E10 单元格（1 月，经营活动—收到的其他与经营活动有关的现金）、E19 单元格（1 月，投资活动—收回投资所收到的现金）~ E22 单元格（1 月，投资活动—其他与投资活动有关的现金）、E30 单元格（1 月，筹资活动—吸收投资所收到的现金）~ E32 单元格（1 月，筹资活动—收到的其他与筹资活动有关的现金）与 E8 单元格（记贷方）进行类似的操作。

（6）E13 单元格（1 月，经营活动—支付给职工以及为职工支付的现金）~ E15 单元格（1 月，经营活动—支付的其他与经营活动有关的现金）、E24 单元格（1 月，投资活动—购建固定资产、无形资产、其他长期资产支付的现金）~ E26 单元格（1 月，投资活动—支付与其他投资活动有关的现金）、E34 单元格（1 月，筹资活动—偿还债务所支付的现金）~ E36 单元格（1 月，筹资活动—支付的其他与筹资活动有关的现金）与 E12 单元格（记借方）进行类似的操作。

（7）在 E11 单元格（1 月，经营活动—现金流入小计）中输入“=sum(E8:E10)”，表示 E11 单元格（小计）是“1 月，经营活动—现金流入”各项的求和。

E23 单元格（1 月，投资活动—现金流入小计）、E33 单元格（1 月，筹资活动—现金流入小计）与 E11 单元格进行类似的操作。

（8）在 E16 单元格（1 月，经营活动—现金流出小计）中输入“=SUM(E12:E15)”，表示 E16 单元格（小计）是“1 月，经营活动—现金流出”各项的求和。

E27 单元格（1 月，投资活动—现金流出小计）、E37 单元格（1 月，筹资活动—现金流出小计）与 E16 单元格进行类似的操作。

（9）在 E17 单元格（1 月，投资活动—经营活动产生的现金流量净额）中输入“=E11-E16”，表示 E17 单元格（现金流量净额）是“1 月，经营活动—现金流入”和“1 月，经营活动—现金流出”的差额。

E28 单元格（1 月，投资活动—经营活动产生的现金流量净额）、E38 单元格（1 月，筹资活动—经营活动产生的现金流量净额）与 E17 单元格进行类似的操作。

（10）在 E39 单元格（1 月，汇率变动对现金的影响额），根据实际情况填写。

（11）在 E40 单元格（1 月，现金及现金等价物净增加额）中输入“=E17+E28+E38+E39”，表示“现金及现金等价物的净增加额=经营活动产生的现金流量+投资活动产生的现金流量+筹资活动产生的现金流量+汇率变动影响额”。

“1 月”的“现金流量表”的数据设置完毕。

（12）“2 月”和“3 月”第 8~38 行的数据只需在同行“1 月”数据的基础上改写公式中的“1”（1 月）为“2”（2 月）或“3”（3 月）即可。

例如 F15 单元格（2 月，经营活动—支付的其他与经营活动有关的现金），则将 E15 单元格“=SUMIF(日记账簿!$K$3:$K$114,"经营活动 1—支付的其他与经营活动有关的现金",日记账簿!$I$3:$I$114)”公式中的“经营活动 1—支付的其他与经营活动有关的现金”改写为“经营活动 2—支付的其他与经营活动有关的现金"即可，即“=SUMIF(日记账簿!$K$3:$K$114, "经营活动 2—支付的其他与经营活动有关的现金",日记账簿!$J$3:$J$114)”。

“2 月”和“3 月”的第 39~40 行数据与“1 月”的数据进行类似的操作。

“现金流量表”编制完成，如图 6-54 所示。

2013年1-3月 现金流量表				
编制企业：兴旺贸易有限公司 编制日期：2013年3月31日 货币单位：人民币				
项目	行次	1月	2月	3月
经营活动产生的现金流量				
销售商品、提供劳务收到的现金		500,000	620,000	700,000
收到的税费返还		0	0	0
收到的其他与经营活动有关的现金		0	0	0
现金流入小计		500,000	620,000	700,000
购买商品、接受劳务支付的现金		260,000	360,000	320,000
支付给职工以及为职工支付的现金		47,000	47,500	33,000
支付的各项税费		0	0	0
支付的其他与经营活动有关的现金		17,630	17,300	15,440
现金流出小计		324,630	424,800	368,440
经营活动产生的现金流量净额		175,370	195,200	331,560
投资活动产生的现金流量				
收回投资所收到的现金		0	0	0
取得投资收益的现金		0	0	0
处置固定资产、无形资产、其他长期资产收到的现金		0	0	0
其他与投资活动有关的现金		0	0	0
现金流入小计		0	0	0
购建固定资产、无形资产、其他长期资产支付的现金		0	0	0
用于投资所支付的现金		0	0	0
支付与其他投资活动有关的现金		0	0	0
现金流出小计		0	0	0
投资活动产生的现金流量净额		0	0	0
筹资活动产生的现金流量				
吸收投资所收到的现金		5,000,000	0	0
借款所收到的现金		0	0	0
收到的其他与筹资活动有关的现金		0	0	0
现金流入小计		5,000,000	0	0
偿还债务所支付的现金		0	0	0
分配股利、利润、偿付利息所支付的现金		0	0	0
支付的其他与筹资活动有关的现金		0	0	0
现金流出小计		0	0	0
筹资活动产生的现金流量净额		5,000,000	0	0
汇率变动对现金的影响额		0	0	0
现金及现金等价物净增加额		5,175,370	195,200	331,560

图 6-54

结果详见文件“06-10 现金流量表-编制”的“现金流量表-2019 年 1~3 月”工作表。

第四步：检验“现金流量表”的正误。

(1) 打开文件“06-10 现金流量表-编制”的“现金流量表-2019 年 1~3 月”工作表。

将“现金流量表”中“1 月”“2 月”和“3 月”的“现金及现金等价物净增加额”求和，得到“5,175,370+195,200+331,560=5,702,130”，如图 6-55 所示。

	C	E	F	G
31	借款所收到的现金	0	0	0
32	收到的其他与筹资活动有关的现金	0	0	0
33	现金流入小计	5,000,000	0	0
34	偿还债务所支付的现金	0	0	0
35	分配股利、利润、偿付利息所支付的现金	0	0	0
36	支付的其他与筹资活动有关的现金	0	0	0
37	现金流出小计	0	0	0
38	筹资活动产生的现金流量净额	5,000,000	0	0
39	汇率变动对现金的影响额	0	0	0
40	现金及现金等价物净增加额	5,175,370	195,200	331,560
41				

图 6-55

(2) 打开文件“06-10 现金流量表-编制”的“资产负债表-2019 年第一季度”工作表。

计算“资产负债表”中“现金”的增加额，即“现金”的“期末数”与“年初数”的差额，得到“2,330-0=2,330”，如图 6-56 所示。

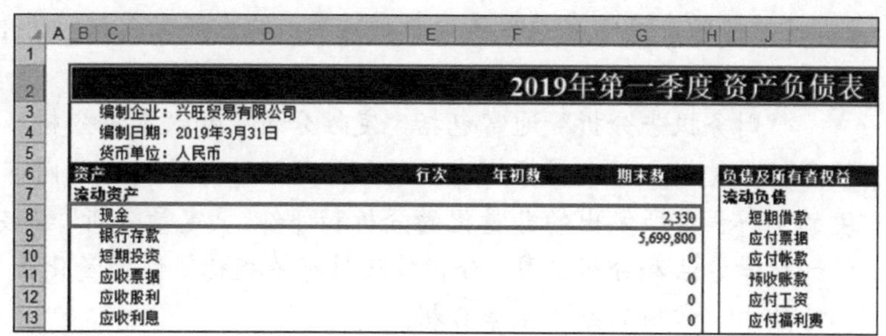

2019年第一季度 资产负债表

编制企业：兴旺贸易有限公司
编制日期：2019年3月31日
货币单位：人民币

资产	行次	年初数	期末数	负债及所有者权益
流动资产				流动负债
现金			2,330	短期借款
银行存款			5,699,800	应付票据
短期投资			0	应付帐款
应收票据			0	预收账款
应收股利			0	应付工资
应收利息			0	应付福利费

图 6-56

计算“资产负债表”中“银行存款”的增加额，即“银行存款”的“期末数”与“年初数”的差额，得到“5,699,800-0=5,699,800”，如图 6-57 所示。

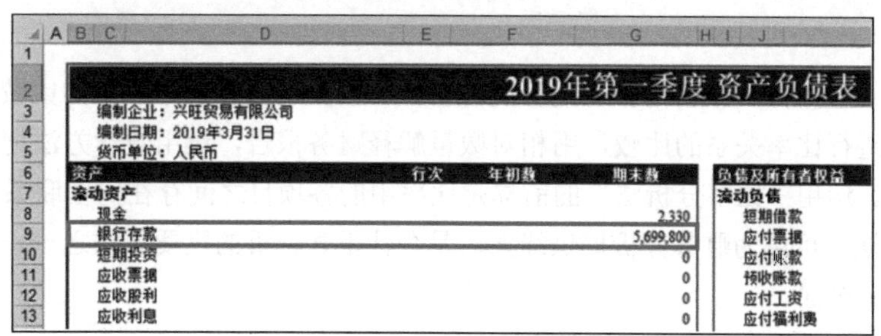

2019年第一季度 资产负债表

编制企业：兴旺贸易有限公司
编制日期：2019年3月31日
货币单位：人民币

资产	行次	年初数	期末数	负债及所有者权益
流动资产				流动负债
现金			2,330	短期借款
银行存款			5,699,800	应付票据
短期投资			0	应付帐款
应收票据			0	预收账款
应收股利			0	应付工资
应收利息			0	应付福利费

图 6-57

将“资产负债表”中“现金”和“银行存款”的增加额求和，得到“2,330+5,699,800=5,702,130”。

(3)“现金流量表”中“1 月”“2 月”和“3 月”的“现金及现金等价物净增加额”求和为 5,702,130，“资产负债表”中“现金”和“银行存款”增加额求和为 5,702,130，因此“现金流量表”的编制无误。

若两者不等，则“现金流量表”的编制有误。

下篇

第 7 章 财务报告分析

拿到财务报告后，只有通过财务报告分析，才能利用会计报表的编制结果找出有用的信息并进行深入分析，把握财务报告所蕴含的重要信息。通过 Excel 的协助，可以有效提高分析的效率，减少不必要的计算和分析过程中的失误。

“财务报告分析”通常包括“定性分析”和“定量分析”两种类型。“定性分析”是指分析人员根据自己的知识、经验以及对企业内部情况、外部环境的了解程度所做出的非量化的分析和评价。“定量分析”是分析人员运用一定的数学方法和分析工具、分析技巧对有关指标所做的量化分析。“定量分析”的方法中，常用的是“比率分析法”。

7.1 比率分析法

“比率分析法”对同一张会计报表的不同项目、不同类别进行比率关系的比较，或者对两张会计报表相关项目进行比率关系的比较，用相对数量解释财务报告，运用数学方法把财务报告中的某些项目联系起来。运用“比率分析法”的前提是比率中的各项目之间存在内在联系。

“比率分析法”可以为财务分析提供线索，是会计报表分析的重要方法之一，对于企业同一时期的财务分析较为全面。

7.1.1 资产结构分析

视频

“资产负债表”中的众多数据可以整理成许多有用的信息，供企业主或者财务人员参考，是了解企业发展状况的重要途径之一。企业“资产结构”直接关系到企业财务结构的稳健程度。

本小节将利用比率分析法分析企业“资产结构”的重要指标，包括“资产负债率”和“股东权益比率”等。步骤如下：

第一步：查看“资产结构分析”的内容。

打开文件“07-01 比率分析法-原始”，如图 7-1 所示。

	A	B	C	D	E
1					
2		资产结构分析表			
3			年初数	期末数	备注
4		1、资产负债率			表明总资产中负债构成比例，评估对债权人的利益保障程度
5		2、股东权益比率			反映企业自有资金占比，比率越高则财务状况越稳健、企业经营越保守
6					

图 7-1

查看“资产负债表”工作表。该“资产负债表”是本章节实例使用的 S 企业“2019 年 资产负债表”。

查看“利润表”工作表。该“利润表”是本章节实例使用的 S 企业“2019 年 利润表”。

查看“现金流量表”工作表。该“现金流量表”是本章节实例使用的 S 企业“2019 年 现金流量表”。

查看“资产结构分析”工作表。该工作表给出“资产负债率”和“股东权益比率”两项指标，以及指标的意义。

第二步：分析“资产负债率”。

（1）“资产负债率”的公式为“资产负债率 $=\frac{负债合计}{资产合计}$”，“负债合计”和“资产合计”数据可在“资产负债表”中找到。

在“资产结构分析”工作表的 C4 单元格（年初资产负债率）中输入“=”，单击“资产负债表”工作表的 M33 单元格（年初负债合计），输入“/”，单击“资产负债表”工作表的 F44 单元格（年初资产合计），按 Enter 键，则“资产结构分析”工作表的 C4 单元格（年初资产负债率）的值为 38.70%（见图 7-2），即：

$$年初资产负债率=\frac{年初负债合计}{年初资产合计}=\frac{资产负债表!M33\ (6,502,800)}{资产负债表!F44\ (16,802,800)}=38.70\%$$

C4 =资产负债表!M33/资产负债表!F44

	A	B	C	D	E
1					
2		资产结构分析表			
3			年初数	期末数	备注
4		1、资产负债率	38.70%		表明总资产中负债构成比例，评估对债权人的利益保障程度
5		2、股东权益比率			反映企业自有资金占比，比率越高则财务状况越稳健、企业经营越保守

图 7-2

（2）D4 单元格（期末资产负债率）的公式设置与 C4 单元格类似。C4 单元格公式中为“负债合计”和“资产合计”的年初数，D4 单元格公式中为“负债合计”和“资产合计”的期末数。

D4 单元格（期末资产负债率）的值为“38.70%”，即：

$$期末资产负债率=\frac{期末负债合计}{期末资产合计}=\frac{资产负债表!N33\ (5,475,919)}{资产负债表!G44\ (16,187,290)}=33.83\%$$

“资产负债率”是负债总额与资产总额的比例，表明企业的总资产中负债的构成比例，同时评估企业清算时对债权人的利益保障程度。

从债权人角度看，关心的是贷给企业款项的安全程度，也就是能否按期收回本金和利息。若股东提供的资本与企业资本总额相比占较小的比例，则企业的风险将主要由债权人负担，对债权人不利。因此，债权人希望债务比例越低越好。

从股东角度看，由于企业通过举债筹措的资金与股东提供的资金在经营中发挥同样的作用，因此股东关心全部资本的利润率是否超过借入款项的利率。当企业全部资本的利润率超过因借款而支付的利率时，股东所得到的利润才会加大。

从经营者的角度看，如果举债很多，超出债权人心理承受程度，企业借不到钱。如果举债很少，说明企业畏缩不前，企业的经营活动能力很差。要在二者之间权衡利害得失。

第三步：分析“股东权益比率”。

（1）对于股份有限制企业，“股东权益比率 = 所有者权益比率 = $\frac{\text{所有者权益合计}}{\text{资产合计}}$”，“所有者权益合计”和“资产合计”的数据可以在“资产负债表”中找到。

（2）在“资产结构分析”工作表的 C5 单元格（年初股东权益比率）中输入“=”，单击“资产负债表”工作表的 M43 单元格（年初所有者权益合计），输入“/”，单击“资产负债表”工作表的 F44 单元格（年初资产合计），按 Enter 键，则“资产结构分析”工作表的 C5 单元格（年初股东权益比率）的值为 61.30%（见图 7-3），即：

$$\text{年初股东权益比率} = \frac{\text{年初所有者权益合计}}{\text{年初资产合计}} = \frac{\text{资产负债表!M43（10,300,000）}}{\text{资产负债表!F44（16,802,800）}} = 61.30\%$$

C5 =资产负债表!M43/资产负债表!F44

	A	B	C	D	E
1					
2		资产结构分析表			
3			年初数	期末数	备注
4		1、资产负债率	38.70%	33.83%	表明总资产中负债构成比例，评估对债权人的利益保障程度
5		2、股东权益比率	61.30%		反映企业自有资金占比，比率越高则财务状况越稳健、企业经营越保守

图 7-3

（3）D5 单元格（期末股东权益比率）的公式设置与 C5 单元格类似。C5 单元格公式中为“所有者权益合计”和“资产合计”的年初数，D5 单元格公式中为“所有者权益合计”和“资产合计”的期末数。

D5 单元格（期末股东权益比率）的值为 66.17%，即：

$$\text{期末股东权益比率} = \frac{\text{期末所有者权益合计}}{\text{期末资产合计}} = \frac{\text{资产负债表!N43（10,711,371）}}{\text{资产负债表!G44（16,187,290）}} = 66.17\%$$

“股东权益比率”反映了企业自有资金的占比，该比率越高，企业财务状况越稳健，但由于举债少可能导致企业经营过于保守。

第四步：“资产结构分析”结论。

“资产结构分析”的结果如图 7-4 所示。

资产结构分析表			
	年初数	期末数	备注
1、资产负债率	38.70%	33.83%	表明总资产中负债构成比例，评估对债权人的利益保障程度
2、股东权益比率	61.30%	66.17%	反映企业自有资金占比，比率越高则财务状况越稳健、企业经营越保守

图 7-4

就“资产负债率”以及“所有者权益比率”两个指标而言，两者之和为 100%。因此“资产负债率”越高，则“所有者权益比率”越低，反之亦然。

从“资产结构”分析结果来看，“资产负债率”小于“股东权益比率”，说明企业总资产中自有资金数额高于举债数额，企业财务状况较为稳定。

在年初数和期末数的比较中，可以看到期初资产负债率略高于期末，则资产负债表的结算期闲中，企业财务状况在向更加稳定的方向发展。

值得注意的是，由于所处行业不同及季节性因素，或者企业处在不同的发展阶段，“资产结构”的“健康值”不尽相同。因此，得到“资产结构”的分析数据后，通常要与往年同期的数据或者与行业数据比较，排除干扰因素，得出客观的评价结果。在后续数据的分析过程中，这一点同样适用。

7.1.2 偿债能力分析

“偿债能力”指企业用其资产偿还长期债务与短期债务的能力，是反映企业财务状况和经营能力的重要标志。企业有无“现金支付能力”和“偿债能力”是企业能否健康发展的关键。

在“偿债能力”分析中，“短期偿债能力”的财务分析指标包括“流动比率”“速动比率”和“利息保障倍数”等。“长期偿债能力”的财务分析指标主要是“产权比率”。

“偿债能力”的分析步骤如下：

第一步：查看“偿债能力分析”的内容。

打开文件“07-01 比率分析法-原始”，如图 7-5 所示。

	A	B	C	D	E
1					
2		偿债能力分析表			
3			年初数	期末数	备注
4		1、短期偿债能力分析			
5		流动比率			企业运用流动资产偿还流动负债的能力，经验值为2:1
6		速动比率			较流动速率更准确地反映企业的短期偿债能力，经验值1:1
7		利息保障倍数			息前税前利润与利息费用的比率，衡量企业偿付借款利息的能力
8		2、长期偿债能力分析			
9		产权比率			负债总额与股东权益总额的比例，反映企业基本财务结构是否稳定
10					

图 7-5

查看“偿债能力分析”工作表。该工作表给出“流动比率”“速动比率”“利息保障倍数”和“产权比率”4 项指标，以及指标的意义。

第二步：分析“流动比率”。

（1）“流动比率”的公式为“流动比率 $=\frac{流动资产}{流动负债}$”，“流动资产”和“流动负债”数据可在“资产负债表”中找到。

在“偿债能力分析”工作表的C5单元格（年初流动比率）中输入“=”，单击“资产负债表”工作表的F22单元格（年初流动资产），输入“/”，单击“资产负债表”工作表的M22单元格（年初流动负债），按Enter键，则“偿债能力分析”工作表的C5单元格（年初流动比率）的值为179.20%（见图7-6），即：

$$年初流动比率=\frac{年初流动资产}{年初流动负债}=\frac{资产负债表!F22（9,502,800）}{资产负债表!M22（5,302,800）}=179.20\%$$

C5 =资产负债表!F22/资产负债表!M22

	偿债能力分析表		
	年初数	期末数	备注
1、短期偿债能力分析			
流动比率	179.20%		企业运用流动资产偿还流动负债的能力，经验值为2:1
速动比率			较流动速率更准确地反映企业的短期偿债能力，经验值1:1
利息保障倍数			息前税前利润与利息费用的比率，衡量企业偿付借款利息的能力
2、长期偿债能力分析			
产权比率			负债总额与股东权益总额的比例，反映企业基本财务结构是否稳定

图7-6

（2）D5单元格（期末流动比率）的公式设置与C5单元格类似。C5单元格公式中为“流动资产”和“流动负债”的年初数，D5单元格公式中为“流动资产”和“流动负债”的期末数。

D5单元格（期末流动比率）的值为262.66%，即：

$$期末流动比率=\frac{期末流动资产}{期末流动负债}=\frac{资产负债表!G22（8,289,290）}{资产负债表!N22（3,155,919）}=262.66\%$$

“流动比率”是“流动资产”和“流动负债”的比例，反映企业运用其“流动资产”偿还“流动负债”的能力。“流动负债”具有偿还期不确定的特点，而“流动资产”具有容易变现的特点，可以满足“流动负债”的偿还需要。因此，“流动比率”是用来分析短期清偿能力的。

实践中，将“流动比率”保持在“2:1”左右是比较适宜的，这是一个经验数据。经验数据会因为所处行业及季节性等因素进行调整。运用“流动比率”分析企业“短期偿债能力”时，还应结合“存货”的规模大小、周转速度、变现能力和变现价值等指针进行综合分析。如果企业“流动比率”很高，但其“存货”规模大、周转速度慢，有可能造成“存货”变现能力弱、变现价值低，那么企业的实际“短期偿债能力”就要比指标反映的弱。

第三步：分析“速动比率”。

（1）“速动比率”的公式为“$速动比率=\frac{速动资产}{流动资产}=\frac{流动资产-存货}{流动负债}$”，“流动资产”“存货”和“流动负债”数据可在“资产负债表”中找到。

在“偿债能力分析”工作表的C6单元格（年初速动比率）中输入“=(”，单击“资产负债表”工作表的F22单元格（年初流动资产），输入“-”，单击“资产负债表”工作表的F18单元格（年初库存商品），输入“)/”，单击“资产负债表”工作表的M22单元格（年初流动负债），按Enter键，则“偿债能力分析”工作表的C6单元格（年初速动比率）的值为81.90%（见图7-7），即：

$$年初速动比率=\frac{年初流动资产-年初存货}{年初流动负债}$$

$$=\frac{资产负债表!F22(9{,}502{,}800)-资产负债表!F18(5{,}160{,}000)}{资产负债表!M22\ (5{,}302{,}800)}=81.90\%$$

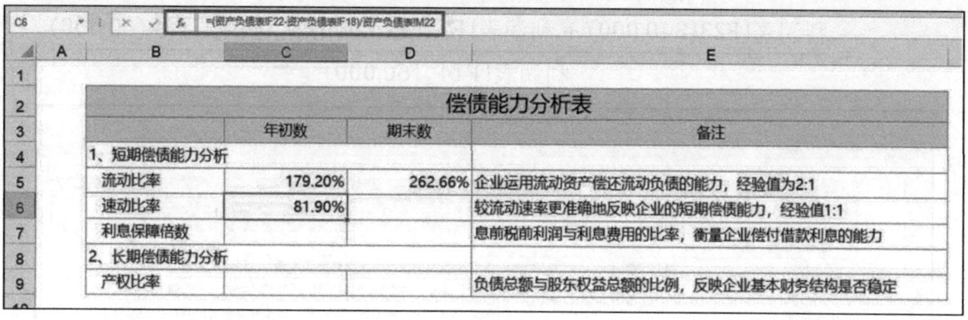

	A	B	C	D	E
1					
2		偿债能力分析表			
3			年初数	期末数	备注
4		1、短期偿债能力分析			
5		流动比率	179.20%	262.66%	企业运用流动资产偿还流动负债的能力，经验值为2:1
6		速动比率	81.90%		较流动速率更准确地反映企业的短期偿债能力，经验值1:1
7		利息保障倍数			息前税前利润与利息费用的比率，衡量企业偿付借款利息的能力
8		2、长期偿债能力分析			
9		产权比率			负债总额与股东权益总额的比例，反映企业基本财务结构是否稳定

C6 =(资产负债表!F22-资产负债表!F18)/资产负债表!M22

图 7-7

（2）D6 单元格（期末速动比率）的公式设置与 C6 单元格类似。C5 单元格公式中为“流动资产”“存货”和“流动负债”的年初数，D6 单元格公式中为“流动资产”“存货”和“流动负债”的期末数。

D6 单元格（期末流动比率）的值为 99.49%，即：

$$期末速动比率=\frac{期末流动资产-期末存货}{期末流动负债}$$

$$=\frac{资产负债表!G22(8{,}289{,}290)-资产负债表!G18(5{,}149{,}400)}{资产负债表!N22\ (3{,}155{,}919)}=99.49\%$$

“速动比率”是“速动资产”和“流动负债”的比例。“速动资产”是指可以及时地、不贬值地转换为可以直接偿债的资产形式的“流动资产”，是“流动资产”剔除“存货”后的值。“流动资产”剔除“存货”等变现能力较弱的资产后，求得的“速动比率”能够更准确地反映企业的“短期偿债能力”。

企业的速动比率为“1:1”时通常是恰当的。此时，即便所有“流动负债”要求同时偿还，也有足够的资产用来偿债。运用“速动比率”分析企业“短期偿债能力”时，应结合“应收账款”的规模、周转速度，“其他应收款”的规模，以及它们的变现能力进行综合分析。如果企业“速动比率”很高，但“应收账款”周转速度慢，且“应收账款”与“其他应收款”的规模大，变现能力差，那么企业真实的“短期偿债能力”要比该指标反映的差。

第四步：分析“利息保障倍数”。

“利息保障倍数”的公式为“利息保障倍数 $=\frac{税后净利+所得税+利息}{利息}$”，“税后净利”即为“利润表”中的“净利润”，“所得税”即为“利润表”中的“所得税”，“利息”视为利润表中的“财务费用”，实际操作中可根据利息的确切金额输入。

“利息保障倍数”针对的是“利润表”统计期间的值，故无年初值、期末值之分。

在“偿债能力分析”工作表的 D7 单元格（利息保障倍数）中输入“=(”，单击“利润表”工作表的 F03 单元格（净利润），输入“+”，单击“利润表”工作表的 F19 单元格（所得税），输入“+”，单击“利润表”工作表的 F12 单元格（财务费用），输入“)/”，单击“利润表”工作表的 F12 单元格（财务费用），按 Enter 键，则“偿债能力分析”工作表的 D7 单元格（利息保障倍数）的值为 8.5（见图 7-8），即：

$$\text{利息保障倍数}=\frac{\text{税后净利}+\text{所得税}+\text{利息}}{\text{利息}}$$

$$=\frac{\text{利润表!F23}(340{,}000)+\text{利润表!F22}(110{,}000)+\text{利润表!F14}(60{,}000)}{\text{利润表!F14}\ (60{,}000)}=8.5$$

D7　　fx　=(利润表!F20+利润表!F19+利润表!F12)/利润表!F12

偿债能力分析表			
	年初数	期末数	备注
1、短期偿债能力分析			
流动比率	179.20%	262.66%	企业运用流动资产偿还流动负债的能力，经验值为2:1
速动比率	81.90%	99.49%	较流动速率更准确地反映企业的短期偿债能力，经验值1:1
利息保障倍数		8.5	息前税前利润与利息费用的比率，衡量企业偿付借款利息的能力
2、长期偿债能力分析			
产权比率			负债总额与股东权益总额的比例，反映企业基本财务结构是否稳定

图 7-8

“利息保障倍数”是指企业生产经营所获得的“息前税前利润”与“利息费用”的比率，用来衡量企业偿付借款利息的能力。企业生产经营所获得的“息前税前利润”与“利息费用”相比，倍数越大，说明企业支付利息费用的能力越强。

通过“利息保障倍数”的定义可知，当该指标等于“1”时，企业创造的利润与企业需支付的利息费用相等；当该指标小于“1”时，企业创造的利润不足以支付其利息费用相等；当该指标大于“1”时，企业创造的利润除了支付利息费用外，尚有结余。

第五步：分析“产权比率”。

（1）对于股份有限制企业，“产权比率”的公式为“产权比率 $=\frac{\text{负债合计}}{\text{股东权益合计}}=\frac{\text{负债合计}}{\text{所有者权益合计}}$”，“负债合计”和“所有者权益合计”数据可在“资产负债表”中找到。

在“偿债能力分析”工作表的 C9 单元格（年初产权比率）中输入“=”，单击“资产负债表”工作表的 M33 单元格（年初负债合计），输入“/”，单击“资产负债表”工作表的 M43 单元格（年初所有者权益合计），按 Enter 键，则“偿债能力分析”工作表的 C9 单元格（年初产权比率）的值为 63.13%（见图 7-9），即：

$$\text{年初产权比率}=\frac{\text{年初负债合计}}{\text{年初所有者权益合计}}=\frac{\text{资产负债表!M33}\ (6{,}502{,}800)}{\text{资产负债表!M43}\ (10{,}300{,}000)}=63.13\%$$

C9　　fx　=资产负债表!M33/资产负债表!M43

偿债能力分析表			
	年初数	期末数	备注
1、短期偿债能力分析			
流动比率	179.20%	262.66%	企业运用流动资产偿还流动负债的能力，经验值为2:1
速动比率	81.90%	99.49%	较流动速率更准确地反映企业的短期偿债能力，经验值1:1
利息保障倍数		8.5	息前税前利润与利息费用的比率，衡量企业偿付借款利息的能力
2、长期偿债能力分析			
产权比率	63.13%		负债总额与股东权益总额的比例，反映企业基本财务结构是否稳定

图 7-9

（2）D9单元格（期末产权比率）的公式设置与C9单元格类似。C9单元格公式中为“负债合计”和“所有者权益合计”的年初数，D9单元格公式中为“负债合计”和“所有者权益合计”的期末数。

D9单元格（期末产权比率）的值为51.12%，即：

$$期末产权比率=\frac{期末负债合计}{期末所有者权益合计}=\frac{资产负债表!N33（5,475,919）}{资产负债表!N43（10,711,371）}=51.12\%$$

“产权比率”是“负债总额”与“股东权益总额”的比率，是债权人提供的资本与股东提供的资本的相对关系，反映企业基本财务结构是否稳定。“产权比率”越高，则企业偿还长期债务的能力越弱，“产权比率”越低，则企业偿还长期债务的能力越强。

从股东角度来看，在通货膨胀加剧时期，企业多借债可以把损失和风险转嫁给债权人。在经济繁荣时期，多借债可以获得额外的利润。在经济萎缩时期，少借债可以减少利息负担和财务风险。“产权比率”高是高风险、高报酬的财务结构，“产权比率”低是低风险、低报酬的财务结构。

第六步：“偿债能力分析”结论。

“偿债能力分析”的结果如图7-10所示。

偿债能力分析表			
	年初数	期末数	备注
1、短期偿债能力分析			
流动比率	179.20%	262.66%	企业运用流动资产偿还流动负债的能力，经验值为2:1
速动比率	81.90%	99.49%	较流动速率更准确地反映企业的短期偿债能力，经验值1:1
利息保障倍数		8.5	息前税前利润与利息费用的比率，衡量企业偿付借款利息的能力
2、长期偿债能力分析			
产权比率	63.13%	51.12%	负债总额与股东权益总额的比例，反映企业基本财务结构是否稳定

图7-10

“流动比率”的值与“经验值2:1”相比，应处于较为合理的范围。

“速动比率”的值与“经验值1:1”相比，应处于较为合理的范围。

“利息保障倍数”达8.5，企业偿付借款利息的能力较强。

“产权比率”反映企业基本财务结构较为稳定。

7.1.3 营运能力分析

“营运能力”主要指企业营运资产的效率与效益，即企业的产出额与资产占用额之间的比率，可以用“周转率”或“周转速度”来表示。

“营运能力”的分析步骤如下：

第一步：查看“营运能力分析”的内容。

打开文件“07-01 比率分析法-原始”，如图7-11所示。

查看“营运能力分析表”工作表。该工作表给出“应收账款周转率”“应收账款周转天数”“存货周转率”“存货周转天数”和“总资产周转率”5项指标，以及指标的意义。

	营运能力分析表	
	值	备注
应收账款周转率		反映企业应收账款的周转速度，转率越高表明公司收账速度越快，经验值300%
应收账款周转天数		反映企业将应收账款转换为现金所需的时间，周转天数越短则流动资金使用效率越好
存货周转率		反映存货的流动性及存货资金占用量是否合理，周转率越高则存货变现速度越快
存货周转天数		企业消耗存货的天数，周转天数越少则存货变现速度越快
总资产周转率		综合评价企业全部资产经营质量和利用效率，周转率越高则营运能力越强

图 7-11

第二步：分析“应收账款周转率”和“应收账款周转天数”。

（1）“应收账款周转率”的公式为“$\text{应收账款周转率}=\frac{\text{营业收入}}{\text{平均应收账款}}$”，“平均应收账款”是“期初应收账款”与“期末应收账款”的平均值，“期初应收账款”和“期末应收账款”的数据可以在“资产负债表”中找到。“营业收入”的数据可以在“利润表”中找到。

在“营运能力分析”工作表的 C4 单元格（应收账款周转率）中输入“=”，单击“利润表”工作表的 F7 单元格（营业收入），输入“/((”，单击“资产负债表”工作表的 F14 单元格（年初应收账款），输入“+”，单击“资产负债表”工作表的 G14 单元格（期末应收账款），输入“)/2)”，按 Enter 键，则“营运能力分析”工作表的 C4 单元格（应收账款周转率）的值为 222.89%（见图 7-12），即：

$$\text{应收账款周转率}=\frac{\text{营业收入}}{\text{平均应收账款}}=\frac{\text{利润表!F7（2,000,000）}}{\frac{\text{资产负债表!F14(598,200)}+\text{资产负债表!G14(1,196,400)}}{2}}$$

$$=222.89\%$$

C4 =利润表!F7/((资产负债表!F14+资产负债表!G14)/2)

	营运能力分析表	
	值	备注
应收账款周转率	222.89%	反映企业应收账款的周转速度，转率越高表明公司收账速度越快，经验值300%
应收账款周转天数		反映企业将应收账款转换为现金所需的时间，周转天数越短则流动资金使用效率越好
存货周转率		反映存货的流动性及存货资金占用量是否合理，周转率越高则存货变现速度越快
存货周转天数		企业消耗存货的天数，周转天数越少则存货变现速度越快
总资产周转率		综合评价企业全部资产经营质量和利用效率，周转率越高则营运能力越强

图 7-12

“应收账款周转率”反映了企业“应收账款”的周转速度，表示一定期间内企业“应收账款”转为现金的平均次数。“应收账款”周转率越高，表明企业收账速度越快，平均收账期越短，坏账损失越少，资产流动越快，偿债能力越强。“应收账款”的业内经验值是 300%。

本例的“应收账款周转率”为 222.89%，略低于合理水平。

（2）用时间表示的“应收账款周转速度”的指针为“应收账款周转天数”。“应收账款周转天数”的公式为“$\text{应收账款周转天数}=\frac{365}{\text{应收账款周转率}}$”。

在“营运能力分析”工作表的 C5 单元格（应收账款周转天数）中输入“=365/”，单击“营运能力分析”工作表的 C4 单元格（应收账款周转率），按 Enter 键，则“营运能力分析”工作表的 C5 单元格（应收账款周转天数）的值为 164（见图 7-13），即：

$$应收账款周转天数 = \frac{365}{应收账款周转率} = \frac{365}{C4} = 164$$

C5 =365/C4

	A	B	C	D
1				
2		营运能力分析表		
3			值	备注
4		应收账款周转率	222.89%	反映企业应收账款的周转速度，转率越高表明公司收账速度越快，经验值300%
5		应收账款周转天数	164	反映企业将应收账款转换为现金所需的时间，周转天数越短则流动资金使用效率越好
6		存货周转率		反映存货的流动性及存货资金占用量是否合理，周转率越高则存货变现速度越快
7		存货周转天数		企业消耗存货的天数，周转天数越少则存货变现速度越快
8		总资产周转率		综合评价企业全部资产经营质量和利用效率，周转率越高则营运能力越强

图 7-13

“应收账款周转天数”反映了企业从取得“应收账款”的权利到收回款项、转换为现金所需要的时间，是“应收账款周转率”的辅助性指标。“应收账款周转天数”越短，说明流动资金使用效率越高。

第三步：分析“存货周转率”和“存货周转天数”。

（1）“存货周转率”的公式为“$存货周转率 = \frac{营业成本}{平均存货}$”，“平均存货”是“期初存货”与“期末存货”的平均值，“存货”即为“资产负债表”中的“库存商品”。“期初存货”和“期末存货”数据可在“资产负债表”中找到。“营业成本”数据可在“利润表”中找到。

在“营运能力分析”工作表的 C6 单元格（存货周转率）中输入“=”，单击“利润表”工作表的 F8 单元格（营业成本），输入“/((”，单击“资产负债表”工作表的 F18 单元格（年初库存商品），输入“+”，单击“资产负债表”工作表的 G18 单元格（期末库存商品），输入“)/2)”，按 Enter 键，则“营运能力分析”工作表的 C6 单元格（存货周转率）的值为 23.28%（见图 7-14），即：

$$存货周转率 = \frac{营业成本}{平均存货} = \frac{利润表!F8（1,200,000）}{\frac{资产负债表!F18(5,160,000) + 资产负债表!G18(5,149,400)}{2}} = 23.28\%$$

C6 =利润表!F8/((资产负债表!F18+资产负债表!G18)/2)

	A	B	C	D
1				
2		营运能力分析表		
3			值	备注
4		应收账款周转率	222.89%	反映企业应收账款的周转速度，转率越高表明公司收账速度越快，经验值300%
5		应收账款周转天数	164	反映企业将应收账款转换为现金所需的时间，周转天数越短则流动资金使用效率越好
6		存货周转率	23.28%	反映存货的流动性及存货资金占用量是否合理，周转率越高则存货变现速度越快
7		存货周转天数		企业消耗存货的天数，周转天数越少则存货变现速度越快
8		总资产周转率		综合评价企业全部资产经营质量和利用效率，周转率越高则营运能力越强

图 7-14

“存货周转率”是企业一定时期“销货成本”与“平均存货余额”的比率，用于反映存货的周转速度，即存货的流动性及存货资金占用量是否合理，促使企业在保证生产经营连续性的同时提高资金的使用效率，增强企业的”短期偿债能力”。“存货周转率”越高，说明存货变现速度越快。

（2）用时间表示的“存货周转速度”的指针为“存货周转天数”。“存货周转天数”的公式为“$\text{存货周转天数}=\frac{365}{\text{存货周转率}}$”。

在“营运能力分析”工作表的 C7 单元格（存货周转天数）中输入“=365/”，单击“营运能力分析”工作表的 C6 单元格（存货周转率），按 Enter 键，则“营运能力分析”工作表的 C7 单元格（存货周转天数）的值为 1568（见图 7-15），即：

$$\text{存货周转天数}=\frac{365}{\text{存货周转率}}=\frac{365}{C6}=1568$$

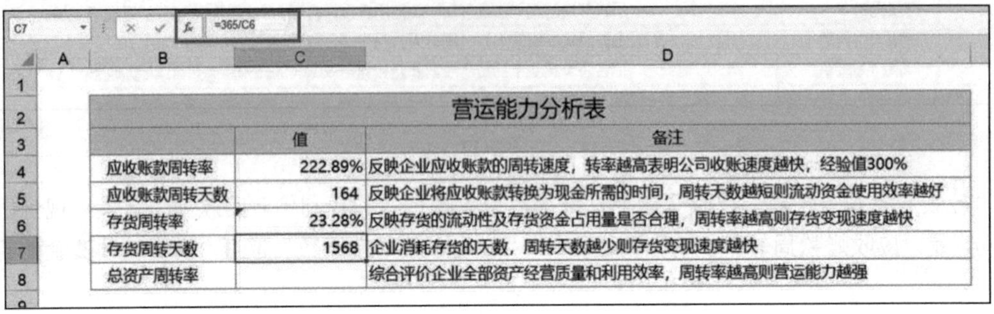

C7 | =365/C6

	A	B	C	D
1				
2		营运能力分析表		
3			值	备注
4		应收账款周转率	222.89%	反映企业应收账款的周转速度，转率越高表明公司收账速度越快，经验值300%
5		应收账款周转天数	164	反映企业将应收账款转换为现金所需的时间，周转天数越短则流动资金使用效率越好
6		存货周转率	23.28%	反映存货的流动性及存货资金占用量是否合理，周转率越高则存货变现速度越快
7		存货周转天数	1568	企业消耗存货的天数，周转天数越少则存货变现速度越快
8		总资产周转率		综合评价企业全部资产经营质量和利用效率，周转率越高则营运能力越强

图 7-15

“存货周转天数”指企业从取得存货开始，至消耗、销售为止所经历的天数。“存货周转天数”越少，说明存货变现的速度越快。

第四步：分析“总资产周转率”。

“总资产周转率”的公式为“$\text{总资产周转率}=\frac{\text{营业收入}}{\text{平均资产合计}}$”，“平均资产合计”是“期初资产合计”与“期末资产合计”的平均值，“期初资产合计”和“期末资产合计”数据可在“资产负债表”中找到。“营业收入”数据可在“利润表”中找到。

在“营运能力分析”工作表的 C8 单元格（总资产周转率）中输入“=”，单击“利润表”工作表的 F7 单元格（营业收入），输入“/((”，单击“资产负债表”工作表的 F44 单元格（年初资产合计），输入“+”，单击“资产负债表”工作表的 G44 单元格（期末资产合计品），输入“)/2)”，按 Enter 键，则“营运能力分析”工作表的 C8 单元格（总资产周转率）的值为 12.12%（见图 7-16），即：

$$\text{总资产周转率}=\frac{\text{营业收入}}{\text{平均资产合计}}=\frac{\text{利润表!F7（2,000,000）}}{\frac{\text{资产负债表!F44(16,802,800)}+\text{资产负债表!G44(16,187,290)}}{2}}$$

$$=12.12\%$$

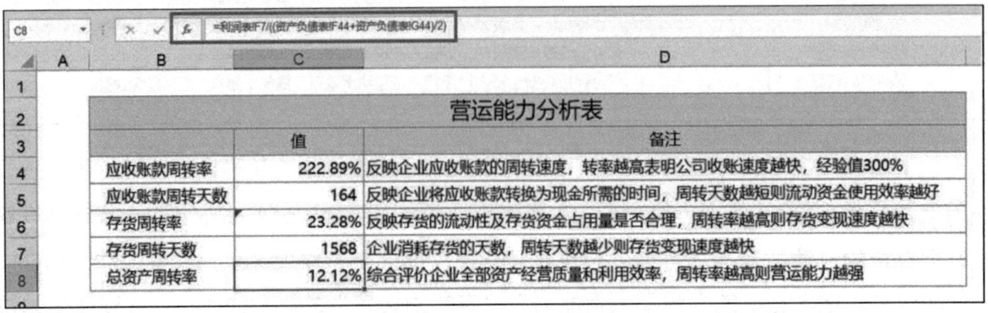

C8 | =利润表!F7/((资产负债表!F44+资产负债表!G44)/2)

	A	B	C	D
1				
2		营运能力分析表		
3			值	备注
4		应收账款周转率	222.89%	反映企业应收账款的周转速度，转率越高表明公司收账速度越快，经验值300%
5		应收账款周转天数	164	反映企业将应收账款转换为现金所需的时间，周转天数越短则流动资金使用效率越好
6		存货周转率	23.28%	反映存货的流动性及存货资金占用量是否合理，周转率越高则存货变现速度越快
7		存货周转天数	1568	企业消耗存货的天数，周转天数越少则存货变现速度越快
8		总资产周转率	12.12%	综合评价企业全部资产经营质量和利用效率，周转率越高则营运能力越强

图 7-16

"总资产周转率"是综合评价企业全部资产经营质量和利用效率的重要指标。一般来说，周转次数越多或周转天数越少，表明其周转速度越快，营运能力也就越强。

7.1.4 盈利能力分析

"盈利能力"指企业获取利润的能力，通常表现为一定时期内企业收益数额的多少及其水平的高低。反映"盈利能力"的指标众多，常用的包括"营业毛利率""营业净利率""总资产报酬率""净资产收益率"和"资本收益率"等。

"盈利能力"的分析步骤如下：

第一步：查看"营运能力分析"的内容。

打开文件"07-01 比率分析法-原始"，如图 7-17 所示。

	A	B	C	D
1				
2		盈利能力分析表		
3			值	备注
4		营业毛利率		反映企业的基本盈利能力，毛利率越高，主营业务的获利能力越强
5		营业净利率		反映企业营业收入创造净利润的能力，营业净利率越高则获利能力越强
6		总资产报酬率		总资产所取得的收益，比率越高则企业的资产利用效益越好
7		净资产收益率		反映股东权益的净收益，比率越高则净利润越高，通常应高于同期银行存款利率
8		资本收益率		反映投资者原始投资的收益率，比率越高则自有投资的经济效益越好，投资者风险越少

图 7-17

查看"盈利能力分析"工作表。该工作表给出"营业毛利率""营业净利率""总资产报酬率""净资产收益率"和"资本收益率"5 项指标，以及指标的意义。

第二步：分析"营业毛利率"。

"营业毛利率"的公式为"$营业毛利率=\frac{营业收入-营业成本}{营业收入}$"，"营业收入"和"营业成本"数据可在"利润表"中找到。

在"盈利能力分析"工作表的 C4 单元格（营业毛利率）中输入"=("，单击"利润表"工作表的 F7 单元格（营业收入），输入"-"，单击"利润表"工作表的 F8 单元格（营业成本），输入")/"，单击"利润表"工作表的 F7 单元格（营业收入），按 Enter 键，则"盈利能力分析"工作表的 C4 单元格（营业毛利率）的值为 40.00%（见图 7-18），即：

$$营业毛利率=\frac{营业收入-营业成本}{营业收入}=\frac{利润表!F7(2,000,000)-利润表!F8(1,200,000)}{利润表!F7(2,000,000)}=40.00\%$$

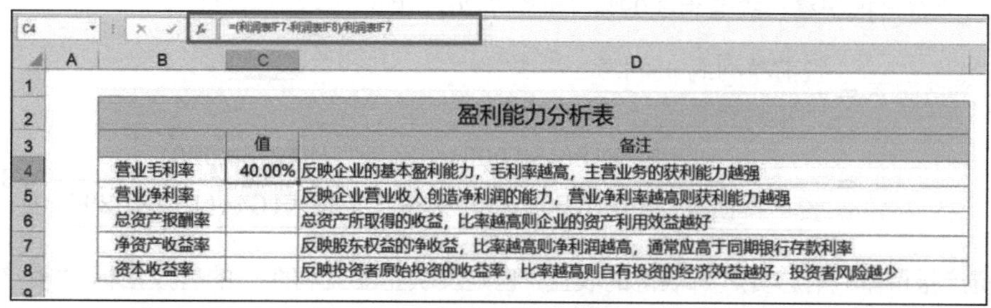

C4 =(利润表!F7-利润表!F8)/利润表!F7

	A	B	C	D
1				
2		盈利能力分析表		
3			值	备注
4		营业毛利率	40.00%	反映企业的基本盈利能力，毛利率越高，主营业务的获利能力越强
5		营业净利率		反映企业营业收入创造净利润的能力，营业净利率越高则获利能力越强
6		总资产报酬率		总资产所取得的收益，比率越高则企业的资产利用效益越好
7		净资产收益率		反映股东权益的净收益，比率越高则净利润越高，通常应高于同期银行存款利率
8		资本收益率		反映投资者原始投资的收益率，比率越高则自有投资的经济效益越好，投资者风险越少

图 7-18

"营业毛利率"表示"销售收入"扣除"销售成本"之后，有多少钱可以用于各项期间费用的支出，以及形成利润。“营业毛利率”反映了企业的基本盈利能力，毛利率越高，企业营业的获利能力越强。

第三步：分析“营业净利率”。

“营业净利率”的公式为“营业净利率 $=\frac{\text{净利润}}{\text{营业收入}}$”。

在“盈利能力分析”工作表的C5单元格（营业净利率）中输入“=”，单击“利润表”工作表的F20单元格（净利润），输入“/”，单击“利润表”工作表的F7单元格（营业收入），按Enter键，则“盈利能力分析”工作表的C5单元格（营业净利率）的值为17.00%（见图7-19），即：

$$\text{营业净利率}=\frac{\text{净利润}}{\text{营业收入}}=\frac{\text{利润表!F20(340,000)}}{\text{利润表!F7(2,000,000)}}=17\%$$

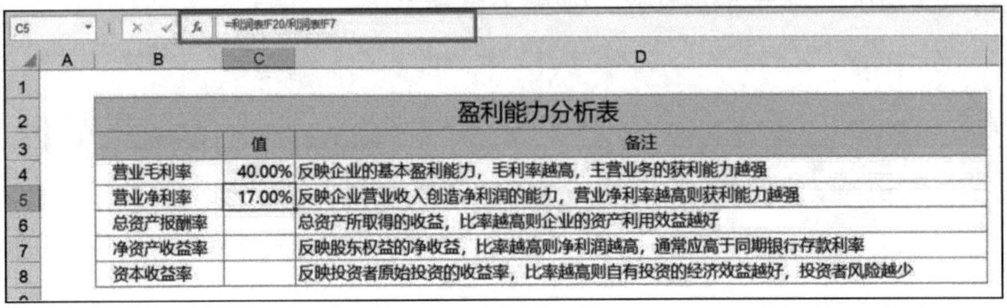

C5 =利润表!F20/利润表!F7

	A	B	C	D
1				
2		盈利能力分析表		
3			值	备注
4		营业毛利率	40.00%	反映企业的基本盈利能力，毛利率越高，主营业务的获利能力越强
5		营业净利率	17.00%	反映企业营业收入创造净利润的能力，营业净利率越高则获利能力越强
6		总资产报酬率		总资产所取得的收益，比率越高则企业的资产利用效益越好
7		净资产收益率		反映股东权益的净收益，比率越高则净利润越高，通常应高于同期银行存款利率
8		资本收益率		反映投资者原始投资的收益率，比率越高则自有投资的经济效益越好，投资者风险越少

图7-19

“营业净利率”是企业业务的最终获利能力指标，反映企业营业收入创造净利润的能力。“营业净利率”越高，说明企业的获利能力越强。与“营业毛利率”相比，“营业净利率”考虑了税收等因素的影响。

第四步：分析“总资产报酬率”。

“总资产报酬率”的公式为“总资产报酬率 $=\frac{\text{税前净利润+利息}}{\text{平均资产合计}}$”，“平均资产合计”为“期初资产合计”与“期末资产合计”的平均值，“期初资产合计”和“期末资产合计”数据可在“资产负债表”中找到。“税前净利润”即为“利润表”中的“利润总额”，“利息”即为“利润表”中的“财务费用”。

在“盈利能力分析”工作表的C6单元格（总资产报酬率）中输入“=(”，单击“利润表”工作表的F18单元格（利润总额），输入“+”，单击“利润表”工作表的F12单元格（财务费用），输入“)/((”，单击“资产负债表”工作表的F44单元格（年初资产合计），输入“+”，单击“资产负债表”工作表的G44单元格（期末资产合计），输入“)/2)”，按Enter键，则“盈利能力分析”工作表的C6单元格（总资产报酬率）的值为3.09%（见图7-20），即：

$$\begin{aligned}\text{总资产报酬率}&=\frac{\text{税前净利润}+\text{利息}}{\text{平均资产合计}}\\&=\frac{\text{利润表!F18(450,000)}+\text{利润表!F12(60,000)}}{\frac{\text{资产负债表!F44(16,802,800)}+\text{资产负债表!G44(16,187,290)}}{2}}=3.09\%\end{aligned}$$

“总资产报酬率”指总资产所取得的收益，也是反映企业盈利能力的有效指标。“资产报酬率”的比率越高，表明企业的资产利用效益越好，整个企业盈利能力越强，经营管理水平越高。这项指标能促进企业全面改善生产经营管理，不断提高企业的经济效益。

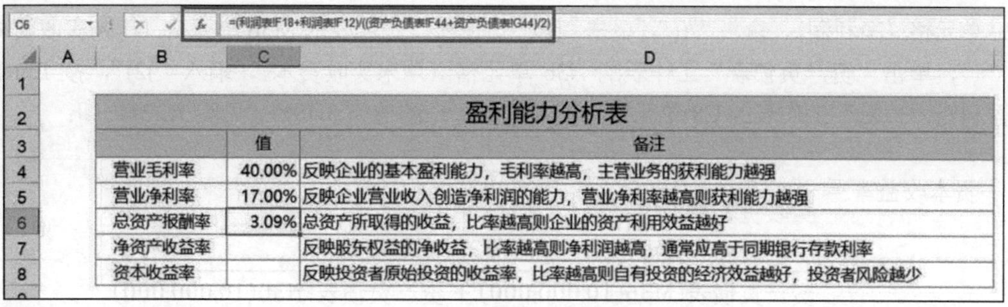

	A	B	C	D
1				
2		盈利能力分析表		
3			值	备注
4		营业毛利率	40.00%	反映企业的基本盈利能力，毛利率越高，主营业务的获利能力越强
5		营业净利率	17.00%	反映企业营业收入创造净利润的能力，营业净利率越高则获利能力越强
6		总资产报酬率	3.09%	总资产所取得的收益，比率越高则企业的资产利用效益越好
7		净资产收益率		反映股东权益的净收益，比率越高则净利润越高，通常应高于同期银行存款利率
8		资本收益率		反映投资者原始投资的收益率，比率越高则自有投资的经济效益越好，投资者风险越少

C6 =(利润表!F18+利润表!F12)/((资产负债表!F44+资产负债表!G44)/2)

图 7-20

第五步：分析“净资产收益率”。

“净资产收益率”的公式为“$净资产收益率=\frac{净利润}{所有者权益平均值}$”，“所有者权益平均值”为“期初所有者权益”与“期末所有者权益”的平均值，“期初所有者权益”和“期末所有者权益”数据可在“资产负债表”中找到。“净利润”数据可在“利润表”中找到。

在“盈利能力分析”工作表的 C7 单元格（净资产收益率）中输入“=”，单击“利润表”工作表的 F20 单元格（净利润），输入“/((”，单击“资产负债表”工作表的 M43 单元格（年初所有者权益），输入“+”，单击“资产负债表”工作表的 N43 单元格（期末所有者权益），输入“)2)”，按 Enter 键，则“盈利能力分析”工作表的 C7 单元格（净资产收益率）的值为 3.24%（见图 7-21），即：

$$
\begin{aligned}
净资产收益率 &= \frac{净利润}{所有者权益平均值} \\
&= \frac{利润表!\mathrm{F20}(340{,}000)}{\dfrac{资产负债表!\mathrm{M43}(10{,}300{,}000)+资产负债表!\mathrm{N43}(10{,}711{,}371)}{2}} = 3.24\%
\end{aligned}
$$

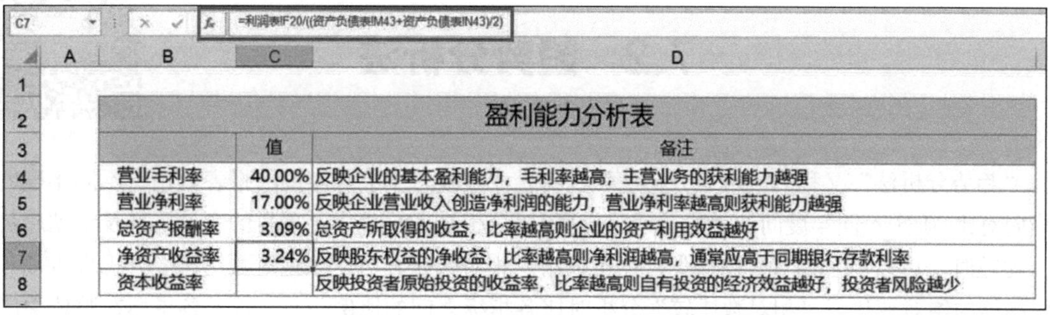

	A	B	C	D
1				
2		盈利能力分析表		
3			值	备注
4		营业毛利率	40.00%	反映企业的基本盈利能力，毛利率越高，主营业务的获利能力越强
5		营业净利率	17.00%	反映企业营业收入创造净利润的能力，营业净利率越高则获利能力越强
6		总资产报酬率	3.09%	总资产所取得的收益，比率越高则企业的资产利用效益越好
7		净资产收益率	3.24%	反映股东权益的净收益，比率越高则净利润越高，通常应高于同期银行存款利率
8		资本收益率		反映投资者原始投资的收益率，比率越高则自有投资的经济效益越好，投资者风险越少

C7 =利润表!F20/((资产负债表!M43+资产负债表!N43)/2)

图 7-21

“净资产收益率”反映了股东权益的净收益水平，该指标越高，说明投资的净利润越高。通常情况下，“净资产收益率”应高于同期银行存款利率。只有当净资产达到一定规模，且持续成长，保证较高的“净资产收益率”，才能说明企业股东具有较好的回报。

第六步：分析“资本收益率”。

“资本收益率”的公式为“$资本收益率=\frac{净利润}{实收资本平均值}$”，“实收资本平均值”为“期初实收资本”与“期末实收资本”的平均值，“期初实收资本”和“期末实收资本”数据可在“资产负债表”中找到。“净利润”数据可在“利润表”中找到。

在“盈利能力分析”工作表的 C8 单元格（资本收益率）中输入“=”，单击“利润表”工作表的 F20 单元格（净利润），输入“/((”，单击“资产负债表”工作表的 M36 单元格（年初实收资本），输入“+”，单击“资产负债表”工作表的 N36 单元格（期末实收资本），输入“)2)”，按 Enter 键，则“盈利能力分析”工作表的 C8 单元格（资本收益率）的值为 3.40%（见图 7-22），即：

$$资本收益率=\frac{净利润}{实收资本平均值}$$

$$=\frac{利润表!F20(340{,}000)}{\frac{资产负债表!M36(10{,}000{,}000)+资产负债表!N36(10{,}000{,}000)}{2}}$$

$$=3.40\%$$

C8 =利润表!F20/((资产负债表!M36+资产负债表!N36)/2)

盈利能力分析表		
	值	备注
营业毛利率	40.00%	反映企业的基本盈利能力，毛利率越高，主营业务的获利能力越强
营业净利率	17.00%	反映企业营业收入创造净利润的能力，营业净利率越高则获利能力越强
总资产报酬率	3.09%	总资产所取得的收益，比率越高则企业的资产利用效益越好
净资产收益率	3.24%	反映股东权益的净收益，比率越高则净利润越高，通常应高于同期银行存款利率
资本收益率	3.40%	反映投资者原始投资的收益率，比率越高则自有投资的经济效益越好，投资者风险越少

图 7-22

“资本收益率”反映了企业投资者原始投资的收益率。“资本收益率”越高，说明企业自有投资的经济效益越好，投资者的风险越小。

结果详见文件“07-02 比率分析法-计算”。

7.2 趋势分析法

“趋势分析法”又称为“水平分析法”，将企业连续若干会计年度的报表数据在不同年度间进行横向对比，确定不同年度间的差异额或差异率，以分析企业报表中各项目的变动情况及变动趋势。

比较时，可以用“绝对数比较”，也可以用“相对数比较”，“绝对数比较”分析报告期与基期各指标的绝对变化。“相对数比较”分析对比各指标之间的比例关系，以及各指标在整体中所占的相对比重，揭示企业财务状况和经营成果。进行比较时要对关键数据进行分析，以便了解财务变动的重要原因，判断财务状况的变化趋势是否有利于企业发展，并根据会计报表的历史数据测算企业未来财务状况和发展趋势。

下面举例说明“趋势分析法”在“成长能力”分析中的运用。

“成长能力”指企业未来的发展趋势与发展速度，例如企业资产规模、盈利能力、市场占有率、持续增长的能力等，反映了企业未来的发展前景。“成长能力”的分析指标主要包括“营业增长率”“主营利润增长率”和“净利润增长率”等。“成长能力”的分析通常要对两年及两年以上的数据进行比较，得出成长数据。

"成长能力"的分析步骤如下：

第一步：查看"成长能力分析"的内容。

打开文件"07-03 趋势分析法-原始"，如图 7-23 所示。

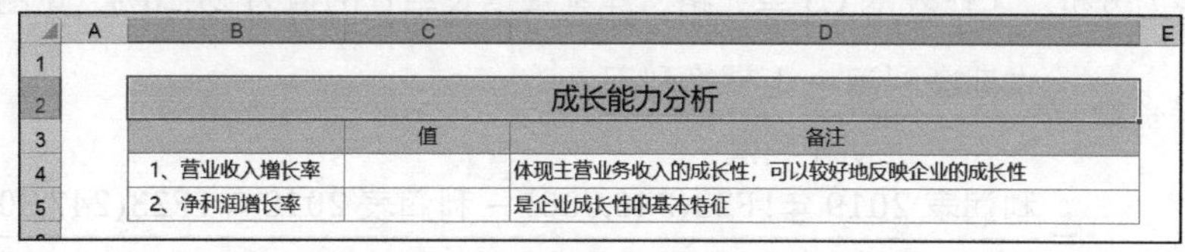

成长能力分析		
	值	备注
1、营业收入增长率		体现主营业务收入的成长性，可以较好地反映企业的成长性
2、净利润增长率		是企业成长性的基本特征

图 7-23

查看"利润表-2018 年"工作表。该"利润表"是本节实例使用的 S 企业"2018 年 利润表"。

查看"利润表-2019 年"工作表。该"利润表"是本节实例使用的 S 企业"2019 年 利润表"。

查看"成长能力分析"工作表。该工作表给出"营业增长率""主营利润增长率"和"净利润增长率"三项指标，以及指标的意义。

第二步：分析"营业收入增长率"。

"营业收入增长率"的公式为"营业收入增长率 $=\frac{\text{本期营业收入}-\text{上期营业收入}}{\text{上期营业收入}}$"，"本期营业收入"数据可在"2019 年 利润表"中找到，"上期营业收入"数据可在"2018 年 利润表"中找到。

在"成长能力分析"工作表的 C4 单元格（营业增长率）中输入"=("，单击"利润表-2019 年"工作表的 F7 单元格（本期营业收入），输入"-"，单击"利润表-2018 年"工作表的 F7 单元格（上期营业收入），输入")/"，单击"利润表-2019 年"工作表的 F7 单元格（本期营业收入），按 Enter 键，则"成长能力分析"工作表的 C4 单元格（营业增长率）的值为 17.50%（见图 7-24），即：

$$
\begin{aligned}
\text{营业收入增长率} &= \frac{\text{本期营业收入}-\text{上期营业收入}}{\text{上期营业收入}} \\
&= \frac{\text{利润表 2019 年!F7(2,000,000)}-\text{利润表 2018 年!F7(1,650,000)}}{\text{利润表 2019 年!F7(2,000,000)}} \\
&= 17.50\%
\end{aligned}
$$

C4 =(利润表-2019年!F7-利润表-2018年!F7)/利润表-2019年!F7

成长能力分析		
	值	备注
1、营业收入增长率	17.50%	体现主营业务收入的成长性，可以较好地反映企业的成长性
2、净利润增长率		是企业成长性的基本特征

图 7-24

"营业收入增长率"体现营业收入的成长性，可以较好地反映企业的成长性。具有成长性的企业多数营业突出，经营比较单一，因此"营业收入增长率"对于整个企业的发展状况具有代表性。"营业收入"的增长率高，表明企业产品的市场需求大，业务扩张能力强。

第三步：分析"净利润增长率"。

"净利润增长率"的公式为"净利润增长率 $=\frac{\text{本期净利润}-\text{上期净利润}}{\text{上期净利润}}$"，"本期净利润"数据可在"2019 年 利润表"中找到，"上期净利润"数据可在"2018 年 利润表"中找到。

在“成长能力分析”工作表的C5单元格（净利润增长率）中输入“=(”，单击“利润表-2019年”工作表的F21单元格（本期净利润），输入“-”，单击“利润表-2018年”工作表的F21单元格（上期净利润），输入“)/”，单击“利润表-2019年”工作表的F21单元格（本期净利润），按Enter键，则“成长能力分析”工作表的C5单元格（净利润增长率）的值为27.26%（见图7-25），即：

$$\text{净利润增长率} = \frac{\text{本期净利润} - \text{上期净利润}}{\text{上期净利润}}$$

$$= \frac{\text{利润表 2019 年!F23(340,000)} - \text{利润表 2018 年!F23(247,300)}}{\text{利润表 2019 年!F23(340,000)}}$$

$$= 27.26\%$$

C5 =(利润表-2019年!F21-利润表-2018年!F21)/利润表-2019年!F21

成长能力分析		
	值	备注
1、营业收入增长率	17.50%	体现主营业务收入的成长性，可以较好地反映企业的成长性
2、净利润增长率	27.26%	是企业成长性的基本特征

图7-25

“净利润”是企业经营业绩的最终结果，“净利润增长率”是企业成长性的基本特征，净利润增幅较大，表明企业经营业绩突出，市场竞争能力强。

结果详见文件“07-04 趋势分析法-计算”。

7.3 因素分析法

“因素分析法”依据分析指标与其影响因素的关系，从数量上确定各因素对分析指标影响的方向和影响的程度。“因素分析法”既可以全面分析各因素对某一经济指标的影响，又可以单独分析某个因素对经济指标的影响，在财务分析中应用颇为广泛。

运用“因素分析法”准确计算各个影响因素对分析指标的影响方向和影响程度，有利于企业进行事前计划、事中控制和事后监督，促进企业进行目标管理，提高企业经营管理水平。

下面举例说明“因素分析法”在“现金流量表”分析中的运用。

“现金流量表”的分析包括“现金收入结构分析”“现金支出结构分析”“现金净额比较分析”和“现金流入流出比例分析”等。分析步骤如下：

第一步：查看“现金流量表分析”的内容。

打开文件“07-05 因素分析法-原始”，如图7-26所示。

查看“现金流量表”工作表。该“现金流量表”是本节实例使用的S企业“2019年 现金流量表”。

查看“现金流量表分析”工作表。该工作表给出“现金收入结构分析”“现金支出结构分析”“现金净额比较分析”和“现金流入流出比例分析”4项内容及细分指标。

第二步：分析“现金收入结构”。

（1）“现金收入结构分析”的各项数据可在“现金流量表”中找到。

在“现金流量表分析”工作表的 D5 单元格（经营活动—销售商品、提供劳务收到的现金）中输入“=”，单击“现金流量表”工作表的 E8 单元格（经营活动—销售商品、提供劳务收到的现金），按 Enter 键，则“现金流量表分析”工作表的 D5 单元格（经营活动—销售商品、提供劳务收到的现金）的值为 500,000，即“经营活动—销售商品、提供劳务收到的现金”。

	A	B	C	D	E
1		现金流量表分析			
2		一、现金收入结构分析			
3				金额	占比
4		经营活动产生的现金流入			
5			销售商品、提供劳务收到的现金		
6			收到的税费返还		
7			收到的其他与经营活动有关的现金		
8		投资活动产生的现金流入			
9			收回投资所收到的现金		
10			取得投资收益的现金		
11			处置固定资产、无形资产、其他长期资产收到的现金		
12			其他与投资活动有关的现金		
13		筹资活动产生的现金流入			
14			吸收投资所收到的现金		
15			借款所收到的现金		
16			收到的其他与筹资活动有关的现金		
17		现金流入合计			
18					
19		二、现金支出结构分析			
20				金额	占比

图 7-26

对于 D6~D7 单元格、D9~D12 单元格、D14~D16 单元格，进行类似的操作，如图 7-27 所示。

	A	B	C	D	E
1		现金流量表分析			
2		一、现金收入结构分析			
3				金额	占比
4		经营活动产生的现金流入			
5			销售商品、提供劳务收到的现金	500,000	
6			收到的税费返还	0	
7			收到的其他与经营活动有关的现金	30,000	
8		投资活动产生的现金流入			
9			收回投资所收到的现金	0	
10			取得投资收益的现金	32,500	
11			处置固定资产、无形资产、其他长期资产收到的现金	0	
12			其他与投资活动有关的现金	0	
13		筹资活动产生的现金流入			
14			吸收投资所收到的现金	0	
15			借款所收到的现金	0	
16			收到的其他与筹资活动有关的现金	0	
17		现金流入合计			

图 7-27

（2）在“现金流量表分析”工作表的 D4 单元格（经营活动产生的现金流入）中输入“=SUM(D5:D7)”，则“经营活动产生的现金流入”细项求和为 530,000。

在“现金流量表分析”工作表的 D8 单元格（投资活动产生的现金流入）中输入“=SUM(D9:D12)”，则“投资活动产生的现金流入”细项求和为 32,500。

在“现金流量表分析”工作表的 D13 单元格（筹资活动产生的现金流入）中输入“=SUM(D14:D16)”，则“筹资活动产生的现金流入”细项求和为 0。

在“现金流量表分析”工作表的 D17 单元格（现金流入合计）中输入“=D4+D8+D13”，则“经营活动”“投资活动”和“筹资活动”产生的“现金流入”求和为 562,500，如图 7-28 所示。

（3）在“现金流量表分析”工作表的 E4 单元格（“经营活动产生的现金流入”在“现金流入合计中”的占比）中输入“=D4/D17”，则“经营活动产生的现金流入”在“现金流入合计中”的占比为 94.2%。

现金流量表分析		
一、现金收入结构分析		
	金额	占比
经营活动产生的现金流入	530,000	
销售商品、提供劳务收到的现金	500,000	
收到的税费返还	0	
收到的其他与经营活动有关的现金	30,000	
投资活动产生的现金流入	32,500	
收回投资所收到的现金	0	
取得投资收益的现金	32,500	
处置固定资产、无形资产、其他长期资产收到的现金	0	
其他与投资活动有关的现金	0	
筹资活动产生的现金流入	0	
吸收投资所收到的现金	0	
借款所收到的现金	0	
收到的其他与筹资活动有关的现金	0	
现金流入合计	562,500	

图 7-28

在“现金流量表分析”工作表的 E8 单元格（“投资活动产生的现金流入”在“现金流入合计中”的占比）中输入“=D8/D17”，则“投资活动产生的现金流入”在“现金流入合计中”的占比为 5.8%。

在“现金流量表分析”工作表的 E13 单元格（“筹资活动产生的现金流入”在“现金流入合计中”的占比）中输入“=D13/D17”，则“筹资活动产生的现金流入”在“现金流入合计中”的占比为 0%。

在“现金流量表分析”工作表的 E17 单元格中输入“=E4+E8+E13”，则 E17 单元格的值应固定为 100%，如图 7-29 所示。

现金流量表分析		
一、现金收入结构分析		
	金额	占比
经营活动产生的现金流入	530,000	94.2%
销售商品、提供劳务收到的现金	500,000	
收到的税费返还	0	
收到的其他与经营活动有关的现金	30,000	
投资活动产生的现金流入	32,500	5.8%
收回投资所收到的现金	0	
取得投资收益的现金	32,500	
处置固定资产、无形资产、其他长期资产收到的现金	0	
其他与投资活动有关的现金	0	
筹资活动产生的现金流入	0	0.0%
吸收投资所收到的现金	0	
借款所收到的现金	0	
收到的其他与筹资活动有关的现金	0	
现金流入合计	562,500	100.0%

图 7-29

“现金收入结构分析”反映企业经营活动、投资活动、筹资活动的现金流入，以及占总现金流入的比例。

第三步：分析“现金支出结构”。

“现金支出结构分析”的各项数据可在“现金流量表”中找到。

“现金支出结构分析”的各项数据输入与“现金收入结构分析”进行类似的操作，如图 7-30 所示。

	A	B	C	D	E
18					
19		二、现金支出结构分析			
20				金额	占比
21		经营活动产生的现金流出		1,163,000	67.1%
22			购买商品、接受劳务支付的现金	700,000	
23			支付给职工以及为职工支付的现金	300,000	
24			支付的各项税费	110,000	
25			支付的其他与经营活动有关的现金	53,000	
26		投资活动产生的现金流出		570,610	32.9%
27			购建固定资产、无形资产、其他长期资产支付的现金	0	
28			用于投资所支付的现金	570,610	
29			支付与其他投资活动有关的现金	0	
30		筹资活动产生的现金流出		0	0.0%
31			偿还债务所支付的现金	0	
32			分配股利、利润、偿付利息所支付的现金	0	
33			支付的其他与筹资活动有关的现金	0	
34		现金流出合计		1,733,610	100.0%

图 7-30

“现金支出结构分析”反映企业经营活动、投资活动、筹资活动的现金流出，以及其占总现金流出的比例。

第四步：分析“现金净额比较”。

(1) 在“现金流量表分析”工作表的 D38 单元格（经营活动产生的现金流量净额）中输入“=”，单击“现金流量表”工作表的 E17 单元格（经营活动产生的现金流量净额），按 Enter 键，则“现金流量表分析”工作表的 D38 单元格（经营活动产生的现金流量净额）的值为-633,000，即“经营活动产生的现金流量净额”。

对于 D39 单元格（投资活动产生的现金流量净额）、D40 单元格（筹资活动产生的现金流量净额）进行类似的操作。

(2) 在“现金流量表分析”工作表的 D41 单元格（现金流量净额合计）中输入“=SUM(D38:D40)”，则“经营活动、投资活动以及筹资活动的现金流入的现金流量净额合计”为-1,171,000，如图 7-31 所示。

	A	B	C	D	E
35					
36		三、现金净额比较分析			
37				金额	占比
38		经营活动产生的现金流量净额		-633,000	
39		投资活动产生的现金流量净额		-538,110	
40		筹资活动产生的现金流量净额		0	
41		现金流量净额合计		-1,171,110	

图 7-31

(3) 在“现金流量表分析”工作表的 E38 单元格（“经营活动产生的现金流量净额”在“现金流量净额合计”中的占比）中输入“=D38/D41”。

在“现金流量表分析”工作表的 E39 单元格（“投资活动产生的现金流量净额”在“现金流量净额合计”中的占比）中输入“=D39/D41”。

在“现金流量表分析”工作表的 E40 单元格（“筹资活动产生的现金流量净额”在“现金流量净额合计”中的占比）中输入“=D40/D41”。

在“现金流量表分析”工作表的 E41 单元格中输入“=E38+E39+E40”，E41 单元格的值应固定为 100%，如图 7-32 所示。

	B	C	D	E
35				
36	三、现金净额比较分析			
37			金额	占比
38	经营活动产生的现金流量净额		-633,000	54.1%
39	投资活动产生的现金流量净额		-538,110	45.9%
40	筹资活动产生的现金流量净额		0	0.0%
41	现金流量净额合计		-1,171,110	100.0%

图 7-32

“现金净额比较分析”反映企业现金余额的构成结构。

由于本例中的“现金流净额”为负值，因此计算“现金流量净额”在“现金流量净额合计”中的占比无意义。

第五步：分析“现金流入流出比例”。

在“现金流量表分析”工作表的 E45 单元格（经营活动流入与流出之比）中输入“=D4/D21”，则“经营活动流入与流出之比”为 45.6%。

在“现金流量表分析”工作表的 E46 单元格（投资活动流入与流出之比）中输入“=D8/D26”，则“投资活动流入与流出之比”为 5.7%。

在“现金流量表分析”工作表的 E47 单元格（筹资活动流入与流出之比）中输入“=D13/D30”，则“筹资活动流入与流出之比”显示为“#DIV/0!”，这是因为“筹资活动产生的现金流出”为 0，公式计算报错，如图 7-33 所示。

	B	C	D	E
42				
43	四、现金流入流出比例分析			
44				比例
45	经营活动流入与流出之比			45.6%
46	投资活动流入与流出之比			5.7%
47	筹资活动流入与流出之比			#DIV/0!

图 7-33

“现金流入流出比例分析”是在“现金收入结构分析”和“现金支出结构分析”的基础上，综合分析企业现金收入和现金支出的比例关系。

结果详见文件“07-06 因素分析法-计算”。

7.4 杜邦分析

“杜邦分析法”利用财务比率之间的关系，综合分析企业财务状况，评价企业赢利能力、股东权益回报水平、企业绩效等内容。这种分析方法最早由美国杜邦企业使用，故称为“杜邦分析法”。

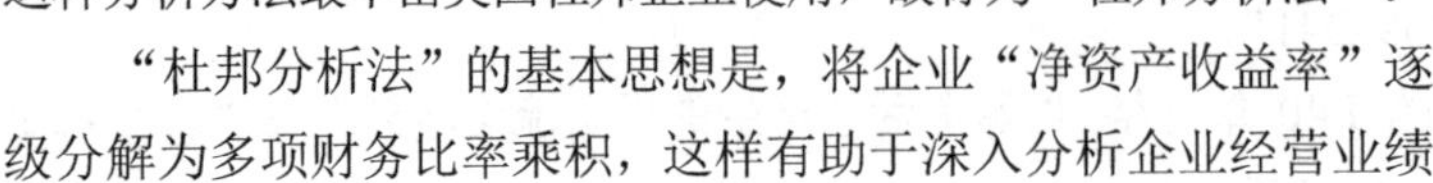

“杜邦分析法”的基本思想是，将企业“净资产收益率”逐级分解为多项财务比率乘积，这样有助于深入分析企业经营业绩。“杜邦分析”以“净资产收益率”为核心财务指标，通过财务指针的内在联系，系统、综合地分析企业的盈利水平，具有鲜明的层次结构。

“杜邦分析”的分析步骤如下：

第一步：查看“杜邦分析”的结构层次。

打开文件“07-07 杜邦分析-原始”，如图 7-34 所示。

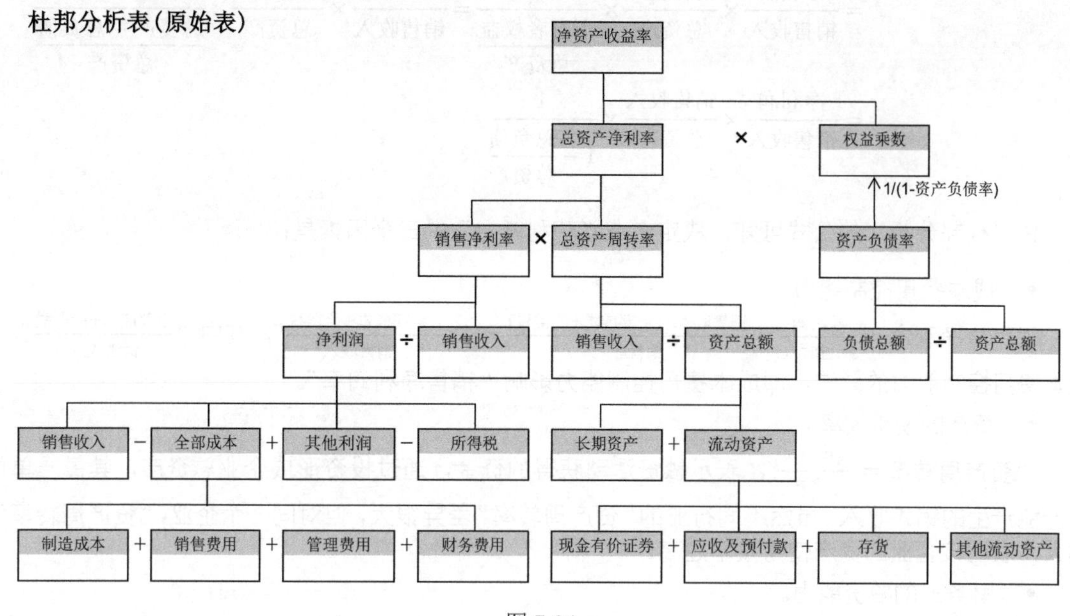

图 7-34

查看“资产负债表”工作表。该“资产负债表”是本节实例使用的 S 企业“2019 年 资产负债表”。

查看“利润表”工作表。该“利润表”是本节实例使用的 S 企业“2019 年 利润表”。

查看“现金流量表”工作表。该“现金流量表”是本节实例使用的 S 企业“2019 年 现金流量表”。

查看“杜邦分析”工作表。该工作表给出“杜邦分析”的结构。

由“杜邦分析”的结构图可知：

- “净资产收益率”是综合性最强的财务分析指标，是“杜邦分析”系统的核心。
- “总资产净利率”是影响“净资产收益率”的重要指标之一，“总资产净利率”取决于“销售净利率”和“总资产周转率”。

  “总资产周转率”反映总资产的周转速度。“总资产周转率”的分析依赖于影响总资产周转的各因素，以判断影响企业总资产周转的主要问题在哪里。

  “销售净利率”反映销售收入的收益水平。扩大销售收入、降低成本费用是提高“销售净利率”的根本途径，而扩大销售也是提高“资产周转率”的必要条件和途径。
- “权益乘数”表示企业的负债程度，反映企业财务杠杆的利用程度。“资产负债率”高，“权益乘数”就大，说明企业负债程度高，企业收获较多杠杆利益的同时风险提高。反之，“资产负债率”低，“权益乘数”就小，企业负债程度低，企业的杠杆利益较小，但相应承担的风险也较低。

将公式“净资产收益率 $=\frac{\text{总资产净利润}}{\text{所有者权益平均值}}$”简化为“净资产收益率 $=\frac{\text{总资产净利润}}{\text{所有者权益}}$”，则由图 7-34 可知，“杜邦分析”的公式为：

$$\text{净资产收益率}=\frac{\text{净利润}}{\text{所有者权益}}=\frac{\text{净利润}}{\text{总资产}}\times\frac{\text{总资产}}{\text{所有者权益}}=\frac{\text{净利润}}{\text{销售收入}}\times\frac{\text{销售收入}}{\text{总资产}}\times\frac{\text{总资产}}{\text{所有者权益}}$$
$$=\frac{\text{净利润}}{\text{销售收入}}\times\frac{\text{销售收入}}{\text{总资产}}\times\frac{1}{\frac{\text{所有者权益}}{\text{总资产}}}=\frac{\text{净利润}}{\text{销售收入}}\times\frac{\text{销售收入}}{\text{总资产}}\times\frac{1}{\frac{\text{总资产}-\text{总负债}}{\text{总资产}}}$$
$$=\frac{\text{净利润}}{\text{销售收入}}\times\frac{\text{销售收入}}{\text{总资产}}\times\frac{1}{1-\frac{\text{总负债}}{\text{总资产}}}$$

由“杜邦分析”的公式可知，决定企业“获利能力”的三个因素是：

- 成本费用控制能力。

“$\text{销售净利率}=\frac{\text{净利润}}{\text{销售收入}}=\frac{\text{销售收入}-(\text{全部成本}+\text{所得税})}{\text{销售收入}}=1-\frac{\text{全部成本}+\text{所得税}}{\text{销售收入}}$”，其中“$\frac{\text{全部成本}+\text{所得税}}{\text{销售收入}}$”受成本费用控制能力的影响，即成本费用控制能力影响“销售净利润率”。

- 资产的使用效率。

“$\text{资产周转率}=\frac{\text{销售收入}}{\text{总资产}}$”，表示融资活动获得的资金，通过投资形成企业总资产，其每一单位资产能产生的销售收入。虽然不同行业的“资产周转率”差异很大，但对同一个企业，“资产周转率”越大，表明该企业的资产使用效率越高。

- 财务上的融资能力。

“$\text{权益乘数}=\frac{1}{1-\frac{\text{总负债}}{\text{总资产}}}=\frac{\text{总资产}}{\text{总资产}-\text{总负债}}=\frac{\text{总资产}}{\text{所有者权益}}$”。“权益乘数”表示股东每投入一个单位的资金，企业能借到的资金单位数。例如“权益乘数”为“4”，表示股东每投入一个单位的资金，企业就能用到 4 个单位的资金。“权益乘数”越大，则“资产负债率”越高，企业的债务融资能力越强。

第二步：输入“杜邦分析”的“底层资料－1 区”。

（1）在文件“07-07 杜邦分析-原始”的“杜邦分析表”工作表中，需输入的底层资料（实线粗框线内）如图 7-35 所示。这些数据可在“资产负债表”和“利润表”中找到。

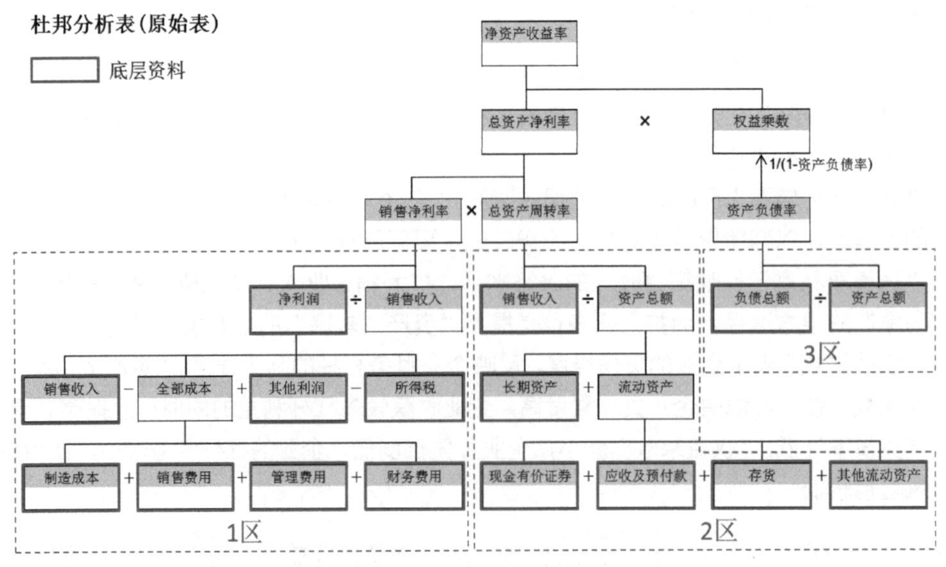

图 7-35

上层资料（无实线粗框线）将根据“杜邦分析表”的结构层次输入公式并完成计算。

（2）将“杜邦分析”工作表重命名为“S 企业杜邦分析结果”。

（3）将“S 企业杜邦分析结果”工作表的 B2 单元格数据“杜邦分析表(原始表)”改写为“S 企业杜邦分析结果”。

（4）在“S 企业杜邦分析结果”工作表的 B24 单元格（制造成本）中输入“=”，单击“利润表”工作表 F8 单元格（营业成本），输入“+”，单击“利润表”工作表 F9 单元格（营业税金及附加），按 Enter 键，则“S 企业杜邦分析结果”工作表的 B24 单元格（制造成本）的值为 1,290,000，即：

$$\text{制造成本} = \text{营业成本} + \text{营业税金及附加} = \text{利润表!F8}(1{,}200{,}000) + \text{利润表!F9}(90{,}000) = 1{,}290{,}000$$

（5）在“S 企业杜邦分析结果”工作表的 D24 单元格（销售费用）中输入“=”，单击“利润表”工作表 F10 单元格（营销费用），按 Enter 键，则“S 企业杜邦分析结果”工作表的 D24 单元格（销售费用）的值为 120,000，即：

$$\text{销售费用} = \text{营销费用} = \text{利润表!F12}(120{,}000) = 120{,}000$$

（6）在“S 企业杜邦分析结果”工作表的 F24 单元格（管理费用）中输入“=”，单击“利润表”工作表的 F11 单元格（管理费用），按 Enter 键，则“S 企业杜邦分析结果”工作表的 F24 单元格（管理费用）的值为 170,000，即：

$$\text{管理费用} = \text{利润表!F13}(170{,}000) = 170{,}000$$

（7）在“S 企业杜邦分析结果”工作表的 H24 单元格（财务费用）中输入“=”，单击“利润表”工作表的 F12 单元格（财务费用），按 Enter 键，则“S 企业杜邦分析结果”工作表的 H24 单元格（财务费用）的值为 60,000，即：

$$\text{财务费用} = \text{利润表!F14}(60{,}000) = 60{,}000$$

（8）在“S 企业杜邦分析结果”工作表的 B20 单元格（销售收入）中输入“=”，单击“利润表”工作表 F7 单元格（营业收入），按 Enter 键，则“S 企业杜邦分析结果”工作表的 B20 单元格（销售收入）的值为 2,000,000。

（9）在“S 企业杜邦分析结果”工作表的 F20 单元格（其他的利润）中输入“=”，单击“利润表”工作表 F13 单元格（公允价值变动净收益），输入“+”，单击“利润表”工作表 F14 单元格（投资收益），输入“+”，单击“利润表”工作表 F16 单元格（营业外收入），输入“-”，单击“利润表”工作表 F17 单元格（营业外支出），按 Enter 键，则“S 企业杜邦分析结果”工作表的 F20 单元格（其他的利润）的值为 90,000，即：

$$\begin{aligned}\text{其他的利润} &= \text{公允价值变动净收益} + \text{投资收益} + \text{营业外收入} - \text{营业外支出} \\ &= \text{利润表!F1340, 000} + \text{利润表!F1432, 500} + \text{利润表!F1640, 000} - \text{利润表!F1722, 500} \\ &= 90,000\end{aligned}$$

（10）在“S 企业杜邦分析结果”工作表的 H20 单元格（所得税）中输入“=”，单击“利润表”工作表的 F19 单元格（所得税），按 Enter 键，则“S 企业杜邦分析结果”工作表的 H20 单元格（所得税）的值为 110,000，即：

$$\text{所得税} = \text{利润表!F19}（110{,}000） = 110{,}000$$

（11）“S 企业杜邦分析结果”工作表的 H16 单元格（销售收入）的设置与 B20 单元格（销售收入）进行相同的操作。

“底层数据—1 区”的数据输入完成，如图 7-36 所示。

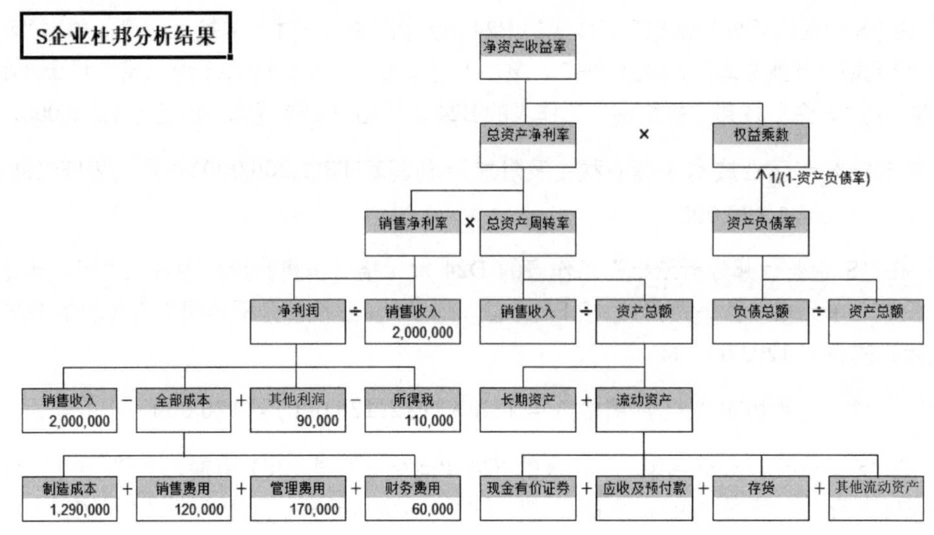

图 7-36

第三步：输入“杜邦分析”的“底层资料—2 区”。

（1）在“S 企业杜邦分析结果”工作表的 J24 单元格（现金有价证券）中输入“=”，单击“资产负债表”工作表 G8 单元格（现金），输入“+”，单击“资产负债表”工作表 G9 单元格（银行存款），输入“+”，单击“资产负债表”工作表 G10 单元格（短期投资），按 Enter 键，则“S 企业杜邦分析结果”工作表的 J24 单元格（现金有价证券）的值为 1,641,490，即：

$$
\begin{aligned}
\text{现金有价证券} &= \text{现金} + \text{银行存款} + \text{短期投资} \\
&= \text{资产负债表!G8(3,364)} + \text{资产负债表!G9(1,638,126)} + \text{资产负债表!G10(0)} \\
&= 1{,}641{,}490
\end{aligned}
$$

（2）在“S 企业杜邦分析结果”工作表的 L24 单元格（应收及预付账款）中输入“=”，单击“资产负债表”工作表的 G11 单元格（应收票据），输入“+”，单击“资产负债表”工作表的 G12 单元格（应收股利），输入“+”，单击“资产负债表”工作表的 G13 单元格（应收利息），输入“+”，单击“资产负债表”工作表的 G14 单元格（应收账款），输入“+”，单击“资产负债表”工作表的 G15 单元格（其他应收款），输入“+”，单击“资产负债表”工作表的 G16 单元格（预付账款），输入“+”，单击“资产负债表”工作表的 G17 单元格（应收补贴款），按 Enter 键，则“S 企业杜邦分析结果”工作表的 L24 单元格（应收及预付账款）的值为 1,498,400，即：

$$
\begin{aligned}
\text{应收及预付账款} &= \text{应收票据}+\text{应收股利}+\text{应收利息}+\text{应收账款}+\text{其他应收款}+\text{预付账款}+\text{应收补贴款} \\
&= \text{资产负债表!G11(92,000)}+\text{资产负债表!G12(0)}+\text{资产负债表!G13(0)}+\text{资产负债表!G14(1,196,400)}+ \\
&\quad \text{资产负债表!G15(10,000)}+\text{资产负债表!G16(200,000)}+\text{资产负债表!G17(0)} \\
&= 1{,}498{,}400
\end{aligned}
$$

（3）在“S 企业杜邦分析结果”工作表的 N24 单元格（存货）中输入“=”，单击“资产负债表”工作表的 G18 单元格（库存商品），按 Enter 键，则“S 企业杜邦分析结果”工作表的 N24 单元格（存货）的值为 5,149,400，即：

$$存货 = 库存商品 = 资产负债表!G18(5,149,400) = 5,149,400$$

（4）在“S 企业杜邦分析结果”工作表的 P24 单元格（其他流动资产）中输入“=”，单击“资产负债表”工作表的 G19 单元格（待摊费用），输入“+”，单击“资产负债表”工作表的 G20 单元格（一年内到期的长期债券投资），输入“+”，单击“资产负债表”工作表的 G21 单元格（其他流动资产），按 Enter 键，则“S 企业杜邦分析结果”工作表的 P24 单元格（其他流动资产）的值为“0”，即：

$$\begin{aligned}其他流动资产 &= 待摊费用 + 一年内到期的长期债券投资 + 其他流动资产 \\ &= 资产负债表!G19(0) + 资产负债表!G20(0) + 资产负债表!G21(0) = 0。\end{aligned}$$

（5）在“S 企业杜邦分析结果”工作表的 J20 单元格（长期资产）中输入“=”，单击“资产负债表”工作表的 G26 单元格（长期投资合计），输入“+”，单击“资产负债表”工作表的 G35 单元格（固定资产合计），输入“+”，单击“资产负债表”工作表的 G40 单元格（无形资产及其他资产合计），输入“+”，单击“资产负债表”工作表的 G43 单元格（递延税项合计），按 Enter 键，则“S 企业杜邦分析结果”工作表的 J20 单元格（长期资产）的值为 7,898,000，即：

$$\begin{aligned}长期资产 &= 长期投资合计 + 固定资产合计 + 无形资产及其他资产合計 + 递延税项合计 \\ &= 资产负债表!G26(500,000) + 资产负债表!G35(5,918,000) \\ &\quad + 资产负债表!G40（1,480,000） + 资产负债表!G43（0） = 7,898,000\end{aligned}$$

（6）“S 企业杜邦分析结果”工作表的 J16 单元格（销售收入）的设置，与 B20 单元格（销售收入）做相同的操作。

“底层数据－2 区”的数据输入完成，如图 7-37 所示。

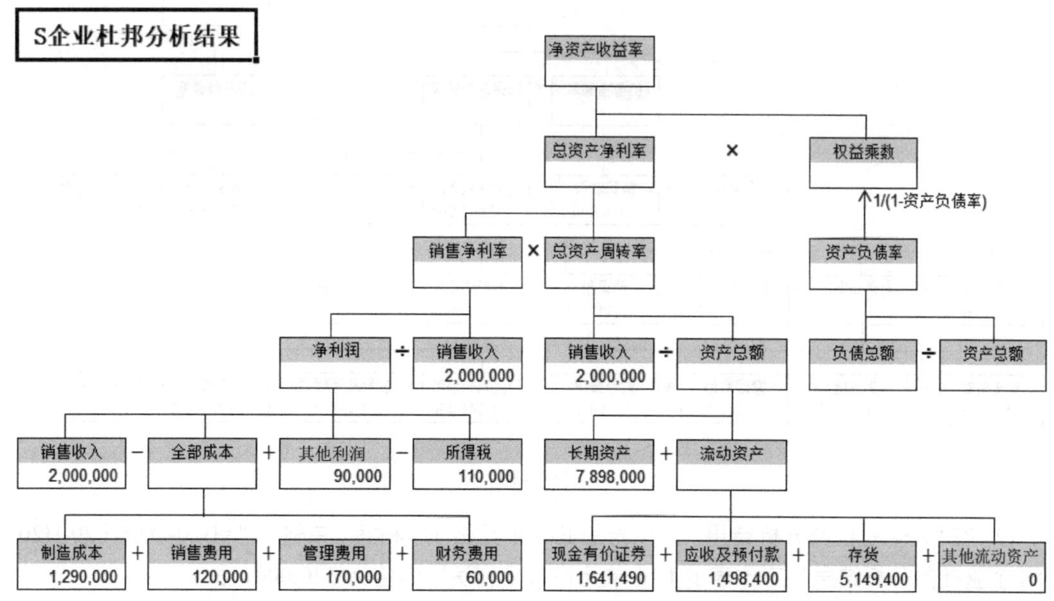

图 7-37

第四步：输入“杜邦分析”的“底层资料－3 区”。

(1) 在“S 企业杜邦分析结果”工作表的 N16 单元格（负债总额）中输入“=”，单击“资产负债表”工作表的 N33 单元格（负债合计），按 Enter 键，则“S 企业杜邦分析结果”工作表的 N16 单元格（负债总额）的值为 5,475,919，即：

负债总额 = 负债合计 = 资产负债表! N33（5,475,919） = 5,475,919

(2) 在“S 企业杜邦分析结果”工作表的 P16 单元格（资产总额）中输入“=”，单击“资产负债表”工作表 G44 单元格（资产合计），按 Enter 键，则“S 企业杜邦分析结果”工作表的 P16 单元格（资产总额）的值为 16,187,290，即：

资产总额 = 资产合计 = 资产负债表! G44（16,187,290） = 16,187,290

“底层数据－3 区”的数据输入完成，如图 7-38 所示。

第五步：输入“杜邦分析”的“上层资料”。

(1) 在“S 企业杜邦分析结果”工作表的 D20 单元格（全部成本）中输入“= B24+D24+F24+H24”，则“S 企业杜邦分析结果”工作表的 D20 单元格（全部成本）的值为 1,640,000，即：

全部成本 = 制造成本 + 销售费用 + 管理费用 + 财务费用
= B24(1,290,000) + D24(120,000) + F24(170,000) + H24(60,000)
= 1,640,000

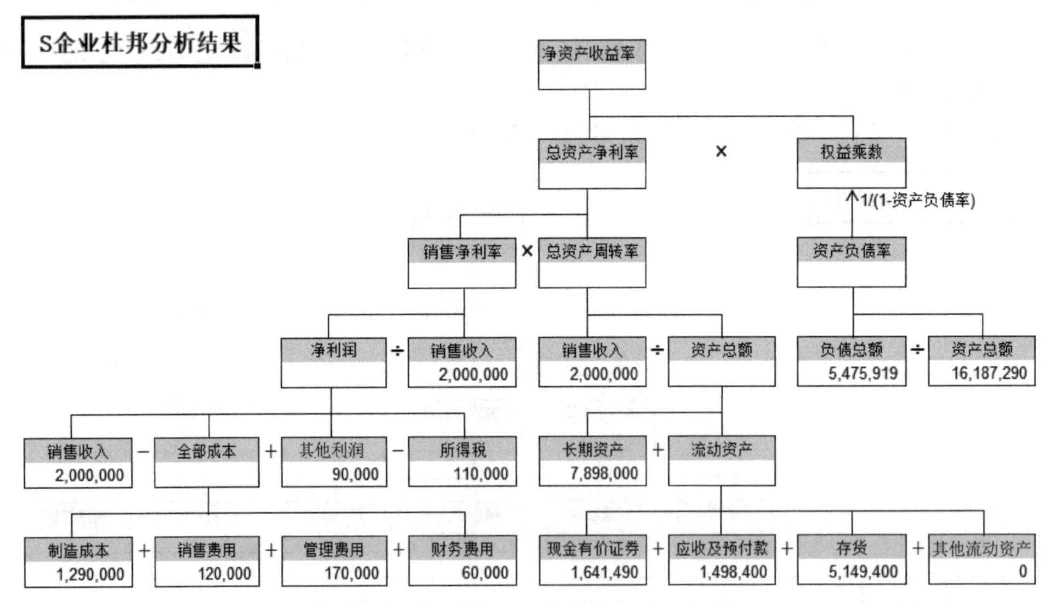

图 7-38

(2) 在“S 企业杜邦分析结果”工作表的 F16 单元格（净利润）中输入“=B20-D20+F20-H20”，则“S 企业杜邦分析结果”工作表的 F16 单元格（净利润）的值为 340,000，即：

净利润 = 销售收入 − 全部成本 + 其他利润 − 所得税
= B20(2,050,000) − D20(1,640,000) + F20(40,000) − H20(110,000)
= 340,000

（3）在“S企业杜邦分析结果”工作表的H12单元格（销售净利率）中输入“=F16/H16”，则“S企业杜邦分析结果”工作表的H12单元格（销售净利率）的值为17.00%，即：

$$销售净利率=\frac{净利润}{销售收入}=\frac{F16（340,000）}{H16（2,000,000）}=17\%$$

（4）在“S企业杜邦分析结果”工作表的L20单元格（流动资产）中输入“=J24+L24+N24+P24”，则“S企业杜邦分析结果”工作表的L20单元格（流动资产）的值为8,289,290，即：

$$\begin{aligned}流动资产&=现金有价证券+应收及预付账款+存货+其他的流动资产\\&=J24(1,641,490)+L24(1,498,400)+N24(5,149,400)+P24(0)\\&=8,289,290\end{aligned}$$

（5）在“S企业杜邦分析结果”工作表的L16单元格（资产总额）中输入“=J20+L20”，则“S企业杜邦分析结果”工作表的L16单元格（资产总额）的值为16,187,290，即：

$$资产总额=长期资产+流动资产=J20(7,898,000)+L20(8,289,290)=16,187,290$$

（6）在“S企业杜邦分析结果”工作表的J12单元格（总资产周转率）中输入“=J16/L16”，则“S企业杜邦分析结果”工作表的J12单元格（总资产周转率）的值为12.36%，即：

$$总资产周转率=销售收入\div资产总额=J16(2,000,000)\div L16(16,187,290)=12.36\%$$

（7）在“S企业杜邦分析结果”工作表的J8单元格（总资产净利率）中输入“=H12*J12”，则“S企业杜邦分析结果”工作表的J8单元格（总资产净利率）的值为2.10%，即：

$$总资产净利率=销售净利率\times总资产周转率=H12（17\%）\times J12（12.36\%）=2.10\%$$

（8）在“S企业杜邦分析结果”工作表的N12单元格（资产负债率）中输入“=N16/P16”，则“S企业杜邦分析结果”工作表的N12单元格（资产负债率）的值为33.83%，即：

$$资产负债率=\frac{负债总额}{资产总额}=\frac{N16（5,475,919）}{P16（16,187,290）}=33.83\%$$

（9）在“S企业杜邦分析结果”工作表的N8单元格（权益乘数）中输入“=1/(1-N12)”，则“S企业杜邦分析结果”工作表的N8单元格（权益乘数）的值为1.51，即：

$$权益乘数=\frac{1}{1-资产负债率}=\frac{1}{1-N12（33.83\%）}=1.51$$

（10）在“S企业杜邦分析结果”工作表的J4单元格（净资产收益率）中输入“=J8*N8”，则“S企业杜邦分析结果”工作表的J4单元格（净资产收益率）的值为3.17%，即：

$$净资产收益率=总资产净利率\times权益乘数=J8（2.10\%）\times N8（1.51）=3.17\%$$

“杜邦分析”结果如图7-39所示。

结果详见文件“07-08 杜邦分析-计算”。

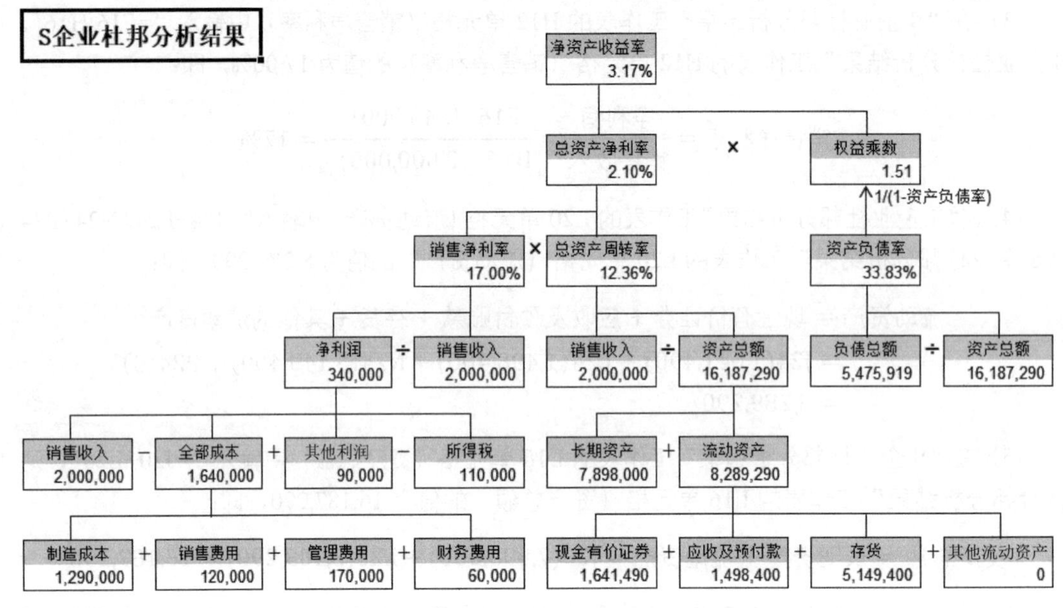

图 7-39

第六步：检验“净资产收益率”的计算结果。

（1）打开文件“07-02 比率分析法-计算”的“盈利能力分析”工作表。

C7 单元格“净资产收益率”的计算结果为 3.24%，如图 7-40 所示。

	A	B	C	D
1				
2		盈利能力分析表		
3			值	备注
4		营业毛利率	40.00%	反映企业的基本盈利能力，毛利率越高，主营业务的获利能力越强
5		营业净利率	17.00%	反映企业营业收入创造净利润的能力，营业净利率越高则获利能力越强
6		总资产报酬率	3.09%	总资产所取得的收益，比率越高则企业的资产利用效益越好
7		净资产收益率	3.24%	反映股东权益的净收益，比率越高则净利润越高，通常应高于同期银行存款利率
8		资本收益率	3.40%	反映投资者原始投资的收益率，比率越高则自有投资的经济效益越好，投资者风险越少

图 7-40

（2）打开文件“07-08 杜邦分析-计算”的“S 企业杜邦分析结果”工作表。

J4 单元格“净资产收益率”的计算结果为 3.17%。

3.24%和 3.17%有差异，这是因为“盈利能力分析”的“净资产收益率”公式取用了“所有者权益平均值”，而“杜邦分析”的“净资产收益率”公式取用了“所有者权益”的期末值。

第七步：编制同行业中 S 企业和 X 企业的“杜邦分析”比较数据。

（1）打开文件“07-09 杜邦比较-原始”。

查看“S 企业杜邦分析结果”工作表。“S 企业杜邦分析结果”即上一步骤的分析结果。

查看“X 企业杜邦分析结果”工作表。X 企业是行业中“净资产收益率”表现较优秀的企业。

查看“S 企业与 X 企业的比较”工作表，如图 7-41 所示。该表格将 S 企业和 X 企业的同期数据进行对比分析。

为了更好地体现比较结果，对杜邦分析表中的部分数据进行处理，去除不必要的比较数据，并将部分数据取其与销售收入的比较值，之后再进行企业之间的比较。

在比较表格中，蓝底色项目（已存在数据的部分）直接取用了“S 企业杜邦分析结果”工作表和“X 企业杜邦分析结果”工作表的数据。粉底色项目则在计算后进行比较。

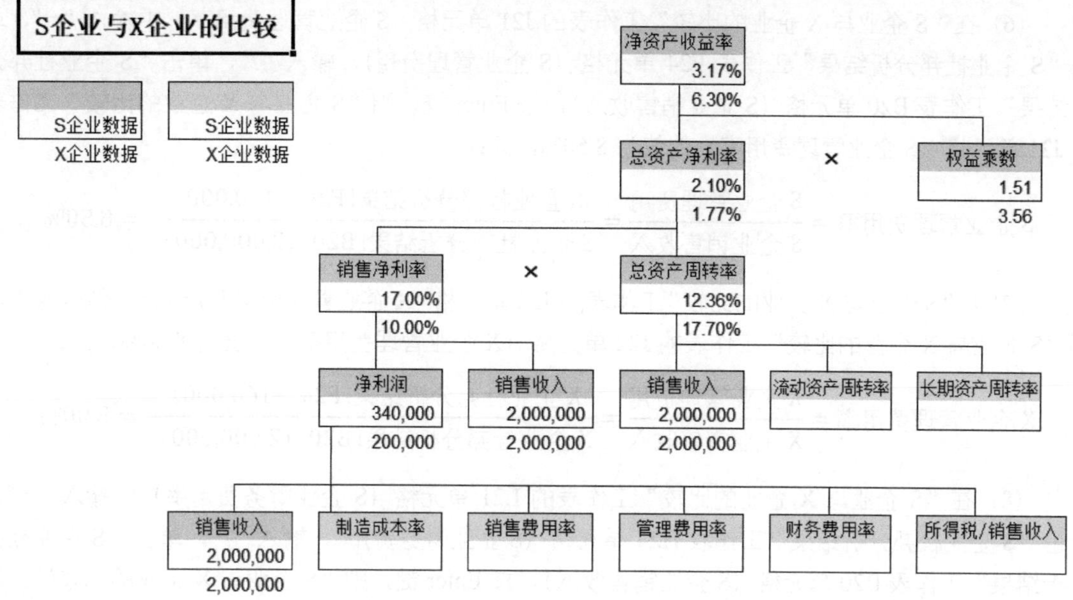

图 7-41

（2）在“S 企业与 X 企业的比较”工作表的 F21 单元格（S 企业制造成本率）中输入“=”，单击“S 企业杜邦分析结果”工作表 B24 单元格（S 企业制造成本），输入“/”，单击“S 企业杜邦分析结果”工作表 B20 单元格（S 企业销售收入），按 Enter 键，则“S 企业与 X 企业的比较”工作表的 F21 单元格（S 企业制造成本率）的值为 64.50%，即：

$$\text{S 企业制造成本率} = \frac{\text{S 企业制造成本}}{\text{S 企业销售收入}} = \frac{\text{S 企业杜邦分析结果!B24（1,290,000）}}{\text{S 企业杜邦分析结果!B20（2,000,000）}} = 64.50\%$$

（3）对“S 企业与 X 企业的比较”工作表的 F22 单元格（X 企业制造成本率）进行类似的操作，则“S 企业与 X 企业的比较”工作表的 F22 单元格（X 企业制造成本率）的值为 65.50%，即：

$$\text{X 企业制造成本率} = \frac{\text{X 企业制造成本}}{\text{X 企业销售收入}} = \frac{\text{X 企业杜邦分析结果!B24（1,310,000）}}{\text{X 企业杜邦分析结果!B20（2,000,000）}} = 65.50\%$$

（4）在“S 企业与 X 企业的比较”工作表的 H21 单元格（S 企业销售费用率）中输入“=”，单击“S 企业杜邦分析结果”工作表 D24 单元格（S 企业销售费用），输入“/”，单击“S 企业杜邦分析结果”工作表 B20 单元格（S 企业销售收入），按 Enter 键，则“S 企业与 X 企业的比较”工作表的 H21 单元格（S 企业销售费用率）的值为 6.00%，即：

$$\text{S 企业销售费用率} = \frac{\text{S 企业销售费用}}{\text{S 企业销售收入}} = \frac{\text{S 企业杜邦分析结果!D24（120,000）}}{\text{S 企业杜邦分析结果!B20（2,000,000）}} = 6.00\%$$

（5）对“S 企业与 X 企业的比较”工作表的 H22 单元格（X 企业销售费用率）进行类似的操作，则“S 企业与 X 企业的比较”工作表的 H22 单元格（X 企业销售费用率）的值为 6.50%，即：

$$\text{X企业销售费用率}=\frac{\text{X企业销售费用}}{\text{X企业销售收入}}=\frac{\text{X企业销售费用结果!D24（130,000）}}{\text{X企业销售费用结果!B20（2,000,000）}}=6.50\%$$

（6）在“S企业与X企业的比较”工作表的J21单元格（S企业管理费用率）中输入“=”，单击“S企业杜邦分析结果”工作表F24单元格（S企业管理费用），输入“/”，单击“S企业杜邦分析结果”工作表B20单元格（S企业销售收入），按Enter键，则“S企业与X企业的比较”工作表的J21单元格（S企业管理费用率）的值为8.50%，即：

$$\text{S企业管理费用率}=\frac{\text{S企业管理费用}}{\text{S企业销售收入}}=\frac{\text{S企业杜邦分析结果!F24（170,000）}}{\text{S企业杜邦分析结果!B20（2,000,000）}}=8.50\%$$

（7）对“S企业与X企业的比较”工作表的J22单元格（X企业管理费用率）进行类似的操作，则“S企业与X企业的比较”工作表的J22单元格（X企业管理费用率）的值为8.00%，即：

$$\text{X企业管理费用率}=\frac{\text{X企业管理费用}}{\text{X企业销售收入}}=\frac{\text{X企业杜邦分析结果!F24（160,000）}}{\text{X企业杜邦分析结果!B20（2,000,000）}}=8.00\%$$

（8）在“S企业与X企业的比较”工作表的L21单元格（S企业财务费用率）中输入“=”，单击“S企业杜邦分析结果”工作表H24单元格（S企业财务费用），输入“/”，单击“S企业杜邦分析结果”工作表B20单元格（S企业销售收入），按Enter键，则“S企业与X企业的比较”工作表的L21单元格（S企业财务费用率）的值为3.00%，即：

$$\text{S企业财务费用率}=\frac{\text{S企业财务费用}}{\text{S企业销售收入}}=\frac{\text{S企业杜邦分析结果!H24（60,000）}}{\text{S企业杜邦分析结果!B20（2,000,000）}}=3.00\%$$

（9）对“S企业与X企业的比较”工作表的L22单元格（X企业财务费用率）进行类似的操作，则“S企业与X企业的比较”工作表的L22单元格（X企业财务费用率）的值为7.50%，即：

$$\text{X企业财务费用率}=\frac{\text{X企业财务费用}}{\text{X企业销售收入}}=\frac{\text{X企业杜邦分析结果!H24（150,000）}}{\text{X企业杜邦分析结果!B20（2,000,000）}}=7.50\%$$

（10）在“S企业与X企业的比较”工作表的N21单元格（S企业所得税/销售收入）中输入“=”，单击“S企业杜邦分析结果”工作表H20单元格（S企业所得税），输入“/”，单击“S企业杜邦分析结果”工作表B20单元格（S企业销售收入），按Enter键，则“S企业与X企业的比较”工作表的N21单元格（S企业所得税/销售收入）的值为5.50%，即：

$$\text{S企业所得税/销售收入}=\frac{\text{S企业所得税}}{\text{S企业销售收入}}=\frac{\text{S企业杜邦分析结果!H20（110,000）}}{\text{S企业杜邦分析结果!B20（2,000,000）}}=5.50\%$$

（11）对"S企业与X企业的比较"工作表的N22单元格（X企业所得税/销售收入）进行类似的操作，则“S企业与X企业的比较”工作表的N22单元格（X企业所得税/销售收入）的值为3.25%，即：

$$\text{X企业所得税/销售收入}=\frac{\text{X企业所得税}}{\text{X企业销售收入}}=\frac{\text{X企业杜邦分析结果!H20(65,000)}}{\text{X企业杜邦分析结果!B20(2,000,000)}}=3.25\%$$

（12）在“S企业与X企业的比较”工作表的L16单元格（S企业流动资产周转率）中输入“=”，单击“S企业杜邦分析结果”工作表B20单元格（S企业销售收入），输入“/”，单击“S企业杜邦分析结果”工作表L20单元格（S企业流动资产），按Enter键，则“S企业与X企业的比较”工作

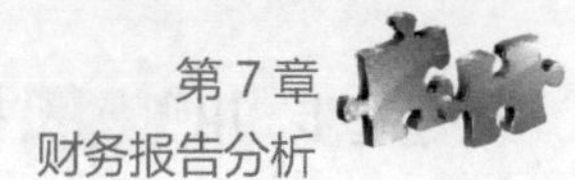

表的 L16 单元格（S 企业流动资产周转率）的值为 24.13%，即：

$$\text{S 企业流动资产周转率} = \frac{\text{S 企业销售收入}}{\text{S 企业流动资产}} = \frac{\text{S 企业杜邦分析结果! B20（2,000,000）}}{\text{S 企业杜邦分析结果! L20（8,289,290）}} = 24.13\%$$

（13）对“S 企业与 X 企业的比较”工作表的 L17 单元格（X 企业流动资产周转率）进行类似的操作，则“S 企业与 X 企业的比较”工作表的 L17 单元格（X 企业流动资产周转率）的值为 26.15%，即：

$$\text{X 企业流动资产周转率} = \frac{\text{X 企业销售收入}}{\text{X 企业流动资产}} = \frac{\text{X 企业杜邦分析结果! B20(2,000,000)}}{\text{X 企业杜邦分析结果! L20(7,649,210)}} = 26.15\%$$

（14）在“S 企业与 X 企业的比较”工作表的 N16 单元格（S 企业长期资产周转率）中输入“=”，单击“S 企业杜邦分析结果”工作表 B20 单元格（S 企业销售收入），输入“/”，单击“S 企业杜邦分析结果”工作表 J20 单元格（S 企业长期资产），按 Enter 键，则“S 企业与 X 企业的比较”工作表的 N16 单元格（S 企业长期资产周转率）的值为 25.32%，即：

$$\text{S 企业长期资产周转率} = \frac{\text{S 企业销售收入}}{\text{S 企业长期资产}} = \frac{\text{S 企业杜邦分析结果! B20（2,000,000）}}{\text{S 企业杜邦分析结果! J20（7,898,000）}} = 25.32\%$$

（15）对“S 企业与 X 企业的比较”工作表的 N17 单元格（X 企业长期资产周转率）进行类似的操作，则“S 企业与 X 企业的比较”工作表的 N17 单元格（X 企业长期资产周转率）的值为 54.79%，即：

$$\text{X 企业长期资产周转率} = \frac{\text{X 企业销售收入}}{\text{X 企业长期资产}} = \frac{\text{X 企业杜邦分析结果! B20(2,000,000)}}{\text{X 企业杜邦分析结果! J20(3,650,225)}} = 54.79\%$$

S 企业和 X 企业的“杜邦分析”比较数据如图 7-42 所示。

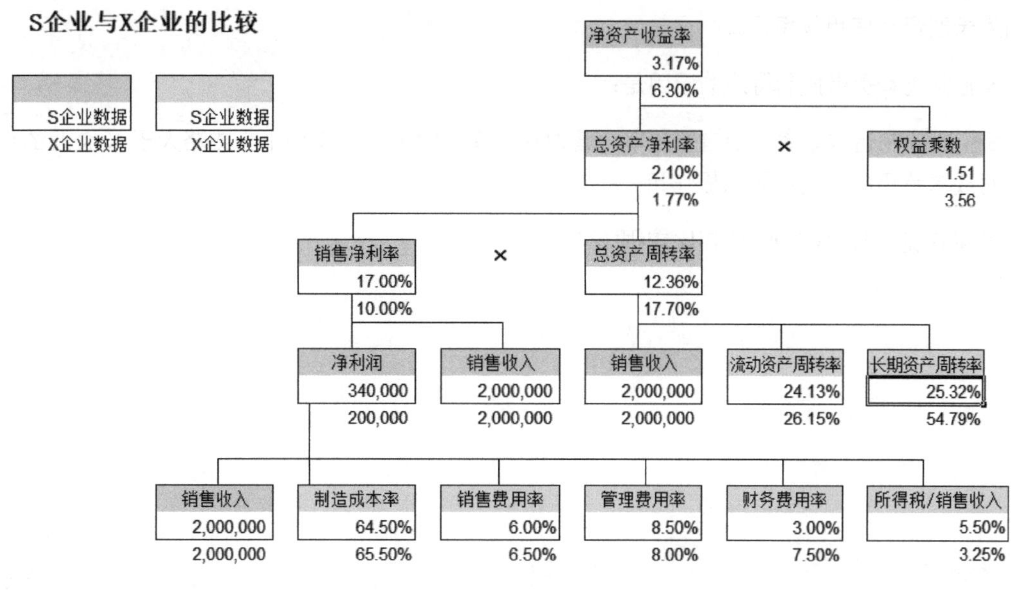

图 7-42

第八步：分析S企业和X企业的“杜邦分析”比较数据。

“杜邦分析表”的重要意义在于，运用“杜邦分析”的结构图分析企业财务状况及其形成原因。这种分析通常是针对两份或两份以上的“杜邦分析表”，可以是比较同一企业前后若干期的数据，也可以是与同行业中其他企业的同期数据进行比较，或与行业平均水平的数据进行比较。

打开文件“07-10 杜邦比较-计算”的“S企业与X企业的比较”工作表。

企业获利能力比较：S企业净资产收益率（3.17%）<X企业净资产收益率（6.30%），说明S企业获利能力相对较差。

S企业获利能力相对较差的原因是：

S企业权益系数（1.51）<X企业净资产收益率（3.56）：S企业获利能力相对较差的原因是财务融资能力差。

S企业总资产净利率（2.10%）>X企业净资产收益率（1.77%）：S企业获利能力相对较差不是因为总资产净利润差，S企业的总资产净利率对获利起积极作用。

S企业资产净利润较高的原因是：

S企业总资产周转率（12.36%）<X企业总资产周转率（17.70%）：S企业资产净利润较高，不是因为资产使用效率高。

S企业销售净利率（17.00%）>X企业总销售净利率（10.00%）：S企业资产净利润较高，是因为销售净利率高，即成本费用控制得好。

S企业资产使用效率低的原因是：

S企业流动资产周转率（24.13%）<X企业流动资产周转率（26.15%）：两个企业在流动资产周转率方面没有明显差异。

S企业长期资产周转率（25.32%）<X企业长期资产周转率（54.79%）：S企业资产使用效率低，是因为长期资产使用效率低。

S企业成本费用控制得好的原因是：

S企业的制造成本率、销售费用率、管理费用率、财务费用率均小于或略大于X企业的相关数据，对成本费用的控制起到积极作用。

结果详见文件“07-09 杜邦比较-原始”。

下篇

第 8 章 投资管理

企业的运营过程中，为了得到进一步发展，会开展投资活动。为了降低投资风险、提高投资收益，投资之前必须进行评估分析，为投资把脉，做好预判工作。实际操作中，我们通常会将评估分析的结果与预期数据进行比较，或者将不同方案的投资评估结果进行比较，最终确定投资方案。

Excel 提供多种投资分析的方法，用不同的函数实现。利用这些投资分析方法能够大大提高投资预判的准确程度。投资分析方法包括投资报酬率法、净现值法、内部收益率法、现值指数法以及非固定期间的投资分析方法等。

8.1 投资报酬率法

“投资报酬率法”是静态分析方法，其贴现值为“0”，即在不考虑资金时间价值的基础上分析投资报酬率。“投资报酬率法”主要分析投资回收期和年投资报酬率。一般而言，投资回收期越短，投资报酬率越高，则投资方案越好。

“投资报酬率法”的计算方法较为简单，但由于忽略了资金的时闲价值，未考虑投资回收期之后的收益，该方法仅适用于估算。

例如，企业开展新业务，初期投资额为 5,000,000 元，预计每年现金流入 800,000 元，该新业务的投资回收期多长呢？年投资报酬率是多少呢？计算步骤如下：

第一步：查看“投资报酬率法”报表。

打开文件“08-01 投资报酬率法-原始”，如图 8-1 所示。

	A	B	C
1			
2		投资报酬率法	
3		初期投资额	5,000,000.00
4		预计年现金流入	800,000.00
5		投资回收期	
6		投资报酬率	
7			

图 8-1

在“投资报酬率法”工作表中，C3 单元格的值为“5,000,000.00”，表示期初投资额为人民币 5,000,000 元。C4 单元格的值为“800,000.00”，表示预计年现金流入为人民币 800,000 元。C5 单元格将计算投资的回收期。C6 单元格将计算年投资报酬率。

第二步：计算“投资回收期”。

在 C5 单元格（投资回收期）中输入“=C3/C4”（$=\frac{5000000}{800000}=6.25$），表示“投资回收期”为 6.25 年，如图 8-2 所示。

第三步：计算“投资报酬率”。

在 C6 单元格（投资报酬率）中输入“=C4/C3”($=\frac{800000}{5000000}=16.0\%$)，表示年度的“投资报酬率”为 16.0%，如图 8-3 所示。结果详见文件“08-02 投资报酬率法-计算”的“投资报酬率法”工作表。

C5 =C3/C4

	A	B	C
1			
2		投资报酬率法	
3		初期投资额	5,000,000.00
4		预计年现金流入	800,000.00
5		投资回收期	6.25
6		投资报酬率	

图 8-2

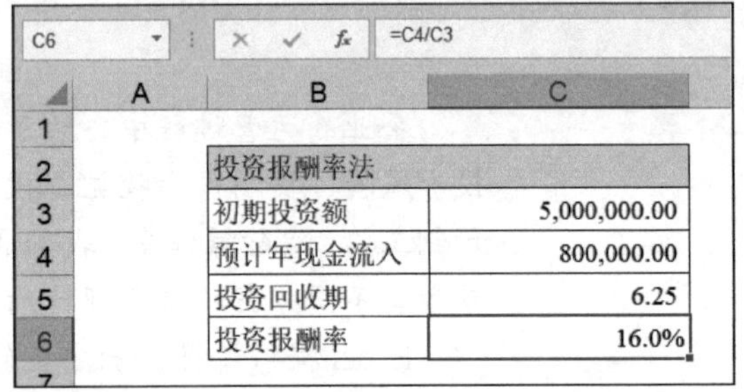

C6 =C4/C3

	A	B	C
1			
2		投资报酬率法	
3		初期投资额	5,000,000.00
4		预计年现金流入	800,000.00
5		投资回收期	6.25
6		投资报酬率	16.0%

图 8-3

8.2 净现值法

“净现值”指某项投资投产后，各年“现金流的折现值”与“项目投资成本现值”之间的差值。“净现值”把某投资项目产生的现金流量按照预定的投资报酬率折算到该项目开始建设的当年。

“净现值法”根据“净现值”的大小评价投资方案。“净现值”越大，投资方案越好。

一般而言，①“净现值”为“0”，代表该方案下的投资报酬率恰为所采用的最低报酬率。②“净现值”为正值，则投资方案是可以接受的。③“净现值”为负值，则投资方案不可接受。

例如，企业投资某设备，年贴现率为 7.8%，投资周期为 8 年，年运行费用为人民币 20,000 元，每年期末付款，8 年后设备残值为人民币 50,000 元，则设备现值多少呢？计算步骤如下：

第一步：查看“净现值法-PV 函数”报表。

打开文件“08-03 净现值法-原始”，如图 8-4 所示。

在“净现值法-PV 函数”工作表中，C2 单元格的值为“7.8%”，表示年贴现率为 7.8%。

	A	B	C
1			
2		净现值法-PV函数	
3		年贴现率	7.8%
4		投资周期	8
5		年运行费用	20,000.00
6		年付款次数	1
7		总付款次数	
8		未来值	50,000.00
9		付款时间	期末
10		净现值	

图 8-4

C4 单元格的值为“8”，表示投资周期为 8 年。C5 单元格的值为“20,000.00”，表示年运行费用为人民币 20,000 元。C6 单元格的值为“1”，表示每年付款 1 次。在 C7 单元格（总付款次数）中输入“=C4*C6”（= 投资周期 × 年付款次数 =8×1=8），则 C7 单元格（总付款次数）的值为“8”。C8 单元格的值为“50,000.00”，表示 8 年后设备残值为人民币 50,000 元。C9 单元格的值为“期末”，表示每期期末付款。C9 单元格的数据仅能在列表中选择“期初”或“期末”。C10 单元格将计算设备净现值。

第二步：设置“PV”函数。

（1）选中 C10 单元格。单击公式列的 f_x 按钮，插入函数。在弹出的“插入函数”对话框中，“搜索函数”输入“pv”，单击“转到”按钮，选择“PV”函数，单击“确定”按钮。

（2）在弹出的“函数参数”对话框中，“Rate”（贴现率）输入“C3”（7.8%），表示“年贴现率”为 7.8%。“Nper”（总投资期）输入“C7”（8），表示总投资期为 8 年。“Pmt”（各期支付金额）输入“-C5”（-20,000），表示年运行费用为 20,000 元。因为“年运行费用”是支出的款项，所以公式中用负值表示。“Fv”（未来值）输入“C8”（50,000），表示 8 年后设备残值为 50,000 元。“Type”（各期付款时间）输入“0”，表示每年期末付款，单击“确定”按钮，如图 8-5 所示。

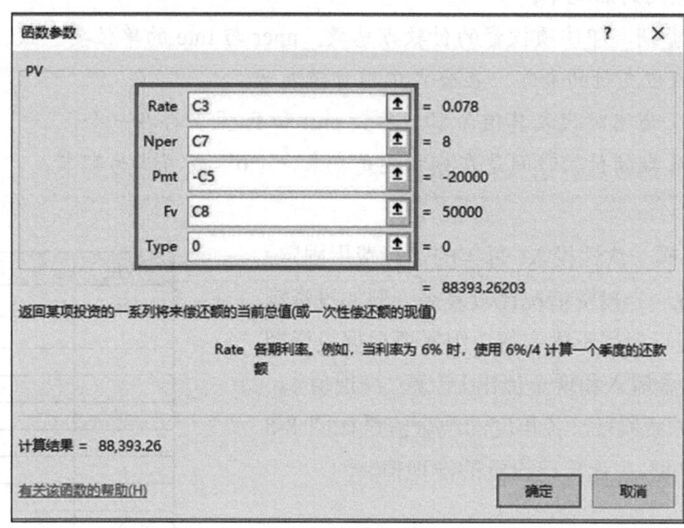

图 8-5

第三步：改写 C10 单元格公式，使得公式通用于“期初”付款和“期末”付款。

（1）C10 单元格的公式为“=PV(C3,C7,-C5,C8,0)”，值为“88,393.26”，表示付款时间为“期末”的情况下，设备净现值为 88,393.26 元，如图 8-6 所示。

（2）选中 C10 单元格。单击公式列的 f_x 按钮右侧的公式列。C10 单元格公式改写为“=IF(C9="期初",PV(C3,C7,-C5,C8,1),PV(C3,C7,-C5,C8,0))”，按 Enter 键，则付款时间为“期末”时，设备净现值维持原公式“PV(C3,C7,-C5,C8,0)”的值，付款时间为“期初”时，设备净现值为“PV(C3,C7,-C5,C8,1)”，与原公式“PV(C3,C7,-C5,C8,0)”的差异在于参数“Type”的取值，如图 8-7 所示。

结果详见文件“09-04 净现值法-计算”的“净现值法-PV 函数”工作表。

C10 =PV(C3,C7,-C5,C8,0)

	A	B	C
1			
2		净现值法-PV函数	
3		年贴现率	7.8%
4		投资周期	8
5		年运行费用	20,000.00
6		年付款次数	1
7		总付款次数	8
8		未来值	50,000.00
9		付款时间	期末
10		净现值	88,393.26

图 8-6

C10 =IF(C9="期初",PV(C3,C7,-C5,C8,1),PV(C3,C7,-C5,C8,0))

	A	B	C	D
1				
2		净现值法-PV函数		
3		年贴现率	7.8%	
4		投资周期	8	
5		年运行费用	20,000.00	
6		年付款次数	1	
7		总付款次数	8	
8		未来值	50,000.00	
9		付款时间	期末	
10		净现值	88,393.26	

图 8-7

【PV 函数】

PV 函数可以实现“净现值”的计算，PV 函数返回投资的净现值。PV 函数的语法是 PV(rate,nper,pmt,fv,type)，其中：

- rate：某一期间的贴现率。
- nper：总投资期，即该项投资的付款期总数。nper 与 rate 的单位要一致。
- pmt：各期所应支付的金额，在公式中用负值表示。
- fv：未来值，省略时代表其值为零。参数 pmt 和 fv 至少存在一个。
- type：指定各期的付款时间是在期初还是期末，“0”或省略为期末，“1”为期初。

上一例中，投资额一次性投入，每年的运行费用固定，这是比较理想的状况。当投资情况比较复杂，例如投资额分期投入、每年的运行费用不固定等，则需要根据投资期间的现金流（包括现金流入和现金流出）计算“净现值”。

例如，企业投资某项目，各年度的现金流量如图 8-8 所示，年贴现率为 7.8%。计算该投资的净现值。

年度	现金流量
0	(100,000.00)
1	92,000.00
2	88,000.00
3	(50,000.00)
4	(150,000.00)
5	35,000.00
6	40,000.00
7	150,000.00
8	350,000.00

图 8-8

计算步骤如下：

第一步：查看“净现值法-NPV 函数”报表。

打开文件“08-03 净现值法-原始”。

在“净现值法-NPV 函数”工作表中，C4~C12 单元格为第 0 年度~第 8 年度的现金流量数据，按照图 8-9 所示的数据设置。C13 单元格的值为“7.8%”，表示“年贴现率”为 7.8%。C15 单元格将计算该投资的“净现值”。

	A	B	C
1			
2		净现值法-NPV函数	
3		年度	现金流量
4		0	(100,000.00)
5		1	92,000.00
6		2	88,000.00
7		3	(50,000.00)
8		4	(150,000.00)
9		5	35,000.00
10		6	40,000.00
11		7	150,000.00
12		8	350,000.00
13		年贴现率	7.8%
15		净现值	
16			

图 8-9

第二步：设置“NPV”函数。

（1）选中 C15 单元格。单击公式列的 f_x 按钮，插入函数。在弹出的“插入函数”对话框中，“搜索函数”输入“npv”，单击“转到”按钮，选择“NPV”函数，单击“确定”按钮。

（2）在弹出的“函数参数”对话框中，“Rate”（贴现率）输入“C13”（7.8%），表示“年贴现率”为 7.8%。

“Value1”（现金流参数 1）~“Value9”（现金流参数 9）依次输入“C4”（-100,000）~“C12”（350,000），参数的顺序与现金流的顺序相同，单击“确定”按钮，如图 8-10 所示。

第三步：计算“净现值”。

C15 单元格的值为 222,817.99，表示该投资的“净现值”为 222,817.99 元，如图 8-11 所示。

结果详见文件“08-04 净现值法-计算”的“净现值法-NPV 函数”工作表。

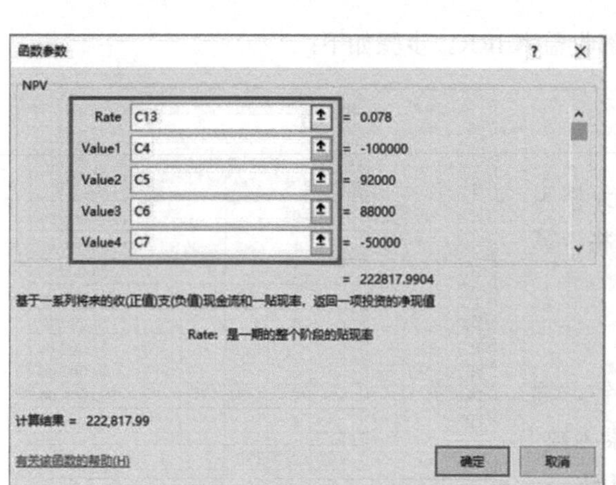

图 8-10

C15 =NPV(C13,C4,C5,C6,C7,C8,C9,C10,C11,C12)

	A	B	C	D
1				
2		净现值法-NPV函数		
3		年度	现金流量	
4		0	(100,000.00)	
5		1	92,000.00	
6		2	88,000.00	
7		3	(50,000.00)	
8		4	(150,000.00)	
9		5	35,000.00	
10		6	40,000.00	
11		7	150,000.00	
12		8	350,000.00	
13		年贴现率	7.8%	
15		净现值	222,817.99	

图 8-11

【NPV 函数】

“净现值”的公式为“净现值=未来报酬的总现值－初始投资现值”，即：

$$NPV = \frac{\Sigma It}{1+R} - \frac{\Sigma Ot}{1+R}$$

其中，NPV 为净现值，It 为第 t 年的现金流入量，Ot 为第 t 年的现金流出量，R 为贴现率，t 取值为 0 至项目的寿命周期。

利用 NPV 函数计算“净现值”，NPV 函数使用“贴现率”以及一系列未来的支出（负值）和收益（正值）计算投资的“净现值”。NPV 函数的语法是 NPV(rate,value1,value2,...)，各参数的意义如下：

- rate：某一期间的贴现率。
- value1, value2, ...：现金流入或流出的 1 ~ 254 个参数，按照现金流的顺序排列。各参数在时间上必须具有相等间隔，并且都发生在期末。Value1 是必需的，后续值是可选的。

8.3 内部收益率法

“内部收益率法”又称“内部报酬率法”，是用“内部收益率”评价项目投资财务效益的方法。所谓“内部收益率”，就是“资金流入现值总额”与“资金流出现值总额”相等、“净现值”等于0时的贴现率。是在考虑时间价值的情况下，某项投资未来产生的现金流量现值刚好等于投资成本时的收益率。

沿用8.2节的现金流量数据，计算项目的内部收益率IRR。步骤如下：

第一步：查看“内部收益率法”报表。

打开文件“08-05 内部收益率法-原始”。

在“内部收益率法”工作表中，C4~C12单元格为第0年度~第8年度的现金流量数据，C14单元格将计算该投资项目的“内部收益率”，如图8-12所示。

	A	B	C
1			
2		内部收益率法	
3		年度	现金流量
4		0	(100,000.00)
5		1	92,000.00
6		2	88,000.00
7		3	(50,000.00)
8		4	(150,000.00)
9		5	35,000.00
10		6	40,000.00
11		7	150,000.00
12		8	350,000.00
14		内部收益率IRR	

图8-12

第二步：设置“IRR”函数。

（1）选中C14单元格。单击公式列的 f_x 按钮，插入函数。在弹出的“插入函数”对话框中，“搜索函数”输入“irr”，单击“转到”按钮，“选择函数”选择“IRR”，单击“确定”按钮。

（2）在弹出的“函数参数”对话框中，单击“Values”右侧的空格，选择C4~C12单元格，单击“确定”按钮，如图8-13所示。

第三步：计算“内部收益率IRR”。

C14单元格的值为“41.52%”，表示该投资项目的内部收益率IRR为41.52%，如图8-14所示。

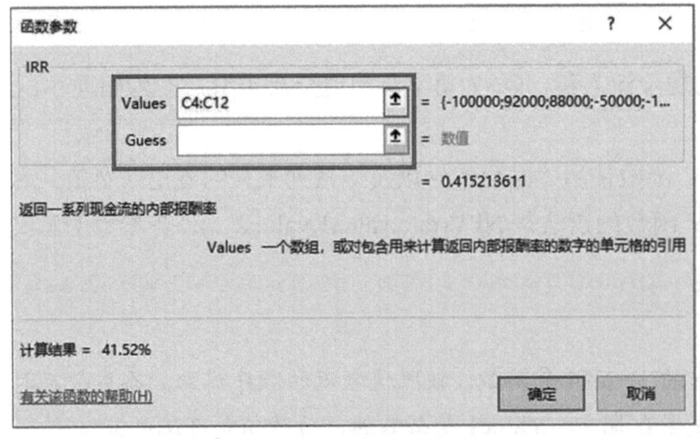

图8-13

C14 =IRR(C4:C12)

	A	B	C
1			
2		内部收益率法	
3		年度	现金流量
4		0	(100,000.00)
5		1	92,000.00
6		2	88,000.00
7		3	(50,000.00)
8		4	(150,000.00)
9		5	35,000.00
10		6	40,000.00
11		7	150,000.00
12		8	350,000.00
14		内部收益率IRR	41.52%

图8-14

结果详见文件“08-06 内部收益率法-计算”的“内部收益率法”工作表。

【IRR 函数】

从公式上看，IRR 计算的是 $\frac{\Sigma It}{1+R}-\frac{\Sigma Ot}{1+R}=0$ 时贴现率 R 的值。其中，It 为第 t 年的现金流入量，Ot 为第 t 年的现金流出量，R 为贴现率，t 取值为 0 至项目的寿命周期。可见，IRR 函数与 NPV 函数的关系十分密切。IRR 函数计算出的收益率，即“净现值=0”时的利率。

Excel 中用 IRR 函数计算内部收益率 IRR，IRR 函数返回由数值代表的一组现金流的内部收益率。各期现金流必须按固定的间隔产生，如按月或按年。IRR 函数的语法是 IRR(values,guess)，各参数的意义如下：

- values：为数组或单元格的引用，包含用来计算返回的内部收益率的数字。values 包含至少一个正值和一个负值，并按照现金流的顺序排列。
- guess：为对函数 IRR 计算结果的估计值。

8.4 现值指数法

“现值指数法”指某投资方案未来“现金净流量总现值”与“原始投资现值”的比值。“现金净流量总现值”即为“净现值”。

“现值指数”是一个相对指标，反映投资效率，而“净现值”是绝对指标，反映投资效益。“现值指数”越大，说明投资效率越高。

例如，企业投资某项目，各年度的现金流量如图 8-15 所示，年贴现率为 8.2%。计算该投资的“净现值”及“现值指数”。

计算步骤如下：

第一步：查看“现值指数法”报表。

打开文件“08-01 现值指数法-原始”。

在“现值指数法”工作表中，C4~C12 单元格为第 0 年度~第 8 年度的现金流量数据，按照图 8-16 所示的数据设置。C13 单元格的值为“8.2%”，表示“年贴现率”为 8.2%。C15 单元格将计算该投资的“净现值”。C16 单元格将计算该投资的“现值指数”。

年度	现金流量
0	(200,000.00)
1	60,000.00
2	55,000.00
3	58,000.00
4	60,000.00
5	72,000.00
6	70,000.00
7	85,000.00
8	100,000.00

图 8-15

	A	B	C
1			
2		现值指数法	
3		年度	现金流量
4		0	(200,000.00)
5		1	60,000.00
6		2	55,000.00
7		3	58,000.00
8		4	60,000.00
9		5	72,000.00
10		6	70,000.00
11		7	85,000.00
12		8	100,000.00
13		年贴现率	8.2%
15		净现值	
16		现值指数	

图 8-16

第二步：计算“净现值”。

（1）在 C15 单元格中输入“=NPV(C13,C4,C5,C6,C7,C8,C9,C10,C11,C12)”，即根据 8.2 节 NPV 函数的使用方法计算“净现值”。

（2）C15 单元格的值为“172,240.00”，表示该投资的“净现值”为人民币 172,240 元，如图 8-17 所示。

第三步：计算“现值指数”。

在 C16 单元格（现值指数）中输入“=C15/ABS(C4)”。C15 单元格的值（172,240.00）为“净现值”。“ABS(C4)”（=200,000.00）表示“原始投资现值”。C16 单元格（现值指数）的值为 0.86，如图 8-18 所示。

C15　=NPV(C13,C4,C5,C6,C7,C8,C9,C10,C11,C12)

	A	B	C
1			
2		现值指数法	
3		年度	现金流量
4		0	(200,000.00)
5		1	60,000.00
6		2	55,000.00
7		3	58,000.00
8		4	60,000.00
9		5	72,000.00
10		6	70,000.00
11		7	85,000.00
12		8	100,000.00
13		年贴现率	8.2%
15		净现值	172,240.00
16		现值指数	

图 8-17

C16　=C15/ABS(C4)

	A	B	C
1			
2		现值指数法	
3		年度	现金流量
4		0	(200,000.00)
5		1	60,000.00
6		2	55,000.00
7		3	58,000.00
8		4	60,000.00
9		5	72,000.00
10		6	70,000.00
11		7	85,000.00
12		8	100,000.00
13		年贴现率	8.2%
15		净现值	172,240.00
16		现值指数	0.86

图 8-18

结果详见文件“08-08 现值指数法-计算”的“现值指数法”工作表。

【ABS 函数】

ABS 函数返回数字的绝对值。ABS 函数的语法是 ABS(number)，参数的意义是：

- number：需要计算其绝对值的实数。

8.5 非固定期间的投资分析

NPV 函数、IRR 函数等均针对现金流量产生于固定期间的投资项目收益，且投资期内各期的现金流入或现金流出的时间间隔是固定的。本节将介绍现金流量产生于非固定期间的投资项目收益。

沿用 8.4 节的现金流量数据，但该现金流发生的时间间隔为非固定期间，如图 8-19 所示。计算该投资项目的“净现值”和“内部收益率”。

计算步骤如下：

非固定期间的投资分析	
时间	现金流量
2018/11/1	(200,000.00)
2019/12/31	60,000.00
2020/3/8	55,000.00
2021/7/4	58,000.00
2022/10/9	60,000.00
2023/4/15	72,000.00
2024/1/10	70,000.00
2025/3/31	85,000.00
2026/1/31	100,000.00
年贴现率	8.2%

图 8-19

第一步：查看“非固定期间的投资分析”报表。

打开文件“08-09 非固定期间的投资分析-原始”。

在“非固定期间的投资分析”工作表中，C4~C12 单元格为各期（B4~B12 单元格显示的期间）现金流量数据，按照图，如图 8-20 所示的数据设置。

C13 单元格的值为“8.2%”，表示“年贴现率”为 8.2%。C15 单元格将计算该投资的“净现值”。C16 单元格将计算该投资的“现值指数”。

第二步：设置“XNPV”函数。

（1）选中 C15 单元格。单击公式列的 f_x 按钮，插入函数。在弹出的“插入函数”对话框中，“搜索函数”输入“xnpv”，单击“转到”按钮，“选择函数”选择“XNPV”，单击“确定”按钮。

（2）在弹出的“函数参数”对话框中，“Rate”（贴现率）输入“C13”（8.2%），单击“Values”（现金流）右侧的空格，选择 C4~C12 单元格，单击“Dates”（发生日期）右侧的空格，选择 B4~B12 单元格，单击“确定”按钮，如图 8-21 所示。

	A	B	C
1			
2		非固定期间的投资分析	
3		时间	现金流量
4		2018/11/1	(200,000.00)
5		2019/12/31	60,000.00
6		2020/3/8	55,000.00
7		2021/7/4	58,000.00
8		2022/10/9	60,000.00
9		2023/4/15	72,000.00
10		2024/1/10	70,000.00
11		2025/3/31	85,000.00
12		2026/1/31	100,000.00
13		年贴现率	8.2%
15		净现值	
16		内部收益率	

图 8-20

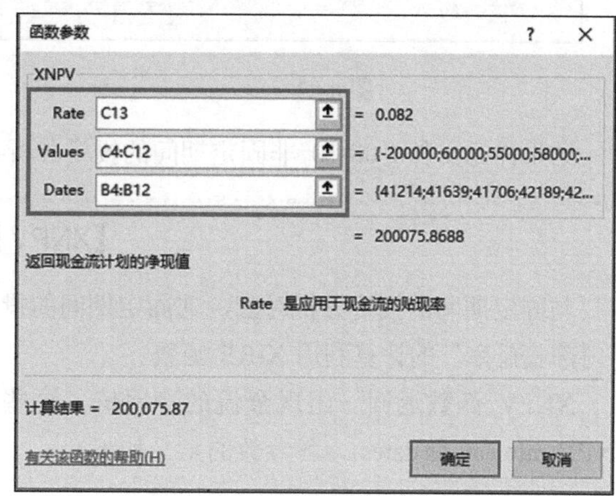

图 8-21

第三步：计算“净现值”。

C15 单元格（净现值）的值为“200,031.79”，表示该投资的净现值为人民币 200,031.79 元，如图 8-22 所示。

第四步：设置“XIRR”函数。

（1）选中 C16 单元格。单击公式列的 f_x 按钮，插入函数。在弹出的“插入函数”对话框中，“搜索函数”输入“xirr”，单击“转到”按钮，“选择函数”选择“XIRR”，单击“确定”按钮。

（2）在弹出的“函数参数”对话框中，单击“Values”（现金流）右侧的空格，选择 C4~C12 单元格，单击“Dates”（发生日期）右侧的空格，选择 B4~B12 单元格，“Guess”（对 XIRR 函数计算结果的估计值）省略，单击“确定”按钮，如图 8-23 所示。

C15 =XNPV(C13,C4:C12,B4:B12)

	A	B	C
1			
2		非固定期间的投资分析	
3		时间	现金流量
4		2018/11/1	(200,000.00)
5		2019/12/31	60,000.00
6		2020/3/8	55,000.00
7		2021/7/4	58,000.00
8		2022/10/9	60,000.00
9		2023/4/15	72,000.00
10		2024/1/10	70,000.00
11		2025/3/31	85,000.00
12		2026/1/31	100,000.00
13		年贴现率	8.2%
15		净现值	200,031.79
16		内部收益率	

图 8-22

第五步：计算“内部收益率”。

C16 单元格（内部收益率）的值为“30.77%”，表示该投资的内部收益率为 30.77%，如图 8-24 所示。

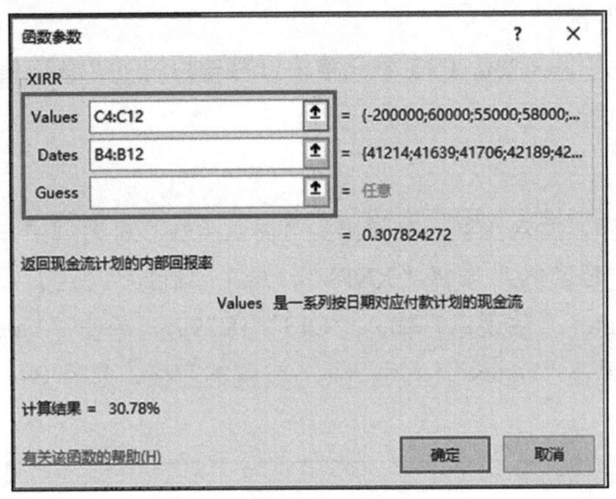

图 8-23

C16 =XIRR(C4:C12,B4:B12)

非固定期间的投资分析	
时间	现金流量
2018/11/1	(200,000.00)
2019/12/31	60,000.00
2020/3/8	55,000.00
2021/7/4	58,000.00
2022/10/9	60,000.00
2023/4/15	72,000.00
2024/1/10	70,000.00
2025/3/31	85,000.00
2026/1/31	100,000.00
年贴现率	8.2%
净现值	200,031.79
内部收益率	30.77%

图 8-24

结果详见文件“08-10 非固定期间的投资分析-计算”的“非固定期间的投资分析”工作表。

【XNPV 函数】

与固定期间的投资分析对应，非固定期间的投资分析中，“净现值”的计算利用 XNPV 函数，“内部收益率”的计算利用 XIRR 函数。

XNPV 函数返回一组现金流的净现值，这些现金流不一定定期发生。XNPV 函数的语法是 XNPV(rate,values,dates)，各参数的意义如下：

- rate：为某一期间的贴现率。
- values：与 dates 中的发生日期相对应的一系列现金流。
- dates：与现金流相对应的发生日期表。

【XIRR 函数】

XIRR 函数返回一组现金流的内部收益率，这些现金流不一定定期发生。XIRR 函数的语法是 XIRR(values,dates,guess)，各参数的意义如下：

- values：与 dates 中的发生日期相对应的一系列现金流。
- dates：与现金流相对应的发生日期表。
- guess：对 XIRR 函数计算结果的估计值。

下篇

第 9 章 融资管理

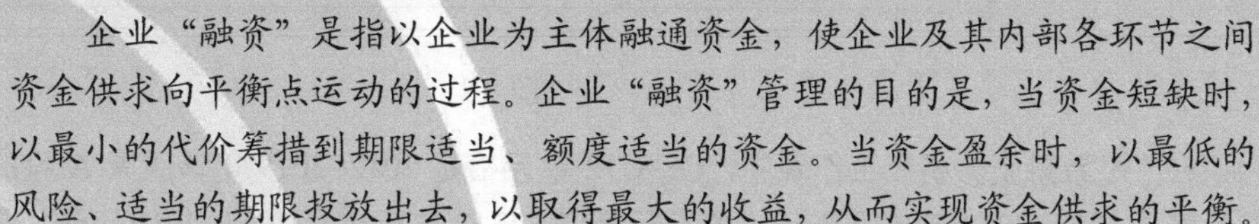

企业“融资”是指以企业为主体融通资金，使企业及其内部各环节之间资金供求向平衡点运动的过程。企业“融资”管理的目的是，当资金短缺时，以最小的代价筹措到期限适当、额度适当的资金。当资金盈余时，以最低的风险、适当的期限投放出去，以取得最大的收益，从而实现资金供求的平衡。

“融资”包括“长期融资”和“短期融资”，本章重点介绍“长期融资”。

“长期融资”是指融资可供企业长期(一般为 1 年以上)使用的资本。“长期融资”的资本主要用于开发与推广企业新产品、新项目，更新与改造设备等，因此这类资本的回收期较长，成本较高，对企业的生产经营有较大的影响。“长期融资”一般采用“吸收直接投资”“长期借款”“股票融资”“债券融资”和“融资租赁”等方式。

“直接吸收投资”的方式与第 8 章“融资管理”的介绍有诸多类似之处，“长期借款”的方式，均不再赘述。下面将分别就“股票融资”和“债券融资”两个方式进行分析。

9.1 股票融资分析

股票是股份公司发行的所有权凭证，也就是股份公司为筹集资金而发行给各个股东作为持股凭证并借以取得股息和红利的一种有价证券。每股股票都代表股东对企业拥有一个基本单位的所有权。

“股票融资”是指资金借助股票这一载体直接从资金盈余部门流向资金短缺部门，资金供给者作为所有者（股东）享有对企业控制权的融资方式。这种控制权是一种综合权利，如参加股东大会、投票表决、参与公司重大决策、收取股息、分享红利等。

“股票融资”具有三个特点：

（1）长期性：“股票融资”筹措的资金具有永久性，无到期日，不需归还。

（2）不可逆性：企业采用“股票融资”不需还本，投资人欲收回本金，需借助流通市场。

（3）无负担性：“股票融资”没有固定的股利负担，股利的支付与否和支付多少视公司的经营情况而定。

“股票融资”的分析步骤如下：

第一步：查看“股票融资分析”报表。

（1）打开文件“09-01 股票融资分析-原始”，如图 9-1 所示。

年份	发行量（万股）			发行价格（元）			股票融资额（万元）
	A股	B股	H股	A股	B股	H股	
2012	2,456.98	198.42	1,066.20	20.56	2.95	18.20	
2013	2,262.20	170.00	910.20	21.08	3.08	18.80	
2014	2,643.30	202.80	1,202.77	21.08	3.08	18.80	
2015	3,087.50	245.40	1,609.30	23.55	3.54	19.98	
2016	2,236.45	185.30	1,002.50	22.80	3.26	19.54	
2017	2,560.60	190.23	1,290.50	22.80	3.26	19.54	
2018	1,980.50	150.40	850.00	24.25	3.80	20.75	
2019	2,387.85	196.55	998.90	24.25	3.80	20.75	

图 9-1

在“股票融资分析”工作表中，C5~C12 单元格是 2012~2019 年该股票 A 股的发行量，D5~C12 单元格是 2012~2019 年该股票 B 股的发行量，E5~E12 单元格是 2012~2019 年该股票 H 股的发行量。

（2）F5~F12 单元格是 2012~2019 年该股票 A 股的发行价格，G5~G12 单元格是 2012~2019 年该股票 B 股的发行价格，H5~H12 单元格是 2012~2019 年该股票 H 股的发行价格。

第二步：计算“股票融资额”。

（1）在 I5 单元格（2012 年股票融资额）中输入“=SUMPRODUCT(C5:E5,F5:H5)”，表示 $I5 = C5 \times F5 + D5 \times G5 + E5 \times H5 = 2456.98 \times 20.56 + 198.42 \times 2.95 + 1066.20 \times 18.20 = 70,505.69$，即 2012 年股票融资额为人民币 70,505.69 元，如图 9-2 所示。

=SUMPRODUCT(C5:E5,F5:H5)

年份	发行量（万股）			发行价格（元）			股票融资额（万元）
	A股	B股	H股	A股	B股	H股	
2012	2,456.98	198.42	1,066.20	20.56	2.95	18.20	70,505.69
2013	2,262.20	170.00	910.20	21.08	3.08	18.80	
2014	2,643.30	202.80	1,202.77	21.08	3.08	18.80	
2015	3,087.50	245.40	1,609.30	23.55	3.54	19.98	
2016	2,236.45	185.30	1,002.50	22.80	3.26	19.54	
2017	2,560.60	190.23	1,290.50	22.80	3.26	19.54	
2018	1,980.50	150.40	850.00	24.25	3.80	20.75	
2019	2,387.85	196.55	998.90	24.25	3.80	20.75	

图 9-2

（2）将 I5 单元格的公式复制到 I6~I12 单元格，则 I6~I12 单元格依次为 2012~2019 年的“股票融资额”，如图 9-3 所示。

结果详见文件“09-02 股票融资分析-计算”的“股票融资分析”工作表。

【SUMPRODUCT 函数】

SUMPRODUCT 函数求解的是“乘积之和”，语法是 SUMPRODUCT（array1,array2,array3, ...），参数的意义是，array1,array2,array3, ... 为 2～30 个数组，对其相应元素进行相乘运算并求和。

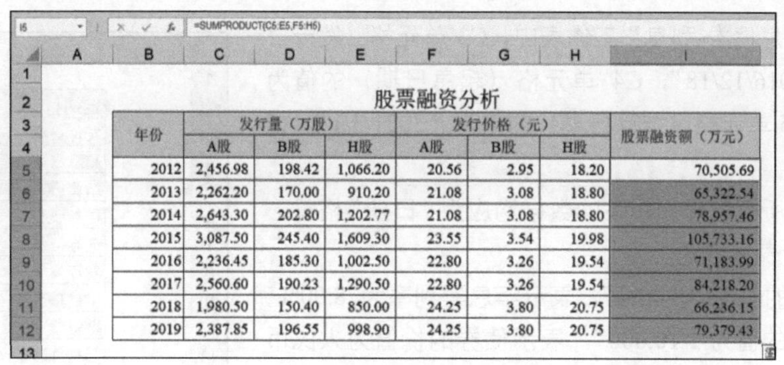

I5 =SUMPRODUCT(C5:E5,F5:H5)

股票融资分析

年份	发行量（万股）			发行价格（元）			股票融资额（万元）
	A股	B股	H股	A股	B股	H股	
2012	2,456.98	198.42	1,066.20	20.56	2.95	18.20	70,505.69
2013	2,262.20	170.00	910.20	21.08	3.08	18.80	65,322.54
2014	2,643.30	202.80	1,202.77	21.08	3.08	18.80	78,957.46
2015	3,087.50	245.40	1,609.30	23.55	3.54	19.98	105,733.16
2016	2,236.45	185.30	1,002.50	22.80	3.26	19.54	71,183.99
2017	2,560.60	190.23	1,290.50	22.80	3.26	19.54	84,218.20
2018	1,980.50	150.40	850.00	24.25	3.80	20.75	66,236.15
2019	2,387.85	196.55	998.90	24.25	3.80	20.75	79,379.43

图 9-3

9.2 债券融资分析

“债券”是一种发行人承诺在某一特定的时日将利息与本金付给债券持有人的债权债务凭证。“债券融资”指项目主体按法定程序发行的、承诺按期向债券持有者支付利息和偿还本金的一种融资行为。“债券”的发行主体包括政府、金融机构和企业。

与“股票融资”相比，“债券融资”有 6 个特点：

（1）资本成本较低：与股票的股利相比，债券的利息允许在所得税前支付，企业可享受税收利益，故企业实际负担的“债券融资成本”一般低于“股票融资成本”。

（2）可利用财务杠杆：无论发行企业盈利多少，持券者一般只收取固定的利息，若企业用资后收益丰厚，增加的收益大于支付的债息额，则超出债息额的部分用于增加股东财富和企业价值。

（3）保障公司控制权：持券者一般无权参与发行公司的管理决策，因此发行债券不会分散公司控制权。

（4）财务风险较高：债券通常有固定的到期日，需要定期还本付息，财务上始终有压力，在公司不景气时，还本付息将成为公司严重的财务负担。

（5）受政府监控：发行企业债券是被严格控制的，不但对发行主体有很高的条件要求，并且需要经过严格的审批，在大陆，只有少数大型国有企业才能成功发行企业债券。

（6）受额度限制：大陆《公司法》规定，“债券”发行公司流通在外的债券，累计总额不得超过公司净产值的 40%。

“债券融资”的测算方式有多种，下面将分别举例说明。

视频

9.2.1 定期付息债券的利息总额

例如债券为定期付息债券，其发行日为 2016 年 12 月 18 日，起息日为 2017 年 1 月 1 日，结算日为 2021 年 3 月 1 日，债券的年息票利率为 8.00%，债券的价值人民币 10,000 元，债券的发行量为 20,000 份，年付息次数为 1 次。计算该定期付息债券期满时的利息总额。

计算步骤如下：

第一步：查看“定期付息债券-利息”报表。

打开文件“09-03 债券融资分析-原始”。

在“定期付息债券-利息”工作表中，C3 单元格（发行日期）的值为“2016/12/18”，C4 单元格（起息日期）的值为“2017/1/1”，C5 单元格（结算日期）的值为“2021/3/1”，如图 9-4 所示。

在函数中，所有和日期相关的数据均应为“日期”格式，即 DATE 函数的表达形式。

C6 单元格的值为“8.00%”，表示年息票利率为 8.00%。

C7 单元格的值为“10,000”，表示债券的价值为人民币 10,000 元。C8 单元格的值为“20,000”，表示债券的发行量为 20,000 份。C9 单元格的值为“1”，表示年付息次数为 1 次。

	A	B	C
1			
2		定期付息债券-利息	
3		发行日期	2016/12/18
4		起息日期	2017/1/1
5		结算日期	2021/3/1
6		年息票利率	8.00%
7		证券价值	10,000
8		发行量	20,000
9		年付息次数	1
10		融资总额	
11		利息总计	

图 9-4

在 C10 单元格（融资总额）中输入“=C7*C8”（= 证券价值 × 发行量=10000×20000=200000000），则 C10 单元格（融资总额）的值为“20,000,000”。C11 单元格将计算利息总额。

第二步：设置“ACCRINT”函数。

（1）选中 C11 单元格，单击公式列的 f_x 按钮，插入函数。在弹出的“插入函数”对话框中，“搜索函数”输入“accrint”，单击“转到”按钮，“选择函数”选择“ACCRINT”，单击“确定”按钮。

（2）在弹出的“函数参数”对话框中，“Issue”（发行日）输入“C3”，表示发行日期为 2016/12/18。“First_interest”（首次计息日）输入“C4”，表示起息日期为 2017/1/1。“Settlement”（结算日）输入“C5”，表示结算日期为 2021/3/1。“Rate”（年息票利率）输入“C6”，表示年息票利率为 8.00%。“Par”（票面值）输入“C10”，表示票面值（融资总额）为人民币 20,000,000。“Frequency”（年付息次数）输入“C9”，表示年付息次数为 1 次。Frequency（年付息次数 1 次）与 Rate（年息票利率 8.00%）的计算单位一致。“Basis”（要使用的日计数基准类型）省略，表示采用“US (NASD) 30/360”的日计数基准类型。“Calc_method”（逻辑值）省略，表示返回从发行日到结算日的总应计利息，单击“确定”按钮，如图 9-5 所示。

第三步：计算“利息总额”。

C11 单元格（利息总额）的值为“67,244,244”，表示该定期付息债券的利息总额为 67,244,244 元，如图 9-6 所示。

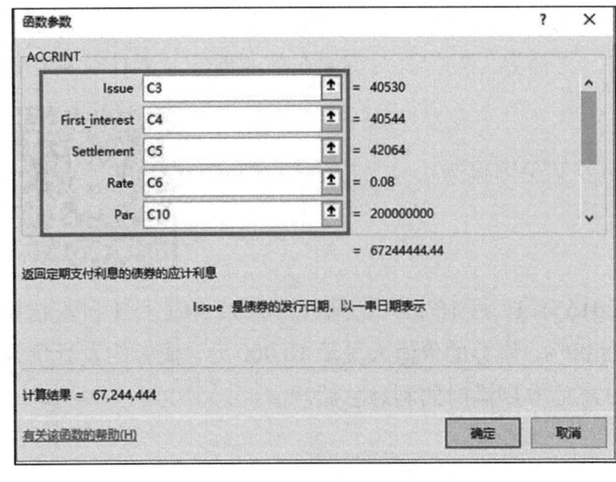

图 9-5

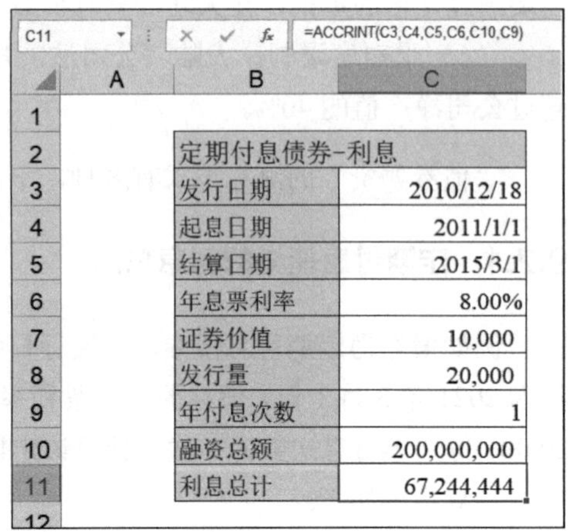

C11 =ACCRINT(C3,C4,C5,C6,C10,C9)

	A	B	C
1			
2		定期付息债券-利息	
3		发行日期	2010/12/18
4		起息日期	2011/1/1
5		结算日期	2015/3/1
6		年息票利率	8.00%
7		证券价值	10,000
8		发行量	20,000
9		年付息次数	1
10		融资总额	200,000,000
11		利息总计	67,244,444

图 9-6

结果详见文件“09-04 债券融资分析-计算”的“定期付息债券-利息”工作表。

【ACCRINT 函数】

ACCRINT 函数返回定期付息证券的应计利息。ACCRINT 函数的语法是 ACCRINT(issue, first_interest, settlement, rate, par, frequency, basis, calc_method) ，各参数的意义如下：

- issue：有价证券的发行日。
- first_interest：有价证券的首次计息日。
- settlement：有价证券的结算日，即有价证券卖给购买者的日期。
- rate：有价证券的年息票利率。
- par：有价证券的票面值，省略时代表 1,000。
- frequency：年付息次数。按年支付则 frequency = 1，按半年期支付则 frequency = 2，按季支付则 frequency = 4。frequency 与 rate 的计算单位是一致的。
- basis：要使用的日计数基准类型，如表 9-1 所示。

表 9-1

Basic	日计数基准
0 或省略	US (NASD) 30/360
1	实际天数/实际天数
2	实际天数/360
3	实际天数/365
4	欧洲 30/360

- calc_method：逻辑值，指定当结算日期晚于首次计息日期时用于计算总应计利息的方法。若值为 TRUE (1)，则返回从发行日到结算日的总应计利息。若值为 FALSE(0)，则返回从首次计息日到结算日的应计利息。若不输入此参数，则预设为 TRUE。

【DATE 函数】

DATE 函数返回代表特定日期的序号，即将日期存储为可用于计算的序号。DATE 函数的语法是 DATE（year,month,day），各参数的意义如下：

- year：由 1~4 位数字构成，若 year 位于 0~1899，则 Excel 将该值加上 1900，再计算年份。若 year 位于 1900 到~9999，则 Excel 将使用该数值作为年份。
- month：可取 1~12 的任意数字。
- day：可取 1~30 的任意数字。

9.2.2 一次性付息债券的年利率

例如债券为一次性付息债券，其结算日为 2019 年 3 月 1 日，到期日为 2022 年 1 月 1 日，债券的投资额为人民币 2,000,000 元，债券到期时的兑换值为人民币 2,500,000 元。计算该一次性付息债券的年利率：

计算步骤如下：

第一步：查看“一次性付息债券-年利率”报表。

打开文件“09-03 债券融资分析-原始”。

在“一次性付息债券-年利率”工作表中，C3 单元格（结算日期）的值为“2019/3/1”，C4 单元格（到期日期）的值为“2022/1/1”，如图 9-7 所示。C5 单元格的值为“2,000,000”，表示债券的投资额为人民币 2,000,000 元。C6 单元格的值为“2,500,000”，表示债券到期时的兑换值为人民币 2,500,000 元。C7 单元格将计算债券的年利率。

	A	B	C
1			
2		一次性付息债券-年利率	
3		结算日期	2019/3/1
4		到期日期	2022/1/1
5		债券投资额	2,000,000
6		到期兑换值	2,500,000
7		年利率	

图 9-7

第二步：设置“INTRATE”函数。

（1）选中 C7 单元格。单击公式列的 f_x 按钮，插入函数。在弹出的“插入函数”对话框中，“搜索函数”输入“intrate”，单击“转到”按钮，“选择函数”选择“INTRATE”，单击“确定”按钮。

（2）在弹出的“函数参数”对话框中，“Settlement”（结算日）输入“C3”，表示结算日为 2019/3/1。“Maturity”（到期日）输入“C4”，表示到期日为 2022/1/1。“Investment”（投资额）输入“C5”，表示投资额为人民币 2,000,000 元。“Redemption”（到期时的兑换值）输入“C6”，表示到期时的兑换值为人民币 2,500,000 元。“Basis”（要使用的日计数基准类型）省略，表示采用“US (NASD) 30/360”的日计数基准类型，单击“确定”按钮，如图 9-8 所示。

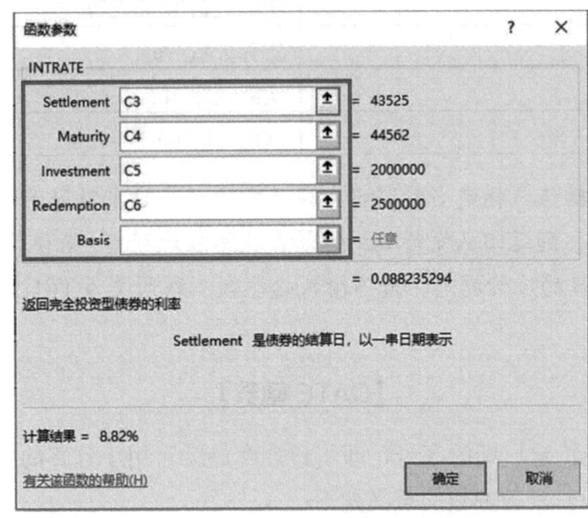

图 9-8

第三步：计算“年利率”。

C7 单元格（年利率）的值为“8.82%”，表示该一次性付息债券的年利率为 8.82%，如图 9-9 所示。

结果详见文件“09-04 债券融资分析-计算”的“一次性付息债券-年利率”工作表。

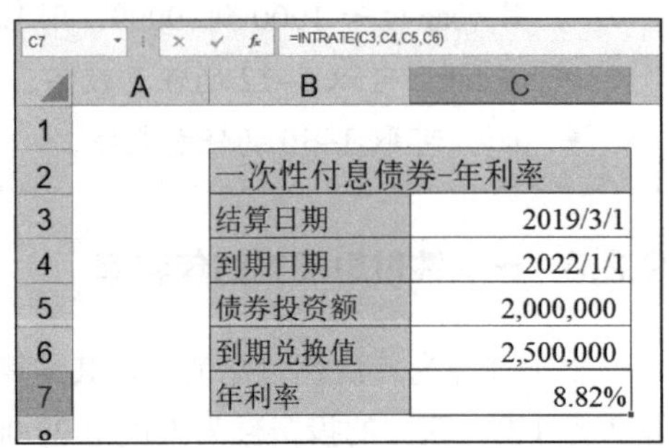
C7 =INTRATE(C3,C4,C5,C6)

	A	B	C
1			
2		一次性付息债券-年利率	
3		结算日期	2019/3/1
4		到期日期	2022/1/1
5		债券投资额	2,000,000
6		到期兑换值	2,500,000
7		年利率	8.82%

图 9-9

【INTRATE 函数】

INTRATE 函数返回一次性付息证券的应计利息。INTRATE 函数的语法是 INTRATE（settlement,maturity,investment,redemption,basis），各参数的意义如下：

- settlement：有价证券的结算日。
- maturity：有价证券的到期日，是有价证券有效期截止时的日期，用 DATE 函数表示。
- investment：有价证券的投资额。
- redemption：有价证券到期时的兑换值。
- basis：要使用的日计数基准类型。

9.2.3 定期付息债券的发行价格

例如债券为定期付息债券，其结算日为 2019 年 5 月 1 日，到期日为 2022 年 3 月 1 日，债券的季度利率为 3.00%，债券的年收益率为 6.50%，面值 100 的债券清偿价值为人民币 100，年付息次数为 4 次。计算该定期付息面值 100 的债券发行价格。

计算步骤如下：

第一步：查看“定期付息面值 100 的债券发行价格”报表。

打开文件“09-03 债券融资分析-原始”。

在“定期付息债券-发行价格”工作表中，C3 单元格（结算日期）的值为“2019/5/1”，C4 单元格（到期日期）的值为“2022/3/1”，如图 9-10 所示。C5 单元格的值为“3.00%”，表示债券的季度利率为 3.00%。C6 单元格的值为“6.50%”，表示债券的年收益率为 6.50%。C7 单元格的值为“100”，表示面值 100 的债券清偿价值为人民币 100 元。C8 单元格的值为“4”，表示年付息次数为 4 次。C9 单元格将计算债券的发行价格。

	A	B	C
1			
2		定期付息面值100的债券发行价格	
3		结算日期	2019/5/1
4		到期日期	2022/3/1
5		季度利率	3.00%
6		年收益率	6.50%
7		票面价值	100
8		年付息次数	4
9		债券发行价格	

图 9-10

第二步：设置“PRICE”函数。

（1）选中 C9 单元格。单击公式列的 f_x 按钮，插入函数。在弹出的“插入函数”对话框中，“搜索函数”输入“price”，单击“转到”按钮，“选择函数”选择“PRICE”，单击“确定”按钮。

（2）在弹出的“函数参数”对话框中，“Settlement”（结算日）输入“C3”，表示结算日为 2019/5/1。“Maturity”（到期日）输入“C4”，表示到期日为 2022/3/1。“Rate”（年息票利率）输入“C5”，表示季度利率为 3.00%。“Yld”（年收益率）输入“C6”，表示年收益率为 6.50%。“Redemption”（面值 100 的有价证券的清偿价值）输入“C7”，表示面值 100 的债券清偿价值为人民币 100 元。“Frequency”（年付息次数）输入“C8”，表示年付息次数为 4 次。Frequency（年付息次数 4 次）与 Rate（季度利率 3.00%）的计算单位一致。“Basis”（要使用的日计数基准类型）省略，表示采用“US (NASD) 30/360”的日计数基准类型，单击“确定”按钮，如图 9-11 所示。

函数参数

PRICE

Settlement	C3	=	43586
Maturity	C4	=	44621
Rate	C5	=	0.03
Yld	C6	=	0.065
Redemption	C7	=	100

= 91.00793159

返回每张票面为 100 元且定期支付利息的债券的现价

Settlement 是债券的结算日，以一串日期表示

计算结果 = 91.01

有关该函数的帮助(H)　　确定　　取消

图 9-11

第三步：计算得“发行价格”。

C9 单元格（发行价格）的值为“91.01”，表示该定期付息债券的发行价格为人民币 91.01 元，如图 9-12 所示。

结果详见文件“09-04 债券融资分析-计算”的“定期付息债券-发行价格”工作表。

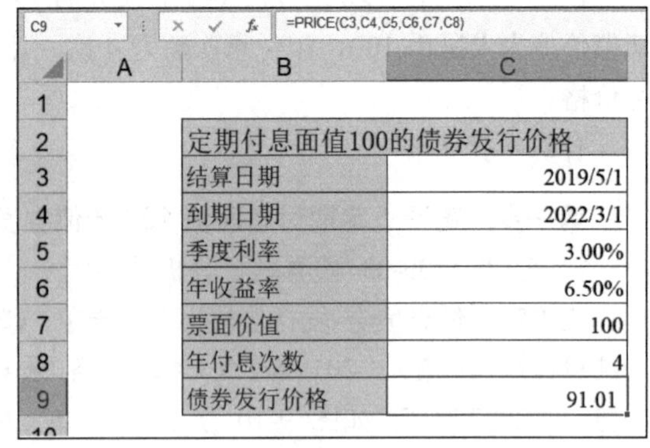

C9　=PRICE(C3,C4,C5,C6,C7,C8)

	A	B	C
1			
2		定期付息面值100的债券发行价格	
3		结算日期	2019/5/1
4		到期日期	2022/3/1
5		季度利率	3.00%
6		年收益率	6.50%
7		票面价值	100
8		年付息次数	4
9		债券发行价格	91.01

图 9-12

【PRICE 函数】

PRICE 函数返回定期付息的面值 100 的有价证券的价格。PRICE 函数的语法是 PRICE (settlement,maturity,rate,yld,redemption,frequency,basis)。各参数的意义如下：

- settlement：有价证券的结算日。
- maturity：有价证券的到期日。
- rate：有价证券的年息票利率。
- yld：有价证券的年收益率。
- redemption：面值 100 的有价证券的清偿价值。
- frequency：年付息次数。frequency 与 rate 的计算单位是一致的。
- basis：要使用的日计数基准类型。

9.2.4　定期付息债券的收益率

例如债券为定期付息债券，其结算日为 2019 年 10 月 1 日，到期日为 2024 年 8 月 1 日，债券的半年度利率为 4.50%，债券的发行价格为人民币 90 元，面值 100 的债券清偿价值为人民币 100 元，年付息次数为 2 次。计算该定期付息面值 100 的债券收益率。

计算步骤如下：

第一步：查看“定期付息面值 100 的债券收益率”报表。

打开文件“09-03 债券融资分析-原始”。

在“定期付息债券-收益率”工作表中，C3 单元格（结算日期）的值为“2019/10/1”，C4 单元格（到期日期）的值为“2024/8/1”，如图 9-13 所示。C5 单元格的值为“4.50%”，表示债券的半年度利率为 4.50%。C6 单元格的值为“90”，表示债券的发行价格为人民币 90 元。C7 单元格的值为“100”，表示面值 100 的债券清偿价值为人民币 100。C8 单元格的值为“2”，表示年付息次数为 2 次。C9 单元格将计算债券的收益率。

	A	B	C
1			
2		定期付息面值100的债券收益率	
3		结算日期	2019/10/1
4		到期日期	2024/8/1
5		半年度利率	4.50%
6		发行价格	90
7		票面价值	100
8		年付息次数	2
9		收益率	

图 9-13

第二步：设置“YIELLD”函数。

（1）选中 C9 单元格。单击公式列的 f_x 按钮，插入函数。在弹出的“插入函数”对话框中，“搜索函数”输入“yield”，单击“转到”按钮，“选择函数”选择“YIELD”，单击“确定”按钮。

（2）在弹出的“函数参数”对话框中，“Settlement”（结算日）输入“C3”，表示结算日为 2019/10/1。“Maturity”（到期日）输入“C4”，表示到期日为 2024/8/1。“Rate”（年息票利率）输入“C5”，表示半年度利率为 4.50%。“Pr”（发行价格）输入“C6”，表示债券的发行价格为人民币 90 元。

“Redemption”（面值 100 的有价证券的清偿价值）输入“C7”，表示面值 100 的债券清偿价值为人民币 100 元。“Frequency”（年付息次数）输入“C8”，表示年付息次数为 2 次。Frequency（年付息次数 2 次）与 Rate（半年度利率 4.50%）的计算单位一致。“Basis”（要使用的日计数基准类型）省略，表示采用“US (NASD) 30/360”的日计数基准类型，单击“确定”按钮，如图 9-14 所示。

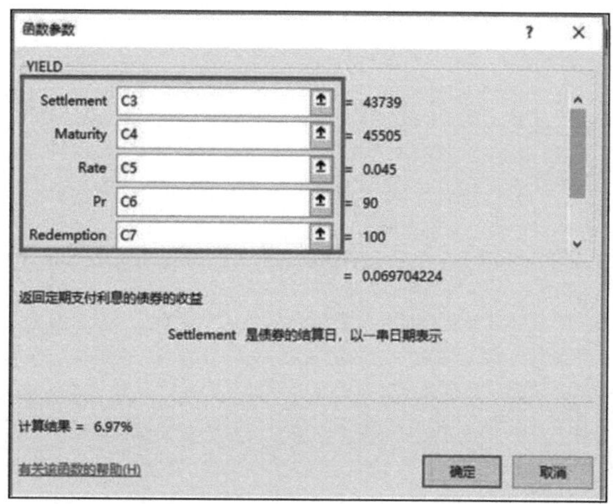

图 9-14

第三步：计算“收益率”。

C9单元格（收益率）的值为“6.97%”，表示该定期付息债券的收益率为6.97%，如图9-15所示。

结果详见文件“09-04 债券融资分析-计算”的“定期付息债券-收益率”工作表。

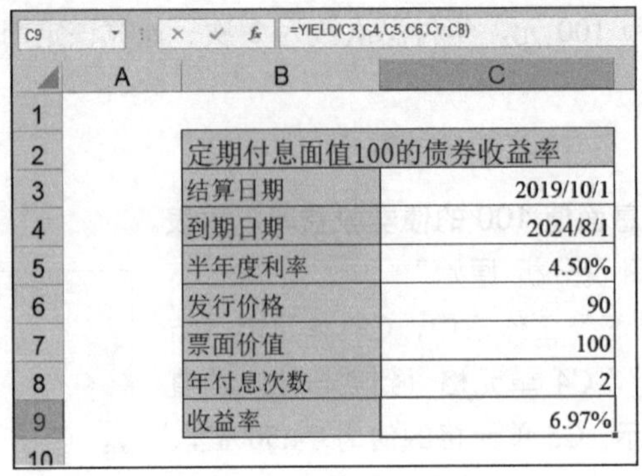

定期付息面值100的债券收益率	
结算日期	2019/10/1
到期日期	2024/8/1
半年度利率	4.50%
发行价格	90
票面价值	100
年付息次数	2
收益率	6.97%

图9-15

【YIELD函数】

YIELD函数返回定期付息的面值100的证券收益率。YIELD函数的语法是YIELD(settlement,maturity,rate,pr,redemption,frequency,basis)。各参数的意义如下：

- settlement：有价证券的结算日。
- maturity：有价证券的到期日。
- rate：有价证券的年息票利率。
- pr：面值100的有价证券的价格。
- redemption：面值100的有价证券的清偿价值。
- frequency：年付息次数。frequency与rate的计算单位是一致的。
- basis：要使用的日计数基准类型。

下篇

第 10 章 销售业绩管理

“销售”通常每个企业都会遇到。“销售”的好坏直接影响企业的竞争实力，因此销售业绩的管理是企业管理的重点项目之一。一份完整的销售业绩分析图表可以让企业领导及员工对销售状况一目了然，并有针对性地调整销售策略以利于销售目标的达成。

10.1 建立销售业绩分析表

例如，服装企业的销售区域分为 A、B、C、D 四区，要统计 2019 年 1 月至 12 月企业服装产品的销售金额以及达成比例。步骤如下：

第一步：查看“服装销售统计表”报表。

打开文件“10-01 销售业绩管理-原始”，如图 10-1 所示。

在“统计表”工作表中，D4~O4 单元格的值依次为 A 区 2019 年 1 月至 12 月的销售“目标值”，于 2018 年年底制定。

D5~O5 单元格的值依次为 A 区 2019 年 1 月至 12 月的销售“实现值”，于是 2019 年各月的实际完成数据。

D6~O6 单元格将依次计算 A 区 2019 年 1 月至 12 月的销售“达标率”。

P4 单元格将计算 2019 年各月 A 区销售“目标值”的求和。

P5 单元格将计算 2019 年各月 A 区销售“实现值”的求和。

服装销售统计表 （货币单位：万元）														
2019年		1	2	3	4	5	6	7	8	9	10	11	12	合计
A区	目标值	470	350	390	410	430	430	460	460	430	430	490	510	
	实现值	445	298	355	407	402	440	468	450	410	424	466	530	
	达标率													
B区	目标值	440	330	350	380	400	400	420	420	400	400	460	490	
	实现值	425	360	348	350	390	410	417	439	394	381	408	470	
	达标率													
C区	目标值	450	340	370	380	400	410	440	450	410	400	480	490	
	实现值	439	340	368	365	380	392	430	460	426	350	464	470	
	达标率													
D区	目标值	500	380	410	430	460	460	500	500	470	470	520	550	
	实现值	480	396	428	420	489	450	467	492	453	480	513	540	
	达标率													

图 10-1

P6 单元格将计算 A 区销售“目标值的求和”和“实现值的求和”的比值。

B 区、C 区和 D 区各单元格的数据与 A 区类似。

第二步：计算各区销售“达标率”。

（1）在 D6 单元格中输入“=D5/D4”（$=\frac{\text{A 区 1 月实现值}}{\text{A 区 1 月目标值}}=\frac{470}{445}=94.7\%$），表示 A 区 1 月的销售“达标率”为 94.7%。

（2）选中 D6 单元格，按住 D6 单元格右下角的黑色小方块，并向右拖曳至 O6 单元格，放开鼠标，则 A 区 2019 年 1 月至 12 月的销售“达标率”计算完成，如图 10-2 所示。

服装销售统计表 （货币单位：万元）														
2019年		1	2	3	4	5	6	7	8	9	10	11	12	合计
A区	目标值	470	350	390	410	430	430	460	460	430	430	490	510	
	实现值	445	298	355	407	402	440	468	450	410	424	466	530	
	达标率	94.7%	85.1%	91.0%	99.3%	93.5%	102.3%	101.7%	97.8%	95.3%	98.6%	95.1%	103.9%	
B区	目标值	440	330	350	380	400	400	420	420	400	400	460	490	
	实现值	425	360	348	350	390	410	417	439	394	381	408	470	
	达标率													
C区	目标值	450	340	370	380	400	410	440	450	410	400	480	490	
	实现值	439	340	368	365	380	392	430	460	426	350	464	470	
	达标率													
D区	目标值	500	380	410	430	460	460	500	500	470	470	520	550	
	实现值	480	396	428	420	489	450	467	492	453	480	513	540	
	达标率													

图 10-2

对于 B 区、C 区和 D 区的销售“达标率”进行类似的操作，如图 10-3 所示。

服装销售统计表 （货币单位：万元）														
2019年		1	2	3	4	5	6	7	8	9	10	11	12	合计
A区	目标值	470	350	390	410	430	430	460	460	430	430	490	510	
	实现值	445	298	355	407	402	440	468	450	410	424	466	530	
	达标率	94.7%	85.1%	91.0%	99.3%	93.5%	102.3%	101.7%	97.8%	95.3%	98.6%	95.1%	103.9%	
B区	目标值	440	330	350	380	400	400	420	420	400	400	460	490	
	实现值	425	360	348	350	390	410	417	439	394	381	408	470	
	达标率	96.6%	109.1%	99.4%	92.1%	97.5%	102.5%	99.3%	104.5%	98.5%	95.3%	88.7%	95.9%	
C区	目标值	450	340	370	380	400	410	440	450	410	400	480	490	
	实现值	439	340	368	365	380	392	430	460	426	350	464	470	
	达标率	97.6%	100.0%	99.5%	96.1%	95.0%	95.6%	97.7%	102.2%	103.9%	87.5%	96.7%	95.9%	
D区	目标值	500	380	410	430	460	460	500	500	470	470	520	550	
	实现值	480	396	428	420	489	450	467	492	453	480	513	540	
	达标率	96.0%	104.2%	104.4%	97.7%	106.3%	97.8%	93.4%	98.4%	96.4%	102.1%	98.7%	98.2%	

图 10-3

第三步：计算各区“目标值”“实现值”和“达标率”的合计。

（1）在 P4 单元格中输入“=SUM(D4:O4)”，表示 A 区销售“目标值”的“合计”为 1 月~12 月销售“目标值”的求和。

P7 单元格、P10 单元格、P13 单元格的设置与 P4 单元格是类似的。

（2）在 P5 单元格中输入“=SUM(D5:O5)”，表示 A 区销售“实现值”的“合计”为 1 月~12 月销售“实现值”的求和。

P8 单元格、P11 单元格、P14 单元格的设置与 P5 单元格是类似的。

（3）在 P6 单元格中输入“=P5/P4”，表示 A 区销售“达标率”的“合计”是销售“目标值的求和”和“实现值的求和”的比值。

P9 单元格、P12 单元格、P15 单元格的设置与 P6 单元格是类似的。

结果详见文件“10-02 销售业绩管理-计算 1”的“统计表”工作表，如图 10-4 所示。

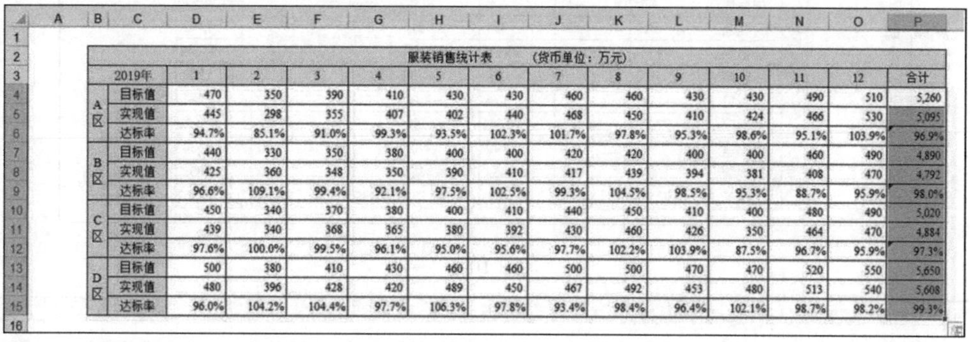

服装销售统计表　（货币单位：万元）

2019年		1	2	3	4	5	6	7	8	9	10	11	12	合计
A区	目标值	470	350	390	410	430	430	460	460	430	430	490	510	5,260
	实现值	445	298	355	407	402	440	468	450	410	424	466	530	5,095
	达标率	94.7%	85.1%	91.0%	99.3%	93.5%	102.3%	101.7%	97.8%	95.3%	98.6%	95.1%	103.9%	96.9%
B区	目标值	440	330	350	380	400	400	420	420	400	400	460	490	4,890
	实现值	425	360	348	350	390	410	417	439	394	381	408	470	4,792
	达标率	96.6%	109.1%	99.4%	92.1%	97.5%	102.5%	99.3%	104.5%	98.5%	95.3%	88.7%	95.9%	98.0%
C区	目标值	450	340	370	380	400	410	440	450	410	400	480	490	5,020
	实现值	439	340	368	365	380	392	430	460	426	350	464	470	4,884
	达标率	97.6%	100.0%	99.5%	96.1%	95.0%	95.6%	97.7%	102.2%	103.9%	87.5%	96.7%	95.9%	97.3%
D区	目标值	500	380	410	430	460	460	500	500	470	470	520	550	5,650
	实现值	480	396	428	420	489	450	467	492	453	480	513	540	5,608
	达标率	96.0%	104.2%	104.4%	97.7%	106.3%	97.8%	93.4%	98.4%	96.4%	102.1%	98.7%	98.2%	99.3%

图 10-4

第四步：用“数据条”表示“达标率”。

（1）在“10-02 销售业绩管理-计算 1”的“统计表”工作表中，单击 D4 单元格，然后单击“视图”选项卡，并依次单击“冻结窗格→冻结窗格”，如图 10-5 所示。则 1~3 行单元格以及 A~C 列单元格被固定在屏幕中，不会移动或消失，便于查看。

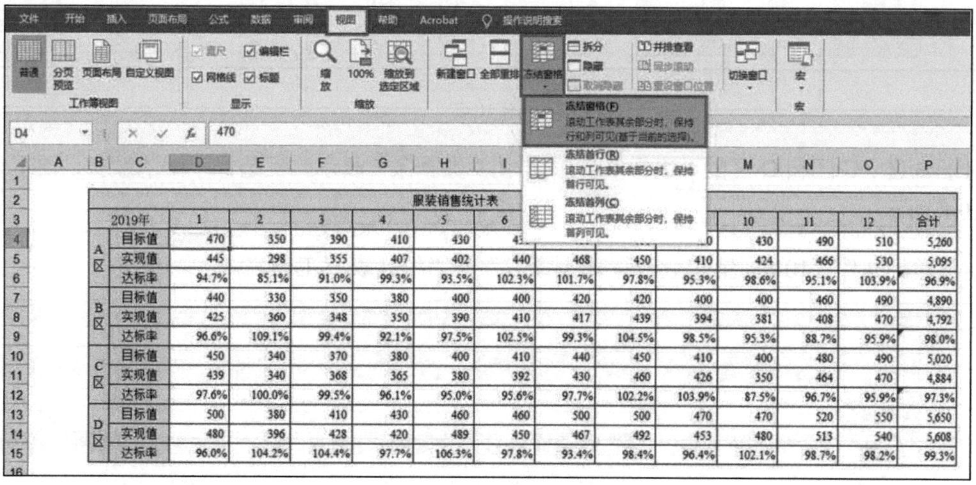

图 10-5

（2）选中 D6~P6 单元格，单击“开始”选项卡，并依次单击“条件格式→数据条→实心填充（蓝色）”，如图 10-6 所示。此时，D6~P6 单元格除了显示数据外，还显示了数据条，数据条的长短代表了“达标率”的高低。但当“达标率”超过 100%时，数据条的长度与“等于 100%”时的长度是一致的，如图 10-7 所示。

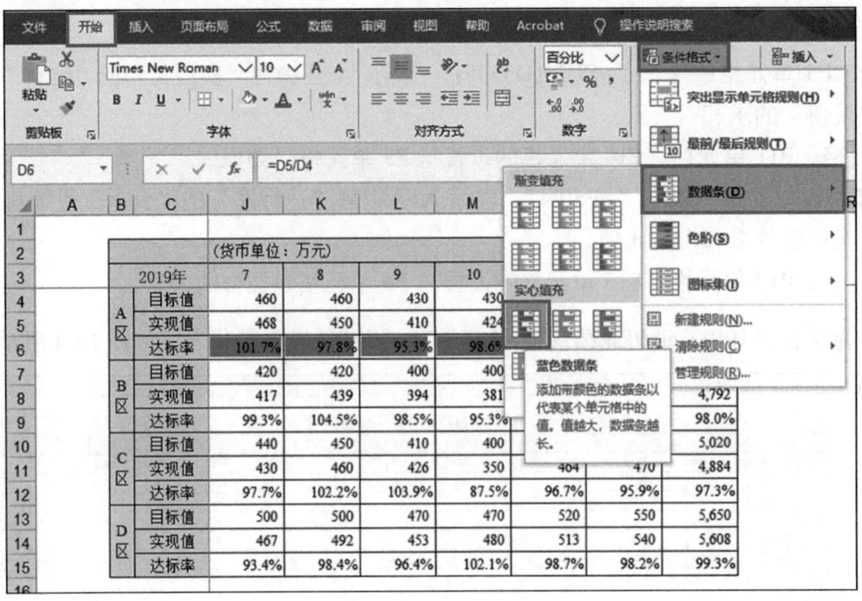

图 10-6

服装销售统计表　（货币单位：万元）														
2019年		1	2	3	4	5	6	7	8	9	10	11	12	合计
A区	目标值	470	350	390	410	430	430	460	460	430	430	490	510	5,260
	实现值	445	298	355	407	402	440	468	450	410	424	466	530	5,095
	达标率	94.7%	85.1%	91.0%	99.3%	93.5%	102.3%	101.7%	97.8%	95.3%	98.6%	95.1%	103.9%	96.9%
B区	目标值	440	330	350	380	400	400	420	420	400	400	460	490	4,890
	实现值	425	360	348	350	390	410	417	439	394	381	408	470	4,792
	达标率	96.6%	109.1%	99.4%	92.1%	97.5%	102.5%	99.3%	104.5%	98.5%	95.3%	88.7%	95.9%	98.0%
C区	目标值	450	340	370	380	400	410	440	450	410	400	480	490	5,020
	实现值	439	340	368	365	380	392	430	460	426	350	464	470	4,884
	达标率	97.6%	100.0%	99.5%	96.1%	95.0%	95.6%	97.7%	102.2%	103.9%	87.5%	96.7%	95.9%	97.3%
D区	目标值	500	380	410	430	460	460	500	500	470	470	520	550	5,650
	实现值	480	396	428	420	489	450	467	492	453	480	513	540	5,608
	达标率	96.0%	104.2%	104.4%	97.7%	106.3%	97.8%	93.4%	98.4%	96.4%	102.1%	98.7%	98.2%	99.3%

图 10-7

对于 B 区、C 区和 D 区的“达标率”，同样用“数据条”表示，但选择不同的颜色，便于识别，如图 10-8 所示。

结果详见文件“10-03 销售业绩管理-计算 2”的“统计表”工作表。

服装销售统计表　（货币单位：万元）														
2019年		1	2	3	4	5	6	7	8	9	10	11	12	合计
A区	目标值	470	350	390	410	430	430	460	460	430	430	490	510	5,260
	实现值	445	298	355	407	402	440	468	450	410	424	466	530	5,095
	达标率	94.7%	85.1%	91.0%	99.3%	93.5%	102.3%	101.7%	97.8%	95.3%	98.6%	95.1%	103.9%	96.9%
B区	目标值	440	330	350	380	400	400	420	420	400	400	460	490	4,890
	实现值	425	360	348	350	390	410	417	439	394	381	408	470	4,792
	达标率	96.6%	109.1%	99.4%	92.1%	97.5%	102.5%	99.3%	104.5%	98.5%	95.3%	88.7%	95.9%	98.0%
C区	目标值	450	340	370	380	400	410	440	450	410	400	480	490	5,020
	实现值	439	340	368	365	380	392	430	460	426	350	464	470	4,884
	达标率	97.6%	100.0%	99.5%	96.1%	95.0%	95.6%	97.7%	102.2%	103.9%	87.5%	96.7%	95.9%	97.3%
D区	目标值	500	380	410	430	460	460	500	500	470	470	520	550	5,650
	实现值	480	396	428	420	489	450	467	492	453	480	513	540	5,608
	达标率	96.0%	104.2%	104.4%	97.7%	106.3%	97.8%	93.4%	98.4%	96.4%	102.1%	98.7%	98.2%	99.3%

图 10-8

10.2 销售业绩的图表分析

10.1 节运用表格描述了销售业绩表现，这一节将借助 Excel 图形表述销售业绩的表现，主要用到的图形包括折线图、饼图、柱形图。

10.2.1 折线图的运用

我们将利用折线图表示 A 区的销售达标率及走势。步骤如下：

第一步：插入“折线图”。

（1）在“10-03 销售业绩管理-计算 2”的“统计表”工作表中，选中 D3~O3 单元格，按住 Ctrl 按键的同时，选中 D6~O6 单元格，如图 10-9 所示。

服装销售统计表　（货币单位：万元）

2019年		1	2	3	4	5	6	7	8	9	10	11	12	合计
A区	目标值	470	350	390	410	430	430	460	460	430	430	490	510	5,260
	实现值	445	298	355	407	402	440	468	450	410	424	466	530	5,095
	达标率	94.7%	85.1%	91.0%	99.3%	93.5%	102.3%	101.7%	97.8%	95.3%	98.6%	95.1%	103.9%	96.9%
B区	目标值	440	330	350	380	400	400	420	420	400	400	460	490	4,890
	实现值	425	360	348	350	390	410	417	439	394	381	408	470	4,792
	达标率	96.6%	109.1%	99.4%	92.1%	97.5%	102.5%	99.3%	104.5%	98.5%	95.3%	88.7%	95.9%	98.0%
C区	目标值	450	340	370	380	400	410	440	450	410	400	480	490	5,020
	实现值	439	340	368	365	380	392	430	460	426	350	464	470	4,884
	达标率	97.6%	100.0%	99.5%	96.1%	95.0%	95.6%	97.7%	102.2%	103.9%	87.5%	96.7%	95.9%	97.3%
D区	目标值	500	380	410	430	460	460	500	500	470	470	520	550	5,650
	实现值	480	396	428	420	489	450	467	492	453	480	513	540	5,608
	达标率	96.0%	104.2%	104.4%	97.7%	106.3%	97.8%	93.4%	98.4%	96.4%	102.1%	98.7%	98.2%	99.3%

选中的单元格

图 10-9

单击“插入”选项卡，并依次单击“折线图→带数据标记的折线图”，如图 10-10 所示。

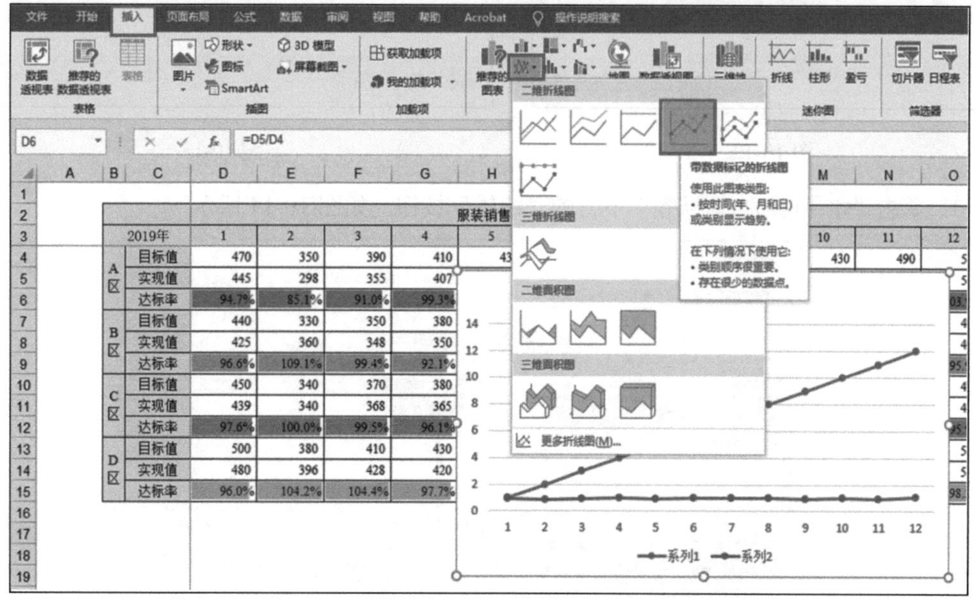

图 10-10

（2）工作表中生成一张折线图，如图 10-11 所示。

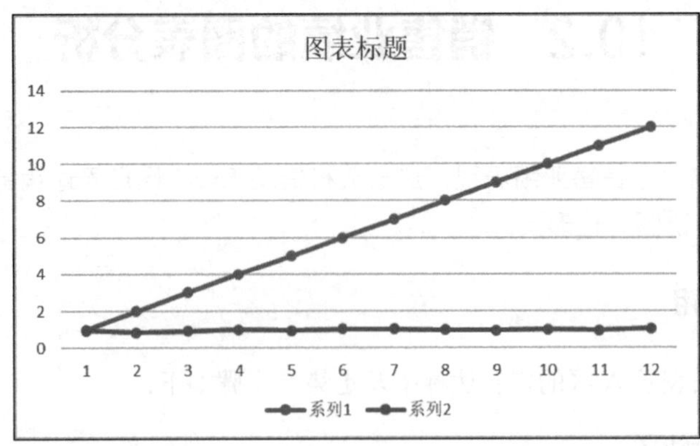

图 10-11

第二步：调整折线图的“数据”。

（1）右击折线图的图表区，选择“选择数据”，如图 10-12 所示。

（2）在弹出的“选择数据源”对话框中，选中“系列 1”，并单击“删除”按钮，如图 10-13 所示。

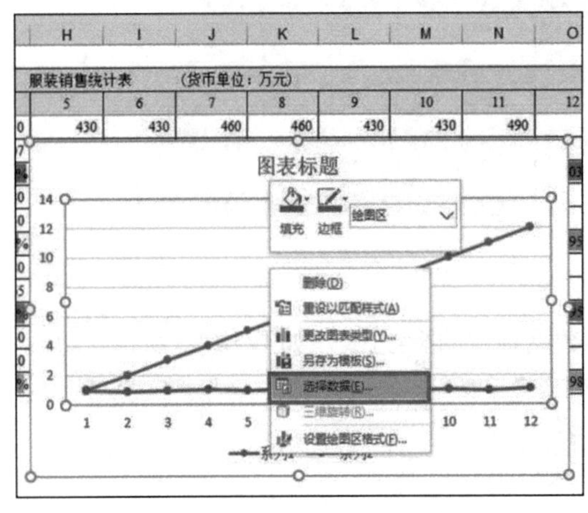

图 10-12

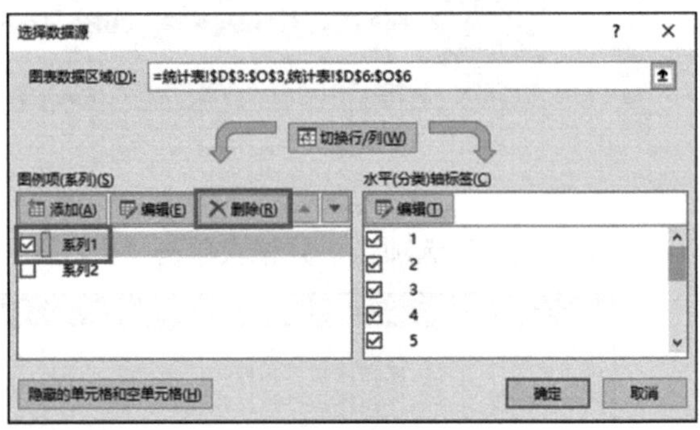

图 10-13

（3）单击“水平(类别)轴标签”下方的“编辑”按钮，如图 10-14 所示。

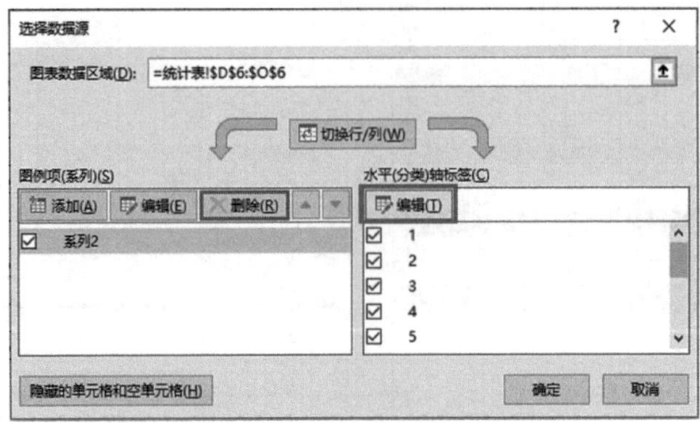

图 10-14

在弹出的“轴标签”对话框中，“轴标签区域”选择 D3~O3 单元格，如图 10-15 所示。依次在两个对话框中单击“确定”按钮。

图表中仅留下“数列 2”对应的折线，如图 10-16 所示。

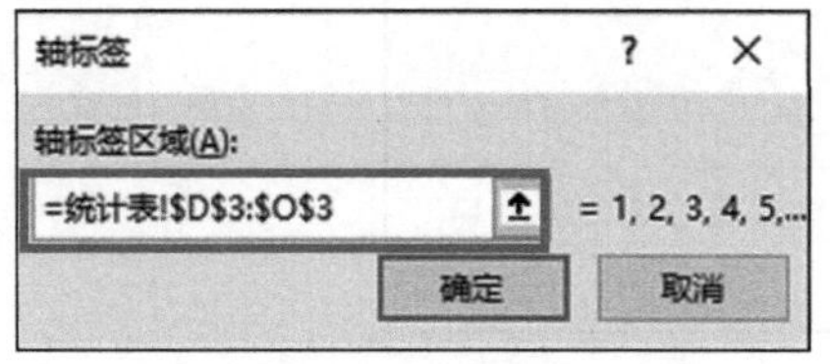

图 10-15

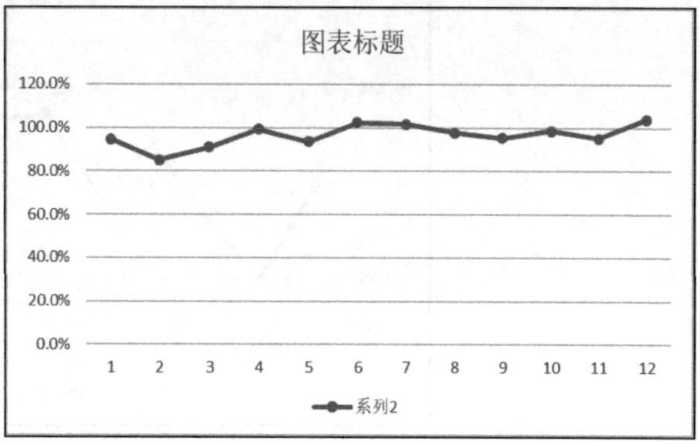

图表标题
120.0%
100.0%
80.0%
60.0%
40.0%
20.0%
0.0%
1 2 3 4 5 6 7 8 9 10 11 12
系列2

图 10-16

第三步：调整折线图的坐标轴。

（1）右击 Y 坐标轴，选择“设置坐标轴格式”，如图 10-17 所示。

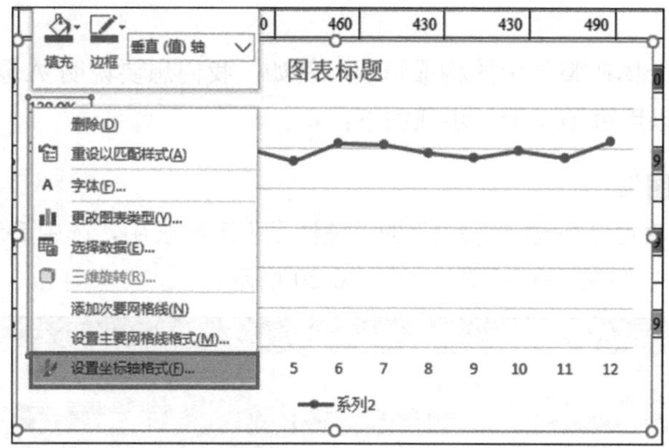

图 10-17

（2）在窗口右侧出现了“设置坐标轴格式”的工作区，边界的“最小值”设为“0.8”，“最大值”设为“1.1”，如图 10-18 所示。

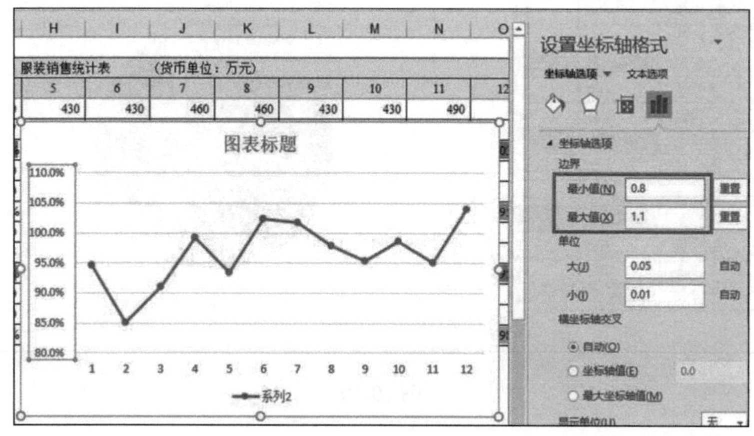

图 10-18

图表的显示区间变小，折线的变化趋势更加清晰易见，如图 10-19 所示。

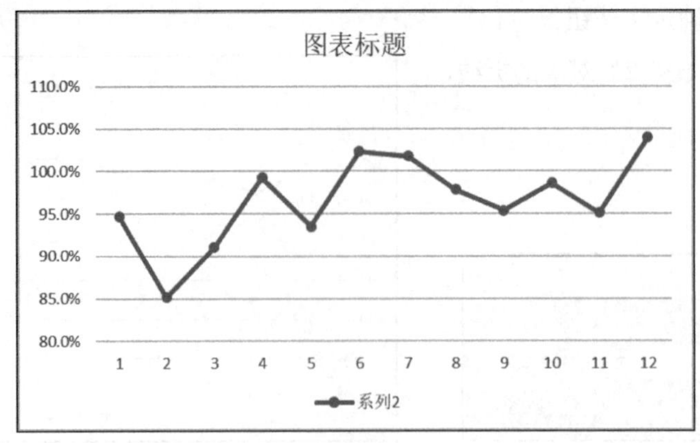

图 10-19

结果详见文件“10-04 销售业绩管理-计算 3”的“统计图-折线图”工作表。

10.2.2 饼图的运用

饼图通常用于表现个体在整体中的构成情况。例如，我们想要说明 A 区各月的销售“实现值”在全年度中的构成，可以用饼图表示。步骤如下：

第一步：插入“饼图”。

（1）在“10-03 销售业绩管理-计算 2”的“统计表”工作表中，选中 D5~O5 单元格，单击“插入”选项卡，并依次单击“饼图→饼图”，如图 10-20 所示。

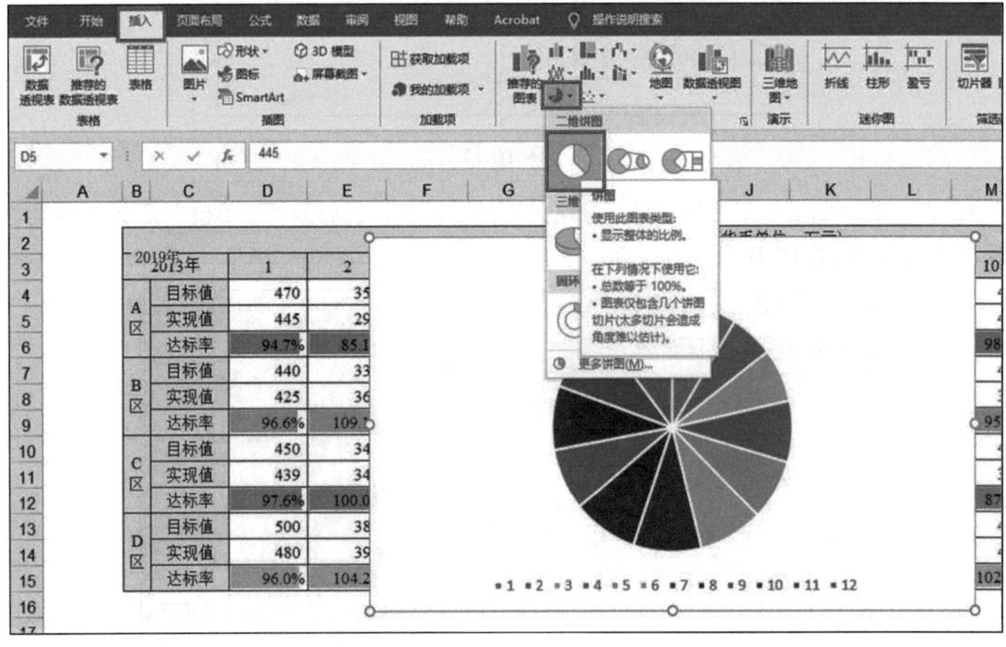

图 10-20

（2）Excel 生成一张饼图，如图 10-21 所示。

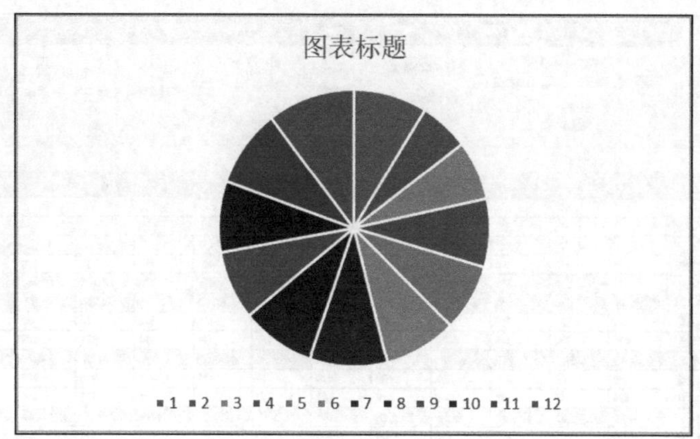

图 10-21

第二步：调整饼图的数据标签。

选中图表，单击图表右侧的“图表元素”标签，勾选“数据标签”，并依次单击右侧的菜单按钮，选择“最佳位置”，如图 10-22 所示。

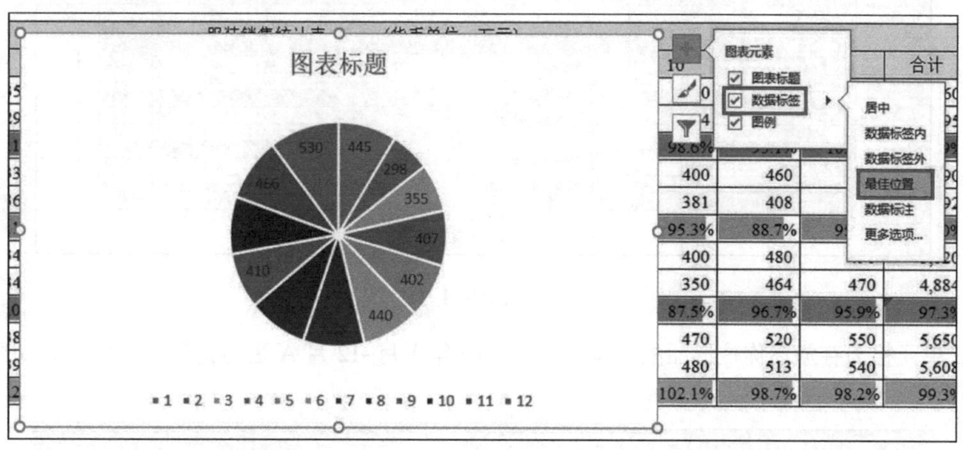

图 10-22

各月的“实现值”显示在图形上。饼图显示了 A 区各月“实现值”的数据，以及各月数据在全年“实现值”中的占比图形。

结果详见文件“10-04 销售业绩管理-计算 3”的“统计图-饼图”工作表。

10.2.3 柱形图的运用

柱形图同样可以表达数据的变化趋势。例如，我们要在表格中显示各区“实现值”的连续走势，如何用迷你柱形图表达呢？步骤如下：

第一步：插入“迷你柱形图”。

（1）在“10-03 销售业绩管理-计算 2”的“统计表”工作表中，选中 D5~O5 单元格，单击“插入”选项卡，并依次单击“迷你图→柱形”，如图 10-23 所示。

（2）在弹出的“创建迷你图”对话框中，单击“位置范围”右侧的空格，然后单击 Q5 单元格，单击“确定”按钮，如图 10-24 所示。

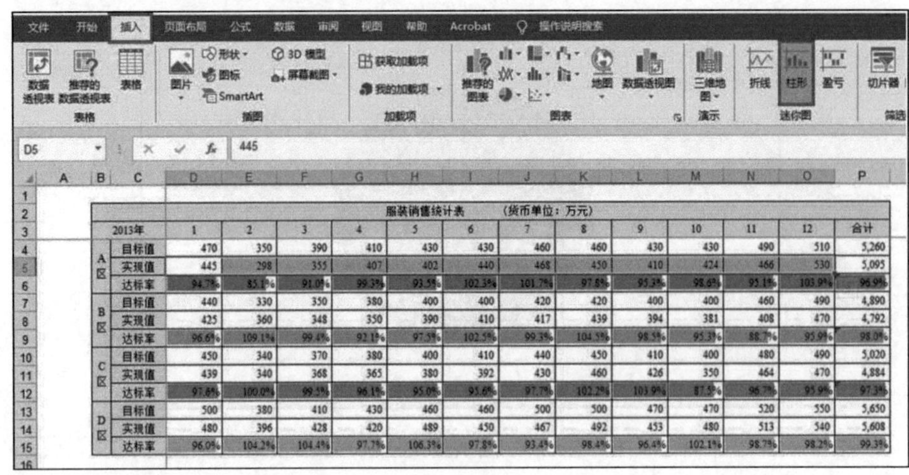

服装销售统计表　　（货币单位：万元）														
2013年		1	2	3	4	5	6	7	8	9	10	11	12	合计
A区	目标值	470	350	390	410	430	430	460	460	430	430	490	510	5,260
	实现值	445	298	355	407	402	440	468	450	410	424	466	530	5,095
	达标率	94.7%	85.1%	91.0%	99.3%	93.5%	102.3%	101.7%	97.8%	95.3%	98.6%	95.1%	103.9%	96.9%
B区	目标值	440	330	350	380	400	400	420	420	400	400	460	490	4,890
	实现值	425	360	348	350	390	410	417	439	394	381	408	470	4,792
	达标率	96.6%	109.1%	99.4%	92.1%	97.5%	102.5%	99.3%	104.5%	98.5%	95.3%	88.7%	95.9%	98.0%
C区	目标值	450	340	370	380	400	410	440	450	410	400	480	490	5,020
	实现值	439	340	368	365	380	392	430	460	426	350	464	470	4,884
	达标率	97.6%	100.0%	99.5%	96.1%	95.0%	95.6%	97.7%	102.2%	103.9%	87.5%	96.7%	95.9%	97.3%
D区	目标值	500	380	410	430	460	460	500	500	470	470	520	550	5,650
	实现值	480	396	428	420	489	450	467	492	453	480	513	540	5,608
	达标率	96.0%	104.2%	104.4%	97.7%	106.3%	97.8%	93.4%	98.4%	96.4%	102.1%	98.7%	98.2%	99.3%

图 10-23

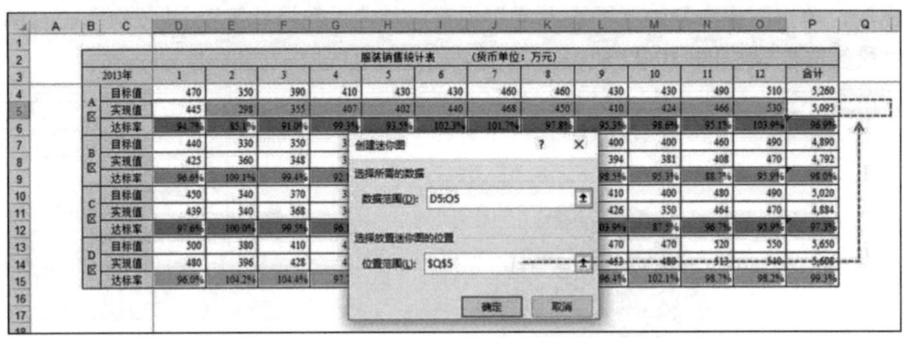

图 10-24

Q5 单元格为存放迷你柱形图的位置，显示 2019 年 1 月~12 月 A 区的销售“实现值”，如图 10-25 所示。

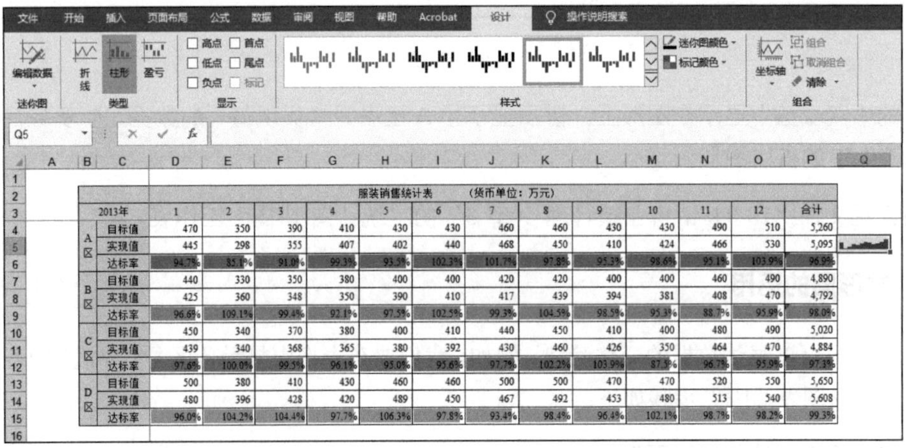

图 10-25

第二步：调整迷你柱形图的样式。

（1）选中 Q5 单元格，单击“迷你图工具-设计”选项卡，勾选“显示”下的“高点”和“低点”，如图 10-26 所示。迷你柱形图中的“高点”和“低点”条形由不同的颜色标识出来。

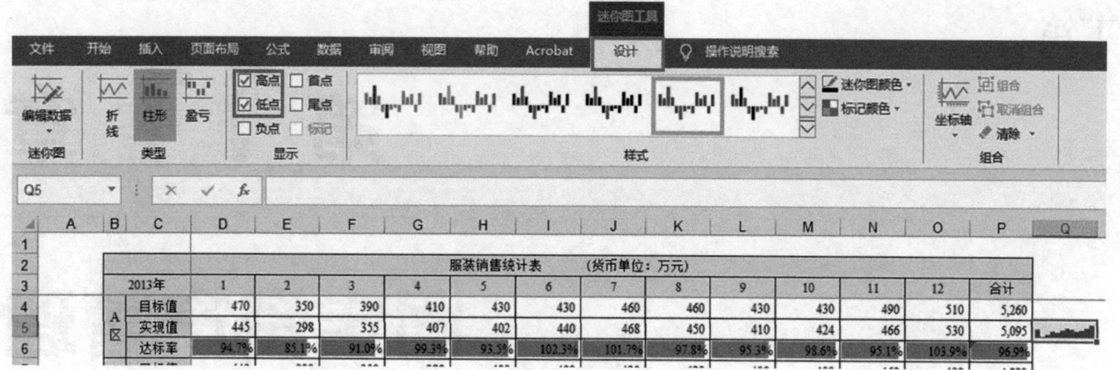

图 10-26

（2）在“迷你图工具-设计”选项卡的“样式”中选择“深青”，迷你柱形图的颜色由深蓝色系变成浅蓝色系，如图 10-27 所示。

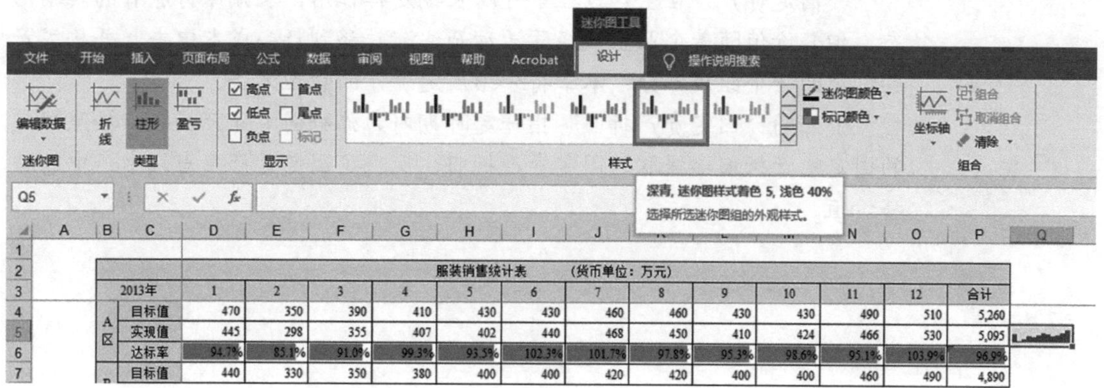

图 10-27

结果详见文件“10-04 销售业绩管理-计算 3”的“统计图-迷你柱形图”工作表。

下篇

第 11 章

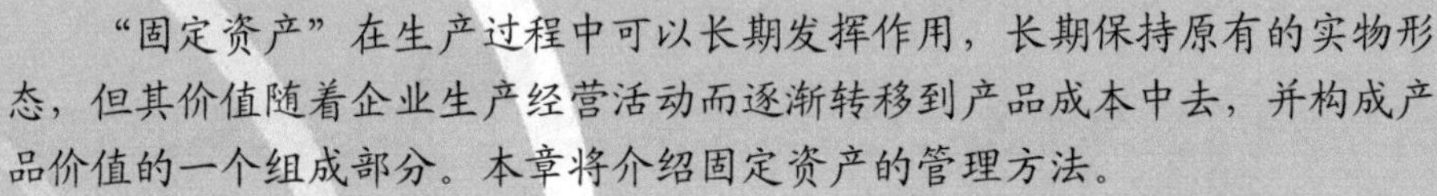

固定资产管理

“固定资产”在生产过程中可以长期发挥作用，长期保持原有的实物形态，但其价值随着企业生产经营活动而逐渐转移到产品成本中去，并构成产品价值的一个组成部分。本章将介绍固定资产的管理方法。

企业的“固定资产折旧”指一定时期内为弥补固定资产损耗，按照规定的固定资产折旧率提取的固定资产折旧，反映了固定资产在当期生产中的转移价值。

“固定资产折旧”的总原则包括如下 5 点：

（1）企业按月计提固定资产折旧。

（2）当月增加的固定资产，当月不计提折旧，下月起计提折旧。

（3）当月减少的固定资产，当月仍计提折旧，下月起停止计提折旧。

（4）提足折旧后，无论能否继续使用，均不再提取折旧。

（5）提前报废的固定资产不再补提折旧。

计提折旧的固定资产主要包括 4 项：

（1）房屋建筑物。

（2）在用的机器设备、食品仪表、运输车辆、工具器具。

（3）季节性停用及修理停用的设备。

（4）以经营租赁方式租出的固定资产和以融资租赁方式租入的固定资产。

不计提折旧的固定资产主要包括 4 项：

（1）已提足折旧仍继续使用的固定资产。

（2）以前年度已经估价单独入账的土地。

（3）提前报废的固定资产。

（4）以经营租赁方式租入的固定资产和以融资租赁方式租出的固定资产。

除国家财政、税务主管部门另有规定外，固定资产计算折旧的最低年限如下：

（1）房屋、建筑物，为 20 年。

（2）飞机、火车、轮船、机器、机械和其他生产设备，为 10 年。

（3）与生产经营活动有关的器具、工具、家具等，为 5 年。

（4）飞机、火车、轮船以外的运输工具，为 4 年。

（5）电子设备，为 3 年。前述所规定的折旧年限，是各项固定资产的最低折旧年限，企业可规定对固定资产采用比最低折旧年限更长的折旧时限。

折旧的三要素是“固定资产原值”“固定资产的使用寿命”和“固定资产净残值”。

【固定资产的相关名词解释】

- 固定资产原值：固定资产的账面成本。
- 固定资产的使用寿命：企业使用固定资产的预计期间，或者该固定资产所能生产产品或提供劳务的数量。
- 固定资产净残值：假定固定资产预计使用寿命已满，并处于使用寿命终了的预期状态，企业目前从该项资产处置中获得的是扣除预计处置费用以后的金额。
- 固定资产减值准备：固定资产已计提的固定资产减值准备累计金额。

11.1 固定资产折旧方法

企业计提“固定资产折旧”的方法包括两大类，一是“直线法”，二是“加速折旧法”。“直线法”包括“年限平均法”和“工作量法”，“加速折旧法”包括“年数总和法”“固定余额递减法”“双倍余额递减法”和”可变余额递减法”。企业根据固定资产所含经济利益预期实现方式选择不同的方法。

视频

11.1.1 年限平均法

例如企业购入机器设备，资产原值为人民币 1,000,000 元，使用年限为 10 年，10 年后预计资产残值为人民币 50,000 元。用“年限平均法”计算折旧金额。步骤如下：

第一步：查看“统计表”。

（1）打开文件“11-01 固定资产折旧-原始”，如图 11-1 所示。

	A	B	C	D
1				
2		资产原值	使用年限	预计资产残值
3		1,000,000	10	50,000
4				

图 11-1

在“统计表”工作表中，B3 单元格的值为“1,000,000”，表示资产原值为人民币 1,000,000 元。C3 单元格的值为“10”，表示使用年限为 10 年。D3 单元格的值为“50,000”，表示 10 年后预计资产残值为人民币 50,000 元。

（2）C7~C17 单元格将利用“年限平均法”计算第 0~10 年的资产折旧金额，如图 11-2 所示。

	A	B	C	D	E	F	G	H	I	J	K	L
1												
2		资产原值	使用年限	预计资产残值								
3		1,000,000	10	50,000								
4												
5		折旧年数	年限平均法(SLN)		年数总和法(SYD)		固定余额递减法(DB)		双倍余额递减法(DDB)		可变余额递减法(VDB)	
6			折旧金额	账面剩余价值	折旧金额	账面剩余价值	折旧金额	账面剩余价值	折旧金额	账面剩余价值	折旧金额	账面剩余价值
7		0 年										
8		1 年										
9		2 年										
10		3 年										
11		4 年										
12		5 年										
13		6 年										
14		7 年										
15		8 年										
16		9 年										
17		10 年										
18												

图 11-2

D7~D17 单元格将计算 C7~C17 单元格（折旧金额）对应的第 0~10 年的账面剩余价值。

E7~E17 单元格、G7~G17 单元格、I7~I17 单元格、K7~K17 单元格将分别利用“年数总和法”“固定余额递减法”“双倍余额递减法”和“可变余额递减法”计算第 0~10 年的资产折旧金额。

F7~F17 单元格、H7~H17 单元格、J7~J17 单元格、L7~L17 单元格将计算前一列“折旧金额”对应的“账面剩余价值”。

第二步：设置“SLN”函数。

（1）在 C7 单元格中输入“0”，表示第 0 年的折旧金额为 0。

（2）选中 C8 单元格，单击公式列的 f_x 按钮，插入函数。在弹出的“插入函数”对话框中，“搜索函数”输入“sln”，单击“转到”按钮，“选择函数”选择“SLN”，单击“确定”按钮。

（3）在弹出的“函数参数”对话框中，单击“Cost”右侧的空格。单击 B3 单元格，表示“Cost”（固定资产原值）的值为人民币 1,000,000 元。单击“Salvage”右侧的空格，单击 D3 单元格，表示“Salvage”（固定资产残值）的值为人民币 50,000 元，单击“Life”右侧的空格，单击 C3 单元格，表示“Life”（固定资产的预计使用年限）的值为 10 年。单击“确定”按钮，如图 11-3 所示。

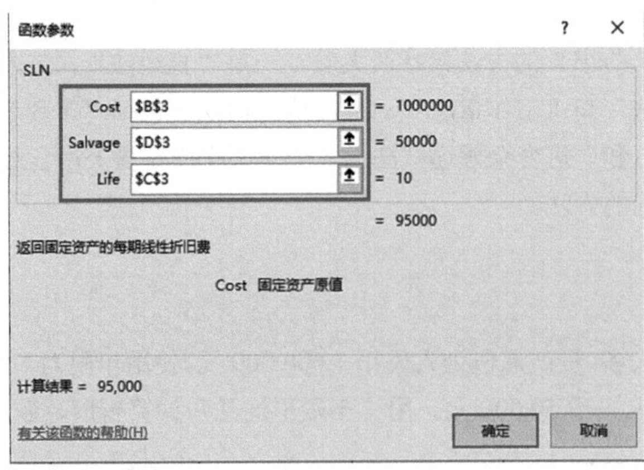

图 11-3

第三步：计算“年限平均法”的“折旧金额”和“账面剩余价值”。

（1）C8 单元格（第 1 年的折旧金额）的值为人民币 95,000 元。

（2）将 C8 单元格的公式复制到 C9~C17 单元格。第 1~10 年的折旧金额均为人民币 95,000 元，“年限平均法”将固定资产的应计折旧金额均衡地分摊到使用年限中。

“年限平均法”的

$$折旧率=\frac{1}{固定资产使用年限}\times100\%=\frac{1}{10}\times100\%=10\%。$$

（3）在 D7 单元格中输入“=$B$3-SUM($C$7:C7)”，表示第 0 年的“账面剩余价值”为“资产原值”与“第 0 年及之前各年度折旧金额求和”的差额。

（4）将 D7 单元格的公式复制到 D8~D17 单元格，则第 1~10 年的”账面剩余价值”如图 11-4 所示。第 10 年的“账面剩余价值”为人民币 50,000 元，与 D3 单元格（预设资产残值）相同。

结果详见文件“11-02 固定资产折旧-计算 1”的”统计表”工作表。

D17 =$B$3-SUM($C$7:C17)

	A	B	C	D
1				
2		资产原值	使用年限	预计资产残值
3		1,000,000	10	50,000
4				
5		折旧年数	年限平均法(SLN)	
6			折旧金额	账面剩余价值
7		0 年	0	1,000,000
8		1 年	95,000	905,000
9		2 年	95,000	810,000
10		3 年	95,000	715,000
11		4 年	95,000	620,000
12		5 年	95,000	525,000
13		6 年	95,000	430,000
14		7 年	95,000	335,000
15		8 年	95,000	240,000
16		9 年	95,000	145,000
17		10 年	95,000	50,000

图 11-4

【“年限平均法”及 SLN 函数】

“年限平均法”将固定资产的应计折旧金额均衡地分摊到固定资产预定使用的寿命内。采用这种方法计算的每期折旧金额相等。计算公式如下：

$$年折旧率=\frac{1}{使用年限}\times100\%$$

年折旧金额=（固定资产原值–资产残值）×月折旧率

在 Excel 中，利用 SLN 函数完成年限平均法的计算。SLN 函数返回某项固定资产使用“年限平均法”计算的每期折旧金额。

SLN 函数的语法是 SLN(cost,salvage,life)，各参数的意义如下：

- cost：固定资产原值。
- salvage：固定资产残值。
- life：固定资产的预计使用年限。

【“工作量法”】

“直线法”包括“年限平均法”和“工作量法”。“工作量法”是“平均年限法”的补充和延伸。“工作量法”根据实际工作量计算每期应计提的折旧金额。一般是按固定资产的工作量计算折旧金额，工作量可以是行驶里程、工作时数等，根据实际情况确定。

11.1.2 年数总和法

沿用上例，用“年数总和法”计算折旧金额。步骤如下：

第一步：设置“SYD”函数。

（1）打开文件“11-01 固定资产折旧-计算 1”。在“统计表”工作表中，在 E7 单元格中输入“0”，表示第 0 年的折旧金额为 0。

（2）选中 E8 单元格，单击公式列的 f_x 按钮，插入函数。在弹出的“插入函数”对话框中，“搜索函数”输入“syd”，单击“转到”按钮，“选择函数”选择“SYD”，单击“确定”按钮。

在弹出的“函数参数”对话框中，“Cost”（固定资产原值）、“Salvage”（固定资产残值）、“Life”（固定资产的预计使用年限）的设置方法和上一例相同，如图 11-5 所示。在“Per”右侧的空格中输入“B8”，表示“计算固定资产折旧的期间”为“第 1 年”，“Per”与“Life”的计算单位一致，单击“确定”按钮。

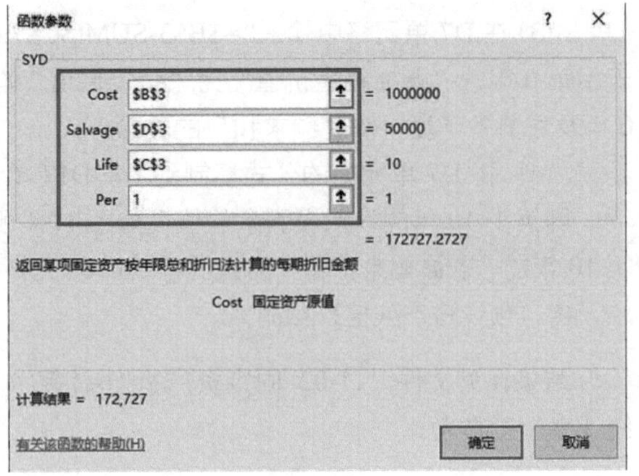

图 11-5

第二步：计算“年数总和法”的“折旧金额”和“账面剩余价值”。

（1）E8 单元格（第 1 年的折旧金额）的值为人民币 172,727 元。

（2）将 E8 单元格的公式复制到 E9~E17 单元格。第 1~10 年的折旧金额逐年递减，是将“资产原值”减去“账面剩余价值”的金额，乘以逐年递减的折旧率，得到固定资产折旧金额。

（3）在 F7 单元格中输入“=$B$3-SUM($E$7:E7)”，和 D7 单元格的意义相同。

（4）将 E7 单元格的公式复制到 E8~E17 单元格，则第 1~10 年的“账面剩余价值”，如图 11-6 所示。第 10 年的“账面剩余价值”为人民币 50,000 元，与 D3 单元格（预设资产残值）相同。

F17 =$B$3-SUM($E$7:E17)

资产原值	使用年限	预计资产残值
1,000,000	10	50,000

折旧年数	年限平均法(SLN)		年数总和法(SYD)	
	折旧金额	账面剩余价值	折旧金额	账面剩余价值
0 年	0	1,000,000	0	1,000,000
1 年	95,000	905,000	172,727	827,273
2 年	95,000	810,000	155,455	671,818
3 年	95,000	715,000	138,182	533,636
4 年	95,000	620,000	120,909	412,727
5 年	95,000	525,000	103,636	309,091
6 年	95,000	430,000	86,364	222,727
7 年	95,000	335,000	69,091	153,636
8 年	95,000	240,000	51,818	101,818
9 年	95,000	145,000	34,545	67,273
10 年	95,000	50,000	17,273	50,000

图 11-6

结果详见文件“11-03 固定资产折旧-计算 2”的”统计表”工作表。

【“年数总和法”和 SYD 函数】

“年数总和法”将固定资产的原值减去残值后的净额，乘以逐年递减的分数，计算固定资产折旧金额。

例如，固定资产入账时账面价值为 X 元，预计使用 N 年，预计残值为 Y 元，则第 M 年计提折旧的计算公式如下：

$$\text{第M年的折旧金额} = (X - Y) \times \frac{N - M + 1}{(N + 1) \times \frac{N}{2}}$$

在 Excel 中，利用 SYD 函数完成年数总和法的计算。SYD 函数返回某项固定资产使用“年数总和法”计算的每期折旧金额。

SYD 函数的语法是 SYD(cost, salvage, life, period)，各参数的意义如下：

- cost：固定资产原值。
- salvage：固定资产残值。
- life：固定资产的预计使用年限。
- period：计算固定资产折旧的期间，period 与 life 的单位要一致。

11.1.3 固定余额递减法

沿用上例，用“固定余额递减法”计算折旧金额。步骤如下：

第一步：设置“DB”函数。

（1）打开文件“11-01 固定资产折旧-计算 2”。在“统计表”工作表中，在 G7 单元格中输入“0”，表示第 0 年的折旧金额为 0。

（2）选中 G8 单元格，单击公式列的 f_x 按钮，插入函数。在弹出的“插入函数”对话框中，“搜索函数”输入“db”，单击“转到”按钮，“选择函数”选择“DB”，单击“确定”按钮。

第二步：设置“DB”函数。

“Cost”（固定资产原值）、“Salvage”（固定资产残值）、“Life”（固定资产的预计使用年限）和“Period”（计算固定资产折旧的期间）的设置方法和上一例相同。

“Month”省略，表示第一年的月份数为 12，单击“确定”按钮，如图 11-7 所示。

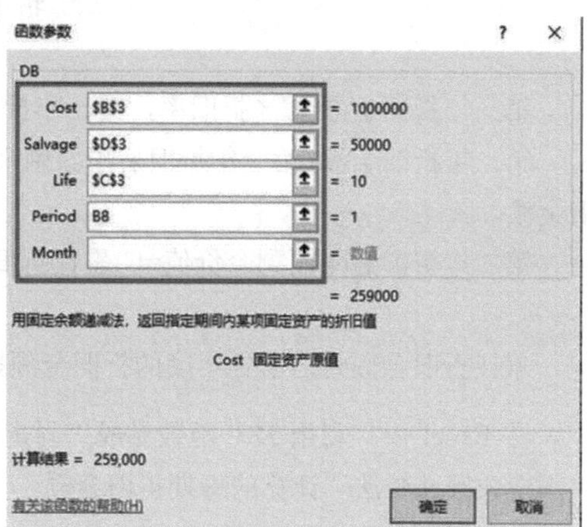

图 11-7

第三步：计算“固定余额递减法”的“折旧金额”和“账面剩余价值”。

（1）G8 单元格（第 1 年的折旧金额）的值为人民币 259,000 元。

（2）将 G8 单元格的公式复制到 G9~G17 单元格，第 1~10 年的折旧金额是上一年“账面剩余价值”乘以固定不变的百分率（本例为 25.9%）的值。

（3）在 H7 单元格中输入“=$B$3-SUM($G$7:G7)”，和 D7 单元格的意义相同。

（4）将 H7 单元格的公式复制到 H8~H17 单元格，则第 1~10 年的“账面剩余价值”如图 11-8 所示。第 10 年的“账面剩余价值”为人民币 49,909 元（约等于 50,000 元），与 D3 单元格（预设资产残值）约等。

结果详见文件“11-04 固定资产折旧-计算 3”的“统计表”工作表。

H17 =$B$3-SUM($G$7:G17)

资产原值	使用年限	预计资产残值
1,000,000	10	50,000

折旧年数	年限平均法(SLN)		年数总和法(SYD)		固定余额递减法(DB)	
	折旧金额	账面剩余价值	折旧金额	账面剩余价值	折旧金额	账面剩余价值
0 年	0	1,000,000	0	1,000,000	0	1,000,000
1 年	95,000	905,000	172,727	827,273	259,000	741,000
2 年	95,000	810,000	155,455	671,818	191,919	549,081
3 年	95,000	715,000	138,182	533,636	142,212	406,869
4 年	95,000	620,000	120,909	412,727	105,379	301,490
5 年	95,000	525,000	103,636	309,091	78,086	223,404
6 年	95,000	430,000	86,364	222,727	57,862	165,542
7 年	95,000	335,000	69,091	153,636	42,875	122,667
8 年	95,000	240,000	51,818	101,818	31,771	90,896
9 年	95,000	145,000	34,545	67,273	23,542	67,354
10 年	95,000	50,000	17,273	50,000	17,445	49,909

图 11-8

【“固定余额递减法”和 DB 函数】

“固定余额递减法”将每期固定资产的期初账面净值乘以固定不变的百分率，计算折旧金额。在资产的整个使用年限内，每期的折旧费越来越少。例如，固定资产入账时账面价值为 C 元，预计使用年限为 N 年，预计净残值为 S 元，则各年计提折旧的计算公式如下：

$$折旧率=1-\sqrt[N]{\frac{S}{C}}$$

第一年折旧金额=C×折旧率，第一年折旧后账面剩余价值=C-累计折旧金额。

第二年折旧金额=第一年折旧后账面剩余价值×折旧率，第二年折旧后账面剩余价值=C-累计折旧金额。

第二年折旧后账面剩余价值=C-累计折旧金额，第三年折旧后账面剩余价值=C-累计折旧金额。

……

累计折旧金额为之前各年度的折旧金额累加。

在 Excel 中，利用 DB 函数完成“固定余额递减法”的计算。DB 函数返回某项固定资产使用“固定余额递减法”计算的每期折旧金额。

DB 函数的语法是 DB(cost,salvage,life,period,month)，各参数的意义如下：

- cost：固定资产原值。
- salvage：固定资产残值。
- life：使用寿命。
- period：计算折旧值的期间。
- month：第一年的月份数，month 省略表示 12。

11.1.4 双倍余额递减法

沿用上例，用“双倍余额递减法”计算折旧金额。步骤如下：

第一步：设置“DDB”函数。

（1）打开文件“11-01 固定资产折旧-计算 3”。在“统计表”工作表中，在 I7 单元格中输入“0”，表示第 0 年的折旧金额为 0。

（2）选中 I8 单元格，单击公式列的 f_x 按钮，插入函数。在弹出的“插入函数”对话框中，“搜索函数”输入“ddb”，单击“转到”按钮，“选择函数”选择“DDB”，单击“确定”按钮。

在弹出的“函数参数”对话框中，“Cost”（固定资产原值）、“Salvage”（固定资产残值）、“Life”（固定资产的预计使用年限）和“Period”（计算固定资产折旧的期间）的设置方法和上一例相同。“Factor”（余额递减速率）省略，表示 2（双倍余额递减法），单击“确定”按钮，如图 11-9 所示。

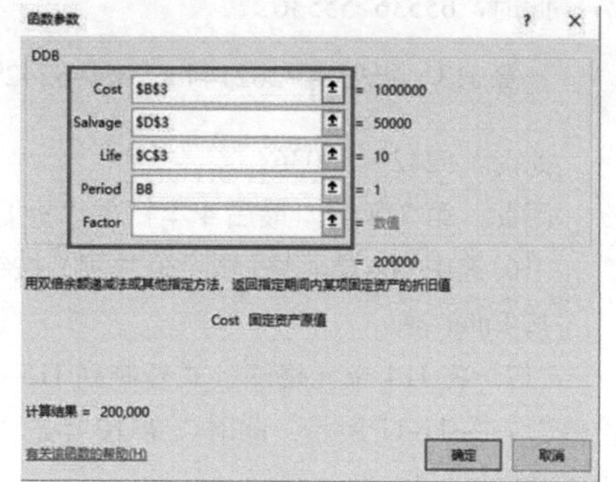

图 11-9

第二步：计算“双倍余额递减法”的“折旧金额”和“账面剩余价值”。

（1）I8 单元格（第 1 年的折旧金额）的值为人民币 200,000 元。

（2）将 I8 单元格的公式复制到 I9~I17 单元格，第 1~10 年的折旧金额按照“年限平均法”两倍的折旧率计算。

$$“双倍余额递减法”的折旧率 = \frac{2}{使用年限} \times 100\% = \frac{2}{10} \times 100\% = 20\%$$

（3）在 J7 单元格中输入“=$B$3-SUM($I$7:I7)”，和 D7 单元格的意义相同。

（4）将 J7 单元格的公式复制到 J8~J17 单元格，则第 1~10 年的“账面剩余价值”如图 11-10 所示。第 10 年的“账面剩余价值”为人民币 107,374 元，与预设的资产残值人民币 50,000 元相去甚远，显然，计算结果有误。

J17 =$B$3-SUM($I$7:I17)

资产原值	使用年限	预计资产残值
1,000,000	10	50,000

折旧年数	年限平均法(SLN)		年数总和法(SYD)		固定余额递减法(DB)		双倍余额递减法(DDB)	
	折旧金额	账面剩余价值	折旧金额	账面剩余价值	折旧金额	账面剩余价值	折旧金额	账面剩余价值
0 年	0	1,000,000	0	1,000,000	0	1,000,000	0	1,000,000
1 年	95,000	905,000	172,727	827,273	259,000	741,000	200,000	800,000
2 年	95,000	810,000	155,455	671,818	191,919	549,081	160,000	640,000
3 年	95,000	715,000	138,182	533,636	142,212	406,869	128,000	512,000
4 年	95,000	620,000	120,909	412,727	105,379	301,490	102,400	409,600
5 年	95,000	525,000	103,636	309,091	78,086	223,404	81,920	327,680
6 年	95,000	430,000	86,364	222,727	57,862	165,542	65,536	262,144
7 年	95,000	335,000	69,091	153,636	42,875	122,667	52,429	209,715
8 年	95,000	240,000	51,818	101,818	31,771	90,896	41,943	167,772
9 年	95,000	145,000	34,545	67,273	23,542	67,354	33,554	134,218
10 年	95,000	50,000	17,273	50,000	17,445	49,909	26,844	107,374

图 11-10

这是因为，利用“双倍余额递减法”计算折旧金额时，“双倍余额递减法”不考虑资产残值，因此，利用该方法时，不能使资产的“账面剩余价值”低于预计“资产残值”。当采用“年限平均法”计算的折旧金额（$\frac{账面剩余价值-预计资产残值}{剩余使用年限}$）大于等于使用“双倍余额递减法”计算的折旧金额时，应改用“直线法”计提折旧。

（5）计算 J12 × 折旧率=327680 × 20%=65536，$\frac{\text{J12}-\text{预计资产残值}}{\text{剩余使用年限}}=\frac{327680-50000}{5}=55536$。

此时，65536>55536。

计算 J13 × 折旧率=262144 × 20%=52429，$\frac{\text{J13}-\text{预计资产残值}}{\text{剩余使用年限}}=\frac{262144-50000}{4}=53036$。

此时，52429<53036。

因此，第 7 年起（最后 4 年）的“折旧金额”要改用“直线法”计算。

（6）选中 I14 单元格，删除公式列 f_x 按钮右侧的公式，输入“=SLN($J$12,$D$3,($C$3-$B$12))”，按 Enter 键。

（7）将 I14 单元格的公式复制到 I15~I18 单元格，则第 7~10 年的“折旧金额”和“账面剩余价值”如图 11-11 所示。此时，第 10 年的“账面剩余价值”为人民币 50,000 元，与 D3 单元格（预设资产残值）相同。

结果详见文件“11-05 固定资产折旧-计算 4”的”统计表”工作表。

J17 =$B$3-SUM($I$7:I17)

	B	C	D	E	F	G	H	I	J
1									
2	资产原值	使用年限	预计资产残值						
3	1,000,000	10	50,000						
4									
5	折旧年数	年限平均法(SLN)		年数总和法(SYD)		固定余额递减法(DB)		双倍余额递减法(DDB)	
6		折旧金额	账面剩余价值	折旧金额	账面剩余价值	折旧金额	账面剩余价值	折旧金额	账面剩余价值
7	0 年	0	1,000,000	0	1,000,000	0	1,000,000	0	1,000,000
8	1 年	95,000	905,000	172,727	827,273	259,000	741,000	200,000	800,000
9	2 年	95,000	810,000	155,455	671,818	191,919	549,081	160,000	640,000
10	3 年	95,000	715,000	138,182	533,636	142,212	406,869	128,000	512,000
11	4 年	95,000	620,000	120,909	412,727	105,379	301,490	102,400	409,600
12	5 年	95,000	525,000	103,636	309,091	78,086	223,404	81,920	327,680
13	6 年	95,000	430,000	86,364	222,727	57,862	165,542	65,536	262,144
14	7 年	95,000	335,000	69,091	153,636	42,875	122,667	53,036	209,108
15	8 年	95,000	240,000	51,818	101,818	31,771	90,896	53,036	156,072
16	9 年	95,000	145,000	34,545	67,273	23,542	67,354	53,036	103,036
17	10 年	95,000	50,000	17,273	50,000	17,445	49,909	53,036	50,000
18									

图 11-11

【“双倍余额递减法”和 DDB 函数】

“双倍余额递减法”用“直线法”折旧率的两倍作为固定的折旧率，乘以逐年递减的固定资产原值，得出各年计提折旧金额。

例如固定资产原值为 X 元，预计使用年限为 N 年，则各年计提折旧的计算公式如下：

$$\text{第一年折旧金额}=X\times\frac{2}{N}\text{。}$$

$$\text{第二年折旧金额}=\left(X-\text{第一年折旧金额}\right)\times\frac{2}{N}\text{。}$$

$$\text{第三年折旧金额}=\left(X-\text{第一年折旧金额}-\text{第二年折旧金额}\right)\times\frac{2}{N}\text{。}$$

……

实行“双倍余额递减法”计提固定资产折旧时，当采用“年限平均法”计算的折旧金额大于等于使用“双倍余额递减法”计算的折旧金额时，应采用“年限平均法”计算折旧金额。

在 Excel 中，利用 DDB 函数完成双倍余额递减法的计算。DDB 函数返回某项固定资产使用“双倍余额递减法”计算的每期折旧金额。

DDB 函数的语法是 DDB(cost,salvage,life,period,factor)，各参数的意义如下：

- cost：固定资产原值。
- salvage：固定资产残值。
- life：使用寿命。
- period：计算折旧值的期间。
- factor：余额递减速率，factor 省略表示 2（双倍余额递减法）。

11.1.5 可变余额递减法

沿用上例，用“可变余额递减法”计算折旧金额。步骤如下：

第一步：设置“VDB”函数。

（1）打开文件“11-01 固定资产折旧-计算 4”。在“统计表”工作表中，在 K7 单元格中输入“0”，表示第 0 年的折旧金额为 0。

（2）选中 K8 单元格。单击公式列的 f_x 按钮，插入函数。在弹出的“插入函数”对话框中，“搜索函数”输入“vdb”，单击“转到”按钮，“选择函数”选择“VDB”，单击“确定”按钮。

（3）“Cost”（固定资产原值）、“Salvage”（固定资产残值）、“Life”（固定资产的预计使用年限）的设置方法和上一例相同，如图 11-12 所示。“Start_period”（折旧计算的起始期间）输入“B7”。“End_period”（折旧计算的截止期间）输入“B8”。“Factor”（余额递减速率）省略，表示 2（双倍余额递减法）。“No_switch”（逻辑值）省略，表示当折旧金额大于余额递减计算值时，转用直线法折旧。

可以看见，此例的 VDB 函数仍旧是双倍余额递减法，但利用 VDB 函数计算时，函数会自动转用直线法，无须人工设置，单击“确定”按钮。

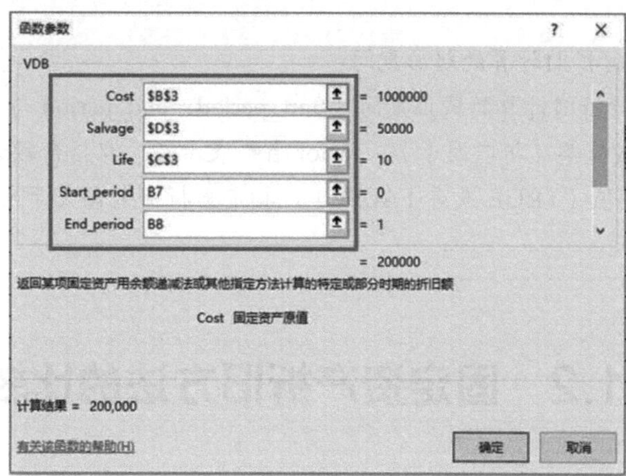

图 11-12

第二步：计算“可变余额递减法”的“折旧金额”和“账面剩余价值”。

（1）K8 单元格（第 1 年的折旧金额）的值为人民币 200,000 元。

（2）将 K8 单元格的公式复制到 K9~K17 单元格。

在 L7 单元格中输入“=$B$3-SUM($K$7:K7)”，和 D7 单元格的意义相同。

（3）将 L7 单元格的公式复制到 L8~L17 单元格，则第 1~10 年的“折旧金额”和“账面剩余价值”与利用 DDB 函数计算的结果相同，如图 11-13 所示。

资产原值	使用年限	预计资产残值
1,000,000	10	50,000

折旧年数	年限平均法(SLN)		年数总和法(SYD)		固定余额递减法(DB)		双倍余额递减法(DDB)		可变余额递减法(VDB)	
	折旧金额	账面剩余价值	折旧金额	账面剩余价值	折旧金额	账面剩余价值	折旧金额	账面剩余价值	折旧金额	账面剩余价值
0 年	0	1,000,000	0	1,000,000	0	1,000,000	0	1,000,000	0	1,000,000
1 年	95,000	905,000	172,727	827,273	259,000	741,000	200,000	800,000	200,000	800,000
2 年	95,000	810,000	155,455	671,818	191,919	549,081	160,000	640,000	160,000	640,000
3 年	95,000	715,000	138,182	533,636	142,212	406,869	128,000	512,000	128,000	512,000
4 年	95,000	620,000	120,909	412,727	105,379	301,490	102,400	409,600	102,400	409,600
5 年	95,000	525,000	103,636	309,091	78,086	223,404	81,920	327,680	81,920	327,680
6 年	95,000	430,000	86,364	222,727	57,862	165,542	65,536	262,144	65,536	262,144
7 年	95,000	335,000	69,091	153,636	42,875	122,667	53,036	209,108	53,036	209,108
8 年	95,000	240,000	51,818	101,818	31,771	90,896	53,036	156,072	53,036	156,072
9 年	95,000	145,000	34,545	67,273	23,542	67,354	53,036	103,036	53,036	103,036
10 年	95,000	50,000	17,273	50,000	17,445	49,909	53,036	50,000	53,036	50,000

VDB和DDB函数计算的结果相同

图 11-13

结果详见文件“11-06 固定资产折旧-计算 5”的“统计表”工作表。

【VDB 函数】

在 Excel 中，利用 VDB 函数完成“可变余额递减法”的计算，包括使用“双倍余额递减法”或其他指定的方法。VDB 函数返回某项固定资产在指定的任何期间内的折旧金额。

VDB 函数的语法是 VDB(cost,salvage,life,start_period,end_period,factor,no_switch)，各参数的意义如下：

- cost：固定资产原值。
- salvage：固定资产残值。
- life：使用寿命。
- start_period：进行折旧计算的起始期间。
- end_period：进行折旧计算的截止期间。start_period、end_period 与 life 的单位要一致。
- factor：余额递减速率（折旧因子），factor 省略表示 2（双倍余额递减法）。
- no_switch：逻辑值（TRUE 或者 FALSE），指定当折旧金额大于余额递减计算值时，是否转用直线折旧法。

11.2 固定资产折旧方法的比较

不同固定资产折旧方法的结果可以用图形直观表达并进行比较。步骤如下：

第一步：调整“统计表”数据。

打开文件“11-06 固定资产折旧-计算 5”。选中第 7 行，右击第 7 行，选择“隐藏”，如图 11-14 所示。由于第 0 年的数据仅仅用于后续年度的资产残值计算基础，而非最终要显示的数据，因此隐藏第 7 行，让报表的显示更加清晰。

图 11-14

第二步：建立“账面剩余价值”比较图。

（1）选中 D8~D17 单元格、F8~F17 单元格、H8~H17 单元格、J8~J17 单元格、L8~L17 单元格，单击“插入”选项卡，依次单击“折线图→带数据标记的折线图”，如图 11-15 所示。

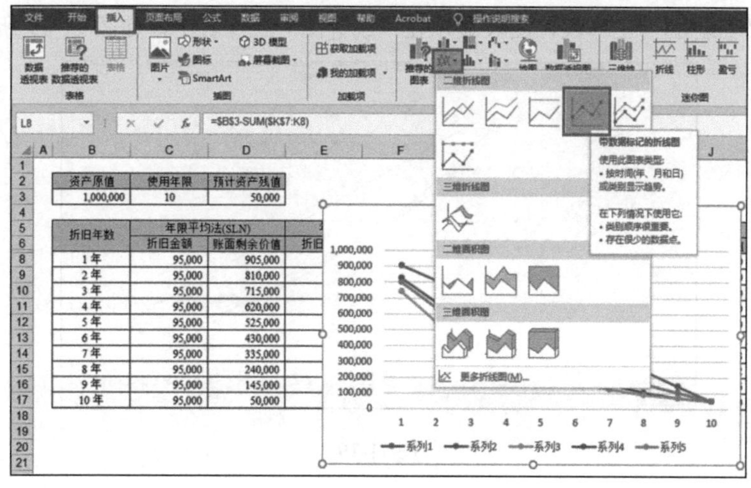

图 11-15

（2）在“统计表”工作表中，出现一张折线图。其中，“数列 4”（双倍余额递减法）和“数列 5”（可变余额递减法）的图形是重叠的，如图 11-16 所示。

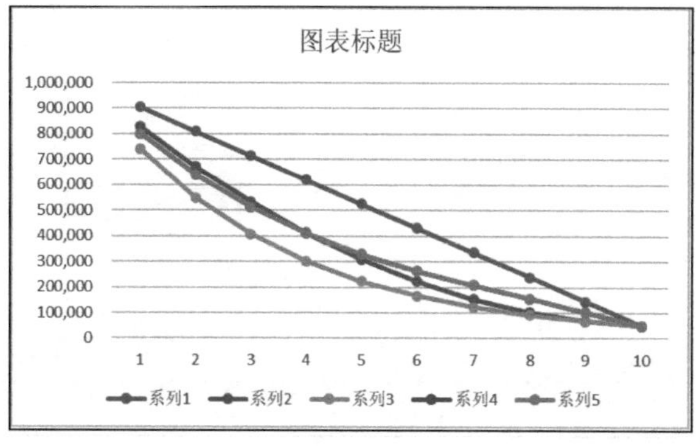

图 11-16

（3）右击折线图的边界，选择“移动图表”，如图 11-17 所示。

在弹出的“移动图表”对话框中，选择“新工作表”，并在右侧的空格中输入“统计图”，单击“确定”按钮，如图 11-18 所示。

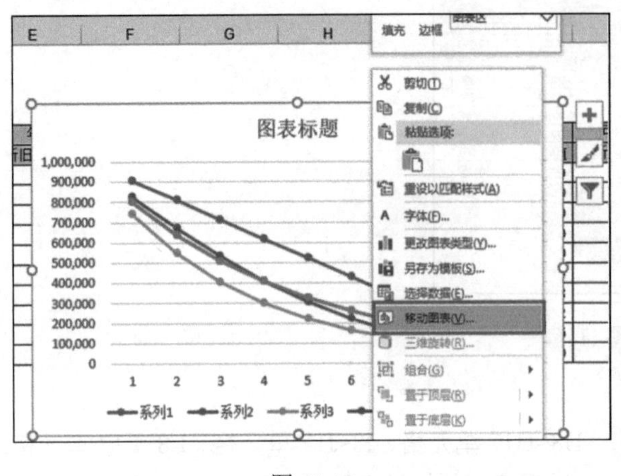

图 11-17

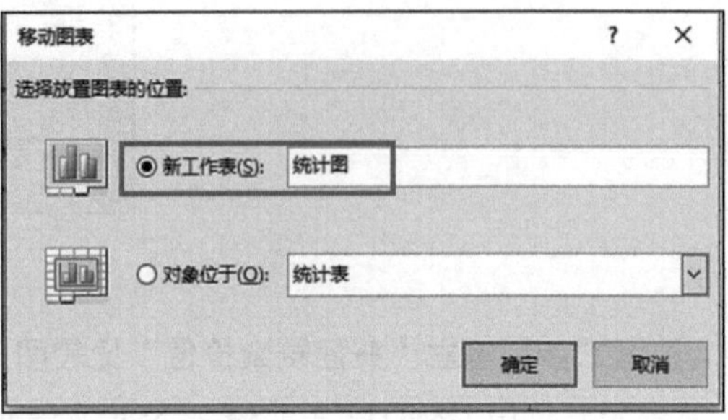

图 11-18

Excel 新建“统计图”工作表，图表显示在“统计图”工作表中，如图 11-19 所示。

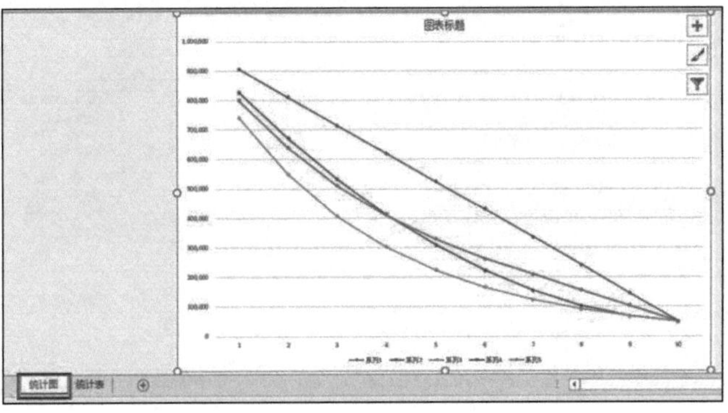

图 11-19

第三步：修改“统计图”的资料名称。

（1）右击绘图区，选择“选择数据”，如图 11-20 所示。

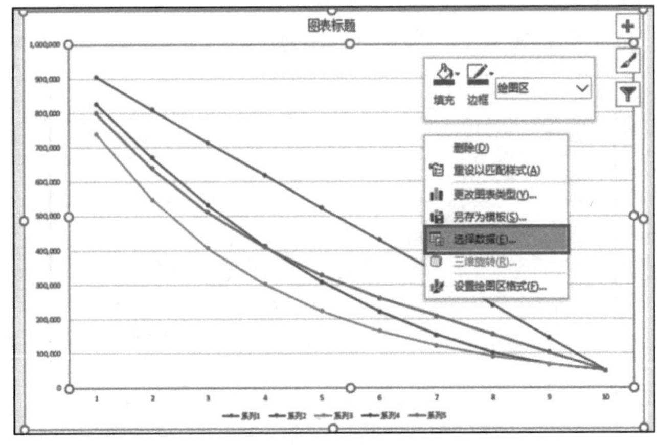

图 11-20

在弹出的“选择数据源”对话框中，选中“系列 1”，并单击“编辑”按钮，如图 11-21 所示。

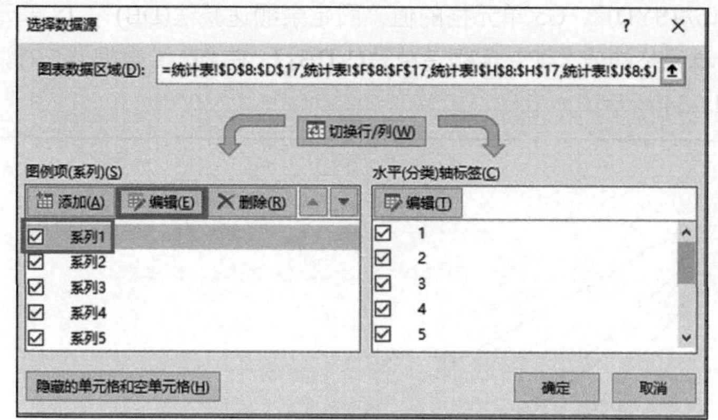

图 11-21

在弹出的“编辑数据系列”对话框中，单击“统计表”工作表的 C5 单元格，单击“确定”按钮，如图 11-22 所示。

资产原值	使用年限	预计资产残值
1,000,000	10	50,000

折旧年数	年限平均法(SLN)		年数总和法(SYD)		固定余额递减法(DB)	
	折旧金额	账面剩余价值	折旧金额	账面剩余价值	折旧金额	账面剩余价
1 年	95,000	905,000				
2 年	95,000	810,000				
3 年	95,000	715,000				
4 年	95,000	620,000				
5 年	95,000	525,000				
6 年	95,000	430,000				
7 年	95,000	335,000				
8 年	95,000	240,000				
9 年	95,000	145,000				
10 年	95,000	50,000				

编辑数据系列
系列名称(N):
=统计表!$C$5
选择区域
系列值(V):
=统计表!$D$8:$D$17
= 905,000 , 810,...
确定
取消

图 11-22

“系列 1”的名称改写为“统计表”工作表 C5 单元格的值“年限平均法(SLN)”。图表的图例区以及“选择数据源”对话框中，原“系列 1”的名称均进行修改，如图 11-23 所示。

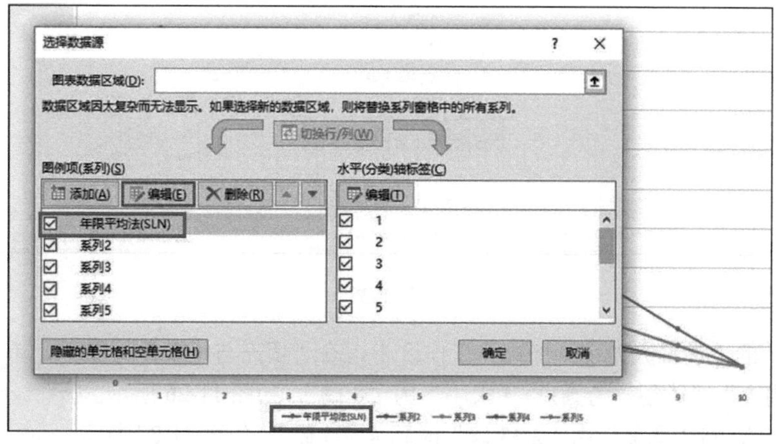

图 11-23

（2）对于“系列 2”～“系列 5”的名称进行同样的操作，依次改写为“统计表”工作表 E5 单元格的值“年数总和法(SYD)”、G5 单元格的值“固定余额递减法(DB)”、I5 单元格的值“双倍余额递减法(DDB)”、K5 单元格的值“可变余额递减法(VDB)”。在“选择数据源”对话框中单击“确定”按钮，图表，如图 11-24 所示。

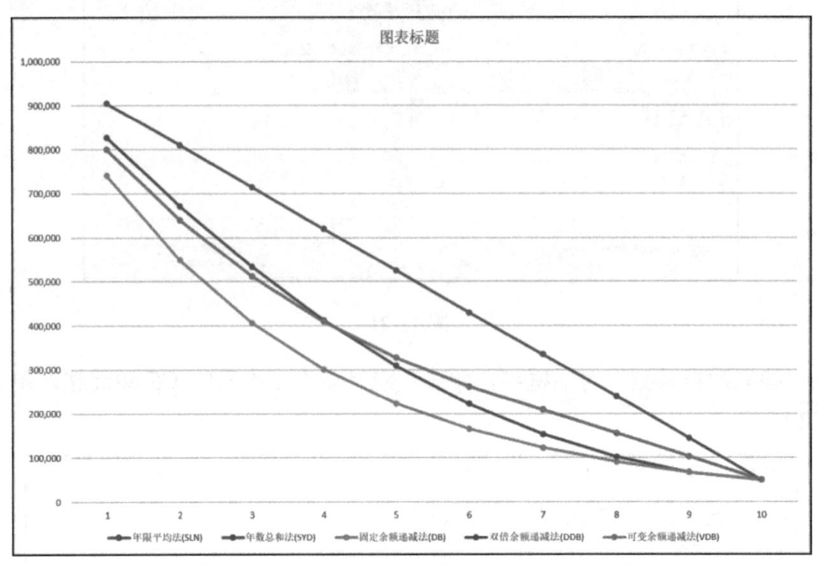

图 11-24

第四步：修改“统计图”的数据系列格式。

（1）右击“年限平均法(SLN)”折线，选择“设置数据系列格式”，如图 11-25 所示。

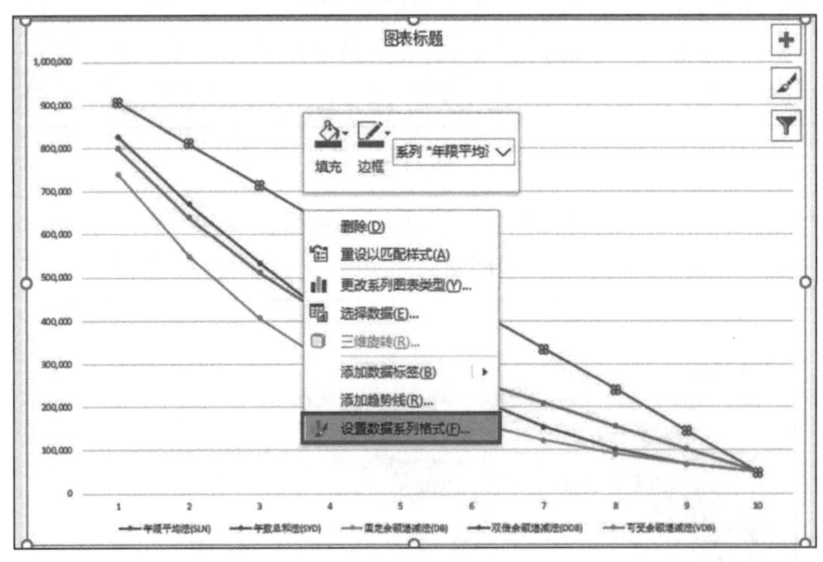

图 11-25

在窗口右侧的“设置数据系列格式”工作区中，在“填充与线条”标签下，单击“标记”，标记选项勾选“内置”，“类型”为圆点，“大小”为“8 磅”，如图 11-26 所示。

单击“线条”，将“宽度”由“2.25 磅”改写为“5 磅”，如图 11-27 所示。

“年限平均法(SLN)”折线的标记和线条样式如图 11-28 所示。

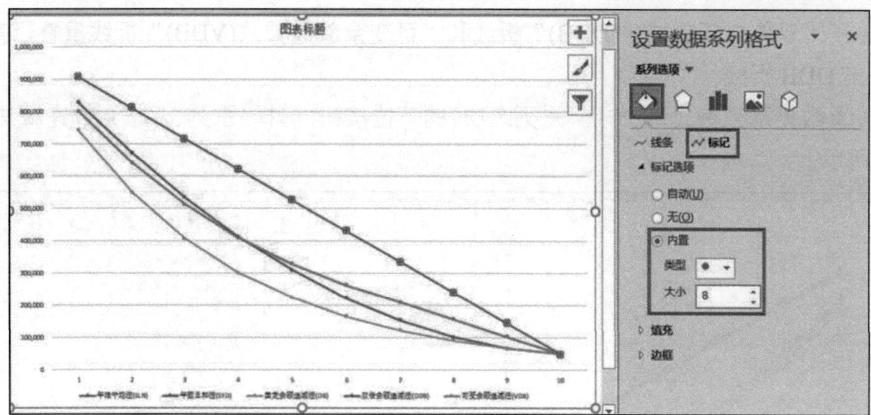

图 11-26

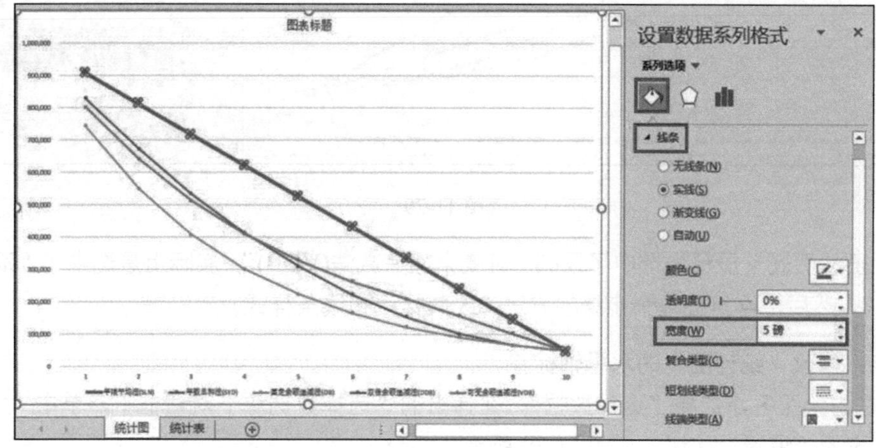

图 11-27

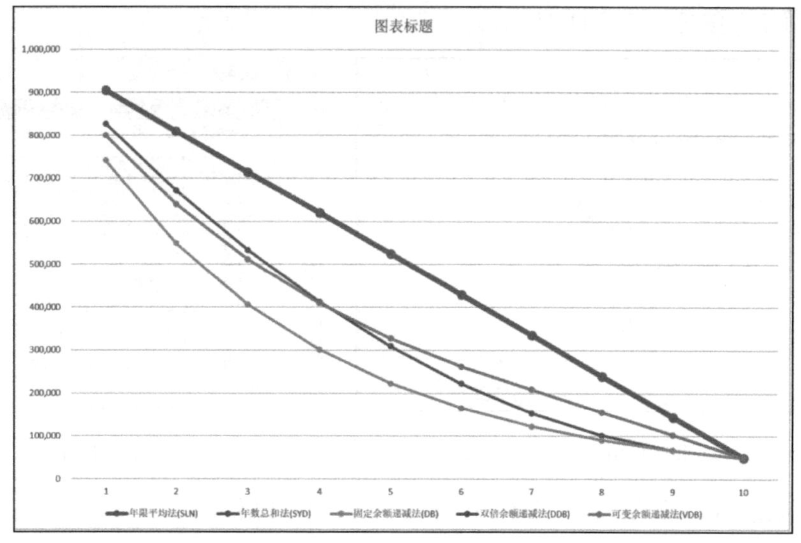

图 11-28

（2）对于“年数总和法(SYD)”折线、“固定余额递减法(DB)”折线和“可变余额递减法(VDB)”折线进行相同的操作，即选中折线，然后修改其标记和线条样式。

（3）由于“双倍余额递减法(DDB)”折线和“可变余额递减法(VDB)”折线重叠，直接在图表上无法选择出 DDB 折线。

单击“设置数据系列格式”工作区“系列选项”的下拉按钮，选择“系列‘双倍余额递减法(DDB)’”，如图 11-29 所示。

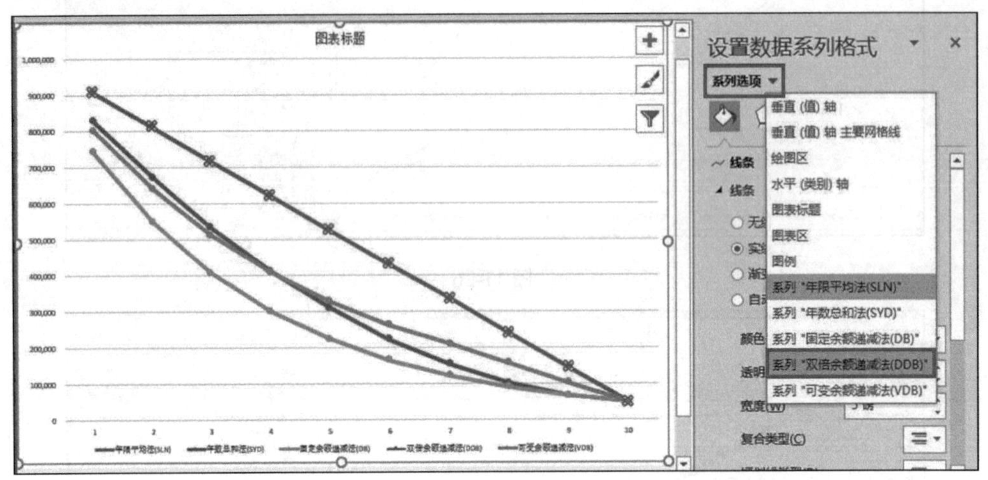

图 11-29

此时，虽然图表上显示为选中了系列“可变余额递减法(VDB)”，实际上是选中了“双倍余额递减法(DDB)”。然后，再用上一个步骤的方法修改其标记和线条样式。

第五步：修改“统计图”的水平轴标签。

（1）右击绘图区，选择“选择数据”。在弹出的“选择数据源”对话框中，单击“水平(分类)轴标签”下方的“编辑”按钮，如图 11-30 所示。

（2）在弹出的“轴标签”对话框中，选择“统计表”工作表的 B8~B17 单元格，依次在两个对话框中单击“确定”按钮，如图 11-31 所示。

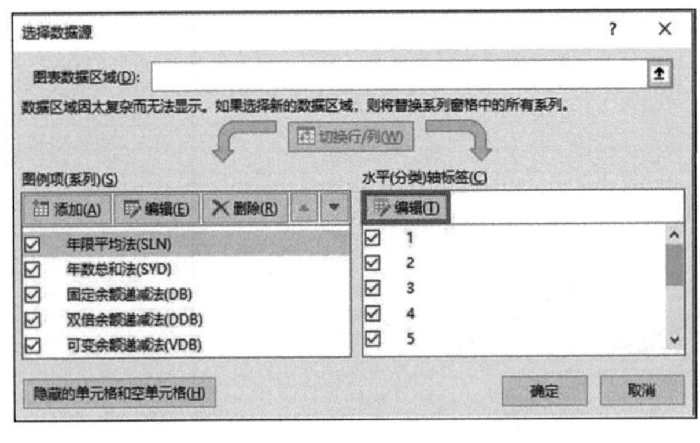

图 11-30

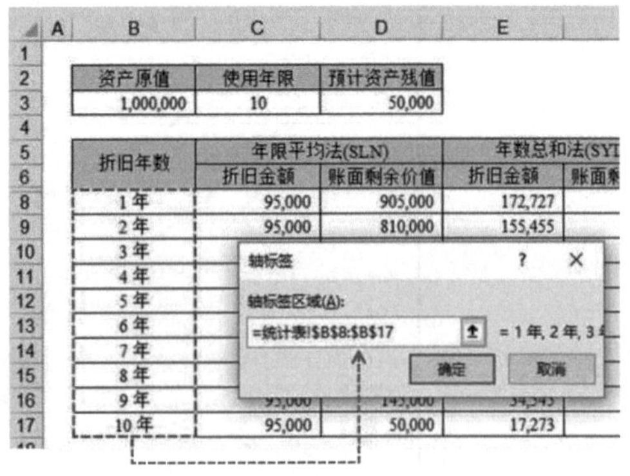

图 11-31

水平轴标签由“1~10”改写为“1 年~10 年”，如图 11-32 所示。

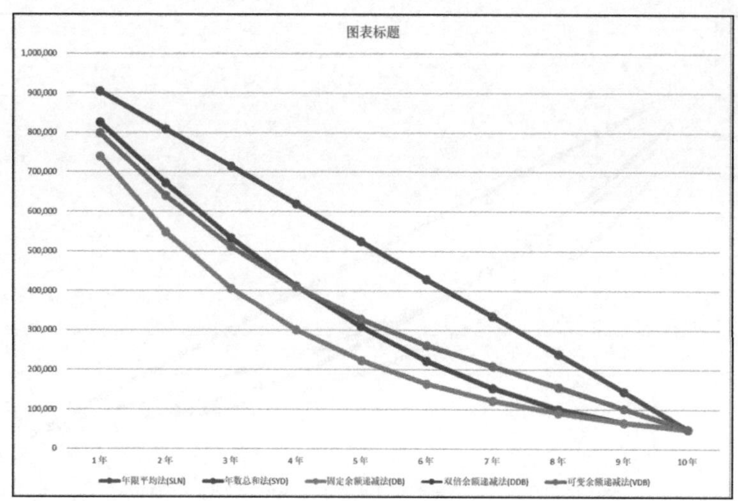

图 11-32

第六步：修改“图例区”的位置。

选中图例区，单击“开始”选项卡，将字体大小设置为“14 磅”，如图 11-33 所示。图例区字体变大，显示得更加清晰。

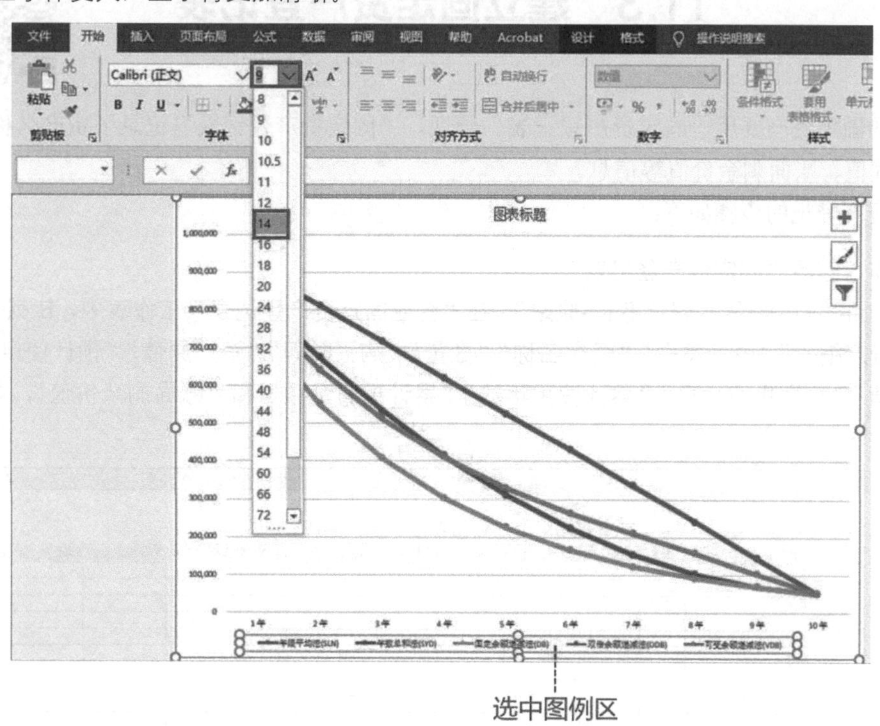

图 11-33

结果详见文件“11-07 固定资产折旧-计算 6”的“统计图”工作表。

第七步：比较图分析。

在图 11-34 中可以清楚地看到不同折旧方法在折旧金额上的不同。“直线法”的特点是年限内的各年度“平均折旧”，“加速折旧法”的特点是年限内较早的年度折旧较多，较晚的年度折旧较少。

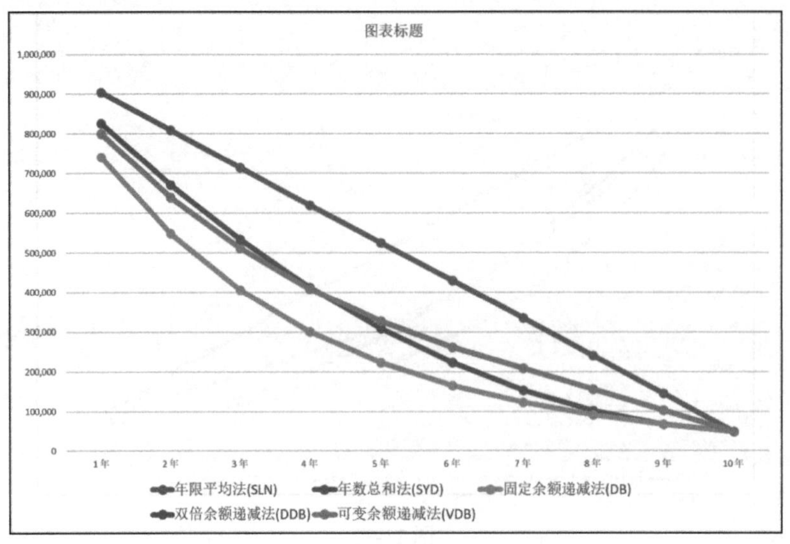

图 11-34

11.3 建立固定资产登记表

企业的固定资产要用“固定资产登记表”管理。“固定资产登记表”记录了资产名称、资产原值、资产残值、账面剩余价值等信息。

固定资产登记的步骤如下：

第一步：查看“固定资产登记表”。

打开文件“11-08 固定资产登记-原始”。在“企业固定资产登记表”工作表中，B 列~M 列将依次登记“资产编号”“资产类别”“资产名称”“数量”“购买时间”“资产原值”“预计使用年限”“预计资产残值”“每期折旧金额”“累计使用年数”“累计折旧金额”和“账面剩余价值”，如图 11-35 所示。

企业固定资产登记表　　2019/6/30

资产编号	资产类别	资产名称	数量	购买时间	资产原值	预计使用年限	预计资产残值	每期折旧金额	累计使用年数	累计折旧金额	账面剩余价值

图 11-35

第二步：编制“财产编号”“资产类别”和“资产名称”对照表。

（1）在 O3 单元格中输入“资产类别”。

在 O4~O7 单元格中依次输入“房产”“家具”“设备”和“车辆”，“固定资产登记表”登记的“资产类别”是其中的一种，如图 11-36 所示。

（2）在 Q3 单元格中输入“资产名称”。

在 Q4~Q14 单元格中依次输入各“资产名称”，“固定资产登记表”登记的“资产名称”是其中的一种。

（3）在 P3 单元格中输入“资产编号”。在 P4~P14 单元格中依次输入“资产编号”为“F001”~“F002”、“J001”~“J004”、“S001”~“S004”、“C001”，“固定资产登记表”登记的“资产名称”与“资产编号”一一对应。

（4）选中 O4~O7 单元格，单击“公式”选项卡，并单击“定义名称”，如图 11-37 所示。在弹出的“新建名称”对话框中，把“名称”中的“房产”改写为“资产类别”，确认“引用位置”的数据为“=固定资产登记表!$O$4:$O$7”，单击“确定”按钮，如图 11-38 所示。

	N	O	P	Q
1				
2				
3		资产类别	资产编号	资产名称
4		房产	F001	宿舍
5		家具	F002	办公室
6		设备	J001	办公桌
7		车辆	J002	办公椅
8			J003	书柜
9			J004	沙发
10			S001	计算机
11			S002	电话
12			S003	传真机
13			S004	打印机
14			C001	公务车
15				

图 11-36

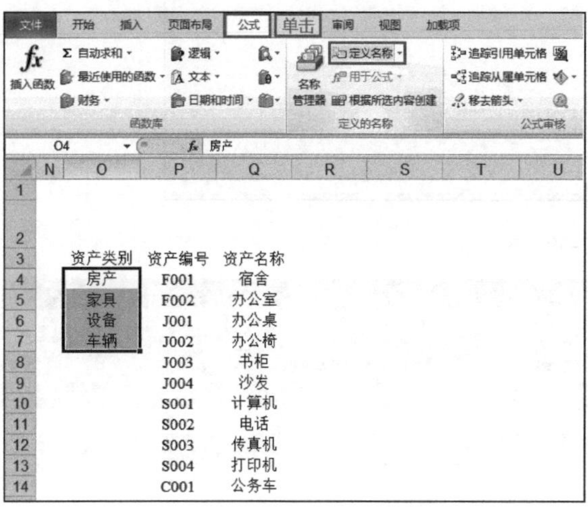

图 11-37

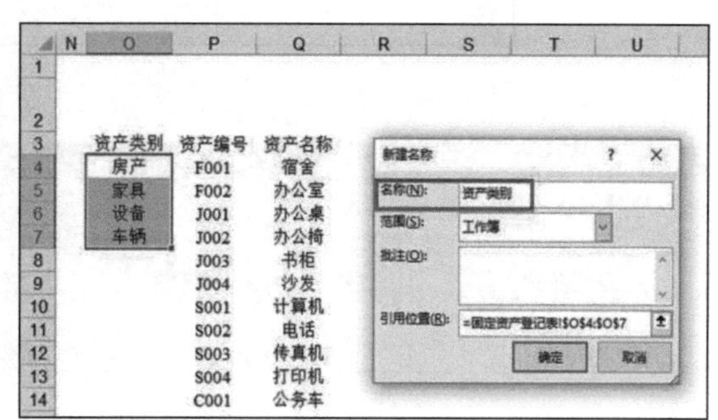

图 11-38

（5）选中 P4~P14 单元格，单击“公式”选项卡，并单击“定义名称”。在弹出的“新建名称”对话框中，把“名称”中的“F001_”改写为“资产编号”，确认“引用位置”的数据为“=固定资产登记表!$P$4:$P$14”，单击“确定”按钮。

（6）选中 Q4~Q14 单元格，单击“公式”选项卡，并单击“定义名称”。在弹出的“新建名称”对话框中，把“名称”中的“宿舍”改写为“资产名称”，确认“引用位置”的数据为“=固定资产登记表!$Q$4:$Q$14”，单击“确定”按钮。

（7）单击“公式”选项卡，并单击“名称管理器”。在弹出的“名称管理器”对话框中，“名称”列显示已定义名称的三个名称，单击“关闭”按钮，如图 11-39 所示。“定义名称”后的“固定资产登记表”，虽然表面上看和普通表格没有区别，但内部已做了“定义名称”的操作。

结果详见文件“11-09 固定资产登记-编制 1”的“固定资产登记表”工作表。

第三步：编制“固定资产登记表”。

（1）打开文件“11-09 固定资产登记-编制 1”。在“企业固定资产登记表”工作表中选中 B4 单元格，单击“数据”选项卡，并依次单击“数据工具→数据验证”，如图 11-40 所示。

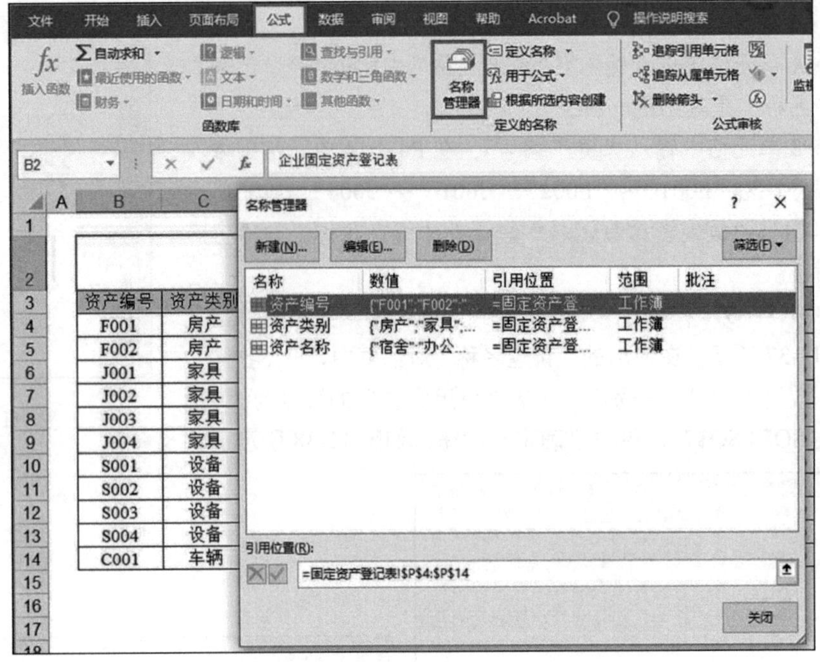

图 11-39

图 11-40

（2）在弹出的“数据验证”对话框中，“允许”选择“序列”，在“来源”中输入“=资产编号”，单击“确定”按钮，如图 11-41 所示。

B4 单元格的数据仅能在列表中选择“F001”“F002”“J001”“J002”“J003”“J004”“S001”“S002”“S003”“S004”或“C001”，如图 11-42 所示。

（3）将 B4 单元格的公式复制到 B5~B14 单元格。

（4）选中 C4 单元格，单击“数据”选项卡，并依次单击“数据工具→数据验证”。在弹出的“数据验证”对话框中，“允许”选择“序列”，在“来源”中输入“=资产类别”，单击“确定”按钮。C4 单元格的数据仅能在列表中选择“房产”“家具”“设备”或“车辆”。

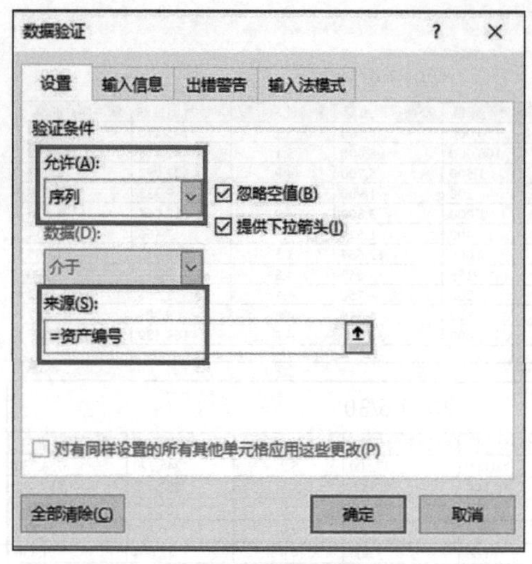

图 11-41

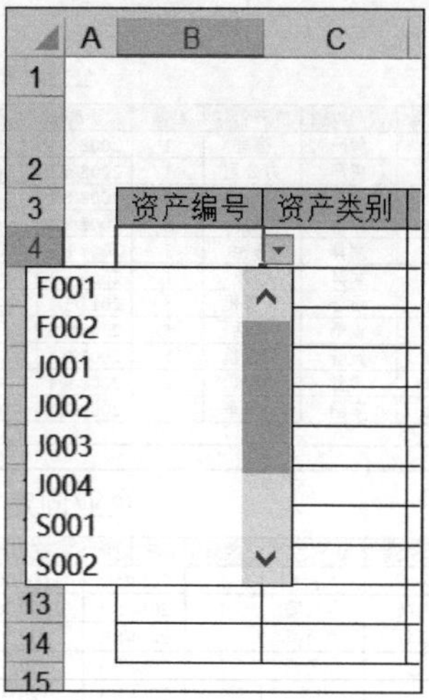

图 11-42

（5）将 C4 单元格的公式复制到 C5~C14 单元格。

（6）选中 D4 单元格，单击“数据”选项卡，并依次单击“数据工具→数据验证”。在弹出的“数据验证”对话框中，“允许”选择“序列”，在“来源”中输入“=资产名称”，单击“确定”按钮。D4 单元格的数据仅能在列表中选择“宿舍”“办公室”“办公桌”“办公椅”“书柜”“沙发”“计算机”“电话”“传真机”“打印机”或“公务车”。

（7）将 D4 单元格的公式复制到 D5~D14 单元格。

（8）E4~E14 单元格“数量”、F4~F14 单元格“购买时间”、G4~G14 单元格“资产原值”、H4~H14 单元格“预计使用年限”、I4~I14 单元格“预计资产残值”根据实际情况输入。

F4~F14 单元格“购买时间”的格式已设置为“日期”格式，即 DATE 函数的表达形式，可直接用于报表计算。

（9）在 J4 单元格（每期折旧金额）中输入“=SLN(G4,I4,H4)”，表示利用“年限平均法”计算“每期折旧金额”。

（10）将 J4 单元格的公式复制到 J5~J14 单元格。

（11）在 K4 单元格（累计使用年数）中输入“=($J$2 – F4)/365.25”，表示 $\text{累计使用年数}=\dfrac{\text{报表编制时间}-\text{购买时间}}{365.25}=\dfrac{2019/6/30-\text{购买时间}}{365.25}$，“365.25”为每年的平均天数。

（12）将 K4 单元格的公式复制到 K5~K14 单元格。

（13）在 L4 单元格（累计折旧金额）中输入“=J4*K4”，表示累计折旧金额 = 每期折旧金额 × 累计使用年数。

（14）将 L4 单元格的公式复制到 L5~L14 单元格。

（15）在 M4 单元格（账面剩余价值）中输入“=G4-L4”，表示账面剩余价值 = 资产原值 – 累计折旧金额。

按照上述步骤编制的“企业固定资产登记表”如图 11-43 所示。

	A	B	C	D	E	F	G	H	I	J	K	L	M
1													
2							企业固定资产登记表			2013/6/30			
3		资产编号	资产类别	资产名称	数量	购买时间	资产原值	预计使用年限	预计资产残值	每期折旧金额	累计使用年数	累计折旧金额	账面剩余价值
4		F001	房产	宿舍	1	2008/5/1	1,000,000	20年	50,000	47,500	5.2	245,270	754,730
5		F002	房产	办公室	1	2008/6/1	2,000,000	20年	100,000	95,000	5.1	482,478	1,517,522
6		J001	家具	办公桌	5	2008/8/1	30,000	5年	1,500	5,700	4.9	27,997	2,003
7		J002	家具	办公椅	5	2008/8/1	10,000	5年	500	1,900	4.9	9,332	668
8		J003	家具	书柜	3	2008/8/1	20,000	5年	1,000	3,800	4.9	18,664	1,336
9		J004	家具	沙发	1	2008/8/1	8,000	5年	400	1,520	4.9	7,466	534
10		S001	设备	计算机	5	2012/1/1	40,000	3年	2,000	12,667	1.5	18,935	21,065
11		S002	设备	电话	5	2008/9/1	3,500	5年	175	665	4.8	3,210	290
12		S003	设备	传真机	1	2008/9/1	4,000	5年	200	760	4.8	3,668	332
13		S004	设备	打印机	1	2008/9/1	6,000	5年	300	1,140	4.8	5,503	497
14		C001	车辆	公务车	1	2009/3/1	160,000	4年	8,000	38,000	4.3	164,589	-4,589
15													

企业固定资产登记表　　2019/6/30

资产编号	资产类别	资产名称	数量	购买时间	资产原值	预计使用年限	预计资产残值	每期折旧金额	累计使用年数	累计折旧金额	账面剩余价值
F001	房产	宿舍	1	2014/5/1	1,000,000	20年	50,000	47,500	5.2	245,270	754,730
F002	房产	办公室	1	2014/6/1	2,000,000	20年	100,000	95,000	5.1	482,478	1,517,522
J001	家具	办公桌	5	2014/8/1	30,000	5年	1,500	5,700	4.9	27,997	2,003
J002	家具	办公椅	5	2014/8/1	10,000	5年	500	1,900	4.9	9,332	668
J003	家具	书柜	3	2014/8/1	20,000	5年	1,000	3,800	4.9	18,664	1,336
J004	家具	沙发	1	2014/8/1	8,000	5年	400	1,520	4.9	7,466	534
S001	设备	计算机	5	2018/1/1	40,000	3年	2,000	12,667	1.5	18,900	21,100
S002	设备	电话	5	2014/9/1	3,500	5年	175	665	4.8	3,210	290
S003	设备	传真机	1	2014/9/1	4,000	5年	200	760	4.8	3,668	332
S004	设备	打印机	1	2014/9/1	6,000	5年	300	1,140	4.8	5,503	497
C001	车辆	公务车	1	2015/3/1	160,000	4年	8,000	38,000	4.3	164,589	-4,589

图 11-43

结果详见文件“11-10 固定资产登记-编制 2”的”固定资产登记表”工作表。

下篇

第12章 工资管理

对于企业管理者而言，员工的工资成本和工资管控是经营和管理过程中重要的部分，因此，企业会运用财务会计分析管控的方式管理员工工资。

12.1 工资明细表

企业的“工资明细表”记录员工工资的详细信息，主要内容包括“员工资料”“出勤记录”“税费计算”和“工资明细”等。

编制“工资明细表”的步骤如下：

第一步：看“员工资料表”。

打开文件“12-01 工资明细表-原始”。在“员工资料表”工作表中，B3~F17单元格中依次为“员工编号”“姓名”“部门”“职务”和“备注”数据，根据实际情况输入，如图12-1所示。B3~F17单元格已“定义名称”为“员工资料”。

结果详见文件“12-01 工资明细表-原始”的“员工资料表”工作表。

	A	B	C	D	E	F
1						
2		员工编号	姓名	部门	职务	备注
3		A001	王大力	总经理室	总经理	
4		A002	黄琳	总经理室	秘书	
5		B003	白露	人事部	经理	
6		B004	张奇胜	人事部	职员	
7		C005	洪惠	财务部	副总经理	
8		C006	毕春艳	财务部	职员	
9		D007	李兵	业务部	经理	
10		D008	林茂	业务部	副经理	
11		D009	苏珊	业务部	职员	2019年2月底离职
12		D010	杨光	业务部	职员	
13		D011	赵琦	业务部	职员	
14		D012	于蔚	业务部	职员	2019年3月初入职
15		E013	陈忠伟	调研部	经理	
16		E014	周庆	调研部	职员	
17		E015	涂巧巧	调研部	职员	

图 12-1

第二步：查看“出勤记录表”。

（1）在“出勤记录表”工作表中，在B3~C44单元格中依次为“统计月份”和“员工编号”数据。

D3单元格（姓名）的公式为“=VLOOKUP(C3,员工资料,2)”，表示在“员工资料”（“员工资料表”工作表的B3~F17单元格）的首列寻找与C3单元格数据（员工编号A001）相同的单元格，并查看与该单元格位于同一行的C列数据（王大力），输入D3单元格。

（2）E3单元格（部门）的公式为“=VLOOKUP(C3,员工资料,3)”，表示在“员工资料”（“员工资料表”工作表的B3~F17单元格）的首列寻找与C3单元格数据（员工编号A001）相同的单元格，并查看与该单元格位于同一行的D列数据（总经理室），输入E3单元格。

（3）F3单元格（职务）的公式为“=VLOOKUP(C3,员工资料,4)”，表示在“员工资料”（“员工资料表”工作表的B3~F17单元格）的首列寻找与C3单元格数据（员工编号A001）相同的单元格，并查看与该单元格位于同一行的E列数据（总经理），输入F3单元格。

（4）D4~D44单元格、E4~E44单元格、F4~F44单元格的意义分别与D3、E3、F3单元格类似。

（5）在G3~H44单元格中根据实际情况依次登记各员工各月的“出勤天数”和“应到天数”数据。

（6）I3单元格（出勤率）的公式为“=G3/H3”，表示出勤率$=\frac{出勤天数}{应到天数}\times100\%=\frac{20}{21}\times100\%=95.2\%$，如图12-2所示。

I4~I44单元格的意义与I3单元格类似。

结果详见文件“12-01 工资明细表-原始”的”出勤记录表”工作表。

第三步：查看“税费计算表”。

（1）在“税费计算表”工作表中，“税费”包括“社会劳动保障资金（社保金）”“住房公积金（公积金）”和“个人所得税”。

统计月份	员工编号	姓名	部门	职务	出勤天数	应到天数	出勤率
2019年1月	A001	王大力	总经理室	总经理	20	21	95.2%
2019年1月	A002	黄琳	总经理室	秘书	21	21	100.0%
2019年1月	B003	白露	人事部	经理	19	21	90.5%
2019年1月	B004	张奇胜	人事部	职员	21	21	100.0%
2019年1月	C005	洪惠	财务部	副总经理	21	21	100.0%
2019年1月	C006	毕春艳	财务部	职员	18	21	85.7%
2019年1月	D007	李兵	业务部	经理	21	21	100.0%
2019年1月	D008	林茂	业务部	副经理	21	21	100.0%
2019年1月	D009	苏珊	业务部	职员	21	21	100.0%
2019年1月	D010	杨光	业务部	职员	20	21	95.2%
2019年1月	D011	赵琦	业务部	职员	21	21	100.0%
2019年1月	E013	陈忠伟	调研部	经理	20	21	95.2%
2019年1月	E014	周庆	调研部	职员	21	21	100.0%
2019年1月	E015	涂巧巧	调研部	职员	21	21	100.0%
2019年2月	A001	王大力	总经理室	总经理	15	15	100.0%
2019年2月	A002	黄琳	总经理室	秘书	14	15	93.3%
2019年2月	B003	白露	人事部	经理	15	15	100.0%

图 12-2

其中，社保金和公积金又分为个人负担部分和公司负担部分。

（2）“社保金”包括“养老金”“医疗保险”“失业保险”“生育保险”和“工伤保险”5 项。个人需负担“养老金”“医疗保险”和“失业保险”的一部分。企业需负担“养老金”“医疗保险”和“失业保险”的另一部分，以及“生育保险”和“工伤保险”的全部。

“社保金”的缴费基数是“合计工资”，包括“基础工资”“全勤奖金”“交通补贴”和“通讯补贴”等所有所得。“社保金”的缴纳比例根据国家有关规定执行。

查看“税费计算表”工作表，“社保金”个人和企业负担的缴纳比例分别如图 12-3 所示。

社保金（个人负担部分）：固定比例

	比例	基数
养老金	8%	合计工资
医疗保险	2%	合计工资
失业保险	1%	合计工资

社保金（公司负担部分）：固定比例

	比例	基数
养老金	8%	合计工资
医疗保险	2%	合计工资
失业保险	1%	合计工资
生育保险	0.5%	合计工资
工伤保险	0.5%	合计工资

图 12-3

（3）社保金缴费基数设定上下限，且上下限每年进行调整。2019 年，社保金缴费基数上限为 24,633 元，下限为 4,927 元。如果个人的合计工资所得高于 24,633 元或低于 4,927 元，要按照缴费基数上限或下限缴纳社保金。

（4）“公积金”的缴费基数是“合计工资”，同样分为个人负担部分和企业负担部分，个人和企业的缴纳比例相同。

查看“税费计算表”工作表，“基本公积金”个人和企业负担的缴纳比例分别如图 12-4 所示。

公积金（个人负担部分）：固定比例

	比例	基数
基本住房公积金	7%	合计工资

公积金（公司负担部分）：固定比例

	比例	基数
基本住房公积金	7%	合计工资

图 12-4

各个城市的“公积金”缴存比例不尽相同。以上海为例，“基本公积金”的缴纳比例固定为 7%，另可缴纳“补充公积金”，缴纳比例为 1%~8%。本例以缴纳“基本公积金”为依据，不考虑“补充公积金”。

（5）公积金缴费基数设定上下限，且上下限每年进行调整。2019 年度公积金月缴纳额上限为 2,390 元，下限为 338 元。如果企业或个人缴纳的公积金超过 2,390 元或低于 338 元，要按照公积金缴纳额的上限或下限缴纳公积金。

（6）个人领取工资时需缴纳个人所得税，个人所得税按照超额累进税率计算，即对于不同的应纳税所得额，税率是不同的。针对本例的情况，计算公式如下：

所得税税额=应纳税所得额×适用税率－速算扣除数

应纳税所得额=合计工资－社保金及公积金（个人负担部分）－扣除额

扣除额=5000

适用税率与速算扣除数如图 12-5 所示。

级数	全月应纳税所得额	适用税率	速算扣除数
1	应纳税所得额<=3000元	3%	0
2	3000<应纳税所得额<=12000	10%	210
3	12000<应纳税所得额<=25000	20%	1410
4	25000<应纳税所得额<=35000	25%	2660
5	35000<应纳税所得额<=55000	30%	4410
6	55000<应纳税所得额<=80000	35%	7160
7	80000<应纳税所得额	45%	15160

图 12-5

结果详见文件“12-01 工资明细表-原始”的“税费计算表”工作表。

第四步：查看“工资明细表”。

（1）在“工资明细表”中，包括“工资月份”“员工编号”“姓名”“部门”“职务”“基础工资”“全勤奖金”“交通补贴”“通讯补贴”“养老金”“医疗保险”“失业保险”“住房公积金”“个人所得税”“应发工资”“应扣金额”“实发工资”和“备注”数据，如图 12-6 所示。

结果详见文件“12-01 工资明细表-原始”的”工资明细表”工作表。

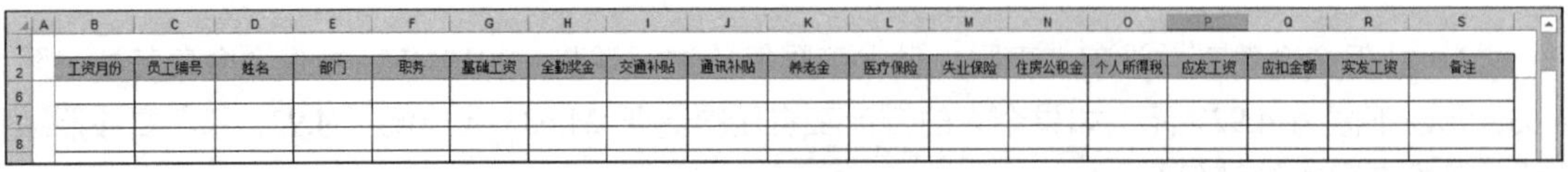

工资月份	员工编号	姓名	部门	职务	基础工资	全勤奖金	交通补贴	通讯补贴	养老金	医疗保险	失业保险	住房公积金	个人所得税	应发工资	应扣金额	实发工资	备注

图 12-6

（2）在“工资明细表”工作表中，已在 B3 单元格处“冻结窗格”。

第五步：编制“工资明细表”。

（1）在“工资明细表”工作表中，B3~B44 单元格（工资月份）和 C3~C44 单元格（员工编号）根据实际情况输入。

（2）D3 单元格（姓名）、E3 单元格（部门）、F3 单元格（职务）的公式与“出勤记录表”的 D3~F3 单元格的公式相同。

（3）在 G3 单元格（基础工资）中输入“=IF(F3="总经理",18000,IF(F3="副总经理",12000,IF(F3="经理",6000,IF(F3="副经理",5000,IF(F3="秘书",4000,IF(F3="职员",4000))))))”，表示“基础工资”根据员工级别设定，“总经理”为 18,000 元，“副总经理”为 12,000 元，“经理”为 6,000 元，“副经理”为 5,000 元，“秘书”和“职员”为 4,000 元。

（4）在 H3 单元格（全勤奖金）中输入“=3000*出勤记录表!I3”，表示全勤奖金 = 3000 × 出勤率 = 3000 × 95.2% = 2857。

（5）在 I3 单元格（交通补贴）中输入“=IF(F3="总经理",1000,IF(F3="副总经理",800,IF(F3="经理",500,IF(F3="副经理",300,IF(F3="秘书",300,IF(F3="职员",300))))))”，表示“交通补贴”根据员工级别设定，“总经理”为 1,000 元，“副总经理”为 800 元，“经理”为 500 元，“副经理”“秘书”和“职员”为 300 元。

（6）在 J3 单元格（通讯补贴）中输入“=IF(F3="总经理",500,IF(F3="副总经理",300,IF(F3="经理",200,IF(F3="副经理",100,IF(F3="秘书",100,IF(F3="职员",100))))))”，表示“通讯补贴”根据员工级别设定，“总经理”为 500 元，“副总经理”为 300 元，“经理”为 200 元，“副经理”“秘书”和“职员”为 100 元。

（7）在 K3 单元格（养老金）中输入“=IF(SUM(G3:J3)<税费计算表!$D$10,税费计算表!$D$10*税费计算表!$C$5,(IF(SUM(G3:J3)>税费计算表!$D$9,税费计算表!$D$9*税费计算表!$C$5,SUM(G3:J3)*税费计算表!$C$5)))”，表示计算“养老金”的基数（初算），即 G3 单元格（基础工资）、H3 单元格（全勤奖金）、I3 单元格（交通补贴）、J3 单元格（通讯补贴）求和值（18,000+2,857+1,000+500=22,357）。若初算值（22,357）低于社保金基数下限：“税费计算表”工作表的 D9 单元格（4,927 元），则基数取 4,927 元；若初算值（22,357）高于社保金基数上限：“税费计算表”工作表的 D10 单元格（24,633 元），则基数取 24,633 元；其他情况以初算值作为基数。此例中，初算值（22,357）位于社保金基数上下限之间，因此基数取 22,357 元。

“养老金”的缴纳比例为“税费计算表”工作表的 C5 单元格（8%）。

（8）在 L3 单元格（医疗保险）中输入“=IF(SUM(G3:J3)<税费计算表!$D$10,税费计算表!$D$10*税费计算表!$C$6,(IF(SUM(G3:J3)>税费计算表!$D$9,税费计算表!$D$9*税费计算表!$C$6,SUM(G3:J3)*税费计算表!$C$6)))”，公式的意义和 K3 单元格（养老金）是类似的，差别仅在于“医疗保险”的缴纳比例为“税费计算表”工作表的 C6 单元格（2%）。

（9）在 M3 单元格（失业保险）中输入“=IF(SUM(G3:J3)<税费计算表!$D$10,税费计算表!$D$10*税费计算表!$C$7,(IF(SUM(G3:J3)>税费计算表!$D$9,税费计算表!$D$9*税费计算表!$C$7,SUM(G3:J3)*税费计算表!$C$7)))”，公式的意义和 K3 单元格（养老金）是类似的，差别仅在于“失业保险”的缴纳比例为“税费计算表”工作表的 C7 单元格（1%）。

（10）在 N3 单元格（普通住房公积金）中输入“=IF((SUM(G3:J3)*税费计算表!$C$8)<税费计算表!$D$12,税费计算表!$D$12,(IF((SUM(G3:J3)*税费计算表!$C$8)>税费计算表!$D$11,税费计算表!$D$11,SUM(G3:J3)*税费计算表!$C$8))) ”，表示计算“住房公积金”的缴纳金额（初算），即 G3 单元格（基础工资）、H3 单元格（全勤奖金）、I3 单元格（交通补贴）、J3 单元格（通讯补贴）求和值（18,000+2,857+1,000+500=22,357）与缴纳比例：“税费计算表”工作表的 C8 单元格（7%）的乘积（1,565）。若初算值（1,565）低于公积金缴纳金额下限：“税费计算表”工作表的 D12 单元格（338 元），则缴纳金额为 338 元；若初算值（1,565）高于公积金缴纳金额上限：“税费计算表”工作表的 D11 单元格（2,390 元），则缴纳金额为 2,390 元；其他情况以初算值作为缴纳金额。此例中，由于初算值（1,565）位于缴纳金额上下限之间，因此缴纳金额为 1,565 元。

（11）在 O3 单元格（个人所得税）中输入“=IF((SUM(G3:J3)-SUM(K3:N3)-税费计算表!$K$6)<=0,0,IF((SUM(G3:J3)-SUM(K3:N3)-税费计算表!$K$6)<=3000,(SUM(G3:J3)-SUM(K3:N3)-税费计算表!$K$6)*税费计算表!$L$9,IF((SUM(G3:J3)-SUM(K3:N3)-税费计算表!$K$6)<=12000,(SUM(G3:J3)-SUM(K3:N3)-税费计算表!$K$6)*税费计算表!$L$10-税费计算表!$M$10,IF((SUM(G3:J3)-SUM(K3:N3)-税费计算表!$K$6)<=25000,(SUM(G3:J3)-SUM(K3:N3)-税费计算表!$K$6)*税费计算表!$L$11-税费计算表!$M$11,IF((SUM(G3:J3)-SUM(K3:N3)-税费计算表!$K$6)<=35000,(SUM(G3:J3)-SUM(K3:N3)-税费计算表!$K$6)*税费计算表!$L$12-税费计算表!$M$12,IF((SUM(G3:J3)-SUM(K3:N3)-税费计算表!$K$6)<=55000,(SUM(G3:J3)-SUM(K3:N3)-税费计算表!$K$6)*税费计算表!$L$13-税费计算表!$M$13,IF((SUM(G3:J3)-SUM(K3:N3)-税费计算表!$K$6)<=80000,(SUM(G3:J3)-SUM(K3:N3)-税费计算表!$K$6)*税费计算表!$L$14-税费计算表!$M$14,(SUM(G3:J3)-SUM(K3:N3)-税费计算表!$K$6)*税费计算表!$L$15-税费计算表!$M$15)))))))”，表示计算“应纳税所得额”的值（初算），即 G3 单元格（基础工资）、H3 单元格（全勤奖金）、I3 单元格（交通补贴）、J3 单元格（通讯补贴）求和值减去社保金及公积金（个人负担部分），再减去扣除额（5,000）的差额（18,000+2,857+1,000+500-1,789-447-224-1,565-5,000=13,333）。将初算值（13,333）与“税费计算表”对照，发现初算值（13,333）与对照表中“第 3 级”对应，如图 12-7 所示。

级数	全月应纳税所得额	适用税率	速算扣除数
1	应纳税所得额<=3000元	3%	0
2	3000<应纳税所得额<=12000	10%	210
3	12000<应纳税所得额<=25000	20%	1410
4	25000<应纳税所得额<=35000	25%	2660
5	35000<应纳税所得额<=55000	30%	4410
6	55000<应纳税所得额<=80000	35%	7160
7	80000<应纳税所得额	45%	15160

图 12-7

因此，找出适用税率（20%）和速算扣除数（1,410）。

根据公式计算，所得税税额 = 应纳税所得额 × 适用税率 − 速算扣除数 = 13,333 × 20% − 1410 = 1,257。

（12）在 P3 单元格（应发工资）中输入“=SUM(G3:J3)”，表示应发工资 = 基本工资 + 全勤奖金 + 交通补贴 + 通讯补贴。

（13）在 Q3 单元格（应扣金额）中输入“=SUM(K3:O3)”，表示应扣金额 = 养老金 + 医疗保险 + 失业保险 + 住房公积金 + 个人所得税。

（14）在 R3 单元格（实发工资）中输入“=P3-Q3”，表示实发工资 = 应发工资 − 应扣金额。

（15）将 D3~R3 单元格的公式复制到 D4~R44 单元格中。

（16）在 S3~S44 单元格（备注）中，记录补充信息，例如员工的离职和入职信息等。

“工资明细表”编制完成，如图 12-8 所示。

结果详见文件“12-02 工资明细表-编制 1”的”工资明细表”工作表。

工资月份	员工编号	姓名	部门	职务	基础工资	全勤奖金	交通补贴	通讯补贴	养老金	医疗保险	失业保险	住房公积金	个人所得税	应发工资	应扣金额	实发工资	备注
2019年1月	A001	王大力	总经理室	总经理	18,000	2,857	1,000	500	1,789	447	224	1,565	1,257	22,357	5,281	17,076	
2019年1月	A002	黄琳	总经理室	秘书	4,000	3,000	300	100	592	148	74	518	32	7,400	1,364	6,036	
2019年1月	B003	白露	人事部	经理	6,000	2,714	500	200	753	188	94	659	82	9,414	1,776	7,638	
2019年1月	B004	张奇胜	人事部	职员	4,000	3,000	300	100	592	148	74	518	32	7,400	1,364	6,036	
2019年1月	C005	洪惠	财务部	副总经理	12,000	3,000	800	300	1,288	322	161	1,127	610	16,100	3,508	12,592	
2019年1月	C006	毕春艳	财务部	职员	4,000	2,571	300	100	558	139	70	488	21	6,971	1,276	5,695	
2019年1月	D007	李兵	业务部	经理	6,000	3,000	500	200	776	194	97	679	89	9,700	1,835	7,865	
2019年1月	D008	林茂	业务部	副经理	5,000	3,000	300	100	672	168	84	588	57	8,400	1,569	6,831	
2019年1月	D009	苏珊	业务部	职员	4,000	3,000	300	100	592	148	74	518	32	7,400	1,364	6,036	
2019年1月	D010	杨光	业务部	职员	4,000	2,857	300	100	581	145	73	508	29	7,257	1,335	5,922	
2019年1月	D011	赵琦	业务部	职员	4,000	3,000	300	100	592	148	74	518	32	7,400	1,364	6,036	
2019年1月	E013	陈忠伟	调研部	经理	6,000	2,857	500	200	765	191	96	669	85	9,557	1,805	7,752	
2019年1月	E014	周庆	调研部	职员	4,000	3,000	300	100	592	148	74	518	32	7,400	1,364	6,036	
2019年1月	E015	涂巧巧	调研部	职员	4,000	3,000	300	100	592	148	74	518	32	7,400	1,364	6,036	
2019年2月	A001	王大力	总经理室	总经理	18,000	3,000	1,000	500	1,800	450	225	1,575	1,280	22,500	5,330	17,170	
2019年2月	A002	黄琳	总经理室	秘书	4,000	2,800	300	100	576	144	72	504	27	7,200	1,323	5,877	
2019年2月	B003	白露	人事部	经理	6,000	3,000	500	200	776	194	97	679	89	9,700	1,835	7,865	
2019年2月	B004	张奇胜	人事部	职员	4,000	3,000	300	100	592	148	74	518	32	7,400	1,364	6,036	
2019年2月	C005	洪惠	财务部	副总经理	12,000	2,600	800	300	1,256	314	157	1,099	577	15,700	3,403	12,297	
2019年2月	C006	毕春艳	财务部	职员	4,000	3,000	300	100	592	148	74	518	32	7,400	1,364	6,036	

图 12-8

12.2 查询工资数据

建立“工资明细表”之后，可以通过几个简单的步骤设置“工资查询”功能。例如查询某个部门的工资，查询一定数额区间的工资，等等。步骤如下：

第一步：设置“筛选”功能。

打开文件“12-02 工资明细表-编制 1”。在“工资明细表”工作表中，选中第 2 行的任意单元格，例如 E2 单元格。单击“数据”选项卡，并单击“排序和筛选→筛选”，如图 12-9 所示。

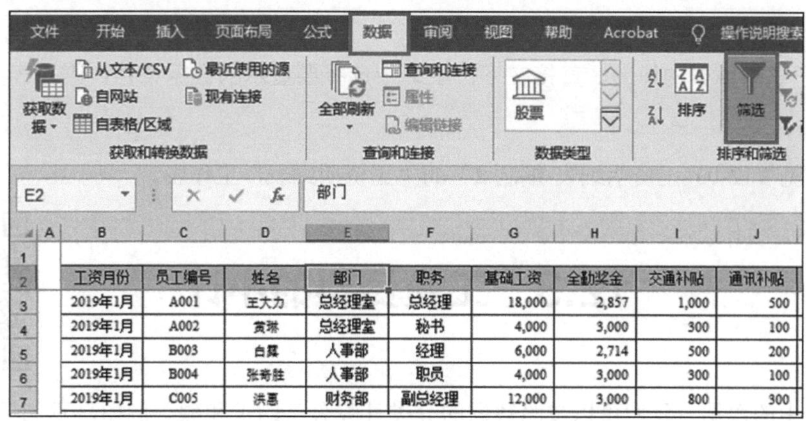

图 12-9

看到 B2~S2 每个单元格出现下拉按钮。

第二步：复合“筛选”（同时对 B2~S2 单元格中两项及两项以上的数据设置筛选要求）。

（1）对于排序类的筛选，单击“数据”选项卡，并单击“排序”按钮，如图 12-10 所示。

（2）在弹出的“排序”对话框中，“主要关键字”处填写为“工资月份”。

由于“排序关键字”超过一项，添加第二项“排序关键字”时，单击“添加条件”按钮，增加了“次要关键字”，“次要关键字”处填写为“基础工资”，单击“确定”按钮，如图 12-11 所示。

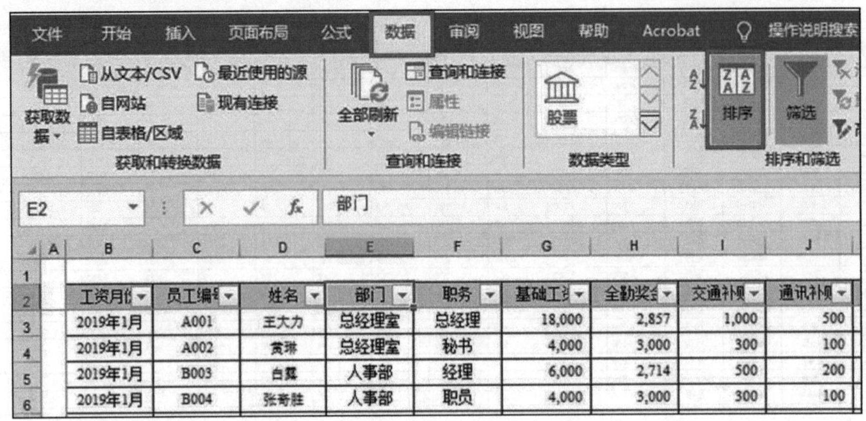

图 12-10

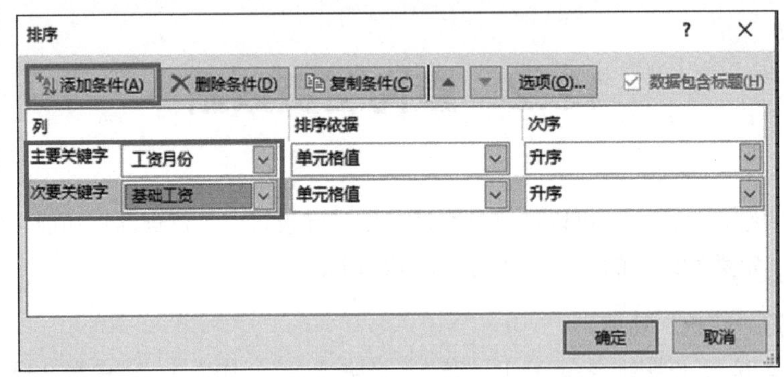

图 12-11

报表按照主次“关键字”排序。

（3）对于非排序类的筛选，直接在下拉菜单中选择要显示的数据条件，则报表显示满足各条件的交集选项。

详细结果见“12-03 工资明细表-编制 2”的“工资明细表”工作表。

12.3　工资资料的小计

对于报表中的数据，我们可以按照数据的分类计算分类的求和额。例如，我们要按照“部门”计算“基础工资”的求和，步骤如下：

第一步：将“部门”数据按序排列。

（1）打开文件“12-03 工资明细表-编制 2”。单击“数据”选项卡，并单击“排序”。在弹出的“排序”对话框中，单击两次“删除条件”取消排序，单击“确定”按钮，如图 12-12 所示。

（2）在“工资明细表”工作表中，单击“部门”的下拉按钮，选择“升序”，如图 12-13 所示。得到按“部门”排序的工资明细表，如图 12-14 所示。

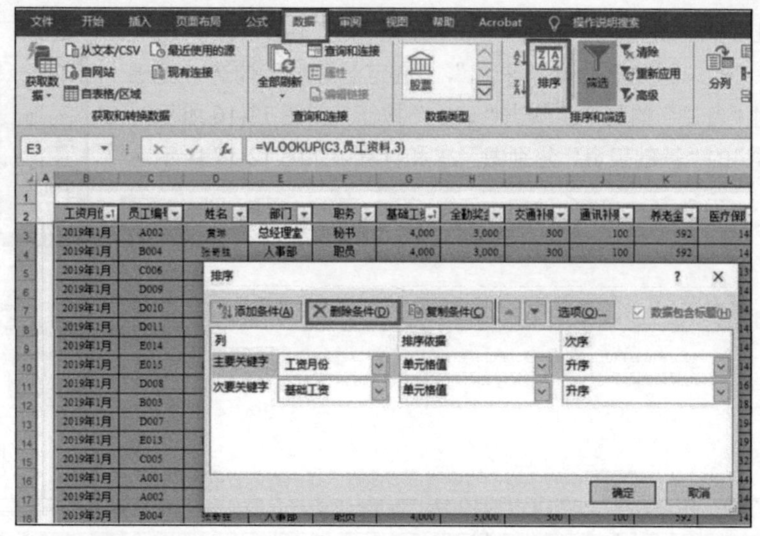

图 12-12

图 12-13

图 12-14

第二步：计算单项“分类汇总”。

（1）选中 E2 单元格，单击“数据”选项卡，并单击“分类汇总”，如图 12-15 所示。

图 12-15

（2）在弹出的“分类汇总”对话框中，“分类字段”由“工资月份”改选为“部门”，“汇总方式”选择“求和”，“选定汇总项”勾选“基础工资”，并取消对“备注”的勾选，单击“确定”按钮，如图 12-16 所示。

报表对各部门的“基础工资”分别做了求和计算，如图 12-17 所示。

结果详见文件“12-04 工资明细表-编制 3”的“工资明细表”工作表。

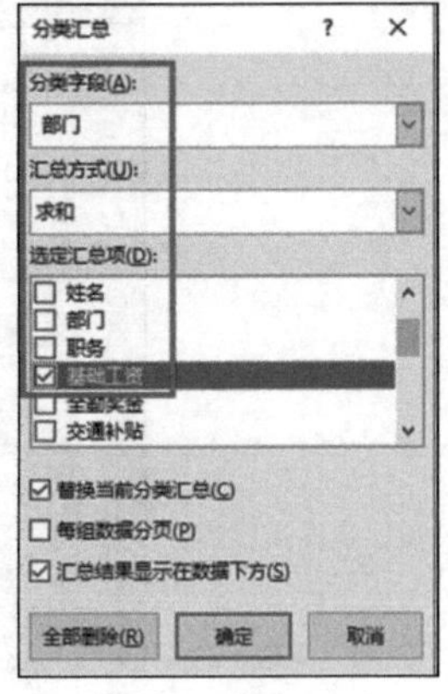

图 12-16

	A	B	C	D	E	F	G	H	I	J	K	L	M	N	O	P	Q	R	S
1																			
2		工资月	员工编	姓名	部门	职务	基础工	全勤奖	交通补	通讯补	养老金	医疗保	失业保	住房公积	个人所得	应发工	应扣金	实发工	备注
3		2019年1月	C006	毕春艳	财务部	职员	4,000	2,571	300	100	558	139	70	488	21	6,971	1,276	5,695	
4		2019年1月	C005	洪慕	财务部	副总经理	12,000	3,000	800	300	1,288	322	161	1,127	610	16,100	3,508	12,592	
5		2019年2月	C006	毕春艳	财务部	职员	4,000	3,000	300	100	592	148	74	518	32	7,400	1,364	6,036	
6		2019年2月	C005	洪慕	财务部	副总经理	12,000	2,600	800	300	1,256	314	157	1,099	577	15,700	3,403	12,297	
7		2019年3月	C006	毕春艳	财务部	职员	4,000	3,000	300	100	592	148	74	518	32	7,400	1,364	6,036	
8		2019年3月	C005	洪慕	财务部	副总经理	12,000	2,857	800	300	1,277	319	160	1,117	598	15,957	3,471	12,486	
9					财务部 汇总		48,000												
10		2019年1月	B004	张奇胜	人事部	职员	4,000	3,000	300	100	592	148	74	518	32	7,400	1,364	6,036	
11		2019年1月	B003	白露	人事部	经理	6,000	2,714	500	200	753	188	94	659	82	9,414	1,776	7,638	
12		2019年2月	B004	张奇胜	人事部	职员	4,000	3,000	300	100	592	148	74	518	32	7,400	1,364	6,036	
13		2019年2月	B003	白露	人事部	经理	6,000	3,000	500	200	776	194	97	679	89	9,700	1,835	7,865	
14		2019年3月	B004	张奇胜	人事部	职员	4,000	3,000	300	100	592	148	74	518	32	7,400	1,364	6,036	
15		2019年3月	B003	白露	人事部	经理	6,000	3,000	500	200	776	194	97	679	89	9,700	1,835	7,865	
16					人事部 汇总		30,000												
17		2019年1月	E014	周庆	调研部	职员	4,000	3,000	300	100	592	148	74	518	32	7,400	1,364	6,036	
18		2019年1月	E015	徐巧巧	调研部	职员	4,000	3,000	300	100	592	148	74	518	32	7,400	1,364	6,036	
19		2019年1月	E013	陈忠伟	调研部	经理	6,000	2,857	500	200	765	191	96	669	85	9,557	1,805	7,752	
20		2019年2月	E014	周庆	调研部	职员	4,000	2,800	300	100	576	144	72	504	27	7,200	1,323	5,877	
21		2019年2月	E015	徐巧巧	调研部	职员	4,000	3,000	300	100	592	148	74	518	32	7,400	1,364	6,036	
22		2019年2月	E013	陈忠伟	调研部	经理	6,000	2,800	500	200	760	190	95	665	84	9,500	1,794	7,706	
23		2019年3月	E014	周庆	调研部	职员	4,000	3,000	300	100	592	148	74	518	32	7,400	1,364	6,036	

图 12-17

12.4 打印个人工资表

“工资明细表”编制完成后，可以作为企业发放工资、工资账目的重要信息，同时也需要将各员工的工资表分别打印后交付员工留存。

上述章节介绍的“工资明细表”是用 Excel 编制的，如果我们要用 Word 编辑并打印员工个人的工资表，如何让 Excel 自动拆分各员工的工资信息，并将数据对应到 Word 中呢？步骤如下：

第一步：打开 Word 文件。

打开文件“12-05 工资表-个人-原始”。文件“12-05 工资表-个人-原始”是按照文件“12-01 工资明细表-原始”的“工资明细表”工作表设计的，和“工资明细表”工作表的 B2~R2 单元格字段对应，如图 12-18 所示。

第二步：建立 Word 文件“12-05 工资表-个人-原始”与 Excel 文件“12-01 工资明细表-编制 1”的对应关系。

（1）单击 Word 文件“12-05 工资表-个人-原始”的“邮件”选项卡，并依次单击“开始邮件合并→邮件合并分步向导”，如图 12-19 所示。

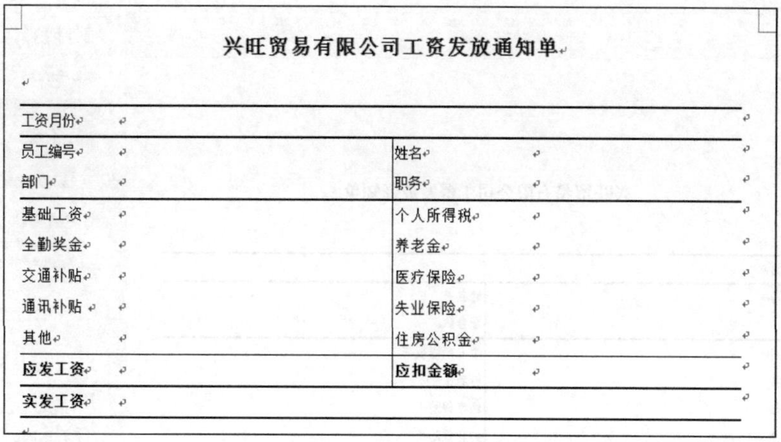

兴旺贸易有限公司工资发放通知单

工资月份			
员工编号		姓名	
部门		职务	
基础工资		个人所得税	
全勤奖金		养老金	
交通补贴		医疗保险	
通讯补贴		失业保险	
其他		住房公积金	
应发工资		**应扣金额**	
实发工资			

图 12-18

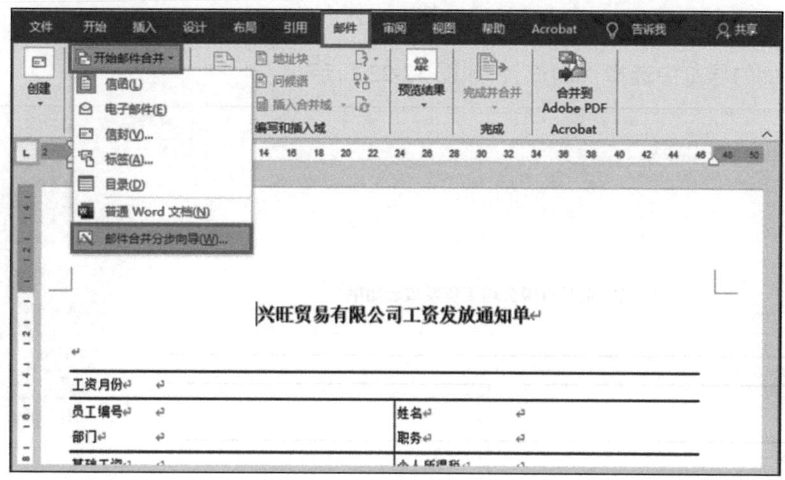

图 12-19

（2）在右侧的导览中，选择“信函”，并单击“下一步：正在启动文档”，如图 12-20 所示。

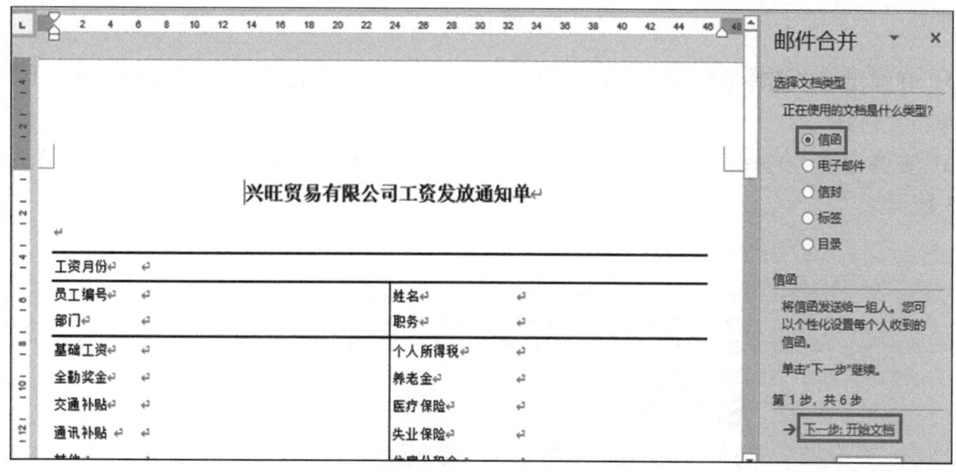

图 12-20

（3）在右侧的导览中，选择“使用当前文档”，并单击“下一步：选取收件人”，如图 12-21 所示。

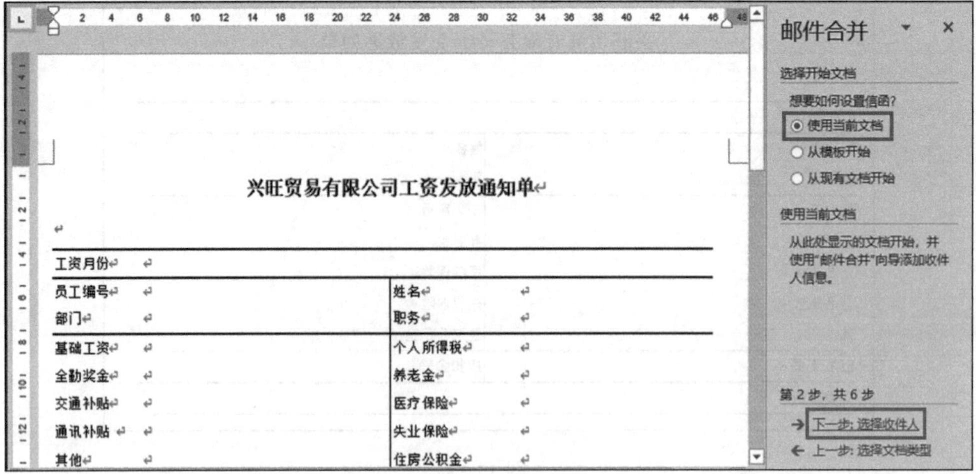

图 12-21

（4）在右侧的导览中选择“浏览”，如图 12-22 所示。

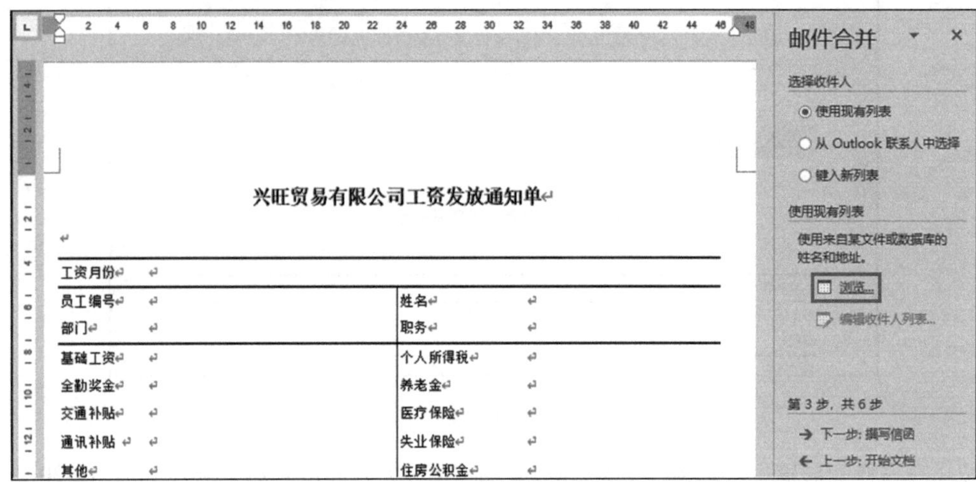

图 12-22

（5）在弹出的“选择数据源”对话框中，找到 Excel 文件“12-02 工资明细表-编制 1”所在位置，并单击“打开”。

（6）在弹出的“选择表格”对话框中，选择“工资明细表$”工作表，单击“确定”按钮，如图 12-23 所示。

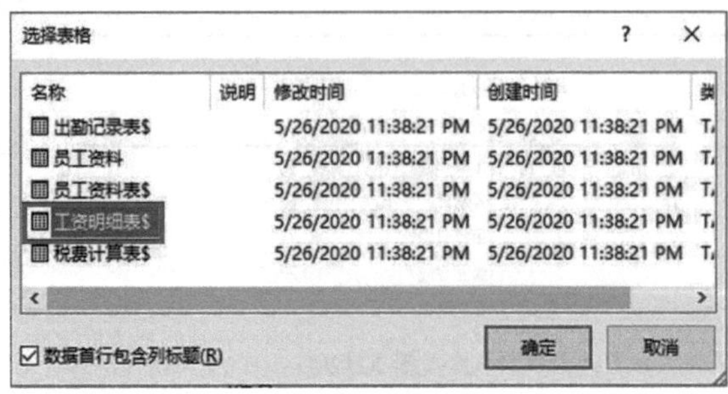

图 12-23

（7）在弹出的“邮件合并收件人”对话框中，确认信息无误后，单击“确定”按钮，如图 12-24 所示。

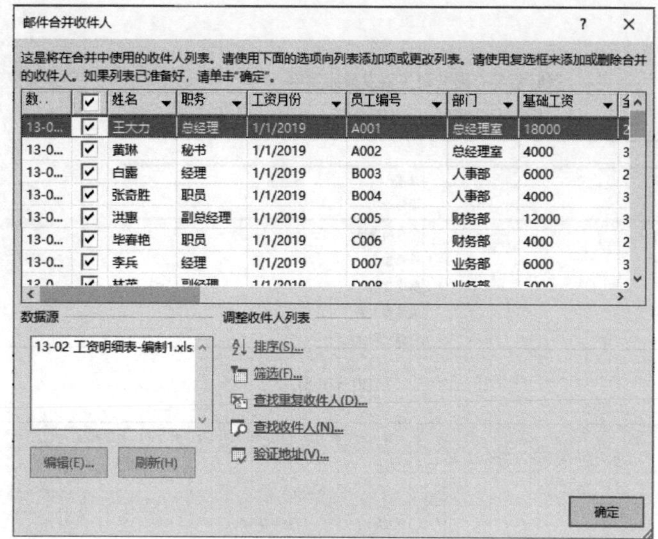

图 12-24

（8）在右侧的导览中，单击“下一步：撰写信函”，如图 12-25 所示。

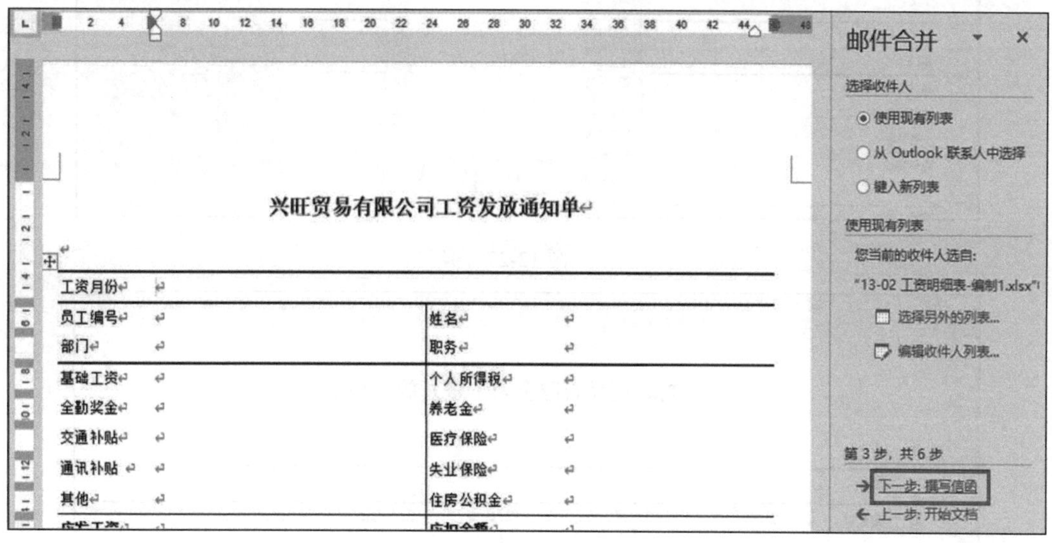

图 12-25

（9）光标放在 Word 文件“12-05 工资表-个人-原始”的“工资月份”右侧空格处，选择导览中的“其他项目”，如图 12-26 所示。

（10）在弹出的“插入合并域”对话框中，选择“工资月份”，单击“插入”按钮，再单击对话框中的“关闭”按钮，如图 12-27 所示。

（11）Word 文件“12-05 工资表-个人-原始”的“工资月份”对应处显示”《工资月份》”，代表取用 Excel 文件“12-01 工资明细表-编制 1”的“工资明细表”工作表中的“工资月份”数据，如图 12-28 所示。

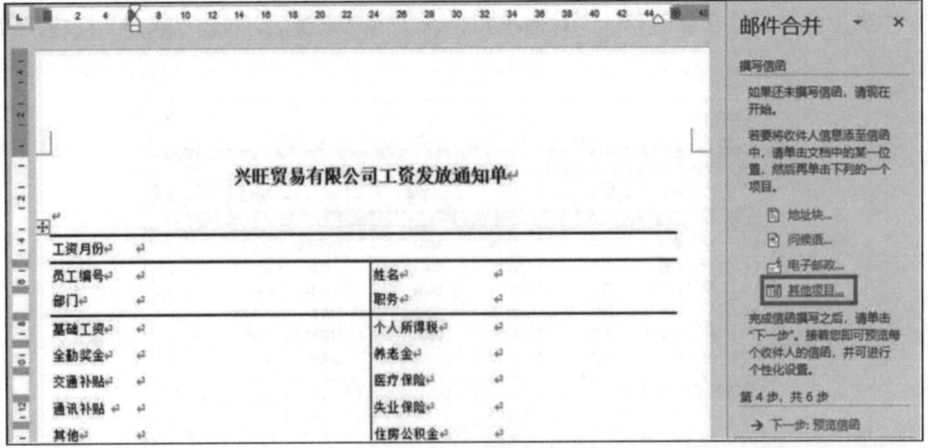

图 12-26

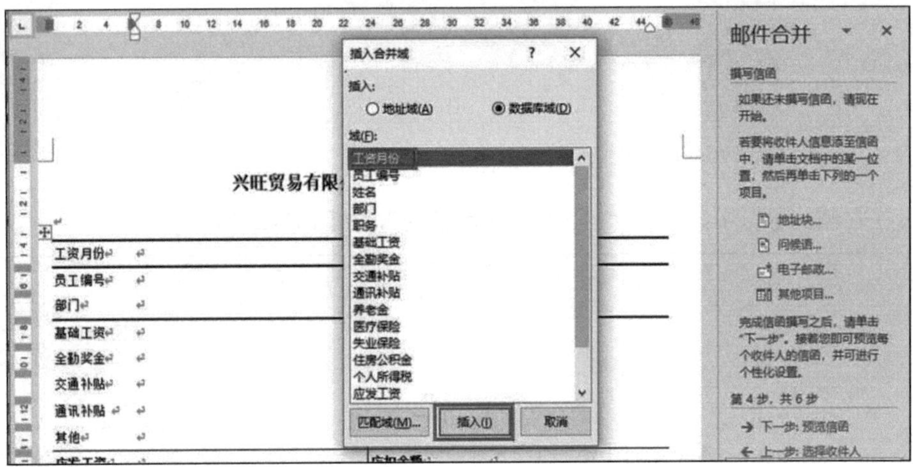

图 12-27

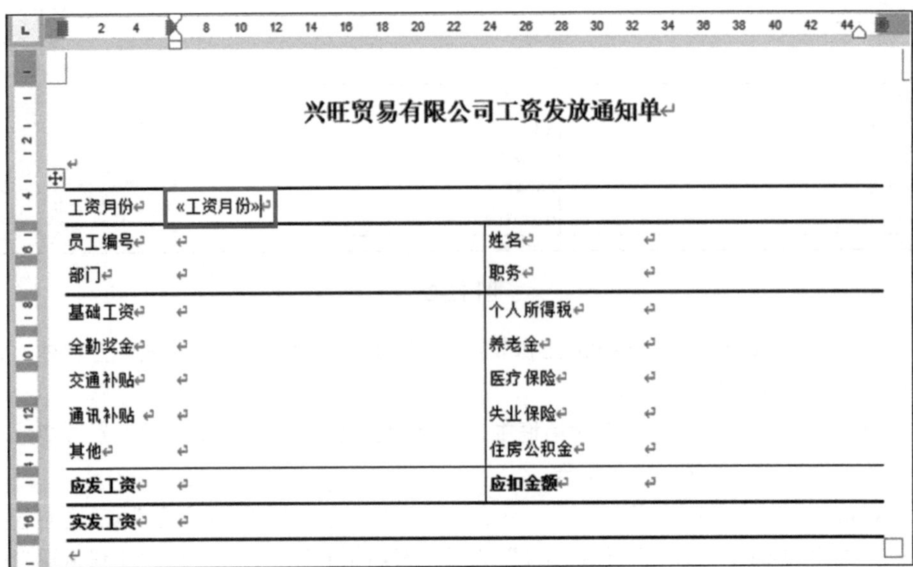

图 12-28

（12）重复上述步骤，将光标依次放在 Word 文件“12-05 工资表-个人-原始”的各数据格，选择导览中的“其他项目”。

在弹出的“插入合并域”对话框中，依次选择“员工编号”→“实发工资”，则 Word 文件的各数据格与 Excel 文件“12-01 工资明细表-编制 1”的“工资明细表”工作表中的数据一一对应，如图 12-29 所示。

结果详见文件“12-06 工资表-个人-链接”。

兴旺贸易有限公司工资发放通知单

工资月份	«工资月份»		
员工编号	«员工编号»	姓名	«姓名»
部门	«部门»	职务	«职务»
基础工资	«基础工资»	个人所得税	«个人所得税»
全勤奖金	«全勤奖金»	养老金	«养老金»
交通补贴	«交通补贴»	医疗保险	«医疗保险»
通讯补贴	«通讯补贴»	失业保险	«失业保险»
其他		住房公积金	«住房公积金»
应发工资	**«应发工资»**	**应扣金额**	**«应扣金额»**
实发工资	**«实发工资»**		

图 12-29

第三步：建立“个人工资表”。

（1）单击导览中的“下一步：预览信函”，如图 12-30 所示。

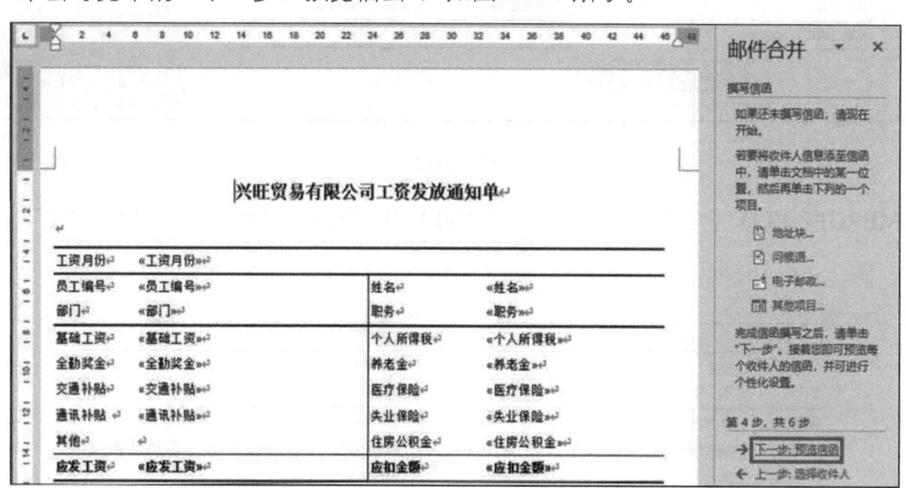

图 12-30

（2）Word 显示的数值与 Excel 报表中设置的数据显示格式不一致。例如，Excel 显示的数据是“2,857”，但邮件合并后 Word 显示的数据是“2857.1428571428569”，即 Excel 报表中设置的数据格式不会自动带到 Word 中，需要在 Word 中重新设置，如图 12-31 所示。

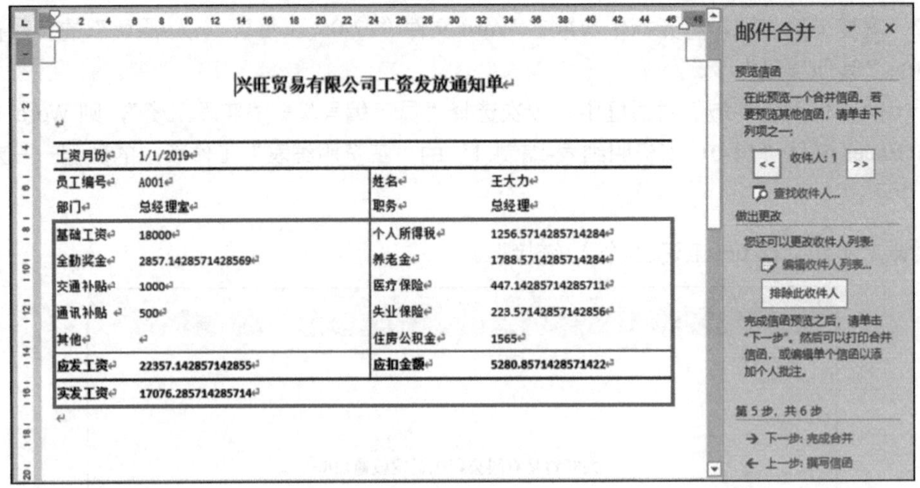

图 12-31

右击插入的“全勤奖金”数值，选择“切换域代码”，如图 12-32 所示。

图 12-32

把“{MERGEFIELD "全勤奖金" }”改写为“{MERGEFIELD \# "###,0""全勤奖金" }”，如图 12-33 所示。

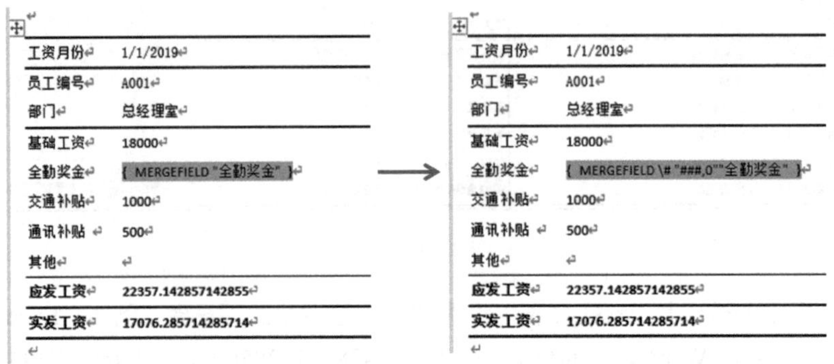

图 12-33

（3）重新打开 Word 文件（文件最小化后再打开即可），报表中“全勤奖金”以整数方式显示，如图 12-34 所示。

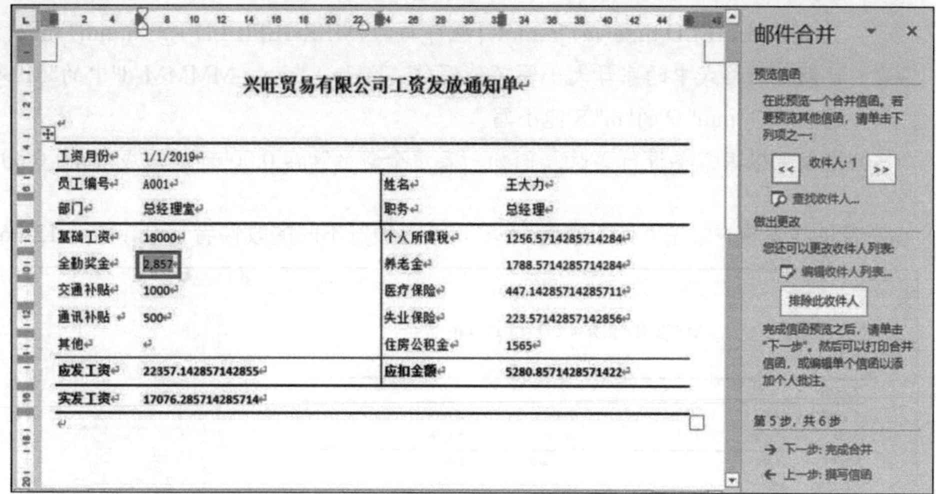

兴旺贸易有限公司工资发放通知单

工资月份	1/1/2019		
员工编号	A001	姓名	王大力
部门	总经理室	职务	总经理
基础工资	18000	个人所得税	1256.5714285714284
全勤奖金	2,857	养老金	1788.5714285714284
交通补贴	1000	医疗保险	447.14285714285711
通讯补贴	500	失业保险	223.57142857142856
其他		住房公积金	1565
应发工资	22357.142857142855	应扣金额	5280.8571428571422
实发工资	17076.285714285714		

图 12-34

（4）对于报表中的其余金额，采用类似的方法改写“域代码”，则显示 1 份收件者记录，如图 12-35 所示。

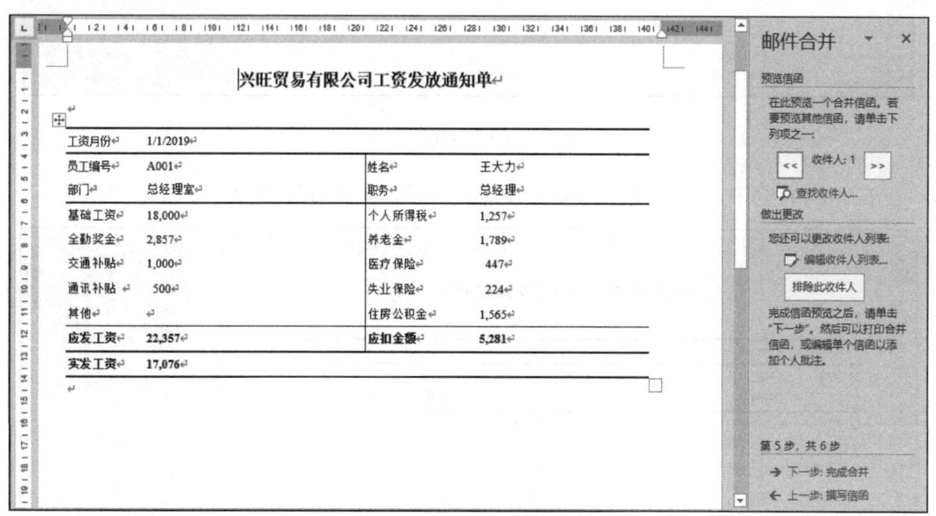

兴旺贸易有限公司工资发放通知单

工资月份	1/1/2019		
员工编号	A001	姓名	王大力
部门	总经理室	职务	总经理
基础工资	18,000	个人所得税	1,257
全勤奖金	2,857	养老金	1,789
交通补贴	1,000	医疗保险	447
通讯补贴	500	失业保险	224
其他		住房公积金	1,565
应发工资	22,357	应扣金额	5,281
实发工资	17,076		

图 12-35

结果详见文件“12-07 工资表-个人独立”。

调整“金额”的显示方式

本例中介绍了如何利用域代码调整“金额”的显示方式。如果是其他数据类型，同样有调整的方法，下面将举例说明。

（1）使用(\@)设置日期格式：{MERGEFIELD date \@ "yyyy-MMMM-d"}。

（2）使用(\@)设置时间格式：{MERGEFIELD time \@ "h:mm"}。

（3）使用(\#)设置电话号码格式：{MERGEFIELD phone \# "00##'-'#######"}。

设置中的注意点包括：

（1）date、time、number 和 phone 指的是相关字段名，可放在{}的最后面。例如，{MERGEFIELD time \@ "h:mm"}也可写为{MERGEFIELD \@ "h:mm" time}。

（2）日期时间格式中的字母大小写不能写错。例如，"yyyy-MMMM-d"中的"M"必须大写，而"h:mm"中的"m"只能小写。

（3）格式可根据需要进行更改。例如，表达金额的"###,0.00"可以写成"¥###,0.00"。

（5）在右侧的导览中，单击“<<”或者“>>”，可以预览不同的收件者记录，如图 12-36 所示。

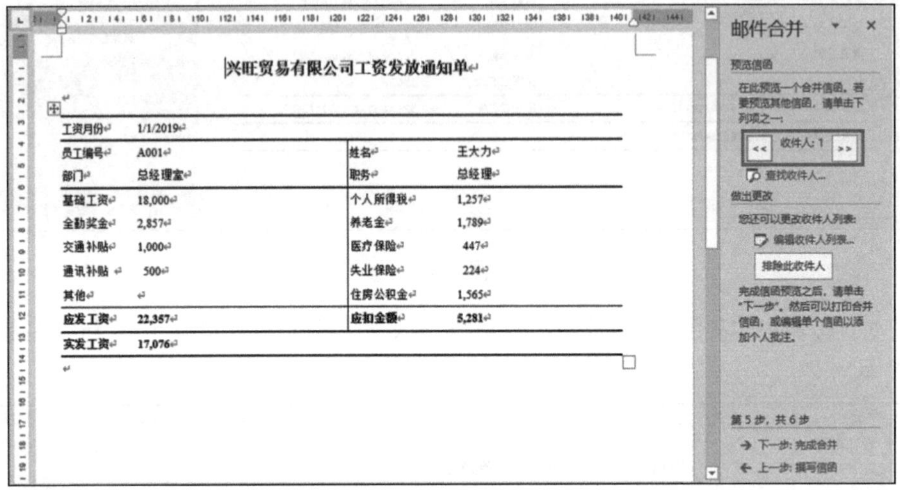

图 12-36

（6）在右侧的导览中，单击“下一步：完成合并”，如图 12-37 所示。

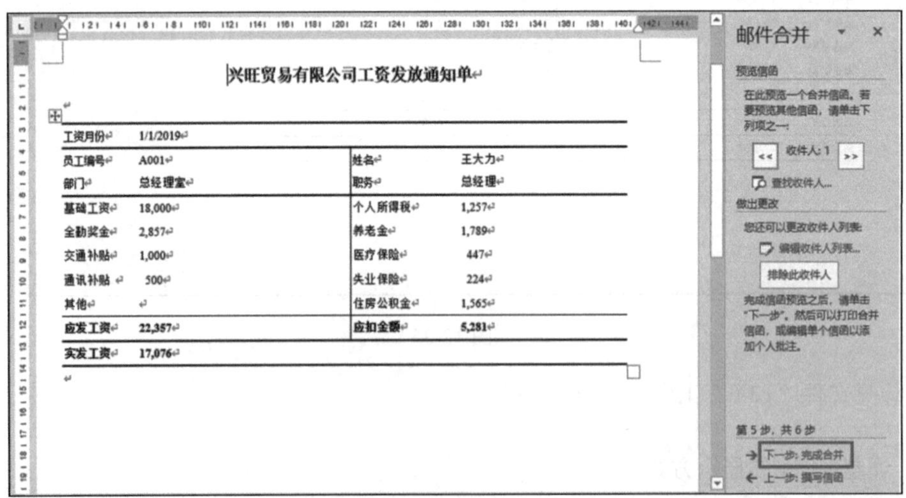

图 12-37

（7）在右侧的导览中，单击“编辑单个信函”，则被选中的记录会合并到新的文件中，如图 12-38 所示。

（8）在弹出的“合并到新文档”对话框中，选择“全部”，单击“确定”按钮，如图 12-39 所示。

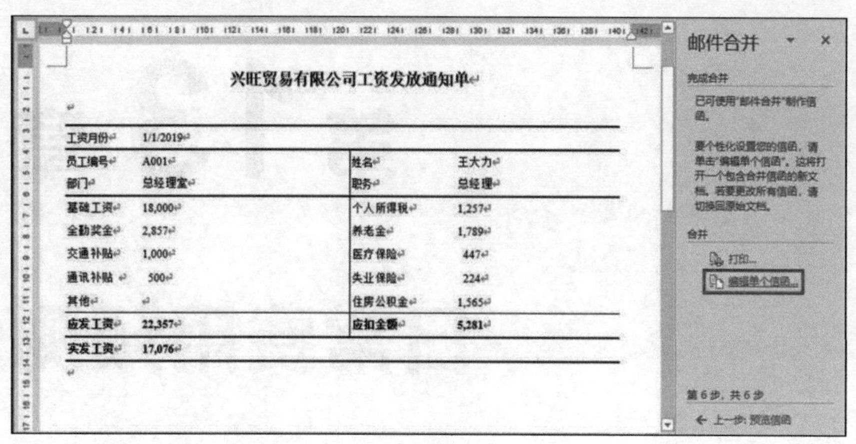

图 12-38

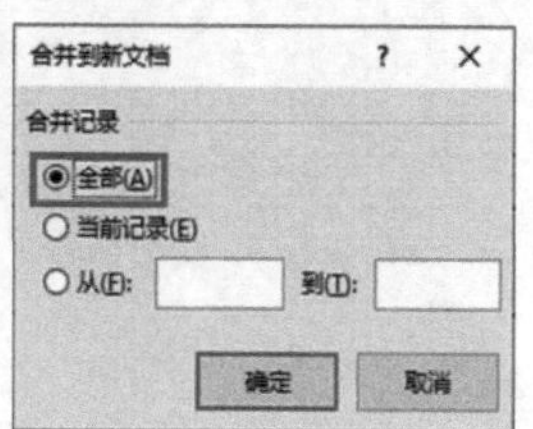

图 12-39

所有记录按序排列在新建文件“信函 1”中，如图 12-40 所示。

兴旺贸易有限公司工资发放通知单

工资月份	1/1/2019		
员工编号	A001	姓名	王大力
部门	总经理室	职务	总经理
基础工资	18,000	个人所得税	1,257
全勤奖金	2,857	养老金	1,789
交通补贴	1,000	医疗保险	447
通讯补贴	500	失业保险	224
其他		住房公积金	1,565
应发工资	22,357	应扣金额	5,281
实发工资	17,076		

兴旺贸易有限公司工资发放通知单

工资月份	1/1/2019		
员工编号	A002	姓名	黄琳
部门	总经理室	职务	秘书
基础工资	4,000	个人所得税	32
全勤奖金	3,000	养老金	592
交通补贴	300	医疗保险	148
通讯补贴	100	失业保险	74
其他		住房公积金	518
应发工资	7,400	应扣金额	1,364
实发工资	6,036		

兴旺贸易有限公司工资发放通知单

工资月份	1/1/2019		
员工编号	B003	姓名	白露
部门	人事部	职务	经理

图 12-40

（9）单击“文件”选项卡，并单击“另存为”按钮。在弹出的“另存为”对话框中，选择文件存放位置，并将文件名改写为“12-08 兴旺贸易有限公司工资发放通知单”，单击“保存”按钮。

结果详见文件“12-08 兴旺贸易有限公司工资发放通知单”。

下篇

第13章 日常费用预测

“企业日常费用”指企业在日常运作过程中发生的费用，包括管理费用、差旅费用、通信费用、交通费用、误餐费用等。“企业日常费用”的预测对于管控企业内部成本、提高资金的使用效率具有重大意义。因此，我们要对“日常费用”进行事前控制，做好充分的预算，提升企业管理水平。

如果知道企业2019年度各月各项日常费用的发生额，要预测2020年度各月各项日常费用的发生额，可以通过多种方法实现，例如“线性拟合法”“指数拟合法”“移动平均法”和“指数平滑法”等。

13.1 线性拟合法

用“线性拟合法”进行日常费用预测的步骤如下：

第一步：查看“2019年日常费用明细”及预测表。

打开文件“13-01 日常费用的预测-原始”，如图13-1所示。

在“2019年资料”工作表中罗列了2019年1~12月各项日常费用的金额。

“线性拟合1”工作表将利用“线性拟合法”（LINEST函数）预测2020年各月各项日常费用的金额。

“线性拟合2”工作表将利用“线性拟合法”（TREND函数）预测2020年各月各项日常费用的金额。

第二步：利用“LINEST”函数进行“线性拟合”。

（1）在“线性拟合1”工作表的C4单元格（2020年1月管理费用的预测值）中输入“=INDEX(LINEST('2019年资料'!C4:C15,'2019年资料'!B4:B15),1)*(B4+12)+INDEX(LINEST('2019年资料'!C4:C15,'2019年资料'!B4:B15),2)”。

	A	B	C	D	E	F	G	H	I
1									
2		2019年日常费用明细							
3		2019年	管理费用	差旅费用	通讯费用	交通费用	误餐费用	其他费用	合计
4		1	24,598	6,420	1,532	1,290	522	216	34,578
5		2	22,760	3,560	1,320	956	290	95	28,981
6		3	26,335	4,478	1,390	1,102	628	140	34,073
7		4	29,560	7,620	1,638	845	430	175	40,268
8		5	33,900	5,035	1,809	878	750	212	42,584
9		6	35,080	4,290	1,767	1,250	780	163	43,330
10		7	31,240	1,040	1,429	1,575	625	182	36,091
11		8	27,697	3,700	1,580	1,320	646	267	35,210
12		9	28,006	7,210	1,406	1,450	482	284	38,838
13		10	28,560	4,355	1,258	1,226	688	184	36,271
14		11	26,125	4,724	1,230	1,455	620	130	34,284
15		12	28,052	3,550	1,320	1,060	370	153	34,505

图 13-1

公式的意义是：

- INDEX(LINEST('2019 年资料'!C4:C15,'2019 年资料'!B4:B15),1) 表示公式“y = mx + b”中的 m 值。
- INDEX(LINEST('2019 年资料'!C4:C15,'2019 年资料'!B4:B15),2) 表示公式“y = mx + b”中的 b 值。
- (B4+12)表示公式“y = mx + b”中的 x 值，其中，“12”表示“B4”之后的第 12 个月，即 2020 年 1 月。
- 经计算，公式“y = mx + b”中的 y 值为 29,711.73，即 2020 年 1 月管理费用的预测值为 29,711.73 元，如图 13-2 所示。

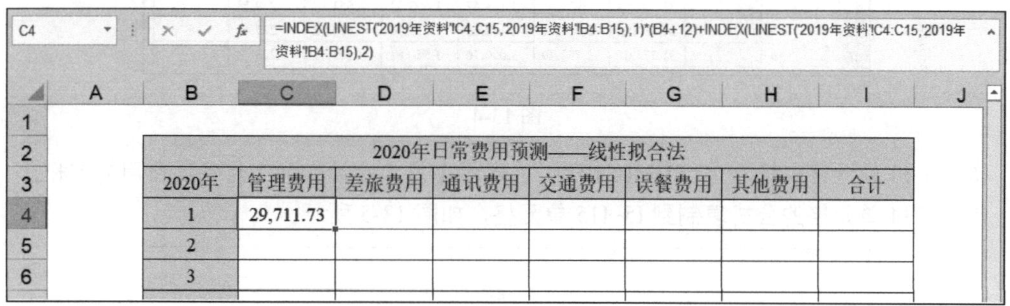
C4 =INDEX(LINEST('2019年资料'!C4:C15,'2019年资料'!B4:B15),1)*(B4+12)+INDEX(LINEST('2019年资料'!C4:C15,'2019年资料'!B4:B15),2)

	A	B	C	D	E	F	G	H	I	J
1										
2		2020年日常费用预测——线性拟合法								
3		2020年	管理费用	差旅费用	通讯费用	交通费用	误餐费用	其他费用	合计	
4		1	29,711.73							
5		2								
6		3								

图 13-2

（2）C4 单元格的公式改写为“=INDEX(LINEST('2019 年资料'!$C$4:$C$15,'2019 年资料'!$B$4:$B$15),1)*(B4+12)+INDEX(LINEST('2019 年资料'!$C$4:$C$15,'2019 年资料'!$B$4:$B$15),2)”，即将原公式中“'2019 年资料'!C4:C15”和“'2019 年资料'!B4:B15”两项设定为绝对位置。

（3）将 C4 单元格的公式复制到 C5~C15 单元格，如图 13-3 所示。

（4）D4 单元格的公式为“=INDEX(LINEST('2019 年数据'!$D$4:$D$15,'2019 年资料'!$B$4:$B$15),1)*(B4+12)+INDEX(LINEST('2019 年资料'!$D$4:$D$15,'2019 年资料'!$B$4:$B$15),2)”。

D4 单元格公式与 C4 单元格公式的不同之处仅在于，C4 单元格的 known_y's 参数引用“'2019 年资料'!$C$4:$C$15”，而 D4 单元格的 known_y's 参数引用“'2019 年资料'!$D$4:$D$15”。

E4、F4、G4、H4 单元格的公式以此类推。

（5）将 E4、F4、G4、H4 单元格的公式复制到 E5~H15 单元格，如图 13-4 所示。

C4 =INDEX(LINEST('2019年资料'!$C$4:$C$15,'2019年资料'!$B$4:$B$15),1)*(B4+$C$15,'2019年资料'!$B$4:$B$15),2)

2020年日常费用预测——线性拟合法							
2020年	管理费用	差旅费用	通讯费用	交通费用	误餐费用	其他费用	合计
1	29,711.73						
2	29,899.26						
3	30,086.80						
4	30,274.33						
5	30,461.87						
6	30,649.40						
7	30,836.94						
8	31,024.47						
9	31,212.01						
10	31,399.54						
11	31,587.08						
12	31,774.61						

图 13-3

2020年日常费用预测——线性拟合法							
2020年	管理费用	差旅费用	通讯费用	交通费用	误餐费用	其他费用	合计
1	29,711.73	3,954.71	1,331.18	1,371.15	603.59	198.39	
2	29,899.26	3,845.41	1,309.33	1,397.39	608.87	200.70	
3	30,086.80	3,736.11	1,287.47	1,423.63	614.16	203.00	
4	30,274.33	3,626.81	1,265.61	1,449.88	619.44	205.31	
5	30,461.87	3,517.51	1,243.76	1,476.12	624.72	207.61	
6	30,649.40	3,408.21	1,221.90	1,502.36	630.01	209.91	
7	30,836.94	3,298.91	1,200.04	1,528.60	635.29	212.22	
8	31,024.47	3,189.61	1,178.19	1,554.84	640.57	214.52	
9	31,212.01	3,080.31	1,156.33	1,581.08	645.86	216.83	
10	31,399.54	2,971.01	1,134.47	1,607.32	651.14	219.13	
11	31,587.08	2,861.71	1,112.62	1,633.56	656.42	221.44	
12	31,774.61	2,752.40	1,090.76	1,659.81	661.71	223.74	

图 13-4

（6）在 I4 单元格中输入“=SUM(C4:H4)”，表示 1 月“合计”为 1 月各项费用的求和。

（7）将 I4 单元格的公式复制到 I5~I15 单元格，如图 13-5 所示。

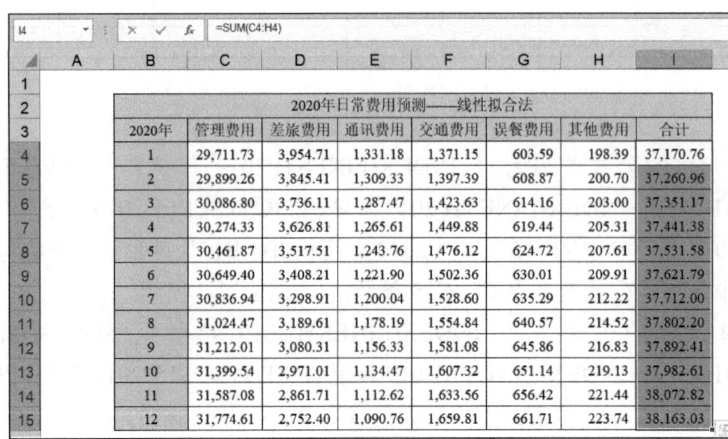

I4 =SUM(C4:H4)

2020年日常费用预测——线性拟合法							
2020年	管理费用	差旅费用	通讯费用	交通费用	误餐费用	其他费用	合计
1	29,711.73	3,954.71	1,331.18	1,371.15	603.59	198.39	37,170.76
2	29,899.26	3,845.41	1,309.33	1,397.39	608.87	200.70	37,260.96
3	30,086.80	3,736.11	1,287.47	1,423.63	614.16	203.00	37,351.17
4	30,274.33	3,626.81	1,265.61	1,449.88	619.44	205.31	37,441.38
5	30,461.87	3,517.51	1,243.76	1,476.12	624.72	207.61	37,531.58
6	30,649.40	3,408.21	1,221.90	1,502.36	630.01	209.91	37,621.79
7	30,836.94	3,298.91	1,200.04	1,528.60	635.29	212.22	37,712.00
8	31,024.47	3,189.61	1,178.19	1,554.84	640.57	214.52	37,802.20
9	31,212.01	3,080.31	1,156.33	1,581.08	645.86	216.83	37,892.41
10	31,399.54	2,971.01	1,134.47	1,607.32	651.14	219.13	37,982.61
11	31,587.08	2,861.71	1,112.62	1,633.56	656.42	221.44	38,072.82
12	31,774.61	2,752.40	1,090.76	1,659.81	661.71	223.74	38,163.03

图 13-5

结果详见文件“13-02 日常费用的预测-计算”的“线性拟合 1”工作表。

第三步：利用“TREND”函数进行“线性拟合”。

（1）在“线性拟合 2”工作表的 C4 单元格（2020 年 1 月管理费用的预测值）中输入“=TREND('2019 年资料'!C4:C15,'2019 年资料'!B4:B15,(B4+12))”。

（2）C4 单元格的值为 29,711.73，如图 13-6 所示。

C4 =TREND('2019年资料'!C4:C15,'2019年资料'!B4:B15,(B4+12))

	A	B	C	D	E	F	G	H	I
1									
2		2020年日常费用预测——线性拟合法							
3		2020年	管理费用	差旅费用	通讯费用	交通费用	误餐费用	其他费用	合计
4		1	29,711.73						
5		2							
6		3							

图 13-6

与“线性拟合 1”工作表的 C4 单元格值比较，TREND 函数的计算结果与 LINEST 函数的计算结果是相同的。

（3）C4 单元格的公式改写为“=TREND('2019 年数据'!$C$4:$C$15,'2019 年资料'!$B$4:$B$15,B4+12))”。

（4）利用与上一例类似的方法，完成整张表格的计算，如图 13-7 所示。

	A	B	C	D	E	F	G	H	I
1									
2		2014年日常费用预测——线性拟合法							
3		2014年	管理费用	差旅费用	通讯费用	交通费用	误餐费用	其他费用	合计
4		1	29,711.73	3,954.71	1,331.18	1,371.15	603.59	198.39	37,170.76
5		2	29,899.26	3,845.41	1,309.33	1,397.39	608.87	200.70	37,260.96
6		3	30,086.80	3,736.11	1,287.47	1,423.63	614.16	203.00	37,351.17
7		4	30,274.33	3,626.81	1,265.61	1,449.88	619.44	205.31	37,441.38
8		5	30,461.87	3,517.51	1,243.76	1,476.12	624.72	207.61	37,531.58
9		6	30,649.40	3,408.21	1,221.90	1,502.36	630.01	209.91	37,621.79
10		7	30,836.94	3,298.91	1,200.04	1,528.60	635.29	212.22	37,712.00
11		8	31,024.47	3,189.61	1,178.19	1,554.84	640.57	214.52	37,802.20
12		9	31,212.01	3,080.31	1,156.33	1,581.08	645.86	216.83	37,892.41
13		10	31,399.54	2,971.01	1,134.47	1,607.32	651.14	219.13	37,982.61
14		11	31,587.08	2,861.71	1,112.62	1,633.56	656.42	221.44	38,072.82
15		12	31,774.61	2,752.40	1,090.76	1,659.81	661.71	223.74	38,163.03

图 13-7

结果详见文件“13-02 日常费用的预测-计算”的“线性拟合 2”工作表。

“线性拟合法”

“线性拟合”指已知线性函数的若干离散函数值{f1,f2,…,fn}，通过调整该函数中若干待定系数 f(λ1,λ2,…,λn)，使得该函数与已知点集的差别最小。“线性拟合法”可以预测一个变量随另一个变量的变化趋势。

“线性拟合”的公式为“$y = mx + b$”。如果有多个区域的 x 值，“线性拟合”的公式也可为“$y=m_1x_1+m_2x_2+\cdots+b$”。式中，因变量 y 是变量 x 的函数值，m 值是与每个 x 值相对应的系数，b 为常数。

在 Excel 中，与“线性拟合”对应的函数是 LINEST 函数和 TREND 函数。

【LINEST 函数】

LINEST 函数使用最小二乘法对已知数据进行最佳直线拟合，并返回描述此直线的数组，LINEST 函数返回的数组为 $\{m_n, m_{n-1}, \cdots, m_1, b\}$。

LINEST 函数的语法是 LINEST(known_y's,known_x's,const,stats)。各参数的意义如下：

- known_y's：关系表达式$y = mx + b$中已知的 y 值集合。
- known_x's：关系表达式$y = mx + b$中已知的可选 x 值集合。
- const：逻辑值，指定是否将常量 b 强制设为 0。
- stats：逻辑值，指定是否返回附加回归统计值。

由于 LINEST 函数返回的是数组，搭配 INDEX 函数分别获取公式$y = mx + b$中的 m 值和 b 值。

【TREND 函数】

TREND 函数根据已知 x 序列的值和 y 序列的值构造线性回归直线方程，然后根据该方程计算 x 值序列对应的 y 值序列。TREND 函数的语法是 TREND(known_ y's, known_ x's, new_ x's, const)，各参数的意义如下：

- known_ y's：关系表达式$y = mx + b$中已知的 y 值集合。
- known_x's：关系表达式$y = mx + b$中已知的可选 x 值集合。
- new_x's：给出需要计算预测值的变量 x 的值。若省略该参数，则预设其值等于 known_ x's。
- const：逻辑值，指定是否将常量 b 强制设为 0。

【INDEX 函数】

INDEX 函数的返回值是表或区域中的值或对值的引用。在返回表或区域中的值时，INDEX 函数的语法是 INDEX(array,row_num,column_num)，返回值是数组中指定的单元格或单元格数组的数值。

13.2 指数拟合法

除了用“线性拟合法”进行预测外，也可以用“指数拟合法”进行预测。“指数拟合”与“线性拟合”的不同之处在于，“指数拟合”利用指数函数“$y = bm^x$”进行拟合，而“线性拟合”利用线性函数“$y = mx + b$”进行拟合。

第一步：查看预测表。

打开文件“13-01 日常费用的预测-原始”。“指数拟合 1”工作表将利用“指数拟合法”（LOGEST 函数）预测 2020 年各月各项日常费用的金额。“指数拟合 2”工作表将利用“指数拟合法”（GROWTH 函数）预测 2020 年各月各项日常费用的金额。

第二步：利用“LOGEST”函数进行“指数拟合”。

（1）在“指数拟合 1”工作表的 C4 单元格（2020 年 1 月管理费用的预测值）中输入“=INDEX(LOGEST('2019 年资料'!$C$4:$C$15,'2019 年资料'!$B$4:$B$15),2)*INDEX(LOGEST('2019 年资料'!$C$4:$C$15,'2019 年资料'!$B$4:$B$15),1)^(B4+12)”。

公式的意义是：

- INDEX(LOGEST('2019 年资料'!$C$4:$C$15,'2019 年资料'!$B$4:$B$15),2)表示公式“ $y = bm^x$ ”中的 b 值。
- INDEX(LOGEST('2019 年资料'!$C$4:$C$15,'2019 年资料'!$B$4:$B$15),1)表示公式“ $y = bm^x$ ”中的 m 值。
- (B4+12)表示公式“ $y = bm^x$ ”中的 x 值，其中，“12”表示“B4”之后的第 12 个月，即 2020 年 1 月。
- 经计算，公式“ $y = bm^x$ ”中的 y 值为 29,783.15，即 2020 年 1 月管理费用的预测值为 29,783.15 元，如图 13-8 所示。

C4　=INDEX(LOGEST('2019年资料'!$C$4:$C$15,'2019年资料'!$B$4:$B$15),2)*INDEX(LOGEST('2019年资料'!$C$4:$C$15,'2019年资料'!$B$4:$B$15),1)^(B4+12)

2020年日常费用预测——指数拟合法							
2020年	管理费用	差旅费用	通讯费用	交通费用	误餐费用	其他费用	合计
1	29,783.15						
2							
3							

图 13-8

（2）利用与上一例类似的方法完成整张表格的计算，如图 13-9 所示。

结果详见文件“13-02 日常费用的预测-计算”的“指数拟合 1”工作表。

2020年日常费用预测——指数拟合法							
2020年	管理费用	差旅费用	通讯费用	交通费用	误餐费用	其他费用	合计
1	29,783.15	3,637.52	1,324.32	1,366.86	594.70	193.37	36,899.92
2	30,019.63	3,552.25	1,304.31	1,398.38	602.22	196.21	37,073.00
3	30,257.98	3,468.98	1,284.60	1,430.63	609.83	199.09	37,251.12
4	30,498.23	3,387.67	1,265.19	1,463.62	617.54	202.01	37,434.26
5	30,740.39	3,308.26	1,246.08	1,497.38	625.34	204.97	37,622.41
6	30,984.47	3,230.71	1,227.25	1,531.91	633.25	207.98	37,815.56
7	31,230.48	3,154.98	1,208.71	1,567.23	641.26	211.03	38,013.69
8	31,478.45	3,081.02	1,190.44	1,603.38	649.36	214.13	38,216.78
9	31,728.39	3,008.80	1,172.45	1,640.35	657.57	217.27	38,424.84
10	31,980.32	2,938.27	1,154.74	1,678.18	665.88	220.46	38,637.85
11	32,234.24	2,869.40	1,137.29	1,716.88	674.30	223.69	38,855.80
12	32,490.18	2,802.13	1,120.11	1,756.47	682.83	226.97	39,078.69

图 13-9

第三步：利用“GROWTH”函数进行“指数拟合”。

（1）在“指数拟合 2”工作表的 C4 单元格（2020 年 1 月管理费用的预测值）中输入“=GROWTH('2019 年资料'!$C$4:$C$15,'2019 年资料'!$B$4:$B$15,(B4+12))”。

（2）C4 单元格的值为 29,783.15，如图 13-10 所示。与“指数拟合 1”工作表的 C4 单元格值比较，GROWTH 函数的计算结果与 LOGEST 函数的计算结果是相同的。

C4 =GROWTH('2019年资料'!$C$4:$C$15,'2019年资料'!$B$4:$B$15,(B4+12))

2020年日常费用预测——指数拟合法							
2020年	管理费用	差旅费用	通讯费用	交通费用	误餐费用	其他费用	合计
1	29,783.15						
2							

图 13-10

（3）利用与上一例类似的方法完成整张表格的计算，如图 13-11 所示。

结果详见文件“13-02 日常费用的预测-计算”的“指数拟合 2”工作表。

2020年日常费用预测——指数拟合法							
2020年	管理费用	差旅费用	通讯费用	交通费用	误餐费用	其他费用	合计
1	29,783.15	3,637.52	1,324.32	1,366.86	594.70	193.37	36,899.92
2	30,019.63	3,552.25	1,304.31	1,398.38	602.22	196.21	37,073.00
3	30,257.98	3,468.98	1,284.60	1,430.63	609.83	199.09	37,251.12
4	30,498.23	3,387.67	1,265.19	1,463.62	617.54	202.01	37,434.26
5	30,740.39	3,308.26	1,246.08	1,497.38	625.34	204.97	37,622.41
6	30,984.47	3,230.71	1,227.25	1,531.91	633.25	207.98	37,815.56
7	31,230.48	3,154.98	1,208.71	1,567.23	641.26	211.03	38,013.69
8	31,478.45	3,081.02	1,190.44	1,603.38	649.36	214.13	38,216.78
9	31,728.39	3,008.80	1,172.45	1,640.35	657.57	217.27	38,424.84
10	31,980.32	2,938.27	1,154.74	1,678.18	665.88	220.46	38,637.85
11	32,234.24	2,869.40	1,137.29	1,716.88	674.30	223.69	38,855.80
12	32,490.18	2,802.13	1,120.11	1,756.47	682.83	226.97	39,078.69

图 13-11

【LOGEST 函数】

LOGEST 函数计算最符合数据变化的指数回归拟合曲线，并返回描述该曲线的数值数组。LOGEST 函数的语法是 LOGEST(known_y's,known_x's,const, stats)，各参数的意义如下：

- known_y's：关系表达式$y = bm^x$中已知的 y 值集合。
- known_x's：关系表达式$y = bm^x$中已知的 x 值集合。
- const：逻辑值，用于指定是否将常数 b 强制设为 1。
- stats：逻辑值，指定是否返回附加回归统计值。

由于 LOGEST 函数返回的是数组，搭配 INDEX 函数分别获取公式 $y = bm^x$ 中的 m 值和 b 值。

【GROWTH 函数】

GROWTH 函数通过现有的 x 值和 y 值返回指定的一系列新 x 值对应的新 y 值。GROWTH 函数的语法是 GROWTH(known_y's, known_x's, new_x's, const)，各参数的意义如下：

- known_y's：关系表达式 $y = bm^x$ 中已知的 y 值集合。
- known_x's：关系表达式 $y = bm^x$ 中已知的 x 值集合。
- new_x’s：给出需要计算预测值的变量 x 的值。若省略该参数，则预设其值等于 known_ x's。
- const：逻辑值，指定是否将常量 b 强制设为 1。

13.3 移动平均法

“线性拟合法”和“指数拟合法”的预测结果，每个月的数据要么是按升序排列，要么是按降序排列，这是由“线性拟合”或“指数拟合”的特性决定的。而实际情况中，每个月的数据并非完全按序排列，起伏变化是常见的。“移动平均法”便能实现这一点。

“移动平均法”用一组最近的实际数据值来预测未来一期或几期内的数据。“移动平均法”是一种简单平滑预测技术，它的基本思想是，根据时间序列数据逐项推移，依次计算包含一定项数的序时平均值，以反映长期的趋势。因此，当时间序列的数值由于受周期变动和随机波动的影响而起伏较大，不易显示出事件的发展趋势时，使用“移动平均法”可以消除这些因素的影响，显示出事件的发展方向与趋势，然后依据趋势线分析并预测序列的长期趋势。

Excel 自带“移动平均法”的分析工具，操作步骤如下：

第一步：查看“移动平均”工作表。

打开文件“13-01 日常费用的预测-原始”。在“移动平均”工作表中，同时显示“2019 年日常费用明细”报表以及“2020 年日常费用预测”报表，如图 13-12 所示。“2020 年日常费用预测”报表将利用“移动平均法”预测 2020 年各月各项日常费用的金额。

2019年日常费用明细

2019年	管理费用	差旅费用	通讯费用	交通费用	误餐费用	其他费用	合计
1	24,598	6,420	1,532	1,290	522	216	34,578
2	22,760	3,560	1,320	956	290	95	28,981
3	26,335	4,478	1,390	1,102	628	140	34,073
4	29,560	7,620	1,638	845	430	175	40,268
5	33,900	5,035	1,809	878	750	212	42,584
6	35,080	4,290	1,767	1,250	780	163	43,330
7	31,240	1,040	1,429	1,575	625	182	36,091
8	27,697	3,700	1,580	1,320	646	267	35,210
9	28,006	7,210	1,406	1,450	482	284	38,838
10	28,560	4,355	1,258	1,226	688	184	36,271
11	26,125	4,724	1,230	1,455	620	130	34,284
12	28,052	3,550	1,320	1,060	370	153	34,505

2020年日常费用预测——移动平均法

2020年	管理费用	差旅费用	通讯费用	交通费用	误餐费用	其他费用	合计
1							
2							

图 13-12

第二步：“调集数据分析”功能（初次使用时需调集）。

（1）单击“文件”选项卡，并单击“选项”。在弹出的“Excel 选项”对话框中，选中“加载项”，单击“转到…”按钮，如图 13-13 所示。

在弹出的“加载项”对话框中，勾选“分析工具库”，单击“确定”按钮，如图 13-14 所示。

（2）单击“数据”选项卡，增加了“分析”选项，如图 13-15 所示。

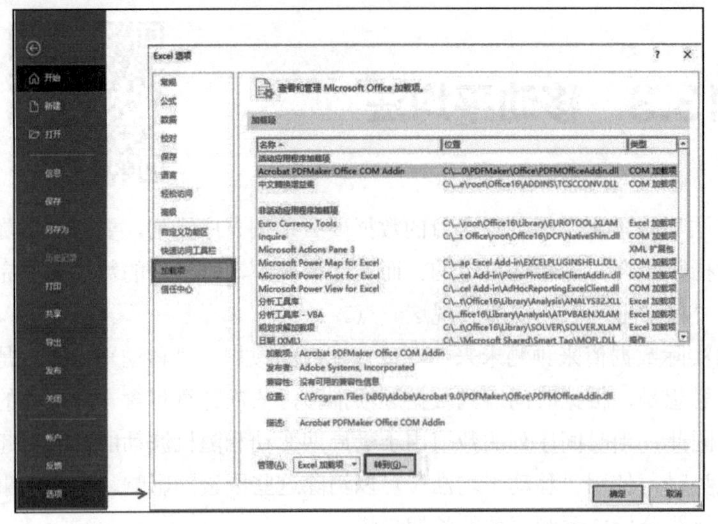

图 13-13

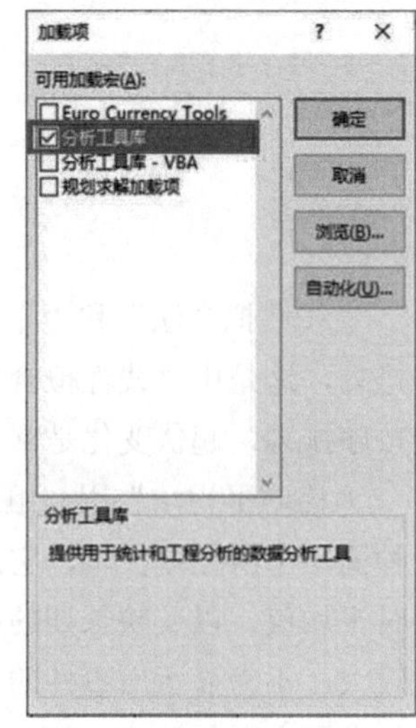

图 13-14

图 13-15

第三步：利用“移动平均法”预测。

（1）在“移动平均”工作表的第 19 行之前插入空白行。

（2）单击“数据”选项卡，并单击“数据分析”。在弹出的“数据分析”对话框中，选择“移动平均”，单击“确定”按钮，如图 13-16 所示。

（3）在弹出的“移动平均”对话框中，“输入区域”输入“$C$3:$C$15”，表示 2019 年各月管理费用的数据，如图 13-17 所示。

勾选“标志位于第一行”，这是因为“输入区域”的第一行包含标志。

“间隔”输入“2”。“移动平均”实质上依据 AVERAGE 函数，以设定的“间隔”值计算平均值，从而完成预测。当“间隔”选择“2”时，表示对两个数据进行平均值计算。

“输出区域”输入“$C$19:$C$30”，表示预测结果将显示于 C19~C30 单元格。

勾选“图表输出”，表示除了以数据形式输出预测结果外，还会以图表形式输出预测结果，单击“确定”按钮。

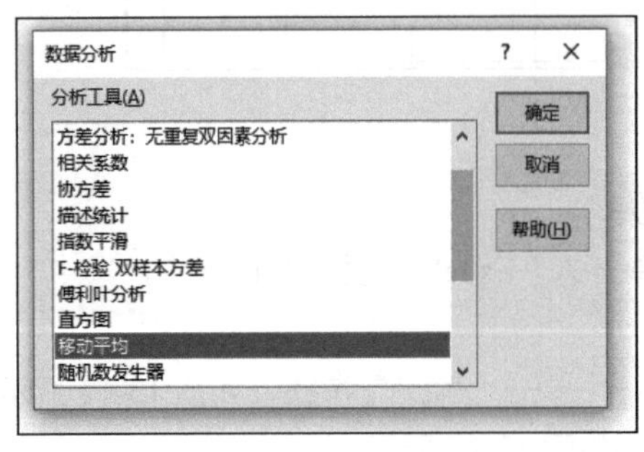

图 13-16

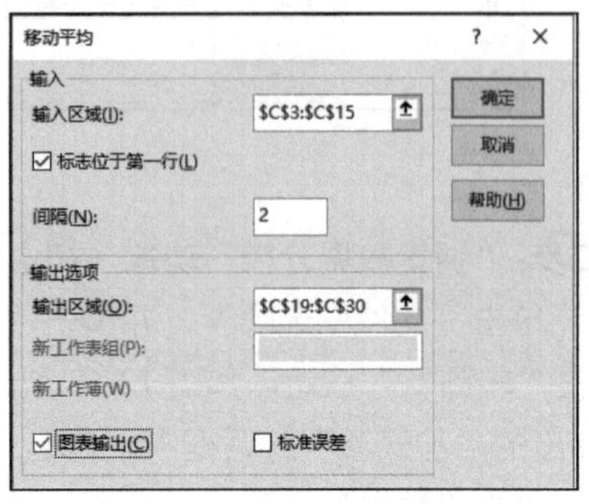

图 13-17

C19~C30 单元格为“移动平均”的计算结果，新增的图表为该结果的图表显示，如图 13-18 所示。

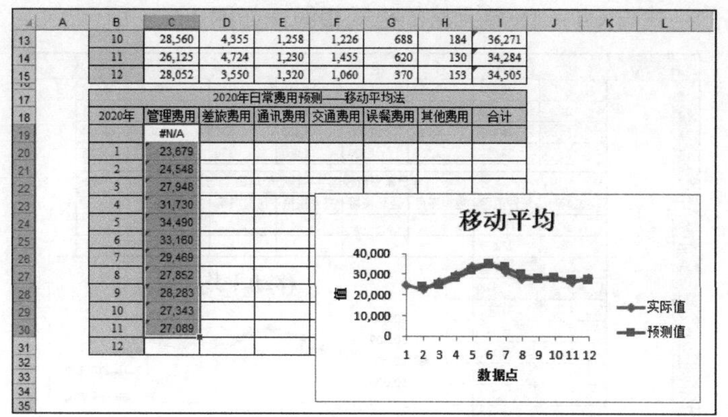

图 13-18

（4）单击 C20 单元格，其公式为“=AVERAGE(C4:C5)”，即 C20 单元格“2020 年 1 月管理费用预测值”为 2019 年 1 月及 2 月管理费用实际值的算术平均值，如图 13-19 所示。

由此解释了 C19 单元格为“#N/A”的原因，因为 C19 单元格对应 C3 单元格与 C4 单元格的平均值，故结果为“#N/A”。

【AVERAGE 函数】

AVERAGE 函数返回参数的算术平均值。AVERAGE 函数的语法是 AVERAGE(Number1,Number2,…)，其中 Number1，number2，...是要计算平均值的 1～30 个参数。

（5）在 C31 单元格中输入“=AVERAGE(C15,C20)”，或者“=(C15+C20)/2”，如图 13-20 所示。

C20 =AVERAGE(C4:C5)

2019年	管理费用	差旅费用	通讯费用	交通费用	误餐费
1	24,598	6,420	1,532	1,290	5
2	22,760	3,560	1,320	956	2
3	26,335	4,478	1,390	1,102	6
4	29,560	7,620	1,638	845	4
5	33,900	5,035	1,809	878	7
6	35,080	4,290	1,767	1,250	7
7	31,240	1,040	1,429	1,575	6
8	27,697	3,700	1,580	1,320	6
9	28,006	7,210	1,406	1,450	4
10	28,560	4,355	1,258	1,226	6
11	26,125	4,724	1,230	1,455	6
12	28,052	3,550	1,320	1,060	3

2020年	管理费用	差旅费用	通讯费用	交通费用	误餐费
	#N/A				
1	23,679				
2	24,548				
3	27,948				

图 13-19

C31 =AVERAGE(C15,C20)

	管理费用	差旅费用	通讯费用	交通费用	误餐费用
10	28,560	4,355	1,258	1,226	688
11	26,125	4,724	1,230	1,455	620
12	28,052	3,550	1,320	1,060	370

2020年	管理费用	差旅费用	通讯费用	交通费用	误餐费用
	#N/A				
1	23,679				
2	24,548				
3	27,948				
4	31,730				
5	34,490				
6	33,160				
7	29,469				
8	27,852				
9	28,283				
10	27,343				
11	27,089				
12	25,866				

图 13-20

“移动平均法”的“输入范围”选择了 12 个数据（C4~C15 单元格），因此计算得到的数据也为 12 个（C19~C30 单元格）。对于 2020 年 12 月的数据，需要另行设定公式，即 2019 年 12 月和 2020 年 1 月数据的算术平均值。

（6）选中 C4~C15 单元格，单击“开始”选项卡，并单击格式刷工具。单击 C20~C31 单元格，则 C20~C31 单元格的格式与 C4~C15 单元格的格式相同，如图 13-21 所示。

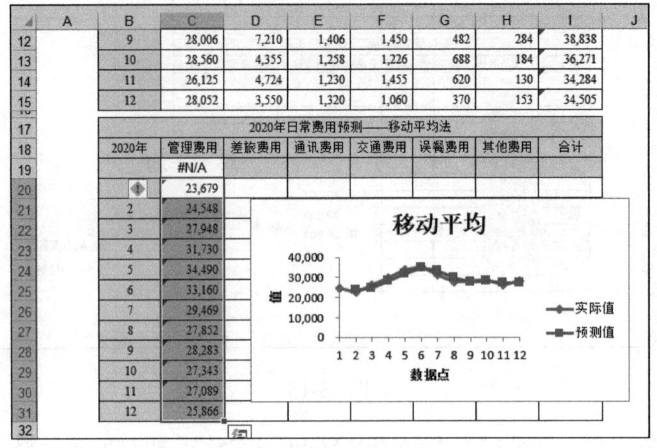

	A	B	C	D	E	F	G	H	I	J
12		9	28,006	7,210	1,406	1,450	482	284	38,838	
13		10	28,560	4,355	1,258	1,226	688	184	36,271	
14		11	26,125	4,724	1,230	1,455	620	130	34,284	
15		12	28,052	3,550	1,320	1,060	370	153	34,505	
17		2020年日常费用预测——移动平均法								
18		2020年	管理费用	差旅费用	通讯费用	交通费用	误餐费用	其他费用	合计	
19			#N/A							
20			23,679							
21		2	24,548							
22		3	27,948							
23		4	31,730							
24		5	34,490							
25		6	33,160							
26		7	29,469							
27		8	27,852							
28		9	28,283							
29		10	27,343							
30		11	27,089							
31		12	25,866							
32										

图 13-21

（7）在自动生成的图表中，蓝色折线代表 2019 年 1~12 月的实际值，红色折线代表 2020 年的预测值。可以看见，蓝色折线共计 12 个数据点，而红色折线共计 11 个数据点，与表格中 C20~C30 单元格对应，如图 13-22 所示。

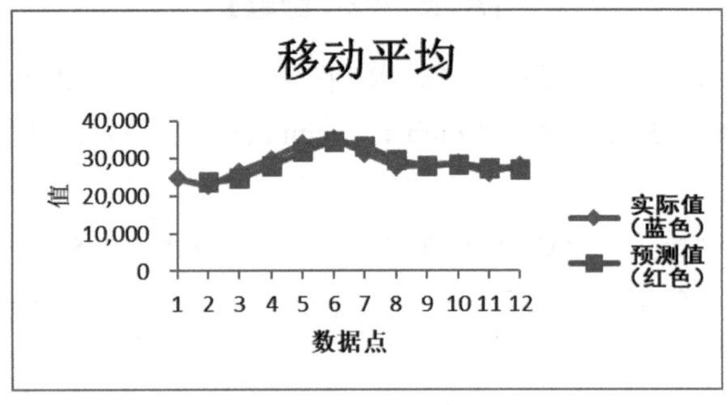

图 13-22

（8）将 C20~C31 单元格的公式复制到 D20~H31 单元格。

（9）在 I20 单元格中输入“=SUM(C20:H20)”。

（10）将 I20 单元格的公式复制到 I21~I31 单元格，如图 13-23 所示。

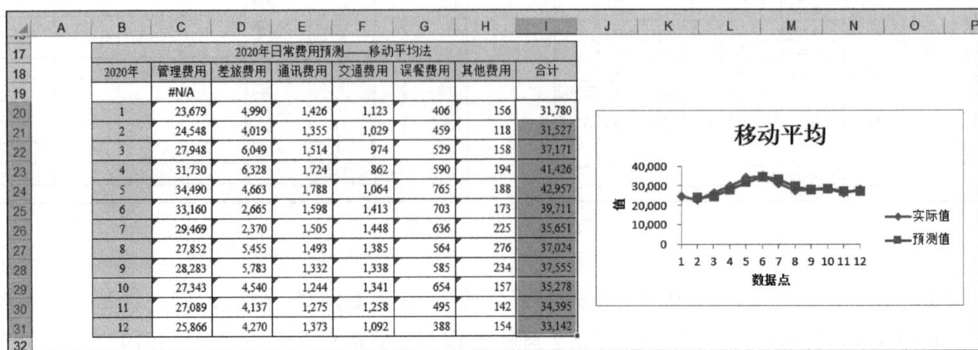

	A	B	C	D	E	F	G	H	I
17		2020年日常费用预测——移动平均法							
18		2020年	管理费用	差旅费用	通讯费用	交通费用	误餐费用	其他费用	合计
19			#N/A						
20		1	23,679	4,990	1,426	1,123	406	156	31,780
21		2	24,548	4,019	1,355	1,029	459	118	31,527
22		3	27,948	6,049	1,514	974	529	158	37,171
23		4	31,730	6,328	1,724	862	590	194	41,426
24		5	34,490	4,663	1,788	1,064	765	188	42,957
25		6	33,160	2,665	1,598	1,413	703	173	39,711
26		7	29,469	2,370	1,505	1,448	636	225	35,651
27		8	27,852	5,455	1,493	1,385	564	276	37,024
28		9	28,283	5,783	1,332	1,338	585	234	37,555
29		10	27,343	4,540	1,244	1,341	654	157	35,278
30		11	27,089	4,137	1,275	1,258	495	142	34,395
31		12	25,866	4,270	1,373	1,092	388	154	33,142
32									

图 13-23

结果详见文件“CH13-02 日常费用的预测-计算”的“移动平均”工作表。

13.4 指数平滑法

“指数平滑法”是在“移动平均法”的基础上发展起来的一种时间序列分析预测法。它通过计算“指数平滑值”，配合一定的时间序列预测模型，对现象的未来进行预测。其原理是任一期的“指数平滑值”都是本期实际观察值与前一期指数平滑值的加权平均。这种预测方法在实际使用中是运用广泛的方法之一。

Excel 自带“指数平滑法”的分析工具。操作步骤如下：

第一步：查看“指数平滑”工作表。

打开文件“13-01 日常费用的预测-原始”。在“指数平滑”工作表中，同时显示“2019 年日常费用明细”报表以及“2020 年日常费用预测”报表。“2020 年日常费用预测报表”将利用“指数平滑法”预测 2020 年各月各项日常费用的金额。

第二步：利用“指数平滑法”预测。

（1）在“指数平滑”工作表的第 19 行之前插入空白行。

（2）单击“数据”选项卡，并单击“数据分析”。在弹出的“数据分析”对话框中，选择“指数平滑”，单击“确定”按钮，如图 13-24 所示。

（3）在弹出的“指数平滑”对话框中，“输入区域”输入“$C$3:$C$15”，表示 2019 年各月管理费用的数据。

“阻尼系数”输入“0.3”。“阻尼系数”作为预测误差的敏感性调整，位于 0 和 1 之间。阻尼系数越接近 0，远期实际值对本期平滑值影响程度的下降越迅速。阻尼系数越接近 1，远期实际值对本期平滑值影响程度的下降越缓慢。因此，当时间数列相对平稳时，可取较小的阻尼系数，忽略远期实际值的影响。当时间数列波动较大时，应取较大的阻尼系数，考虑远期实际值的影响。

勾选“标志”，这是因为“输入区域”的第一行包含标志，如图 13-25 所示。

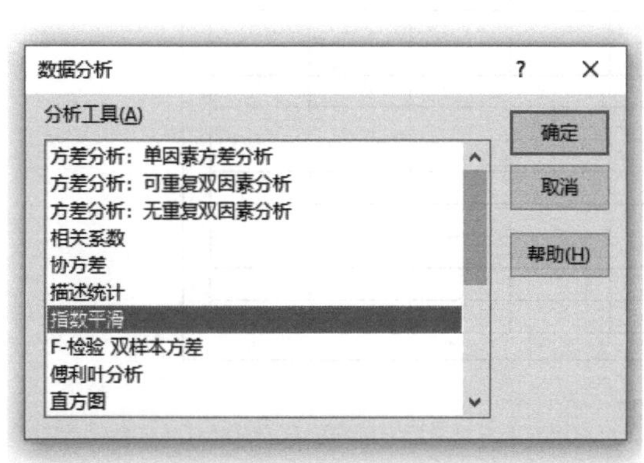

图 13-24

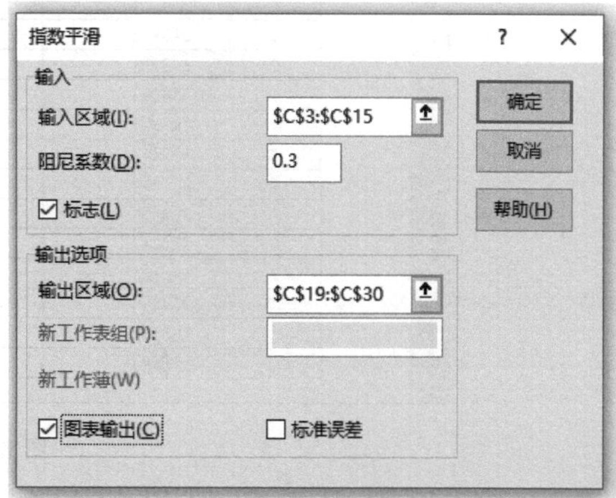

图 13-25

“输出区域”输入“$C$19:$C$30”，表示预测结果将显示于 C19~C30 单元格。

勾选“图表输出”，表示除了以数据形式输出预测结果，还会以图表形式输出预测结果。单击“确定”。

（4）C19~C30 单元格为“指数平滑”的计算结果，新增的图表为该结果的图表显示，如图 13-26 所示。

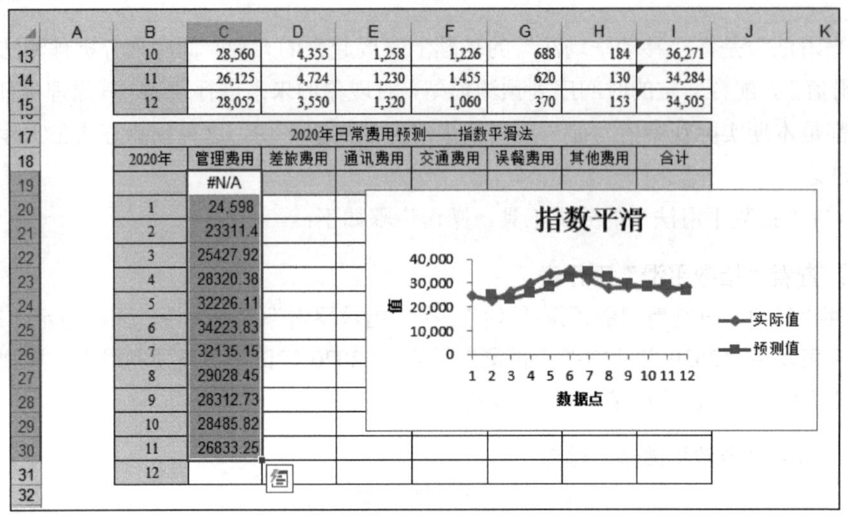

	A	B	C	D	E	F	G	H	I	J	K
13		10	28,560	4,355	1,258	1,226	688	184	36,271		
14		11	26,125	4,724	1,230	1,455	620	130	34,284		
15		12	28,052	3,550	1,320	1,060	370	153	34,505		
17		2020年日常费用预测——指数平滑法									
18		2020年	管理费用	差旅费用	通讯费用	交通费用	误餐费用	其他费用	合计		
19			#N/A								
20		1	24,598								
21		2	23311.4								
22		3	25427.92								
23		4	28320.38								
24		5	32226.11								
25		6	34223.83								
26		7	32135.15								
27		8	29028.45								
28		9	28312.73								
29		10	28485.82								
30		11	26833.25								
31		12									
32											

图 13-26

（5）将 C30 单元格的公式复制到 C31 单元格，即 C31 单元格的公式为“=0.7*C15+0.3*C30”。

（6）利用格式刷工具，使得 C20~C31 单元格的格式与 C4~C15 单元格的格式相同，如图 13-27 所示。

	A	B	C	D	E	F	G	H	I
13		10	28,560	4,355	1,258	1,226	688	184	36,271
14		11	26,125	4,724	1,230	1,455	620	130	34,284
15		12	28,052	3,550	1,320	1,060	370	153	34,505
17		2020年日常费用预测——指数平滑法							
18		2020年	管理费用	差旅费用	通讯费用	交通费用	误餐费用	其他费用	合计
19			#N/A						
20		1	24,598						
21		2	23,311						
22		3	25,428						
23		4	28,320						
24		5	32,226						
25		6	34,224						
26		7	32,135						
27		8	29,028						
28		9	28,313						
29		10	28,486						
30		11	26,833						
31		12	27,686						
32									

图 13-27

（7）自动生成的图表，是指数平滑法的预测图，如图 13-28 所示。

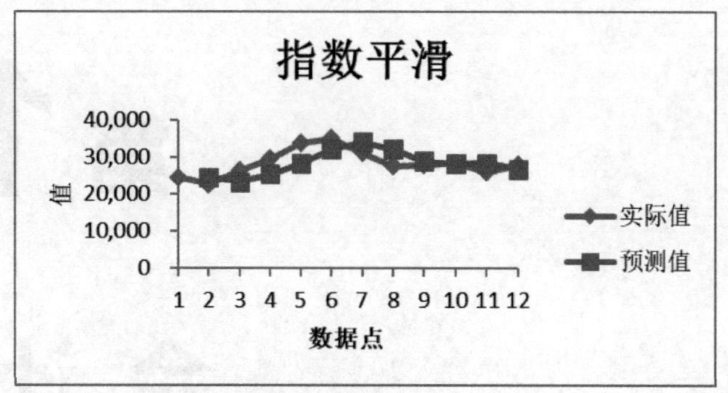

图 13-28

（8）利用与上一例类似的方法完成整张表格的计算，如图 13-29 所示。

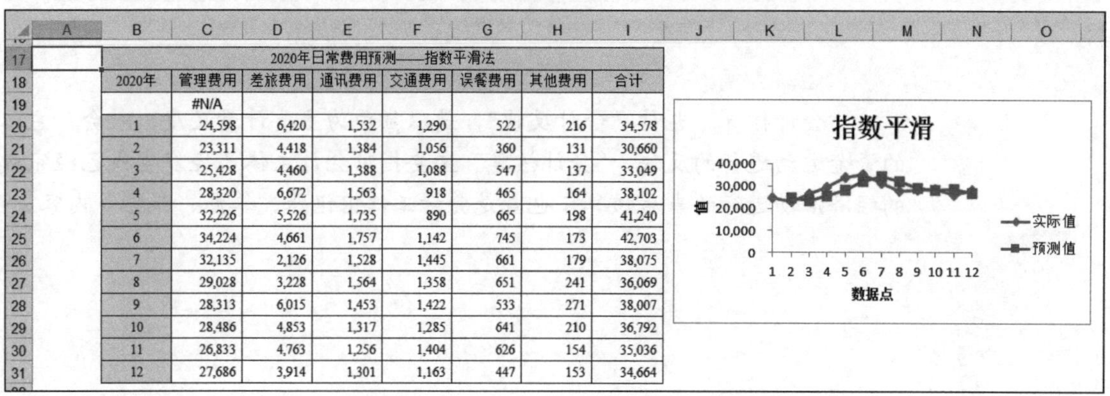

2020年日常费用预测——指数平滑法							
2020年	管理费用	差旅费用	通讯费用	交通费用	误餐费用	其他费用	合计
	#N/A						
1	24,598	6,420	1,532	1,290	522	216	34,578
2	23,311	4,418	1,384	1,056	360	131	30,660
3	25,428	4,460	1,388	1,088	547	137	33,049
4	28,320	6,672	1,563	918	465	164	38,102
5	32,226	5,526	1,735	890	665	198	41,240
6	34,224	4,661	1,757	1,142	745	173	42,703
7	32,135	2,126	1,528	1,445	661	179	38,075
8	29,028	3,228	1,564	1,358	651	241	36,069
9	28,313	6,015	1,453	1,422	533	271	38,007
10	28,486	4,853	1,317	1,285	641	210	36,792
11	26,833	4,763	1,256	1,404	626	154	35,036
12	27,686	3,914	1,301	1,163	447	153	34,664

图 13-29

结果详见文件“12-02 日常费用的预测-计算”的“指数平滑”工作表。

下篇

第 14 章 会计核算

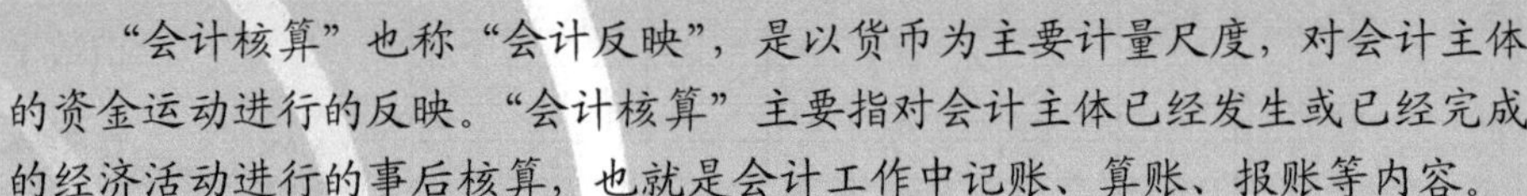
“会计核算”也称“会计反映”，是以货币为主要计量尺度，对会计主体的资金运动进行的反映。“会计核算”主要指对会计主体已经发生或已经完成的经济活动进行的事后核算，也就是会计工作中记账、算账、报账等内容。

14.1 库存现金核算

“库存现金”指企业为了满足经营过程中零星支付的需要而保留的现金，包括库存的人民币和外币。为了安全起见，企业的“库存现金”不能过多，一般够 3-5 天的零星开支即可。企业如果收到大额的现金，应该及时送存银行。

“库存现金”的核算主要包括“总分类核算”和“序时核算”。

14.1.1 库存现金的总分类核算

“库存现金”的“总分类核算”指库存现金在总账中的核算，应设置“库存现金”账户。

“库存现金”的支出要根据原始凭证（如原始发票、借款单、工资结算单等）编制记账凭证，根据记账凭证登记总账。

例如，杨光因出差到财务部门借款 1,000 元，则会计人员根据经批准的借款单编制如下记账凭证：

借：其他应收款—杨光　　　　　　1,000
贷：库存现金　　　　　　　　　　1,000

又如，企业将库存现金 5,000 元存入银行。对此项业务，应根据企业编制的并经银行盖章的“送款单”的回单联编制如下记账凭证：

借：银行存款　　　　　　　　　　5,000
贷：库存现金　　　　　　　　　　5,000

“库存现金”的收入同样要根据原始凭证编制记账凭证，根据记账凭证登记总账。

例如，企业为了零星开支，开出现金支票，从银行提取现金 5,000 元。对此项业务应根据企业开出的现金支票存根这一原始凭证编制如下记账凭证：

借：库存现金　　　　　　　　　　5,000
贷：银行存款　　　　　　　　　　5,000

又如，企业销售零星材料取得现金 1,000 元。根据销货发票的记账联编制如下记账凭证：

借：库存现金　　　　　　　　　　1,000
贷：其他业务收入—销售材料收入　1,000

14.1.2　库存现金的序时核算

“库存现金”的“序时核算”是“库存现金”的明细核算，应设置“现金日记账”，按照业务发生的先后顺序逐笔登记。“现金日记账”的登记与总账的登记是根据相同的记账凭证同时进行的。

14.1.3　库存现金的清查

“库存现金”的清查指对“库存现金”进行实地盘点，并将实存的“库存现金”数与“现金日记账”的余额数相核对，并对盘亏、盘盈及时进行处理。

“库存现金”清查时，如果发现现金溢缺，应通过“待处理财产损溢—待处理流动资产损溢”账户核算，待查明原因并批准后进行处理。

例如，企业进行现金清查时发现盘盈库存现金 2,000 元，会计处理如下：

借：库存现金　　　　　　　　　　　　　2,000
贷：待处理财产损溢—待处理流动资产损溢　2,000

经查，盘盈的原因不明，经批准转入营业外收入。

借：待处理财产损溢—待处理流动资产损溢　2,000
贷：营业外收入—库存现金盘盈收入　　　　2,000

又如，企业现金清查中发现现金盘缺 300 元。

借：待处理财产损溢—待处理流动资产损溢　300
贷：库存现金　　　　　　　　　　　　　　300

经查，现金盘缺是由出纳人员失职造成的，经批准由出纳人员赔偿。

借：其他应收款—出纳员　　300
贷：待处理财产损溢—待处理流动资产损溢　　300
借：库存现金　　300
贷：其他应收款—出纳员　　300

14.2 银行存款核算

企业可以按照规定的库存限额留存少量“库存现金”以备日常零星开支，其余货币都要存入银行。企业与其他企业发生的往来款项除允许用“库存现金”结算的，都必须通过银行划转。

企业的“银行存款收付”业务必须按照规定取得各种银行结算凭证和其他有关的原始凭证，例如存现金时的送款回单，通过银行取得销售收入时的银行转账结算凭证及企业开局的发货票副联，存支票时的进账单回单，提取库存现金的支票存根。

“银行存款”的核算主要包括“总分类核算”和“序时核算”。

“银行存款”的“总分类核算”指“银行存款”在总账中的核算，应设置“银行存款”账户。“银行存款”的“总分类核算”是通过编制记账凭证进行的。

“银行存款”的收入要根据原始凭证编制记账凭证，根据记账凭证登记总账。

例如，将库存现金 2,800 元存入银行，则编制如下记账凭证：

借：银行存款　　2,800
贷：库存现金　　2,800

又如，从银行取得短期借款 300,000 元，则编制如下记账凭证：

借：银行存款　　300,000
贷：短期借款　　300,000

再如，企业销售商品收到一张支票 58,500 元，存入银行，其中货款 50,000 元，增值税率 17%，则编制如下记账凭证：

借：银行存款　　58,500
贷：主营业务收入　　50,000
应交税费—应交增值税（销项税额）　　8,500

“银行存款”的支出要根据原始凭证编制记账凭证，根据记账凭证登记总账。

例如，提取银行存款 2,800 元，作为库存现金，用于发放工资，则编制如下记账凭证：

借：库存现金　　45,000
贷：银行存款　　45,000

又如，用银行存款偿还应付账款 20,000 元，则编制如下记账凭证：

借：应付账款　　20,000
贷：银行存款　　20,000

再如，企业采购材料，价款200,000元，增值税率17%，均以银行存款支付，材料已入库，则编制如下记账凭证：

借：原材料　　200,000
　　应交税费—应交增值税（进项税额）　　34,000
贷：银行存款　　234,000

银行存款的序时核算

“银行存款”的“序时核算”是“银行存款”的明细核算，应设置“银行存款日记账”，按照业务发生的先后顺序逐笔登记。“银行存款日记账”的登记与总账的登记是根据相同的记账凭证同时进行的。

14.3 应收账款的核算

“应收账款”指企业因销售商品、产品或提供劳务等原因，应向购货客户或接受劳务的客户收取的款项，包括买价、增值税款及垫付的包装费、运杂费等。

营业收入同时符合以下4个条件时确认为“应收账款”。

（1）企业已将商品所有权上的主要风险和报酬转移给购货方。

（2）企业既没有保留通常与所有权相联系的继续管理权，又没有对已售出的商品实施控制。

（3）与交易相关的经济利益能够流入企业。

（4）相关的收入和成本能够可靠地计量。

企业因销售商品、产品和提供劳务等经营活动应收取的款项应该用“应收账款”科目核算。因销售商品、产品、提供劳务等，合同或协议价款的收取采用递延方式，实质上具有融资性质的，应用“长期应收款”科目核算。

企业发生应收账款时，按应收金额借记“应收账款”科目，按收入的来源贷记“主营业务收入”“其他业务收入”等科目，按专用发票上注明的增值税额贷记“应交税费—应交增值税（销项税额）”科目。

收回应收账款时，借记“银行存款”等科目，贷记“应收账款”科目。

企业垫付的包装费、运杂费，借记“应收账款”科目，贷记“银行存款”等科目。

收回代垫费用时，借记“银行存款”科目，贷记“应收账款”科目。

“应收账款”科目期末余额若在借方，则反映企业尚未收回的“应收账款”。期末余额若在贷方，则反映企业预收的账款。

企业发生的“应收账款”在没有商业折扣和现金折扣的情况下，按应收的全部金额入账。

例如，企业销售一批产品，价值50,000元，增值税率17%，企业垫付运杂费1,000元，已办妥银行收款手续，则编制如下记账凭证：

借：应收账款　　59,500
贷：主营业务收入　　50,000

应交税费—应交增值税（销项税额）　　8,500
银行存款　　1,000

收到货款时编制如下记账凭证：

借：银行存款　　59,500
贷：应收账款　　59,500

“商业折扣”指企业可以从货品价目单上规定的价格中扣减一定的数额，扣减数通常用百分比表示，扣减后的净额才是实际销售价格。“商业折扣”是企业常用的促销手段。在“商业折扣”的情况下，企业“应收账款”入账金额应按扣除“商业折扣”以后的实际售价加以确认。由于“商业折扣”一般在交易发生时即已确定，“商业折扣”仅仅是确定实际销售价格的一种手段，并不反映在买卖任何一方的账上，所以“商业折扣”对应收账款入账金额的确认并无实质影响。

例如，企业销售产品按价目表的金额为 30,000 元，由于成批销售，给予购货方 10%的“商业折扣”，则企业应收账款的入账金额为 27,000 元，增值税率为 17%，则编制如下记账凭证：

借：应收账款　　31,590
贷：主营业务收入　　27,000
应交税费—应交增值税（销项税额）　　4,590

企业收到货款时编制如下记账凭证：

借：银行存款　　31,590
贷：应收账款　　31,590

“现金折扣”指企业为了鼓励客户在一定时期内早日偿还货款而给予的一种折扣优惠。“现金折扣”通常发生在以赊销方式销售商品及提供劳务的交易中。“现金折扣”一般用“折扣/付款期限”表示，如 2/10、1/20、n/30，即 10 天内付款折扣为 2%，20 天内付款折扣为 1%，30 天内付款无折扣。

在“现金折扣”的情况下，“应收账款”入账金额的确认有两种处理方法，一种是“总价法”，另一种是“净价法”。

“总价法”将进行“现金折扣”之前的商品价格作为实际售价，记作“应收账款”的入账金额。“现金折扣”只有客户在折扣期内支付货款时才予以确认。销售方给予客户的“现金折扣”，从融资角度讲，属于理财费用，会计上作为财务费用处理。“总价法”是我国会计实务中使用的方法。

“净价法”将扣除“现金折扣”之后的商品价格作为实际售价，据以记作“应收账款”的入账金额。这种方法把客户取得的折扣视为正常现象，认为一般客户都会提前付款，将客户超过折扣期限而多收入的金额视为提供信贷获得的收入，于收到账款时入账，以冲减财务费用处理。

例如，企业销售一批产品给客户，价值 20,000 元，现金折扣的条件为“2/10，1/20，n/30”，增值税率为 17%，产品交付并办妥签收手续，则编制如下记账凭证：

借：应收账款　　23,400
贷：主营业务收入　　20,000
　　应交税费—应交增值税（销项税额）　　3,400

若上述货款在 10 天内收到，则编制如下记账凭证：

借：银行存款　　22,932
　　财务费用　　468
贷：应收账款　　23,400

若上述货款在 20 天内收到，则编制如下记账凭证：

借：银行存款　　23,166
　　财务费用　　234
贷：应收账款　　23,400

若超过了现金折扣的最后期限才收到货款，则编制如下记账凭证：

借：银行存款　　23,400
贷：应收账款　　23,400

14.4　坏账损失的核算

“坏账”指企业无法收回的“应收账款”。由于发生“坏账”而产生的损失称为“坏账损失”。“坏账损失”的核算一般有两种方法，即“直接转销法”和“备抵法”。

“直接转销法”指在实际发生“坏账”时确认“坏账损失”，计入期间费用，同时注销该笔应收账款，即：

借：管理费用
贷：应收账款

如果已冲销的应收账款以后又收回，则：

借：银行存款
贷：应收账款

同时：

借：应收账款
贷：管理费用

“备抵法”按期估计“坏账损失”，形成“坏账准备”，当某一“应收账款”全部或者部分被确认为“坏账”时，应根据其金额冲减“坏账准备”，同时转销相应的“应收账款”金额。

采用这种方法时，一方面按期估计“坏账损失”记入管理费用，另一方面设置“坏账准备”科目，待实际发生坏账时冲销“坏账准备”和“应收账款”金额，使“资产负债表”上的“应收账款”反映扣减估计“坏账”后的净值。

计提“坏账准备”时：

借：管理费用—坏账损失
贷：坏账准备

发生“坏账准备”时：

借：坏账准备
贷：应收账款

已确认并已转销的“坏账损失”如果以后又收回，则：

借：应收账款
贷：坏账准备

同时：

借：银行存款
贷：应收账款

14.5 应收票据核算

“应收票据”指出票人或者付款人在特定日或特定时间，无条件支付一定金额给本企业的一种书面承诺。票据包括支票、本票、汇票三种。

“应收票据”入账价值的确定有两种方法，一种是按其票面价值入账，另一种是按票面价值的现值入账。如果考虑到货币的时间价值等因素对票据面值的影响，“应收票据”按其面值的现值入账比较合理。但是，由于汇票的期限较短，利息金额相对不大，用现值记账计算烦琐，为了简化核算，企业会计制度规定，“应收票据”一律按照面值入账。

企业会计制度规定，企业收到开出、承兑的票据：

- 按“应收票据”的面值借记“应收票据”科目。
- 按实现收入的来源贷记“主营业务收入”等科目。
- 按专用发票上注明的增值税贷记“应交税金—应交增值税（销项税额）”科目。

企业收到应收票据以抵偿应收账款时：

- 借记“应收票据”科目。
- 贷记“应收账款”科目。

如果是“带息应收票据”，应于期末按“应收票据”的票面价值和确定的利率计提利息，计提的利息增加“应收票据”的账面价值：

- 借记“应收票据”科目。
- 贷记“财务费用”科目。

14.6 预付账款核算

“预付账款”是企业按照购货合同规定，预先以货币资金或货币等价物支付给供应单位的货款，如预付的材料、商品采购货款。

企业应按供应单位设置明细账户。借方登记企业向供货商预付的货款，贷方登记企业收到所购物品应结转的预付货款。

“预付账款”的期末余额若在借方，则反映企业向供货单位预付而尚未收到货物的预付货款；期末余额若在贷方，则反映企业尚未补付的款项。

例如，甲企业向乙企业采购材料 50,000 元，甲企业向乙企业预付货款的 50%，验收货物后补付其余款项。甲企业编制如下记账凭证：

预付 50%的货款时：

借：预付账款—乙企业　　　　　　　　　　25,000
贷：银行存款　　　　　　　　　　　　　　25,000

收到乙企业发来的全部货物且验收无误，补付所欠款项 33,500 元，增值税率 17%。

借：原材料　　　　　　　　　　　　　　　50,000
　　应交税费—应交增值税（进项税额）　　　8,500
贷：预付账款—乙企业　　　　　　　　　　58,500
借：预付账款—乙企业　　　　　　　　　　33,500
贷：银行存款　　　　　　　　　　　　　　33,500

下篇

第 15 章 工业成本核算

“工业企业成本”的核算用来反映工业企业一定时期产品成本和经营管理费用水平和构成情况，促使企业降低成本、节约费用，从而提高企业的经济效益。通过对成本的核算，还可以分析工业企业在生产、技术和经营管理的水平，并可为企业进行成本和利润预测，制定有关的生产经营决策。

开展成本计算之前，先要确定采用哪一种成本计算方法。通常所用的方法有“品种法”“分批法”“分步法”和“定额法”等。这要根据生产工艺过程和生产组织的特点，同时结合成本管理的要求进行选择。

15.1 品种法

“品种法”是以产品品种为产品计算对象归集生产费用，是计算产品成本的一种方法，并且是成本计算中一种计算工作比较简单的方法。

“品种法”一般用于大量大批的简单生产（单步骤生产），例如发掘、自来水生产、原煤原油的开采等。利用“品种法”时，生产中发生的一切费用都属于直接费用，可以直接计入这种产品的成本。

企业生产 A、B 两种产品，2018 年 12 月发生如下各项业务，用“品种法”分析“生产成本”和“制造费用”的总分类账户，以及“生产成本”的明细账，并且编制“产品成本计算表”。

步骤如下：

第一步：统计生产车间从仓库领用的用于生产的各种材料。

用于生产 A 产品的甲材料为 1,500 元，乙材料为 1,650 元。用于生产 B 产品的甲材料为 1,200 元，乙材料为 1,800 元。

编制如下记账凭证：

借：生产成本—A 产品　　3,150
借：生产成本—B 产品　　3,000
贷：原材料—A 产品甲材料　　1,500
贷：原材料—A 产品乙材料　　1,650
贷：原材料—B 产品甲材料　　1,200
贷：原材料—B 产品乙材料　　1,800

第二步：结算同月的应付职工工资。

A 产品工人工资为 5,000 元，B 产品工人工资为 4,000 元，生产车间职工工资为 2,000 元，管理部门职工工资为 3,000 元。

编制如下记账凭证：

借：生产成本—A 产品　　5,000
借：生产成本—B 产品　　4,000
借：制造费用—工资　　2,000
借：管理费用—工资　　3,000
贷：应付工资　　14,000

第三步：核算各项费用。

（1）根据职工工资总额的 14%计提职工福利费。

借：生产成本—A 产品　　700
借：生产成本—B 产品　　560
借：制造费用—福利费　　280
借：管理费用—福利费　　420
贷：应付福利费　　1,960

（2）计提当月固定资产折旧 900 元。其中，车间使用的固定资产折旧 600 元，管理部门使用的固定资产折旧 300 元。

借：制造费用—折旧　　600
借：管理费用—折旧　　300
贷：累计折旧　　900

（3）按计划预提由车间负担的修理费 200 元。

借：制造费用—修理费　　200
贷：预提费用　　200

（4）车间报销办公费用及其他零星开支 400 元，以现金支付。

借：制造费用—办公费　　400
贷：现金　　400

（5）车间管理人员王朋出差报销差旅费 237 元，余额 63 元归还现金。

借：制造费用—差旅费　　　　237
借：现金　　　　　　　　　　63
贷：其他应收款—王朋　　　　300

第四步：把制造费用总额如数转入“生产成本”账户，并按生产工人工资的比例分配计入 A、B 两种产品的成本中。

（1）计算制造费用总额。

制造费用总额=②2000+③280+④600+⑤200+⑥400+⑦237=3717 元。

（2）计算制造费用分配律。

计算制造费用分配律=制造费用总额/分配标准×100% =3717/(5000+4000) ×100%=41.3%。

（3）计算 A 产品和 B 产品应付担的制造费用。

A 产品应付担的制造费用=5000×41.3%=2065 元。
B 产品应付担的制造费用=4000×41.3%=1652 元。

（4）结转“制造费用”至“生产成本”账户。

借：生产成本—A 产品　　　　2,065
借：生产成本—B 产品　　　　1,652
贷：制造费用　　　　　　　　3,717

第五步：结算当月 A 产品、B 产品的生产成本，当月 A 产品 100 件，B 产品 80 件，全部制造完成并验收入库，按其实际成本入账。

（1）A 产品实际总成本=①3150+②5000+③700+⑧2065=10915 元。
（2）A 产品单位成本=10915/100=109.15 元。
（3）B 产品实际总成本=①3000+②4000+③560+⑧1652=9212 元。
（4）B 产品单位成本=9212/100=92.12 元。
（5）编制如下记账凭证：

借：库存商品—A 产品　　　　10,915
借：库存商品—B 产品　　　　9,212
贷：生产成本—A 产品　　　　10,915
贷：生产成本—B 产品　　　　9,212

第六步：登记“生产成本”和“制造费用”的总分类账户。

（1）登记“制造费用”的借和贷，如图 15-1 所示。
（2）登记“生产成本”的借和贷，如图 15-2 所示。

制造费用	
借	贷
②2000	⑧3717
③280	
④600	
⑤200	
⑥400	
⑦237	
3717	3717

图 15-1

生产成本	
借	贷
①6150	⑨20127
②9000	
③1260	
⑧3717	
20127	20127

图 15-2

（3）登记“生产成本”明细账，如图 15-3 所示。

生产成本明细表					单位：元
	材料	工资	福利费	制造费用	合计
A产品	3150	5000	700	2065	10915
B产品	3000	4000	560	1652	9212
合计	6150	9000	1260	3717	20127

图 15-3

第七步：编制“产品成本计算表”，如图 15-4 所示。

产品成本计算表				单位：元
	A产品		B产品	
	总成本(100件)	单位成本	总成本(80件)	单位成本
直接材料	3150	31.50	3000	37.50
直接人工	5700	57.00	4560	57.00
制造费用	2065	20.65	1652	20.65
产品生产成本	10915	109.15	9212	115.15

图 15-4

第八步：登记“生产成本”明细分类表。

（1）A 产品的明细分类表，如图 15-5 所示。

（2）B 产品的明细分类表，如图 15-6 所示。

生产成本——A产品	
借	贷
①3150	⑨10915
②5000	
③700	
⑧2065	
10915	10915

图 15-5

生产成本——B产品	
借	贷
①3000	⑨9212
②4000	
③560	
⑧1652	
9212	9212

图 15-6

结果详见文件“15-01 工业成本核算-品种法”的“品种法”工作表。

"品种法"

"品种法"的特点如下：

- 成本计算对象。
  "品种法"以产品品种作为成本计算对象，并据以设置产品成本明细账归集生产费用和计算产品成本。如果企业生产的产品不止一种，需要以每一种产品作为成本计算对象，分别设置产品成本的明细账。
- 成本计算期。
  由于大量大批的生产是不间断连续生产的，无法按照产品的生产周期归集生产费用、计算产品成本，因而只能定期按月计算产品成本，从而将本月的销售收入与产品生产成本配比，计算本月损益。因此，产品成本是定期按月计算的，与报告期一致，与产品生产周期不一致。
- 生产费用无须在完工产品和在产品之间进行分配。
  "品种法"一般用于大量大批的简单生产，这类生产往往品种单一，封闭式生产，月末一般没有在产品存在。即使有在产品，数量也很少，所以一般不需要将生产费用在完工产品与在产品之间划分。当期发生的生产费用总和就是这种完工产品的总成本。

"品种法"的适用范围如下：

- "品种法"主要适用于大量大批的单步骤生产企业。
- 在大量大批多步骤生产的企业中，如果企业规模较小，而且管理上不要求提供各步骤的成本数据，可以采用"品种法"计算产品成本。
- 企业的辅助生产车间可以采用"品种法"计算产品成本。

15.2 分 批 法

"分批法"是以产品的批别作为成本计算对象来归集生产费用，是计算产品成本的一种方法。

"分批法"主要适用于单件小批类型的生产，如精密仪器、专用设备等，也可用于一般制造企业中的新产品试制或试验的生产、在建工程以及设备修理作业等。

企业生产 A、B 两种产品，属于小批生产，情况如下：

- 10 月的产品批号 825，A 产品 100 台，9 月投产，10 月完工 60 台；产品批号 826，B 产品 100 台，10 月投产，10 月完工 20 台。
- 10 月初在产品成本，如图 15-7 所示。

产品名称	批号	直接材料	直接人工	制造费用
A产品	825	640	450	640

图 15-7

- 10 月各批号生产费用，如图 15-8 所示。

产品名称	批号	直接材料	直接人工	制造费用
A产品	825	3360	2350	2800
B产品	826	4600	3050	1980

图 15-8

- 825 批号 A 产品完工数量较大，原材料在生产开始时一次性投入，其他费用在完工产品和在产品之间采用约当产量比例法分配，在产品完工程度为 50%。

826 批号 B 产品完工数量较少，完工产品按计划成本结转。每台产品单位计划成本为直接材料费用 46 元，直接人工费用 35 元，制造费用 24 元。

用“分批法”登记产品成本明细账，计算各批产品的完工成本和月末在产品成本，并且编制完工产品成本汇总表。

步骤如下：

第一步：计算 A 产品完工成本和月末在产品成本。

（1）已知 A 产品月初在产品成本，已知 A 产品本月生产费用。

（2）计算约当总产量。

因为原材料在生产开始时一次性投入，所以直接材料费用约当总产量=100。

直接人工费用约当总产量=完工 60+在产品 40×产品完工程度 50%=80。

制造费用约当总产量=完工 60+在产品 40×产品完工程度 50%=80。

（3）计算分配率。

直接材料费用分配率=直接材料费用合计 4000÷（完工 60+在产品 40）=40 元/件。

直接人工费用分配率=直接人工费用合计 2800÷（完工 60+在产品 40×产品完工程度 50%）=35 元/件。

制造费用分配率=制造费用合计 3440÷（完工 60+在产品 40×产品完工程度 50%）=43 元/件。

（4）计算期末在产品成本。

在产品直接材料费用=40 件在产品×40 元/件=1600。

在产品直接人工费用=40 件在产品×（1-产品完工程度 50%）×35 元/件=700 元。

在产品制造费用=40 件在产品×（1-产品完工程度 50%）×43 元/件=860 元。

（5）计算期末完工产品成本。

完工产品直接材料费用=直接材料费用合计 4000-在产产品直接材料费用 1600=2400 元。

完工产品直接人工费用=直接人工费用合计 2800-在产产品直接人工费用 700=2100 元。

完工产品制造费用=制造费用合计 3440-在产品制造费用 860=2580 元。

（6）计算 A 产品完工成本和月末在产品成本，如图 15-9 所示。

第二步：计算 B 产品完工成本和月末在产品成本。

已知 B 产品月初在产品成本，已知 B 产品计划单位成本。

计算完工产品成本=计划单位成本×完工产品数量。

计算月末在产品成本=月初在产品成本-完工产品成本。

计算 B 产品完工成本和月末在产品成本，如图 15-10 所示。

生产成本明细表				单位：元
批号：825		产品名称：A产品		
批量：100台		完工：60台		
	直接材料	直接人工	制造费用	合计
月初在产品成本	640	450	640	1730
本月生产费用	3360	2350	2800	8510
生产费用合计	4000	2800	3440	10240
约当总产量	100	80	80	
分配率	40	35	43	
月末在产品成本	1600	700	860	3160
完工产品成本	2400	2100	2580	7080
单位成本	40	35	43	118

图 15-9

生产成本明细表				单位：元
批号：826		产品名称：B产品		
批量：100台		完工：20台		
	直接材料	直接人工	制造费用	合计
月初在产品成本	4600	3050	1980	9630
计划单位成本	46	35	24	105
完工产品成本	920	700	480	2100
月末在产品成本	3680	2350	1500	7530

图 15-10

第三步：编制完工产品成本汇总表，如图 15-11 所示。

结果详见文件“15-02 工业成本核算-分批法”的“分批法”工作表。

	A产品（完工60台）		B产品（完工20台）	
	总成本	单位成本	总成本	单位成本
直接材料	2400	40	920	46
直接人工	2100	35	700	35
制造费用	2580	43	480	24
合计	7080	118	2100	105

图 15-11

“分批法”

“分批法”的特点如下：

- 以“产品批别”为成本计算对象，按“产品批别”设置产品成本明细账。

  “产品批别”指的是企业生产计划部门签发并下达到生产车间的产品批号。根据购买者订单生产的企业，往往以一张订单规定的产品作为一批。但产品的批别与客户的订单有时也不完全相同。如果一张订单中规定的产品品种较多，为了分别考核不同产品的生产成本，可以将一张订单分为几批组织生产；如果一张订单要求陆续交货，并且交货持续的时间较长，为了及时确定成本以便及时计算损益，也可以分成几批组织生产；如果同一时期内，在几张订单中规定有相同的产品，而且交货的时间相差不多，也可以将几张订单中相同的产品合并为一批组织生产。

❖ 成本计算不定期。

采用“分批法”时，生产费用应按月汇总，但由于各批产品的生产周期不一致，月末不见得完工，而每批产品的实际成本应等到该批产品全部完工后才能计算确定，所以“分批法”的成本计算是不定期的。

❖ 一般不需要在月末分配在产品成本。

按“分批法”计算产品成本，因为通常是在该批产品全部完工时才计算该批产品的成本，所以月末如果某批产品全部完工，该批产品归集的全部生产费用就是该批产品的完工产品成本；若该批产品未完工，则全部为在产品成本。所以采用“分批法”计算产品成本，月末一般不需要在完工产品与在产品之间分配生产费用。

只有在一批产品跨月陆续完工、陆续交货的情况下，为了按期确定损益，才需要在月末计算该批产品完工产品与在产品成本。在这种情况下，为了减少成本计算的工作量，可以采用简便的方法，即按计划单位成本、定额单位成本或最近一期相同产品的实际单位成本来计算完工产品成本，将完工产品成本从产品成本明细账转出后，余额作为在产品成本。待该批产品全部完工时再计算该批产品的实际总成本和单位成本，但对已经转出的完工产品成本不必做账面调整。

如果一批产品批量较大，陆续交货的时间过长，为了减少在完工产品与月末在产品之间分配费用的工作，提高成本计算的正确性和及时性，也可以适当缩小产品的批量，以较小的批量分批生产，尽量使同一批产品能够同时完工，避免跨月陆续完工。

15.3 分 步 法

“分步法”是以产品的品种及其所经过的生产步骤作为成本计算对象归集生产费用，计算各种产品成本及其各步骤成本的一种方法。

“分步法”适用于大量大批的多步骤生产，如冶金、纺织、造纸以及大量大批生产的机械制造等。

美华企业生产 C 产品，有三个车间连续加工制成。第一车间生产 A 半成品，第二车间将 A 半成品加工为 B 半成品，第三车间将 B 半成品加工为 C 产品。生产所耗用的材料在生产开始时一次投入，各车间月末在产品完工率均为 50%。各车间月末在产品按定额成本计算。基本数据，如图 15-12 所示。

用“分步法”的“平行结转分步法”计算各步骤应计入完工 C 产品的成本份额，编制 C 产品成本汇总表，计算完工产品成本和单位成本，编制完工产品入库的会计分录。

步骤如下：

第一步：编制第一车间基本生产成本明细账。

已知月初在产品成本，已知本月生产费用。

在产品成本=月末在产品数×月末在产品单位定额成本。

应计入产成品成本份额=本月生产费用-在产品成本。

编制第一车间基本生产成本明细账，如图 15-13 所示。

产量记录　　单位：件

项目	第一步骤	第二步骤	第三步骤
月初在产品	20	50	40
本月投入	180	160	180
本月完工转出	160	180	200
月末在产品	40	30	20

月初在产品成本（定额成本）及本月生产费用　　单位：元

项目	直接材料	直接人工	制造费用	合计
月初在产品成本				
第一车间	1000	60	100	1160
第二车间	0	200	120	320
第三车间	0	180	160	340
本月生产费用				
第一车间	18400	2200	2400	23000
第二车间	0	3200	4800	8000
第三车间	0	2550	2550	5100

各车间的月末在产品单位定额成本　　单位：件

项目	直接材料	直接人工	制造费用
第一车间	25	5	6
第二车间	0	10	12
第三车间	0	10	11

图 15-12

第一车间基本生产成本明细账

产品名称：C产品　　产量：200件　　单位：元

摘要	直接材料	直接人工	制造费用	合计
月初在产品成本	1000	60	100	1160
本月生产费用	18400	2200	2400	23000
生产费用合计	19400	2260	2500	24160
在产品成本	1000	200	240	1440
应计入产成品成本份额	18400	2060	2260	22720

图 15-13

第二步：编制第二车间基本生产成本明细账。

利用与“第一车间基本生产成本明细账”类似的方法编制第二车间基本生产成本明细账，如图 15-14 所示。

第二车间基本生产成本明细账

产品名称：C产品　　产量：200件　　单位：元

摘要	直接材料	直接人工	制造费用	合计
月初在产品成本	0	200	120	320
本月生产费用	0	3200	4800	8000
生产费用合计	0	3400	4920	8320
在产品成本	0	300	360	660
应计入产成品成本份额	0	3100	4560	7660

图 15-14

第三步：编制第三车间基本生产成本明细账。

利用与“第一车间基本生产成本明细账”类似的方法编制第三车间基本生产成本明细账，如图 15-15 所示。

第三车间基本生产成本明细账

产品名称：C产品　　产量：200件　　单位：元

摘要	直接材料	直接人工	制造费用	合计
月初在产品成本	0	180	160	340
本月生产费用	0	2550	2550	5100
生产费用合计	0	2730	2710	5440
在产品成本	0	200	220	420
应计入产成品成本份额	0	2530	2490	5020

图 15-15

第四步：编制产品成本汇总表。

完工产品总成本=各车间份额之和。

单位成本=完工产品总成本/完工产品数量。

编制产品成本汇总表，如图 15-16 所示。

产品成本汇总表

产品名称：C产品　　单位：元

摘要	直接材料	直接人工	制造费用	合计
第一车间份额	18400	2060	2260	22720
第二车间份额	0	3100	4560	7660
第三车间份额	0	2530	2490	5020
完工产品总成本	18400	7690	9310	35400
单位成本	92	38	47	177

图 15-16

第五步：编制会计分录。

按照产品成本汇总表编制会计分录：

借：库存商品—C 产品　　35,400

贷：基本生产成本—第一车间　　22,720

贷：基本生产成本—第二车间　　7,660

贷：基本生产成本—第三车间　　5,020

结果详见文件“15-03 工业成本核算-分步法”的“分步法”工作表。

“分步法”

“分步法”的主要特点是不按产品的批别计算产品成本，而是按产品的生产步骤计算产品成本。

由于“分步法”将各步骤所耗的上一步的半成品成本综合计入各个步骤的产品成本明细账中，在完工产品的成本项目中还包含着半成品的成本，因此，这种方法与其他方法的不同之处在于，月末要进行成本还原。

在实际工作中，根据成本管理对各生产步骤成本数据的不同要求（是否要计算半成品成本）和简化核算工作的要求，各生产步骤成本的计算和结转一般可采用逐步结转和平行结转两种方法。

- 逐步结转分步法。

  按照产品加工顺序逐步计算并结转半成品成本，直到最后加工步骤才能计算出产成品成本的一种方法，即它将每一步骤的半成品作为一个成本计算对象并计算成本。逐步结转分步法的成本结转程序与品种法相同。

  逐步结转分步法虽然能为产品实物管理和资金管理提供数据，但成本结转工作量大，且最后完工产成品中的成本项目是综合性的，必须进行成本还原，更加大了核算的工作量。
- 平行结转分步法。

  在计算各步骤成本时，不计算各步骤所产半成品成本，也不计算各步骤所耗上一步骤的半成品成本，而只计算本步骤发生的各项其他费用以及这些费用中应计入的当期完工产品成本的“份额”。期末将相同产品的各步骤成本明细账中的这些份额平行结转、汇总，即可计算出这种产品的产成品成本。这种结转各步骤成本的方法称为平行结转分步法，又由于成本结转与实物流转不一致，因此该方法又称为不计行半成品成本分步法。

15.4 定　额　法

“定额法”是以事先制定的产品定额成本为标准，在生产费用发生时，提供实际发生的费用与定额耗费的差异额，让管理者及时采取措施，控制生产费用的发生额，并且根据定额和差异额计算产品实际成本的一种成本计算和控制的方法。

“定额法”的成本计算对象是企业的完工产品或半成品。根据企业管理的要求，只计算完工产品成本或者同时计算半成品成本与完工产品成本。

“定额法”一般用于大批大量生产企业，只能按月进行成本计算。产品实际成本是以定额成本为基础，由定额成本、定额差异和定额变动三部分相加而组成的。每月的生产费用应分别将定额成本、定额差异和定额变动三方面分配于完工产品和在产品。